KB117823

이한우의

태종실록

재위 13년

새로운 해석, 예리한 통찰

이한우의 태종실록

재위 13년

이한우 옮김

삶과 세계에 대한 뿌리 깊은 지혜,
그 치밀한 기록

2001년부터 2007년까지 7년 동안 『조선왕조실록』을 완독했으니 완독을 끝마친 지 10년이 지났다. 그동안 관심은 사서삼경을 거쳐 진 덕수(眞德秀)의 『대학연의(大學衍義)』, 『심경부주(心經附註)』에 이어 지금은 『문장정종(文章正宗)』 그리고 반고(班固)의 『한서(漢書)』 번역으로 확장돼왔다.

원점인 2001년으로 돌아가보자. 나는 왜 『조선왕조실록』을 다 읽기로 결심한 것일까? 그것은 다름 아닌 선조들의 정신세계를 탐구해 우리의 정신적 뿌리를 확인해보려는 것이었다. 그런데 정작 7년간의 실록 읽기가 끝났을 때는 이룬 것보다 앞으로 해야 할 일이 많음을 깨달았다. 우리 선조들의 뛰어난 능력과 치열했던 삶의 태도를 확인했지만 그 뿌리를 제대로 알지 못했던 것이다. 그래서 완독을 끝내자마자 시작한 것이 한문(漢文) 공부다. 위에서 언급한 책들은 한문 공부를 마치고서 우리나라에 번역되지 않은 탁월한 한문책들을 엄선해 우리말로 옮긴 것이다. 이때 중요한 것은 '우리말'이다.

우리말이란 대한민국에서 일정한 교육을 받은 사람들이 편안하게 쓰는 말을 뜻한다. 과도한 한자 사용을 극복하고 지나친 순우리말 또한 일정하게 거리를 뒀다. 그리고 쉬운 말로 풀어 쓸 수 있는 한자어는 가능한 다 풀어냈다. 그래서 나는 '덕(德)'이라는 말은 '은덕(恩

4

德)'이라고 할 때 외에는 쓰지 않는다. '다움'이 우리말이다. 부덕(不德)도 그래서 '부덕의 소치'라고 하지 않고 '임금답지 못한 때문'이라고 옮긴다.

특히 정치를 다룬 역사서에서 중요한 용어가 '의(議)'와 '논(論)'이다. 그런데 실록 원문에서는 분명히 이 둘을 엄밀하게 구분해 '의지(議之)', '논지(論之)'라고 표현했는데, 번역 과정에서 의(議)도 의논이라고 번역하고 논(論)도 의논이라 번역하면 이는 원문의 뜻을 크게 왜곡하는 것이다. 의(議)란 책임 있는 의견을 내는 것을 말한다. 의정부(議政府)를 논정부(論政府)라고 해서는 안 되는 것과 같다. 논(論)은 일반적으로 책임을 떠나 어떤 사안에 대한 논리적 진단을 하는 것이다. 오늘날 '논객(論客)'이 그런 경우다. 그러나 '의객(議客)'이란 말은 애당초 성립할 수가 없다. 다만 법률과 관련해서는 의(議)보다 논(論)이 중요하다. 그래서 '논죄(論罪)'나 '논핵(論劾)'이라는 말은 현실적 구속력을 갖는다. 재판은 의견을 내는 것이 아니라 기존 법률에 입각해 죄의 경중을 논리적으로 가려내는 일이라는 점에서 논(論)이지 의(議)가 아닌 것이다. 이처럼 기존의 실록 번역은 예나 지금이나 정치에서 대단히 중요한 역할을 할 수밖에 없는 의(議)와 논(論)을 전혀 구분하지 않아 의미를 제대로 전달하지 못한다. 사실

이런 예는 일일이 거론하기 힘들 만큼 많다.

이런 우리말화(化)에 대한 생각을 직접 번역으로 구현해내면서 다시 실록을 읽어보았다. 기존의 공식 번역은 한자어가 너무 많고 문투도 1970년대 식이다. 이래가지고는 번역이 됐다고 할 수가 없다. 게다가 너무 불친절해서 역주가 거의 없다. 전문가도 주(註)가 없으면 정확히 읽을 수 없는 것이 실록이다. 진덕수의 『문장정종』 번역을 통해 한문 문장의 문체에 어느 정도 눈을 뜨게 된 것도 실록을 다시 번역해야겠다는 결심을 부추겼다. 특히 실록의 뛰어난 문체가 기존의 번역 과정에서 제대로 드러나지 못했다는 인식이 있었기 때문에 이 점을 개선하는 데 많은 노력을 쏟았다. 그리고 사소한 오역은 그냥 두더라도 심한 오역은 주를 통해 바로잡았다. 누구를 비판하려는 것이 아니라 미래를 향한 개선의 기대를 담은 것이다.

물론 이런 언어상의 문제 때문에 실록 번역에 뛰어든 것은 아니다. 실은 삶에 대한, 그리고 세계에 대한 깊은 지혜를 얻고 싶어서다. 이런 기준 때문에 여러 왕의 실록 중에 『태종실록(太宗實錄)』을 번역하기로 결심했다. 일기를 포함한 모든 실록 중에서 『태종실록』이야말로 어쩌면 오늘날 우리에게 반드시 필요한 지혜를 담고 있는지 모른다고 생각했기 때문이다.

지난 10년간 사서삼경과 진덕수의 책들을 공부하고 옮기는 과정에서 공자의 주장에 대해 새롭게 눈뜰 수 있었다. 그것은 다름 아닌 '일[事]'의 중요성이다. 성리학이 아닌, 공자의 주장으로서의 유학은 리더가 일하는 태도를 가르치는 이론이다. 기존의 학계는 성리학의 부정적 영향 때문인지 유학을 철학의 하나로만 국한해서 가르치는 경향이 있다. 그러나 내가 공부한 바에 따르면 공자는 리더의 바람직한 모습 그리고 그런 리더가 되기 위한 수양 과정을 지독할 정도로 치밀하게 이야기하고 가르쳤던 인물이다.

이런 깨우침에 기반을 두고서 이번에는 공자가 제시했던 지도자상을 태종이 얼마나 체화하고 구현했는지를 확인하고 싶었다. 이런 부분들을 주를 통해 드러낼 것이다. 그렇게 할 때 경학과 역사가 통합된 경사(經史) 통합적인 공부가 될 수 있다.

그렇다면 '왜 세종이 아니고 태종인가?'라는 질문을 던질 수 있겠다. 물론 세종의 리더십을 탐구하는 것도 대단히 중요하다. 그러나 그의 아버지 태종의 리더십을 충분히 탐구하지 않으면 세종에 대한 탐구는 피상적인 데 그칠 우려가 있다. 따라서 이 작업은 추후 세종의 리더십을 제대로 탐구하기 위한 기초 작업이기도 하다는 점을 밝혀둔다.

이 책에는 새로운 시도가 담겨 있다. '실록으로 한문 읽기'라는 큰 틀에서 번역을 진행했다. 월 단위로 원문과 연결 독음을 붙인 것도 그 때문이다. 번역문 중에도 어떤 말을 번역했는지를 대부분 알 수 있게 표시했고 번역 단위도 원문 단위와 거의 일치하기 때문에 어떤 문장을 어떻게, 심지어 어떤 단어를 어떻게 옮겼는지를 남김없이 알 수 있도록 했다. 물론 '착할 선(善)', '그 기(其)', '오를 등(登)' 수준의 뜻풀이는 생략했다. 아무런 의미가 없기 때문이다. 이러한 장치를 통해 조금이라도 살아 있는 한문을 익히고 우리 역사와 조상들의 사고방식을 가까이하는 데 도움이 되기를 바란다.

역주는 워낙 방대한 작업이기 때문에 앞에서 언급했다고 해서 다시 언급하지 않는 것이 아니라 그때그때 필요하면 중복되더라도 다시 달았다. 편집의 아름다운 완결성을 다소 희생하더라도 독자들의 읽는 재미와 속도를 감안했기 때문이다.

재위 1년 단위로 한 권씩 묶어 태종의 재위 기간 18년-18권을 기본으로 하고, 태조와 정종 때의 실록에 있는 기록과 세종 때의 실록에 담긴 상왕으로서의 기록을 묶은 2권을 별권으로 삼아 모두 20권으로 구성했다. 이를 통해 우리 사회에 태종의 리더십에 대한 제대로 된 탐구가 시작되기를 기대한다.

21세기북스 김영곤 대표의 결단이 없었다면 이 책은 세상에 나오지 못했을 것이다. 이 자리를 빌려 깊이 감사드린다. 더불어 계획 초기부터 함께 방향을 고민했던 정지은 이사와 편집 실무자들에게도 고맙다는 말을 전한다. 그리고 함께 공부하는 즐거움을 누리고 있는 우리 논어등반학교 대원들께 진심으로 고맙다는 말을 전하고 싶다. 마지막으로 내 글쓰기 작업의 원동력인 가족들에게도 깊은 감사를 올린다.

서울 상도동 보심서실(普心書室)에서

탄주(灘舟) 이한우

태종 13년 계사년
1월

一月

신사일(辛巳日-1일) 초하루에 일식이 있었다[日食=日蝕].
일식   일식

○ 상이 문소전(文昭殿)¹에 나아가 원일 별제(元日別祭)²를 행하고, 일식(日食)의 변고로 인해 향궐 하례(向闕賀禮)를 정지하고 조회를 받지 않았다. 각 도에서 모두 헌마(獻馬)하니 각 도에서 말을 바치는 법[進馬]이 이때부터 시작됐다. 오정(午正)이 될 무렵 상이 소의(素 진마 衣)에 각대(角帶)를 띠고 정전(正殿)의 월대(月臺)에 나오니 일관(日官)이 북을 울렸다. 일식이 오정 3각(刻)부터 시작해 신초(申初)³ 2각(刻)에 이르러서야 복원(復圓)⁴됐다. 애초에 서운관(書雲觀)에서 예보해 아뢰었다.

"신초(申初) 3각에 복원될 것입니다."

상이 대언(代言) 등에게 말했다.

"일식의 차(差)가 1각(刻)이면 서운관은 죄가 없다고 할 수 있겠는가?"

---

1   조선 태조의 비 신의왕후(神懿王后) 한씨(韓氏)를 모신 사당이다. 1396년(태조 5년)에 건립해 인소전(仁昭殿)이라고 했다가 1408년(태종 8년)에 문소전(文昭殿)으로 고쳤다. 1433년(세종 15년)에 태조와 태종의 위패를 모셨다.
2   설날 아침에 특별히 행하던 제사를 말한다.
3   신시(申時)의 처음, 곧 하오 3시를 가리킨다.
4   일식(日食)이나 월식(月食)이 끝나고 해나 달이 본래의 둥근 모양으로 돌아가는 것을 말한다.

지신사 김여지(金汝知)가 대답해 말했다.

"일식에는 상도(常度)⁵가 있습니다. 서운관에서 추보(推步)⁶한 것이 조금 어긋났는데, 죄가 있고 없음은 신 등이 알지 못합니다."

좌부대언(左副代言) 한상덕(韓尙德)이 말했다.

"일식은 비록 상도(常度)가 있다고 하나, 인사(人事)를 닦으면 일식이 있어야 할 때도 일식하지 않는 수가 있습니다. 혹 누각(漏刻)의 착오일지 아직 모르니 신은 죄가 없을까 합니다."

상이 말했다.

"죄가 의심스러운 것은 가볍게 처벌하고 공로가 의심스러운 것은 무겁게 상을 주라는 것[罪疑惟輕 功疑惟重]⁷이 빼어난 이의 가르침이다."
죄의 유경 공의 유중

이에 술자(述者)⁸ 황사우(黃思祐)에게 쌀과 콩 20석을 내려주었다.

임오일(壬午日-2일)에 서북면(西北面) 안주(安州)에서 지진(地震)이 일어났다.

○ 상이 인덕궁(仁德宮)에 나아갔는데, 타구(打毬)⁹를 하기 위함이었다. 세자와 종친이 참여했다. 내자 소윤(內資少尹) 정종성(鄭宗誠)¹⁰

---

5 일정한 법칙을 말한다.

6 천체를 관측하고 역(曆)을 계산하는 방법을 말한다.

7 『서경(書經)』「우서(虞書)·대우모(大禹謨)」에서 고요(皋陶)가 순임금에게 한 말이다.

8 서운관 관리를 통칭해서 부르는 말이다.

9 홍과 백의 두 패로 나눠서, 각기 말을 타고 내달아 구장(毬場)의 한복판에 놓인 홍과 백의 공을 구장(毬杖)으로 떠서 자기편의 구문(毬門)에 먼저 집어넣어 승부를 겨뤘다.

10 정몽주의 장남이다.

이 희롱 삼아 대호군(大護軍) 이순몽(李順蒙, 1386~1449년)[11]에게 말했다.

"자네의 광증은 권희달(權希達)을 마땅히 이을 만하나, 자네의 후계는 누가 이을 것인가?"

희달(希達)이 이를 듣고 대노(大怒)해 몹시 꾸짖어 욕하고는 또 말했다.

"너는 몽주(夢周)의 자식인데 다행히 우리 상의 은덕을 입어 너의 목숨이 보전됐다."

드디어 팔소매를 걷고서 순몽(順蒙)이 쥐고 있던 주장(朱杖)을 빼앗아 종아리를 때렸다. 상이 이를 듣고 말했다.

"권희달은 연로한 고관인데, 그 광증을 줄이지 못하고 이러한 짓을 했는가?"

이어 희달에게 명했다.

"너의 집으로 물러가 나오지 말라."

사헌부에서 말씀을 올렸다.

"권희달은 그전에도 자주 조사(朝士)를 욕보였는데, 이제 또 그

---

11 1405년(태종 5년) 음직(蔭職)으로 벼슬에 올라 1417년 무과에 급제, 1418년 의용위절제사(義勇衛節制使) 동지총제가 됐고, 1419년(세종 1년) 우군절제사에 임명됐다. 그 뒤 경상좌도병마절제사·중군도총제·좌군도총제·충청도병마도절제사·삼군도진무(三軍都鎭撫)·영중추원사(領中樞院事) 등을 역임했다. 1419년 우군절제사로 이종무(李從茂)·우박(禹博)·박초(朴礎) 등과 함께 대마도 정벌에 나섰다. 여러 장수가 모두 패했으나, 이순몽은 김효성(金孝誠)과 함께 대전과를 거둬 대마도주 도도웅이(都都熊耳)가 항복하고 수호를 요청했다. 1425년 진하사(陳賀使)로 중국에 들어가 선종(宣宗)이 즉위함을 축하했다. 1433년 중군절제사가 돼 파저강(婆猪江)의 야인인 이만주(李滿住)를 토벌하고 돌아오니, 세종이 노비와 의화(衣靴)를 내려주고 총애를 극진히 했다. 1434년 경상도도절제사, 1447년 영중추원사를 지냈다.

의 사분(私忿)을 풀고자 금장(禁杖)으로 정종성의 종아리를 때렸습니다. 종성도 권희달을 기만(欺謾)했으니 모두 죄가 있습니다. 청컨대 유사(攸司)에 내려 그들을 다스리게 하소서."

상이 말했다.

"두 사람 모두 죄가 있지만 내가 이에[其] 그들을 화해(和解)시키겠다."

계미일(癸未日-3일)에 소선(素膳)을 올렸다. 상이 초5일에 거행할 걸명재(乞命齋)의 치재(致齋) 때문이다.

○ 오도리(吾都里)·올량합(兀良哈) 등이 와서 토산물을 바쳤다.

갑신일(甲申日-4일)에 대마도(對馬島) 종정무(宗貞茂)의 사인(使人)이 와서 토산물을 바치니, 정무(貞茂)에게 쌀 100석(石)을 내려주었다.

을유일(乙酉日-5일)에 유성(流星)이 천시원(天市垣)에서 나와 건성도(建星度-건성의 자리)로 들어갔는데, 형상이 병(瓶)과 같았고 빛이 푸르렀다.

병술일(丙戌日-6일)에 동계(東界-동북면)·서계(西界-서북면) 도순문사(都巡問使)와 길주 도안무사(吉州都安撫使)에게 명해 준응(俊鷹)을 바치게 했는데, 춘등 강무(春等講武)까지로 했다.

○ 처음으로 과거(科擧)의 좌주(座主)[12]·문생(門生)[13]의 법을 혁파했다.

사헌부에서 소를 올려 말했다.

'과거를 설치하고 선비를 뽑아[取士] 임용에 대비하는 것은 진실로 좋은 법이지만, 법도 오래되면 폐단이 생깁니다. 전조(前朝-고려)가 쇠퇴하던 말엽에 이르러 공거자(貢擧者)를 은문이라 일컫고 시험 합격자[中試者]를 문생이라 일컬으면서 국가가 선비를 뽑는 뜻은 돌아보지 않고 사사로이 서로 비부(比附)[14]해 드디어 붕당이 됐으니, 그 폐단을 어찌 이루 다 말할 수 있겠습니까?

가만히 생각건대, 우리 태조 성상께서 즉위하신 이래로 상경(常經)을 세우고 기강을 펼치시어 전조(前朝)의 폐단을 다 혁파하고 선비를 뽑는 법을 일거에 새롭게 했습니다[一新]. 공정한 글터전[文地]을 택하시니, 대신이 지공거(知貢擧)[15]·동지공거(同知貢擧)가 돼 그 일

---

12 고려 때 과거에 급제한 자가 당시의 시관(試官)을 일컫던 말로, 평생 문생(門生)의 예를 행했다. 은문(恩門)이라고도 했다.

13 고려 때 과거에 급제한 사람이 고시관인 은문에 대해 일컫던 말이다.

14 무리를 이뤄 서로 빌붙는다는 말이다.

15 고려 시대에는 과거를 관장한 고시관을 지공거, 부고시관을 동지공거(同知貢擧)라고 했다. 지공거와 동지공거를 좌주(座主)라 하고, 좌주가 실시한 과거에서 급제한 자를 문생(門生)이라 했다. 좌주와 문생은 혈연으로 맺어진 부자에 비교될 만큼 집단의식을 가지고 있었다. 몽고 압제 아래에서 이들의 단결은 더욱 공고해졌고, 집단의식을 가지는 연회(宴會)와 동년회(同年會), 오서대(烏犀帶) 같은 신물(信物)로써 유대를 공고히 했다. 이러한 좌주·문생의 문벌을 자랑하던 권보(權溥)는 『계원록(桂苑錄)』을 지어 이들의 명단을 수록하고 집단의식을 남긴 바 있다. 좌주와 문생의 집단은 보수 세력으로서, 개혁 정치의 제동 역할도 했다. 공민왕은 좌주인 이제현(李齊賢)을 몰아내고 신돈(辛旽)을 등용함으로써 과거를 통해 형성된 귀족들의 집단의식을 뿌리 뽑으려 했다. 그는 전시를 실시하고 고

을 관장하고 예조 성균관원으로 하여금 함께 고시하게 하며 대간 1원도 참고(參考)하게 해, 반드시 경서에 밝고 행실이 단정하며 다움과 기예[德藝]가 있는 자를 뽑아 서명(書名)해 아뢰었습니다. 전정(殿庭)에서 친시(親試)해 출신패(出身牌)[16]를 내려주고 재주에 따라 임용했으며, 문무의 도리는 치우치거나 폐할 수 없는 까닭에 전하께서 무과를 설치하니 그 선시(選試)의 법은 한결같이 문과에 의거해 무관을 골랐습니다. 양부(兩府)[17]로써 감교(監校)·동감교(同監校)를 삼고 3품 이하로써 교시(校試)·동교시관(同校試官)을 삼으며, 병조낭청(兵曹郞廳) 1원, 훈련관(訓鍊觀) 2원, 대간에서 각기 1원씩 고시해 그 뽑는 것이 지극히 공정했습니다. 그러나 문생·좌주의 구습(舊習)이 아직도 있어 도리어 아부하는 자가 간혹 있습니다. 이는 다름 아니라 지공거·동지공거의 칭호가 혁파되지 못해서입니다. 무과의 감교·교시의 관원이 또 이 예에 의거해 공거(公擧)를 사은(私恩)으로 삼아 비부(比附)해서 당(黨)이 되니, 심히 남의 신하 된 자의 의리가 아니고 또 이를 점점 자라게 함은 불가합니다. 바라건대 문·무과의 공거·감교·고시·교시의 관원을 혁파해야 할 것입니다. 문과는 성균관이 이를 주관하되 예문관과 예조가 함께 시험해 뽑고 무과는 훈련관이 이를 주관하되 병조(兵曹)와 함께 시험해 뽑으며, 대간으로 하

시관을 늘려서 좌주와 문생의 유대를 일으키지 않는 제도적 장치를 하려고 했으나, 공민왕 이후 이러한 개혁 방향은 다시 옛 제도로 환원되고 만다. 그러다가 조선 건국 직전에 집권한 개혁파들에 의해 고시관이 6인으로 늘어나고 전시의 고시관도 2인이 됐다.

16 과거에 급제한 사람에게 내려주던 홍패(紅牌)를 말한다.

17 의정부와 중추부의 합칭인데, 대개 2품 이상을 말한다.

여금 고시에 참여해 그 고하의 차례를 아뢰게 하되 상께서 친히 그
재주를 시험해 임용에 대비하게 되면 선거가 공정하고 당을 이뤄 빌
붙는[比附] 폐단이 없어질 것입니다. 그리고 생원시(生員試)도 이 예
를 따르게 해야 할 것입니다.'

의정부에 내려 깊이 토의하게 하니 이렇게 의견을 모았다.

"문과(文科)는 예조에서 이를 주관하되 예문 춘추관(藝文春秋館)
과 함께 시험해 뽑고, 무과(武科)는 병조에서 이를 주관하되 훈련관
과 함께 고시하며, 생원시도 예조에서 이를 주관하게 하되 성균관과
함께 고시하게 하고, 그 나머지는 한결같이 헌부(憲府)의 아뢴 바대
로 따르게 하소서."

그것을 따랐다.

정해일(丁亥日-7일)에 상이 상왕을 받들고 광연루(廣延樓)에 행차해
풍악을 올리며[動樂] 극진히 즐겼다.

상이 대언 유사눌(柳思訥)에게 명해 내온(內醞-궁중의 술)을 의정
부에 내려주고 악(樂)을 내려주었는데, 2품 이상이 모두 참여했다.
영의정부사 성석린(成石璘) 등이 예궐(詣闕)해 사은(謝恩)하는데, 전
명자(傳命者)[18]가 아직 나오지 않으니 성석린·조영무(趙英茂)가 피곤
하고 나른해[疲倦] 호상(胡床)에 걸터앉았었다. 헌부(憲府)에서 이방

---

18 임금의 하교(下敎)을 전달하던 내관(內官)을 가리킨다.

녹사(吏房錄事)[19]를 탄핵하니, 석린(石璘) 등이 피혐(避嫌)[20]해 집에 물러가 있었다. 상이 이를 듣고 헌사(憲司)에 명해 (그 문제를) 논하지 말게 하고, 이어 석린 등을 불러 직무에 나오게 했다. 영무(英茂)가 아뢰었다.

"신은 본래 재덕(才德)이 없는데도 외람되게 상은(上恩)을 입어 지위가 정승에 이르렀습니다. 근래에 행한 것이 의리에 맞지 않는다고 해 사림에서 이를 그릇되게 여기고, 대간에서도 청죄(請罪)함이 두 번이나 됩니다. 도당(都堂)에 오래 있는 것은 마땅하지 못하니 바라건대 파면해주소서."

상이 말했다.

"피혐하지 말고 일을 보라."

○ 동서 양계의 전지(田地)를 측량했다.

의정부에서 아뢰었다.

"동서 양계를 양전하는 일은 이미 일찍이 상의 지시가 있었으나 지금에 이르도록 옛날 그대로 일경(日耕)으로 수조(收租)하고 있습니다. (그로 인해) 많고 적음이 고르지 못할 뿐 아니라 수한(水旱)을 만날 때마다 타도(他道)의 콩과 조를 실어다가 진제(賑濟)하게 되니 실로 불편합니다. 마땅히 정월이 되면 양전관(量田官)을 나눠 보내

---

19 녹사란 의정부에 속한 하급 관리다.
20 어떤 사건에 관련돼 다른 사람에게 혐의(嫌疑)를 받게 되면 그 혐의를 피하기 위해 사건과 관련 있는 모든 언행(言行)과 출퇴(出退)를 삼가는 일을 말한다.

타도의 예에 의거해서 타량(打量)하게 했다가 3월에 이르러 농무(農務)가 시작되면 일단 정지하도록 하고, 다시 9월이 되면 나눠 보내 타량을 마치게 함이 어떻겠습니까?"

그것을 따라 양전 경차관 판전사시사(判典祀寺事) 문취(文聚) 등 52원을 동서 양계로 나눠 보냈다. 이에 앞서, 양계의 일경지법(日耕之法)[21]이 백성에게는 이로웠으나 국가에는 불리했으므로 좌정승 하륜(河崙)이 건의해 이런 명이 있게 된 것이다. 의정부에서 아뢰었다.

"동서 양계는 지품(地品)이 요박(墝薄)[22]해 타도와 같지 않습니다. 이제는 양전할 때이니, 마땅히 경차관으로 하여금 자세히 살펴 경중의 마땅함을 얻게 해야 할 것입니다[得宜]. 그 하루갈이는 몇 짐(卜) 인지를 이제 헤아려서 파종은 몇 두(斗)로 할 것인지, 풍년의 소출은 몇 석(石)이고 중년(中年)의 소출은 몇 석이며 수조는 몇 두(斗)로 하는지 따위의 일을 먼저 찾아 물어 아뢰게 해야 할 것입니다."

그것을 따랐다.

○ 한성부(漢城府)의 의막(依幕)[23]을 기생 가희아(可喜兒)[24]에게 내려주었다. 그의 청을 따른 것이다.

기축일(己丑日·9일)에 동교에서 매사냥을 구경했다.

---

21 하루갈이[日耕]를 근거로 해 조세를 거두던 법이다. 원래 양계 지방은 타량함이 없었으므로 하루갈이를 중심으로 삭(朔)·일(日)·조(朝)·반조(半朝)로 땅의 면적을 헤아렸다.

22 지질이 나빠서 수확이 적다는 말이다.

23 임시로 거처하기 위해 만든 천막(天幕)을 말한다.

24 이때 이미 태종의 총애를 얻고 있었고, 태종 14년 1월 13일 자에 가희아를 옹주로 삼았다는 기록이 나온다.

경인일(庚寅日-10일)에 경상도 남해현(南海縣), 전라도 금주(錦州)·무풍(茂豐)·곡성현(谷城縣)에 지진이 있었다.

임진일(壬辰日-12일)에 오도리 지휘(吾都里指揮) 이호심파(李好心波) 등이 와서 토산물을 바쳤다.

○ 태평관(太平館) 직(直)을 의정부 장무 전리(掌務典吏)의 녹관(祿官)으로 삼았다. 정부에서 아뢰었다.

"부(府-의정부)의 장무 전리는 이조와 병조의 정청 영사(政廳令史)의 예에 의거해 6삭(朔)이 차면 거관(去官)하게 하소서."

그것을 따랐다.

계사일(癸巳日-13일)에 사간원 우헌납(右獻納) 은여림(殷汝霖)이 권희달(權希達)과 허수련(許壽連)의 죄를 청했다. 아뢰어 말했다.

"근일에 헌사에서 소를 올려 희달(希達)의 죄를 청한 바 있는데, 그대로 윤허해주실 것[兪允]을 청합니다. 또 허수련은 세자의 근시(近侍)인데 매와 개로 꾀었으니 죄가 그보다 무거울 수 없는데도, 단지 수군에 채워 넣기만 했으니 처벌이 너무 가벼웠습니다. (그런데) 이제는 수군을 면하고 사직(司直)으로 초배(超拜)한 것은 어찌된 일입니까? 수련(壽連)과 같은 자를 도리어 이같이 하게 되면 간악하고 아첨하는[奸諛] 자가 뒤를 이어[接踵] 일어날까 염려됩니다. 바라건대 수련을 도로[還] 수군으로 채워 넣어 뒤에 오는 사람들을 경계하게 하소서."

상이 모두 들어주지 않았다[不聽].

24

○ 호군(護軍) 진원귀(陳原貴)[25]를 가뒀다가 풀어주었다.

이에 앞서, 내비(內婢-내전의 여종) 동백(冬栢)이 자주 내탕(內帑)의 물건을 훔쳤으나 상이 그가 똑똑하고[穎悟] 소소한 일까지도 잘본다 해 용서하고 충녕대군(忠寧大君)에게 내려주었다. 그 뒤에 궁금(宮禁-대궐)에 출입하면서 중궁(中宮)의 의대(依襨-옷) 20여 벌을훔치니, 상이 비밀리에 내수(內竪-환관)로 하여금 그가 사장(私藏)한 것들을 염탐케 해 과연 그것을 얻어내자 동백이 부끄럽고 두려워서 스스로 목을 맸다[自縊]. 상이 즉시 의원(醫院)과 소수(小竪-어린환관)를 보내 그를 구원하게 했으나, (마침) 순관(巡官)이 된 원귀(原貴)가 길에서 마주친 그들을 붙잡았기 때문에 지연돼 구원할 수 없었다. 상이 노해 순금사(巡禁司)에 가뒀다가, 원귀는 애초에 왕명을받은[承命] 까닭을 몰랐기 때문에 용서해준 것이다.

갑오일(甲午日-14일)에 왜선(倭船)을 시험할 것을 명했다.

대언 유사눌(柳思訥)에게 명해 한강에서 본국의 병선(兵船)과 평도전(平道全)[26]이 만든 왜선의 빠르고 느림을 비교해보게 했다. 사눌(思

---

25 원문은 陳元貴로 돼 있다. 그러나 그 이전이나 그 이후 모두 陳原貴로 나오므로 여기서
도 陳原貴라고 했고 원문도 그것을 따랐다.

26 대마도 도주 종정무(宗貞茂)의 부하였으며 장수를 지냈다. 대마도와 조선이 서로 사신을
보내 왕래할 때 조선을 여러 차례 방문했다. 조선과의 인연이 깊어지자 조선에서 살기를
원하며 가족과 식솔을 대리고 태종 7년인 1407년 7월에 조선으로 귀화했다. 조선의 조
정에서는 특별히 사재감(司宰監) 소감(少監)이라는 벼슬을 내렸는데, 당시 3품관에 이르
는 관직이었다. 조선에서 그는 왜(倭)와의 외교를 담당했다. 태종의 명을 받아 대마도를
왕래했고, 대마도 도주의 의중을 조선 조정에 전달했다. 그는 이때의 기록에 나오듯이 조

訥)이 복명해 말했다.

"물길을 따라[順流] 내려가면 병선이 왜선보다 뒤지기를 30보(步)
혹은 40보나 하고, 물길을 거슬러 올라가면 몇백 보나 뒤졌습니다."

을미일(乙未日-15일)에 원상(元庠, ?~?)²⁷을 검교 참찬의정부사(檢校
參贊議政府事)로 삼았다.

○ 밤에 관등(觀燈)했는데, 상원(上元-정월 대보름)이었기 때문이다.

○ 충청도 이산(尼山)의 병선 1척(隻)이 바람을 만나 패몰(敗沒)하
니 익사자가 10인이었다. 애초에 나라에서는 왜놈[倭奴]들이 중국에
도둑질하러 가려면 반드시 연해(沿海)를 거쳐 가야 했기 때문에 충
청도 선군으로 하여금 바다 가운데 요충에 정박해 비어(備禦)케 했

선의 병선(兵船) 제조에도 관여했는데, 태종의 명을 받아 왜선(倭船)을 제작해 한강에서
조선의 군선과 성능을 비교하기도 했다. 이때 왜선이 훨씬 속도가 빨라 태종이 조선의 군
선을 개선하라는 지시를 내렸다고 전한다. 세종 1년인 1419년 5월, 왜구가 비인현(庇仁
縣)을 공격해 그곳을 지키던 만호(萬戶-종4품 무관직)를 죽이고 양민 300여 명을 학살하
며 곡물과 가축을 약탈했다. 이에 고무된 왜구는 배를 타고 계속 북상해 연평도와 백령
도에 이르렀다. 이때 평도전은 아들 평망고(平望古)와 함께 출전했으나, 소극적인 태도로
일관하다가 대마도와 내통한 일이 발각됐다. 당시 평도전은 '조선이 대마도를 박하게 대
하니, 대마도에서 조선을 위협하면 조선이 다시 대마도를 잘 대접할 것이다'라는 밀지를
전달했다. 그의 가족은 평안도에 유배(流配)돼 위리안치됐고, 평망고는 반발해 달아났다
가 체포돼 처형됐다. 평도전은 유배지에서 곤궁한 삶을 살다 사망했다.

27 정당문학(政堂文學)을 지낸 원송수(元松壽)의 아들이다. 군기시소윤(軍器寺少尹)을 지
내다가 1389년(창왕 1년) 김저(金佇)의 옥사에 연루돼 다음해 광주(光州)로 유배됐다.
1391년(공양왕 3년) 국대비의 생일을 맞아 하륜(河崙)·우인열(禹仁烈) 등과 함께 특사로
풀려나온 뒤에 장단의 대덕산(大德山)에 은거했다. 조선이 개국된 뒤에 태조가 원상의 덕
망을 아껴 여러 차례 불렀으나 응하지 않다가, 1413년(태종 13년) 정월에 검교참찬의정부
사(檢校參贊議政府事)에 제수됐다. 다음해 검교한성부사(檢校漢城府事)를 거쳐 1435년
(세종 17년) 판중추원사가 된 뒤, 이듬해 한창수(韓昌壽)·오승(吳陞)과 함께 궤장(几杖)을
하사받았다.

는데, 이때에 이르러 배가 패몰했다. 도관찰사가 도만호(都萬戶) 송전(宋珚)이 적변(賊變)이 없는데도 밤을 타서 행선(行船)한 까닭이라며 율에 의거해 과죄할 것을 청하니 그것을 따랐다.

　병신일(丙申日-16일)에 사관(史官)에게 명해 조계(朝啓)[28]에 입시(入侍)토록 했다.

　사헌부에서 소(疏)를 올려 말했다.
　'예전은 천자가 움직이면[動] 좌사(左史)가 이를 쓰고 말을 하면
[言] 우사(右史)가 이를 기록했으니, 일(을 쓴 것)은 『춘추(春秋)』[29]가
되고 말(을 쓴 것)은 『상서(尚書)』[30]가 됐습니다. 이 때문에 임금이 사

28　상참 의식이 끝나면 계사(啓事)할 관원들은 사관(史官)과 함께 전내(殿內)에 들어가 부복(俯伏)하고 차례로 용건을 계문(啓聞)했다.

29　『춘추(春秋)』는 중국 춘추 시대 노(魯)나라 은공(隱公) 원년(元年, 기원전 722년)에서 애공(哀公) 14년(기원전 481년)까지 12대(代) 242년 동안의 역사(歷史)를 편년체(編年體)로 기록하고 있다. 기원전 5세기 초에 공자(孔子)가 노나라에 전해지던 사관(史官)의 기록을 직접 편수(編修)한 것으로 알려져 있다. 유학(儒學)에서 오경(五經)의 하나로 여겨지며, 동주(東周)시대 전반기를 춘추 시대(春秋時代)라고 부르는 것도 이 책의 명칭에서 비롯됐다. 공자가 편수(編修)하기 이전에 노나라에는 『춘추』라고 불리는 사관의 기록이 전해지고 있던 것으로 보인다. 『맹자(孟子)』에 따르면 춘추 시대의 열국(列國)들은 각각 사관을 두어 사적(事跡)을 정리했는데 진(晉)에는 '승(乘)', 초(楚)에는 '도올(檮杌)', 노(魯)에는 '춘추(春秋)'가 있었다고 한다. 이처럼 노나라에 전해지던 기록을 공자가 스스로의 역사의식과 가치관에 따라 새롭게 편수한 것으로 알려진 것이 오늘날의 『춘추』다.

30　한대(漢代) 이전까지는 '서(書)'라고 불렸는데, 이후 유가 사상의 지위가 상승됨에 따라 소중한 경전이라는 뜻을 포함시켜 한대(漢代)에는 『상서(尚書)』라 했으며, 송대(宋代)에 와서 『서경(書經)』이라 부르게 됐다. 우(虞)·하(夏)·상(商)·주(周) 시대의 역사적 내용이 기록돼 있다. 판본으로는 『금문상서(今文尚書)』와 『고문상서(古文尚書)』가 있다. 『상서』가 분서갱유로 소실된 상황에서 한(漢) 문제(文帝)는 진(秦)에서 박사를 지낸 복생(伏生)이 『상서』에 정통하다는 말을 듣고 유학을 진흥시키기 위해 조조(晁錯)를 보내 배워오게

관(史官)으로 하여금 늘 좌우에 모시게 해 일언일동(一言一動)을 쓰지 아니함이 없음은 후세의 법이 된 지 오래입니다. 삼가 생각건대, 전하께서는 옛일을 본받아 문사(文士) 8인을 뽑아 이름을 '사관(史官)'이라 해 실록을 전담하게 하고 대언(代言)·시신(侍臣)으로 하여금 모두 사직(史職)을 겸하게 해 날마다 좌우에 모시게 했으니, 시사(時事)를 기주(記注)하는 직임이 넓다 할 것입니다. 그러나 사관을 겸직한 자는 각각 직사의 번거로움이 있어, 그 실록의 상세함이 사관이 전담해 극진히 하는 것만 못합니다. 지난번에 전하께서 사관이 듣고 남에 실수가 있다 해 드디어 근시하지 못하게 하셨는데, 신 등은 전하의 가언(嘉言)과 선행이 후세에 다 전하지 못할까 염려됩니다. 바라건대 전하께서는 어리석은 이 마음을 굽어 채택하시어, 옛 법도를 따라 사관으로 하여금 날마다 청정(聽政)하는 곁에 모시게 해 만세의 법이 되게 하소서.'

그것을 따랐다.

○사헌부에서 소를 올려 임강 감무(臨江監務) 한집(韓緝)의 처 오씨(吳氏)의 죄를 청했다.

'오씨는 모상(母喪)을 만나[丁=當] 아직 기년(期年-1년)도 못 돼 최복(衰服)을 벗어버리고, 일족의 부녀를 모아서 창우(倡優)로 하여금

했다. 복생은 조조에게 29편의 『상서』를 전해주었고 조조는 그것을 당시의 문체 즉 금문으로 받아썼는데, 이것이 바로 『금문상서』다. 『고문상서』는 경제(景帝) 때에 노나라 공왕(恭王)이 공자의 옛집을 헐다가 벽 속에서 『논어(論語)』·『효경(孝經)』 등과 함께 발견했다는 『상서』의 고본(古本)을 말한다. 이 고본은 한의 문자체와는 다른, 춘추 시대의 문자체로 쓰여 있어 금문이라는 말과 대비되는 고문이라고 한다.

가무하게 하며 종일토록 기쁘게 즐겼습니다. 바라건대 율에 의거해 논죄하소서.'

상이 말했다.

"최복을 벗은 것은 아버지의 명이니 무슨 죄가 있겠는가? 가무오락(歌舞娛樂)에 이르러서는 과실이니, 순금사에 내려 그 죄를 속(贖)하게 하라."

순금사에서 불효의 죄를 가지고 계문하니 상이 말했다.

"불효로써 죄를 속(贖)함은 율문에 실려 있지 아니하니, 용서함이 마땅하다."

○ 의정부에서 올적합(兀狄哈)·올량합(兀良哈)·오도리(吾都里) 등의 사송인(使送人)을 대접하는 법을 올렸다.

정부에서 아뢰었다.

"올적합 등의 사송인이 잇달아[絡繹] 왕래해 그 폐단이 적지 않습니다. 이제부터는 10여 호(戶) 이상을 거느린 자의 사송인 이외에는 부경(赴京)함을 허락하지 말고, 모두 길주(吉州)·경성(鏡城) 등지에서 우대해 돌려보내게 하소서."

그것을 따랐다.

○ 대호군 박윤충(朴允忠)을 동북면 청주(靑州) 등지로 보내 은(銀)을 캐게 했다.

○ 경상도 거창현(居昌縣)에 지진이 일어났다. 인시(寅時)부터 진시(辰時)까지 모두 20차례[度]였다.

○ 전라도에서 천둥이 내리쳤다. 안열현(安悅縣)에는 더욱 심해, 천

둥벼락이 치고 큰비가 내렸으며 천화(天火)가 송인(宋仁)의 집에 떨어져 그 아내와 어린아이가 모두 불타 죽었다[燒死].
소사

○ (전라도) 금주(錦州) 부리현(富利縣) 사람 김룡(金龍)의 집 소가 암송아지[牸] 셋을 낳았다.
자

○ 의정부에서 유죄수속법(流罪收贖法)[31]을 올렸다. 아뢰어 말했다. "건문(建文) 4년(1402년·태종 2년) 9월 아무개 일, 본부(本府·의정부) 수교(受敎·임금으로부터 받은 교서) 가운데 '유죄(流罪)는 수속(收贖)하되, 『대명률(大明律)』에 "유(流) 3,000리에 동전(銅錢) 36관(貫)을 속(贖)한다"라고 돼 있으나 본국(本國·조선)의 경내는 3,000리가 되지 아니한다. 유배자(流配者)가 3,000리에 미치지 못함에도 수속자(收贖者)는 3,000리에 준해 속(贖)하니, 명실(名實)이 서로 다르다. 가장 먼 경원부(慶源府)가 1,680리인데 유배 3,000리에 동전 36관으로 속하게 했으니 1분(一分)[32]을 감면해 24관으로 하고, 그다음 동래(東萊)가 1,230리인데 유배 2,500리에 속전을 33관으로 했으니 1분을 감면해 22관으로 하고, 그다음 축산(丑山)이 1,065리인데 유배 2,000리에 속전을 30관으로 했으니 1분을 감면해 20관으로 하라. 이같이 감분(減分)하여 수속도록 하라'라고 하셨습니다. (그런데) 이제 율문명례(律文名例)를 상고한즉 이르기를 '장(杖) 100에 유배 3,000리는 속전이 36관, 장 100에 유배 2,500리는 속전이 33관, 장 100에 유배 2,000리는 속전이 30관'이라고 해 그 속전의 수는

---

31 유배형에 대해 속전하는 법을 말한다.
32 3분의 1을 말한다.

모두 유(流)와 장(杖)을 통합해서 계산했는데, 그 감분의 법에서도 유·장의 속전을 분별하지 아니하고 모두 계제(計除)하게 함은 잘못된 듯합니다. 만약 감분하게 한다면 장 100에 유배 3,000리를 속전 36관으로 한 것은 장 100에 속전 6관을 제하고 (다시) 1분을 감면해 20관이 되고, 장 100에 유배 2,500리를 속전 33관으로 한 것은 장 100에 속전 6관은 제하고 (다시) 1분을 감면해 18관이 되며, 장 100에 유배 2,000리를 속전 30관으로 한 것은 장 100에 속전 6관은 제하고 (다시) 1분을 감면해 16관이 됩니다. 그러나 이같이 태장(笞杖)의 수는 한결같이 율문에 의거하면서도 유죄(流罪)는 곧 본국의 이수(里數)에 차지 아니한다 하여 감분해서 시행한다면, 이는 율을 만든 뜻에 어긋남이 있는 것입니다. 이제부터는 유배에 해당하지 않는데도 속전을 바친 자는 감분하지 말고 모두 율문의 수로써 수속하게 하되, 그 이수(里數)가 차지 아니하는 유배자는 1분을 감면해 수속하게 하소서."

상이 명했다.

"그 이수가 차지 않는 유배자는 수속하지 말게 하라."

정유일(丁酉日-17일)에 동교(東郊)에서 매사냥을 구경했다.

○ 사헌부에서 전사 부령(典祀副令) 조서로(趙瑞老), 도관 정랑(都官正郎) 심도원(沈道源)의 죄를 핵청했다. 이에 앞서 서로(瑞老) 등이 이조 문선사(吏曹文選司)가 돼, 임오년(壬午年) 반란에 가담했던 황길지(黃吉至)를 증산 현령(甑山縣令)으로 삼고 김영귀(金英貴)를 흡곡 현령(歙谷縣令)으로 삼았기 때문이다. 상이 대사헌 정역(鄭易) 등

을 불러 말했다.

“영귀(英貴)는 개천(開川)의 공이 있고 길지(吉至)는 전함 관안(前銜官案)에 실렸으니, 마땅히 더는 논하지 말게 하라.”

역(易) 등이 대답했다.

“이 사람들은 일이 역란(逆亂)에 관계되니, 몽롱(朦朧)하게 서용(敍用)한 것은 실로 인사 선발 담당자[掌選者]의 죄입니다.”
장선자

○사헌 지평(司憲持平) 홍도(洪度)에게 그 집으로 돌아가도록 명했다.

우정승 조영무(趙英茂), 완원부원군(完原府院君) 이양우(李良祐), 완산군(完山君) 이천우(李天祐), 도총제(都摠制) 이화영(李和英)·조연(趙涓)·민무휼(閔無恤), 화산군(花山君) 장사정(張思靖), 동지총제(同知摠制) 유은지(柳殷之)·문효종(文孝宗), 첨총제(僉摠制) 이화미(李和美) 등이 몰래 세자에게 매를 바쳤는데, 상이 이를 알게 됐다. 간원에서 허수련(許壽連)의 죄를 청하자 상이 말했다.

“예전에 심정(沈泟)이 세자에게 소응(小鷹)을 바치자 대간에서 오히려 그 죄를 청했는데, 이제는 재상이 여러 번 응견을 바쳤어도 너희들이 그 죄를 청하지 아니했다. 이것은 반드시 관망(觀望)하는 마음이 있어서였다. 수련(壽連) 같은 자를 책하는 것으로 어찌 충분하겠는가?”

이에 헌사에서 세자전(世子殿)의 소수(小豎-어린 내시) 조덕중(曺德中)·허원만(許元萬)을 잡아다가 국문(鞫問)하고, 이어서 영무(英茂) 등을 탄핵했다. 상이 영무 등에게 직임에 나올 것을 명하고 헌사에 명해 더는 논하지 말게 했다. 헌사에서 소를 올렸는데, 대략 이러했다.

'영무 등은 보상(輔相-보필하는 재상)으로서 다퉈 완호(玩好-오락)의 물건을 바치고 세자의 마음을 흔들리게 했습니다. 만약 법으로써 이를 다스리지 않는다면 간사하고 아첨하는 무리를 무엇으로 징계하겠습니까?'

상이 지평 홍도에게 말했다.

"대간에서 날마다 서연(書筵)에 참여했으니 매 기르는 것을 모르지 않았을 터인데, 어찌 내가 말하기를 기다린 뒤에야 제경(諸卿)의 죄를 청하는가? 이는 곧지 못하다[不直]. 더욱이 양우(良祐) 같은 자는 그 죄를 불복했는데, 무슨 근거로써 아울러 죄주기를 청하는가?"

도(度)가 대답했다.

"양우가 매를 바친 여부는 신이 본래 알지 못하고, 다만 덕중(德中)의 말이 너무 소상하므로 죄를 청한 것뿐입니다."

상이 말했다.

"어찌 소인의 말만 믿고 다시 묻지 아니했는가? 이것이 바로 일벌이기를 좋아하는 것[好事]이라 할 것이다."

도가 대답하지 못하자 상이 즉시 도에게 청가(請暇)[33]할 것을 명하고, 이어서 조례(皂隸-하인)로 하여금 그 집으로 압송하게 했다. 간원에서 아뢰어 말했다.

---

33 관리가 말미를 청하는 것을 가리킨다. 여기서는 죄를 지어 대죄(待罪)하기 위해 집으로 물러감을 뜻한다.

"헌사는 언관(言官)이니, 말이 비록 사리에 맞지 않다[不中] 하더라도 물러가 있게 함은 옳지 못합니다."

상이 말했다.

"대원(臺員-사헌부 관리)은 동궁(東宮)에 매가 있는 줄을 알면서도 관망하면서 언급하지 않다가 내 말을 듣고서야 탄핵했다. 또 덕중의 공사(供辭)만으로 양우(의 죄)를 아울러 청함은 불가한 것이다."

헌납 은여림(殷汝霖)이 아뢰어 말했다.

"애초에 수련이 매를 동궁에 바쳤을 때 전하께서 특별히 언관을 불러 그 죄를 포소(布昭-널리 알림)하셨으므로 대간에서는 모두 수련의 죄로 여기고 그 일신에만 그쳤습니다. 그래서 처음에는 공사가 대신(大臣)에 연루됐음을 알지 못했는데, 근일에 이를 알게 됐으니 직임이 언관에 있어 말하지 않을 수 없습니다. 다만 수련을 죄줄 때 신 등도 아직 그 연고를 다 알지 못했으니 죄가 헌사와 같은데, 그 책임을 홀로 면함은 심히 부끄러운 것으로 여겨집니다."

상이 말했다.

"너는 그 죄를 알았으니 마땅히 너의 집으로 가고, 간원도 모두 청가하도록 하라."

신축일(辛丑日-21일)에 무진년(戊辰年-1388년)의 (위화도) 회군공신전(回軍功臣田)을 환급해주었다.

○ 곽주(郭州)를 고읍(古邑)에 다시 설치하게 했다. 서북면 도순문사의 청을 따른 것이다.

○ 예조에서 종묘와 사직제의 희생을 쓰는 제도를 올렸다.

"종묘에서는 소·양·돼지를 쓰고, 사직에서는 소·돼지만을 쓰고, 선농(先農)과 선잠(先蠶)에서는 돼지만 썼습니다. 청컨대 이제부터는 고제(古制)에 의거해 사직·선농·선잠에서도 모두 양을 쓰게 하소서."

그것을 따랐다.

○ 표목(標木)을 종묘(宗廟)·궐문(闕門)의 동구(洞口)에 세웠다.

예조에서 아뢰었다.

"궐문 동구에 마땅히 중국 제도[華制]를 모방해 표목을 세우고 그
전면에 쓰기를 '대소 관리로서 이곳을 지나는 자는 모두 말에서 내
리라. 이곳에 들어온 자는 가운데 길로 다니지 못한다. 궐문 밖에 이
르면 1품 이하는 10보(步) 거리에서, 3품 이하는 20보 거리에서, 7품
이하는 30보 거리에서 말을 내리라'라고 하며, 종묘 동구에도 표목
을 세우시고 그 전면에 쓰기를 '대소 관리로 이곳을 지나는 자는 모
두 말에서 내리라'고 하소서."

그것을 따랐다.

○ 신하와 백성[臣庶]의 추천하는 법을 정했다. 가르쳐 말했다
[敎曰].

"금후로는 부모의 추천(推薦)³⁴을 산수가 맑고 깨끗한 곳에서 베풀
되 주상자(主喪者-상주)는 빈소 곁을 떠나지 말고, 최복(衰服)을 입
어야 하는 친척 이외는 불사(佛寺)에 나아가는 것을 불허한다. 배설

---

34 죽은 사람을 위해 공덕을 베풀어 그 명복을 비는 것을 말한다.

(排設)은 전에 상정한 것에 의거해 3품 이상은 3분(盆)을 초과하지 못하고, 4품 이하는 2분을 초과하지 못하며, 서민은 1분을 초과하지 못한다. 화초(花草)는 모두 채지(綵紙)로써 쓰고, 보시(布施)는 모두 향산(鄕産-지방 토산물)으로 쓰라. 법석(法席)이라 일컬어 연일 재물을 소비하는 일은 한결같이 금단하라."

전일에 간원의 청이 있었으므로 이런 명이 있었다.

○ 전 부윤(府尹) 설칭(薛偁)이 글을 올려 말했다.

'정신(廷臣)이 불씨(佛氏)의 교리를 제거하도록 청하니 전하의 의견이 백사(百司)와 한량(閑良)에까지 미쳤습니다. 가만히 생각건대, 하늘과 땅이 무사(無私)함을 어짊[仁]이라 하고 빼어난 이[聖人]가 도리를 행하고 일을 마름질하는 것[制事]을 마땅함[義]이라고 하는데, 다움[德] 중에 어짊과 마땅함[仁義]보다 큰 것이 없고 도리 중에 경상(經常-일정한 법도)보다 귀한 것이 없습니다. 옛날에 주나라가 쇠퇴하자 오패(五伯)[35]·칠웅(七雄)[36]이 서로 이어 일어나서 명의(名義-명분)에 기대어 사욕을 이루니, 살벌한 소리가 중국에 차서 넘침에 하늘도 진실로 이를 싫어했습니다.

서역(西域)에 신(神)이 있어 그 이름을 불(佛-석가모니)이라 했는데, 의복과 기물(器物)이 모두 선왕(의 도리-곧 유가)에 어긋났습니다. 천

---

35 이때는 오패(五伯=五霸)라고 읽는다. 중국 춘추 시대의 5패(五霸)를 말하는데, 제(齊) 환공(桓公)·진(晉) 문공(文公)·진(秦) 목공(穆公)·송(宋) 양공(襄公)·초(楚) 장왕(莊王)을 가리킨다.

36 중국 전국 시대에 할거했던 진(秦)·초(楚)·연(燕)·제(齊)·조(趙)·위(魏)·한(韓)의 7국(七國)을 가리킨다.

하와 국가도 모두 일신(一身)의 밖이고, 예의도 간략해 임금과 어버이에게 읍(揖)을 합니다. 청정(淸淨)의 교(敎)를 귀히 여기고 자비의 법을 중히 여기며, 광대(宏大)한 말을 잘하고 화복(禍福)의 설에 능합니다. 삼생(三生)[37]이 이미 시작해 육도(六道)[38]가 비로소 벌어졌다 하고, 기권(機權-술법과 임시변통술)과 신괴(神怪)에 능합니다. 이는 그저 몸을 깨끗이 하려는 자나 할 것이요, 나라를 가진 자가 숭상할 것은 아닙니다. 육조(六朝)[39]는 변변치 못한[區區] 땅을 갖고서 탕장(帑藏)[40]을 다 없애고 인력을 남김없이 다하니, 사관(寺觀-사찰)이 시전(市廛)에까지 인접하고 탑묘(塔廟)가 산천에 두루 있어도 강토는 날로 깎이고 운명은 날로 재촉받았습니다. 당(唐)나라 고조(高祖)는 승니(僧尼)를 도태시켰고 태종(太宗)은 절의 창립을 허락하지 않았으나, 능히 천하를 혼일(混一)하고 부(富)가 사해(四海)에 이르렀습니다. 바라건대 전하께서는 육조의 그릇됨을 일소하고 성당(盛唐)의 일을 행하소서.'

일은 결국 시행되지 못했다.

○동서 양계에서 금은(金銀)을 캐는 민호(民戶)의 부역과 세금을 면제하라[復]고 명했다.

---

37 전생(前生)과 현생(現生)과 후생(後生)을 가리킨다.
38 일체의 중생이 선악의 업인(業因)에 의해 필연적으로 이르게 되는 여섯 가지의 미계(迷界), 곧 지옥·아귀·축생(畜生)·수라(修羅)·인간(人間)·천상(天上)을 말한다.
39 중국의 왕조 이름으로, 후한(後漢) 멸망 이후부터 수(隨)의 통일 때까지 있었던 오(吳)·동진(東晉)·송(宋)·제(齊)·양(梁)·진(陳)을 총칭한 것이다.
40 재화를 간직하는 내탕고를 말한다.

임인일(壬寅日·22일)에 형조에서 상의원 사어(尙衣院司御) 최림(崔霖)에게 죄줄 것을 청해 아뢰어 말했다.

"림(霖)은 (명나라) 조정(朝廷)에 나아갔다가 궁내에서 쓸 초백(綃帛)을 바꿔 왔는데, 제대로 고르지 못하고 그 값만 배를 주었습니다. 바라건대 율에 의거해 과죄하게 하소서."

그것을 따랐다.

○ 병조참의 우박(禹博), 의정부 지인(議政府知印) 김지순(金之純)을 보내 순성(蓴城)의 축제(築堤-제방 쌓기) 역사를 감독하게 했다.

갑진일(甲辰日·24일)에 동교에서 매사냥을 구경했다.

○ 강원도 도관찰사 김구덕(金九德)을 한성부윤으로 삼고, 우홍강(禹洪康)으로 그를 대신하게 했다. 평안도 순안(順安) 사람 전 총랑(摠郎) 석인정(石仁正)에게 판사(判事)를 제수해 치사(致仕)하게 했다. 인정(仁正)은 사재를 내어 관가(官家)를 세우고 은혜를 백성에게 베풀었으므로 정부에서 포상하기를 청한 때문이다. 그 아들 부사직(副司直) 거(琚)의 직질도 승진시켰다.

병오일(丙午日·26일)에 서북면 도순문사 임정(林整)이 해청응(海靑鷹)을 바치니, 상이 기뻐해 정(整)에게 표리(表裏-옷감)를 내려주고 매받이하는 사람[臂鷹人]에게도 면포(綿布) 2필을 상으로 주었다.
비응 인

정미일(丁未日·27일)에 형조판서 최이(崔迤)가 경사(京師)로 떠났다. 성절(聖節)을 하례하기 위함이었다. 당인(唐人-중국인) 섭관생(葉官生)

이 일찍이 영락(永樂) 4년에 왜에게 포로가 됐다가 도망쳐 김해(金海)에 와 있었는데, 이때에 이르러 국가에서 경사로 보내고자 하니 관생(官生)이 원하지 않는다며 말했다.

"군기 별군(軍器別軍) 17인은 모두가 전일의 만산군(漫散軍)[41]입니다. 그뿐 아니라 서북(西北)·풍해(豊海) 양도에 나 같은 사람이 매우 많은데, 만약 경사로 돌아가게 된다면 반드시 알려져 살아남을 자가 없게 될 것입니다."

정부에서 아뢰니 드디어 정침(停寢-보류)했다.

○큰 종을 주조해 완성했다. 애초에 제도(諸道)의 주철(鑄鐵) 1만 5,000근(斤)을 거둬 주조하게 했는데, 이때에 이르러 박자청(朴子青)이 대장(隊長) 1,000명을 동원해 경성에 실어 들여오니 상호군 현귀명(玄貴命)에게 명해 내온(內醞)을 내려줘 위로하고는 드디어 이를 돈화문(敦化門)에 매달았다.

○전 개성 유후(開城留後) 유담(柳湛)이 늙음을 이유로 전(箋)을 올려 전장(田庄)으로 돌아가고자 걸신(乞身)[42]하니, 윤허하지 않았다. 상이 말했다.

"담(湛)은 곧 여흥부원군(驪興府院君-태종의 장인 민제)의 바둑 벗[碁朋]이어서 그 청을 따름이 마땅하다. 그러나 2품 이상은 외방에
_{기붕}

---

41 명(明)나라 요양(遼陽) 지방에서 도망쳐 조선으로 나온 옛 고려의 동북면(東北面) 인민이다. 우왕(禑王) 때 호발도(胡拔都)에 의해 납치당해 명(明)의 동녕위(東寧衛) 군정으로 편입됐다가, 건문제(建文帝) 연간에 고국인 조선으로 대거 도망쳐 왔다. 이후 줄곧 명나라와 조선의 외교적 줄다리기 사안으로 남아 있었다.

42 나이가 70세 이상인 신하가 임금에게 벼슬에서 물러나 고향에 돌아가 여생을 마치기를 애걸하던 일을 말한다. 걸해(乞骸) 혹은 걸골(乞骨)이라고도 했다.

사는 것을 불허한다는 드러난 영(甲)이 있으니, 사(私)로써 이를 폐기

함은 옳지 못하다."

辛巳朔 日食.
신사 삭 일식

上詣文昭殿 行元日別祭. 以日食之變 停向闕賀禮 不受朝. 諸道
상 예 문소전 행 원일 별제 이 일식 지변 정 항궐 하례 불 수조 제도

皆獻馬 諸道進馬自此始. 將午 上以素衣角帶 出御正殿月臺. 日官
개 헌마 제도 진마 자차 시 장오 상 이 소의 각대 출어 정전 월대 일관

伐鼓 日食始自午正三刻 至申初二刻乃復. 初 書雲觀嘗啓: "申初
벌고 일식 시자 오정 삼각 지 신초 이각 내복 초 서운관 상계 신초

三刻." 上謂代言等曰: "日食差一刻 書雲觀得無罪歟?" 知申事
삼각 상 위 대언 등왈 일식 차 일각 서운관 득 무죄 여 지신사

金汝知對曰: "日食有常度 書雲觀推步之稍差 罪之有無 臣等
김여지 대왈 일식 유 상도 서운관 추보 지 초차 죄지 유무 신등

所未知也." 左副代言韓尙德曰: "日食雖有常度 人事修則當食不食
소미지 야 좌부대언 한상덕 왈 일식 수유 상도 인사 수즉 당식 불식

或漏刻之差 亦未可知 臣恐無罪也." 上曰: "罪疑惟輕 功疑惟重 是
혹 누각 지차 역 미 가지 신 공 무죄 야 상 왈 죄의 유경 공의 유중 시

聖訓也." 乃賜述者黃思祐米豆二十石.
성훈 야 내사 술자 황사우 미두 이십 석

壬午 西北面安州地震.
임오 서북면 안주 지진

上詣仁德宮 打毬也. 世子宗親與焉. 內資少尹鄭宗誠戲語大護軍
상 예 인덕궁 타구 야 세자 종친 여언 내자 소윤 정종성 희어 대호군

李順蒙曰: "汝之狂 當繼權希達 汝之後伊誰繼之?" 希達聞之 大怒
이순몽 왈 여지광 당계 권희달 여지후 이수 계지 희달 문지 대노

醜罵 且曰: "汝是夢周之子 幸賴我上德 保爾首領." 遂奮袂奪順蒙
추매 차왈 여시 몽주 지자 행뢰 아 상덕 보 이 수령 수 분몌 탈 순몽

所執朱杖扶之. 上聞之曰: "希達年老官高 其狂不減乃如是耶!" 仍
소집 주장 질지 상 문지 왈 희달 연로 관고 기광 불감 내 여시 야 잉

命希達 "往汝家勿出." 司憲府上言曰: "權希達前此屢辱朝士 今
명 희달 왕 여가 물출 사헌부 상언 왈 권희달 전차 누욕 조사 금

又逞其私忿 以禁杖扶宗誠 宗誠亦欺謾希達 兩俱有罪. 請下攸司
우 영기 사분 이 금장 질 종성 종성 역 기만 희달 양구 유죄 청하 유사

治之." 上曰: "二人皆有罪 吾其和解之."
치지 상왈 이인 개 유죄 오 기 화해 지

癸未 進素膳. 上以初五日行乞命齋 致齋也.
계미 진 소선 상 이 초 오일 행 걸명재 치재 야

吾都里 兀良哈等來獻土物.
오도리 올량합 등 내헌 토물

甲申 對馬島宗貞茂 使人來獻土物 賜貞茂米一百石.
갑신 대마도 종정무 사인 내헌 토물 사 정무 미 일백 석

乙酉 流星出天市垣 入建星度 形如瓶 色靑.
을유 유성 출 천시원 입 건성 도 형 여병 색청

丙戌 命東西兩界都巡問使及吉州都安撫使 進俊鷹 令及春等
병술 명 동서 양계 도순문사 급 길주 도안무사 진 준응 영 급 춘등

講武.
강무

初革科擧座主門生之法. 司憲府上疏曰:
초 혁 과거 좌주 문생 지법 사헌부 상소 왈

'設科取士 以備任用 誠良法也 然法久弊生. 迨至前朝衰季 爲
설과 취사 이비 임용 성 양법 야 연 법구 폐생 태 지 전조 쇠계 위

貢擧者稱恩門 中試者稱門生 不顧國家選士之意 私相比附 遂
공거 자 칭 은문 중시 자 칭 문생 불고 국가 선사 지의 사상 비부 수

爲朋黨 其弊詎可勝言! 恭惟我太祖聖上卽位以來 立經陳紀 盡
위 붕당 기폐 거가 승언 공유 아 태조 성상 즉위 이래 입경 진기 진

革前朝之弊 一新取士之法. 擇公正文地 大臣爲知貢擧同知貢擧
혁 전조 지폐 일신 취사 지법 택 공정 문지 대신 위 지공거 동지공거

以掌其事 使禮曹成均館員同考試之 亦使臺諫一員參考 必取經明
이장 기사 사 예조 성균관 원 동 고시 지 역사 대간 일원 참고 필취 경명

行修有德藝者 書名以聞 親試殿庭 賜出身牌 隨才任用. 且文武之
행수 유 덕예 자 서명 이문 친시 전정 사 출신패 수재 임용 차 문무 지

道 不可偏廢也 故殿下設武科 其選試之法 一依文科 擇武官兩府
도 불가 편폐 야 고 전하 설 무과 기 선시 지법 일의 문과 택 무관 양부

以爲監校同監校. 三品以下爲校試同校試官 兵曹郞廳一員 訓鍊觀
이위 감교 동감교 삼품 이하 위 교시 동 교시관 병조 낭청 일원 훈련관

二員 臺諫各一員考試 其選至公. 然門生座主 舊習猶存 轉相阿附
이원 대간 각 일원 고시 기선 지공 연 문생 좌주 구습 유존 전상 아부

者 間或有之. 此無他 知貢擧同知貢擧之號 未盡革也. 武科之監校
자 간혹 유지 차 무타 지공거 동지공거 지 호 미진 혁 야 무과 지 감교

校試之官 亦依此例 以公擧爲私恩 比附爲黨 甚非人臣之義 漸
교시 지관 역 의 차례 이 공거 위 사은 비부 위당 심비 인신 지의 점

不可長. 乞罷文武科貢擧監校考試校試之官 文科則成均館主之 與
불가 장 걸파 문무 과 공거 감교 고시 교시 지관 문과 즉 성균관 주지 여

藝文館禮曹同試 武科則訓鍊觀主之 與兵曹同試 使臺諫參考 第
예문관 예조 동시 무과 즉 훈련관 주지 여 병조 동시 사 대간 참고 제

其高下以聞 上親試其才 以備任用 則選擧公 而無比附之弊矣. 其
기 고하 이문 상 친시 기재 이비 임용 즉 선거 공 이 무 비부 지 폐의 기

生員試 亦依此例.'
생원시 역 의 차례

下議政府擬議: "文科則禮曹主之 與藝文春秋館同試; 武科則
하 의정부 의의 문과 즉 예조 주지 여 예문 춘추관 동시 무과 즉

兵曹主之 與訓鍊觀同考; 生員試 亦令禮曹主之 與成均館同考;
병조 주지 여 훈련관 동고 생원시 역 영 예조 주지 여 성균관 동고

其餘一依憲府所申." 從之.
기여 일의 헌부 소신 종지

丁亥 上奉上王御廣延樓 動樂盡歡. 上命代言柳思訥賜醞于
정해 상 봉 상왕 어 광연루 동악 진환 상 명 대언 유사눌 사온 우

議政府 又賜樂 二品以上皆與言. 領議政府事成石璘等詣闕謝恩
의정부 우 사악 이품 이상 개 여언 영의정부사 성석린 등 예궐 사은

傳命者未出 石璘 英茂疲倦踞胡床 憲府劾吏房錄事 石璘等避嫌
전명 자 미출 석린 영무 피권 거 호상 헌부 핵 이방녹사 석린 등 피혐

在家. 上聞之 命憲司勿論 仍召石璘等就職. 英茂啓: "臣本無才德
재가 상 문지 명 헌사 물론 잉 소 석린 등 취직 영무 계 신 본 무 재덕

濫蒙上恩 位至政丞. 近來所行 不合於義 士林非之 臺諫亦請罪者
남몽 상은 위지 정승 근래 소행 불합 어의 사림 비지 대간 역 청죄 자

再. 不宜久居都堂 乞罷免." 上曰: "毋避嫌 視事."
재 불의 구거 도당 걸 파면 상왈 무 피혐 시사

量東西兩界田. 議政府啓: "東西兩界量田事 已曾有旨 至今仍舊
양 동서 양계 전 의정부 계 동서 양계 양전 사 이증 유지 지금 잉구

以日耕收租. 非惟多寡不均 每遇水旱 他道豆粟 輸轉賑乏 誠爲
이 일경 수조 비유 다과 불균 매우 수한 타도 두속 수전 진핍 성위

未便. 宜當正月 分遣量田官 令依他道例量之 至三月農務方興 姑
미편 의당 정월 분견 양전관 영의 타도 예 양지 지 삼월 농무 방흥 고

寢之 又當九月 分遣畢量何如?" 從之. 分遣量田敬差官判典祀寺事
침지 우당 구월 분견 필량 하여 종지 분견 양전 경차관 판 전사시 사

文聚等五十二員于東西兩界. 先是 兩界日耕之法 利於民 而不利於
문취 등 오십 이원 우 동서 양계 선시 양계 일경 지법 이어 민 이 불리 어

國 故左政丞河崙建議 有是命. 議政府啓: "東西兩界 地品澆薄 與
국 고 좌정승 하륜 건의 유 시명 의정부 계 동서 양계 지품 요박 여

他道不同. 今量田時 宜令敬差官詳察輕重得宜. 其一日耕 今量幾卜
타도 부동 금 양전 시 의령 경차관 상찰 경중 득의 기 일일경 금량 기복

播種幾斗 豐年所出幾石 中年幾石 收租幾斗等事 先令咨訪以聞."
파종 기두 풍년 소출 기석 중년 기석 수조 기두 등사 선 령 자방 이문

從之.
종지

以漢城府依幕 賜妓可喜兒. 從其請也.
이 한성부 의막 사기 가희아 종 기청 야

己丑 觀放鷹于東郊.
기축 관 방응 우 동교

庚寅 慶尙道南海縣 全羅道錦州 茂豐 谷城縣地震.
경인 경상도 남해현 전라도 금주 무풍 곡성현 지진

壬辰 吾都里指揮李好心波等 來獻土物.
임진 오도리 지휘 이호심파 등 내헌 토물

以太平館直爲議政府掌務典吏祿官. 政府啓: "府掌務典吏 乞依
이 태평관 직위 의정부 장무 전리 녹관 정부 계 부 장무 전리 걸의

吏兵曹政廳令史例 滿六朔則去官." 從之.
이 병조 정청 영사 예 만 육삭 즉 거관 종지

癸巳 司諫院右獻納殷汝霖 請權希達及許守連罪. 啓曰: "近日
계사 사간원 우헌납 은여림 청 권희달 급 허수련 죄 계왈 근일

疏請希達之罪 敢請兪允. 又許壽連近侍世子 導誘鷹犬 罪莫重焉
소청 희달 지 죄 감청 유윤 우 허수련 근시 세자 도유 응견 죄 막중 언

只充水軍 罪已輕矣. 今免水軍 超拜司直何耶? 如壽連者 反如此
지 충 수군 죄 이경 의 금 면 수군 초배 사직 하야 여 수련 자 반 여차

則恐奸諛者接踵而起也. 願將壽連還充水軍 以戒後來." 上皆不聽.
즉 공 간유 자 접종 이기 야 원장 수련 환 충 수군 이계 후래 상 개 불청

釋護軍陳原貴囚. 先是 內婢多栢 屢竊內帑之物 上以穎悟能幹
석 호군 진원귀 수 선시 내비 동백 누절 내탕 지물 상 이 영오 능간

細事原之 賜忠寧大君. 厥後出入宮禁 竊中宮衣襨二十餘事 上密使
세사 원지 사 충녕대군 궐후 출입 궁금 절 중궁 의대 이십여 사 상 밀사

內竪探其私藏 果得之 多栢慙懼自縊. 上卽遣醫及小竪救之 原貴爲
내수 탐기 사장 과득지 동백 참구 자액 상 즉견 의 급 소수 구지 원귀 위

巡官 路逢執之 由是遲留不能及救. 上怒因于巡禁司 然原貴初不知
순관 노봉 집지 유시 지류 불능 급구 상노 수우 순금사 연 원귀 초 부지

承命之由 故宥之.
승명 지유 고 유지

甲午 命試倭船. 命代言柳思訥 將本國兵船 與平道全所造倭船
갑오 명 시 왜선 명 대언 유사눌 장 본국 병선 여 평도전 소조 왜선

較其疾徐于漢江. 思訥復命曰: "順流而下 則兵船不及倭船三十步
교기 질서 우 한강 사눌 복명 왈 순류 이하 즉 병선 불급 왜선 삼십 보

或四十步 逆流則幾百步矣."
혹 사십 보 역류 즉 기백 보 의

乙未 以元庠爲檢校參贊議政府事.
을미 이 원상 위 검교 참찬 의정부사

夜觀燈 以上元也.
야 관등 이 상원 야

忠淸道尼山兵船一隻 遭風敗沒 溺死者十人. 初 國家以倭奴欲寇
충청도 이산 병선 일척 조풍 패몰 익사자 십인 초 국가 이 왜노 욕구

上國 必道經沿海 令忠淸道船軍 泊海中要衝以備禦 至是敗焉.
상국 필 도 경 연해 영 충청도 선군 박 해중 요충 이 비어 지시 패언

都觀察使以都萬戶宋琠 於無賊變時 乘夜行船 請依律科罪 從之.
도관찰사 이 도만호 송전 어 무 적변 시 승야 행선 청 의율 과죄 종지

丙申 命史官入侍朝啓. 司憲府上疏曰:
병신 명 사관 입시 조계 사헌부 상소 왈

'古者 天子動則左史書之 言則右史書之 事爲春秋 言爲尙書.
고자 천자 동즉 좌사 서지 언즉 우사 서지 사 위 춘추 언 위 상서

是以人君使史官 常侍左右 一言一動 無不書之 爲後世法 尙矣.
시이 인군 사 사관 상시 좌우 일언 일동 무불 서지 위 후세 법 상의

恭惟殿下 動法古昔 選文士八人 名爲史官 專掌實錄 亦令代言侍臣
공유 전하 동법 고석 선 문사 팔인 명위 사관 전장 실록 역 영 대언 시신

皆兼史職 日侍左右 其所以記注時事之任者 可謂廣矣. 然兼史者
개 겸 사직 일시 좌우 기 소이 기주 시사 지 임자 가위 광의 연 겸사 자

各有職事之煩 其實錄之詳 不若史官之專且盡者也. 向者 殿下以
각유 직사 지 번 기 실록 지 상 불약 사관 지 전차 진자 야 향자 전하 이

史官進退之失 遂不使近侍 臣等恐殿下嘉言善行 不盡傳於後世. 願
사관 진퇴 지 실 수 불사 근시 신등 공 전하 가언 선행 부진 전어 후세 원

殿下 俯採愚衷 式遵古典 令史官日侍聽政之側 爲萬世法.'
전하 부채 우충 식준 고전 영 사관 일시 청정 지 측 위 만세 법

從之.
종지

司憲府疏請臨江監務韓緝妻吳氏罪: '吳丁母喪未期年 脫去
사헌부 소청 임강 감무 한집 처 오씨 죄 오 정 모상 미 기년 탈거

衰服 會族婦女 令倡優歌舞 竟日歡娛. 乞依律論罪.' 上曰: "脫去
최복 회 족 부녀 영 창우 가무 경일 환오 걸 의율 논죄 상왈 탈거

衰服 父命也 何罪之有! 至於歌舞娛樂則過矣. 下巡禁司 贖其罪."
최복 부명 야 하죄 지유 지어 가무 오락 즉 과의 하 순금사 속 기죄

巡禁司以不孝之罪聞 上曰: "以不孝贖罪 不載律文 宜宥之."
순금사 이 불효 지 죄 문 상왈 이 불효 속죄 부재 율문 의 유지

議政府上待兀狄哈 兀良哈 吾都里等使送人之法. 政府啓:
의정부 상대 올적합 올량합 오도리 등 사송인 지 법 정부 계

"兀狄哈等使送人 絡繹往來 其弊不小. 自今領十餘戶以上者
올적합 등 사송인 낙역 왕래 기폐 불소 자금 영 십여 호 이상 자

使送人外 勿許赴京 皆於吉州 鏡城等處 優待還送." 從之.
사송인 외 물허 부경 개어 길주 경성 등처 우대 환송 종지

遣大護軍朴允忠于東北面青州等處 探銀.
<small>견 대호군 박윤충 우 동북면 청주 등처 채은</small>

慶尙道居昌縣地震. 自寅時至辰時凡二十度.
<small>경상도 거창현 지진 자 인시 지 진시 범 이십 도</small>

全羅道雷 安悅縣尤甚 雷震大雨 天火落宋仁家 其妻及小兒盡
<small>전라도 뇌 안열현 우심 뇌진 대우 천화 락 송인 가 기처 급 소아 진</small>

燒死.
<small>소사</small>

錦州富利縣人金龍家 牛生三犢.
<small>금주 부리현 인 김룡 가 우생 삼자</small>

議政府上流罪收贖法. 啓曰: ‘建文四年九月日 本府受敎內:
<small>의정부 상 유죄 수속법 계왈 건문 사년 구월 일 본부 수교 내</small>

“流罪收贖. 在大明律流三千里 贖銅錢三十六貫. 本國境內 不滿
<small>유죄 수속 재 대명률 유 삼천리 속 동전 삼십 육 관 본국 경내 불만</small>

三千里 故流配者不及三千里 而收贖者則準三千里贖之 名實相殊.
<small>삼천리 고 유배자 불급 삼천리 이 수속 자 즉 준 삼천리 속지 명실 상수</small>

最遠慶源府一千六百八十里 流三千里贖銅錢三十六貫 減一分
<small>최원 경원부 일천 육백 팔십 리 유 삼천리 속 동전 삼십 육 관 감 일분</small>

二十四貫 其次東萊一千二百三十里 流二千五百里贖錢三十三貫
<small>이십사 관 기차 동래 일천 이백 삼십 리 유 이천 오백 리 속전 삼십삼 관</small>

減一分二十二貫 其次丑山一千六十五里 流二千里贖錢三十貫 減
<small>감 일분 이십 이 관 기차 축산 일천 육십 오 리 유 이천 리 속전 삼십 관 감</small>

一分二十貫.” 如此減分收贖. 今考律文名例云: “杖一百流三千里
<small>일분 이십 관 여차 감분 수속 금 고 율문 명례 운 장 일백 유 삼천리</small>

贖錢三十六貫; 杖一百流二千五百里 贖錢三十三貫; 杖一百流二千
<small>속전 삼십 육 관 장 일백 유 이천 오백 리 속전 삼십삼 관 장 일백 유 이천</small>

里 贖錢三十貫.” 其贖錢之數 皆以流杖通計 其於減分之法 流杖
<small>리 속전 삼십 관 기 속전 지수 개 이 유장 통계 기어 감분 지법 유장</small>

贖錢分別 而都計除之 似爲未便. 若令減分 則杖一百流三千里贖錢
<small>속전 분별 이 도계 제지 사위 미편 약령 감분 즉 장 일백 유 삼천리 속전</small>

三十六貫 除杖一百贖錢六貫而減一分 二十貫; 杖一百流二千五百
<small>삼십 육 관 제 장 일백 속전 육관 이 감 일분 이십 관 장 일백 유 이천 오백</small>

里贖錢三十三貫 除杖一百贖錢六貫而減一分 十八貫; 杖一百流
<small>리 속전 삼십삼 관 제 장 일백 속전 육관 이 감 일분 십팔 관 장 일백 유</small>

二千里贖錢三十貫 除杖一百贖錢六貫而減一分 十六貫. 然笞杖之
<small>이천 리 속전 삼십 관 제 장 일백 속전 육관 이 감 일분 십육 관 연 태장 지</small>

數 一從律文 而流罪則乃以本國里數不滿 減分施行 有違於作律
<small>수 일종 율문 이 유죄 즉 내 이 본국 이수 불만 감분 시행 유위 어 작률</small>

之意. 自今不合流配 而納贖錢者 勿令減分 全以律文之數收贖 其
<small>지의 자금 불합 유배 이 납 속전 자 물령 감분 전 이 율문 지수 수속 기</small>

流配者 不滿里數 一分收贖.' 命曰: "其流配者之不滿里數 勿令
<small>유배 자 불만 이수 일분 수속 명왈 기 유배 자지 불만 이수 물령</small>

收贖."
<small>수속</small>

丁酉 觀放鷹于東郊.
<small>정유 관 방응 우 동교</small>

司憲府劾請典祀副令趙瑞老都官正郎沈道源罪. 先是 瑞老等爲
<small>사헌부 핵청 전사 부령 조서로 도관 정랑 심도원 죄 선시 서로 등위</small>

吏曹文選司 以壬午年與亂者黃吉至爲甑山縣令 金英貴爲歙谷縣令
<small>이조 문선사 이 임오년 여란 자 황길지 위 증산현령 김영귀 위 흡곡현령</small>

故也. 上召大司憲鄭易等曰: "英貴有開川之功 吉至載諸前衙官案
<small>고야 상소 대사헌 정역 등왈 영귀 유 개천 지공 길지 재저 전함관안</small>

宜勿復論." 易等對曰: "此人 事關逆亂曚曨敍用 實掌選者之罪也."
<small>의물 부론 역 등대왈 차인 사관 역란 몽롱 서용 실 장선자 지죄야</small>

命司憲持平洪度歸其家. 右政丞趙英茂 完原府院君李良祐
<small>명 사헌 지평 홍도 귀 기가 우정승 조영무 완원 부원군 이양우</small>

完山君李天祐 都摠制李和英 趙涓 閔無恤 花山君張思靖 同知摠制
<small>완산군 이천우 도총제 이화영 조연 민무휼 화산군 장사정 동지총제</small>

柳殷之 文孝宗 僉摠制李和美等 潛進鷹于世子 上知之. 諫院請
<small>유은지 문효종 첨총제 이화미 등 잠 진응 우 세자 상 지지 간원 청</small>

許壽連之罪 上曰: "昔者 沈泟進小鷹于世子 臺諫猶請其罪 今宰相
<small>허수련 지죄 상왈 석자 심정 진 소응 우 세자 대간 유청 기죄 금 재상</small>

累進鷹犬 爾等不請其罪 是必有觀望之心也. 若壽連者 何足責乎?"
<small>누진 응견 이등 불청 기죄 시필유 관망 지심야 약 수련 자 하족 책호</small>

於是 憲司執世子殿小豎曹德中 許元萬鞫問 仍劾英茂等. 上命英茂
<small>어시 헌사 집 세자전 소수 조덕중 허원만 국문 잉핵 영무 등 상명 영무</small>

等就職 仍命憲司勿論. 憲司上疏 略曰: '英茂等以輔相 競進玩好之
<small>등 취직 잉명 헌사 물론 헌사 상소 약왈 영무 등이 보상 경진 완호 지</small>

物 以蕩世子之心. 若不示之以法 憸小之徒 何足懲乎?' 上 謂持平
<small>물 이탕 세자 지심 약 불시 지이법 섬소 지도 하족 징호 상 위 지평</small>

洪度曰: "臺諫日參書筵 非不知畜鷹 何待予言而後 請諸卿之罪?
<small>홍도 왈 대간 일참 서연 비 부지 축응 하대 여언 이후 청 제경 지죄</small>

不直也. 若良祐則不服其罪 何所據而幷請罪乎?" 度對曰: "良祐
<small>부직 야 약 양우 즉 불복 기죄 하 소거 이병 청죄 호 도 대왈 양우</small>

進鷹與否 臣本未知 德中之辭甚悉 故請之耳." 上曰: "何信小人之
<small>진응 여부 신본 미지 덕중 지사 심실 고 청지 이 상왈 하신 소인 지</small>

言而不再問乎? 是謂好事." 度不能對. 上卽命度請暇 仍以皂隸
<small>언 이불 재문 호 시위 호사 도 불능 대 상 즉명 도 청가 잉이 조례</small>

押送其家. 諫院啓曰: "憲司 言官也. 言雖不中 不宜屛處也." 上曰:
<small>압송 기가 간원 계왈 헌사 언관 야 언수 부중 불의 병처 야 상왈</small>

"臺員曾知東宮有鷹 而觀望不言 及聞予言 乃劾之. 又但以德中之
대원 증지 동궁 유응 이 관망 불언 급문 여언 내핵지 우단이덕중지

辭 幷請良祐 不可也." 獻納殷汝霖啓曰: "初 壽連進鷹東宮 殿下
사 병청 양우 불가야 헌납 은여림 계왈 초 수련 진응 동궁 전하

特召言官 布昭其罪. 臺諫皆以爲壽連之罪 止於其身 初不知事連
특소 언관 포소 기죄 대간 개 이위 수련 지죄 지어 기신 초 부지 사련

大臣 近日乃知之 職在言官 不可不言. 然方其罪壽連之時 臣等亦
대신 근일 내 지지 직재 언관 불가 불언 연방 기죄 수련 지시 신등 역

未能悉知其故. 罪同憲府 而獨免其責 深以爲愧." 上曰: "汝知其罪
미능 실지 기고 죄동 헌부 이 독면 기책 심 이위 괴 상왈 여지 기죄

當往汝家." 諫院亦皆請暇.
당왕 여가 간원 역개 청가

辛丑 還給戊辰年回軍功臣田.
신축 환급 무진년 회군 공신전

令復郭州于古邑. 從西北面都巡問使之請也.
영복 곽주 우 고읍 종 서북면 도순문사 지청야

禮曹上宗廟社稷祭用牲之制: "宗廟用牛羊豕 社稷之用牛豕 先農
예조 상 종묘 사직제 용생 지제 종묘 용 우양시 사직 지용 우시 선농

先蠶只用豕. 請自今依古制 社稷先農先蠶 竝皆用羊." 從之.
선잠 지용 시 청 자금 의 고제 사직 선농 선잠 병개 용양 종지

立標木于宗廟及闕門洞口. 禮曹啓:
입 표목 우 종묘 급 궐문 동구 예조 계

"闕門洞口 宜倣華制立標木 題其面曰: '大小官吏過此者 皆下馬
궐문 동구 의방 화제 입 표목 제 기면 왈 대소 관리 과차 자개 하마

入此者 不得由中道行. 至闕門外 一品以下距十步 三品以下距二十
입차자 부득 유 중도 행 지 궐문 외 일품 이하 거 십보 삼품 이하 거 이십

步 七品以下距三十步下馬.' 宗廟洞口 亦立標題其面曰: '大小官吏
보 칠품 이하 거 삼십 보 하마 종묘 동구 역 입표 제 기면 왈 대소 관리

過此者 皆下馬.'" 從之.
과차 자개 하마 종지

定臣庶追薦之法. 敎曰:
정 신서 추천 지법 교왈

"今後父母追薦 設於山水淸淨處 主喪者不離殯側 除衰服之親外
금후 부모 추천 설어 산수 청정 처 주상 자 불리 빈측 제 최복 지친 외

不許詣寺. 佛排依在前詳定 三品以上不過三盆 四品以下不過二盆
불허 예사 불배 의 재전 상정 삼품 이상 불과 삼분 사품 이하 불과 이분

庶人不過一盆 花草俱用綵紙 布施俱用鄕産. 稱爲法席 連日糜費
서인 불과 일분 화초 구용 채지 보시 구용 향산 칭위 법석 연일 미비

者 一皆禁斷."
자 일개 금단

48

因前日諫院之請 有是命.

前府尹薛俱上書曰:

'廷臣請去佛氏之敎 殿下議及百司閑良之臣. 竊惟天地無私曰仁

聖人行道制事曰義 德①莫大於仁義 道①莫貴於經常. 昔周之衰也

五伯七雄 相繼而起 假托名義 用濟己私 殺伐之聲 洋溢中國 天固

厭之. 西域有神 其名曰佛 衣服器物 皆反先王 天下國家 盡外於

一身 簡禮義損君親 貴淸淨之敎 重慈悲之法 善爲宏大之言 長於

禍福之說. 三生旣作 六道始張 又能機權神怪. 是潔身者之所爲 非

有國者之所尙也. 六朝以區區之地 竭帑藏殫人力 寺觀接於市廛

塔廟遍於山川 疆土日削 運祚日促. 唐高祖沙汰僧尼 太宗不許創立

寺觀 而能混一天下 富有四海. 願殿下 掃六朝之訛 行盛唐之事.'

事竟不行.

命復東西兩界採金銀之戶.

壬寅 刑曹請尙衣院司御崔霖罪. 啓曰: "霖曾赴朝廷 易換內用綃

帛 不能擇善 倍給其價. 願依律科罪." 從之.

遣兵曹參議禹博 議政府知印金之純 監督蕁城築堤之役.

甲辰 觀放鷹于東郊.

以江原道都觀察使金九德爲漢城府尹 以禹洪康代之. 除平安道

順安人前摠郎石仁正判事致仕. 仁正出私財建官家 且施惠于民

政府請加褒賞也. 又陞其子副司直琚秩.

丙午 西北面都巡問使林整進海靑鷹 上喜 賜整表裏 賞臂鷹人
병오 서북면 도순문사 임정 진 해청 응 상 희 사 정 표리 상 비응 인

綿布二匹.
면포 이필

丁未 遣刑曹判書崔迤如京師 賀聖節也. 唐人葉官生嘗於永樂
정미 견 형조판서 최이 여 경사 하 성절 야 당인 섭관생 상 어 영락

四年 爲倭所擄 逃至金海 至是國家將送于京師 官生不欲曰: "軍器
사년 위왜 소로 도지 김해 지시 국가 장송 우 경사 관생 불욕 왈 군기

別軍十七人 皆前日漫散軍也. 非獨此也 西北豊海兩道如予者頗多.
별군 십칠 인 개 전일 만산군 야 비독 차야 서북 풍해 양도 여여 자 파다

予若還京 則必告無遺矣." 政府以聞 遂寢.
여약 환경 즉 필고 무유 의 정부 이문 수침

鑄大鐘成. 初 收諸道鑄鐵萬五千斤以鑄. 至是 朴子靑以隊長
주 대종 성 초 수 제도 주철 만 오천 근 이주 지시 박자청 이 대장

一千 輸入京城 命上護軍玄貴命 賜醞以勞之 遂懸諸敦化門.
일천 수입 경성 명 상호군 현귀명 사온 이 로지 수 현 저 돈화문

前開城留後柳湛 以老上箋 乞身歸田庄 不允. 上曰: "湛乃
전 개성 유후 유담 이로 상전 걸신 귀전장 불윤 상왈 담내

驪興府院君碁朋也 當從其請. 然二品以上 不許居外 已有著令
여흥부원군 기붕 야 당종 기청 연 이품 이상 불허 거외 이유 저령

不可以私廢之."
불가 이사 폐지

| 원문 읽기를 위한 도움말 |

① 德莫大於仁義 道莫貴於經常: 이런 경우에는 德과 道를 각각 따로 떼어
  덕 막대 어 인의 도 막귀 어 경상   덕   도
'다움 중에서'와 '도리 중에서'라고 옮겨야 자연스럽다.

태종 13년 계사년
2월

二月

경술일(庚戌日-1일) 초하루에 의정부에서 대간이 직에 나오도록 명할 것을 청하니 그것을 따랐다. 대간이 이어서[仍] 온정(溫井-온양)의 행차에 호종할 것을 청했으나 들어주지 않았다. 이에 글을 올려 다시 청하니, 상이 중관(中官)에게 명해 아뢰지 말도록 했다. 이튿날 또 앞서의 소를 아뢰자 승정원에서 대답했다.

"유지(有旨) 때문에 감히 아뢸 수 없다."

대간이 뜰에 서서 해가 기울어질 때까지 기다렸으나 상달(上達)할 수 없었다.

집의(執義) 김효손(金孝孫)이 말했다.

"대간의 말을 이처럼 상달할 수 없다면 상의 임금다움[上德]에 누(累)가 있을까 염려됩니다."

마침내 물러갔다.

신해일(辛亥日-2일)에 우희열(禹希烈, 1354~1420년)[1]을 충청도 도체찰

---

1 음서(蔭敍)로 관직에 나아갔다. 1408년(태종 8년)에 민무구(閔無咎) 사건에 관련돼 하옥되기도 했으나 곧 풀려났으며, 이듬해 3월에는 제언(堤堰) 수축을 통한 수리의 개발을 주장해 태종대의 수리 시설 확장 사업에 중심적인 역할을 했다. 1413년 당시에는 충청도 도체찰사의 직임을 띠고 조운(漕運)의 편의를 위해 시도된 태안반도 운하 개통 사업, 즉 축제(築堤) 사업을 주관했고, 이듬해에는 경기·충청 양도의 권과농상사(勸課農桑使)로 나아가 제언수축과 식상(植桑)의 일을 권장했다. 1415년에 충청도 관찰사, 같은 해 말에 경

사로 삼았는데, 순제(蓴堤)의 역(役)을 감독시키기 위함이었다.

임자일(壬子日-3일)에 상이 인덕궁(仁德宮-상왕의 거처)에 나아가 온정(溫井)에 행차한다고 고했다.

계축일(癸丑日-4일)에 상왕이 근기(近畿-경기 지역)에서 사냥을 구경했는데, 총 13일 만에 돌아왔다.

○ 상이 풍해도(豐海道)로 가다가 광탄(廣灘)에서 머물렀다[次]. 상이 해주(海州)로 행차하고자 해, 핑계 삼아 평주(平州) 온천(溫泉)에서 목욕한다[湯沐]고 했다. 세자(世子)와 제군(諸君), 우정승 조영무 등이 시종했다.

갑인일(甲寅日-5일)에 통제원(通濟院) 남교(南郊)에서 머물렀다. 이날 아침에 세자에게 명해 조정(朝廷)으로 돌아가도록 하니, 세자가 따라갈 것을 굳게 청했다.

상이 여러 경[諸卿]에게 말했다.

"세자가 감국(監國)²하는 것은 예(禮)에 맞다[於禮得矣=中禮]. 애초에 세자로 하여금 하룻밤만 지내고 돌아가게 하고자 했으나, 지금

기도 관찰사에 이어 판광주목사(判廣州牧事)가 됐다. 1418년 판청주목사로 있을 때 전국 각지에 제방과 관개 시설의 목록을 갖춰 매년 수치하게 하고 경차관을 보내 감독하게 하자는 건의를 올려 이를 실현시켰다. 김제 벽골제(碧骨堤), 부평 수용제(水桶堤) 등의 수축에 큰 공을 세웠으며 농업 전문가로서의 활약이 컸다.

2 세자가 임금을 대신해 나라의 일을 돌보고 군대를 감독하는 일을 가리킨다.

세자가 호가(扈駕)할 수 없게 된 것을 못마땅해하며[怏怏] 밥을 먹지 않는다. 세자는 나의 자식일 뿐 아니라 나라의 저부(儲副-국본)인데 그 거동(擧動)이 이와 같으니 어찌하면 좋겠는가?"

이천우(李天祐)·이숙번(李叔蕃) 등이 진언해 말했다.

"이번에는 탕목(湯木)의 행차이니 마땅히 거가를 따르게 하소서."

상이 말했다.

"일단 따르게 하라."

세자의 안색이 기쁜 빛을 띠었다. 상이 임진도(臨津渡-나루)를 지나다가 거북선[龜船]과 왜선(倭船)이 서로 싸우는 모습을 구경했다.

을묘일(乙卯日-6일)에 계림군(鷄林君) 이승상(李升商)이 졸(卒)했다. 승상(升商)은 경주(慶州) 사람 문정공(文靖公) 이달충(李達衷, 1309~1384년)[3]의 손자로, 풍채가 온화하고 당당했다[溫懿]. 임술년 성균시(成均試)의 제1인(第一人-장원)이 되었고, 동(同) 진사과(進士科)에 급제해[中=及第] 화요(華要)의 직을 여러 차례 거쳤다. 상(上)이 잠저에 있을 때 함께 성균시에 급제했는데, 승상이 장원이라 대우하기를 두텁게 했다. 신사년에 좌명공신(佐命功臣)이 되고, 드디어 대

---

3 1326년(충숙왕 13년) 충숙왕 때 문과에 급제해 성균관좨주(成均館祭酒)를 거쳐서 공민왕 때 전리판서(典理判書) 감찰대부(監察大夫)를 역임했다. 1359년(공민왕 8년)에는 호부상서로 동북면병마사가 됐다. 호부상서로 있던 1360년 팔관회 때 왕의 노여움을 사서 파면됐으나, 훌륭한 학자였으므로 1366년에 밀직제학으로 다시 기용됐다. 신돈이 전횡하던 때 그에게 주색을 일삼는다고 공석에서 직언한 것이 화근이 돼 다시 파면됐다가, 신돈이 주살된 뒤 계림부윤(鷄林府尹)이 됐고 1385년(우왕 11년) 계림부원군(鷄林府院君)에 봉해졌다.

언 겸 상서 윤(代言兼尙瑞尹)에 임명돼 전선(銓選-인사 선발)을 관장
했으며 벼슬이 형조판서에 이르렀다. 시호(諡號)를 내려 공정(恭靖)이
라 했는데, 뒤에 후릉(厚陵-정종)의 존호(尊號)를 피해 공의(恭懿)로
고쳤다. 아들이 없었다[無子].
무자

○ 다시 행랑(行廊)의 역사(役事)를 시작했다. 경복궁의 남쪽부터
종묘 앞까지 좌우 행랑이 모두 881간(間)이었고, 종묘의 남로(南路)
에 층루(層樓) 5간을 세웠다. 청운교(靑雲橋)의 서종루(西鍾樓) 2층
5간을 순금사(巡禁司)의 남쪽, 광통교(廣通橋)의 북쪽으로 옮겼고,
용산강(龍山江)에 새로 군자고(軍資庫)를 짓고 서강(西江)에 새로 풍
저창(豊儲倉)을 지었다. 동원된 역정(役丁)이 2,141명, 승군(僧軍)이
500명이었고, 전 판사(判事) 이간(李暕) 등 22인이 그 역사를 감독했
으며, 성산부원군(星山府院君) 이직(李稷), 의정부지사 이응(李膺), 공
조판서 박자청(朴子靑) 등이 그 일을 통솔했다.

병진일(丙辰日-7일)에 효자(孝子)·절부(節婦)의 문(門)을 정표(旌表)[4]
하라고 명했다. 충청도 도관찰사가 보고했다.

'여흥(驪興) 사람 고(故) 포주 감무(抱州監務) 변희(卞熙)의 딸 종
생(鍾生)은 나이 겨우[甫=纔] 13세에 어미를 잃자 소비(小婢) 하나를
보   재
거느리고 분묘를 3년이나 지켰고, 막[纔] 담기(禫期)[5]가 지나자 그 아
재
비가 죽으니 참최(斬衰-3년상)로 상제(喪制)를 마쳤습니다.

---

4 선행을 칭찬하고 세상에 드러내 널리 알리는 것을 말한다.
5 대상(大祥)을 지낸 다음에 지내는 제사를 가리킨다.

청주(淸州) 사람 박후(朴厚)의 처 손씨(孫氏)는 미처 30세도 못 돼 그 남편을 잃고 절개를 지키며[守信] 과부로 살았는데, 어미의 집상(執喪)[6]에 3년이나 무덤을 지켰습니다[守墳].

문의(文義) 사람 전 별장(別將) 전경생(全慶生)은 어미를 잃자 손수 밥 지어 먹고[炊爨] 옷에는 솜을 두지 않았으며 앉을 때는 인석(茵席-방석)을 깔지 않았습니다. 3년을 마치자 또 그 아비의 조사(早死)를 추도하며 뼈를 추려 개장(改葬)한 뒤 3년이나 무덤을 지켰으니, 효성이 절지(切至)했습니다.

온수(溫水) 사람 호조의랑(戶曹議郎) 이극수(李克壽)의 처 오씨(吳氏)는 남편이 죽자 빈소를 1년이나 모셨고, 장사 뒤에는 무덤을 지키며 상제를 마쳤습니다. 그 시어미 신씨(辛氏)를 봉양하되 평일과 다름이 없었고, 시어미가 죽자 상장(喪葬)의 예를 한결같이 친어버이처럼 했습니다.'

경상도 도관찰사가 보고했다.

'안동(安東) 사람 전 산원(散員) 유천계(兪天桂)의 처 김씨(金氏)는 신사년(辛巳年-1401년)에 나이가 38세였습니다. 천계(天桂)가 진(鎭)으로 나아가게 되자 그 처에게 이르기를 "오늘이 길진(吉辰)[7]이라 내 문밖에 나가서 자려고 하오"라고 하니, 그 처가 말하기를 "나도 나가서 자겠습니다" 하고서 드디어 입실(入室)해 후량(餱糧)을 준비했습니다. 밤이 깊어 자정이 됐는데, 졸지에 누가 놀라서 부르짖는 소리

---

6 부모 거상(居喪) 중에 예절을 지킨다는 말이다.
7 좋은 날을 말한다.

가 들렸습니다. 노비들이 모두 두려워서 몸을 움츠리고 있는 중에 김씨가 홀로 나가보니, 호랑이가 남편을 잡아가므로 김씨는 남편의 목궁(木弓)을 들고 소리치며 뒤쫓아 따라갔습니다. 왼손으로 남편을 붙잡고 오른손으로 호랑이를 때리며 거의 60보(步)나 가니, 호랑이가 남편을 버리고 우뚝 섰습니다. 김씨가 말하기를 "너는 내 남편을 잡고 나까지 잡아가려 하느냐?"라고 하자 호랑이는 곧 가버렸고, 남편은 이미 죽어 있었습니다. 시체를 안고 돌아왔는데, 날이 샐 무렵[質明] 남편이 다시 살아났습니다. 이튿날 밤 호랑이가 와서 크게 울므로[大吼] 김씨가 또 문을 열고 지팡이를 짚고 서서 말하기를 "너도 천성이 있는 동물인데 어찌 이같이 심히 구느냐?"라고 하니, 호랑이가 마당가의 배나무를 물어뜯고[齧] 달아났는데 나무가 곧 말라죽었습니다[枯=槁].

풍산(豊山) 사람 이강(李橿)의 처 김씨(金氏)는 안동(安東)의 전 중랑장(中郞將) 김천(金洊)의 딸입니다. 강(橿)이 말에서 떨어져 길에서 죽으니, 그 종이 시체를 메고 돌아왔습니다. 김씨의 나이는 20세였는데, 그 남편의 시체를 껴안고 3일이나 있었으나 결국 다시 살아나지 못했습니다. 염(殮)하는 날에 이르러 더욱 애통해했고, 한 달이 넘도록[閱月=經月] 먹지 않고 물만 마실 뿐이었습니다. 부모가 권하기를 "먹고 나서 운다 해도 의리상 무엇이 해롭겠느냐?" 하자 김씨가 말하기를 "죽음을 슬퍼해서 먹지 않는 것이 아니라 병 때문입니다"라고 하더니 53일 만에 죽었습니다. 그 부모가 가엾게 여겨 한 무덤[同穴]에 장사지냈습니다.

진주 호장(晉州戸長) 정만(鄭滿)의 처는 최인우(崔仁祐)의 딸입니다. 기미년(己未年)⁸에 왜구가 진주에 침입했을 때 최씨가 왜적을 만났는데, 왜적이 그를 더럽히려 하자 최씨는 절개를 지켜 따르지 않았습니다. 왜적이 칼로 위협하자 최씨가 마침내 왜적을 꾸짖으니, 왜적이 즉시 그를 죽였습니다.

함양(咸陽) 사람 전 역승(驛丞) 정인(鄭寅)의 처 송씨(宋氏)는 기사년(己巳年)⁹에 왜놈의 노략을 당했는데, 왜놈이 그를 더럽히려 하자 송씨는 죽음으로써 맹세해 좇지 아니하니 왜놈이 즉시 그를 죽였습니다.

성주(星州) 화원현(花園縣) 사람 김자강(金自强)은 겨우 나이 3세에 그 아비를 잃었습니다. 자라면서 어미를 받들어 순종하더니, 그 어미가 죽자 불씨(佛氏)의 칠칠(七七-49)의 설(說)을 따르지 아니하고 한결같이 『문공가례(文公家禮)』에 의거해서 아비를 천장해 합장(合葬)하고 3년이나 무덤을 지키면서 늘 신발을 신지 않았습니다. 상사가 끝난 뒤에도 아비를 위해 그대로 3년을 사니, 처당(妻黨-처가 친척)에서 그 생리(生理-생계)를 가련하게 여겨 길로 끌어내 나가게 하고 여막을 불살랐습니다. 자강(自强)이 연깃불을 돌아보고 힘껏 밀어제치며 하늘에 울부짖고 땅을 두드리며 돌아와 무덤 앞에 엎디어 3일을 일어나지 아니하자, 족당(族黨)이 그 효도에 감동해 다시 여막을 만들어[結廬] 머물러 있게 했더니 자강은 또 3년 동안 무덤을 지켰습니다.'
결려

---

8 이때부터 거슬러 올라가 가장 빠른 기미년은 1379년이다.
9 이때부터 거슬러 올라가 가장 빠른 기사년은 1389년이다.

정사일(丁巳日-8일)에 (풍해도) 평주(平州) 온천(溫泉)에 머물렀다. 상이 말했다.

"날씨가 아직 추워서 탕목(湯沐)하기에 적당하지 못하니 일단 해주(海州)에 가서 사냥이나 해야겠다."

○ 서북면 도순문사(西北面都巡問使) 임정(林整)에게 내구마(內廐馬) 1필을 내려주었다. 정(整)이 행악(行幄)[10]에 와서 알현하고[來謁] 이어 응견(鷹犬)을 바쳤기 때문이다.

○ 처음으로 한(漢)나라 강도상(江都相) 동중서(董仲舒, 기원전 170년경~120년경)[11]와 원(元)나라 중서 좌승(中書左丞) 허형(許衡, 1209~1281년)[12]을 문묘(文廟)에 종사(從祀)하고, 왕망(王莽)의 대부

---

10 행재소(行在所) 유악(帷幄)을 가리킨다.

11 젊어서 『춘추공양전(春秋公羊傳)』을 공부했고, 경제(景帝) 때 박사(博士)가 됐다. 무제(武帝) 때 현량대책(賢良對策)으로 백가(百家)를 몰아내고 유술(儒術)만 존중할 것을 주장했는데, 이를 무제가 받아들여 이후 2,000년 동안 유학(儒學)이 정통 학술로 자리하게 되는 계기를 만들었다. 일찍이 강도상(江都相)과 교서왕상(膠西王相)을 지냈다. 나중에 병을 이유로 사직하고 학문 연구와 저술에만 힘썼다. 항상 장막을 치고 제자를 가르쳐서 그의 얼굴을 모르는 제자도 있었다. 학문은 유학을 중심으로 하면서도 음양오행(陰陽五行)이나 천인감응(天人感應) 같은 학적 체계도 갖추고 있었다. 그래서 천도(天道)와 인사(人事)가 서로 부응한다고 해 군신(君臣)과 부자(父子), 부부(夫婦)의 도리도 천의(天意)에서 나온다고 하면서 "하늘이 바뀌지 않으면 도리도 바뀌지 않는다"라고 주장했고, 나중에 자신의 학설로 말미암아 투옥되는 등 파란 많은 생애를 살았다. 저서에 『동자문집(董子文集)』, 『춘추번로(春秋繁露)』 등이 있다.

12 원나라의 대학자다. 조복(趙復)의 문인 요추(姚樞)에게서 이정(二程-정호·정이)과 주희(朱熹)의 저작을 얻어, 소문(蘇門)에 살면서 요추와 함께 강습하며 도학을 실천하는 것으로 임무를 삼았다. 헌종(憲宗) 4년(1254년) 홀필렬(忽必烈)이 불러 경조제학(京兆提學)과 국자좨주(國子祭酒) 등의 요직을 맡았다. 집현전(集賢殿) 대학사(大學士)와 영태사원사(領太史院事) 등을 지냈다. 병을 이유로 물러난 뒤 제자들에게 실천도덕을 주로 한 강학을 계속했다. 왕필(王弼)의 『역주(易注)』를 보고 학문에 전념했고, 주희의 『사서장구집주(四書章句集注)』를 과시(科試)로 채택되게 하는 데 공헌했다. 주희와 육구연(陸九淵)의 학문을 조화시키려 노력했고, 공담(空談)만 일삼는 이학(理學)을 비판했다.

(大夫) 양웅(揚雄, 기원전 53~서기 18년)[13]의 제사를 폐지해 웅(雄)의 신주(神主)를 병처(屛處)[14]에 묻었다.

무오일(戊午日-9일)에 거가(車駕)가 평주(平州)에 머물렀다. 전날 저녁에 이승상(李升商)의 종이 먼저 승정원(承政院)에 이르러 부음(訃音)을 고하고 말했다.

"예조의 정조장(停朝狀)[15]이 이르렀습니다."

조영무(趙英茂)와 김여지(金汝知)는 짐승몰이를 하라[驅禽]는 영(令)이 이미 내렸으므로 핑계를 대어[諉] 말했다.
_{구금}

"노예의 말을 어찌 상달(上達)하겠는가?"
_위

이날 새벽에 동가(動駕)하려는 때에 상이 승상(升商)의 부음을 듣고 여지(汝知)를 꾸짖어 말했다.

"그대들은 일찍이 『춘추(春秋)』를 읽었거늘, 대신(大臣)의 죽음[卒]을 어찌 즉시 아뢰지 아니했는가?"
_졸

---

13 어릴 때부터 배우기를 좋아해 많은 책을 읽었으며 사부(辭賦)에도 뛰어났다. 청년 시절에 동향의 선배인 사마상여(司馬相如)의 작품을 통해 배운 문장력을 인정받아 성제(成帝) 때 궁정문인의 한 사람이 됐다. 40여 세 때 처음 경사(京師)에 가서 문장으로 부름을 받아 성제의 여행에 수행하며 「감천부(甘泉賦)」·「하동부(河東賦)」·「우렵부(羽獵賦)」·「장양부(長楊賦)」 등을 썼는데, 화려한 문장이면서도 성제의 사치를 꼬집는 풍자도 잊지 않았다. 급사황문시랑(給事黃門侍郎)에 임명됐다. 나중에 왕망(王莽) 밑에서도 일해 대부(大夫)가 됐다. 천록각(天祿閣)에서 책을 교정했다. 시대에 적응하지 못한 자신의 불우한 원인을 묘사한 「해조(解嘲)」,「해난(解難)」도 독특한 여운을 주는 산문이다. 학자로서 각 지방의 언어를 집성한 『방언(方言)』과, 『역경(易經)』에 기본을 둔 철학서 『태현경(太玄經)』, 『논어』의 문체를 모방한 『법언(法言)』,「훈찬편(訓纂篇)」 등을 저술했다.

14 막히고 가려진 곳으로, 사람이 보지 못하는 장소다.

15 대신(大臣)이 죽었을 때 예조(禮曹)에서 조회를 정지하는 일을 토의해 승정원에 행문(行文)하던 공문서로, 예조장(禮曹狀)이라고도 한다.

이윽고[俄而=尋] 예조장(禮曹狀)이 이르니, 3일 동안 정조(停朝)하
고 육선(肉膳)을 철(輟-물리침)할 것을 명했다.

기미일(己未日-10일)에 해주(海州)의 작천(鵲川)에 머물렀다. 김여지
가 아뢰었다.

"초야(草野)에서 풍상을 맞으며 여러 날 소선(素膳)만 드시는 것은
옳지 못할까 합니다."

상이 말했다.

"아들은 아비를 위해 3년상을 지내고 아비도 아들을 위해 복(服)
을 입거늘, 신하가 임금을 위해 3년을 입는데 임금이 신하를 위해 어
찌 홀로 은혜가 없겠는가? 내가 철선(輟膳)[16]하는 것도 이 때문이다."

정부에서도 이를 청하니 상이 말했다.

"경들의 청이 있으니 내가 내일부터 비로소 개소(開素)[17]하겠다."

○ 순성(蓴城)의 역사가 이룩됐다고 고했다. 남방축(南防築)의 높
이가 18척, 너비가 40척, 길이가 470척이고, 남내방축(南內防築)
의 높이가 18척, 너비가 40척, 길이가 100척이었다. 남방축의 남쪽
에 못을 팠는데 길이가 270척, 너비가 130척, 수심(水深)이 6척으로
배 7~8척(隻)을 수용할 만했다. 남지(南池)의 아래에 운하[渠]를 여
니 길이가 2,290척, 너비가 130척이었다. 북방축(北防築)의 길이는

---

16 육선(肉膳)을 중지하는 것을 말한다.
17 임금이 근신하는 의미에서 소선(素膳)을 들다가 처음 육선(肉膳)을 들기 시작하는 것을
    말한다.

200척, 너비가 40척, 높이가 18척이고 그 아래에 못을 팠는데 길이가 104척, 너비가 62척, 수심이 5척으로 배 3~4척을 수용할 만했다. 그 아래에 운하를 여니 길이가 925척, 너비가 50척, 수심이 3척이었다. 방군(旁郡)의 민정(民丁) 5,000명을 징발, 정월 29일부터 역사를 시작해 이때에야 마쳤다. 그러나 의견을 내는 자[議者]들이 말했다.

"헛되이 민력(民力)만 썼지 반드시 이용하지 못할 것이다."

조운(漕運)은 결국 통하지 못했다.

경신일(庚申日-11일)에 거가(車駕)가 해주(海州)에 이르렀다. 창고를 열어 시종(侍從)한 대소 신료(大小臣僚)부터 서도(胥徒)[18]·노예(奴隸)까지 7일 치의 양식을 나눠주도록 명하니, 쌀과 콩이 모두 1,000여 석(石)이었다.

신유일(辛酉日-12일)에 상이 대부곶이[串]에 이르러 노루[獐] 한 마리를 쏘았다. 우부대언 조말생(趙末生)이 아뢰어 말했다.

"오늘 잡은 것은 말을 달려서 종묘(宗廟)에 천신(薦新)함이 어떻겠습니까?"

상이 말했다.

"옛사람이 이르기를 '12월 이후의 장록(獐鹿-노루)은 맛이 없다'라

---

18 조선 시대 중앙과 지방의 각 관아에서 근무하던 하급 관리층을 말한다. 서리(胥吏) 혹은 아전(衙前) 등으로 불렸다.

고 했고 또 그 때가 아니다. 이제부터 춘수(春蒐-봄철 사냥)에 잡은 것은 종묘에 천신하지 말라."

계해일(癸亥日-14일)에 거가(車駕)가 고읍(古邑)에 이르러 2일 동안 그냥 머물렀다[常留].
상류

갑자일(甲子日-15일)에 전 판사(判事) 김여(金洳)에게 유의(襦衣)[19]와 궁시(弓矢)를 내려주었다. 여(洳)가 산속에 미록(麋鹿-고라니)이 있는 곳을 알고 있었기 때문이다. 동지총제(同知摠制) 유은지(柳殷之)가 일찍이 해주(海州)를 다스릴 때 이 사람을 알아 천거했다. 또 해주 총패(海州摠牌) 4인에게 각기 각궁(角弓)을 하나씩 내려주었다. 이 사람들은 군대를 이끌고 미록몰이를 했기 때문이다.

을축일(乙丑日-16일)에 평양성(平壤城)이 이룩됐다.

무진일(戊辰日-19일)에 거가(車駕)가 해주 동정(東亭)에 돌아와 머물렀다[還次]. 상이 쏘아 잡은 것은 사슴 14마리, 노루 4마리였다. 말을
환차
내달리기[馳騁]에 적합하고 잡은 것이 심히 많았기에, 풍해도 도관찰
치빙
사(豊海道都觀察使) 민약손(閔若孫)에게 명해 말했다.
"강무(講武)할 만한 장소이니 우현(牛峴) 이남(以南)은 사람들의

---

19 겨울에 입는 옷으로, 가운데 솜을 넣고 안팎으로 생무명을 받쳐 추위를 피할 수 있도록 만들었다. 조선 시대에는 군인들의 겨울 군복으로 쓰였다.

사렵(私獵)을 금지하고 개간(開墾)을 금해 영구적으로 강무하는 곳으로 하되, 그중에 이미 개간한 것은 금하지 말라. 만약 (백성에게) 미편(未便)함이 있으면 경(卿)이 마땅히 이를 진술하도록 하라."

약손(若孫)이 말했다.

"우현 이남은 왜놈들이 일찍이 침입하던 땅입니다. 무지한 백성이 후환을 걱정하지 못하는 까닭에 내거자(來居者)가 많을 뿐입니다. 마땅히 거기에 살고 있는 사람들을 이사시켜 영구히 강무하는 곳으로 하소서."

약손의 말은 구차스럽게[苟] 용열(容悅)[20]하려는 것이어서 식자(識者)들은 그를 비루하게 여겼다.

○ 김시(金時)·공처중(公處中)·이상항(李尙恒)·하영(河永)·안천록(安天祿) 등을 용서해 수가(隨駕)하도록 했다. 이 사람들은 일찍이 죄를 입고[被罪] 부처(付處)됐었다.

계유일(癸酉日-24일)에 검교 한성윤(檢校漢城尹)·임광의(任光義)·강문진(姜文進)에게 각기 쌀과 콩 10석씩 내려주었다. 광의(光義) 등은 유후사(留後司-개성)에 있으면서 가전(駕前)에 영알(迎謁)했으므로 이를 내려줘 위로한 것이다.

○ 경기 도관찰사(京畿都觀察使)에 명해 여흥부원군(驪興府院君)의 무덤에 제사 지내게 했다. 한식(寒食)이기 때문이다.

○ 회회(回回-아랍) 사람 서지(西地)에게 쌀 5석을 내려주었다.

---

20 남의 마음에 들도록 아첨해 기쁜 모양을 하는 것을 말한다.

○ 상이 제릉(齊陵)에 참배했다. 상이 별제(別祭)를 행하고자 3일 동안 치재(致齋)하고 사냥을 금(禁)했다.

정축일(丁丑日-28일)에 군영으로 돌아왔다[還營]. 상이 어제 세자가 비응(臂鷹)²¹했다는 말을 듣고 대노해 장내(帳內)에서 소수(小竪)를 채찍질하고는 김여지(金汝知)와 서연관(書筵官) 김자지(金自知) 등에게 말했다.

"세자의 응견(鷹犬-사냥) 때문에 종친과 대신이 탄핵을 받고 대간(臺諫)도 내침을 당했다. (그런데도) 세자가 징계하지를 않아서 지금 또 이와 같은가? 내가 애초에 데려오지 않으려다가 그 마음이 간절하고 안색이 변하기까지 하므로, 이미 유소(幼小)한 자식이 아니니 부자(父子)의 은의를 상할까[傷恩] 해 애써 종행(從行)하게 했을 뿐이다. 내가 한 짓이라면 불선(不善)함이 있더라도 귀밑털[鬢髮]이 이미 희었으니 어쩌겠는가? (그러나) 지금 세자는 바야흐로 학문할 때이니 그러함은 옳지 못하다. 또 부자(父子)의 책선(責善)도 은의를 상하게 하는 것이다.²² 서연관은 어째서 소양(素養)을 시키지 아니했는

---

21 매를 팔에 받치고 다닌다는 뜻으로, 매를 이용해 사냥하는 것을 말한다.

22 『맹자(孟子)』 「이루상(離婁上)」에 나오는 말이다.
공손추(公孫丑)가 물었다. "군자가 자식을 (직접) 가르치지 않는 것은 어떤 이유에서입니까?" 맹자가 말했다. "형세상으로 그렇게 해서는 안 되기 때문이다. 가르친다는 것은 반드시 바름으로 행해야 한다. 그런데 바름으로 가르치는데도 (자식이 그 가르침을) 행하지 못하면 (부모는) 이어서 화를 내게 되고, (이처럼 부모가) 이어서 화를 내게 되면 도리어 (자식의 감정을) 상하게 된다. (자식이 생각하기를) '당신께서는 바름으로 저를 가르치면서 정작 당신께서는 바름에 입각해 행하지 않으시는가'라고 한다면 이는 아버지와 자식이 서로 (감정을) 상하게 하는 것이다. 아버지와 자식이 서로 (감정을) 상하면 그것은 나쁜 것이다. 옛날에 (군자들은) 자식을 서로 바꿔서 가르쳤다. 아버지와 자식 사이에는 선한 쪽

가? 모두 간사하고 아첨하는[奸諂] 사람이다. 너희 서연관은 속히 세
자와 함께 직로(直路)를 따라 서울로 가라."

이어 유도대신(留都大臣-도성에 남은 대신)은 출영(出迎)하지 말게
명하고, 길에서 설연(設宴)하는 것을 금지했다. (그런데) 성석린(成石
璘) 등이 가돈천(街頓川) 가에 출영해 여악(女樂)을 갖추었으므로[23]
상이 이를 알고 노해 말했다.

"하늘이 장차 비를 내리려 하니 머무를 수 없다. 즉시 입성(入城)
하라."

무인일(戊寅日-29일)에 사람을 순제(蓴堤)에 보내 방축내(防築內)의
애석(崖石)을 파서 없애도록 했다. 정부의 청을 따른 것이다.

○ 동북면에 (처벌 차원에서) 충군(充軍)시켰던 동지로(童之老)·동안
마거(童安馬巨), 전라도의 김삼성(金三省)·서생길(徐生吉), 서북면의
이봉(李奉)을 용서했다.

기묘일(己卯日-30일)에 형조(刑曹)의 계본(啓本)[24]을 불태우라고 명
했다.

혜정교(惠正橋) 거리에서 어린아이 곽금(郭金)·막금(莫金)·막승

으로 이끌기 위해 나무라지[責善] 않는다. 그런 식으로 나무라다 보면 서로 멀어지게 되
고, 서로 멀어지게 되면 이보다 좋지 못한 일도 없다."
23 이는 보기에 따라 세자에게 아첨하는 것이 될 수 있다.
24 임금에게 신하가 일을 아뢰는 글을 말한다.

(莫升)·덕중(德中) 등이 타구(打毬) 놀이를 했는데, 매 구(毬)의 칭호를 하나는 주상(主上), 하나는 효령군(孝寧君), 하나는 충녕군(忠寧君), 하나는 반인(伴人)이라 했다. 서로 치다가 구(毬) 하나가 다리 밑의 물로 굴러 들어가자 그 아이가 말했다.

"효령군이 물에 빠졌다."

효령군의 유모(乳母)가 마침 듣고 쫓아가 잡아서 효령군의 장인 대사헌 정역(鄭易)에게 고했다. 역(易)이 형조에 고해 옥에 가두고 물으니 이렇게 말했다.

"곽금이 제창해 장난한 지 이미 3일째입니다."

행행(行幸-행차)하는 때이므로 아뢰지 못하다가 이때에 이르러 형조에서 요언률(妖言律)로써 갖춰 아뢰니 상이 말했다.

"이 아이들은 모두 10세에 불과하니 요언(妖言)을 조작한 것으로 논하는 것은 안 될 일이며, 동요(童謠)라 이를 수도 없다. 예전의 이른바 동요란 이런 일이 아니었다. 이것이 비록 동요라 하더라도 동요의 율로도 무죄(無罪)다."

즉시 대언사(代言司)로 하여금 형조와 함께 그것을 불태우게 했다. 이어서 명했다.

"다시는 이 일을 말하지 말라."

○ 일기 지주(一岐知主) 원량희(源良喜)의 사인(使人)이 예물을 바치고 대장경(大藏經)을 청구했다.

○『경제육전(經濟六典)』[25]을 반행(頒行)했다. 국초에 정승 조준(趙

---

25 1397년(태조 6년) 12월 26일 영의정 조준(趙浚)의 책임 아래 편찬 반포된 법전으로,

浚) 등이 수판(受判)²⁶한 것 중에서 준수(遵守)할 만한 것을 찬(撰)해 『경제육전(經濟六典)』이라 이름 지어 바친 것을 중외(中外)에 간행했는데, 이때에 이르러 정승 하륜(河崙) 등이 그 뜻은 존속시키되 이어(俚語-속어)는 제거해 이름『원육전(元六典)』²⁷이라 하고, 상왕(上王)이 즉위한 이래로 경제(經濟)가 될 만한 것을 골라서 뽑아『속육전(續六典)』이라 해 주자소(鑄字所)로 하여금 인출(印出)하게 하고 중외에 반포(頒布)했다.

1388년부터 1397년까지 10년간 시행된 법령과 장차 시행할 법령을 수집해 편찬했다. 오늘날 원문이 전해지지 않아 자세한 내용을 알 수는 없으나,『조선왕조실록』에 간헐적으로 기록된 바에 따라 유추하면 이전·호전·예전·병전·형전·공전의 육전(六典)을 두고 각 전마다 강목을 나눠 편찬했던 것으로 생각된다. 법전의 문장 형태는 한자·이두·방언이 혼용됐고, 과거 공포된 원문과 시행 연월일이 붙어 있는 내용을 그대로 실어놓았다.

26 신하가 임금의 판지(判旨)를 받는 것을 말한다. 고려 때 몽고의 지배하에 교지(敎旨)를 판지(判旨)로 바꾼 결과 수교(受敎)도 수판(受判)으로 됐다.

27 『속육전』과 구별해 이렇게 이름 지었다.

庚戌朔 議政府請命臺諫就職 從之. 臺諫仍請扈從溫井之行 不聽
경술 삭 의정부 청명 대간 취직 종지 대간 잉청 호종 온정 지행 불청

上書復請 上命中官勿啓. 翼日 又請啓前疏 承政院答以有旨不敢啓
상서 부청 상명 중관 물계 익일 우 청계 전소 승정원 답 이 유지 불감 계

臺諫立庭至日昃不得達. 執義金孝孫曰: "臺諫之言如此 不能上達
대간 입정 지 일측 부득 달 집의 김효손 왈 대간 지언 여차 불능 상달

恐有累於上德." 乃退.
공유 누어 상덕 내퇴

辛亥 以禹希烈爲忠淸道都體察使 監督蓴堤之役也.
신해 이 우희열 위 충청도 도체찰사 감독 순제 지 역 야

壬子 上詣仁德宮 告幸溫井.
임자 상 예 인덕궁 고행 온정

癸丑 上王觀獵于近圻 凡十三日而還.
계축 상왕 관렵 우 근기 범 십삼일 이환

上如豐海道 次于廣灘. 上將幸海州 托以湯沐于平州溫泉 世子及
상 여 풍해도 차우 광탄 상 장행 해주 탁 이 탕목 우 평주 온천 세자 급

諸君 右政丞趙英茂等侍從.
제군 우정승 조영무 등 시종

甲寅 次于通濟院南郊. 是朝 命世子還朝 世子固請從行 上謂
갑인 차우 통제원 남교 시조 명 세자 환조 세자 고청 종행 상위

諸卿曰: "世子監國 於禮得矣. 初欲令世子經宿而還 今世子以不得
제경 왈 세자 감국 어례 득의 초 욕령 세자 경숙 이환 금 세자 이 부득

扈駕 怏怏不食. 世子非獨予之子也 乃國之儲副也. 其擧動若之何
호가 앙앙 불식 세자 비독 여지자 야 내 국지 저부 야 기 거동 약지하

而可?" 李天祐 李叔蕃等進言曰: "此乃湯沐之行 固宜隨駕." 上曰:
이가 이천우 이숙번 등 진언 왈 차 내 탕목 지행 고의 수가 상왈

"姑從之." 世子喜形於色. 上過臨津渡 觀龜船倭船相戰之狀.
고 종지 세자 희 형어 색 상과 임진도 관 구선 왜선 상전 지상

乙卯 雞林君李升商卒. 升商 慶州人 文靖公達衷之孫 風彩溫懿.
을묘 계림군 이승상 졸 승상 경주인 문정공 달충 지손 풍채 온의

歲壬戌 以成均試第一 遂中同進士科 累歷華要. 上在潛邸 同中
제 임술 이 성균시 제일 수 중 동진사과 누력 화요 상재 잠저 동중

成均試 以升商壯元 待之厚. 歲辛巳 爲佐命功臣 遂拜代言 兼尙瑞
성균시 이 승상 장원 대지 후 세 신사 위 좌명공신 수 배 대언 겸 상서

尹 掌銓選 官至刑曹判書. 贈諡恭靖 後避厚陵尊號 改恭懿. 無子.
윤 장 전선 관지 형조판서 증시 공정 후피 후릉 존호 개 공의 무자

復始行廊之役. 自景福宮之南至宗廟前 左右行廊凡八百八十一間
부시 행랑 지역 자 경복궁 지 남지 종묘 전 좌우 행랑 범 팔백 팔십 일간

又於宗廟南路 建層樓五間 又移靑雲橋西鍾樓二層五間於巡禁司
우어 종묘 남로 건 층루 오간 우이 청운교 서 종루 이층 오간 어 순금사

之南 廣通橋之北 又於龍山江 新作軍資庫 西江新作豐儲倉. 役丁
지남 광통교 지북 우어 용산강 신작 군자고 서강 신작 풍저창 역정

二千一百四十一名. 僧軍五百名. 前判事李暕等二十二人督其役;
이천 일백 사십 일명 승군 오백 명 전 판사 이간 등 이십 이인 독 기역

星山府院君李稷 知議政府事李膺 工曹判書朴子靑等領其事.
성산 부원군 이직 지의정부사 이응 공조판서 박자청 등 영 기사

丙辰 命旌表孝子節婦之門. 忠淸道都觀察使報:
병진 명 정표 효자 절부 지문 충청도 도관찰사 보

'驪興人故抱州監務卞熙女子種生 年甫十三喪母 率一小婢 守墳
여흥 인 고 포주 감무 변희 여자 종생 연 보 십삼 상모 솔 일 소비 수분

三年. 纔過禫期 其父死 斬衰終制. 淸州人朴厚妻孫氏 年未三十
삼년 재과 담기 기부 사 참최 종제 청주 인 박후 처 손씨 연 미 삼십

喪其夫 守信寡居 執母之喪 守墳三年. 文義人 前別將田慶生喪母
상 기부 수신 과거 집 모지상 수분 삼년 문의 인 전 별장 전경생 상모

手自炊爨 衣不綿絮 坐不茵席 以終三年. 又追悼其父早死 拾骨
수자 취찬 의불 면서 좌불 인석 이종 삼년 우 추도 기부 조사 습골

改葬 守墳三年 孝誠切至. 溫水人戶曹議郎李克壽死 其妻吳氏侍殯
개장 수분 삼년 효성 절지 온수 인 호조 의랑 이극수 사 기처 오씨 시빈

一年 旣葬 守墳終制. 養其姑辛氏 無異平日 及姑歿 喪葬之禮 一如
일년 기장 수분 종제 양 기고 신씨 무이 평일 급 고몰 상장 지례 일여

己親.'
기친

慶尙道都觀察使報:
경상도 도관찰사 보

'安東人前散員兪天桂妻金氏 歲在辛巳 年方三十有八. 天桂當
안동인 전 산원 유천계 처 김씨 세재 신사 연방 삼십 유팔 천계 당

赴鎭 謂其妻曰: "今日吉辰 吾將出宿於門外." 其妻曰: "吾亦出宿
부진 위 기처 왈 금일 길진 오장 출숙 어 문외 기처 왈 오역 출숙

矣." 遂入室備餱糧 夜已分矣. 忽有人驚呼之聲 奴婢皆畏縮 金獨出
의 수 입실 비 후량 야 이분 의 홀유인 경호 지성 노비 개 외축 김독출

虎已攬夫而去. 金執夫木弓 呼而追及之 左手執夫 右手打虎幾至
호 이 람부 이거 김 집부 목궁 호이 추급 지 좌수 집부 우수 타호 기지

六十步 虎棄之而立. 金曰: "汝旣攬我夫 欲幷取我耶?" 虎乃去. 夫
육십 보 호 기지 이립 김왈 여기람 아부 욕 병취 아야 호내거 부

已死矣 抱屍而歸 質明 夫復生. 翼日夜 虎來大吼 金又開門杖木而
이사 의 포시 이귀 질명 부부생 익일 야 호래 대후 김우 개문 장목 이

立 語曰: "汝亦有性之物 何若是之甚也?" 虎嚙場邊梨木而去 木
립 어왈 여역 유성 지물 하 약시 지심야 호교 장변 이목 이거 목

乃枯.
내고

豐山人李橿妻金氏 安東前中郞將金浻之女也. 橿墜馬斃于道
풍산 인 이강 처 김씨 안동 전 중랑장 김천 지녀야 강 추마 폐 우도

其奴輿尸而歸. 金氏年方二十 抱其夫尸至三日 竟不復生. 及殯之
기노 여시 이귀 김씨 연방 이십 포 기부 시지 삼일 경불 부생 급빈지

益哀痛 閱月不食 飮水而已. 父母勸之曰: "食而後哭 於義何害!" 金
익 애통 열월 불식 음수 이이 부모 권지왈 식 이후 곡 어의 하해 김

曰: "非哀死而不食 乃以疾也." 至五十三日而死. 其父母憐之 同穴
왈 비 애사 이 불식 내 이질야 지 오십 삼일 이사 기 부모 련지 동혈

而葬.
이장

晋州戶長鄭滿妻 崔仁祐之女也. 歲己未 倭寇晋州. 崔遇賊 賊欲
진주 호장 정만 처 최인우 지녀야 세 기미 왜구 진주 최 우적 적욕

汚之 崔守節不從 賊怯之以刃 崔遂罵賊 賊卽殺之.
오지 최 수절 부종 적 겁지 이인 최 수 매적 적즉 살지

咸陽人前驛丞鄭寅妻宋氏 歲己巳 被倭虜掠 倭欲汚之 宋氏誓死
함양 인 전 역승 정인 처 송씨 세 기사 피왜 노략 왜 욕 오지 송씨 서사

不從 倭卽殺之.
부종 왜 즉 살지

星州花園縣人金自强 年纔三歲 喪其父. 旣長 奉母承順 及其母
성주 화원현 인 김자강 연재 삼세 상 기부 기장 봉모 승순 급 기모

死 不遵佛氏七七之說 一依文公家禮 遷父合葬 守墳三年 常不
사 부준 불씨 칠칠 지설 일의 문공 가례 천부 합장 수분 삼년 상불

納履. 喪畢 又欲爲父仍居三年 妻黨哀其生理 牽引就道焚廬. 自强
납리 상필 우욕 위부 잉거 삼년 처당 애기 생리 견인 취도 분려 자강

顧瞻烟火 力排之 號天擗地 歸伏塚前 三日不起 族黨感其孝 復爲
고첨 연화 역배지 호천 벽지 귀복 총전 삼일 불기 족당 감기효 부위

結廬以居之 自强又守墳三年.'
결려 이 거지 자강 우 수분 삼년

丁巳 次于平州溫泉. 上曰: "天氣尙寒 不宜湯沐 姑往田于海州."
정사 차우 평주 온천 상왈 천기 상한 불의 탕목 고왕 전우 해주

賜西北面都巡問使林整內廐馬一匹. 整來謁行幄 仍進鷹犬.
사 서북면 도순문사 임정 내구마 일필 정 내알 행악 잉진 응견

始以漢江都相董仲舒 元中書左丞許衡 從祀文廟 罷莽大夫揚雄
시 이 한 강 도 상 동중서　원 중서 좌승 허형　종사 문묘　파망 대부 양웅

之祀 埋雄神主于屛處.
지사 매웅 신주 우 병처

戊午 駕留平州. 前夕 李升商之奴 先至承政院告訃 且曰: "禮曹
무오 가류 평주　전석 이승상 지노 선지 승정원 고부 차왈　예조

停朝狀 行至矣." 趙英茂 金汝知 以驅禽之令已出 誶曰: "奴隷之
정조장 행지 의　조영무　김여지 이 구금 지령 이출 위왈　노예 지

言 豈可上達!" 是曉將動駕 上聞升商訃 責汝知曰: "爾等嘗讀春秋
언 기가 상달　시효장 동가 상문 승상 부 책 여지 왈　이등 상독 춘추

大臣之卒 何不卽聞?" 俄而 禮曹狀至 命停朝三日 輟肉膳.
대신 지졸 하 부즉문　아이 예조장 지 명정조 삼일 철 육선

己未 次于海州 鵲川. 金汝知啓曰: "風霜草野 累日素膳 恐爲
기미 차우 해주 작천　김여지 계왈　풍상 초야 누일 소선 공위

未可." 上曰: "子爲父服喪三年 父亦爲子有服. 臣爲君服三年 君
미가　상왈　자 위부 복상 삼년 부역 위자 유복　신 위군 복 삼년 군

爲臣豈獨無恩乎! 予之輟膳 以此也." 政府亦請之 上曰: "卿等有請
위신 기독 무은 호　여지 철선 이차 야　정부 역청지 상왈　경등 유청

予於明日始開素."
여 어 명일 시 개소

蕁城之役告成. 南防築高十八尺 廣四十尺 長四百七十尺. 南內
순성 지역 고성　남 방축 고 십팔 척 광 사십 척 장 사백 칠십 척　남내

防築高十八尺 廣四十尺 長一百尺. 南防築之南鑿池 長二百七十
방축 고 십팔 척 광 사십 척 장 일백 척　남 방축 지남 착지 장 이백 칠십

尺 廣一百三十尺 水深六尺 可容船七八隻. 南池之下 開渠 長
척 광 일백 삼십 척 수심 육척 가용 선 칠팔 척　남지 지하 개거 장

二千二百九十尺 廣一百三十尺. 北防築長二百尺 廣四十尺 高十八
이천 이백 구십 척 광 일백 삼십 척　북 방축 장 이백 척 광 사십 척 고 십팔

尺. 其下鑿池 長一百四尺 廣六十二尺 水深五尺 可容船三四尺.
척　기하 착지 장 일백 사척 광 육십 이척 수심 오척 가용 선 삼사 척

其下開渠 長九百二十五尺 廣五十尺 水深三尺. 發旁郡民丁五千 自
기하 개거 장 구백 이십 오척 광 오십 척 수심 삼척　발 방군 민정 오천 자

正月二十九日始役 至是乃畢. 然議者以爲: "徒費民力 必不利用."
정월 이십구일 시역 지시 내필　연 의자 이위　도비 민력 필불 이용

漕運竟不通.
조운 경 불통

庚申 駕至海州 命發倉 分賜侍從大小臣僚至胥徒奴隷七日糧
경신 가지 해주 명 발창 분사 시종 대소 신료 지 서도 노예 칠일 량

米豆摠千餘石.
미두 총 천여 석

辛酉 上至大釜串 射獐一. 右副代言趙末生啓曰: "以今日所獲
신유 상 지 대부 곶 사 장 일 우부대언 조말생 계왈 이 금일 소획

馳薦宗廟何如?" 上曰: "古人云: '十二月以後 獐鹿無味.' 且非其時.
치천 종묘 하여 상왈 고인 운 십이월 이후 장록 무미 차 비 기시

自今春蒐所獲 勿薦之."
자 금 춘수 소획 물 천지

癸亥 駕至古邑 常留二日.
계해 가 지 고읍 상류 이일

甲子 賜前判事金洳襦衣弓矢. 洳知山中麋鹿所在故也. 同知摠制
갑자 사 전 판사 김여 유의 궁시 여 지 산중 미록 소재 고야 동지총제

柳殷之 曾牧海州 知此人 故薦之. 又賜海州摠牌四人角弓各一.
유은지 증 목 해주 지 차인 고 천지 우 사 해주 총패 사인 각궁 각일

此人等率軍以驅麋鹿故也.
차인 등 솔군 이구 미록 고야

乙丑 平壤城成.
을축 평양성 성

戊辰 駕還次海州東亭. 上所射鹿十四獐四. 以馳騁適宜 且所獲
무진 가 환차 해주 동정 상 소사 녹 십사 장사 이 치빙 적의 차 소획

甚多 命豐海道都觀察使閔若孫曰: "可爲講武之場也. 自牛峴以南
심다 명 풍해도 도관찰사 민약손 왈 가위 강무 지 장야 자 우현 이남

禁人私獵 且禁開墾 永爲講武之地 其已曾開墾者 勿禁. 若有未便
금 인 사렵 차 금 개간 영위 강무 지지 기 이증 개간 자 물금 약유 미편

卿宜陳之." 若孫曰: "牛峴以南 倭奴嘗侵之地. 無知之民 不虞後患
경 의 진지 약손 왈 우현 이남 왜노 상 침지 지 무지 지 민 불우 후환

故來居者多耳. 宜徙居民 永爲講武之所." 若孫之言 苟爲容悅 識者
고 내거 자 다 이 의사 거민 영위 강무 지소 약손 지언 구위 용열 식자

鄙之.
비지

宥金時 公處中 李尙恒 河永 安天祿等 令隨駕. 右人等嘗被罪
유 김시 공처중 이상항 하영 안천록 등 영 수가 우인 등 상 피죄

付處.
부처

癸酉 賜檢校漢城尹任光義 姜文進米豆各十石. 光義等嘗在
계유 사 검교 한성윤 임광의 강문진 미두 각 십석 광의 등 상재

留後司 迎謁駕前 故有賜勞之也.
유후사 영알 가전 고 유 사로 야

命京畿都觀察使 祭驪興府院君之墳. 以寒食也.
명 경기 도관찰사 제 여흥부원군 지분 이 한식 야

賜回回西地米五石.
사 회회 서지 미 오석

上拜齊陵. 上以將行別祭 凡致齋三日 禁獵.
<small>상 배 제릉 상 이 장행 별제 범 치재 삼일 금렵</small>

丁丑 還營. 上聞昨日世子臂鷹 大怒 鞭小竪於帳內 謂金汝知
<small>정축 환영 상문 작일 세자 비응 대노 편 소수 어 장내 위 김여지</small>

及書筵官金自知等曰: "以世子鷹犬之故 宗親大臣被劾 臺諫亦
<small>급 서연관 김자지 등왈 이 세자 응견 지고 종친 대신 피핵 대간 역</small>

見貶. 世子曾不是懲 今又若是耶? 予初不欲率行 其心懇至 至於
<small>견폄 세자 증 불시 징 금 우 약시 야 여 초 불욕 솔행 기심 간지 지어</small>

變色 旣非幼小之子 恐傷父子之恩 勉令從行耳. 若予之所爲 雖有
<small>변색 기비 유소 지자 공상 부자 지은 면령 종행 이 약 여지 소위 수유</small>

不善 鬢髮已白 今世子方學問之時 不宜乃爾. 且父子責善 傷恩也.
<small>불선 빈발 이백 금 세자 방 학문 지시 불의 내이 차 부자 책선 상은 야</small>

書筵官 何不素養乎? 是皆奸諂之人也. 爾書筵官 速與世子遵直路
<small>서연관 하불 소양 호 시개 간첨 지인 야 이 서연관 속 여 세자 준 직로</small>

還京." 命留都大臣勿出迎 又禁設宴于道. 成石璘等出迎于街頓川
<small>환경 명 유도대신 물 출영 우금 설연 우도 성석린 등 출영 우 가돈천</small>

邊 備女樂 上知之 怒曰: "天且雨 不可留. 卽入城."
<small>변 비 여악 상 지지 노왈 천 차우 불가 류 즉 입성</small>

戊寅 遣人于蕁堤 鑿去防築內崖石. 從政府之請也.
<small>무인 견인 우 순제 착거 방축 내 애석 종 정부 지청 야</small>

宥東北面充軍童之老 童安馬巨 全羅道金三省 徐生吉 西北面
<small>유 동북면 충군 동지로 동안마거 전라도 김삼성 서생길 서북면</small>

李奉.
<small>이봉</small>

己卯 命焚刑曹啓本. 惠正橋街上 有兒童郭金 莫金 莫升 德中等
<small>기묘 명분 형조 계본 혜정교 가상 유 아동 곽금 막금 막승 덕중 등</small>

打毬爲戲. 每毬稱號 一爲主上 一爲孝寧君 一爲忠寧君 一爲伴人
<small>타구 위희 매구 칭호 일위 주상 일위 효령군 일위 충녕군 일위 반인</small>

相擊之. 一毬投入橋水 其兒對曰: "孝寧君沈水矣." 孝寧君乳母
<small>상 격지 일구 투입 교수 기아 대왈 효령군 침수 의 효령군 유모</small>

適聞而追執 以告孝寧君之舅大司憲鄭易. 易告刑曹 囚獄問之 曰:
<small>적문 이 추집 이고 효령군 지구 대사헌 정역 역고 형조 수옥 문지 왈</small>

"郭金倡之爲戲 已三日矣." 時以行幸未啓 至是 刑曹以妖言律具聞
<small>곽금 창지 위희 이 삼일 의 시 이 행행 미계 지시 형조 이 요언률 구문</small>

上曰: "此兒曹皆不過十歲 不可以造妖言論也. 且不可謂之童謠. 古
<small>상왈 차아 조개 불과 십세 불가 이조 요언 논야 차 불가 위지 동요 고</small>

之所謂童謠 非此等事. 是雖童謠 又無罪童謠之律." 卽令代言司同
<small>지 소위 동요 비 차등 사 시수 동요 우 무죄 동요 지율 즉령 대언사 동</small>

刑曹燒之 仍命曰: "勿復言此事."
<small>형조 소지 잉 명왈 물 부언 차사</small>

一岐知主源良喜 使人獻禮物 求大藏經.
일기 지주 원량희 사인 헌 예물 구 대장경

頒行經濟六典. 國初 政丞趙浚等 撰受判可爲遵守者 目爲
반행 경제육전 국초 정승 조준 등 찬 수판 가위 준수 자 목위

經濟六典以進 刊行中外. 至是 政丞河崙等存其意 去其俚語 謂之
경제육전 이진 간행 중외 지시 정승 하륜 등 존 기의 거 기 이어 위지

元六典 又選上王卽位以來可爲經濟者 謂之續六典 令鑄字所印出
원육전 우선 상왕 즉위 이래 가위 경제 자 위지 속육전 영 주자소 인출

頒布中外.
반포 중외

태종 13년 계사년
3월

三月

경진일(庚辰日-1일) 초하루에 형조 우참의 이명덕(李明德, 1373
~1444년)[1]에게 쌀과 콩 20석을 내려주었다.

명덕(明德)이 아비의 상사[喪父]를 당하자 상이 듣고 말했다.
_{상부}
"명덕은 충성스럽고 부지런한[忠勤] 사람이다."
_{충근}
이런 하사(下賜)가 있었다. 또 내수(內竪-환관)를 보내 종이 150권
을 치부(致賻)했다.

○ 종묘 향관(宗廟享官)의 청재 청사(淸齋廳事)[2]를 재전(齋殿) 동남
쪽으로 옮겼다.

---

1 1396년(태조 5년) 문과에 급제해 예문춘추관에 보직되었으며, 사헌부감찰·사간원우헌
 납·장령·사인·집의·좌사간대부·형조참의 겸 지도관사(刑曹參議兼知都官事) 등을 역임
 했다. 1415년(태종 15년) 승정원 동부대언(承政院同副代言)이 되고 좌부대언에 승진했다.
 세종이 즉위하자 이조참판을 거쳐 병조참판으로 전임했고, 그 뒤 강원도관찰사·예조참
 판·대사헌·동지총제를 역임했다. 1430년(세종 12년) 공조판서가 됐고, 이듬해 병조판서
 를 거쳐 다시 공조판서가 됐다. 1438년 중추원부사로 정조사(正朝使)가 되어 명나라에
 갔다가 이듬해 귀국했다. 그 뒤 판한성부사·인순부윤(仁順府尹)을 지냈다. 1442년 70세
 가 돼 벼슬에서 물러났으나 다시 지중추원사로 복직했다. 이어서 판중추원사에 승진해
 궤장을 하사받았다.
2 제사를 지내기 전에 제관(祭官)이 모여서 청재(淸齋)하며 하룻밤 유숙하는 집을 가리
 킨다. 대(大)·중(中)·소사(小祀)에 산재(散齋)와 치재(致齋)를 하는 것이 원칙이었으나, 일
 이 급박할 때는 하룻밤만 간단히 청재했다.

의정부에서 아뢰었다.

"종묘 남쪽 조산(造山) 밖에 마땅히 울타리를 두루 둘러쳐야 합니다. 또 향관의 청재 청사가 재전보다 높으니 바라건대 낮은 곳으로 옮기게 하소서."

그것을 따랐다.

○ 진무초례(眞武醮禮)[3]를 소격전(昭格殿)[4]에서 거행했다.

소격전의 관원이 아뢰었다.

"이에 앞서는 여러 초례를 모두 저녁에 거행했습니다. (그런데) 이제 『진무경(眞武經)』을 보건대 '5경(更)에 이르면 몸소[躬然] 향(香)과
궁연

---

3 북방(北方)의 신(神) 진무(眞武)에게 제사 지내는 초례(醮禮)다. 진무(眞武)는 거북과 뱀이 합체한 형상인데 현무(玄武)와 같다. 송(宋)나라 상부(祥符) 연간에 성조(聖祖)의 휘(諱)를 피해 현무를 진무로 고쳤다.

4 고려 때부터 소격전(昭格殿)으로 불렸으나 1466년(세조 12년)에 소격서(昭格署)로 개칭하고 규모를 축소시켰다. 1392년 11월에 고려 때의 재초(齋醮) 장소였던 복원궁(福源宮), 신격전(神格殿), 구요당(九曜堂), 소전색(燒錢色), 대청관(大淸觀), 청계배성소(淸溪拜星所) 등을 폐지하면서도 송도의 소격전은 남겨두었다. 1396년(태조 5년) 정월에 좌우도(左右道)의 정부(丁夫) 200인을 징발해 지금의 서울시 종로구 삼청동 자리에 소격전을 영조했다. 태종이 재초에 관심이 컸고 당시 소격전의 제조(提調)를 지낸 김첨(金瞻)과 공부(孔俯)가 도교 재초에 조예가 깊고 열성이 있어 소격전은 비교적 활발하게 운영됐다. 『증보문헌비고』에 따르면 소격서에는 삼청전(三淸殿)이 있어 삼청 성신(星辰)의 초제를 관장했는데, 제조(提調) 1인, 별제(別提)와 참봉 각 2인, 잡직으로 상도(尙道)와 지도가 각 1인씩 있었다. 소격서의 직제는 『경국대전』에 실렸는데, 서원(署員) 이외에 도학생도(道學生徒)가 10여 인 있었고, 금단(禁壇)을 낭송시키고 『영보경(靈寶經)』을 읽혔으며, 과의(科儀)는 『연생경(延生經)』·『태일경(太一經)』·『옥추경(玉樞經)』·『진무경(眞武經)』·『용왕경(龍王經)』 가운데 3경으로 한다고 돼 있다. 소격서의 초제에 직접 참여했던 성현(成俔)은 『용재총화(慵齋叢話)』에 그 내용을 소개하고 있다. 그에 따르면 소격서에는 태일전(太一殿)·삼청전·내외제단(內外諸壇)이 있어 옥황상제를 비롯한 수백 개의 신위(神位)와 상(像)들이 마련되어 있고, 헌관(獻官)·서원(署員)·도류(道流-도사)가 분담해 재초를 집행했다고 한다.

초[燭], 정과(淨果)·조탕(棗湯)을 3열에 걸쳐서 벌여놓고[5], 그 뜻을 한결같이 순결하게 해 머리를 조아리고 기도해 고한다[禱告]'라고 했습니다. 청컨대 이 경(經)에 의거해 5경(五更)의 초(初)에 행하게 하소서."

그것을 따랐다.

○ 서북면(西北面)의 양전(量田)을 가을까지 기다렸다가 마칠 것을 명했다. 도순문사(都巡問使)의 보고를 따른 것이다.

신사일(辛巳日-2일)에 사간원에서 소(疏)를 올렸다. 그 소는 이러했다.

'믿음[信]이란 임금의 큰 보배[大寶]이고[6] 예(禮)란 임금의 큰 마디[大節]입니다. 그래서 임금이 말하면 반드시 (그것을 지켜 아랫사람들 사이에) 믿음이 있게 해야 하고, 움직이게 되면 반드시 예에 맞게 해야 합니다.[7] (임금의) 말이 혹 믿음을 주지 못하면 아랫사람이 이어받을 것이 없고, 움직임이 혹 예를 뛰어넘으면[踰禮] 일이 그 마땅함을

---

5 『진무경』「경봉진무(敬奉眞武)」의 주에서 "향 한 대, 초 두 대, 정과와 조탕을 마땅히 3위에 나누어 설한다(香一炷, 燭二枝, 淨果棗湯, 當設三位分)"라고 했다.

6 사마광(司馬光)이 『자치통감(資治通鑑)』에서 한 말이다. "무릇 믿음이란 임금의 큰 보배다. 나라는 백성에게서 보위되며 백성은 믿음에서 보위되니, 믿음이 아니면 백성을 부릴 수 없고 백성이 아니면 나라를 지킬 수 없다."

7 『논어(論語)』「위령공(衛靈公)」에 나오는 말이다. "공자가 말했다. '앎이 도리에 미치더라도 어짊이 그것을 뒷받침해줄 수 없다면 설사 도리를 (순간적으로는) 얻었다 하더라도 결국 자기 것이 되지 못하고 반드시 잃게 된다. 앎이 거기에 미치고 어짊이 그것을 지킬 수 있다 하더라도 장엄함으로써 백성에게 임하지 않으면 백성이 공경하지 않는다. 앎이 거기에 미치고 인이 그것을 지킬 수 있고 장엄함으로써 백성에게 임할 수 있더라도 임금이 예에 맞게 움직이지 않는다면 좋다고 할 수 없다.'"

잃게 되는 것입니다.

전하께서 처음에 평주(平州) 온정(溫井)의 탕목을 말씀하시면서 대간이 수가(隨駕)하겠다는 청을 불허하셨으나, 마침내 강무의 거둥[擧動-儀]으로 해주(海州)에 이르고 행행(行幸-행차)의 오래됨도 거의 한 달에 이르렀으니 신 등은 가만히 유감스러움이 있습니다.

또 세자께서는 날마다 서연(書筵)을 열어 경사(經史)를 강론하고 바야흐로 덕성(德性)을 함양해야 할 때이고, 나라가 비는[空國][8] 때를 당해서는 도성(都城)에 머물러 감국(監國)하는 것이 그 맡은 바입니다. (그런데) 동가(動駕)하는 날에 그대로 호가(扈駕)하도록 윤허해 말을 달려 새를 쫓음으로써[馳馬逐禽][9] 그 마음과 뜻[情志]을 방탕하게 하니, 신 등은 학문하는 마음이 이로 말미암아 한결같지 못할까[不專] 염려스럽습니다.

이뿐 아니라[非惟此也], 풍해도(豊海道)는 상국(上國-명나라)을 오가는 노정(路程)이어서 양향(糧餉-식량)을 저장하는 일이 마땅히 더욱 시급합니다. (그런데) 지금 국가에서 무사한 때를 당해 창고를 열어 사행(師行)[10]의 양식(糧食)으로 잇대고 있으니, 이 또한 적절치 못한 낭비[不切之費]입니다.

바라건대 이제부터 전하께서는 일동(一動)이라도 반드시 유사(有司)에 가실 곳을 명하시고, 왕환(往還)의 기간을 정한 뒤에 법가(法

---

8 임금이 도성을 비운다는 말이다.

9 사냥한다는 말이다.

10 행군하는 병사들을 가리킨다.

駕)를 갖추고 도로(道路)를 깨끗이 하며, 돌아오심도 기한을 넘기지 마시어 국인(國人)으로 하여금 주필(駐蹕)[11]한 곳을 알게 하고, 환행(還行)할 때에는 진실로 천체의 운행이 조금도 바뀌지 않는 것[天行 _{천행} 之不替]과 같이하셔야 할 것입니다.

또 대간은 전하의 눈과 뒤를 대신하라는 부탁을 받들어 국가 기강의 책임을 맡은 바이기 때문에 하루라도 없을 수 없습니다. 길의 멀고 가까움과 때의 오래고 짧음에 상관없이, 명가(命駕)해 나가시게 되면 (반드시) 시종을 허락하소서.

또 강무(講武)는 국가에 상제(常制)가 있어 비록 폐기할 수 없다 하오나, 먼 곳에서 사냥해 오랫동안 신기(神器-임금의 자리)를 비워두심은 국군(國君)의 원대한 생각이 아닙니다. 춘추(春秋)에 강무하는 곳은 반드시 교관(郊關-도성 주위) 안에서 하여 기외(畿外-경기도 밖)에 미치지 마시고, 그 수수(蒐狩-사냥) 때에는 세자에게 명해 감국(監國)하게 하고 학문에 전심하게 하소서.'

상이 읽어보고 기뻐하며 말했다.

"내 실로 허물이 있었다. 간원의 말이 참으로 옳으니 내 마땅히 이를 따르겠다."

○ 대마도(對馬島) 종정무(宗貞茂)의 사인(使人)이 와서 토산물[土物]을 바쳤는데, 『대장경(大藏經)』을 내려준 것에 관해 사례하기 위해서였다.

○ 갑사(甲士) 주화(朱和)를 본향 군역(本鄕軍役)에 채워 넣으라[充 _충]

---

11 임금이 행행하는 도중에 거가가 잠시 머무는 것을 말한다.

고 명했다.

화(和)가 궁문(宮門)을 지키면서 말했다.

"갑사가 앉거나 누울 도구가 없으니 참으로 괴롭지 않은가? 내가 만약 왕이라면 갑사로 하여금 이 같은 괴로움을 받게 하지 않겠다."

그 무리가 승정원에 고해 아뢰게 하니 상이 그를 용서했다. 김여지(金汝知) 등이 아뢰어 말했다.

"화의 죄를 다스리도록 청합니다."

상이 말했다.

"반드시 치죄(治罪)할 필요는 없다."

그리고 이런 명이 있었다.

임오일(壬午日-3일)에 상이 인덕궁(仁德宮)에 나아가 돌아온 것을 고했다.

○동북면 경원(慶源) 백성 75인이 빌린 속(粟-곡식)을 감면해주도록 명했다.

백성이 고해 말했다.

"땅을 잃고 경성에 들어와 임시로 살고 있으니[來寓], 청컨대 경인년 신묘년에 빌린 속(粟)을 감해주소서."

도순문사가 이를 보고하니 그것을 따랐다.

○ 각 도의 시위군(侍衛軍)을 진속군(鎭屬軍)¹²에 합쳐 윤차(輪次-순서)대로 번상(番上)하게 했다. 정부의 아룀을 따른 것이다.

계미일(癸未日-4일)에 상이 인덕궁(仁德宮)에 나아가니, 상왕(上王)이 연회를 베풀어 온정(溫井)의 행차를 위로했다.

○ 면성군(沔城君) 한규(韓珪)에게 갑사(甲士) 500인을 데리고 광주(廣州)에 가서 사냥할 것을 명하고, 이어서 광주에 뜻을 전해 말했다.

"재인(才人)과 화척(禾尺)을 빠짐없이[無遺] 모아놓고 명을 기다려
무유
라[待令]."
대령

대개 상왕(上王)을 받들고 사냥을 구경하고자 함이었다.

갑신일(甲申日-5일)에 권희달(權希達)을 파직(罷職)했다.

애초에 희달(希達)이 해주(海州)로 호가(扈駕)할 때 술을 마시고 상호군(上護軍) 왕린(王隣)·황상(黃象, ?~?)¹³, 대호군(大護軍) 이란

---

12 주로 왜구의 침입에 대비해서 해안 지방의 방위를 맡아보았는데, 점차 침입의 강도가 높아지자 일반 농민뿐 아니라 양반 출신 등을 징발하기도 했다. 그런데 조선에 들어와 1397년(태조 6년)에 연안 지역의 요충지에 진을 설치함으로써 하나의 병종(兵種)이 탄생하면서부터 그 성격에 변화가 생겨, 특히 세조 때 진관체제(鎭管體制)를 실시한 뒤부터는 진군(鎭軍) 또는 진속군(鎭屬軍)이라 하면 주로 주진(主鎭) 이하 각급 진에 유방(留防)해 교대로 근무하는 군인들을 가리켰다.

13 개국공신 황희석(黃希碩)의 아들이다. 1405년(태종 5년) 무과회시(武科會試)에 급제했고 다음해 장군방(將軍房)이 호군방(護軍房)으로 바뀌면서 방주(房主)가 됐다. 1407년 축첩(蓄妾) 문제로 파직됐다가 개국공신의 아들이라 해 곧 사면됐다. 1411년(태종 11년) 충좌사첨절제사(忠佐司僉節制使)가 됐고, 1419년(세종 1년) 세종이 등극해 왜구의 진원지(震

(李蘭)을 때렸는데, 이때에 이르러 헌사에서 소를 올렸다. 대략 이러했다.

'희달은 망령된 행동과 스스로의 방자함이 뭐라 표현할 길이 없는 [無狀] 사람입니다. 상(象)에게 욕해 말하기를 "너희 아비 희석(希碩)은 중으로 있다가 환속(還俗)했으니 그 근원을 알 수 없는 놈이다. 그게 개국공신(開國功臣)이 됐으니 인정(人情)에 맞지 않다[不愜]"라고 했습니다. 그런데 예전에 태조께서 잠저에 계실 때 위의 희석이 밤낮으로 근로(勤勞)했음은 뭇사람들이 함께 아는 바입니다. 그래서 개국공신이 된 것입니다. 또 이란은 왕실의 척련(戚連-친척)인데 이유도 없이 마구 때렸습니다. 만약 희달이 예전에 범한 죄를 논한다면 붓으로 다 쓰기 어려울 정도이니, 청컨대 고신(告身)을 거두고 그 죄를 국문(鞫問)해야 할 것입니다.'

이어서 수직(守直)[14]하니, 상이 내수(內豎)에게 명해 가서 수직하는 사람들을 내치게 하고 단지 파직하라고만 했다.

○ 대간(臺諫)[15]에서 소를 올렸다.

源地)인 대마도(對馬島)를 토벌할 때 삼군도체찰사(三軍都體察使) 이종무(李從茂) 휘하의 중군장(中軍將)에 임명됐다. 1426년 도총제가 됐는데 세종이 군을 친열(親閱)할 때 군법을 문란하게 했다는 이유로 편(鞭) 50의 벌을 받았으며, 이듬해 병조판서에 임명됐는데 황희(黃喜) 등과 같이 양녕대군(讓寧大君)을 폐출(廢黜)할 것을 주장했다. 1428년 기첩(妓妾) 가희아(可喜兒)를 만나느라 왕의 호가(扈駕)를 소홀히 했다는 사헌부의 탄핵을 받고 유배됐다.

14 죄를 지은 사람이 도망하지 못하도록 헌사에서 아전을 보내 그 집을 지키게 하던 일을 가리킨다.

15 대관(臺官)과 간관(諫官)을 함께 이르는 말로, 사헌부와 사간원을 합한 지칭이다.

사헌부의 소는 이러했다.

'임금이란 아홉 겹 궁궐[九重] 위에 계시니 서부(庶府)의 많은 일과 관리의 무리를 어찌 다 살펴서 밝게 가릴 수 있겠습니까? 이 때문에 옛날의 빼어난 임금[聖王]은 간관(諫官)을 두어 (임금의) 귀와 눈을 대신해 조신(朝臣)의 충사 곡직(忠邪曲直)을 살피지 아니함이 없었으니, 이는 보고 듣는 바[視聽]를 넓히는 방법이라 하겠습니다. 전조(前朝-고려)가 성대할 때는 간원과 헌부를 설치했고, (벼슬을) 제수할 때 9품부터 1품까지 모두 서경(署經)¹⁶을 거치게 하되 아무개는 충성스럽고[忠] 아무개는 사특하며[邪] 아무개는 굽었고[曲=枉] 아무개는 곧다[直]고 상구힐의(詳究詰議)¹⁷해 사람들의 마음을 가다듬게 했습니다. (그랬기에) 대신부터 소리(小吏)까지 관직에 있는 자라면 모두 조심하며 두려워하지 아니함이 없었습니다. 생각건대 우리 태조께서 하늘의 명운에 응해[應運] 개국(開國)하실 때는 하늘땅과 같이 포용하는 도량을 넓히고 하해(河海)와 같이 더러움도 품어주는 [納汚] 다움을 미루어서[推], 유능한 자를 거용(擧用)하고 흠 있는 자를 나타나지 못하게 했습니다[擧能匿瑕]. 3품 이상은 관교(官敎)로써

---

16 관리를 등용할 때의 절차를 말한다. 관원을 처음 임명하라는 명령이 내리면 이조(吏曹)에서는 직을 받을 사람의 성명, 문벌, 이력, 내외 사조(內外四祖), 처의 사조를 기록해 사헌부·사간원에 제출하고, 양사(兩司)에서는 수직자(受職者) 사조와 본인 신상의 하자 유무를 조사해서 하자가 없음이 판명되고 나면 양사의 관원들이 모두 서명하여 동의하는데, 이를 서경이라고 했다. 이조에서는 이때 비로소 고신(告身-사령장)을 발부한다. 고려 때는 1품에서 9품까지 모든 관원의 임명에 대간(臺諫)의 서경을 거쳤으나, 조선 시대에 들어와서 태조 때는 고신의 격식을 관교(官敎)와 교첩(敎牒)의 두 가지 형식으로 고쳐서 4품 이하만 서경을 필수(必須)로 했다.

17 자세히 따지고 물어 토의하는 것을 말한다.

쓰고, 4품 이하는 대성(臺省)의 서경(署經)을 거치게 했습니다. (그러나) 이는 곧 창업하던 시초에 일시로 망라한 큰 임시방편[大權]이지, 만세토록 지켜야 할 상경(常經)은 아닙니다. 바라건대 전하께서 전조의 선비를 장려하던 양법(良法)을 쓰시어 9품부터 1품까지 대간의 서경을 거치게 하소서.'

간원(諫院-사간원)의 소는 이러했다.

'고신(告身)의 법은 명성과 행실[名行]이 좋고 나쁜지, 세계(世系)가 높고 낮은지에 대해 평론하지 않는 바가 없어, 그것으로 공의(公議)를 보여주었습니다. 고신이 한 번 엄체(淹滯)하면 자기뿐 아니라 누(累)가 자손에까지 미치므로 그 마음의 부끄러움이 저자에서 초달(楚撻-채찍)을 맞는 것과 같으니, 스스로 신칙하며 스스로 힘써서[自飭自勵] 염치가 일어나고 풍속이 아름다워질 것이니 참으로 다스림을 돕는[輔治] 좋은 법[良法]입니다. 전조(前朝-고려)가 성대할 때는 9품부터 1품까지 모두 고신이 있었으나, 우리 태조께서 신령스러운 빼어남[神聖]으로 개국한 초기에는 3품 이상은 모두 관교(官敎)를 내려주니 이는 대신(大臣)을 두텁게 예우하는 한때의 권도[權=權道]였습니다. 이제 우리 전하께서 더욱 큰 성대함[盈盛]을 지키시니, 법제(法制)를 갖추고 풍교(風敎)를 바로잡아 후세에 넉넉한 복을 드리워주실[垂裕後昆] 때입니다. 『서경(書經)』에 이르기를 "높은 자리에 오르면 교만하려 하지 않아도 교만하게 되고, 많은 봉록을 받으면 사치하려 하지 않아도 사치하게 된다[位不期驕 祿不期侈]"[18]라고

---

18 『서경』 「주서(周書)·주관(周官)」에 나오는 말이다.

했습니다. 예로부터 지위가 높은 자는 흔히 법을 삼가지 않습니다. (그러나) 지위가 1품에 이르렀어도 고신이 있게 되면, 비록 장상(將相)·대신(大臣)이라 하더라도 그 직임을 생각해 명예와 절조[名節]를 아끼고 더욱 기탄함(忌憚-꺼리고 조심함)이 있어 조정이 스스로 바르게 될 것입니다. 만약에 "양부(兩府)의 낮은 데부터 높은 데까지 모두 일찍이 대간의 의논을 거쳤는데 다시 무엇을 의논하겠는가?"라고 하신다면, 비록 빼어난 이라도 오히려 허물이 있거늘 하물며 인심의 지키고 버리는 바[操舍]는 참으로 무상(無常)하니 말할 나위가 있겠습니까? 신 등이 엎드려 바라건대, 전하께서는 이제부터 사람을 제수하실 때는 지위의 고하 없이 모두 대간의 서경을 거치도록 해 풍교를 엄격하게 하셔야 할 것입니다.'

위의 두 상소를 모두 정부에 내려 공신(功臣)과 양부(兩府) 이상이 토의해 아뢰게 했다.

○ 호조정랑 이중만(李仲蔓)의 죄를 용서했다.

중만(仲蔓)이 직숙(直宿-숙직)에게 이문(移文)해 초례(醮禮)의 전물(奠物-제물)을 늦추게 한 실수가 있었으므로 헌사에서 죄를 청했으나, 조온(趙溫)의 사위라 해 그를 용서했다.

○ 일본 대마도(對馬島) 종정무(宗貞茂)의 사인(使人)이 와서 토산물을 바쳤다.

을유일(乙酉日-6일)에 상이 상왕(上王)을 받들어 마전포(麻田浦)에서 매사냥을 구경하고, 드디어 검암(儉巖)에 이르러 유숙했다. 낮에 살곶이[箭串] 냇가에 이르러 술자리를 베풀고 풍악을 울렸다[動樂].
광주 목사(廣州牧使) 안노생(安魯生)이 시(詩) 1절(絶)을 바치니, 상
이 대언에게 명해 차운(次韻)[19]하게 했다. 저물어서 환궁하니 악공과
창기들이 연(輦) 앞에서 음악을 연주했다[奏樂].

정해일(丁亥日-8일)에 대간에서 다시 소를 올려 권희달(權希達)의
죄를 청했다.

헌사(憲司-사헌부)의 소는 이러했다.

'전날 권희달의 죄를 갖고서 소를 갖춰[具疏] 아뢰었지만 단지 그
직임만 파하고 국문을 허락하지 않으셨습니다. 이는 마침내 희달(希
達)의 악을 조장하는 것[長=助長]이요 신민의 기대를 저버리는 것
입니다. 어찌 한 사람을 아끼느라[惜=愛] 만세의 법을 폐기하겠습니
까? 지난날 희달의 광포함은 이루 다 기록할 수 없는 데다가, 오늘
날의 죄악은 더욱 심합니다. 희달은 상께서 자신을 자애하심을 믿고
[特] 전지(傳旨)를 따르지 않았으니 그 죄가 첫째입니다. 희석(希碩)이
개국(開國)에 공로가 있음을 헐뜯었으니 그 죄가 둘째입니다. 완강
하고 횡포하며 방자하고 거만하게[强梁恣慢] 의친(懿親-왕실 친족)을
능멸[凌轢]했으니 그 죄가 셋째입니다. 조정 선비를 경멸해 욕하기를
노예와 같이하고 조정 선비 보기를 개나 양처럼 했으니 그 죄가 넷
째입니다. 자주 국법[邦憲]을 범해 거리낌이 없으니 그 죄가 다섯째

---

19 남이 지은 시의 운자(韻字)를 따서 시를 짓는 것을 말한다.

입니다. 이와 같은 죄를 갖고서도 단지 그 직책만 파한다면 그는 마음속으로 '오늘은 비록 파면됐다 하더라도 내일은 마땅히 복직될 것이다'라고 생각해 의기양양하고 방자함[洋洋恣恣]이 평소와 다를 바가 없을 것입니다. 그렇다면 조정 신하들로 하여금 늘 희달의 손에 욕을 보게[受辱=見辱] 해야 하겠습니까? 바라건대 전하께서는 여러 신하를 위해 대의(大義)로써 결단을 내리시어, 그 죄를 국문(鞫問)하고 율에 의거해 시행하게 함으로써 신민의 소망을 위로하셔야 할 것입니다.'

간원(諫院-사간원)의 소는 이러했다.

'생재(眚災)[20]는 용서하고 호종(怙終)[21]은 적형(賊刑-사형)한다는 것[22]이 빼어난 이의 밝은 가르침[明訓]입니다. 신 등은 감히 권희달이 광포(狂暴)해 범법(犯法)한 일을 갖고서 우러러 천총(天聰-임금의 귀밝음)을 더럽히고자[瀆=煩瀆] 합니다.

지난날 사금(司禁)을 함부로 때리고 수직(守直)하는 관원을 (활로) 쏘고자 했으니 그 죄가 첫째입니다. 영(令)을 범해 술을 마시고는[被酒] 길에서 마주친 조사(朝士-조정 신하) 한이(韓彝)·정환(鄭還)을 때려서 피가 흐르게 했으니 그 죄가 둘째입니다. 궁금(宮禁-대궐) 안에서 낮에 남의 첩을 간음했으니 그 죄가 셋째입니다. 희구(戲毬-격구놀이)하면서 말을 뛰게 해 인명을 상하게 했으니 그 죄가 넷째입

---

20 실수에 의한 잘못을 가리킨다.
21 지난 잘못을 뉘우치지 않고 다시 죄를 저지르는 것을 말한다.
22 『서경(書經)』 「우서(虞書)」에 나오는 말이다.

니다. 전서(典書) 정초(鄭迢)를 임진(臨津)에 빠트렸으니 그 죄가 다섯째입니다. 그가 불법(不法)을 자행하며 저지른 그 밖의 죄악들을 이루 다 기록할 수 없는데도 전하께서는 매번 너그러움과 어짊[寬仁]을 보이시어 다만 경전(輕典-가벼운 처벌)을 드리우시니, 희달이란 자는 마음을 고쳐먹고 진충(盡忠)함으로써 전하의 천지 같은 은혜에 보답해야 함이 마땅합니다. (그러나) 일찍이 이는 생각지 아니하고 전하께서 상왕전(上王殿)에 나아가시던 날 정종성(鄭宗誠)을 전정(殿庭)에서 때려서 천위(天威)에 대해 다시 불경을 행했습니다. 헌사에서 소를 갖춰 죄를 청했으나 전하께서는 견책을 가하지 않고서 말씀하기를 "뒷날에 개과(改過) 여부를 기다리겠다"라고 하셨습니다. 또 겨우 한 달이 지나 주필(駐蹕)하는 지척 사이에서 조사(朝士) 3인을 때렸습니다. 설령 그 품질(品秩)이 낮고 미미하다고 해도 그 분수를 논하면 한가지로 임금의 신하이므로 오히려 감히 매를 때려서는 안될 것인데, 하물며 황상(黃象)·이란(李蘭)·왕린(王隣)은 지위가 모두 3품이요 왕실의 친척이며 공신의 아들입니다. 그 죄가 있음에도 용서하심이 전하의 너그러움 때문이겠습니까? 무릇 그 같은 죄조(罪條)들이 어찌 알지 못해서 망령된 짓을 하는 것이겠습니까? 그가 마냥 방자함을 그치지 아니함은, 특히 (전하께서 자신에게) 관은(寬恩)하심을 믿고 징계가 없었던 까닭입니다. 전하께서는 어찌 이 한 사람만 유독 아끼시어 국법을 이지러지게 하십니까? 희달의 죄는 이에 이르러 가득 찼으니[貫盈] 온 나라 신민이 분원(憤怨)하지 아니함이 없습니다. 엎드려 바라건대 전하께서는 헌사가 아뢴 바대로 한결같이 좇으시어 그를 법대로 처리하심으로써 인주(人主)가 상벌(賞罰)을 행

하는 법도를 밝히셔야 할 것입니다.'

상이 모두 들어주지 않았다[不聽]. 헌사에서 또 희달의 죄를 청하
불청
니 상이 말했다.

"파직한 것으로 충분하니 다시 청하지 말라."

헌사에서 다시 청했으나 역시 윤허하지 않았다.

기축일(己丑日-10일)에 사헌부(司憲府)에서 소(疏)를 올렸다. 소는 이
러했다.

'부부는 인륜의 근본이니 본부인과 첩[嫡妾]의 나뉨을 어지럽혀서
적첩
는 안 될 것입니다. 이 때문에 성인(聖人-공자)이 『춘추』를 편찬할[修]
수
때 노(魯)나라 혜공(惠公)이 중자(仲子)²³를 부인(夫人)으로 삼았으나
천왕(天王)²⁴이 봉(賵)²⁵을 보내면서 (천왕이 아닌) 총재(冢宰)²⁶의 이름
을 썼고, 희공(僖公) 때는 이것이 풍속이 되어[成風]²⁷ (희공이) 부인을
성풍
맞아들이자 천왕은 함옥(含玉-시신의 입에 물리는 옥)과 봉(賵)을 보냈
으되 천왕(天王)이라 일컫지는 않았다고 했습니다. 이는 적(嫡)과 첩
(妾)에는 나뉨이 있음을 밝힌 만세(萬世)의 상경(常經)이니, 한때의
사사로움으로 어지럽혀서는 안 될 것입니다.

---

23 춘추 시대 노(魯)나라 혜공(惠公)의 첩으로, 환공(桓公)의 생모(生母)다.
24 이때까지는 천자를 왕(王)이라고 했다. 주(周)나라의 평왕(平王)을 가리킨다.
25 『춘추좌씨전(春秋左氏傳)』에 "봉(賵-선물)은 조상(助喪)하는 물건이다"라고 했다.
26 재상을 가리킨다.
27 혜공의 일을 전례로 삼아 첩을 부인으로 맞아들일 때 격을 한 단계 낮추었다는 뜻이다.

생각건대 우리 태조께서 『춘추』와 백왕(百王)의 대경(大經-큰 원칙)을 체득해, 사대부 처첩(妻妾)의 한계를 엄격하게 해서 봉작(封爵)과 체전(遞田-밭을 물려줌)의 법을 만든 것은 적서(嫡庶)의 분수를 밝힘이요 인륜의 근본을 바르게 함입니다. 전조(前朝-고려)의 말년에 예의(禮義)의 교화가 행해지지 못하자 부부의 의리가 가정 먼저 문란해지기 시작했습니다. 경(卿)·대부(大夫)·사(士)들이 오직 제 욕심만 좇고 정애(情愛)에 혹해 처(妻)가 있는데도 처를 얻는 자가 있고 첩(妾)으로써 처를 삼는 자도 있게 돼, 드디어 오늘날 처첩이 상송(相訟)하는 실마리가 됐습니다. 세대가 오래되고 사람이 없어져 증거를 취하기 부족하니 거짓을 꾸미고 실정을 숨겨서 진위(眞僞)를 밝히기 어렵고, 처결(處決)도 근거하는 바가 없어 원망이 번다해지고 화기(和氣)를 상해 변(變)이 일어나고 있습니다. 이는 소실(小失)이 아니어서 바로잡지 않을 수 없습니다.

신 등이 삼가 살피건대, 황명(皇明-명나라)에서 반강(頒降)한 제율(制律)에 "처가 있는데도 첩으로써 처를 삼은 자는 장 90대에 아울러 고쳐서 바로잡고, 처가 있는데 다시 처를 얻은 자 또한 장 90에 이이(離異-이혼)한다"라고 했습니다. 일찍부터 매빙(媒娉-중매)·인례(姻禮)를 갖추었느냐 생략했느냐를 가지고 처·첩으로 정했으니, 앞으로는 첩으로써 처를 삼은 자나 처가 있는데도 처를 얻은 자는 아울러 모두 안율(按律)해 처결하고, 당사자가 죽었어도 다시 고쳐 바로잡거나 이이(離異)하지 않는 자는 바라건대 『춘추』의 중자(仲子)를 폄하해 풍속을 이룬 예에 의거해 먼저 사람을 적(嫡)으로 하여 봉작하고 체전(遞田)한다면 빼어난 이의 교화가 일어날 것이요 처와 첩의

나눔이 밝아질 것입니다.'

그것을 따랐다.

경인일(庚寅日-11일)에 안성군(安城君) 이숙번(李叔蕃), 면성군(沔城君) 한규(韓珪), 도총제(都摠制) 이화영(李和英)에게 명해 갑사(甲士)·방패(防牌)·화통군(火桶軍) 등을 거느리고 (경기도 포천 인근) 해룡산(海龍山)에서 사냥하게 했다.

○『대장경』을 해인사(海印寺)에서 인행(印行-인쇄)하게 했다.

풍해·경기·충청도 관찰사에게 뜻을 전해 그 도에서 만든 경지(經紙-대장경 인쇄용지) 267속(束-다발)을 경상도에 체수(遞輸)하게 하고, 경상도 관찰사에게 뜻을 전해 말했다.

"지금 체수한 경지(經紙)를 해인사로 전수(轉輸)해 대장경을 인행함이 마땅하지만, 그 인출(印出)할 때 여러 관계자[諸緣]와 중 200명에게도 삭료(朔料)를 모두 지급토록 하라."
제연

상이 태조가 부처를 좋아해 일찍이 개경사(開慶寺)를 세웠다 하여 다시 『대장경』을 인출해서 여기에 안치하려 했기 때문이다.

○ 최이(崔迤)가 요동(遼東)에 이르러 황제가 장차 북경(北京)에 행차한다는 것을 듣고 치서(馳書)해 보고했다. 상이 의정부에 물었다.

"모름지기 사람을 보내 기거(起居)를 흠문(欽問)해야 할 터인데, 누구를 보내는 것이 옳겠는가?"

하륜(河崙)이 말했다.

"세자가 어떻겠습니까?"

상이 말했다.

"반드시 세자라야 할 것도 없다."

륜(崙)이 말했다.

"왕자(王子)는 어떻겠습니까?"

상이 말했다.

"연소(年少)하니 아직은 안 된다."

또 말했다.

"부마(駙馬)는 어떻겠습니까?"

말했다.

"길천군(吉川君)이 요사이 병은 있지만 내가 물어보겠다."

드디어 사람을 시켜 물었더니 권규(權跬, 1393~1421년)[28]가 말했다.

"신이 비록 병은 있으나 몸을 일으킬 수 있으니 봉사(奉使-사신 가기)하기를 원합니다."

신묘일(辛卯日-12일)에 상이 동교(東郊)에 행차해 매사냥을 구경했다.

○ 사간원에서 소를 올렸다. 소는 대략 이러했다.

---

28 아버지는 찬성(贊成) 권근(權近)이다. 1404년(태종 4년) 태종의 3녀 경안공주(慶安公主)와 결혼해 길천군(吉川君)에 봉해졌다. 1407년 호분위 상호군(虎賁衛上護軍)이 되고 이듬해 겸 우군도총제(兼右軍都摠制)가 됐다. 1413년 당시 명나라 성조(成祖-영락제)의 동정을 탐문하기 위해 지의정부사(知議政府事) 여칭(呂稱)과 함께 명나라에 갔고, 돌아올 때 권규는 성조로부터 구마(廐馬) 3필, 단(段)과 견(絹) 각 8필씩을 하사받았다. 1416년 길창군(吉昌君)으로 고쳐 봉작되었고, 1418년에 의용위 절제사(義勇衛節制使)가 됐다. 1421년 29세로 세상을 떠나자 3일 동안 조회를 중지했다. 품성이 온후하고 매우 겸손했다.

'오늘날 우리 성대한 조정[盛朝]에서 베풀고 하는 모든 일이 한결같이 옛것을 따르므로 다스리는 도리[治道]에 있어서[其於] 빠트리거나 빠진 것이 없으나, 오직 이 신불(神佛)의 폐단만은 아직도 다 혁파되지 못하고 있습니다. 그래서 신 등이 상제(喪制)의 의식은 한결같이 (주희의) 『가례(家禮)』대로 하고자 생각해, 불사(佛事)를 엄격하게 금지함[痛禁]으로써 유신(維新)하는 다스림을 돕고자 소(疏)를 갖춰 아뢴 바 있습니다. 전하께서도 심히 옳게 여기시어 대신(大臣)에게 순문(詢問)해 가부가 이미 정해졌고, 순방(詢訪-차례로 물어봄)함이 여러 신하에게까지 미치니 여러 사람의 의견도 역시 한가지라, 신등은 스스로 기뻐해 하례하면서 그대로 윤허해주심[兪允]을 기다렸습니다. (그런데) 예조에서 마침내 불사(佛事)를 청정(淸淨)한 곳에 설치함이 마땅하다고 망령되이 의견을 내어[妄議] 신문(申聞)하니, 언관(言官)의 청을 막고 중인(衆人)의 미혹을 열어줌으로써 (전하의) 빼어난 다움[聖德]에 누(累)가 되게 했습니다. (그럼에도) 전하께서는 그것을 혹시 충성으로 여기십니까? 임금이 성군이 되게 하고 백성에게 은택이 미치게 하는 것이 사대부의 상정(常情)입니다. 비록 견무(畎畝-시골 논밭 한가운데)에 있다 하더라도 오히려 임금을 근심해야 하거늘, 하물며 그 관위(官位)에 있어 녹(祿)을 먹으면서도 정치를 보필하기에 유념하지 않는 것이 옳겠습니까? 판서(判書) 설미수(偰眉壽, 1359~1415년)[29]는 유신(儒臣)으로 불리고 소임은 예관(禮官)이니 마

---

29 원래 원나라의 고창(高昌) 사람으로, 고려에 귀화했다. 아버지는 숭문감승(崇文監丞) 설손(偰遜)이며, 설장수(偰長壽)의 아우다. 1376년(우왕 2년) 문과에 동진사(同進士)로 급제했다. 내외관직을 두루 역임하고, 1401년(태종 1년) 판각문사(判閣門事)가 됐다. 그 뒤 공

땅히 요순(堯舜)의 도리로써 임금 앞에 진달(陳達)해 당우(唐虞-요순)의 다스림을 본받아야 할 것입니다. (그런데) 그가 배운 학문을 버리고 도리어 그릇된 학설로써 세상에 행해지기를 청했으니, 이를 애군(愛君)이라 이를 수 있겠습니까? 엎드려 바라건대 전하께서 유사(攸司)에 명해 과죄(科罪)하게 함으로써 뒤에 오는 사람을 경계하고 불사를 혁파하고 『가례』를 시행함으로써 빼어난 도리[聖道-유학]를 밝히신다면, 전하의 다스림이 간책(簡策-역사책)에 빛을 더하고 천고(千古)에 빛을 드리울 것이니 어찌 성대하지 아니하겠습니까?'

소(疏)를 궁중(宮中)에 머물러 두었다. 미수(眉壽)가 사직(辭職)을 청하니 그것을 따랐다.

○ 사헌부에서 소(疏)를 올렸다. 소는 대략 이러했다.

'신 등이 어제 고신(告身)의 일을 가지고 천총(天聰)을 범하고 더럽혔으나[干瀆=干黷] 아직 윤허를 받지 못해 운월(隕越)[30]의 지극함을 이기지 못하겠습니다. 가만히 생각건대[竊念=竊惟] 공의(公議)란 국가가 의지하는 바요 염치(廉恥)는 사대부가 중히 여기는 바이니, 공의가 없으면 나라를 다스릴 수 없고 염치가 없으면 사람이라고 할

조전서(工曹典書) · 판한성부사(判漢城府事) · 중군총제(中軍摠制) · 병조참지 · 참지의정부사(參知議政府事) · 지의정부사 등을 역임했다. 1403년에는 계품사(啓稟使)로, 1406년에는 성절사로, 이듬해에는 천추사로 명나라에 다녀왔고, 이어 사은사로 다시 두 차례 명나라에 다녀왔다. 이처럼 총 다섯 차례에 걸쳐 명나라에 다녀오게 된 것은 그가 중국어에 능통해서인데 항상 마필이나 금·은 등 공물의 감면을 주선해 외교적 성과를 올렸다. 1407년에는 참지의정부사로 재직 중 둔전제(屯田制)를 건의해 실행하게 했고, 호조와 공조의 판서를 거쳐 1410년 예조판서, 이듬해 검교판한성부사(檢校判漢城府事)를 지냈으며, 1414년 다시 예조판서를 거쳐 검교우참찬(檢校右參贊)에 이르렀다.
30 절실히 원하는 마음을 뜻한다.

수 없습니다.

삼가 옛일을 살펴보건대 (벼슬을) 제수(除授)할 즈음에 한림 승지(翰林承旨)로 하여금 마제(麻制)[31]의 직무를 관장해 반드시 그 덕행(德行)과 사업(事業)을 논렬(論例)하게 하고서 제수했는데, 진실로 공의에 합치되지 않으면 반드시 마땅히 간언해 중지시켰고 비록 제하(制下)[32]라 하더라도 말하는 자[言者=言官] 역시 그것을 비판했습니다. 배연령(裴延齡)[33]이 재상이 되려고[欲相] 할 때 간의대부(諫議大夫) 양성(陽城)이 백마(白麻)를 찢어버리려 했던 사실과 같으며, 전유연(錢惟演, 977~1034년)[34]이 재상이 되고자 도모할[圖相] 때 어사(御史) 국영(鞫詠)이 마제를 찢어버리려 했던 사실과 같은 것입니다.

우리 성대한 조정의 관교(官敎)의 법은 비록 이 뜻을 모방했다고는 하지만 이름은 같되 실질은 다릅니다. 오늘날 1품부터 3품까지는 제수할 즈음 다움과 행실[德行]을 논하지 않고 하교(下敎)하시니 혹 공

---

31 중국 당(唐)나라 때 중서성(中書省)에서 윤명(綸命)을 받아 삼[麻]으로 만든 황백(黃白) 두 가지 종이에 써서 주던 고신장(告身狀)을 가리킨다.

32 황제가 직접 명령을 내려 관리를 임명하는 일을 가리킨다.

33 당나라의 대표적인 간신이다.

34 오월왕(吳越王) 전숙(錢俶)의 아들이며, 어려서 대장군을 보좌했다. 아버지를 따라 송나라에 귀순해 우신무장군(右神武將軍)을 역임했다. 진종(眞宗) 때 시학사원(試學士院)에 불려가 글의 초를 잡자마자 완성하니 진종이 훌륭하다고 칭찬했다. 태복소경(太僕少卿)이 되어 『함평성정록(咸平聖政錄)』을 지어 바쳤고, 비각(秘閣)에 있으면서 『책부원구(冊府元龜)』를 편수했다. 지제고(知制誥)와 한림학사(翰林學士), 추밀부사(樞密副使), 공부상서(工部尙書) 등의 관직을 지냈다. 인종(仁宗)이 즉위하자 병부(兵部)에 들어가 추밀사(樞密使)를 제수받았다. 처음에 정위(丁謂)에게 붙어 구준(寇準)을 내쫓았다가, 정위가 죄를 받으려는 기미가 보이자 다시 정위를 배척해 안전을 도모했다. 숭신군절도사(崇信軍節度使)까지 올랐으며 시호는 문희(文僖)다. 박학능문(博學能文)했고, 문체가 화려하고 청신했다고 한다.

의에 부합하지 않는 자라도 요행으로 얻게 되고, 그 고신을 다시 대간에서 서경하지 않는 까닭에 기탄함이 없어 염치의 도리가 없어지고 자주 국헌[邦憲]을 범하는 자가 많습니다. 엎드려 바라건대 이제부터는 1품 대신을 제수하게 되면 당나라와 송나라의 고사에 의거해 마제를 관장한 신하로 하여금 그 다움과 행실을 논해 관교를 제수하시고, 2품부터 9품까지 제수할 자는 한결같이 전조 성시(盛時)의 제도에 의거해 대간의 서경을 거치게 한다면 염치가 일어나고 사풍(士風)이 바르게 될 것입니다.'

소를 궁중에 머물러 두었다. 대사헌 정역(鄭易)이 다시 청했다.

"출사(出謝)[35]할 즈음에 조계(祖系)와 자기 몸의 행실을 자세히 상고하는 까닭에 염치를 격려하고 세도(世道)를 부지(扶持)함이 많습니다."

상이 말했다.

"무릇 일을 행할 만한 것을 글로 쓰면 진실로 양법(良法)이 되니, 다만 일을 봉행하는 자가 잘못할 뿐이다. 태조 때부터 4품 이상에게는 관교(官敎)를 허락했으나 상왕(上王) 때 이르러 대성(臺省)에서 '양부(兩府) 이상도 모두 고신에 서경하게 하소서'라고 해 유윤(兪允)을 받았지만, 소사(所司)에서 정승 조준(趙浚)의 고신을 굳이 고집해 서경하지 않았으므로 얼마 안 되어 즉시 이를 혁파했다. 무릇 지위가 양부에 이른 자는 다시 논하지 아니함이 마땅하다."

상이 대간의 말을 가지고 시산(時散-현직·전직) 기로(耆老-원로)를

---

35 대간(臺諫)에서 새로 임명된 관원의 고신(告身)을 서경(署經)해 내주는 일을 가리킨다.

부르도록 명해 그 가부를 묻게 하니, 가는 많고 부는 적었다. 대간에서 상언했다.

"전일에 소청한 1품 이하의 고신에 서경하는 법을 정부에 내려 가부를 묻도록 명했는데, 가는 많고 부는 적었습니다. 바라건대 윤허해 주소서."

상이 말했다.

"일이 중해 가볍게 고칠 수 없다."

드디어 좌우 정승에게 이를 물으니 대답했다.

"일이 1·2품에 관계돼[干=係] 신 등은 감히 여쭙지 못하니, 오로지 상께서 재량하실 바입니다."

상이 말했다.

"내가 다시 이를 생각해보겠다."

○ 충청도 도관찰사 이안우(李安愚)가 글을 올렸다. 글은 대략 이러했다.

'순제(蓴堤)에서 조운(造運)하는 곳은 바람이 세고 돌이 험해 대선(大船)이 정박하기 어렵습니다. 그래서 정부의 첩정(牒呈)[36]을 거듭어겨 평저 소선(平底小船)을 만들었고, 물가에다 창고를 지었습니다.'

상이 말했다.

"일이 만약에 적절치 않다면 비록 정부의 첩정이 있다 해도 일단은 그것을 정파함이 옳을 것이다. (다만) 어찌 꼭[何必] 농삿달에 백성을 무용한 일에 역사하게 했는가? 당초 순제에 가본 사람이 한 사

---

36 하급 관청에서 상급 관청에 보고하는 공문서를 말한다.

람만이 아닌데 어찌하여 그렇게 어지러이 하는가?"

총제(摠制) 우희열(禹希烈)과 참의(參議) 우박(禹博) 등을 불러 말했다.

"순제의 조운(漕運)과 방축(防築)의 일은 비록 백성을 근로시켜 그것을 했다고 해도, 대선이 정박해 설 곳에 풍환(風患)이 있고 암초[嶼]가 있어서 배가 다닐 수 없다면 무슨 이익이 있겠는가? 경 등이 명을 받고 이 일을 했는데, 이같이 불편한 일이 있었다면 어찌해 아뢰지 않았는가?"

희열(希烈) 등이 말했다.

"방축과 운하를 여는 일[開渠]은 정부의 명을 받들어 한 것이나, 대선(大船)이 통하는지 여부는 정부에서 명하지 아니한 까닭에 살피지 못했습니다."

상이 말했다.

"배가 다니고 통하는지의 여부를 어찌해 듣지 못했다고 하는가? 살피지 못했다고 대답하는 것은 모두 망령된 것이다."

이어 의정부 참지사 윤향(尹向), 동부대언(同副代言) 탁신(卓愼)에게 순제와 서주(瑞州) 황국포(黃國浦) 등지에 가서 살피도록 명했다. 향(向)·신(愼)이 복명했다.

"1만 명의 인부를 3삭(朔-달) 동안 역사시키면 거의 조운이 통할 만합니다."

○ 동북면 채방사(東北面採訪使) 박윤충(朴允忠)이 역마를 달려 황금(黃金) 144냥을 바쳤다.

안변(安邊)에서 불린 금이 83냥으로, 그곳의 역도(役徒) 1,344명이 정월 28일부터 2월 30일까지 일했다. 영흥(永興)은 30냥 5전(錢)으로, 역도 926명이 정월 27일부터 2월 20일까지 일했다. 단주(端州)가 30냥 5전으로, 역도 998명이 정월 초하루부터 30일까지 일했다.

○ 형조에서 사천(私賤)의 태형(笞刑)과 장형(杖刑)을 수속(收贖)하는 법을 없애도록 청해 아뢰었다.

"대체로 사죄(死罪) 이외의 태형·장형·도형·유형에 대해 저화(楮貨)로써 속(贖)을 거두게 하는 것은 이미 저령(著令-드러난 법령)이 있습니다. 그러나 대소인원(大小人員)의 가내(家內)에서 사환(使喚)하는 노비 중에 부모 형제가 없는 자가 투구(鬪毆)·절도(竊盜)·상간(相奸) 등의 죄를 범했을 때 해당 주인집에서 징속(徵贖)함은 잘못된 것이며, 완악(頑惡)한 자를 징계하는 방도도 없게 됩니다. 청컨대 수속하는 법을 없애고 모두 태형과 장형을 가하게 하소서."

그것을 따랐다.

임진일(壬辰日-13일)에 동교(東郊)에 행차해 매사냥을 구경했다.

○ 개성 유휴사(開城留後司)의 유후(留後)와 부유후(副留後)를 (각각) 제릉(齊陵)과 후릉(厚陵)³⁷의 삭망제 행향사(朔望祭行香使)로 삼도록 명하되, 만약에 무슨 일이 있으면 후릉에는 수령관(首領官)이 대신하게 했다.

---

37 상왕의 비였던 정안왕후 김씨의 능이다.

계사일(癸巳日-14일)에 상이 상왕을 받들어 맞이해[奉迎] 광연루(廣延樓)에서 잔치를 베풀고 지극히 즐겼다.

갑오일(甲午日-15일)에 폭풍이 불면서 비가 내렸다. 광주(廣州)에서는 우박이 왔고, 지평현(砥平縣) 산상(山上)의 눈은 깊이가 5촌쯤 됐다.

○ 충청도 석성현(石城縣)의 사비(私婢) 계화은(計火狀)이 한꺼번에 세 아들을 낳으니, 쌀 6석을 내려주라고 명했다.

을미일(乙未日-16일)에 큰바람이 불면서 비가 왔다. (경기도) 천녕(川寧) 이천(利川)에서는 우박이 왔고, 양근(楊根-양평) 용문산(龍門山)에는 눈이 내려 깊이가 4~5촌쯤 됐다.

○ 대사헌 정역(鄭易) 등이 소 두 통[道]을 올렸다. 그 하나는 이러했다.

'『예기(禮記)』에 이르기를 "임금이 수레를 내려주면 타고서 배사(拜賜)[38]하고 의복을 내려주면 입고서 배사하며, 임금이 말을 하면 반드시 일어나서 대답한다"라고 했습니다. 이는 남의 신하 된 자가 임금을 공경하는 예(禮)입니다. 이런 까닭에 조정의 6부에서 각기 직무를 갖고서 주문(奏聞)할 때는 추창(趨蹌)[39]으로 나아가 전정(殿庭)에 꿇어앉아 대답한 뒤에 추창으로 물러와 서며, 주식(酒食)을 내려

---

38 하사해준 것에 대해 감사의 절을 하는 것을 말한다.
39 신하들이 임금 앞에 진퇴할 때 허리를 굽히고 총총걸음으로 빨리 걸어가는 것을 말한다.

주면 반열의 차례대로 인도를 받아 들어가[引入] 고두(叩頭)받되 사
은(謝恩)하는 예(禮)도 이와 같습니다. 이로써 보건대 임금이 명하
면 일어나지 않을 수 없고, 임금이 내려주면 배사하지 않을 수 없
습니다. 오늘날 전하께서 청정(聽政)하실 때 계사(啓事)하는 신하들
이 전상(殿上)에서 모시는데, 명이 있더라도 혹은 자리에 그대로 앉
아서 대답하고 상언(上言)도 혹은 자리에 앉아 있는 채로 아뢰며, 그
주식(酒食)을 내려줌에도 처음에는 부복(俯伏)하는 예(禮)가 있으나
끝에 가서는 배사(拜謝)함이 없이 물러가니, 이것은 신하가 임금을
공경하는 예가 소략해짐이라 후세(後世)에 훈계할 것이 못 됩니다.
조계(朝啓) 때의 청대(聽對)[40]하는 절차와 하사(下賜) 때의 배사(拜謝)
하는 예절을 예조로 하여금 상정해 밝은 시대[明時]의 아름다운 법
전[令典]을 세우소서.'
영전

소를 궁중에 머물러 두었다. 그 하나는 이러했다.

'시중(市中)의 물가가 뛰어오르니[騰踊=騰湧], 청컨대 중국 착세(着
등용   등용
稅)[41]의 법(法)을 따라서 모든 물건은 그 추세(麤細)[42]·장단(長短)·경
중(輕重)의 다름을 살펴서 반드시 절가(折價)해 착세(着稅)한 뒤에
매매하게 하소서.'

의정부에 내려 토의해 아뢰도록 명했다.

---

40 조회(朝會) 때 신하와 임금이 모여 정사(政事)를 의논하는 일을 가리킨다.
41 포백세(布帛稅)라고도 하는데, 시장에서 상품으로 파는 베와 비단에 대해 부과하는 세금
을 말한다.
42 굵고 가늚을 말한다.

정유일(丁酉日-18일)에 상이 상왕(上王)을 받들고 동교(東郊)에 행차해 매사냥을 구경했다. 술자리를 베풀어 한껏 즐겼다. 저물어서 환궁할 때 마상(馬上)에서 주악(奏樂)하도록 했다. 상이 일찍이 대언(代言)들에게 일렀다.

"내가 해주(海州)에서 여러 날 반유(盤遊-유람)하고도 다시 문밖으로 자주 나가니, 대간(臺諫)의 비평이 있을까 정말로[政=正] 저어하고 또 경 등이 그르게 여길까 저어한다. 그러나 가을에 송골매를 얻어 기르게 했기에 겨울을 나고 따뜻한 봄을 기다려서 매를 놓는 것이요, 여름날에 이르면 불가한 까닭에 자주 출유(出遊)할 뿐이다. 내일은 상왕께서 성 밖으로 나가서 놀고 싶어 하시니 내가 모시고 동교로 나가서 논 뒤에 그만두겠다."

좌대언 이관(李灌)이 대답했다.

"신 등이 어찌 감히 그르게 여기겠습니까? 상께서 상왕을 받들고 놀고자 하심은 신 등으로서도 심히 기뻐하는 바입니다. 송골매를 놓을 때 신 등도 보고자 하는데, 단지[第=只] 두려운 것은 상감(上監)께서 감히 하시지 않을까 저어할 뿐입니다."

대언들의 호종(扈從)을 허락할 것을 명했다.

○ 전관(箭串-살곶이) 목장을 증수했다. 그 땅의 민전이 모두 500여 결이 됐다.

기해일(己亥日-20일)에 하정사(賀正使)의 통사(通事-통역사) 임밀(林密)이 경사(京師-명나라 수도)에서 돌아와 아뢰었다.

"정월 20일에 황제가 선유(宣諭)하기를 '일본국(日本國) 노왕(老王)

106

은 지성으로 사대(事大)해 도둑질함이 없었는데, 지금의 사왕(嗣王)은 초절(草竊-좀도둑)을 금하지 않아 우리 강토를 침요(侵擾)하고 또 아비의 영정[眞]을 벽에 걸어놓고 그 눈을 찌른다니 그 부도(不道)함이 이와 같다. 짐(朕)이 병선 1만 척[艘]을 발동해 토벌하고자 한다. 너희 조선에서도 이를 미리 알아둠이 마땅하겠다'라고 했습니다."

또 아뢰어 말했다.

"황제가 오는 2월 16일에 북경(北京)으로 행차해 3월 20일에 하연(下輦)한다고 합니다."

상이 말했다.

"길천군(吉川君)이 속히 경사(京師)로 나아가는 것이 옳겠다."

또 상이 정부에 일러 말했다.

"황제가 어찌 실없는 말을 했겠는가? 만약 병선이 일본으로 향한다면 우리나라에서도 경비(警備)함이 마땅하니, 경 등은 잘 생각하도록 하라."

또 여러 경(卿)에게 일러 말했다.

"상국이 정왜(征倭)하는 일을 어떻게 대응해야 하겠는가? 황제가 우리나라 사신에게 친유(親諭)했으니, 우리나라에서도 따로 사신을 보내 표문을 올려서[上表] 희경(喜慶-경하)의 뜻을 아뢰어야 하지 않겠는가? 상국에서는 반드시 우리나라와 왜(倭)가 통호(通好)하는 것으로 알 터인데, 지금 또 모른 척하면[恝然] 반드시 우리나라에서 속인다고 여길 것이다. 하물며 왜인은 우리나라와 원수이니 이제 만약에 그들을 주벌(誅伐)한다면 국가의 다행이지만, 단지 (정벌하러 가는) 길이 우리 강토를 거쳐야 하니 염려하지 않을 수 없다. 내 마음으로는 흠문기거사(欽問起居使)의 출발 전에 먼저 사개(使介)[43]를 보내는 것이 어떨까? 길천군(吉川君)의 행차에는 중국말을 아는 이현(李玄) 같은 자를 부개(副介-부사)로 삼아 사변을 알게 하는 것이 어떨까? 전라도는 초면(初面)[44]이라 양향(糧餉)을 대비하지 않을 수 없으니 금년은 조운(漕運)하지 말게 함이 어떨까? 또 왜인(倭人)이 만약 이 변(變)을 안다면 크게 안 될 일이다. 지금 서울에 와 있는 왜사(倭使)의 족류(族類)가 우리나라에 퍼져 있어 그들이 알지 못하게 하는 것도 어려운데, 만약에 알아서 통지하게 된다면 뒷날 중국에서 반드시 (우리가) 설언(洩言)한 까닭을 물을 것이다. 정왜(征倭)의 거사는 반드시 5~6월에 있을 것이니, 왜사를 구류해 2~3개월만 지난다면 누가 다시 이를 누설하겠는가?"

의정부 참찬사 김승주(金承霍)가 나아가 말했다.

"상교(上敎)가 지당하니, 신이 마땅히 여러 정승과 토의해 다시 아뢰겠습니다."

병조판서 황희(黃喜)도 나아가 말했다.

"무사(無事)한 때를 당해서도 군용(軍容)을 점검하지 않을 수 없습니다. 하물며[=況] 지금은 변이 있으니, 속히 사람을 보내어 각 도의 병선(兵船)과 군기(軍器)를 점검함이 옳겠습니다. 갑사(甲士) 중에 가난해 말과 종자(從者)가 없는 사람도 혹 있을 것이니, 제도(諸道)로 하여금 가산(家産)이 넉넉하고 재예(才藝)가 있는 자를 골라 서울로

---

43 사신을 말한다.
44 명나라 군대가 바다를 건넌다면 가장 먼저 접하게 될 곳이라는 말이다.

조발해서 보내게[調送] 함이 마땅합니다."
_{조송}

승주(承霍)가 정승들에게 가서 토의하고 다시 나아가 아뢰었다.

"반드시 따로 사신을 보내 상표(上表)할 것은 없고, 길천군(吉川君)의 행차 때 겸해 정왜(征倭)가 희행(喜幸)하기를 비는 뜻을 펴심이 옳겠습니다. 의정부지사 여칭(呂稱)도 부행(副行-부사)으로 족하니 이현은 필요하지 않습니다. 전라도의 군수(軍須)는 조운하지 말게 함이 참으로 좋겠습니다."

상이 모두 옳게 여겼다. 승주가 또 말씀을 올렸다.

"신이 가만히 생각건대, 지금 화창한 봄을 맞아 풀이 많이 자랐으니 북방의 오랑캐가 변새(邊塞-변방 요새)를 엿볼까 염려됩니다. 바라건대 사람을 강계(江界)·경원(慶源) 이북의 무인지처(無人之處)에 보내 풀밭에 잠은(潛隱)하고 있는지 없는지를 정탐케 해서 불우(不虞)에 대비함이 어떻겠습니까."

상이 말했다.

"정승들과 토의해 마땅함에 따라[從宜] 시행토록 하라."
_{종의}

○ 평도전(平道全)이 하륜(河崙)의 집을 찾아가 말했다.

"내가 듣건대 상국에서 우리나라를 치고자 한다니, 내가 가서 구원하고자 해 번거롭게 신달(申達)합니다."

륜(崙)이 대답했다.

"그대 나라의 왜인(倭人)들이 상국의 경내를 침범해 황제가 노해 말하기를 '조그마한[蕞爾] 왜놈들[倭奴]이 우리 변경을 침략했으니,
_{최이}   _{왜노}
마땅히 병선 1만 척을 발동해 가서 토벌하겠다'라고 했다고 한다. 너희 나라는 어찌 그리 침략하고 노략질하는 것이 심하냐? 너희 나라

로 하여금 이를 알게 하지는 말라."

륜이 즉시 아뢰었다.

"도전(道全)이 신에게 물으므로 신이 그에게 이처럼 대답했습니다."

상이 말했다.

"내가 그에게 대답했다 해도 이같이 했을 것이다."

○ 정부에서 상국의 정왜(征倭) 거사가 있음을 염려해 열소(列疏)[45] 했다.

"무신(武臣) 80여 인을 연해(沿海) 수령의 직임에 대치하기를 청합니다."

상이 농삿달이라 해 그냥 두도록[寝=停寝] 했다.
침   정침

신축일(辛丑日-22일)에 『태조실록(太祖實錄)』[46]이 이뤄졌다. 모두

---

45 정부에서 중대한 일을 아뢰거나 인물을 천거할 때 사항을 죽 나열해 상소하는 일을 가리킨다.

46 1392년 7월부터 1398년 12월까지 태조의 재위 6년 6개월간의 국정 전반에 대한 역사를 싣고 있다. 15권 3책이다. 현전의 정족산본(鼎足山本)은 필사본이고, 태백산본(太白山本)은 인본(印本)이다. 정식 이름은 『태조강헌대왕실록(太祖康獻大王實錄)』이다. 태조가 재위 7년 만에 정종에게 양위한 뒤 상왕(上王)·태상왕(太上王)의 지위에 있다가 1408년(태종 8년) 5월에 죽자, 이듬해 8월에 태종이 영춘추관사(領春秋館事) 하륜(河崙), 지춘추관사(知春秋館事) 유관(柳觀), 동지춘추관사(同知春秋館事) 정이오(鄭以吾)·변계량(卞季良) 등에게 명해 『태조실록』을 편찬하게 했다. 이에 춘추관 기사관(春秋館記事官) 송포(宋褒) 등이 조선에서 실록 편찬이 처음일 뿐 아니라 시대가 멀지 않고 당시에 활동했던 인물들이 대부분 살아 있으므로 지금 『태조실록』을 찬수(撰修)하는 것은 시기상조라 해 후일을 기다리자고 건의했다. 그러나 태종은 찬수의 뜻을 굽히지 않고 태조 원년부터 정종 2년까지의 사초(史草)를 제출하도록 각 사관(史官)에게 명했는데, 서울 거주자 10월 15일, 지방 거주자 11월 1일로 정해진 제출 기한이 지나도록 사초가 잘 들어오지 않았다. 이에 태종은 사초를 제출하지 않은 자에 대해 자손을 금고(禁錮)하고 은 20냥의 벌금을 징수

15권(卷)이었다.

○ 전 판사(判事) 오사민(吳思敏)을 풀어주었다. 이에 앞서 동북면 경력(東北面經歷) 송희경(宋希璟)이 전(箋)을 받들고 와서 재상(宰相) 집에서 밀언(密言)해 말했다.

"사민(思敏)은 일찍이 동북면 경차관(東北面敬差官)으로 있을 때 그 직책을 삼가지 못하더니 실(實)로써 손(損)을 삼았고(損)을 실(實)이라 했고), 돌아오는 날에는 사람들에게 '내가 이 지방에서 민심을 얻었다'라고 했습니다."

그 재상이 비밀히 대내(大內-임금)에 아뢰어 사민을 옥에 가둔 지 월여(月餘)가 됐다. 이때에 이르러 사민과 희경(希璟)을 대질시켜 변정케[對辨] 했더니, 희경이 그전부터 사민과 틈이 있었던 까닭에 말을 만들어[造言] 무함한 것이었다. 다만 희경이란 자는 대체로 그 (무고한 내용의) 자세함을 얻지 못했으므로 반좌(反坐)[47]되지 않았다.

하도록 하는 처벌 규정을 만들어 사초 제출을 독려했다. 그리하여 1410년 정월부터 하륜·유관·정이오·변계량 등이 주축이 돼 춘추관 기주관 조말생(趙末生)·권훈(權壎)·윤회(尹淮), 기사관 신장(申檣), 외사관(外史官) 우승범(禹承範)·이심(李審) 등과 함께 『태조실록』 편찬에 착수해서 이때인 1413년 3월에 완성됐다. 편찬 완료 직후 출판하려 했으나 정부에서 번란중복(繁亂重複)된 기사가 많다는 이유로 개수(改修)를 주장해 출판하지 않았다. 그 뒤 1438년(세종 20년), 변계량이 지은 헌릉(獻陵-태종의 능) 비문(碑文) 가운데 1398년(태조 7년)의 1차 왕자의 난과 1400년(정종 2년)의 2차 왕자의 난에 대해 사실과 어긋나게 기록한 내용이 있다는 논의가 있자, 세종은 이를 개수하도록 하면서 아울러 당시 편찬 완료된 『공정왕실록』(정종실록)과 『태종실록』도 개수하게 했다. 그리하여 4년 뒤인 1442년 춘추관 감관사 신개(申槩), 지관사 권제(權踶), 동지관사 안지(安止), 집현전학사 남수문(南秀文) 등의 주관으로 실록을 개수했다. 그 뒤 1448년 지춘추관사 정인지(鄭麟趾) 등이 다시 증수(增修)하고, 1451년(문종 1년) 고려의 폐왕(廢王) 우(禑)를 신우(辛禑)로 고치는 간단한 개수를 거쳐서 현재에 이르고 있다.

47 명나라 군대가 바다를 건넌다면 가장 먼저 접하게 될 곳이라는 말이다.

○ 호군(護軍) 이섭(李攝)에게 장 80대를 속(贖)하라고 명했다.

순금사(巡禁司)에서 섭(攝)이 형조에서 보낸 장수(杖首)를 매질하고 일찍이 삼촌 조카 이양덕(李陽德)과 간통했던 비(婢) 곰년[古音年]과 정을 통한 죄를 청하니, 섭의 죄는 2등을 감하고 곰년도 2등을 감하되 장 60대를 속하라고 명했다.

○ 경상도 채방별감(慶尙道採訪別監) 반영(潘泳)이 백은(白銀) 50냥을 바쳤다.

임인일(壬寅日·23일)에 의정부에서 계목(啓目)[48]과 이문(移文)의 법을 올렸다. 아뢰어 말했다.

"조정에서 예법을 제정해[制禮] 대체로 대소 이문(大小移文)과 획일(畫日-날짜를 정함)할 즈음에 반드시 제목(題目)을 쓰게 한 것은 참고할 때 편리하게 하고자 함입니다. (그런데) 이제 경중(京中)의 각사와 외방의 사신(使臣)이 계본(啓本)에 쓰기를 '봉교사(奉敎事) 상언사(上言事)'라 하고 각 아문(衙門)에 이문하는 것도 쓰기를 '수결사(受決事) 정보사(呈報事)'라고 하니, 모두가 반드시 제목을 써야 한다는 뜻에 어긋납니다. 금후로는 모두 그 일을 실서(實書)하게 하소서. 또 계본과 이문에 그날 현재의 관원이 착명(着名)하고 수결하는 것을 제외하고는 공함(空銜)[49]을 쓰는 것은 마땅치 못합니다."

---

48 계본(啓本)을 이문(移文)할 때 내용을 밝힌 제목을 가리킨다.
49 조선 시대에 실무를 보지 아니하고 명목만 있는 벼슬을 말한다.

그것을 따랐다.

○ 고봉현(高峯縣)을 고쳐 고양현(高陽縣)이라고 했다.

고봉 속현(屬縣) 행주(幸州) 사람이 글을 올려 말했다.

'행주는 예전에 덕양현(德陽縣)이었고 고봉은 곧 그 속현이었습니다. (그런데) 합속(合屬)한 뒤로는 관(官)에서 부르기를 단지 고봉이라 해, 덕양이 도리어 속현이 되고 칭호도 없어서 다른 합속한 예와 다릅니다. 청컨대 이를 고치소서.'

○ 사헌부에서 소를 올렸다. 그 소는 이러했다.

'옛날에는 나라에 사관(史官)이 있어, 시사(時事)를 맡아 기록해 후세의 군신(君臣)으로 하여금 관람할 수 있게 해서 권계(勸戒)로 삼았습니다. 전조 실록(前朝實錄)을 이미 수찬했으니, 바라건대 간행하게 해 귀감으로 삼으소서.'

정부에 내려 토의해 보고하게 했다. 정부에서 아뢰었다.

"비록 수찬됐다 하더라도 아직은 번잡해 산삭(刪削-깎아냄)할 만한 곳이 있으니, 청컨대 개수(改修)하소서."

상이 말했다.

"이것은 한 시대의 사관(史官)의 직필(直筆)인데, 이것을 깎아내는 것[刪]이 옳겠는가?"
_산

병조판서 황희(黃喜)가 대답했다.

"기록한 일을 산삭(刪削)할 수는 없으나 문자(文字) 사이에 혹 중복된 곳이 있을 것이니, 마땅히 개수(改修)하게 하소서."

상도 옳게 여겼으나 일은 결국 시행되지 않았다.

○ 사헌부에서 소를 올려 의주지사(宜州知事) 허모(許謨)의 죄를 청했다. 모(謨)가 함부로 노인(路引)[50]을 만들어 매를 상왕전(上王殿)에 바쳤기 때문이다. 논하지 말라고 명했다.

○ (명나라) 조정 사신의 호송군(護送軍)에게 우마(牛馬)를 제외한 10새[升] 이하의 저포(苧布)·마포(麻布)와 인삼(人蔘)·피물(皮物)의 무역을 하도록 허가(許可)했다. 서북면 도순문사의 보고를 따른 것이다.

계묘일(癸卯日-24일)에 형조에서 전라도 수군만호(全羅道水軍萬戶) 구성미(具成美) 등의 죄를 청했다. 성미(成美)는 선군(船軍)이 만든 배를 제멋대로 사재 소감(司宰少監) 홍인로(洪仁老)에게 주었고, 홍인로 역시 본감(本監)의 수군에 보내 쓰게 했다. 성미에게는 장 90을, 인로(仁老)에게는 장 70을 속하게 명했는데, 모두 3등(等)을 감한 것이었다.

갑진일(甲辰日-25일)에 동교(東郊)에서 매사냥을 구경했다.
○ 풍해도(豊海道)에서 은(銀) 53냥을 캐내어 바쳤다.

을사일(乙巳日-26일)에 이지실(李之實)을 충청도 병마도절제사(忠淸道兵馬都節制使)로 삼았다.

---

50 관가(官家)에서 먼 길을 여행하는 자에게 발급하던 여행 증명서를 가리킨다.

병오일(丙午日·27일)에 수원부(水原府) 남쪽 경내에서 죽주(竹州)까지 우박이 내렸는데, 크기가 새알만 했다.

○ 길천군(吉川君) 권규(權跬), 의정부지사 여칭(呂稱, 1351~1423년)[51]을 보내 경사(京師)로 떠나게 했다. (황제의) 기거(起居-동향)를 흠문(欽問)하기 위함이었다. 말 20필을 바치게 했다. 상이 규(跬) 등을 광연루(廣延樓)에서 전송하고, 세자에게 명해 모화루(慕華樓)에서 전송하게 했다. 통사(通事) 장유신(張有信)을 불러 말했다.

"너는 채은(採銀)하는 법을 아느냐? 이제 중원(中原)에 가면 다시 자세히 물어오라."

서장관 진준(陳遵)에게는 『삼국지(三國志)』[52], 『소자고사(蘇子古史)』[53] 등을 구해 오도록 명했다.

○ 종정무(宗貞茂)의 사인(使人)이 돌아가니, 정무(貞茂)에게 쌀 200석, 마포(麻布) 6필을 내려주었다.

---

51 고려 말기에 문과에 급제, 사헌부규정·전라도안렴사·전법총랑(典法摠郎)·전리총랑(典理摠郎) 등을 역임한 뒤 공주와 나주의 목사 등을 지냈다. 1392년 조선이 개국되자 양광·경상·전라도의 조전부사(漕轉副使)가 됐다. 이어 판합문사(判閤門事)·승추부우군동지총제(承樞府右軍同知摠制) 등을 역임했는데, 근면하고 치밀한 사람으로 정평이 났다. 그 뒤 강원도관찰사로 나갔다가 돌아와서 참지의정부사가 됐다. 1400년(정종 2년) 병조 전서(典書)가 되고, 1402년(태종 2년) 태상왕이 된 태조가 북쪽 지방을 순행할 때 동북면의 도순문찰리사(都巡問察理使)로 배종했다. 1404년 사은사가 돼 명나라에 들어가서 왕실의 계통이 잘못 전해진 것을 바로잡는 데 힘쓰는 한편, 당시 명나라에 억류되어 있던 우리 동포들을 본국으로 송환하는 데 노력했다. 명나라에서 돌아와 곧 서북면의 도순문찰리사로 병마도절제사를 겸했다. 1407년 개성유후사유후(開城留後司留後)를 거쳐 1413년에 좌군도총제가 됐고, 그해에 형조판서가 됐다. 이어 지의정부사(知議政府事)가 됐으며, 이때 흠문기거부사(欽問起居副使)가 돼 명나라에 다녀와서 곧 사직, 은거했다.

52 중국 진나라의 학자 진수(陳壽, 233~297년)가 편찬한, 중국의 위·촉·오 삼국의 정사(正史)를 적은 책을 말한다.

53 당송팔대가의 한 사람인 소철(蘇轍)이 쓴 옛 역사책을 말한다.

○ 내섬시판사(內贍寺判事) 김매경(金邁卿), 예빈시판사(禮賓寺判事) 박수기(朴竪基)를 파직했다. 애초에 헌부에서 아뢰었다.

"동궁(東宮) 북쪽 담 밑에 작은 지름길이 있으니, 반드시 몰래 숨어서 드나드는 자가 있을 것입니다."

상이 동궁의 소수(小竪-어린 환관)를 불러들여 국문(鞫問)하게 하니, 과연 예빈시(禮賓寺)의 종 조덕중(曹德中)과 내섬시(內贍寺)의 종 허원만(許原萬), 서방색(書房色) 진포(陳鋪) 등이 몰래 평양(平壤) 기생 소앵(小鶯)을 동궁에게 바친 지 여러 날이 됐다.

상이 대언(代言) 등에게 말했다.

"세자가 날마다 내수(內竪)와 더불어 음희(淫戲)하는 것이 도(度)가 없어, 응견(鷹犬)이나 기첩(妓妾)으로 풍악을 잡히는 일을 하지 않는 바가 없었다. 내가 지난해에 그 사사로이 괴임을 받는 진포에게 장을 쳐 본역(本役)으로 돌려보냈다. (그런데) 이제 들으니 포(鋪)가 또 동궁에 몰래 들어와, 매일같이 밤만 되면 기생 소앵을 받아들여 불의(不義)에 빠지게 해 세자가 아직도 개전하지 못했다고 한다. 내 경승부(敬承府)와 서연(書筵)의 관직을 혁파하고 그 공름(公廩)을 거두고자 한다. 세자의 장인 김한로(金漢老)로 하여금 그 일을 맡게 하라."

김여지(金汝知) 등이 대답했다.

"세자가 어린 데다가 심지(心志)를 정하지 못한 때문이니, 가벼이 관료(官僚)를 혁파해서는 안 될 것입니다."

상이 꾸짖기[誚=譙]를 심히 간절하게 했다. 여지(汝知) 등이 굳게 청하니 (혁파하기로 한) 일은 마침내 중단됐다[寢]. 소앵을 평양으로, 진포를 홍주(洪州)로, 덕중을 공주(公州)로 잡아 보내 모두 정역(定

役)하도록 명하고, 포에게는 장(杖) 100대를 치게 했다. 유독 허원만은 도망 중이었으므로 동궁의 북문(北門)을 막도록 했고, 드디어 매경 등의 직책을 파면했다. 조덕중·허원만을 내버려두었기에 일이 이 지경에 이르렀으니, 빈객(賓客) 조용(趙庸)·변계량(卞季良)을 불러 심히 책망했다.

"저부(儲副-세자)를 교양함이 경들의 직책인데 불의한 일이 어째서 이 지경에 이르게 했는가?"

세자가 먹지 아니하니, 정비(靜妃)가 환자(宦者)를 시켜 세자에게 말했다.

"너는 어리지도 않은데 지금 어째서 부왕(父王)께 이같이 노여움을 끼치느냐[貽怒]? 이제부터는 조심하며 효도를 드리고, 마땅히 밥을 들도록 하라."

무신일(戊申日-29일)에 큰바람이 불어 먼지와 모래[塵沙]가 온 하늘을 덮었다[漲天].

○ 대마주(對馬州) 영생(榮生)의 사인(使人)이 예물을 바치고 조선(造船)할 때 먹을 양식을 청하니, 쌀 100석을 내려주었다.

원문

庚辰朔 賜刑曹右參議李明德米豆二十石. 明德喪父 上聞之曰:
경진 삭 사 형조 우참의 이명덕 미두 이십 석 명덕 상부 상 문지왈

"明德 忠勤者也." 有是賜. 又遣內竪 致賻紙百五十卷.
명덕 충근 자야 유 시사 우 견 내수 치부 지백 오십 권

移宗廟享官淸齋廳事于齋殿東南. 議政府啓: "宗廟南造山外 宜
이 종묘 향관 청재 청사 우 재전 동남 의정부 계 종묘 남 조산 외 의

繚周垣. 且享官淸齋廳事 高於齋殿 乞移卑處." 從之.
료 주원 차 향관 청재 청사 고어 재전 걸이 비처 종지

行眞武醮禮于昭格殿. 殿官啓: "前此諸醮 皆以夕行之. 今觀
행 진무초례 우 소격전 전관 계 전차 제초 개이 석행지 금관

眞武經 至五更 躬然香燭淨果棗湯 位列有三 志純于一 稽首禱告.
진무경 지 오경 궁연 향촉 정과 조탕 위열 유삼 지순 우일 계수 도고

請依此經 行於五更之初." 從之.
청의 차경 행어 오경 지초 종지

命西北面量田 待秋以畢. 從都巡問使之報也.
명 서북면 양전 대추 이필 종 도순문사 지보야

辛巳 司諫院上疏. 疏曰:
신사 사간원 상소 소왈

'信者 人君之大寶; 禮者 人君之大節也. 故人主言必有信 動必
신자 인군 지 대보 예자 인군 지 대절 야 고 인주 언필 유신 동필

以禮. 言或不信 下無所承; 動或踰禮 事失其宜. 殿下始以平州
이례 언 혹 불신 하무 소승 동 혹 유례 사 실 기의 전하 시이 평주

溫井之浴爲言 不許臺諫隨駕之請 終以講武之儀 遂及海州 行幸
온정 지욕 위언 불허 대간 수가 지청 종이 강무 지의 수급 해주 행행

之久 幾至一月 臣等竊有憾焉. 且世子日開書筵 講論經史 方
지구 기지 일월 신등 절 유감 언 차 세자 일개 서연 강론 경사 방

涵養德性之時也 又當空國之日 留都監國 職也. 動駕之日 仍許
함양 덕성 지시야 우당 공국 지일 유도 감국 직야 동가 지일 잉허

扈駕 馳馬逐禽 使蕩情志 臣等恐學問之心 從此不專也. 非惟此也
호가 치마 축금 사탕 정지 신등 공 학문 지심 종차 부전 야 비유 차야

豊海道 上國往來之程 糧餉之儲 尤宜所急. 今當國家無事之時
풍해도 상국 왕래 지정 양향 지저 우의 소급 금당 국가 무사 지시

118

發倉以繼師行之糧 是亦不切之費也. 願自今 殿下一動 必命有司

所之 又定往還之期 然後備法駕淸道路 反不踰期 使國人知駐蹕之

所 還幸之時 信如天行之不替也. 且臺諫奉殿下耳目之寄 任邦家

紀綱之責 不可一日無也. 道無遐邇 時無久近 命駕以出 則許令

侍從. 且講武 國有常制 雖不可廢 畋于遐方 久曠神器 非國君之

長慮也. 春秋講武之所 必於郊關之內 不及畿外; 當其蒐狩之時 命

世子監國 以專學問.'

上覽而悅之曰: "予實有過. 諫院之言 誠是矣. 予當從之."

對馬島宗貞茂 使人來獻土物 謝賜大藏經也.

命甲士朱和 充本鄕軍役. 和守宮門曰: "甲士無坐臥之具 不亦苦

乎? 我若爲王 則不令甲士如此受苦." 其徒告於承政院以啓 上宥之.

金汝知等啓曰: "請治和罪." 上曰: "不必治罪." 有是命.

壬午 上詣仁德宮告還.

命蠲東北面慶源民七十五人所貸之粟. 民告曰: "失土來寓鏡城

請減庚寅辛卯兩年所貸之粟." 都巡問使以報 從之.

以各道侍衛軍 合鎭屬軍 輪次番上. 從政府之啓也.

癸未 上詣仁德宮 上王設宴 慰溫井之行也.

命沔城君韓珪 以甲士五百人 往田于廣州. 仍傳旨于廣州曰:

"才人禾尺 無遺聚會待令." 蓋欲奉上王觀獵也.

甲申 罷權希達職. 初 希達扈駕海州 使酒歐上護軍王隣 黃象

大護軍李蘭 至是憲司上疏. 略曰:

‘希達 妄行自恣無狀人也. 罵象曰: "汝父希碩 以僧還俗 不知
其源者也. 其爲開國功臣 不愜人情." 右希碩 昔在太祖潛邸之時
夙夜勤勞 衆所共知 故爲開國功臣. 且李蘭 戚連王室 無緣擅打. 若
論希達昔日所犯之罪 難以筆盡 請收告身 鞫問其罪.’

仍守直 上命內竪往黜守直人 只令罷職.

臺諫上疏. 司憲府疏曰:

‘人君處九重之上 而庶府之多 官吏之衆 安得盡察而明辨之哉?
是以古昔聖王 置諫官代耳目 朝臣之忠邪曲直 無不察焉 所以廣
視聽也. 前朝盛時 亦設諫院 憲府 其於除授 自九品至于一品 皆令
署經 某也忠 某也邪 某也曲 某也直 詳究詰議 以勵人心. 自大臣
至於小吏 凡在官者 罔不敬畏. 惟我太祖 應運開國 擴天地包容之
量 推河海納汚之德 擧能匡瑕 三品以上 皆用官敎 四品以下 署經
臺省. 此乃創業之初 一時網羅之大權 非萬世持守之常經也. 願
殿下 用前朝勵士之良法 自九品至一品 署經臺諫.’

諫院疏曰:

‘告身之法 名行美惡 世系高下 莫不評論 以示公議. 告身一滯
非惟自己 累延子孫 其心愧恥 若撻于市 自飭自勵 廉恥以興 風俗
以美 誠輔治之良法也. 前朝盛時 自九品至一品 皆有告身 我太祖
神聖開國之初 三品以上 皆賜官敎 是優厚大臣一時之權也. 今我

殿下 持守盈盛 備法制正風敎 垂裕後昆之時也. 書曰: "位不期驕
전하 지수 영성 비법제정풍교 수유 후곤 지시야 서왈 위 불기 교

祿不期侈." 自古位高者 多不愼法. 位至一品 亦有告身 則雖將相
녹 불기 치 자고 위고 자 다 불신 법 위지일품 역유 고신 즉 수 장상

大臣 思其職任 愛其名節 尤有忌憚 而朝廷自正矣. 若曰兩府 自卑
대신 사기 직임 애기 명절 우유 기탄 이 조정 자정 의 약왈 양부 자비

而高 曾經臺諫之論 更復何議 則雖爲聖人 尙且有過. 況人心操舍
이고 증경 대간 지론 갱부 하의 즉 수위 성인 상 차 유과 황 인심 조사

固無常也? 臣等伏望殿下 自今除授者 位無高下 署經臺諫 以嚴
고 무상 야 신등 복망 전하 자금 제수 자 위무 고하 서경 대간 이엄

風敎.'
풍교

右兩疏 皆下政府 令功臣及兩府以上議聞.
우 양소 개하 정부 영 공신 급 양부 이상 의문

宥戶曹正郞李仲蔓罪. 仲蔓移文直宿 醮奠物失於遲緩 憲司請罪
유 호조정랑 이중만 죄 중만 이문 직숙 초 전물 실어 지완 헌사 청죄

以趙溫之壻宥之.
이 조온 지 서 유지

日本對馬島宗貞茂 使人來獻土物.
일본 대마도 종정무 사인 내헌 토물

乙酉 上奉上王 觀放鷹于麻田浦 遂至儉巖宿焉. 晝至箭串川邊
을유 상봉 상왕 관 방응 우 마전포 수지 검암 숙언 주지 전곶 천변

設酌動樂. 廣州牧使安魯生進詩一絶 上命代言次之. 暮還宮 樂工
설작 동악 광주 목사 안노생 진시 일절 상명 대언 차지 모 환궁 악공

倡妓 在輦前奏樂.
창기 재 연전 주악

丁亥 臺諫復上疏請權希達罪. 憲司疏曰:
정해 대간 부 상소 청 권희달 죄 헌사 소왈

'前日以權希達之罪 具疏以聞 只免其職 不許鞫問. 斯乃長希達
전일 이 권희달 지 죄 구소 이문 지면 기직 불허 국문 사내 장 희달

之惡 缺臣民之望也. 何惜一人 以廢萬世之法乎? 往者 希達之狂暴
지악 결 신민 지망 야 하석 일인 이폐 만세 지법 호 왕자 희달 지 광포

不可勝記 今日之罪惡 尤甚. 希達恃其上慈 不從傳旨 其罪一也.
불가 승기 금일 지 죄악 우심 희달 시기 상자 부종 전지 기죄 일야

詆毁希碩開國之功 其罪二也. 强梁恣慢 凌轢懿親 其罪三也. 輕蔑
저훼 희석 개국 지공 기죄 이야 강량 자만 능력 의친 기죄 삼야 경멸

朝士 罵同奴隷 視如犬羊 其罪四也. 數犯邦憲 無所忌憚 其罪五也.
조사 매 동 노예 시여 견양 기죄 사야 수범 방헌 무 소기탄 기죄 오야

以如是之罪 只罷其職 其心以爲: "今日雖罷 明日當復." 洋洋恣恣
이 여시 지죄 지 파 기직 기심 이위 금일 수파 명일 당복 양양 자자

無異平日. 然則使朝臣常受辱於希達之手乎? 願殿下爲群臣 斷以
무이 평일　　연즉 사 조신 상 수욕 어 희달 지 수호　　원 전하 위 군신　　단이

大義 鞫問其罪 按律施行 以慰臣民之望.'
대의 국문 기죄 안율 시행 이위 신민 지 망

諫院疏曰:
간원 소왈

'眚災肆赦 怙終賊刑 此聖人之明訓也. 臣等敢以權希達狂暴犯法
생재 사사　　호종 적형　　차 성인 지 명훈 야　　신등 감이 권희달 광포 범법

之事 仰瀆天聰. 往者擅打司禁 欲射守直之吏 其罪一也. 犯令被酒
지 사 앙독 천총　　왕자 천타 사금　　욕사 수직 지 리　　기죄 일야　　범령 피주

路逢朝士韓彛 鄭還 撻之流血 其罪二也. 宮禁之內 晝奸人妾 其罪
노봉 조사 한이 정환　　달지 유혈　　기죄 이야　　궁금 지 내 주간 인첩　　기죄

三也. 戲毬躍馬 致傷人命 其罪四也. 沈典書鄭迢於臨津 其罪五也.
삼야　　희구 약마 치상 인명　　기죄 사야　　침 전서 정초 어 임진　　기죄 오야

恣行不法 其他罪惡 不可殫記 殿下每示寬仁 特垂輕典 爲希達者
자행 불법 기타 죄악　　불가 탄기 전하 매시 관인　　특수 경전 위 희달 자

宜改心盡忠 以報殿下天地之恩. 曾不慮此 又於殿下詣上王殿之
의 개심 진충 이보 전하 천지 지 은　　증 불려 차 우 어 전하 예 상왕 전 지

日 挃鄭宗誠於殿庭 不敬天威. 憲司具疏請罪 殿下不加譴責 乃曰:
일 질 정종성 어 전정 불경 천위　　헌사 구소 청죄 전하 불가 견책 내왈

"以待後日改過與否." 纔經一月 駐蹕咫尺 又打朝士三人. 秩雖卑微
이대 후일 개과 여부　　재경 일월 주필 지척 우 타 조사 삼인　　질 수 비미

論其分 則等爲王臣 猶不敢抶. 況黃象 李蘭 王隣 位皆三品 且王室
논 기분 즉 등 위 왕신 유 불감 질　　황 황상 이란 왕린 위 개 삼품 차 왕실

之親 功臣之子. 縱有其罪 殿下之所寬宥者乎? 凡此罪條 豈皆不知
지 친 공신 지 자　　종유 기죄 전하 지 소관유 자 호　　범 차 죄조 기 개 부지

而妄作? 其橫恣不已者 特恃寬恩 又無懲戒故也. 殿下何獨惜此
이 망작　　기 횡자 불이 자 특시 관은 우무 징계 고야　　전하 하독 석차

一人 以虧邦憲? 希達之罪 至是貫盈 一國臣民 罔不憤怨. 伏望殿下
일인 이휴 방헌　　희달 지 죄 지시 관영 일국 신민 망불 분원　　복망 전하

一依憲司所申 置之於法 以明人主賞罰之典.'
일의 헌사 소신 치지 어법 이명 인주 상벌 지 전

上皆不聽. 憲司又請希達之罪 上曰: "罷職足矣 勿復請." 憲司
상 개 불청　　헌사 우청 희달 지 죄 상왈　　파직 족의 물 부청　　헌사

復請 又不允.
부청 우 불윤

己丑 司憲府上疏. 疏曰:
기축 사헌부 상소 소왈

'夫婦 人倫之本 而嫡妾之分 不可亂也. 是以聖人修春秋 魯惠公
부부 인륜 지 본 이 적첩 지 분 불가 란야　　시이 성인 수 춘추 노 혜공

以仲子爲夫人 而天王歸賵 冢宰書名; 僖公用成風致夫人 而天王
이 중자 위 부인 이 천왕 귀 봉 총재 서명 희공 용 성풍 치 부인 이 천왕

含且賵 則王不稱天 所以明嫡妾之有分 萬世之常經 不可以一時之
함 차 봉 즉 왕 불칭 천 소이 명 적첩 지 유분 만세 지 상경 불가이 일시 지

私亂也. 惟我太祖 體春秋百王之大經 嚴士大夫妻妾之際 爲封爵
사란 야 유아 태조 체 춘추 백왕 지 대경 엄 사대부 처첩 지 제 위 봉작

遞田之法 之分明矣 人倫之本正矣. 然前朝之季 禮義之化不行
체전 지법 지분 명의 인륜 지본 정의 연 전조 지계 예의 지화 불행

夫婦之義首紊. 卿大夫士 惟欲之從情愛之惑 有妻娶妻者有之 以妾
부부 지 의 수문 경 대부 사 유 욕지 종 정애 지 혹 유처 취처 자 유지 이첩

爲妻者亦有之 遂爲今日妻妾相訟之端. 世久人亡 徵不足取; 飾詐
위처자 역 유지 수위 금일 처첩 상송 지단 세구 인망 징 부족 취 식사

匿情 眞僞難明; 處決無據 怨讟繁興 以至傷和致變. 此非小失 不可
익정 진위 난명 처결 무거 원독 번흥 이지 상화 치변 차 비 소실 불가

不正. 臣等謹按皇明頒降制律曰: "妻在以妾爲妻者 杖九十 竝改正
부정 신등 근안 황명 반강 제율 왈 처재 이첩 위처자 장 구십 병 개정

若有妻更娶妻者 亦杖九十 離異." 臣等嘗以媒娉姻禮之備略 定爲
약 유처 갱 취처 자 역장 구십 이이 신등 상이 매빙 인례 지 비략 정위

妻妾. 將己身現在以妾爲妻者 妻在娶妻者 竝皆按律處決; 身沒
처첩 장 기신 현재 이첩 위처자 처재 취처 자 병개 안율 처결 신몰

不復改正離異者 願依春秋貶仲子成風之例 以先爲嫡 奉爵遞田 則
불부 개정 이이 자 원 의 춘추 폄 중자 성풍 지례 이선 위적 봉작 체전 즉

聖人之化興而妻妾之分明矣.'
성인 지화 흥이 처첩 지분 명의

從之.
종지

庚寅 命安城君李叔蕃 沔城君韓珪 都摠制李和英 領甲士防牌
경인 명 안성군 이숙번 면성군 한규 도총제 이화영 영 갑사 방패

火㷷軍等軍 田于海龍山.
화통군 등군 전우 해룡산

命印大藏經于海印寺. 傳旨于豐海 京畿忠淸道觀察使 遞輸其道
명인 대장경 우 해인사 전지 우 풍해 경기 충청도 관찰사 체수 기도

所造經紙二百六十七束于慶尙道. 又傳旨于慶尙道觀察使曰: "今
소조 경지 이백 육십 칠 속 우 경상도 우 전지 우 경상도 관찰사 왈 금

遞輸經紙 宜轉輸于海印寺 印大藏經. 其印出時諸緣及僧二百朔料
체수 경지 의 전수 우 해인사 인 대장경 기 인출 시 제연 급 승 이백 삭료

竝皆給之." 上以太祖好佛 曾建開慶寺 又印大藏經以安之也.
병개 급지 상이 태조 호불 증건 개경사 우인 대장경 이 안지 야

崔迤到遼東 聞帝將幸北京 馳書以聞. 上問議政府曰: "須使人
최이 도 요동 문제 장행 북경 치서 이문 상문 의정부 왈 수 사인

欽問起居 誰可견遣者?" 河崙曰: "世子何如?" 上曰: "不必世子
흠문 기거 수가 견자 하륜왈 세자 하여 상왈 불필 세자

也." 崙曰: "王子何如?" 上曰: "年少未可也." 曰: "駙馬何如?" 曰:
야 륜왈 왕자 하여 상왈 연소 미가 야 왈 부마 하여 왈

"吉川君近有疾 予將問之." 遂使人問之 睽曰: "臣雖有疾 可以起身
길천군 근유질 여장 문지 수 사인 문지 규왈 신수 유질 가이 기신

願奉使焉."
원 봉사 언

辛卯 上幸東郊 觀放鷹.
신묘 상행 동교 관 방응

司諫院上疏. 疏略曰:
사간원 상소 소 약왈

'今我盛朝 凡所施爲 一遵古昔 其於治道 無所遺闕 獨此神佛之弊
금아 성조 범 소시위 일준 고석 기어 치도 무 소유궐 독차 신불 지폐

猶未盡革 故臣等思欲喪祭之儀 一依家禮 痛禁佛事 以補惟新之治
유 미진혁 고신등 사욕 상제 지의 일의 가례 통금 불사 이보 유신 지치

具疏以聞. 殿下深以爲然 詢于大臣 可否旣定 訪及群臣 僉議又同
구소 이문 전하 심 이위 연 순우 대신 가부 기정 방급 군신 첨의 우동

臣等私自喜賀 以待兪允. 禮曹乃以佛事 宜設清淨之處 妄議申聞
신등 사자 희하 이대 유윤 예조 내이 불사 의설 청정 지처 망의 신문

沮言官之請 啓衆人之惑 以累聖德. 殿下以爲忠歟? 致君澤民 士夫
저 언관 지청 계 중인 지혹 이누 성덕 전하 이위 충여 치군 택민 사부

常情. 雖在畎畝 尙且憂君 況居其位食其祿 不以補治爲念可乎?
상정 수재 견무 상차 우군 황거 기위 식기록 불이 보치 위념 가호

判書偰眉壽 號爲儒臣 任則禮官 當以堯舜之道 陳於王前 以效唐虞
판서 설미수 호위 유신 임즉 예관 당이 요순 지도 진어 왕전 이효 당우

之治. 棄其所學 反以邪說 請行于世 是可謂愛君乎? 伏望殿下 命
지치 기기 소학 반이 사설 청행 우세 시 가위 애군 호 복망 전하 명

攸司科罪 以戒後人; 革佛事行家禮 昭明聖道 則殿下之治 增光
유사 과죄 이계 후인 혁 불사 행 가례 소명 성도 즉 전하 지치 증광

簡策 垂耀千古 豈不盛哉!'
간책 수요 천고 기 불성 재

疏留中. 眉壽請辭職 從之.
소 유중 미수 청 사직 종지

司憲府上疏. 疏略曰:
사헌부 상소 소 약왈

'臣等昨以告身一事 干瀆天聰 未蒙兪允 不勝隕越之至. 竊念公議
신등 작이 고신 일사 간독 천총 미몽 유윤 불승 운월 지지 절념 공의

國家之所賴; 廉恥 士夫之所重. 無公議 不可以爲國 無廉恥 不可
국가 지 소뢰 염치 사부 지 소중 무 공의 불가 이위 국 무 염치 불가

124

以爲人. 謹按古事 除授之際 使翰林承旨 職掌麻制 必論其德行
事業而授之 苟不合公義 必當諫止 雖制下 言者亦非之. 如裵延齡
欲相 而諫議陽城 欲壞白麻; 錢惟演圖相 而御史鞫詠 欲裂麻制. 我
盛朝官敎之法 雖倣此意 名同實異. 今也自一品至三品除授之際
不論德行而下敎 或有不合公義者僥倖得之 其告身不復署經臺諫
故無所忌憚 廉恥道喪 累犯邦憲者 比比有之. 伏望自今 除授一品
大臣 則依唐宋故事 使掌制之臣 論其德行 而授以官敎; 自二品至
九品除授者 一依前朝盛時之制 署經臺諫 則廉恥興而士風正矣.'

疏留中.

大司憲鄭易復請曰: "出謝之際 詳考祖系與己身行實 故激勵
廉恥 扶持世道 不爲不多." 上曰: "凡可行事 筆之於書 則誠爲良法
但奉行者過之耳. 自太祖時 四品以上 方許官敎 至上王時 臺省請
兩府以上 皆署告身 得蒙兪允. 所司將政丞趙浚告身 堅執不署 尋
卽罷之. 凡位至兩府者 不宜更論." 上以臺諫之言 命集時散耆老
取其可否 可多否少. 臺諫上言曰: "前日疏請一品以下告身署經之
法 命下政府可否 可者多而否者少. 願蒙兪允." 上曰: "事重 不可
輕改." 遂問諸左右政丞 對曰: "事干一二品 臣等不敢言耳. 惟上
所裁." 上曰: "予更思之."

忠淸道都觀察使李安愚上書. 書略曰: '尊堤漕運處 風阻石險
難泊大船. 然重違政府之牒 作平底小船 又於水邊作庫.' 上曰: "事

若未便 則雖有政府之牒 姑停之可也. 何必農月 役民於無用之事
약 미편　즉 수유 정부 지첩　고 정지 가야.　하필 농월　역민 어 무용 지사

乎? 初 往觀蕫堤 非一人也. 何其紛紜?" 召摠制禹希烈 參議禹博
호?　초 왕관 순제 비일인야.　하 기 분운?　소 총제 우희열　참의 우박

等曰: "蕫堤漕運防築之事 雖勤民爲之 大船泊立處有風患. 且有
등왈:　순제 조운 방축 지사　수 근민 위지　대선 박립 처유 풍환.　차유

嶼與船不能行則何益? 卿等受命爲之 有如此不便之事 何不告乎?"
서 여선 불능행 즉 하익?　경등 수명 위지　유 여차 불편 지사　하 불고 호?

希烈等曰: "防築開渠 則承政府之命也. 大船通否 政府不命 故
희열 등왈:　방축 개거　즉승 정부 지명야.　대선 통부　정부 불명　고

不察之也." 上曰: "船行通否 何不聞乎? 答以不察 皆妄也." 命參知
불찰 지야.　상왈:　선행 통부　하 불문 호?　답이 불찰　개 망야.　명 참지

議政府事尹向 同副代言卓愼 往察蕫堤及瑞州黃國浦等處. 向 愼
의정부사 윤향　동부대언 탁신　왕찰 순제 급 서주 황국포 등처.　향 신

復命曰: "役萬夫於三朔 庶可通漕."
복명 왈:　역 만부 어 삼삭　서가 통조.

東北面採訪使朴允忠 馳獻黃金一百四十四兩. 安邊所鍊金八十三
동북면 채방사 박윤충　치헌 황금 일백 사십 사량.　안변 소련 금 팔십 삼

兩 其役徒一千三百四十四名 自正月二十八日 至二月三十日; 永興
량　기 역도 일천 삼백 사십 사명　자 정월 이십 팔일　지 이월 삼십 일;　영흥

三十兩五錢 役九百二十六名 自正月二十七日至二月二十日; 端州
삼십 량 오전　역 구백 이십 육명　자 정월 이십 칠일 지 이월 이십 일;　단주

三十兩五錢 役九百九十八名 自正月初一日至三十日.
삼십 량 오전　역 구백 구십 팔명　자 정월 초일일 지 삼십일.

刑曹請除私賤笞杖收贖. 啓曰: "凡死罪外笞杖徒流 竝以楮貨
형조 청제 사천 태장 수속.　계왈:　범 사죄 외 태장 도류　병이 저화

收贖 已有著令. 然大小人員 家內使喚奴婢無父母兄弟者 有犯鬪歐
수속　이유 저령.　연 대소 인원　가내 사환 노비 무 부모 형제 자　유범 투구

盜竊 相奸等罪 當主家徵贖 實爲未便 且無懲戒頑惡之門. 請除
도절　상간 등죄　당 주가 징속　실위 미편　차 무 징계 완악 지문.　청제

收贖 竝加笞杖." 從之.
수속　병가 태장.　종지.

壬辰 幸東郊觀放鷹.
임진　행 동교 관 방응.

命以開城留後司留後及副留後 爲齊陵 厚陵朔望祭行香使 若
명이 개성유후사 유후 급 부유후　위 제릉　후릉 삭망제 행향사　약

有故 則於厚陵 以首領官代之.
유고　즉 어 후릉　이 수령관 대지.

癸巳 上奉迎上王 設宴于廣延樓極歡.
계사　상 봉영 상왕　설연 우 광연루 극환.

甲午 暴風以雨. 廣州雨雹; 砥平縣山上 雪深五寸許.
갑오 폭풍 이우 광주 우박 지평현 산상 설심 오촌 허

忠淸道石城縣私婢計火狄 日乳三子 命賜米六石.
충청도 석성현 사비 계화은 일유 삼자 명사 미육석

乙未 大風以雨. 川寧 利川雨雹; 楊根龍門山雨雹 深四五寸許.
을미 대풍 이우 천녕 이천 우박 양근 용문산 우박 심 사오 촌 허

大司憲鄭易等上疏二道. 其一曰:
대사헌 정역 등 상소 이도 기일 왈

'記曰: "君賜車 乘以拜賜; 衣服 服以拜賜; 君言必而對." 此人臣
기왈 군사거 승이배사 의복 복이배사 군언필이대 차 인신

敬君之禮也. 是以朝廷六部 各以職事奏聞 趨造跪庭而對之 然後趨
경군 지례야 시이 조정 육부 각이 직사 주문 추조 궤정 이 대지 연후 추

退而立. 賜酒食則序班引入 叩頭而受. 謝恩之禮 亦如之. 以此觀之
퇴 이립 사 주식 즉 서반 인입 고두 이수 사은 지례 역 여지 이차 관지

君命不可不起 君賜不可不拜. 今殿下聽政之時 啓事之臣 得侍殿上
군명 불가 불기 군사 불가 불배 금 전하 청정 지시 계사 지신 득시 전상

有命或因席而對之 上言或在坐而申之. 其於賜酒食 始有俯伏之禮
유명 혹 인석 이 대지 상언 혹 재좌 이 신지 기어 사 주식 시유 부복 지례

終無拜謝而退. 是則人臣敬君之禮略矣. 非所以訓後世也. 朝啓聽對
종무 배사 이퇴 시즉 인신 경군 지례 약의 비소이 훈 후세 야 조계 청대

之節 有賜拜謝之禮 令禮曹詳定 以立明時之令典.'
지절 유사 배사 지례 영 예조 상정 이립 명시 지 영전

疏留中. 其二曰:
소 유중 기이 왈

'市中物價騰踴 請遵中國着稅之法 凡物察其麤細長短輕重之殊
시중 물가 등용 청준 중국 착세 지법 범물 찰기 추세 장단 경중 지수

必折價着稅 然後貿易.'
필 절가 착세 연후 무역

命下議政府議聞.
명하 의정부 의문

丁酉 上奉上王 幸東郊觀放鷹 置酒極歡. 暮還 令馬上奏樂. 上嘗
정유 상봉 상왕 행 동교 관 방응 치주 극환 모환 영 마상 주악 상 상

謂代言等曰: "吾於海州 累日盤遊 又數出門外 政恐臺諫之譏 又恐
위 대언 등 왈 오어 해주 누일 반유 우수 출 문외 정공 대간 지기 우 공

卿等以爲非也. 然秋得松骨鷹養之 過冬待春溫放之 至夏日不可 故
경등 이위 비야 연추 득 송골 응 양지 과동 대춘 온 방지 지하 일불가 고

數出遊耳. 明日 上王欲出遊城外 予欲陪遊東郊後可止矣." 左代言
수출 유이 명일 상왕 욕 출유 성외 여욕 배유 동교 후가 지의 좌대언

李灌對曰: "臣等豈敢以爲非也? 上奉上王欲遊 臣等之所甚喜也.
이관 대왈 신등 기감 이위 비야 상봉 상왕 욕유 신등 지 소심희 야

松骨之放 臣等亦所欲觀 第畏上監 未敢爲耳." 命許代言等扈從.

增修箭串牧場. 其地民田 凡五百餘結.

己亥 賀正使通事林密 回自京師啓曰: "正月二十日 皇帝宣諭曰:
'日本國老王 事大以誠 無有寇竊 今嗣王 不禁草竊 侵擾我疆 又掛
父眞於壁 而剌其目 其不道如此. 朕欲發船萬艘討之 爾朝鮮宜預知
之.'" 又啓曰: "帝將以二月十六日幸北京 三月二十日下輦." 上曰:
"吉川君宜速赴京." 上謂政府曰: "帝豈戲語? 若兵船向日本 則我國
亦宜警備 卿等熟慮之." 上又謂諸卿曰: "上國征倭之事 何以應之?
皇帝親諭我國使臣 而我國別遣使上表 以達喜慶之意如何? 上國必
以我國與倭通好 今又恝然 必以我國爲詐也. 況倭人實我國之讎 今
若誅之 國之幸也 但道經我疆 是不可不慮也. 予心以爲欽問起居
使發程前 先遣使介如何? 吉川之行 知華語者如李玄爲副介 使知
事變如何? 全羅道乃是初面 糧餉不可不備也. 今年勿令漕運如何?
且倭人若知此變 則大爲不可. 今者來京倭使族類 布在我國 使之
不知亦難矣. 若知而通之 則後日上國必問洩言之故矣. 征倭之擧
必在五六月 拘留倭使 閱二三朔 則誰復洩之!"

參贊議政府事金承霑進曰: "上敎信然. 臣當議諸政丞 更啓矣."

兵曹判書黃喜進曰: "當無事之時 軍容不可不點. 矧今有變? 各道
兵船軍器 宜速遣人點檢. 且甲士貧無馬從者 容或有之 宜令諸道
擇足家産而有才藝者 調送于京." 承霑往議政丞 復進曰: "不必別

遣使上表 宜於吉川之行 兼陳喜幸征倭之意. 知議政府事呂稱 亦

足以副行 不必玄也. 全羅道須 勿令漕運亦便." 上皆然之. 承霆又

上言曰: "臣竊念今春和草長 恐北狄窺覘邊塞 乞遣人于江界 慶源

以北無人之處 潛隱草莽 深候有無 以備不虞何如?" 上曰: "議于

政丞 從宜施行."

　平道全詣河崙第曰: "吾聞上國欲討吾國 吾欲往救 煩爲申達." 崙

答曰: "汝國之倭 侵上國境 皇帝怒曰: '蕞爾倭奴 侵掠我邊境 當

發船萬艘 往討之.' 汝國何其侵掠之甚耶? 毋令汝國知之." 崙卽

啓曰: "道全問於臣 臣答之以此." 上曰: "予將答之亦如此."

　政府慮上國有征倭之擧 列疏武臣八十餘人請代沿海守令之任 上

以農月寢之.

　辛丑 太祖實錄成. 凡十五卷.

　釋前判事吳思敏. 先是 東北面經歷宋希璟 奉箋而來 密言於宰相

曰: "思敏嘗爲東北面敬差官 不謹其職 以實爲損. 乃於回還之

日 語人曰: '吾於此界 得民心矣.'" 其宰相密啓于內 思敏繫獄月餘

至是 思敏與希璟對辨. 希璟宿與思敏有隙 故造言以陷 其不反坐

希璟者 蓋不得其詳也.

　命護軍李攝贖杖八十. 巡禁司請攝挃刑曹所遣杖首 又通三寸姪

李陽德曾奸之婢古音年之罪 命減攝罪二等 古音年亦減二等 贖杖

六十.

慶尙道探訪別監潘泳 進白銀五十量.
경상도 채방 별감 반영 진 백은 오십 량

壬寅 議政府上啓目及移文之法. 啓曰: "朝廷制禮 凡大小移文及
임인 의정부 상 계목 급 이문 지 법 계왈 조정 제례 범 대소 이문 급

畫日之際 必書題目者 欲便於參考. 今京中各司 外方使臣 於啓本
획일 지제 필서 제목 자 욕편어 참고 금 경중 각사 외방 사신 어 계본

書爲奉敎事 上言事; 於各衙門移文 亦書爲受決事 呈報事 悉違必
서위 봉교 사 상언 사 어 각 아문 이문 역서위 수결 사 정보 사 실위필

書題目之意. 今後皆實書其事. 又於啓本及移文 除其日見在員着名
서 제목 지 의 금후 개실서 기사 우어 계본 급 이문 제 기일 현재 원 착명

署外 不宜書空銜." 從之.
서 외 불의 서 공함 종지

改高峯縣爲高陽縣. 高峰屬縣幸州之人上書曰: '幸州 昔爲
개 고봉현 위 고양현 고봉 속현 행주 지 인 상서 왈 행주 석 위

德陽縣 而高峰乃屬縣也. 自合屬後 官號只稱高峰 而德陽反爲屬縣
덕양현 이 고봉 내 속현 야 자 합속 후 관호 지칭 고봉 이 덕양 반 위 속현

又無稱號 非他合屬之例. 請改之.'
우무 칭호 비타 합속 지 례 청 개지

司憲府上疏. 疏曰: '古者國有史官 掌記時事 使後世君臣得以
사헌부 상소 소왈 고자 국유 사관 장기 시사 사 후세 군신 득이

觀覽而爲勸戒. 前朝實錄 旣已修撰 願令刊行 以爲龜鑑.' 下政府
관람 이위 권계 전조 실록 기이 수찬 원령 간행 이위 귀감 하 정부

議聞. 政府啓: "雖已修撰 猶有繁亂可刪處 請修改." 上曰: "此乃
의문 정부 계 수 이 수찬 유유 번란 가산 처 청 수개 상왈 차내

一時史官之直筆 其可刪乎?" 兵曹判書黃喜對曰: "所記之事 未可
일시 사관 지 직필 기 가산 호 병조판서 황희 대왈 소기 지 사 미가

刪削. 文字之間 或有重復處 宜修改之." 上然之 事竟不行.
산삭 문자 지간 혹유 중복 처 의 수개 지 상 연지 사 경 불행

司憲府上疏請知宜州事許謨罪. 謨擅作路引 獻鷹于上王殿也. 命
사헌부 상소 청 지의주사 허모 죄 모 천작 노인 헌응 우 상왕 전 야 명

勿論.
물론

命朝廷使臣護送軍 除牛馬外 十升以下苧麻布人蔘皮物 許行
명 조정 사신 호송군 제 우마 외 십승 이하 저마포 인삼 피물 허행

貿易. 從西北面都巡問使之報也.
무역 종 서북면 도순문사 지 보 야

癸卯 刑曹請全羅道水軍萬戶具成美等罪. 成美以船軍所造船隻
계묘 형조 청 전라도 수군만호 구성미 등 죄 성미 이 선군 소조 선척

擅給司宰少監洪仁老 仁老亦遣本監水軍取用. 命成美贖杖九十
천급 사재 소감 홍인로 인로 역견 본감 수군 취용 명 성미 속장 구십

仁老七十 皆減三等也.
인로 칠십 개감 삼등 야

甲辰 觀放鷹于東郊.
갑진 관 방응 우 동교

豊海道進探銀五十三兩.
풍해도 진 채은 오십삼 량

乙巳 以李之實爲忠淸道兵馬都節制使.
을사 이 이지실 위 충청도 병마도절제사

丙午 自水原府南境至竹州雨雹. 大如鳥卵.
병오 자 수원부 남경 지 죽주 우박 대여 조란

遣吉川君權跬 知議政府事呂稱如京師. 欽問起居也. 進馬二十
견 길천군 권규 지의정부사 여칭 여 경사 흠문 기거 야 진마 이십

匹. 上餞跬等于廣延樓 命世子餞于慕華樓. 召通事張有信曰: "爾
필 상전 규등 우 광연루 명 세자 전 우 모화루 소 통사 장유신 왈 이

知探銀法乎? 今往中原 更詳問以來." 命書狀官陳遵 求三國志
지 채은 법호 금 왕 중원 경 상문 이래 명 서장관 진준 구 삼국지

蘇子古史等.
소자 고사 등

宗貞茂使人還 賜貞茂米二百石 麻布六匹.
종정무 사인 환 사 정무 미 이백 석 마포 육필

罷判內贍寺事金邁卿 判禮賓寺事朴竪基職. 初 憲府啓: "東宮
파 판내섬시사 김매경 판예빈시사 박수기 직 초 헌부 계 동궁

北墻下有小徑 必有潛隱出入者." 上召進東宮小竪 鞠問之 果有
북장 하유 소경 필유 잠은 출입 자 상 소진 동궁 소수 국문 지 과유

禮賓寺奴曹德中 內贍寺奴許原萬 書房色陳鋪等 密以平壤妓小鸎
예빈시 노 조덕중 내섬시 노 허원만 서방색 진포 등 밀 이 평양 기 소앵

納于東宮有日矣. 上命代言等曰: "世子日與內竪 淫戲無度 鷹犬
납 우 동궁 유일 의 상 명 대언 등 왈 세자 일 여 내수 음희 무도 응견

妓妾絃管之事 無所不爲. 予於去歲 杖其私幸陳鋪 黜還本役. 今聞
기첩 현관 지사 무소불위 여 어 거세 장 기 사행 진포 출환 본역 금문

鋪又潛入東宮 每當昏夜 納妓小鸎 以陷不義 世子尙不悛改. 予欲
포 우 잠입 동궁 매당 혼야 납 기 소앵 이함 불의 세자 상 부전 개 여욕

革敬承府及書筵之官 輟其公廩 令其舅金漢老供之." 金汝知等對以
혁 경승부 급 서연 지관 철 기 공름 영 기구 김한로 공지 김여지 등 대이

世子幼沖 心志未定 不可輕革官僚. 上誚之甚切. 汝知等固請 事乃
세자 유충 심지 미정 불가 경혁 관료 상 초지 심절 여지 등 고청 사내

寢. 命執送小鸎于平壤 陳鋪于洪州 德中于公州 皆令定役. 杖鋪
침 명 집송 소앵 우 평양 진포 우 홍주 덕중 우 공주 개 령 정역 장포

一百 唯原萬在逃. 命塞東宮北門 遂罷邁卿等職 以縱德中原萬致此
일백 유 원만 재도 명색 동궁 북문 수파 매경 등직 이종 덕중 원만 치차

也. 召賓客趙庸 卞季良 深責之曰: "敎養儲副卿等之職. 不義之事
야 소 빈객 조용 변계량 심 책지 왈   교양 저부 경등지직   불의 지사

何至此耶?" 世子不食. 靜妃使宦者言于世子曰: "汝非幼少 今何
하 지차 야   세자 불식 정비 사 환자 언 우 세자 왈   여비 유소 금 하

若是而貽怒父王乎? 自後宜小心致孝 亦宜進餐."
약시 이 이노 부왕 호   자후 의 소심 치효 역 의 진찬

戊申 大風 塵沙漲天.
무신 대풍 진사 창천

對馬州榮生 使人獻禮物 請造船糧 賜米一百石.
대마주   영생   사인 헌 예물 청 조선 량 사미 일백 석

태종 13년 계사년
4월

四月

기유일(己酉日·1일) 초하루에 동교에서 매사냥을 구경했다.

경술일(庚戌日·2일)에 공사(公私)의 연음(宴飮)과 영전(迎餞)[1]을 금지했다. 정부와 헌부의 청을 따른 것이다.

임자일(壬子日·4일)에 사간원에서 소를 올렸다. 소는 대략 이러했다. '세자(世子)는 국군(國君)의 저부(儲副)이므로 기르시기를 삼가지 않을 수 없습니다. 이제 세자의 춘추가 바야흐로 성년이고 천성도 명민(明敏)하시니 이목(耳目)에 닿는 바를 모두 요순(堯舜)의 도리로써 한다면 즉시 요순 같은 임금이 되겠지만, 혹 불선(不善)한 일이 있더라도 쉽게 배우게 될 것입니다. 세자의 학문이 순정(純正)하고 박잡(駁雜)해지는 기운(機運-나뉘는 갈림길)이 바로[正] 오늘에 있고, 교양하는 방법도 때가 때인지라 늦출 수 없습니다. 신 등은 청궁(靑宮)[2]을 대전(大殿) 곁에 지어 세자로 하여금 날마다 정성(定省)[3]을 부

---

1 영접과 전별을 가리킨다.
2 동궁(東宮)을 가리킨다. 오행(五行)의 설(說)에서 청(靑)은 동쪽 또는 봄을 의미하므로 동궁(東宮)을 청궁(靑宮) 또는 춘궁(春宮)이라 한다.
3 저녁에는 잠자리를 보아드리고 아침에는 문안을 드리는 일로, 혼정신성(昏定晨省)의 줄임말이다. 지극한 효성을 다하는 것을 말한다.

지런히 하게 함으로써 효성을 돈독하게 하기를 바랍니다. 들어가서는 좌우로 모셔 정사(政事)를 배우고 물러나서는 서연(書筵)을 열어 경사(經史)를 강론하면 세자의 직분을 다하게 돼 관감(觀感)의 이익과 강문(講問)의 자질이 겸해서 극진해질 것이고, 세자의 일용(日用)의 사이와 동정운위(動靜云爲)[4]가 모두 천총(天聰-임금의 귀)에 들리게 되니 예가 아닌 장난은 싹틀 수가 없을 것이며 사벽한 무리가 나올 수 없을 것입니다. 엎드려 바라건대 전하께서는 속히 청궁을 설치해 나라의 근본을 기르셔야 할 것입니다.'

소(疏)를 궁중에 머물러 두고 이어서 가르쳐 말했다.

"세자로 하여금 비록 내 좌우에 있게 하더라도 만약 행실을 고치지 않는다면 다만 (부자간의) 은의만 상할[傷恩] 뿐이다."
상은

○ 우사간 대부 현맹인(玄孟仁)이 아뢰어 말했다.

"전하께서 동교(東郊)에 행차해 매사냥을 구경함이 잦으시니, 바라건대 더는 행차하지 마소서."

상이 말했다.

"자주 동교로 행차함은 내 마음에도 편안치 못했는데[未穩=未便],
미온   미편
간원의 말이 옳다."

헌납(獻納) 은여림(殷汝霖), 지평(持平) 홍도(洪度) 등이 대궐에 나아와 말씀을 올렸다.

"임금의 거둥[擧動]은 가벼이 할 수 없습니다. 근일에 전하께서 자
거둥

---

4 사람의 언행과 언동을 말한다. 즉 언어와 동작 일체를 가리킨다. 주희(朱熹)의 「중용서(中庸序)」에 나오는 말이다.

주 동교로 행차하시나 유사(有司)에 가는 곳을 명하지 않으니, 그 의위(儀衛)를 버리고 초야(草野)의 사이로 말을 달림은 존엄을 보이는 도리가 아닙니다. 또 세자의 춘추는 바야흐로 성년이고 모든 일을 함에 부왕(父王)을 본받을 것입니다. (그런데) 지금 바로 이같이 하시는 것을 세자에게 보이는 것은 후세에 가르침을 남기는[貽訓] 도리가 아닙니다."

가르침을 전해[傳敎] 말했다.

"송골매를 얻었기에 그 재주를 시험코자 함이었다. (그러나) 이제부터는 마땅히 더 나가지 않겠다."

계축일(癸丑日-5일)에 고신법(告身法)을 회복시켰다.

사간 현맹인(玄孟仁), 집의 김효손(金孝孫) 등이 대궐에 나아와 말씀을 올렸다.

"지난번에 신 등이 소를 올려 1품부터 9품까지 고신을 대간에 서경하도록 청했는데 의정부에 내려 깊이 토의하게 했으니[擬議], 정부에서 모두 의견을 내[僉議] 이미 중론을 모았습니다. 윤허를 청합니다."

그것을 따랐다.

○ 순금사 대호군(巡禁司大護軍) 최관(崔關, ?~1424년)[5]이 글을 올

---

5 고려 우왕 때 문과에 급제하고 1392년(공양왕 4년) 예조총랑(禮曹摠郎)이 됐으나, 정몽주(鄭夢周)의 일당으로 몰려 직첩을 빼앗기고 곤장 70대를 맞은 뒤 원지로 유배됐다가 조선이 개국되자 곧 풀려났다. 1402년(태종 2년) 서북면경차관(西北面敬差官)과 예빈시윤(禮

렸다. 글은 이러했다.

'신은 순금사에 재임돼 행순(行巡)⁶의 법을 아는데, 아직도 미진(未盡)함이 있습니다. 대개 행순은 평안할 때에 위태로움을 잊지 않아 [安不忘危] 범죄를 방지하는 소이입니다. 밤은 5경(五更)이 있고 경

_{안 불망 위}

은 5점(五點)으로 나눠 행순이 끊어질 적이 없어야 마땅한데, 오늘날 각경 순관(各更巡官)에 면전(面傳)⁷하는 법이 없음은 심히 잘못입니다. 지금은 국가가 승평(昇平-태평)해 염려하기에는 부족하나, 만일 변(變)이 있다면 장차 어떻게 하겠습니까? 신이 바라건대 이제부터 감순 총제(監巡摠制)로부터 각경 순관까지 모두 행랑(行廊)에서 숙직하도록 해서, 초경(初更)의 순관은 2경(二更)에 면전(面傳)하고 (2경의 순관은 삼경에 면전하며), 이같이 전하기를 5경과 평명(平明-날이 밝음)에까지 이르면 감순 총제는 그 궐부(闕否)를 고찰한 뒤에 파하소서. 또 병조로 하여금 규찰하고 다스리게 해서 무우(無虞-근심 없음)할 때를 경계해야 할 것입니다.'

상이 말했다.

賓寺尹)을 지냈고, 1404년 지형조사(知刑曹事)로 있을 때 사건을 잘못 판결한 죄로 다시 울주에 유배됐으나 곧 풀려났다. 1406년 의용순금사대호군(義勇巡禁司大護軍)으로 있으면서 유좌(柳佐) 등의 노비치사사건을 처결했는데, 유좌가 동년(同年-문과 동과)인 유량(柳亮)의 아들이었으므로 이를 기피하기 위해 처의 병을 핑계 삼아 안문(按問)을 게을리했다는 혐의를 받아 개령현(開寧縣)에 유배됐으나 곧 풀려나 순금사에 복직됐다. 1413년 당시에는 순금계획(巡禁計劃)을 상소해 왕의 윤허를 얻어서 시행한 일이 있고, 1418년 세종이 즉위하자 좌사간대부가 됐다가 이듬해 판안동대도호부사(判安東大都護府事)가 됐다. 1421년(세종 3년) 이조참의에 승진되고 이듬해에 한성부윤이 됐다.

6 밤에 인정(人定)에서 파루(罷漏)까지 순작군(巡綽軍)이 순찰(巡察)하던 일을 가리킨다.
7 직숙관(直宿官)이 교대할 때 이상 없음을 서로 직접 확인하던 일을 가리킨다.

"관(關)의 말이 옳다. 즉시 의정부에 내려 시행토록 하라."

○ 검교 한성윤(檢校漢城尹) 공부(孔俯)에게 쌀 3석을 내려주었다. 부(俯)는 부상(父喪)을 만나[丁=當] 아직 상제를 끝마치지 못했는데, 상이 사알(司謁)을 보내 뜻을 전해 말했다.

"경(卿)은 노성(老成)해 마땅히 같이 일을 토의할 만하니, 마땅히 제상(除喪)하고서 알현토록 하라."

대개 수진(修眞)[8]의 일을 묻고자 함이었다.

○ 행랑 조성(行廊造成) 장인(匠人) 200명에게 각각 쌀 1석씩을 내려주었다.

갑인일(甲寅日-6일)에 상왕이 고양현(高陽縣)의 정토사(淨土寺)에 갔다. 피병(避病)하기 위함이었다.

을묘일(乙卯日-7일)에 유량(柳亮)을 의정부 찬성사(議政府贊成事), 이천우(李天祐)를 이조판서, 이숙번(李叔蕃)을 병조판서, 황희(黃喜)를 예조판서, 유정현(柳廷顯)을 의정부참찬사, 이지숭(李之崇)을 판공안부사(判恭安府事), 정이오(鄭以吾)를 예문관 대제학(藝文館大提學), 이은(李殷)을 경기 도관찰사(京畿都觀察使), 이행(李行)을 완산부윤(完山府尹), 정역(鄭易)을 예문관 제학, 안성(安省, 1344~1421년)[9]

---

8 노장(老莊)의 장생술을 가리킨다.

9 고려 우왕 초 진사에 합격하고 1380년(우왕 6년) 문과에 급제해 보문각 직학사(寶文閣直學士)를 거쳐 상주판관이 돼 청렴한 이름을 떨쳤다. 조선 개국 후에 1393년(태조 2년) 청백리에 뽑혀 송경유후(松京留後)에 임명됐을 때, 자신이 대대로 고려에 벼슬한 가문으로

을 사헌부 대사헌으로 삼았다. 경상좌우도에 수군(水軍)을 분치(分置)해 도절제사(都節制使)로 김문발(金文發)·김을우(金乙雨)를 삼고, 경기 좌우도에 수군 첨절제사(水軍僉節制使) 1원(員)을 더 두었다.

병진일(丙辰日-8일)에 이애(李薆)에게 쌀과 콩 30석을 내려주고, 중관(中官)을 보내 내온(內醞-술)을 내려주었다.

정사일(丁巳日-9일)에 비가 내렸다.

상이 김여지(金汝知)에게 일러 말했다.
"하늘에서 오래도록 비가 내리지 않으니 석척(蜥蜴-도마뱀)으로 기우(祈雨)함이 어떻겠는가?"
여지(汝知)가 대답했다.
"기다리기를 최대한 한 뒤에 기우하는 것이 어떻겠습니까?"
상이 말했다.
"이같이 한다면 늦지 않겠는가?"
이날 저녁때부터 비가 오기 시작해 3일 만에 그쳤다.

서 어찌 다른 사람의 신하가 돼 송경에 가서 조상의 영혼을 대하랴 하고 궁전 기둥에 머리를 부딪치며 통곡했다. 태조가 이 사람을 죽이면 후세에 충성하는 선비가 없어진다면서 그를 죽이려는 좌우를 제지하며 안성을 급히 내보냈다고 한다. 1396년 봉상시소경(奉常寺少卿)으로서 현비(顯妃)의 시호를 잘못 지어 축산(丑山)에 유배됐고, 1400년(정종 2년) 중승(中丞)을 거쳐 지보주사(知甫州事)가 됐다. 1411년(태종 11년) 참지의정부사(參知議政府事)로 정조사(正朝使)가 돼 명나라에 다녀온 뒤 강원도도관찰사가 됐으며, 벼슬이 참찬에 이르고 평양백(平壤伯)에 봉해졌다.

무오일(戊午日-10일)에 권영균(權永均)·임첨년(任添年)·최득비(崔得霏)·정윤후(鄭允厚) 등이 경사(京師)로 갔다. 기거(起居)를 흠문(欽問)하기 위함이었다. 상이 광연루(廣延樓)에 행차해 이들을 전송했다. 마포(麻布) 150필, 인삼(人蔘) 300근(觔)을 영균(永均)에게 주어 비단을 사가지고 오도록 했다.

○ 윤하(尹夏)에게 고신(告身)을 줄 것을 명했다.

기미일(己未日-11일)에 각 도 시위군을 놓아줘 귀농(歸農)하게 하고, 9월을 기다려 번상(番上)하게 했다.

○ 종루(鍾樓)가 이뤄져 다시 구종(舊鍾)을 매달았다.

경신일(庚申日-12일)에 경상도 계림부(雞林府-경주)에 지진이 일어났다.

○ 본궁(本宮)의 못에 있는 물고기가 모두 저절로 죽어 물에 떠올랐다. 광연루(廣延樓)·해온정(解慍亭) 앞 연못의 물고기를 옮겨 경회루(慶會樓) 아래 큰 못에 놓아주도록 명했다. 물이 얕아서 또다시 저절로 죽을까 염려함에서였다.

신유일(辛酉日-13일)에 예조에서 여러 제사의 제도를 올렸다. 아뢰어 말했다.

"삼가 전조(前朝)의 『상정고금례(詳定古今禮)』[10]를 살피건대, 사직

---

10 고려 인종 때 최윤의(崔允儀) 등 17명이 왕명으로 고금의 예의를 수집, 고증해 50권으로

(社稷)·종묘(宗廟)·별묘(別廟)[11]는 대사(大祀)로 지내고, 선농(先農)·선잠(先蠶)·문선왕(文宣王)[12]은 중사(中祀)로 지내며, 풍사(風師)·우사(雨師)·뇌사(雷師)·영성(靈星)[13]·사한(司寒)·마조(馬祖)·선목(先牧)·마보(馬步)·마사(馬社)·영제(禜祭)[14]·칠사(七祀)[15]와 주현(州縣)의 문선왕은 소사(小祀)로 지낸다고 했습니다. 신 등이 두루 고전(古典)과 전조를 상고하니 참작(參酌)이 적중함을 얻었습니다[得中]. 다만 풍사와 우사에 대해 당(唐)나라에서는 천보(天寶) 연간(年間)부터 그 시(時)를 건지고 물(物)을 기른 공을 논해 올려서 중사로 지내고 동시에 뇌사도 제사했는데, 당나라가 끝나고 송(宋)나라를 거치는 동안에도 감히 의논하는 자가 없었습니다. 명(明)나라『홍무예제(洪武禮制)』에서는 운사(雲師)를 더해 '풍운뇌우(風雲雷雨)의 신(神)'이라 부르면서 산천(山川)·성황(城隍)과 함께 한 단(壇)에서 제사했는데, 지금 본국(本國)에서도 이 제도를 준용(遵用)합니다. 또 문선왕

엮은 전례서(典禮書)다. 현존하지는 않는데, 1234~1241년 사이에 주자인쇄(鑄字印刷)된 것이라 한다.

11 종묘에 들어갈 수 없는 신주를 모시기 위해 따로 지은 사당을 말한다. 임금의 생모가 정실 왕후가 아닐 때 또는 추존하기 전에 따로 모신 사당을 말한다. 숙종 때 영조의 생모 최씨(崔氏)를 비롯한 6명의 후궁 위패를 봉안한 칠궁(七宮)이 그 예다.

12 공자(孔子)의 존호(尊號)다. 중국 당(唐)나라 현종(玄宗)이 개원(開元) 27년(739년)에 공자를 왕으로 추증(追贈)했다.

13 『문헌통고(文獻通考)』에 "영성(靈星)은 용좌각(龍左角)인데, 천전성(天田星)으로서 곡식을 주관한다"라고 했다.

14 장마가 오랫동안 계속될 때 비를 그치게 하도록 국문(國門-도성군(都城門))에서 지내는 제사다. 기청제(祈晴祭)의 일종이다.

15 봄에 사명(司命)과 호(戶)에, 여름에 조(竈)에, 가을에 문(門)과 여(厲)에, 겨울에 행(行)에, 계하(季夏)와 토왕일(土旺日)에 중류(中霤)에 지내던 제사를 말한다.

은 국학(國學)에서는 중사로 지내고 주현(州縣)에서는 소사로 지내
의리가 맞지 않으니, 이 때문에 송제(宋制)에서는 주현의 석전(釋奠)
도 중사로 지내게 했습니다. 엎드려 바라건대, 풍운뇌우의 신을 올
려서 중사에 넣어 산천 성황과 같이 제사하고 주현의 석전도 중사로
올려 지내며 그 나머지 제사의 등제(等第)는 한결같이 전조의 상정
례(詳定禮)에 의거하소서."

그것을 따랐다.

○ 예조에서 명편(鳴鞭)[16]의 제도를 올렸다. 아뢰어 말했다.

"『주례(周禮)』에 '조랑씨(條狼氏)는 집편(執鞭)[17]을 관장해 총총걸
음으로 벽제를 올린다. 왕(王)이 출입하면 8인이 좌우에서 길을 인
도하고, 공(公)은 6인이, 후(侯)와 백(伯)은 4인이, 자(子)와 남(男)은
2인이 한다'라고 했고 『문헌통고(文獻通考)』 「송제(宋制)」의 명편(鳴
鞭)·주관(周官)조에는 '조랑씨가 집편하고 총총걸음으로 벽제를 울
리던 유제(遺制)다'라고 했습니다. 편초(鞭鞘)[18]는 홍사(紅絲)를 쓰고
밀랍을 입히되 거동할 때 앞에서 경계하며 제사를 마치고 환궁할 때
에도 쓰게 하며, 정사를 보거나 연회(燕會)할 때는 전정(殿庭)에서
쓰게 하소서."

○ 전라도 금주(錦州) 사람 이원(李元)의 집 소가 한 번에 송아지

---

16 귀인(貴人)이 길을 다닐 때 갈도(喝道)가 채찍을 들고 총총걸음으로 벽제(辟除-길을 비움)
   를 하던 일을 가리킨다.

17 채찍을 잡고 길을 인도하는 것을 말한다. 채찍은 홍사(紅絲)를 써서 밀랍을 입혀 만들
   었다.

18 채찍을 말한다.

[犢] 세 마리를 낳았는데 모두 암컷[牝]이었다.
독   빈

  임술일(壬戌日-14일)에 경상도에 홍수가 났다[大水=洪水]. 초계(草
溪)·창원(昌源)·창녕(昌寧)·함안(咸安)·칠원(漆原) 등지의 보리밭 중
에 침수된 곳이 거의 400결(結)이었다.

  ○ 한성부에서 처음 가쇄(枷鎖)[19]와 신장(訊杖)[20]을 썼다. 정부에서
아뢰었다.

  "경외(京外)의 죄수를 조율(照律)함에 살인·강도·강간·거집(據
執)[21]·잉집(仍執)[22]·오결(誤決)·개정(改正) 등의 일은 형조에서 주관
하게 하고, 족친불목(族親不睦)·가재대전(家財代田)·절도·화간(和
奸)·투구(鬪毆-구타)·매리(罵詈-모욕)·도망·죄인의 용은(容隱-숨겨
줌)·공사추징(公私推徵)·억매고찰(抑買考察-강매 감시)·가항숙청(街
巷肅淸) 등의 일은 한성부에서 관장하게 하며, 범죄인을 추국(推鞫)
할 때는 가쇄와 신장을 쓰되 태죄(笞罪)는 직단(直斷)하고 장죄(杖
罪)는 형조에 이문(移文)하게 하소서."

  그것을 따랐다. 그 이전까지는 형조에서 모두 이를 관장했으니, 한
성부에서 용형(用刑)한 것은 이때부터 시작됐다.

  ○ 외방 각관(外方各官)의 노비(奴婢)의 수를 정했다. 정부에서 아

---

19 죄인의 목에 거는 형틀과 자물쇠를 말한다.

20 신문할 때 매질하는 몽둥이를 가리킨다.

21 허위 문서로 남의 것을 강점하고 반환하지 아니하는 일로, 법률상 불법점유의 한 형태다.

22 다른 사람에게 교부해야 할 노비(奴婢)나 전택(田宅)을 교부하지 않고 계속 점유하고 있
   는 것을 말한다.

뢰었다.

"유수관(留守官)은 노비 200호(戶) 내에 공아 구종(公衙丘從)을 30호로 하고, 대도호부(大都護府)·목관(牧官)은 150호 내에 구종을 25호로, 단부관(單府官)²³은 100호 내에 구종을 20호로, 지관(知官)은 50호 내에 구종을 15호로, 현령(縣令)·감무(監務)는 30호 내에 구종을 10호로, 무관각현(無官各縣)은 10호로 하되, 그 정수(定數) 외의 노비는 각각 살고 있는 곳에서 그대로 전농시(典農寺)에 붙이게 하소서. 노비 수가 적어서 정수가 부족한 각관(各官)은 그 고을에 접거(接居)하는 전농시에 붙인 사사 노비(寺社奴婢)로써 회환(回換)해 정원을 채우게 하고, 나이 66세 이상의 남녀와 15세 이하는 모두 계산하지 말게 하소서."

그것을 따랐다.

갑자일(甲子日-16일)에 사간원에서 소를 올리니, 상이 읽어보고 그 것을 불사르게 했다.

사간원에서 이조판서 이천우(李天祐, ?~1417년)²⁴, 판공안부사 이지

---

23 유수부(留守府)·대도호부(大都護府)·목(牧)을 제외한 주(州) 자를 가진 고을을 가리 킨다. 태종 13년에 단부(單府)의 주(州)를 산(山)과 천(川)으로 고쳤다.

24 아버지는 태조 이성계(李成桂)의 이복형 이원계(李元桂)이며, 이양우(李良祐)의 아우이고 이조(李朝)와 이백온(李伯溫)의 형이다. 어려서부터 활쏘기와 말타기를 잘하고 풍채가 아 름다웠으며 그릇이 컸다 한다. 1369년(공민왕 18년) 동녕부(東寧府)의 수령으로 있다가 이 성계의 휘하에 들어가서 여러 번 왜구를 토벌해 공을 세우고, 1393년(태조 2년) 8월에 강 천수(姜天守) 등 595인과 더불어 개국원종공신(開國原從功臣)에 봉해졌다. 1394년 상의 중추원사(商議中樞院事)가 되었고, 1396년 강원도조전절제사(江原道助戰節制使)가 돼

숭(李之崇)²⁵, 의정부 참찬사 유정현(柳廷顯)의 고신을 서경하지 않고 이어서 소를 올려 말했다.

'적첩(嫡妾)의 분별은 귀천(貴賤)을 가리고 존비(尊卑)를 달리하는 까닭으로 어지럽힐 수 없는 것입니다. 천우(天祐)의 조모(祖母)와 지숭(之崇)의 조모가 어떤 사람인지 알지 못하겠지만, 신 등이 듣건대 모두가 환왕(桓王)의 첩들인데 두 사람이 모두 왕실 친척이라 칭해 지위가 1품에 이르렀으니 어찌 명분을 어지럽힘이 없겠습니까? 하물며 이조(吏曹)는 백관(百官)의 장(長)이고 정부는 일국의 중기[重=重機]인지라 마땅히 사람을 잘 골라 임명해야 합니다. (그런데) 지금 천우를 이조판서로 삼고 그 매부 정현(廷顯)을 의정부 참찬사로 삼았습니다. 어찌 이 같은 무리가 이 직임에 있게 함이 옳겠습니까? 만약에 "공이 있어 그들을 제수했다"라고 하신다면, 후일에 종친 중에 다시 공을 세운 자가 있으면 장차 무엇으로 제수하겠습니까? 이같이 종서(宗庶)를 가리지 아니하고 모두 조정의 현작(顯爵)을 제수하신다면, 신 등은 후일에 본종(本宗)과 지서(支庶)가 다시 분별되지

왜구 방비에 노력했다. 1398년 동지중추원사가 됐으며, 이해 정도전의 난(鄭道傳亂)이 일어나자 방원(芳遠)을 도운 공으로 형 양우와 더불어 정사공신(定社功臣) 2등에 책봉되고 150결의 공신전을 받았으며 완산후(完山侯)에 봉해졌다. 1400년(정종 2년) 판중추원사를 거쳐 지삼군부사(知三軍府事)로 있으면서 소위 이방간(李芳幹)의 난이 일어나자 역시 방원을 도와 좌명공신(佐命功臣) 2등이 되고 100결의 공신전을 받았다. 1402년(태종 2년) 안주도절제사를 지냈고, 다음해 완산군(完山君)에 봉해졌다. 1404년 판사평부사(判司平府事)를 지냈고, 1407년에 정조부사(正朝副使)로 명나라에 다녀왔다. 이듬해 의정부찬성사에 오르고, 1409년 병조판서로서 삼군진무소(三軍鎭撫所)가 신설되자 도진무도총제(都鎭撫都摠制)를 겸했다. 1410년 판의흥부사에 이어 다시 찬성사가 되고 판의용순금사사(判義勇巡禁司事)를 겸임했다.

25 의안대군 이화의 아들이다.

못하고 존비(尊卑)가 서로 비등(比等)해 능멸하거나 참람하는 폐단[凌僭之弊]이 생길까 염려됩니다.'

상이 읽어보고 불사르게 하고 간원에 일러 말했다.

"더는 여러 말 말고 속히 고신에 서경하도록 하라."

○ 천우(天祐)와 정현(廷顯)의 고신이 대간에 이르니 대원에서도 서경하기를 달게 여기지 않고[不肯] 소를 올렸는데, 뜻이 간원과 같았다. 사헌부 장무(司憲府掌務) 홍도(洪度)를 부르도록 명해 뜻을 전해 말했다.

"명일(明日)은 내가 조회를 보지 않을 터이니 경 등은 아조(衙朝)를 없애고 본부에 제좌(齊坐)²⁶해 속히 천우 등의 고신을 서경하도록 하라."

도(度)가 대답했다.

"아조(衙朝)·제좌(齊坐) 같은 예는 예전에도 없었습니다. (그런데) 이제 만약 명을 받들어 제좌한다면 천우 등의 고신을 서경토록 함이니 이것은 특지(特旨)입니다."

이튿날 사헌 집의(司憲執義) 김효손(金孝孫) 등이 대궐에 나아와 말씀을 올렸다.

"어제 명하시기를 '아조를 없애고 속히 고신에 서경하라'라고 하셨으나, 본부는 아조 때에 백관을 규찰하는 까닭에 일찍 의막(依幕)²⁷에 출근했습니다. 바라건대 다시 앞서의 소(疏)를 보소서."

---

26 대간의 관원이 가지런히 모여앉아 원의(圓議)하던 일을 가리킨다.
27 임금이나 관원이 임시로 머물 수 있도록 마련한 막사(幕舍)를 가리킨다.

상이 말했다.

"경 등도 말한 것은 반드시 뜻대로 펴고자 한다[獲伸]. 하물며 내
_{획신}
가 경 등과 말한 것은 들어주지 아니하는가? 속히 본부에 나가 제좌
함이 옳다."

효손(孝孫) 등이 대답했다.

"대간에서 복좌(復坐)²⁸의 예는 없으나 특지이기 때문에 복좌하겠
습니다."

드디어 고신에 서경했다.

을축일(乙丑日-17일)에 덕산(德山)에 안치(安置)한 김기(金頎)를 용
서해 경외종편(京外從便)하고 남봉생(南鳳生)의 직첩과 과전(科田)을
주게 했다.

○ 용산강(龍山江)의 군자감 고(軍資監庫) 84간(間)과 서강(西江)
의 풍저창 고(豊儲倉庫) 70간이 이뤄졌다.

정묘일(丁卯日-19일)에 사헌부에서 소(疏)를 올려 대사헌 안성(安省)
의 직임을 파면할 것을 청했다. 성(省)은 일찍이 전라도에 봉사(奉使)
해 완산(完山) 기생 옥호빙(玉壺氷)을 사랑했다가, 뒤에 경상도 관찰
사가 되자 불러다가 도내의 함안(咸安) 전사(田舍)에 두고서 부상(父
喪)을 당했어도 돌려보내지 않았다. 또 의정부 참지사가 되어서는 총
제(摠制) 이징(李澄)의 첩인 의녀(醫女) 약생(藥生)과 간통했는데, 징

---

28 대간에서 같은 안건(案件)을 원의(圓議)에서 다시 다루는 것을 말한다.

(澄)은 그를 잡고서도 일부러 모르는 체하며 그에게 장(杖)을 때렸다. 그 모족(母族)과 간통한 일도 있었다.

무진일(戊辰日-20일)에 상왕이 판원주목사(判原州牧使) 권완(權緩)의 사제로 이어(移御)했다. 정토사(淨土寺)에서 이어한 것이다.

기사일(己巳日-21일)에 상이 상왕의 이어소(移御所)로 나아가 문안했다.

○ 도군(逃軍-만산군) 고중금(高中金)·강길(康吉) 등을 요동(遼東)으로 돌려보냈다.

경오일(庚午日-22일)에 상이 상왕을 맞이해[邀=迎] 광연루(廣延樓)에서 잔치를 열었다.
요 영

임신일(壬申日-24일)에 군사(軍士)의 수양부모 상제(收養父母喪制)를 정했다.

상이 광연루 아래에 행차해 정사를 듣고 이어 술자리를 베풀어 명했다.

"금후로는 공신제군(功臣諸君)도 매일 2원(員)씩 조계(朝啓)에 참례하게 하라."

병조참의 김자지(金自知)가 아뢰었다.

"갑사(甲士) 중에 수양부모(收養父母)²⁹를 위해 최질(衰絰-상복) 3년을 행하고자 하는 자가 있습니다. 『육전(六典)』에 이르기를 '3세 (歲) 전의 수양은 곧 자기 아들과 같이한다'라고 했습니다. 만약 이로 써 논한다면 그 말을 따라야 마땅하나 군관의 입장에서 말하면 혹 불가한 듯하니, 어떻게 처리함이 옳겠습니까?"

상이 말했다.

"이는 과연 결단하기 어렵다."

예조판서 황희(黃喜)가 말했다.

"군관은 친상(親喪)에도 단지 100일만 복을 입는데, 수양(收養)은 비록 조관(朝官)이라 하더라도 모두 100일로 한정했습니다. 만약에 군관으로 하여금 친상은 짧게 하고 수양부모의 복을 종제(終制)하게 하면, 이는 두텁게 해야 할 자를 엷게 하고 엷게 해야 할 자를 두텁 게 하는 것입니다."

상이 말했다.

"그 말은 진실로 옳다. 그러나 비록 군사라 하더라도 수양지친(收 養之親)에게 1일의 상(喪)밖에 할 수 없다면 특별히 수양한 뜻이 없다. 마땅히 날짜로써 달을 대신하는 법[易月之法]을 본받아 헤아려 서 상제를 정하라."

의정부에 내려 깊이 토의하게 했다. 정부에서 아뢰었다.

"군사의 수양부모 상(喪)도 100일을 행하게 하소서."

그것을 따랐다. 상이 대언(代言) 한상덕(韓尙德)에게 일러 말했다.

---

29 남의 자식을 양자로 삼을 목적으로 길러준 부모를 말한다.

"형방(刑房-형조 담당 대언)의 직임은 지중(至重)하니 경은 삼가서 하라."

대답했다.

"전하께서 하늘을 대신해 만물을 다스리니 상벌은 마땅히 일호(一毫)의 차(差)도 없어야 합니다. 소신(小臣)은 밤낮으로 조심해 오히려 일부(一夫)라도 무고(無辜)하게 죄를 얻을까[獲戾] 염려합니다."
<small>획려</small>

상이 말했다.

"내가 만약에 잘못 결단하게 되면 경은 마땅히 직언하고 꺼리는 일이 없도록 하라."

○ 의정부에서 글을 올렸다.

'하나, 세가(世家)를 보존하고 길러주는[存養] 일.
<small>존양</small>

신 등이 가만히 듣건대, (주나라) 문왕(文王)[30]이 기(岐)를 다스릴 때 벼슬한 자에게 세록(世祿)[31]을 주니 후세 사람들이 그것을 어질

---

30 주족(周族)의 우두머리였다. 성(姓)은 희(姬)씨고 이름은 창(昌)이다. 고공단보(古公亶父)의 손자이자 (은나라를 무너트린) 무왕(武王)의 아버지이고 계력(季歷)의 아들이다. 상주(商紂) 때 주변의 여러 부족을 멸하고 서백(西伯)이라 했다. 숭후호(崇侯虎)의 참언을 받은 주(紂)임금에 의해 유리(羑里)에 갇혔다가, 그의 신하 태전(太顚)과 굉요(閎夭), 산의생(散宜生) 등이 주임금에게 미녀와 명마를 바쳐 석방될 수 있었다. 우(虞)나라와 예(芮)나라 사이의 분쟁 소지를 해결하자 두 나라가 모두 귀부(歸附)했고, 나중에 여(黎)나라와 우(邘)나라, 숭(崇)나라 등을 공격해 멸망시켰다. 이후 섬서성 기산(岐山)에서 장안(長安) 부근 풍읍(豊邑)으로 도읍을 옮기고 현인(賢人)과 인재를 널리 받아들이니, 동해의 여상(呂尙)과 고죽국(孤竹國)의 백이(伯夷)·숙제(叔齊), 은신(殷臣) 신갑(辛甲) 등이 찾아왔다. 50년 동안 재위했는데, 덕으로 만민(萬民)을 다스려 제후와 천하의 백성이 모두 그를 따랐다고 한다.

31 대대로 받는 봉록(俸祿)을 말한다.

고 두텁다[仁厚]고 칭송했습니다. 전조(前朝)의 세업지전(世業之田)
인후
도 바로 세록의 남은 뜻이니 또한 어질고 두텁다고 이를 만합니다.
위조(僞朝)³²의 말년에 이르러 세업을 혁파해 과전(科田)이라 했고 국
조(國朝)에도 그 제도를 인용(因用)했는데, 과전을 받은 자는 경성
(京城)에 살면서 왕실을 호위(護衛)했으니 양법이라 말할 수 있을 것
입니다. 그러나 급전사(給田司)를 맡은 자들이 과전을 받은 자의 복
제 식가(服制式暇), 신병 청가(身病請暇)의 장(狀)에 일시(日時)를 잘
못 써서 기일에 미치지 못하면 과오를 범했다 해서 영구히 그 과전
을 빼앗아 타인에게 주므로, 세가 자손(世家子孫)으로 하여금 하루
아침에 빈천한 지경에 빠지게 합니다. 바라건대 가산(家産)을 관가에
적몰하고 영구히 서용(敍用)하지 않는 죄를 제외하고는 범한 죄를
율문에 비춰 결벌(決罰)을 행하되 그 과전을 빼앗지 말게 하고, 이
미 수탈(收奪)한 것도 환급(還給)해 세가의 후예를 구휼해야 할 것입
니다.

하나, 홀아비와 과부[鰥寡]를 긍휼(矜恤)하는 일.
환과

문왕(文王)이 정사를 행하고 어짊을 베푸는 데[發政施仁]는 반드
발정시인
시 홀아비와 과부, 고아와 독거노인[鰥寡孤獨]을 우선시했습니다. (그
환과고독
런데) 급전사에서 진고(陳告)를 먼저 한 자에게 절급(折給)하니, 요행
을 바라는 무리가 남의 과실을 찾으려 하고 남의 사망(死亡)을 다행

---

32 고려 우왕(禑王)·창왕(昌王) 시대를 말한다. 고려의 우왕·창왕이 왕씨(王氏)가 아니고 신
씨(辛氏)라 해 그 조정을 위조(僞朝)라고 했다.

으로 여겨 오로지 자기의 이익에만 힘써 조금도 남을 용서하지 아니합니다. 비록 충현(忠賢)이라 불리는 자들도 몸이 죽은 지 10일도 경과하지 못해 공문(公文) 바치기를 독촉하는 자가 이미 그 집에 와 있게 되니, 고아와 과부로서 최질(衰絰-상복을 입음)하고 우는 사람이 과전을 잃는 탄식이 있음을 면하지 못합니다. 바라건대 중죄(重罪)를 범하고 숨어서 나타나지 않는 자와 상담(祥禫)[33]을 지나서도 고하지 않는 자를 제외하고는 진고(陳告)를 일절 금단(禁斷)하게 해야 할 것입니다.

하나, 여러 신하를 우대하는 일.

충신은 반드시 효자의 문(門)에서 구한다 했으니, 그 두텁게 해야 할 것을 엷게 한다면 엷게 하지 않을 바가 없을 것입니다. 위조(僞朝)의 말기에는 일시의 폐단을 구제하는 방법으로 여러 신하에게 명령해 부모의 병을 듣게 되면 반드시 사직(辭職)하게 한 뒤에야 행했습니다. 바라건대 이제부터는 군신에게 부모의 질병이 있으면 본계(本係)의 관원이 병을 살펴본 상황을 예조(禮曹)에 상정해 전지를 받아 시행하게 하고, 만 100일이 되도록 돌아오지 않는 자는 곧 정사(呈辭)[34]하게 해야 할 것입니다.

하나, 늙은이와 어린이를 휼양(恤養)하는 일.

---

33 대상(大祥)과 담제(禫祭)를 가리킨다.
34 사직서를 올린다는 뜻으로, 청가(請暇)의 원서를 관부(官府)에 제출하는 것을 말한다.

구천(句踐)[35]이 오(吳)나라를 정벌할 적에 부모가 늙고 형제가 없는 자를 모두 보내게 했고, 공자(公子) 무기(無忌)[36]가 조(趙)나라를 구원할 때도 독자(獨子)들은 돌아가 봉양하게 했습니다. 예전에는 어버이가 늙고 형제가 없는 자는 당연히 정역(征役)을 면제했습니다. 전조(前朝)의 성시(盛時)에도 부모의 나이 70 이상인 자는 시정(侍丁)[37] 1인을 주었고 90 이상인 자에게는 2인을 주었으며 어미 없는 소아(小兒)로서 8세 이하이고 계모(繼母)도 없는 자는 그 아비의 정역을 면제했으니, 진실로 어질고 두터운 것이었습니다. 바라건대 부모의 나이 70 이상인 자에게는 시정 1인을 주고 90 이상인 자에게는 2인을 주도록 허락하소서. 또 3인을 종군(從軍)하게 한 자는 그 아비의 정역을 면제하고 5자(五子) 이상이 종군한 자는 부모의 나이가 비록 70에 차지 못한다 하더라도 시정 1인을 주며, 병이 위독한 자는 비록 독자라 하더라도 시정을 주고, 후처(後妻) 없이 자식의 나이가 10세 미만인 자는 면역(免役)하게 함이 어떻겠습니까?'

(글을) 궁중에 머물러 두었다[留中].
유중

○ 안성(安省)을 한성부윤(漢城府尹), 윤향(尹向)을 대사헌(大司憲), 김구덕(金九德)을 참지의정부사(參知議政府事)로 삼았다. 이에 앞서 의정부 사인(議政府舍人)은 모두 지제교(知製教)의 직책을 띠고 있었는데, 이때에 이르러 하륜(河崙)이 그들의 사무가 너무 번거롭고

---

35 중국 춘추(春秋) 시대 월(越)나라의 왕으로, 오(吳)나라의 부차(夫差)와 크게 싸웠다.

36 전국(戰國) 시대 위(魏)나라의 공자(公子) 신릉군(信陵君)을 말한다.

37 부모가 나이가 많을 때 그 아들의 역(役)을 면제해 부모를 봉양하게 하던 장정(壯丁)을 말한다. 부모의 나이가 70세 이상이면 그 아들 1인을, 90세 이상이면 2인을 면제시켰다.

바쁘다고 해 삭제시켰다.

○ 동지(冬至)에는 말을 바치지 말고 정조(正朝)와 탄일(誕日)에 바치도록 명했다.

갑술일(甲戌日·26일)에 우군 총제(右軍摠制) 조질(趙秩)을 보내 경사(京師)에 가게 했다. 천추절(千秋節)을 하례하기 위함이었다.

○ 일본 구주 절도사(九州節度使)와 노심전(盧心殿)의 사인(使人)이 와서 토산물을 바쳤다.

○ 검교 한성윤(檢校漢城尹) 안우세(安遇世)가 의정부에 글을 올렸다. 글은 이러했다.

'일찍이 임오의 난에 공(功) 있는 자는 그 공의 경중(輕重)을 등급 지어서 전토를 차등 있게 상주고 자손에게 전할 것을 허락했으나, 뒤에 군량(軍糧) 대비 때문에 그 세(稅)를 공수(公收)했고 비록 이를 돌려주었다 해도 그 한 사람에게만 그쳤습니다. 임금의 대보(大寶)로는 신(信)보다 더 큰 것이 없는데, 인민에게 실신(失信)하면 무엇으로 뒷사람에게 권하겠습니까? 주상께 전문(轉聞)하기를 원합니다.'

정부에서 이로써 아뢰니, 상이 이 글을 보고 말했다.

"대개 충성을 앞세우고 이익을 뒤로함은 신자(臣子)의 직분이요, 논공행상은 임금의 권도[權]다. 내 비록 실신한 책임이 있지만, 신하로서 스스로 이기(利己)의 욕심을 펴니, 정부에서는 이를 보고 어떻게 생각하는가?"

○사헌 집의(司憲執義) 김효손(金孝孫) 등이 환왕(桓王)[38]의 비문(碑文)을 고칠 것을 청했다. 소(疏)는 이러했다.

'신 등이 엎드려 환왕의 산릉 비본(山陵碑本)을 보니 (거기에) 이르기를 "왕은 모두 삼취(三娶)를 했다. 의비(懿妃)가 또 1녀를 낳으니 삼사 좌사(三司左使) 조인벽(趙仁璧)에게 시집갔고, 이씨(李氏)가 아들을 낳으니 이원계(李元桂)라 하는데 전조(前朝)에서 벼슬하고 완산군(完山君)으로 봉(封)했으며, 김씨(金氏) 정안택주(貞安宅主)가 아들을 낳으니 화(和)라 하는데 의안백(義安伯)에 봉했다"라고 했습니다. 신 등이 읽다가 이에 이르러 실색(失色)하고 경혹(驚惑)하지 않을 수 없었습니다. 그 이씨·김씨라 함은 곧 환왕의 첩(妾)입니다. 그 존비(尊卑)의 분수는 갓과 신이 서로 떨어져 있음과 같아 동년(同年)으로 말할 수 없는 것입니다. 그런데도 '모두 삼취(三娶)를 했다' 하고 이씨(二氏-이씨·김씨)를 의비(懿妃)에 이어 따로 서술함은 명분을 어지럽히고 실질을 없애는 것이어서 믿음을 장래에 전하는 소이(所以)가 아닙니다. 북방(北方)은 왕의 자취가 터 잡은 곳으로서 기

---

38 조선 태조 이성계의 아버지다. 함경도 쌍성 지방에서 세력을 떨치며 원나라의 천호(千戶)로 있다가, 고려 조정에 내알(來謁)해 소부윤(少府尹)이라는 벼슬을 받고 총관부를 함락시킴으로써 함주 이북의 땅을 회복했다. 함경도 지방을 다스리다가 죽었다. 최한기의 딸과 결혼해 아들 이성계를 두었다. 몽고식 이름은 오로사불화(吾魯思不花)다. 원나라에서 천호(千戶)라는 벼슬을 지냈는데, 이는 형인 이자홍이 죽자 어린 조카 이천계를 대신해 임시로 받은 벼슬이었지만 이천계가 성장한 뒤에도 벼슬을 돌려주지 않았다. 1360년 왜구가 침입하자 군기감판사(軍器監判事)로서 서강병마사(西江兵馬使)로 나갔으며, 이듬해 장작감판사(將作監判事)로서 삭방도만호 겸 병마사(朔方道萬戶兼兵馬使)에 임명돼 함경도 지방을 다스리다가 죽었다. 이성계가 조선 개국 후 4대의 존호(尊號)를 추상(追上)할 때 환왕(桓王)에 추증되었고, 1411년(태종 11년) 종묘사실(宗廟四室)의 존호를 가상(加上)할 때 시호를 연무성환대왕, 묘호(廟號)를 환조(桓祖)라고 했다.

구(耆舊-원로와 옛 친구)와 유민(遺民)들 가운데 환왕께서 돌아가신 것이 지정(至正-원나라 연호) 경자년임을 눈으로 본 자들이 아직도 살아 있는데, 어찌 거짓된 글을 돌에 새겨 만세(萬世)에 밝게 보일 수 있겠습니까? 엎드려 바라건대 전하는 유의(留意)하셔야 할 것입니다.'

상이 이를 읽어보고 궁중에 머물러 둔 채 (유사에) 내려보내지 않았다. 헌사(憲司)에서 뒤에 (다시) 소를 올려 이를 청하니, 궁중에 머물러 둔 채 내려보내지 아니하고 대사헌(大司憲) 윤향(尹向)을 불러 말했다.

"경(卿)이 글을 올려 삼취(三娶)란 글을 고치라고 청했으나, 저 사람들은 본래부터 이치를 알지 못하니 갑자기 그 글을 삭제케 하면 불만스러워하며[欿然] 원망할 것이다. 내가 대의(大義)로써 결단한 것이니 경은 다시 말하지 말라."
감연

향(向)이 대답했다.

"환왕(桓王)의 자손 중에 단지 즉위한 임금만 기록하면 저들이 반드시 원망하지 않을 것입니다."

상이 말했다.

"(그냥 두면) 단지 후세에 존비(尊卑)를 분변하지 못하고 왕실(王室)만 혼란스럽게 할 뿐이겠지만, 이제 만일 이것을 삭제한다면 그 누가 알지 못하겠는가?"

하륜(河崙)에게 물으니 륜(崙)이 대답했다.

"정파(正派)로써 고쳐 기록하면 비록 명료하게 말한다 해도 상관이 없을 것입니다."

을해일(乙亥日·27일)에 도총제(都摠制) 이구철(李龜鐵)이 졸(卒)했다. 3일 동안 철조(輟朝)하고 치부(致賻)했으며, 시호(諡號)를 내려 정양(貞襄)이라 했다.

병자일(丙子日·28일)에 서북면 도순문사(西北面都巡問使) 임정(林整)이 졸(卒)했다. 정(整)이 평양부에서 졸했다는 부음이 들리니 상이 슬퍼하고 애도해[軫悼] 대언(代言)에 명했다.
_{진도}
"시호(諡號)를 내려주고 부의(賻儀)를 보내는 것은 상전(常典)이다. 특별히 사람을 보내 제사(祭祀) 지내도록 하라. 또 정이 죽을 때 반드시 병을 여러 날 앓았을 터인데, 관속(官屬)은 어찌해서 일찍 아뢰어 치료하게 하지 않았느냐? 그 연유를 물음이 옳다."

이에 판사재감사(判司宰監事) 이계공(李季拱)을 보내 교서를 내려 제사하게 했다. 계공(季拱)이 복명했다.

"발종(發瘇)한 지 4일 만에 죽어서 미처 치문(馳聞)하지 못했습니다."

정은 도평의 녹사(都評議錄事) 출신으로 경상도·풍해도 도관찰사와 전라도·충청도 도절제사를 거쳐 다시 동북계(東北界)·서북계(西北界) 도순문사(都巡問使)가 됐다. 졸했을 때 나이 58세였다. 사람됨이 순하고 조심하며 충직하고 두터웠다[醇謹忠厚]. 도필(刀筆)[39]로서
_{순근 충후}
일어나 가는 곳마다 명성(名聲)과 업적(業績)이 있어서 아전과 백성이 기뻐하며 따랐다. 벼슬이 형조판서에 이르렀고 시호(諡號)를 공혜

---

39 문자(文字)만 서기(書記)하던 하급 관리를 가리킨다.

(恭惠)라 했다. 아들이 둘이니 인산(仁山)과 명산(命山)이다.

정축일(丁丑日·29일) 아침에 유성(流星)이 천중(天中)에서 나와 건방(乾方)으로 들어갔는데, 형상이 병(甁)과 같았다.

○ 일본 구주 절도사(九州節度使) 원도진(源道鎭), 비주 태수(肥州太守) 원창청(源昌淸) 등이 사람을 보내 토산물을 바치고 불사(佛祠)의 동종(銅鐘)을 구하니, 모두 주라고 명했다.

무인일(戊寅日·30일)에 유성(流星)이 벽남(壁南)에서 나와 실중(室中)으로 들어갔는데, 모양이 되박[升] 같았다.

己酉朔 觀放鷹于東郊.
기유 삭 관 방응 우 동교

庚戌 禁公私宴飮及迎餞. 從政府憲府之請也.
경술 금 공사 연음 급 영전 종 정부 헌부 지청야

壬子 司諫院上疏. 疏略曰:
임자 사간원 상소 소 약왈

'世子 國儲君副 養之不可不謹. 今世子春秋方盛 性又明敏 使
세자 국저 군부 양지 불가 불근 금 세자 춘추 방성 성우 명민 사

耳目所觸 皆堯舜之道 則卽爲堯舜之君矣 或有不善之事 則亦易習
이목 소촉 개 요순 지도 즉 즉위 요순 지군 혹유 불선 지사 즉 역 이습

焉. 世子之學醇駁之機 正在今日 敎養之方 時哉不可緩也. 臣等
언 세자 지학 순박 지기 정재 금일 교양 지방 시재 불가 완야 신등

願營靑宮於大殿之傍 使世子日勤定省 以篤孝誠; 入侍左右 以學
원영 청궁 어 대전 지방 사 세자 일근 정성 이독 효성 입시 좌우 이학

政事; 退開書筵 以講經史 則世子之職 而觀感之益 講問之資 兼
정사 퇴개 서연 이강 경사 즉 세자 지직 이 관감 지익 강문 지자 겸

盡矣. 且世子日用之間 動靜云爲 皆聞于天聰 非禮之戱 不得萌矣
진의 차 세자 일용 지간 동정 운위 개문 우 천총 비례 지희 부득 맹의

邪僻之徒 不得進矣. 伏望殿下 速置靑宮 以養國本.'
사벽 지도 부득 진의 복망 전하 속치 청궁 이양 국본

疏留中 仍敎曰: "使世子雖在予左右 若不改行 但傷恩耳."
소 유중 잉 교왈 사 세자 수재 여 좌우 약불 개행 단 상은 이

右司諫大夫玄孟仁啓曰: "殿下幸東郊觀放鷹數矣 願勿復行." 上
우사간대부 현맹인 계왈 전하 행 동교 관 방응 수의 원물 부행 상

曰: "數幸東郊 吾心亦未穩. 諫院之言是矣." 獻納殷汝霖 持平洪度
왈 수행 동교 오심 역 미온 간원 지언 시의 헌납 은여림 지평 홍도

等 詣闕上言:
등 예궐 상언

"人主擧動 不可輕易. 近日殿下屢幸東郊 不命有司所之 去其
인주 거동 불가 경이 근일 전하 누행 동교 불명 유사 소지 거기

儀衛 馳騁於草野之間 非所以示尊嚴也. 且世子春秋方盛 凡所施爲
의위 치빙 어 초야 지간 비 소이 시 존엄 야 차 세자 춘추 방성 범 소시위

160

動法父王. 今乃如此 以示世子 非所以貽訓後世也."
동법 부왕 금내 여차 이시 세자 비 소이 이훈 후세 야

傳敎曰: "近日得松骨鷹 欲試其才. 自今當不復出."
전교 왈 근일 득 송골 응 욕시 기재 자금 당불 부출

癸丑 復告身之法. 司諫玄孟仁 執義金孝孫等 詣闕上言: "頃者
계축 복 고신 지법 사간 현맹인 집의 김효손 등 예궐 상언 경자

臣等疏請自一品至九品告身署經臺省之事 已下政府擬議 而政府
신등 소청 자일품 지 구품 고신 서경 대성 지사 이하 정부 의의 이 정부

僉議 已合矣. 乞允許." 從之.
첨의 이합 의 걸 윤허 종지

巡禁司大護軍崔闌上書. 書曰:
순금사 대호군 최관 상서 서왈

'臣再任巡禁司 知行巡之法有所未盡. 蓋行巡 所以安不忘危 而
신 재임 순금사 지 행순 지법유 소미진 개 행순 소이 안 불망 위 이

防奸黠也. 夜有五更 更分五點 行巡宜無間斷也 今各更巡官 無
방 간힐 야 야유 오경 경분 오점 행순 의무 간단 야 금 각경 순관 무

面傳之法 甚爲不可. 今國家昇平 無足爲慮 萬一有變 其將何及? 臣
면전 지법 심위 불가 금 국가 승평 무족 위려 만일 유변 기장 하급 신

願自今 監巡摠制以至各更巡官 竝須直宿行廊 初更巡官 面傳二更
원 자금 감순 총제 이지 각경 순관 병수 직숙 행랑 초경 순관 면전 이경

巡官 以此傳至五更 及平明 監巡摠制 考其闕否 然後乃罷 且令
순관 이차 전지 오경 급 평명 감순 총제 고기 궐부 연후 내 파 차령

兵曹糾理 以戒無虞.'
병조 규리 이계 무우

上曰: "闌之言是也." 卽下議政府施行.
상왈 관 지언 시야 즉하 의정부 시행

賜檢校漢城尹孔俯米三石. 俯丁父喪 未終制 上遣司謁傳旨曰:
사 검교 한성윤 공부 미 삼석 부정 부상 미 종제 상견 사알 전지 왈

"卿老成 當與議事 宜除喪以見." 蓋欲問其修眞之事也.
경 노성 당여 의사 의 제상 이견 개욕 문기 수진 지사 야

賜行廊造成匠人二百米各一石.
사 행랑 조성 장인 이백 미각 일석

甲寅 上王如高陽縣淨土寺. 避病也.
갑인 상왕 여 고양현 정토사 피병 야

乙卯 以柳亮爲議政府贊成事 李天祐吏曹判書 李叔蕃兵曹判書
을묘 이 유량 위 의정부찬성사 이천우 이조판서 이숙번 병조판서

黃喜禮曹判書 柳廷顯參贊議政府事 李之崇判恭安府事 鄭以吾
황희 예조판서 유정현 참찬 의정부사 이지숭 판공안부사 정이오

藝文館大提學 李殷京畿都觀察使 李行完山府尹 鄭易藝文館提學
예문관대제학 이은 경기 도관찰사 이행 완산부 윤 정역 예문관제학

安省司憲府大司憲. 慶尙左右道 分置水軍都節制使 以金文發
金乙雨爲之. 京畿左右道 增置水軍僉節制使一員.

丙辰 賜李薆米豆三十石 又遣中官賜醞.

丁巳 雨. 上謂金汝知曰: "天久不雨 吾欲以蜥蜴祈雨 如何?"

汝知對曰: "待太甚 然後祈之若何?" 上曰: "若是則無乃晩乎?"

是日晡時始雨 三日而止.

戊午 權永均 任添年 崔得霏 鄭允厚等如京師. 欽問起居也. 上御
廣延樓以餞之. 以麻布百五十匹 人蔘三百觔 付永均 買錦段以來.

命給尹夏告身.

己未 放各道侍衛軍歸農 俾待九月番上.

鍾樓成 復懸舊鍾.

庚申 慶尙道雞林府地震.

本宮池魚 皆自死浮水. 命移廣延樓 解慍亭前池之魚 放于慶會樓
下大池. 恐又以水淺自死也.

辛酉 禮曹上諸祀之制. 啓曰: "謹按前朝詳定古今禮 社稷 宗廟
別廟爲大祀 先農 先蠶 文宣王爲中祀 風師 雨師 雷師 靈星 司寒
馬祖 先牧 馬步 馬社 禜祭 七祀 州縣文宣王爲小祀. 臣等歷稽古典
前朝參酌得中 但風師雨師 自唐天寶年間 論其濟時育物之功 陞入
中祀 幷祭雷師. 終唐歷宋 無敢議者. 皇明洪武禮制 增雲師 號曰
風雲雷雨之神 與山川城隍 同祭一壇. 今本國遵用此制. 且文宣王

在國學爲中祀 在州縣爲小祀 於義未安 故宋制州縣釋奠 亦爲中祀.
제 국학 위 중사 재 주현 위 소사 어의 미안 고 송제 주현 석전 역위 중사

伏望風雲雷雨之神 陞入中祀 山川城隍同祭; 州縣釋奠 亦陞中祀
복망 풍운뇌우 지신 승입 중사 산천 성황 동제 주현 석전 역승 중사

其餘諸祀等第 一依前朝 詳定禮." 從之.
기여 제사 등제 일의 전조 상정례 종지

禮曹上鳴鞭之制. 啓曰: "周禮 條狼氏掌執鞭以趨辟. 王出入則
예조 상 명편 지제 계왈 주례 조랑씨 장 집편 이 추벽 왕 출입 즉

八人夾道 公則六人 侯伯則四人 子男二人. 文獻通考 宋制鳴鞭
팔인 협도 공 즉 육인 후백 즉 사인 자남 이인 문헌통고 송제 명편

周官條狼氏執鞭 趨辟之遺制也. 鞭鞘用紅絲而漬以蠟 行幸則
주관 조랑씨 집편 추벽 지 유제 야 편초 용 홍사 이 지 이랍 행행 즉

前警; 祀畢還宮 亦用之; 視朝燕會則用於殿庭."
전경 사필 환궁 역 용지 시조 연회 즉 용어 전정

全羅道錦州人李元家牛 一産三犢 皆牝.
전라도 금주 인 이원 가우 일산 삼독 개 빈

壬戌 慶尙道大水. 草溪 昌原 昌寧 咸安 漆原等官 麥田浸沒處 率
임술 경상도 대수 초계 창원 창녕 함안 칠원 등관 맥전 침몰 처 솔

四百結.
사백 결

漢城府始用枷鎖訊杖. 政府啓: "京外罪囚照律 殺人 强盜 强奸
한성부 시용 가쇄 신장 정부 계 경외 죄수 조율 살인 강도 강간

據執 仍執 誤決 改正等事 刑曹主之; 族親不睦 家財代田 竊盜
거집 잉집 오결 개정 등사 형조 주지 족친 불목 가재 대전 절도

和奸 鬪毆 罵詈 逃亡 容隱 公私推徵 抑賣考察 街巷肅淸等事
화간 투구 매리 도망 용은 공사 추징 억매 고찰 가항 숙청 등사

漢城府掌之. 於犯罪人推鞫時 用枷鎖訊杖 而笞罪則直斷 杖罪則
한성부 장지 어 범죄인 추국 시 용 가쇄 신장 이 태죄 즉 직단 장죄 즉

移文刑曹." 從之. 先是 刑曹皆掌之. 漢城府用刑 自此始.
이문 형조 종지 선시 형조 개 장지 한성부 용형 자차 시

定外方各官奴婢之數. 政府啓: "留守官奴婢二百戶內 公衙丘從
정 외방 각관 노비 지수 정부 계 유수관 노비 이백 호내 공아 구종

三十戶; 大都護府牧官一百五十戶內 丘從二十五戶; 單府官一百
삼십 호 대도호부 목관 일백 오십 호내 구종 이십오 호 단부관 일백

戶內 丘從二十戶; 知官五十戶內 丘從十五戶; 縣令監務三十戶內
호내 구종 이십 호 지관 오십 호내 구종 십오 호 현령 감무 삼십 호내

丘從十戶; 無官各縣十戶. 其定數外奴婢 各以所居 仍屬典農寺.
구종 십호 무관 각현 십호 기 정수 외 노비 각 이 소거 잉속 전농시

奴婢數少 定數不足各官 以其官接居典農寺屬寺社奴婢 回換充定.
노비 수소 정수 부족 각관 이 기관 접거 전농시 속 사사노비 회환 충정

男女年六十六歲以上 十五歲以下 勿令竝計." 從之.
남녀 연 육십 육세 이상 십오 세 이하 물령 병계 종지

　甲子 司諫院上疏 上覽而燒之. 司諫院不署吏曹判書李天祐
　갑자 사간원 상소 상람이 소지 사간원 불서 이조판서 이천우

判恭安府事李之崇 參贊議政府事柳廷顯告身 仍上疏曰:
판공안부사 이지숭 참찬 의정부사 유정현 고신 잉 상소 왈

'嫡妾之分 所以辨貴賤殊尊卑 不可亂也. 天祐之祖母 之崇之祖母
적첩 지분 소이 변 귀천 수 존비 불가 난야 천우 지조모 지숭 지조모

不知何人也. 臣等聞皆是桓王之妾也 而二人皆稱王室之親 而位至
부지 하인 야 신등 문개 시 환왕 지첩 야 이 이인 개칭 왕실 지친 이 위지

一品 無奈亂名分乎? 況吏曹 百官之長; 政府 一國之重 當擇人而
일품 무내 난 명분 호 황 이조 백관 지장 정부 일국 지중 당 택인 이

任之. 今以天祐爲吏曹判書 其妹夫廷顯爲參贊議政府事. 豈可以
임지 금 이 천우 위 이조판서 기 매부 정현 위 참찬 의정부사 기가 이

若此之輩而居是任乎? 若曰有功而授之 後日宗親 更有立功者 將
약차 지배 이 거 시임 호 약왈 유공 이 수지 후일 종친 갱유 입공 자 장

何以授之耶? 如此不分宗庶 而授朝廷顯爵 則臣等恐後日本宗支庶
하이 수지 야 여차 불분 종서 이 수 조정 현작 즉 신등 공 후일 본종 지서

不復辨矣 且尊卑相等 而凌僭之弊生矣.'
불부 변의 차 존비 상등 이 능참 지 폐생의

　上覽而燒之 謂諫院曰: "勿復多言 速署告身."
　상 람이 소지 위 간원 왈 물부 다언 속서 고신

天祐 廷顯告身到臺 臺員亦不肯署上疏 意與諫院同. 命召司憲府
천우 정현 고신 도대 대원 역 불긍 서 상소 의여 간원 동 명소 사헌부

掌務洪度傳旨曰: "明日予不視朝 卿等除衙朝 齊坐本府 速署天祐
장무 홍도 전지 왈 명일 여 불 시조 경등 제 아조 제좌 본부 속서 천우

等告身." 度對曰: "衙朝齊坐 古無此例. 今若承命齊坐 則署過天祐
등 고신 도 대왈 아조 제좌 고무 차례 금약 승명 제좌 즉 서과 천우

等告身 是特旨也." 翼日 司憲執義金孝孫等 詣闕上言曰: "昨命除
등 고신 시 특지 야 익일 사헌 집의 김효손 등 예궐 상언 왈 작 명제

衙朝速署告身 然本府於衙朝 糾察百官 故早仕依幕. 乞更覽前疏."
아조 속서 고신 연 본부 어 아조 규찰 백관 고 조사 의막 걸 갱람 전소

上曰: "卿等亦欲言必獲伸. 況予與卿等言而不見聽歟? 宜速坐
상 왈 경등 역 욕언 필 획신 황 여여 여 경등 언 이 불 견청 여 의속 좌

本府." 孝孫等對曰: "臺無復坐之例 然以特旨復坐矣." 遂署告身.
본부 효손 등 대왈 대무 복좌 지례 연 이 특지 복좌 의 수 서 고신

　乙丑 宥德山安置金頎京外從便 且給南鳳生職牒及科田.
　을축 유 덕산 안치 김기 경외종편 차 급 남봉생 직첩 급 과전

龍山江軍資監庫八十四間 西江豐儲倉庫七十間成.
용산강 군자감 고 팔십 사간 서강 풍저창 고 칠십 간 성

丁卯 司憲府上疏請罷大司憲安省職. 省嘗奉使全羅 愛完山妓
정묘 사헌부 상소 청파 대사헌 안성 직 성 상 봉사 전라 애 완산 기

玉壺氷 後觀察慶尙 喚置道內咸安田舍 丁父憂 不卽遣還. 及爲
옥호빙 후 관찰 경상 환치 도내 함안 전사 정 부우 부즉 견환 급위

參知議政府事 奸摠制李澄之妾醫女藥生 澄執之 佯爲不知而杖之
참지 의정부사 간 총제 이징 지첩 의녀 약생 징 집지 양위 부지 이 장지

又奸其母族故也.
우간 기 모족 고야

戊辰 上王移御判原州牧事權緩第. 自淨土寺移御也.
무진 상왕 이어 판 원주목 사 권완 제 자 정토사 이어 야

己巳 上詣上王移御所問安.
기사 상 예 상왕 이어소 문안

遣還逃軍高中金 康吉等于遼東.
견환 도군 고중금 강길 등 우 요동

庚午 上邀上王宴于廣延樓.
경오 상 요 상왕 연 우 광연루

壬申 定軍士收養父母喪制. 上御廣延樓下聽政 仍設酌 命今後
임신 정 군사 수양부모 상제 상 어 광연루 하 청정 잉 설작 명 금후

功臣諸君 每日二員參朝啓. 兵曹參議金自知啓曰: "甲士有欲爲
공신 제군 매일 이원 참 조계 병조참의 김자지 계왈 갑사 유 욕위

收養父母 行衰絰三年者. 六典曰: '三歲前收養 卽同己子.' 若以此
수양부모 행 최질 삼년 자 육전 왈 삼세 전 수양 즉동 기자 약 이차

論之 當從其言 以軍官言之 又或不可 何以處之?" 上曰: "是果難斷
논지 당종 기언 이 군관 언지 우 혹 불가 하이 처지 상왈 시 과 난단

也." 禮曹判書黃喜曰: "軍官於親喪 只服百日 收養則雖朝官 皆以
야 예조판서 황희 왈 군관 어 친상 지복 백일 수양 즉수 조관 개이

百日爲限. 若令軍官短親喪 而終收養之服 則是所厚者薄 而所薄者
백일 위한 약령 군관 단 친상 이종 수양 지복 즉시 소후자 박 이 소박자

厚也." 上曰: "此言誠是也. 然收養之親 雖軍士使不得一日之喪 則
후야 상왈 차언 성 시야 연 수양 지친 수 군사 사 부득 일일 지상 즉

殊無收養之義也. 宜倣以日易月之法 量宜定制." 下政府擬議. 政府
수무 수양 지의야 의방 이일 역월 지법 양의 정제 하 정부 의의 정부

啓: "軍士收養父母之喪 亦令行百日." 從之. 上謂代言韓尙德曰:
계 군사 수양부모 지상 역령 행 백일 종지 상 위 대언 한상덕 왈

"刑房之任至重 卿其愼之." 對曰: "殿下代天理物 賞罰宜無一毫之
형방 지임 지중 경 기 신지 대왈 전하 대천 이물 상벌 의무 일호 지

差. 小臣夙夜敬謹 猶恐一夫無辜而獲戾也." 上曰: "我若誤斷 卿宜
차 소신 숙야 경근 유공 일부 무고 이 획려 야 상왈 아 약 오단 경 의

直言無諱."
직언 무휘

議政府上書:

의정부　상서

'一　爲存養世家事. 臣等竊聞文王之治岐也 仕者世祿 後世稱其

일　위 존양 세가 사　신등 절문 문왕 지치기야　사자 세록　후세 칭기

仁厚. 前朝世業之田 乃世祿之遺意 亦可謂仁厚矣. 及僞朝之季 乃

인후　전조 세업 지전 내 세록 지유의　역 가위 인후 의　급 위조 지계 내

革世業 以爲科田 至國朝 因用其制 以受田者居京城衛王室 可謂

혁 세업 이위 과전 지국조 인용 기제 이 수전 자거 경성 위왕실 가위

良法矣. 然爲給田司者 以受田者服制 式暇 身病請暇之狀 誤書

양법 의　연위 급전 사자 이 수전 자복제 식가　신병 청가 지장 오서

日時 不及日期 過誤所犯 永奪其田 以給他人 使世家子孫 一朝

일시　불급 일기 과오 소범 영탈 기전 이급 타인 사 세가 자손　일조

陷於貧賤. 乞除家産沒官 永不敍用外 所犯照依律文 以行決罰

함어 빈천　걸제 가산 몰관 영불 서용 외 소범 조의 율문 이행 결벌

勿奪其田; 已行收奪者 亦令還給 以恤世家之裔.

물탈 기전　이행 수탈 자 역령 환급 이휼 세가 지예

一　爲矜恤鰥寡事. 文王發政施仁 必先鰥寡孤獨. 給田司以陳告

일　위 긍휼 환과 사　문왕 발정 시인　필선 환과고독　급전사 이 진고

居先者折給 僥倖之徒 求人過失 幸人死亡 專務利己 略不恕人. 雖

거선 자 절급 요행 지도 구인 과실 행인 사망 전무 이기 약불 서인　수

號忠賢者 身死未經旬日 催納公文者 已在其門 孤兒寡婦 衰絰而

호 충현 자 신사 미경 순일 최납 공문 자 이재 기문 고아 과부 최질 이

號泣者 未免有失田之嘆. 乞除犯重罪隱未現者及過祥禪不告者外

호읍 자 미면 유실전 지탄　걸제 범 중죄 은미현 자급 과 상담 불고 자외

陳告 一皆禁斷.

진고　일개 금단

一　爲優待群臣事. 求忠臣 必於孝子之門 以其所厚者薄 未有

일　위 우대 군신 사　구충신　필어 효자 지문　이기 소후 자박　미유

不薄者也. 僞朝之季 乃因一時救弊之術 勒令群臣 聞父母之病 必

불박 자야　위조 지계 내인 일시 구폐 지술 늑령 군신　문 부모 지병 필

辭職然後乃行. 乞自今 群臣有父母疾病 則以本係官審病之狀 呈于

사직 연후 내행　걸 자금　군신 유 부모 질병　즉이 본계관 심병 지장 정우

禮曹 取旨乃行; 滿百日未還者 乃令呈辭.

예조　취지 내행　만 백일 미환 자 내령 정사

一　爲恤養老幼事. 句踐伐吳 有父母老而無昆季 皆遣之; 公子

일　위 휼양 노유 사　구천 벌오　유 부모 노이무 곤계　개 견지　공자

無忌救趙 亦令獨子歸養 則古者有親老而無兄弟者 當免征役. 前朝

무기 구조　역령 독자 귀양　즉 고자 유 친로 이무 형제 자 당면 정역　전조

盛時 父母年七十已上 給侍丁一人; 九十已上 給二人; 無母小兒

성시　부모 년 칠십 이상　급 시정 일인　구십 이상　급 이인　무모 소아

八歲以下無繼母者 免其父役 則亦爲仁厚. 乞許父母年七十以上 給
侍丁一人; 九十者二人. 又令三人從軍者 免其父役; 五子以上從軍
者 父母之年 雖未滿七旬 亦給侍丁一人; 篤疾者 雖獨子亦給侍丁;
無後妻有兒年未滿十歲者 免役何如?'

留中.

以安省爲漢城府尹 尹向大司憲 金九德參知議政府事. 前此
議政府舍人皆帶知製敎 至是 河崙以事務煩劇 削之.

命冬至勿令進馬 正朝 誕日則進之.

甲戌 遣右軍摠制趙秩如京師. 賀千秋也.

日本九州節度使及盧心殿使人等 來獻土物.

檢校漢城尹安遇世 上書于議政府. 書曰:

'曾有功於壬午之亂者 第其功之輕重 賞田有差 許以傳之子孫
後以備軍餉 公收其稅 又雖還之 止於己身. 人君之大寶 莫大於信
失信於人 何以勸後? 願轉聞于上.'

政府以聞 上覽之曰: "大抵先忠後利 臣子之職; 論功行賞 人君之
權. 予雖失信之責 人臣自陳利己之欲 政府見之 以爲何如?"

司憲執義金孝孫等 請改桓王碑文. 疏曰:

'臣等伏覩桓王山陵碑文曰: "王凡三娶 懿妃又生一女 適三司左使
趙仁壁. 李氏生男曰元桂 仕前朝 封完山君. 金氏貞安宅主生男曰
和 封義安伯." 臣等讀至於此 不能不失色而驚惑也. 其曰李氏 金氏

者 乃桓王妾也. 其尊卑之分 若冠履之相隔 不可同年而語也. 曰凡
자 내환왕첩야 기존비지분 약관리 지상격 불가 동년 이어야 왈범

三娶 又以二氏繼懿妃而別敍之 亂名沒實 非所以傳信於將來. 且
삼취 우이이씨계 의비이별서지 난명 몰실 비소이 전신 어장래 차

北方 王迹所基 桓王之薨 在至正庚子 耆舊遺民之目覩者 猶有存焉
북방 왕적소기 환왕지홍 재지정 경자 기구 유민 지목도 자유 유존 언

豈可以誣僞之文 勒之於石 昭示萬世乎? 伏望殿下留意焉.’
기 가이 무위 지문 늑지 어석 소시 만세 호 복망 전하 유의 언

上覽之 留中不下. 憲司後上疏請之 又留中不下 召大司憲尹向
상 람지 유중 불하 헌사 후상소 청지 우유중 불하 소 대사헌 윤향

曰: “卿上書請改三娶之文 然彼人等本不識理 遽削其文 則欲然
왈 경 상서 청개 삼취 지문 연 피인 등본불 식리 거삭 기문 즉 감연

生怨矣. 予斷以大義 卿勿復言.” 向對曰: “桓王子孫 只以卽位之主
생원 의 여단이 대의 경물 부언 향 대왈 환왕 자손 지이 즉위 지주

記之 則彼必不怨矣.” 上曰: “只以後世未辨尊卑 混於王室耳. 今若
기지 즉피 필 불원 의 상왈 지이 후세 미변 존비 혼어 왕실 이 금약

削之 則其誰不知!” 訪諸河崙 崙對曰: “以正派改紀 則雖明言之
삭지 즉기 수 부지 방저 하륜 륜 대왈 이 정파 개기 즉수 명언 지

無傷也.”
무상 야

乙亥 都摠制李龜鐵卒. 輟朝三日 致賻 贈諡貞襄.
을해 도총제 이구철 졸 철조 삼일 치부 증시 정양

丙子 西北面都巡問使林整卒. 整卒于平壤府 訃聞 上軫悼 命
병자 서북면 도순문사 임정 졸 정졸 우 평양부 부문 상 진도 명

代言曰: “贈諡致賻 常事也 宜特遣人致祭. 且整之死 必患疾有日
대언 왈 증시 치부 상사 야 의특 견인 치제 차 정지사 필 환질 유일

官屬何不早聞救治? 宜問其由.” 於是 遣判司宰監事李季拱 賜敎書
관속 하부 조문 구치 의문 기유 어시 견 판사재감사 이계공 사 교서

以祭. 季拱復命曰: “發瘇四日乃卒 未及馳聞.” 整出身都評議錄事
이제 계공 복명 왈 발종 사일 내졸 미급 치문 정 출신 도평의 녹사

歷慶尙豊海道都觀察使 全羅忠淸道都節制使 再爲東北西北界
역 경상 풍해도 도관찰사 전라 충청도 도절제사 재 위 동북 서북계

都巡問使. 卒年五十八. 爲人醇謹忠厚 起自刀筆 所至有聲績 吏民
도순문사 졸년 오십팔 위인 순근 충후 기자 도필 소지 유 성적 이민

悅服 官至刑曹判書. 諡恭惠. 子二 仁山 命山.
열복 관지 형조판서 시 공혜 자이 인산 명산

丁丑 朝 流星出天中 入乾方 狀如瓶.
정축 조 유성 출 천중 입건방 상여병

日本九州節度使源道鎭 肥州太守源昌淸等 遣人獻土物 求佛祠
일본 구주 절도사 원도진 비주 태수 원창청 등 견인 헌 토물 구 불사

銅鐘 命皆給之.
동종　명개　급지

戊寅 流星出壁南入室中 狀如升.
무인　유성　출　벽남　입　실중　상　여　승

태종 13년 계사년
5월

五月

기묘일(己卯日-1일) 초하루에 의정부 참찬사(議政府參贊事) 김승주(金承霍)를 서북면 도순문사(西北面都巡問使) 겸 평양 부윤(兼平壤府尹)으로 삼았다.

○ 본궁(本宮)으로 이어(移御)했다. 정비(靜妃)가 편안치 못해 도액(度厄)[1]해야 한다는 복자(卜者)의 말을 따른 것이다. 상이 세자에게 일렀다.

"너는 밖에 나가지 말고 모비(母妃)의 약 시중을 들며, 오로지 삼가도록 하라[惟謹]."
_{유근}

○ 전 충청도 도절제사(忠淸道都節制使) 김중보(金重寶)[2]가 졸(卒)했다. 부의(賻儀)를 내려주었다.

신사일(辛巳日-3일)에 상이 본궁에서 상왕(上王)을 맞이해 술자리를 베풀었다.

---

1 액막이를 말한다.
2 1차 왕자의 난 뒤에 대호군으로서 한규(韓珪)와 함께 이방간(李芳幹) 부자를 토산(兎山)에까지 호송했으며, 1408년에는 풍해도 병마도절제사로서, 경기좌우도 조전첨제절사로서 왜구 방어에 차출되어 공을 세웠다. 왜구 방어와 여진 정벌에 탁월한 재능을 보였는데, 특히 1410년 조연(趙涓)의 지휘하에 신유정(辛有定)·곽승우(郭承祐) 등과 함께 두만강을 건너서 여진족 지휘관 8명을 비롯해 부족 수백 명을 토벌한 것은 대표적인 군공으로 기록되고 있다. 이후 호용시 위사총제(虎勇侍衛司摠制)를 거쳐서 충청도 병마도절제사 등을 지냈다.

임오일(壬午日-4일)에 창덕궁에 행차해[幸] 중궁(中宮)의 병을 문안하고 본궁에 돌아왔다.

계미일(癸未日-5일)에 공조판서 박자청(朴子青)에게 직임에 나오도록 명했다. 애초에 시정(市井)의 무리가 단오(端午)라 해 광통가(廣通街)에 모여서 척석희(擲石戲)³를 했다. 군기 소감(軍器少監) 최해산(崔海山, 1380~1443년)⁴이 별군(別軍) 30여 인을 거느리고 곁에서 느닷없이 뛰어나와[突出] 승세(勝勢)를 타고 추격하자, 자청(子青)이 대장(隊長)·대부(隊副)를 거느리고 갑자기 척석놀이하는 장소로 들어가다가 말이 뛰어오르며 치는 바람에 땅에 떨어졌고 대장 1인이 돌에 맞아 죽었다. 사람들이 모두 이를 비루(鄙陋)하게 여기고 일러 말했다.

---

3 오월 단옷날에 시정(市井)의 무리가 두 패로 나눠서 승부를 겨루던 돌싸움놀이다. 일종의 무술 연마로서 행해졌으나, 사상자가 많이 나 조선조에서 뒤에 금지했다.

4 최무선(崔茂宣) 아들이다. 15세가 돼서야 글자를 해독할 수 있었으나 아버지의 유고(遺稿)인 『화약수련법(火藥修鍊法)』의 비법을 전수 받았다. 1401년(태종 1년) 군기시(軍器寺)에 등용, 주부(主簿)를 거쳐 경기우도 병선군기점고별감(京畿右道兵船軍器點考別監)이 됐다. 1409년 군기감승(軍器監丞)에 오르고, 그해 10월에는 화차를 만들어 왕이 참석한 가운데 해온정(解慍亭)에서 발사 시험을 했다. 1424년(세종 6년) 12월에도 군기판사로서 왕을 모시고 광연루(廣延樓)에 나아가 화포 발사 연습을 주관했다. 1425년 군기감사를 지냈고, 1431년 6월 좌군동지총제(左軍同知摠制)가 됐다. 그해 10월 조정 신하들이 그가 군기감으로 오랫동안 근무하면서 옳지 못한 일이 많았다는 이유로 체직(遞職)을 품신했지만, 세종의 두터운 신임으로 허락되지 않았고 오히려 이듬해 공조 우참판으로 승임됐다. 1개월 후 판경성군사(判鏡城郡事)로 전보됐을 때도 세종은 그가 외직으로 나가면 군기감의 업무가 부실해진다 해 중추원부사를 제수했다. 1433년 좌군절제사로 도원수 최윤덕(崔潤德)과 함께 파저강(婆猪江) 토벌 작전에 참전했을 때도 군기(軍機)를 이행하지 않은 관계로 사헌부의 탄핵을 받았지만, 세종은 "그가 20여 년 동안 오로지 화포를 맡았으니 어찌 공이 없다고 하겠는가. 벼슬만 거두도록 하라"라면서 용서했다.

"판서의 직임이 아깝다[可惜]."
_{가석}
헌부(憲府)에서 듣고 그를 탄핵했었다.

갑신일(甲申日-6일)에 정비(靜妃)가 본궁으로 이어(移御)했다. 대언사(代言司)에 명해 아조(衙朝)의 조계(朝啓)를 정지했다.

○ 약사정근(藥師精勤)[5]을 본궁(本宮)에서 베풀었는데, 중궁의 병이 위독하기 때문이다. 또 경사(經師-경전을 외는 승려) 21인을 본궁에, 중 100원(員)을 경회루(慶會樓)에 모아 불경을 읽게 하며 기도를 드렸다. 상이 대언사(代言司)에 일러 말했다.

"내가 본래부터 불씨(佛氏)의 허탄(虛誕)함을 알고 있으나, 부인이 이를 믿는 까닭에 이런 기도가 있는 것이다."

또 승도(僧徒)에게 말했다.

"바야흐로 이 위급한 때에 신효(神效)가 있음을 보게 되면 내 마땅히 숭상해 믿겠지만, 만약에 보응(報應)이 없다면 반드시 너희들의 법을 모두 폐지해야겠다."

세자에게 명해 향(香)을 피우게 하고 상이 친림(親臨)해 연비(燃臂)[6]하니, 세자와 여러 왕자도 모두 연비했다. 중들 가운데 이마를 불사르고 손가락을 태우는[焚頂燒指] 자도 있으므로 보시(布施)를 차
_{분정 소지}
등 있게 내려주었다. 병이 마침[適] 조금 낳으니, 상이 기뻐해 회암사
_적

---

5 병을 낫게 해달라고 약사여래(藥師如來)에게 비는 일을 가리킨다. 경사(經師)와 중이 모여 불경을 외고 기도를 드렸다.
6 팔을 향불로 태우는 것을 말한다.

(檜岩寺)에 전지(田地) 100결(結)과 쌀과 콩 200석을 내려주었다.

정해일(丁亥日-9일)에 소재정근(消災精勤)[7]을 베풀었다.

○ 의정부에서 말을 기르는 일의 마땅한 규정[事宜]을 올렸다. 아뢰
었다.

"각 도에서 나눠 기르고 번식시킨 구마(駒馬)[8]가 모두 194필(匹)이
니, 바라건대 내구(內廏-대궐 마구간)에 채워 넣게 하소서."

상이 말했다.

"어떤 사람이 나에게 이르기를 '소도 길러서 국용(國用)에 이바지
함이 마땅하다'라고 했다. 내가 이 말을 가지고 소로 바꿔 기르고자
하는데, 그래도 좋겠는가?"

정부에서 아뢰었다.

"희생(犧牲)과 유우(乳牛)가 떨어지면 혹 민가에서 가져다 쓰기도
하니, 대량으로 소를 기르는 것이 가장 아름다운 법입니다. 바라건대
양마(良馬)를 잘 골라 내구에 채워 넣고, 나머지는 모두 소로 바꾸
는 것이 편하겠습니다."

그것을 따랐다.

무자일(戊子日-10일)에 처음 본궁(本宮-경복궁)의 정청(正廳)에서 청
정(廳政)했다.

---

7   재앙이나 횡액이 없어지기를 비는 불사다.
8   망아지와 말을 가리킨다.

○ 한성부(漢城府)에서 세 가지 일을 조목별로 아뢰었다.

"첫째, 가묘(家廟)의 설치는 이미 드러난 영갑(令甲-법령)이 있는데, 사대부가 넓게 집터를 점령하고 당침(堂寢-건물)을 높이 하되 일찍이 가묘는 세우지 않으니 뿌리에 보답하는 뜻이 조금도 없습니다[殊無]. 바라건대 승중자(承重者)[9]로 하여금 금년에 한해 모두 사당(祠堂)을 세우게 하고, 이를 어기는 자는 헌사(憲司)에 이문(移文)해 규리(糾理-규찰)하게 해야 할 것입니다.

둘째, 자식이 없는 사람은 가사(家舍)의 전계(傳繼)[10]가 없으니, 노비(상속)의 예에 의거해 수양(收養)·시양(侍養)과 사촌(四寸)에 한해 결급(決給-지급)하게 해야 할 것입니다.

셋째, 부처(夫妻)가 동거할 때 수양·시양을 맺은 자들을 보면 양부(養父)가 먼저 죽으면 어미와 서로 송사하고 양모(養母)가 먼저 죽으면 아비와 서로 송사하니, 헌사에 이문해 논죄(論罪)하고 송사한 재물은 관가에 몰수하게 해야 할 것입니다."

그것을 따랐다.

○ 조진(趙璡)·송극첨(宋克瞻)·김이도(金履道)를 용서해 경외종편(京外從便)하게 하고, 최맹온(崔孟溫)의 고신(告身)과 과전(科田)을 주게 했다.

○ 서북면 각 군(郡)의 금년 세공저화(歲貢楮貨)를 임시로 면제시켰는데[權免], 이는 대개 양전(量田)으로 인해 비용이 많이 들었기

---

9 제사를 받드는 중한 책임을 이어받은 자를 말한다.
10 재산을 상속시킨다는 뜻을 기입한 문권을 말한다.

때문이다. 도순문사의 보고를 따른 것이다.

○ 손흥종(孫興宗)[11]의 아들 윤조(閏祖)가 어미 집의 창적(蒼赤-노비)을 돌려받기를 청했으나 윤허하지 않았다.

홍종(興宗)이 일찍이 죄 때문에 가산(家産)을 적몰당했는데, 이때에 이르러 윤조가 어미 집의 창적을 받기를 청하니 상이 말했다.

"부인이 유리할 때는 남편을 따르고 불리할 때는 참여하지 않는 것이 옳은가? 흥종의 죄가 그리도 작은가? 이런 일로 어찌 나까지 번거롭게 하는가?"

○ 전라도 도관찰사(全羅都觀察使) 조원(趙源)이 글을 올려 박초(朴礎)를 천거(薦擧)하니, 상이 말했다.

"이 사람은 비록 재주가 있어 취할 만하긴 하다만 대간이 반드시 탄핵할 것이다."

드디어 이조에 내려보냈다. 초(礎)는 선공감승(繕工監丞)이 됐다가 청렴하지 못한 일로 좌죄(坐罪)됐는데 뒤에 수군 도만호(水軍都萬戶)가 되니 간원에서 신청해 그를 파면했었다.

기축일(己丑日-11일)에 영흥부(永興府) 동서반(東西班)의 토관(土官-지방관리) 녹과(祿科)의 과전(科田)을 평양부(平壤府)의 토관례(土官

---

11 1392년 7월 17일 조선 개국에 참여해 개국공신 3등에 녹훈됐다. 거제도에서 왕씨들을 바다에 빠뜨릴 때 참가했다. 1409년 동생 손효종(孫孝宗)의 반역죄에 연루돼 황해도 신은(新恩)에 부처됐는데, 이때 이숭인(李崇仁)과 이종학(李種學)을 죽인 혐의로 폐서인되고 가산이 적몰되었으며 녹권을 추탈당했다.

例)에 의거하도록 했다. 정부의 청(請)을 따른 것이다.

○ 일본 소부전(小府殿)이 객인(客人)을 보내 토산물을 바쳤다.

경인일(庚寅日-12일)에 상이 상왕을 본궁(本宮)의 수각(水閣)에 맞이해 술자리를 베풀고 받들어 즐겼다[奉歡].
_{봉환}

신묘일(辛卯日-13일)에 사헌부에서 소(疏)를 올려 각 년(各年)의 문무과 명족(文武科名簇)을 거둘 것을 청했다. 소는 대략 이러했다.

'전조(前朝-고려)의 과거(科擧)의 법은 공거(公擧)¹²를 사은(私恩-사사로운 은인)으로 삼아 서로 비부(比附-파당)하니 폐단을 금할 수 없었습니다. 생각건대 우리 태조께서 이 폐단을 처음 혁파했는데, 선거(選擧)의 법은 원년(元年)의 유지(宥旨) 내에 실려 있습니다만 그 뒤에 구습(舊習)을 그대로 따르는 바람에 (제대로) 제거하지 못했습니다. 공손히 생각건대 전하께서 다시 일대(一代)의 선거법을 세워 전조의 구습을 길이 제거하셨으니, 신 등이 가만히 생각건대 다시 제정(制定)하라는 교지가 내린 뒤부터 문생(門生)·좌주(座主)의 폐단이 끊어졌습니다. 바라건대 유사(有司)로 하여금 수교(受敎) 전의 각 년 생원시(生員試)와 문무과(文武科)의 명족(名簇)¹³을 거두게 함으로써 공도(公道)를 보이셔야 할 것입니다.'

---

12 과거시험을 감독하는 시험관(試驗官)을 말한다. 여기서는 공적으로 선발한다는 뜻이 강조돼 있다.

13 과거에 같이 급제한 사람들의 이름을 적은 족자(簇子)를 말한다.

그것을 따랐다.

○ 종정무(宗貞茂)와 재부(宰府) 소이전(小二殿)의 사인(使人)이 와
서 토산물을 바쳤다.

임진일(壬辰日-14일)에 명해 충청도 양성(陽城) 사람 전 별장(別將)
김우림(金遇霖)의 문려(門閭)에 정표(旌表)했다. 우림(遇霖)은 어버이
를 섬김에 효도하고 부모가 돌아가자 여묘(廬墓)를 살면서 상제(喪
制)를 마치도록 흙을 져다가 분묘를 쌓으니 향인(鄕人)들이 칭모(稱
慕)했다. 관찰사가 이를 보고한 때문이다.

갑오일(甲午日-16일)에 상왕(上王)이 와서 잔치를 베풀고 한껏 즐
겼다. 상의 탄일(誕日)인 때문이다. 정부와 공신들도 헌수(獻壽)하니,
정부와 공신(功臣), 여러 경(卿)에게 잔치를 베풀고 음악을 내려주
었다[賜樂].
사악
○ 장행랑(長行廊)이 모두 이뤄졌다. 종루(鍾樓)로부터 서북은 경복
궁(景福宮)에 이르고 동북은 창덕궁(昌德宮)과 종묘(宗廟) 앞 누문
(樓門)에 이르며 남쪽은 숭례문(崇禮門) 전후(前後)에 이르니, 이뤄진
좌우의 행랑이 합계 1,360간이었으며 역도(役徒)는 대장(隊長)·대부
(隊副), 군기감(軍器監) 별군(別軍), 각사(各司) 하전(下典), 승려 등 합
계 2,641명이었다.

을미일(乙未日-17일)에 노루가 숭례문(崇禮門)으로 들어와 신화방
(神化坊)에 이르러 잡혔다[見捕]. 서운관(書雲觀)에서 백신해괴제(百
견포

神解怪祭)를 베풀어 재앙을 물리치기를 청했으나 따르지 않았다.

○ 대부(隊副) 신백(辛白)의 처가 한꺼번에 1남 2녀를 낳으니[乳=産], 쌀을 내려주라고 명했다.

병신일(丙申日-18일)에 상이 상왕을 수각(水閣)으로 맞이해[邀=迎] 술자리를 베풀었다.

○ 동북면(東北面) 안변(安邊)·의주(宜州)·문주(文州)·영흥부(永興府)에 황충(蝗蟲)이 일었다.

정유일(丁酉日-19일)에 큰비가 내렸다. 애초에 상이 개경사(開慶寺) 관음전(觀音殿) 법석(法席)에 가보고자 하니, 사간원에서 소를 올려 말했다.

'임금이란 사방(四方)의 의표(儀表)입니다. 의표가 이곳에서 바르면 그림자가 저곳에서 곧은 것입니다. 『시경(詩經)』에 이르기를 "이 사람을 다퉈 따르지 아니하랴? 사방에서 이것을 교훈으로 삼으니, 이 다움이 나타나지 아니하랴? 온갖 제후가 이것을 본받는다"[14]라고 했습니다. 지금 우리 전하께서는 태조가 창조하신 업(業)을 이어받아 법제(法制)를 갖추고 풍교(風敎)를 바로 해 법을 후손에게 드리워야 할 때이니, 불씨(佛氏)의 이단(異端)의 폐해를 생각지 않을 수 없습니다. 지난번 신 등이 소를 올려 아뢰었던 바를 가지고 전하께서 온 나라 사람에게 의견을 물으시니 모두가 "혁파함이 옳습니다"라고 했고, 바

---

14 『시경』「대아(大雅)·억(抑)」의 구절이다.

로 유음(兪音)을 내리시자 대소 신민(大小臣民)이 기뻐서 하례하지 않는 사람이 없었습니다.

(그런데) 근일에 중궁(中宮)이 편안치 못하다 해 중을 맞이해 부처에게 기도함은, 절박(切迫)하고도 지극한 점에서 스스로 그만둘 수 없어서 하는 일입니다만, 전하의 지극한 정성과 세자의 효성이 황천(皇天)에까지 이르러 병이 나음에 이른 것입니다. 예전에 주나라 무왕(武王)이 편치 못하자 주공(周公)이 삼왕(三王)[15]에게 명(命)을 청해 자기 몸으로 대신하려 하니 이튿날 바로 병이 나았다고 합니다. 이때에는 아직 부처가 없었으니, 이것은 주공의 정성이 지극한 소치로 그렇게 된 것입니다. 지금 전하의 지극한 정성이 하늘을 감동하게 한 것을 가지고 공을 부처에게로 돌려서 미포(米布)로 상(賞)을 주고 토전(土田)을 더해주며, 건원릉(健元陵) 재궁(齋宮) 가까이에 절을 세우고 이어서 법석(法席)을 베풀어 전하께서 이를 보고자 하니 신 등이 가만히 생각건대 유감입니다. 저 부처로 말하면 세상을 미혹(迷惑)하고 백성을 속인 지 오래입니다. 지금 지존(至尊)을 굽혀서 이에 친히 임석함으로써 아랫사람에게 보여주면 사람들이 장차 말하기를 "성명(聖明)께서도 이와 같은데 하물며 어리석은 자야 말해 무엇하겠는가?"라고 하게 돼 미연(靡然)[16]히 풍습을 이루게 될 것입니다. 한 시대의 사람들만이 그렇게 여길 뿐 아니라 백세(百世)의 뒤를 이어받

---

15 중국 고대(古代)의 세 임금으로, 곧 하(夏)의 우왕(禹王)과 은(殷)의 탕왕(湯王)과 주(周)의 문왕(文王) 또는 무왕(武王)을 이르는 말이다.
16 초목이 바람에 나부껴 쓰러지듯 쏠리는 모양이다.

는 임금도 반드시 이를 본받아 말하기를 "중과 부처의 일은 우리 선군(先君)도 금하지 못했다"라고 할 것입니다. 전하의 영명과단(英明果斷)한 자질로써도 도리어 이단(異端)에 빠진 것을 만민에게 보여줘 후세의 의혹을 열게 한다면 어찌 매우 애석한 일이 아니겠습니까? 바라건대 전하께서는 법석(法席)에 임하지 말고 토전을 환수(還收)하시어 만세의 법을 남기소서.'

상이 말했다.

"이미 제사할 때를 택했으니 그대들은 더는 교묘한 말을 하지 말라. 만일 비를 만났다든가 다른 연고가 있다면 가지 않겠지만 어찌 그대들의 말 때문에 이번 행차를 중지하겠는가?"

간신(諫臣)들이 마침내 물러갔는데, 이날 비 때문에 행차를 그만 두었다.

기해일(己亥日·21일)에 큰바람이 불었다. 상이 전라도의 조운(漕運)이 바람 때문에 막힐 것을 염려해 사람을 보내 살피게 했다. 남원(南原)의 조선(漕船) 1척이 태풍에 침몰해 죽은 자가 13인이었다.

○ 경복궁으로 이어했다.

○ 사고(史庫)를 사훈각(思勳閣) 재궁(齋宮)으로 옮겼다. 이에 앞서 사고를 경복궁(景福宮) 성안에 붙여두었는데, 사훈각은 바로 장생전(長生殿)이다.

경자일(庚子日·22일)에 큰바람이 불고 비가 내렸다.

신축일(辛丑日-23일)에 큰비가 내렸다. 상이 말했다.

"경성(京城) 안의 냇가에 있는 백성의 집을 즉시 한성부(漢城府)로 하여금 살피게 해 물에 떠내려가거나 가라앉는 일이 없도록 하라."

유후사(留後司) 거리에서는 수심(水深)이 4척이나 됐다.

계묘일(癸卯日-25일)에 비가 내렸다. (경기도) 진위(振威-평택) 사람 조룡(曹龍)과 말 2필(匹)이 벼락에 맞았다.

○ (경기도) 과주(果州-과천) 수리산(修理山)이 무너져 중 3명과 여승 1명이 압사(壓死)했다. 경기(京畿)에서 손상된 전토(田土)가 합계 784결(結) 남짓이었다.

갑진일(甲辰日-26일)에 경사(經師) 21인을 모아 창덕궁(昌德宮)에서 불경을 읽게 했다.

○ 전라도 수군 도절제사(全羅道水軍都節制使)의 종사관(從事官)을 감축했다.

사헌부에서 아뢰었다.

"전라도는 땅이 좁은데 도관찰사(都觀察使), 병마 도절제사(兵馬都節制使), 수군 도절제사(水軍都節制使)에 각각 수령관(首領官)¹⁷이 있고 수군 도절제사에게는 또 종사관(從事官)이 있어서 각 역(驛)이 번

---

17 조선조 때 감영(監營)이나 병영(兵營), 수영(水營)에서 관찰사(觀察使)나 절제사(節制使)를 보좌하던 경력(經歷) 혹은 도사(都事)를 일컫는 말이다.

거룝습니다. 바라건대 종사관을 감축하소서."

그것을 따랐다.

병오일(丙午日-28일)에 전라도 무안현(務安縣)에서 뇌우(雷雨)가 몹
시 왔는데, 백룡(白龍)이 구름을 타고 올라갔다. 뒤를 밟아가 보니
도모곡(都毛谷) 콩밭 가운데 땅이 터져서 물이 솟아 우물을 이루었
는데 둘레가 10척 5촌, 지름이 3척, 깊이가 14척이었다. 사람들이 모
두 용이 나온 곳이라고 했다.

○ 충청도 청주(淸州)에서 어떤 여자가 한꺼번에 3녀(女)를 낳으니,
쌀을 내려주라고 명했다.

○ 직산현(稷山縣) 사람 벌개(伐介)와 소가 벼락을 맞았다.

○ 3공신(三功臣)이 경회루(慶會樓)에서 헌수(獻壽)했다. 상이 조영
무(趙英茂)에게 안마(鞍馬-안장을 갖춘 말)를 내려주고 나머지 사람
들에게는 모두 말 1필씩 내려주었다. 성석린(成石璘)과 하륜(河崙)은
병 때문에 참여하지 못했다.

○ 『대장경(大藏經)』을 개경사(開慶寺)에 수송했다. 이에 앞서 승도
(僧徒) 200명을 모아 자량(資糧)을 주고 합주(陜州-합천) 해인사(海
印寺) 대장경을 인출(印出)하게 했다. 이때에 이르러 수송해 개경사
에 가져다 간직하니, 태조(太祖)의 명복(冥福)을 빌기 위함이었다.

정미일(丁未日-29일)에 대간(臺諫)에서 각지의 역도(役徒)들을 돌려
보낼 것을 청했다.

○ 병조에서 체직법(遞直法)을 올려 아뢰었다.

"금후로는 입직 재추(入直宰樞)가 입직(入直)·출직일(出直日) 이른 아침에 성명(姓名)을 갖춰 아뢰게 하고 숙배(肅拜)한 뒤에야 마침내 체직(遞直)을 허락하소서. 감순 총제(監巡摠制)의 번상(番上)·번하(番下)도 신문(申聞)하게 하고 숙배한 뒤에 순패(巡牌)를 교부하는 것을 항식(恒式)으로 삼으소서."

己卯朔 以參贊議政府事金承霔 爲西北面都巡問使兼平壤府尹.

移御本宮. 以靜妃未寧 從卜者度厄之說也. 謂世子曰: "爾母出外
侍母妃藥惟謹."

前忠淸道都節制使金重寶卒. 賜賻.

辛巳 上邀上王于本宮設酌.

壬午 幸昌德宮 問中宮疾 還本宮.

癸未 命工曹判書朴子靑就職. 初 市井之徒 以端午 聚于廣通街
上 爲擲石戲. 軍器少監崔海山 率別軍三十餘人 從旁突出 乘勝
追擊 子靑領隊長隊副 猝入擲石之場 躍馬擊之墜地 隊長一人 中石
而死. 人皆鄙之 云: "可惜判書之職." 憲府聞而劾之.

甲申 靜妃移御本宮. 命代言司停衙朝 朝啓.

設藥師精勤于本宮 中宮疾篤也. 又聚經師二十一於本宮 僧百員
慶會樓 讀經禳謝. 上謂代言司曰: "予固知佛氏之誕也. 然婦人信之
故有此禱也." 又謂僧徒曰: "方此危急之際 見有神效 則吾當尊信之
若無報應 則必盡廢汝法." 命世子行香 上親臨燃臂 世子及諸王子
亦燃臂. 僧中有焚頂燒指者 賜布施有差. 疾適小愈 上喜 賜檜巖寺

田一百結 米豆二百石.
전 일백 결 미두 이백 석

丁亥 設消災精勤.
정해 설 소재정근

議政府上畜馬事宜. 啓: "各道分養孳息駒馬 共一百九十四匹 乞
의정부 상 축마 사의 계 각도 분양 자식 구마 공 일백 구십 사 필 걸

充內廄." 上曰: "或告予曰: '亦宜畜牛 以供國用.' 予欲以此馬易牛
충 내구 상왈 혹 고여왈 역 의 축우 이공 국용 여욕 이차 마역우

而畜之 可乎?" 政府啓曰: "犧牲與乳牛有乏 則或取用於民間 多
이 축지 가호 정부 계왈 희생 여 유우 유핍 즉 혹 취용 어 민간 다

畜牛 最是美法. 願擇良馬 以充內廄 餘皆易牛便." 從之.
축우 최시 미법 원 택 양마 이충 내구 여개 역우 편 종지

戊子 始聽政于本宮正廳.
무자 시 청정 우 본궁 정청

漢城府條陳三事:
한성부 조진 삼사

"其一 家廟之設 已有著令 士大夫廣占家基 崇峻堂寢 不曾立廟
기일 가묘 지설 이유 저령 사대부 광점 가기 숭준 당침 부증 입묘

殊無報本之意. 乞令承重者 限今年畢立祠堂 違者 移文憲司糾理.
수무 보본 지의 걸령 승중자 한 금년 필립 사당 위자 이문 헌사 규리

其二 無子息人 無傳繼家舍 依奴婢例 收養侍養及限四寸決給.
기이 무 자식 인 무 전계 가사 의 노비 례 수양 시양 급 한 사촌 결급

其三 夫妻同居時 作收養侍養者 養父先亡 則與母相訟; 養母先亡
기삼 부처 동거 시 작 수양 시양 자 양부 선망 즉 여모 상송 양모 선망

則與父相訟者 移文憲司論罪 所訟財物沒官." 從之.
즉 여부 상송 자 이문 헌사 논죄 소송 재물 몰관 종지

宥趙瑨 宋克瞻 金履道京外從便 給崔孟溫告身科田.
유 조진 송극첨 김이도 경외종편 급 최맹온 고신 과전

權免西北面各郡今年歲貢楮貨 蓋因量田 多所供費. 從都巡問使
권면 서북면 각군 금년 세공 저화 개인 양전 다 소공비 종 도순문사

之報也.
지 보야

孫興宗子閏祖 請還受母家蒼赤 不許. 興宗嘗以罪籍沒家産 至是
손흥종 자 윤조 청 환수 모가 창적 불허 흥종 상 이죄 적몰 가산 지시

閏祖請受母家蒼赤 上曰: "婦人善則從夫 惡則不與可乎? 興宗之罪
윤조 청수 모가 창적 상왈 부인 선즉 종부 악즉 불여 가호 흥종 지죄

其小歟? 此等事 何至煩我歟?"
기 소여 차등 사 하지 번아 여

全羅道都觀察使趙源上書 薦朴礎也. 上曰: "此人雖有才可取
전라도 도관찰사 조원 상서 천 박초 야 상왈 차인 수 유재 가취

臺諫必彈之." 遂下吏曹. 礎嘗爲繕工監丞 以不廉坐罪 後爲水軍
대간 필 탄지　수하 이조　초 상 위 선공감 승 이 불렴 좌죄 후위 수군

都萬戶 諫院申請罷之.
도만호　간원 신청 파지

己丑 永興府東西班土官祿科之田 依平壤府土官例. 從政府之
기축　영흥부　동서반　토관 녹과 지전 의 평양부 토관 예　종 정부 지

請也.
청 야

日本小府殿 使送客人 來獻土物.
일본 소부전　사송 객인　내헌 토물

庚寅 上迎上王于本宮水閣 設酌奉歡.
경인　상영 상왕 우 본궁 수각　설작 봉환

辛卯 司憲府上疏 請收各年文武科名簿. 疏略曰:
신묘　사헌부 상소　청수 각년 문무과 명족　소 약왈

'前朝科擧之法 以公擧爲私恩 交相比附 弊莫之禁. 惟我太祖
전조 과거 지법 이 공거 위 사은　교상 비부　폐 막지금　유아 태조

首革斯弊 選擧之法 載於元年宥旨之內 厥後因循 舊習未除. 恭惟
수혁 사폐　선거 지법 재어 원년 유지 지내　궐후 인순　구습 미제　공유

殿下 更立一代之選擧 永除前朝之舊習. 臣等竊謂自更制敎下之後
전하　갱립 일대 지 선거　영제 전조 지 구습　신등 절위 자 갱제 교하 지후

門生座主之弊絶矣. 願令攸司 收受敎前各年生員試與文武科名簿
문생 좌주 지 폐 절의　원령 유사　수수교 전 각년 생원시 여 문무과 명족

以示公道.'
이시 공도

從之.
종지

宗貞茂 宰府小二殿 使人來獻土物.
종정무　재부 소이전　사인 내헌 토물

壬辰 命旌表忠淸道陽城人前別將金遇霖門閭. 遇霖事親克孝
임진　명 정표 충청도 양성 인 전 별장 김우림 문려　우림 사친 극효

父母沒 居廬終制 負土築墳 鄕人稱慕. 觀察使以報也.
부모 몰　거려 종제　부토 축분　향인 칭모　관찰사 이보 야

甲午 上王來 設宴極歡. 以上誕日也. 政府功臣亦獻壽 賜政府
갑오　상왕 래　설연 극환　이상 탄일 야　정부 공신 역 헌수　사 정부

功臣諸卿宴 賜樂.
공신 제경 연　사악

長行廊畢成. 自鍾樓西北至景福宮 東北至昌德宮及宗廟前樓門
장행랑 필성　자 종루 서북 지 경복궁　동북 지 창덕궁 급 종묘 전 누문

南至崇禮門前後 所成左右廊 共一千三百六十間. 役徒皆隊長隊副
남지 숭례문 전후　소성 좌우 랑 공 일천 삼백 육십 간　역도 개 대장 대부

軍器監別軍 各司下典及僧人 共二千六百四十一名.
군기감 별군 각사 하전 급 승인 공 이천 육백 사십 일명

乙未 獐入崇禮門 至神化坊見捕. 書雲觀請設百神解怪祭禳之
을미 장 입 숭례문 지 신화방 견포 서운관 청설 백신 해괴제 양지

不從.
부종

隊副辛白妻 一乳一男二女 命賜米.
대부 신백 처 일유 일남 이녀 명 사미

丙申 上邀上王于水閣設酌.
병신 상 요 상왕 우 수각 설작

東北面安邊 宜州 文州 永興府蝗.
동북면 안변 의주 문주 영흥부 황

丁酉 大雨. 初 上欲往觀開慶寺觀音殿法席 司諫院上疏曰:
정유 대우 초 상 욕 왕관 개경사 관음전 법석 사간원 상소 왈

'人君 四方之儀表也. 表正於此 則影直於彼. 詩云: "無競維人
인군 사방 지 의표 야 표정 어차 즉 영직 어피 시운 무경 유인

四方其訓之; 不顯維德 百辟其刑之." 今我殿下 承太祖創造之業
사방 기 훈지 불현 유덕 백벽 기 형지 금 아전하 승 태조 창조 지업

備法制正風敎 垂憲後昆之日 佛氏異端之弊 不可不慮. 頃者 臣等
비 법제 정 풍교 수헌 후곤 지일 불씨 이단 지폐 불가 불려 경자 신등

上疏以聞 殿下議及國人 咸曰: "可革." 乃下兪音 大小臣民 罔不
상소 이문 전하 의급 국인 함왈 가혁 내하 유음 대소 신민 망불

欣賀. 近日中宮未寧 邀僧禱佛 是迫切至情 不能自已而爲之 殿下
흔하 근일 중궁 미녕 요승 도불 시 박절 지정 불능 자이 이 위지 전하

至誠 世子孝懇 格于皇天而致疾愈. 昔周武不豫 周公請命三王
지성 세자 효간 격 우 황천 이 치 질유 석 주무 불예 주공 청명 삼왕

以身代之 翼日乃瘳. 時未有佛 是周公誠格之致然也. 今殿下 以
이신 대지 익일 내 추 시 미유 불 시 주공 성격 지 치연 야 금 전하 이

至誠所感 歸功於佛 賞以米布 加以土田 且於健元陵齋宮之畔 營立
지성 소감 귀공 어불 상 이 미포 가 이 토전 차 어 건원릉 재궁 지반 영립

佛宇 仍設法席 殿下欲往觀之 臣等竊有憾焉. 夫釋氏惑世誣民者
불우 잉설 법석 전하 욕 왕관 지 신등 절 유감 언 부 석씨 혹세 무민 자

久矣. 今屈至尊而親臨之 以示于下 則人將曰: "聖明若是 況其愚者
구의 금 굴 지존 이 친림 지 이시 우하 즉 인 장왈 성명 약시 황 기 우자

乎?" 靡然成風 不可勝禁. 非獨一時之人爲然 百世之下 嗣君必
호 미연 성풍 불가 승금 비독 일시 지인 위연 백세 지하 사군 필

效之曰: "僧佛之事 我先君 亦莫之禁也." 以殿下英明果斷之資 反
효지 왈 승불 지사 아 선군 역 막지 금 야 이 전하 영명 과단 지자 반

陷異端 以示萬民 以啓後世之疑 豈不甚可惜哉? 願殿下 勿臨法席
함 이단 이시 만민 이계 후세 지의 기 불 심 가석 재 원 전하 물림 법석

190

還收土田 以貽萬世之法.

上曰: "業已擇祭時矣 爾等毋更巧言. 若遇雨水 或有他故 則不往

矣. 豈爾等之言 而停此行乎?" 諫臣乃退 是日以雨而止.

己亥 大風. 上慮全羅道漕運阻風 遣人視之. 南原漕船一艘颶沒

死者十三人.

移御景福宮.

移史庫於思勳閣齋宮. 先是 史庫寓于景福宮城內思勳閣 卽

長生殿也.

庚子 大風以雨.

辛丑 大雨. 上曰: "京城內川邊民舍 卽令漢城府察之 毋致漂沒."

留後司街中 水深四尺.

癸卯 雨. 震振威人曹龍與馬二匹.

果州修理山頹 僧三尼一壓死. 京畿損傷之田 共七百八十四結許.

甲辰 聚經師三七人 讀經于昌德宮.

減全羅道水軍都節制使從事官. 司憲府啓: "全羅道地窄

都觀察使 兵馬都節制使 水軍都節制使 各有首領官; 水軍都節制使

又有從事官 各驛煩擾. 乞減從事官." 從之.

丙午 全羅道務安縣雷雨暴作 有白龍乘雲而上. 迹之 都毛谷豆田

中 地拆水湧成井 圍十尺五寸 徑三尺 深十四尺. 人皆謂龍出之

處也.

忠淸道淸州 有女一乳三女 命賜米.
충청도 청주 유녀 일유 삼녀 명 사미

震稷山縣人伐介及牛.
진 직산현 인 벌개 급 우

三功臣獻壽于慶會樓. 上賜趙英茂鞍馬 餘皆賜馬一匹. 成石璘
삼공신 헌수 우 경회루 상사 조영무 안마 여개 사 마 일필 성석린

河崙 以病不與.
하륜 이병 불여

輸大藏經于開慶寺. 先是 聚僧徒二百 給資糧 印陝州海印寺
수 대장경 우 개경사 선시 취 승도 이백 급 자량 인 합주 해인사

大藏經 至是 輸至開慶寺藏之 爲太祖資冥福也.
대장경 지시 수지 개경사 장지 위 태조 자 명복 야

丁未 臺諫請放諸處役徒.
정미 대간 청방 제처 역도

兵曹上遞直法. 啓: "今後入直宰樞 於入直出直日早朝 具申姓名
병조 상 체직법 계 금후 입직 재추 어 입직 출직 일 조조 구신 성명

肅拜後 乃許遞直; 監巡摠制 番之上下 亦令申聞肅拜後 交付巡牌
숙배 후 내 허 체직 감순 총제 번 지 상하 역 령 신문 숙배 후 교부 순패

以爲恒式."
이위 항식

태종 13년 계사년
6월

六月

무신일(戊申日-1일) 초하루에 양전(兩殿-상과 중전)이 창덕궁(昌德宮)으로 환어(還御)했다.

○ 동서 별요(東西別窯)와 행랑(行廊)에서 부역하던 승도(僧徒)를 놓아 보냈다.

기유일(己酉日-2일)에 경복궁으로 행차했는데, 더위를 피하기 위함이었다.

○ 형조판서 최이(崔迤)가 경사(京師)로부터 돌아와 아뢰었다.

"4월 초1일에 황제가 북경(北京)에 하련(下輦-도착)했습니다."

○ 도염서(都染署)¹ 영(令) 정개석(鄭介石)을 파직했다.

개석(介石)은 거짓으로 한성 소윤(漢城少尹) 신보안(辛保安)의 이

---

1 고려와 조선 때 궁중에서 사용하는 염료 제조와 염색을 맡아보던 관청이다. 고려 문종 때 직제의 확립을 보았다. 이때 관원으로는 영(令) 1인, 승(丞) 2인을 두었고 이속(吏屬)으로는 사(史) 4인, 기관(記官) 2인을 두었다. 1308년(충렬왕 34년) 충선왕이 관제개혁을 하면서 잡직서(雜職署)와 병합해 명칭을 직염국(織染局)으로 하고 선공시(繕工寺)의 속사로 했다. 관원으로는 사 2인을 두었는데, 그중 1인은 겸관하도록 했으며 부사·직장(直長) 각 1인을 두었다. 1310년(충선왕 2년)에 다시 도염서에 영과 정(正)을 두었다. 조선 시대에도 명칭과 기능은 그대로 이어졌으나, 1460년(세조 6년) 제용감(濟用監)에 합쳐진 뒤 폐지됐다.

름을 내세워, 보안(保安)의 보단자(保單子)[2]를 만들어 군자감(軍資監)의 쌀 10석을 받았다가 일이 발각됐다[事覺]. 형조에서 그를 탄핵해 장(杖) 80대를 속(贖)하고 파직할 것을 청하니 그것을 따랐다. 개석은 진주(晉州) 사람이었던 까닭으로 하륜(河崙)이 그를 몰래 감싸주었는데[陰庇], 의견을 내는 자[議者]가 형조에 출입한 죄를 가지고 허물을 따졌다[咎]. 대사헌 윤향(尹向)이 조계(朝啓) 때 자세하게 그 사실을 아뢰니, 상이 듣고서 깜짝 놀라 말했다.

"실상이 봐줄 만하다거나 법이 의심스러운 것도 아닌데 무엇 때문에 가볍게 하겠는가! 또 개석은 보안의 이름을 가지고 쌀을 얻었고, 보안은 사실상 알지 못했으나 뒤에 반드시 불려갈 것이다. 개석의 마음은 참으로 도적의 심보다."

판서 최이(崔迤)가 아뢰어 말했다.

"개석의 죄는 관물(官物)을 훔친 죄로 논율(論律)해, 장(杖) 90대에 자자(刺字-문신을 새김)함이 마땅합니다."

상이 옳게 여겼다.

○ 일본(日本) 지좌전(志佐殿)이 사신으로 보낸 객인(客人)이 와서 토산물을 바쳤다. 정부에서 아뢰었다.

"지좌전이 사신으로 보낸 객인이 이르기를 '국인(國人-조선인) 중에 피로(被虜)돼 우리나라에 있는 자가 매우 많습니다. 사람을 보내면 깨끗이 다 데려[刷還]올 수 있습니다'라고 했습니다. 신 등의 생각으로는 통신관(通信官)을 들여보내 추쇄(推刷)해 오는 것이 좋을 듯

---

2 일종의 신분 보증서다.

합니다."

그것을 따랐다.

경술일(庚戌日·3일)에 사헌부에서 경상도 도절제사(慶尙道都節制使) 이도분(李都芬)[3]의 죄를 청했다. 도분(都芬)은 창원(昌原)에 부처(付處)한 손윤조(孫閏祖)를 거느리고 기생과 함께 갔으므로 둘이 모두 죄가 있다고 했으나, (그들의 죄를) 논하지 말라고 명했다.

신해일(辛亥日·4일)에 일본 일기주 지주(一岐州知主) 원량희(源良喜)의 사인(使人)이 와서 토산물을 바쳤다.

임자일(壬子日·5일)에 금천군(錦川君) 박은(朴訔), 영양군(永陽君) 이응(李膺)을 겸 판의용순금사사(兼判義勇巡禁司事), 한상경(韓尙敬)·유정현(柳廷顯)을 의정부 참찬사(議政府參贊事), 조연(趙涓)을 공조판서, 박자청(朴子靑)을 의정부 지사(議政府知事), 하구(河久)를 우군도총제, 안성(安省)을 강원도 도관찰사(江原道都觀察使)로 삼았다. 강원도 도관찰사 우홍강(禹洪康, 1357~1423년)[4], 충청도 도관찰사 이

---

3 여말선초의 무인이다. 1419년(세종 1년) 개성유후로 있을 때 본명인 이도분(李都芬)의 이름 중 도(都) 자가 세종의 이름과 음이 같아서 이사분(李思芬)으로 고쳤다. 다섯 번 수령에 임명되고 세 번 진수(鎭帥)가 되어 모두 공적이 있었고, 좌군도총제(左軍都摠制)를 역임했다.

4 아버지는 단양백(丹陽伯) 우현보(禹玄寶)다. 아버지의 음덕으로 벼슬길에 올랐다. 1392년 (공양왕 4년) 이성계(李成桂) 일파가 정몽주(鄭夢周) 등의 정적을 제거할 때 연루돼 관직을 빼앗기고 원지에 유배됐다가 곧 방면됐다. 1392년(태조 1년) 7월 조선의 개국과 함께 정도전(鄭道傳) 등이 고려의 구신 제거책을 거론할 때 다시 논죄돼 직첩을 몰수당하고 장(杖)

안우(李安愚), 충주 목사(忠州牧師) 권진(權軫), 원주 목사(原州牧使) 권완(權緩) 등이 충청도 제주(提州-제천)에 모여 술을 마셨는데 일이 발각됐다. 헌사(憲司)에서 탄핵해 아뢰니, 상이 홍강(洪康)이 타도(他道)로 넘어 들어갔다고 해서 특명으로 파직시켰다.

계축일(癸丑日-6일)에 대간 장무(臺諫掌務)를 불러 조계(朝啓)에 참여하도록 명했다. 명해 말했다.

"어제 제수(除授)한 원리(員吏)의 고신(告身)에 서경하는 동안에는 대간에서 예궐(詣闕)하지 말도록 하라."

대간에서 아뢰어 말했다.

"지금까지는 제수하는 인원이 비록 많다 해도 매일 조계한 뒤에 제좌(齊坐)해 고신에 서경했는데, 아직 궐사(闕事)한 적이 없었습니다. 이제 서경한 뒤에 조계에 참예하라 하니 신 등은 아직 그 까닭을 모르겠습니다."

드디어 조계에 들어오도록 허락했다.

을 맞은 후 먼 곳으로 유배됐다. 다음해 방면됐으며, 1398년 직첩이 환급됐다. 1401년(태종 1년) 무렵에 우씨 일문이 1399년(정종 1년) 이방간(李芳幹)의 난 때 세운 공로에 대한 배려로 사간원 좌사간대부에 발탁되었고, 이어 통례문판사(通禮門判事)·충주목사·청주목사·예조참의 등을 역임했다. 1410년 10월부터 이듬해 4월에는 이조참의로서 세공종마(歲貢種馬)의 진헌을 위한 사신이 돼 명나라를 내왕한 뒤 공안부윤(恭安府尹)에 제수됐다. 같은 해 윤12월에 전년의 이조참의 재직 중 전서(典書) 강단봉(姜丹鳳)의 과전(科田)을 탈취하고자 한 사건으로 파직됐다. 1412년 우씨 일문이 이방간의 난에 세운 공로를 재평가할 때 정난원종공신(靖難原從功臣)에 추록, 곧 가선대부에 오르면서 한성부윤에 복직됐다. 1413년에 강원도관찰사로 파견됐으나, 이때 임지를 벗어나 충청도관찰사 이안우(李安愚) 등과 모여 술을 마신 일로 다시 파직됐다. 곧 안동대도호부사에 복직됐으며, 홍주목사를 역임했다. 1421년(세종 3년) 자헌대부에 승진하면서 개성유후사유후(開城留後司留後)를 지내다가 병으로 사직한 뒤 죽었다.

○ 사헌부에서 소를 올려 배주 지사(白州知事) 이계경(李季卿)의 죄를 청했다. 계경(季卿)이 바친 세공(歲貢)의 저화(楮貨) 200장(張) 내에 1장의 위조가 있었는데, 계경이 제대로 살피지 않고 감봉(監封)⁵했기 때문이다. 태(笞) 50대를 속(贖)하고 임지로 돌아가도록 명했다.

갑인일(甲寅日-7일)에 일본 대마도(對馬島) 종정무(宗貞茂)의 아들 종우(宗祐)의 사인(使人)이 와서 토산물과 옥대(玉帶)를 바쳤다.

○ 내관(內官) 송지도(宋之道)와 약방 의원(藥房醫員) 이헌(李軒)을 순금사(巡禁司)에 내렸다가 3일 만에 풀어주었다. 지도(之道)와 헌(軒)이 창덕궁(昌德宮)에서 장기 바둑[博奕]을 두었기 때문이다.
박혁

을묘일(乙卯日-8일)에 대부(隊副)⁶ 홍련(洪連)이 백은(白銀) 1정(錠)을 구해 바쳤다.

련(連)이 소격전(昭格殿) 동리 시냇가에서 돌을 지고 오다가 백은 1정을 얻었다. 거기에 글자[文]가 새겨져 있었는데, '원보(元寶)⁷지정
문
(至正)⁸ 4년에 양주(楊州)에서 바치다. 은장(銀匠) 후정용(候亭用)이

---

5 관리가 공물(貢物)을 쌀 때 직접 감독해 봉(封)하는 일을 말한다.
6 조선 시대 각 영(營)에 두었던 종9품(從九品) 서반 잡직이다. 위로 기총(旗摠-정8품), 대장(隊長-정9품)이 있었다.
7 원(元)나라 때 사용하던 은화(銀貨)다. 모양이 말발굽과 같아서 속칭 마제은(馬蹄銀)이라고도 하는데, 무게는 45냥에서 54냥에 이르고 은화로서는 질이 가장 좋다.
8 원나라 순제(順制) 때의 연호다.

만든 화은(花銀) 50냥(兩)'이라고 돼 있었다. 정부에 바쳤다. 정부에서 이를 아뢰니 값에 준해 충분하게 상을 주도록 명했다.

○ 사전(祀典)⁹을 고쳐 바로잡았다[改正]. 예조에서 아뢰었다.
_{개정}

"삼가 『문헌통고(文獻通考)』를 살펴보건대, 산천(山川)에 작(爵)을 봉해준 것은 무후(武后)¹⁰로부터 시작됐고[肇=始], 송나라 진종(眞宗) 때 이르러 오악(五岳)을 모두 봉해 제(帝)로 삼았으며 또 각기 후(后)로 봉했습니다. 진무(陳武)¹¹가 말하기를 '제(帝)는 단지 하나의 상제(上帝)가 있을 뿐인데 어찌 산(山)을 제(帝)라 이를 수 있겠는가? 후전(后殿)을 그 뒤에다 세운다 하니 알지 못하겠지만, 어느 산이 그 짝으로서 부부(夫婦)가 되겠는가?'라고 했습니다. 『홍무예제(洪武禮制)』에서는 악진해독(岳鎭海瀆)을 제사하는데 모두 모악(某岳)·모해(某海)의 신(神)이라 일컬을 뿐 아직 작(爵)을 봉한 호(號)는 없었습니다. 전조(前朝-고려)에 경내(境內-나라 안)의 산천에 대해 각기 봉작(封爵)을 가하고 혹은 처첩(妻妾)·자녀(子女)·생질(甥姪)의 상(像)을 설치해 모두 제사에 참여했으니, 진실로 잘못된 것이었습니다. 우리

---

9 개국 초 한때 명(明)과의 관계를 의식해 명나라의 홍무예제(洪武禮制)를 준용하는 차원에서의 개편이 있었다. 1410년(태종 10년) 의례상정소(儀禮詳定所)가 설치되면서부터 수년에 걸쳐 중국 역대 왕조의 제도인 고제(古制)를 참고해 기존의 사전을 본격적으로 정비했다. 그 결과 고려 때의 잡사였던 초제류(醮祭類)가 폐지되고 그 외 잡다한 제사기 중사와 소사로 편입되면서 국가 사전은 비로소 대·중·소 삼사(三祀)의 정사 체계를 갖추게 됐다.

10 당(唐)나라 중기의 측천무후(則天武后)를 말한다. 고종(高宗)의 후궁으로 고종이 죽고 난 다음 황제가 됐다.

11 송(宋)나라 때 학자로 자(字)는 번수(蕃叟)이며 『춘추(春秋)』에 정통했다. 벼슬은 국자정(國子正)·우문전수찬(右文殿修撰)에 이르렀고 저서로 『강동지리론(江東地理論)』이 있다.

태조(太祖)가 즉위하자 본조(本曹-예조)에서 건의하기를 '각 관(官)의 성황지신(城隍之神) 작호를 혁거(革去)하고 단지 모주(某州)의 성황지신이라 부르게 하소서'라고 해 즉시 유윤(兪允)을 받아 이미 뚜렷한 법령[著令]으로 됐습니다. (그런데) 유사(有司)에서 지금까지 그대로 따라 이를 행하지 않아, 작호(爵號)와 상설(像說)이 아직도 예전 그대로 음사(淫祀)[12]를 행하고 있습니다. 엎드려 바라건대 태조께서 이미 내린 교지를 거듭 밝혀 단지 '모주(某州)의 성황지신(城隍之神)'이라 부르게 하고, 신주(神主) 1위(位)만 남겨두고 그 처첩(妻妾) 등의 신은 모두 다 버리게 하소서. 산천(山川)·해도(海島)의 신 역시 주신(主神) 1위만 남겨두고 모두 목주(木主)에 쓰기를 '모해(某海)·모산천지신(某山川之神)'이라 하고, 그 상설(像設)은 다 철거해 사전(祀典)을 바로잡아야 할 것입니다."

그것을 따랐다. 예조에서 또 아뢰었다.

"하나, 삼가 당(唐)나라 「예악지(禮樂志)」를 살펴보니 악진해독(岳鎭海瀆)은 중사(中祀)이고 산림천택(山林川澤)은 소사(小祀)입니다. 『문헌통고(文獻通考)』의 송제(宋制)에서도 악독(岳瀆)을 중사로 했는데, 본조(本朝)에서는 전조(前朝)의 제도를 이어받아 산천의 제사는 아직도 등제(等第-등급)를 나누지 않았습니다. 경내(境內)의 명산대천(名山大川)과 여러 산천을, 바라건대 고제(古制)에 의거해 등제를 나눠야 할 것입니다.

하나, 제사(諸祀)의 단유(壇壝-담장) 안에서는 오직 사직단(社稷壇)

---

12 내력이 바르지 아니한 사신(邪神)을 섬기고 제사 지내는 일을 가리킨다.

과 풍운뢰우단(風雲雷雨壇)만이 법식대로 축조(築造)됐고, 그 나머지 영성(靈星)·사한(司寒)·마조(馬祖)·선목(先牧)·마사(馬社)·마보(馬步)·중농(仲農)·후농(後農)의 단유는 모두 아직 축조되지 못했으며, 선농(先農)·선잠(先蠶)·노인성(老人星)·북교(北郊)·여제(厲祭)의 단유는 비록 축조했다 하더라도 법식과 다릅니다. 위 항의 단유는 고제(古制)를 상고하고 땅을 봐서 축조해야 할 것입니다.

하나, 여러 사단(祀壇) 안에 비록 제단을 둔 곳은 있으나 신주(神廚)와 제기고(祭器庫)와 제관(祭官)의 재소(齋所)가 없는 까닭에 제사 뒤에는 신(神)의 위판(位版)과 축판(祝版)을 항상 남의 집에다 두게 되고, 혹 비나 눈을 만나면[值=遇] 전물(奠物)의 공비(供備)와 제관이 재숙(齋宿)할 장소조차 없으니 신(神)을 공경하는 도리가 아닌 듯합니다. 바라건대 고제(古制)에 의거해 신주와 제기고, 제관의 재소를 짓게 해야 할 것입니다."

그것을 따랐다.

○ 예조에서 사대부(士大夫)의 상접례(相接禮)를 아뢰어 말했다.

"삼가 『경제육전(經濟六典)』을 살펴보건대, 대부(大夫)와 사(士)의 상접례는 대명(大明-명나라)에서 반포해 내려준[頒降] 읍배식(揖拜式)에 의거해, 한 등급을 격(隔)한 자가 앉거나 서는 예에 따르는 답례가 없습니다. (그런데) 지금 본조(本曹)에서 봉장(奉藏)한 예부(禮部)의 방문(牓文) 사본(寫本)의 한 조목에는 '3품관이 1품관을 뵙거나 4품관이 2품관을 뵐 때는 양배례(兩拜禮)를 행하고, 1품·2품관은 절을 받고 답례하는 데 마땅함을 따른다[從宜]. 나머지 품질(品秩)도 이에 따른다'라고 했습니다. 이로써 보면 앉거나 서는 예에 따르는 답례가 없는 것은 중국에서도 이미 일변했으니, 국조에서만 준용(遵用)해 바뀌지 않은 것은 잘못된 것입니다. 엎드려 바라건대 한 등급을 격한 자의 절을 받고 답례하는 데 마땅함을 따르게 해야 할 것입니다."

그것을 따랐다.

○ 사역원(司譯院)[13]에 문관 훈도(文官訓導)를 두었다. 정부에서 아뢰었다.

"사역원 학생은 한음(漢音)[14]만 전습(傳習)하므로 뜻이나 이치[義理]는 전혀 통하여 깨닫지 못합니다. 이제부터는 문신(文臣)을 훈도관(訓導官)으로 삼아 본국의 어음(語音)을 함께 써서 의미와 이치를 가르치게 하소서."

그것을 따랐다.

병진일(丙辰日-9일)에 동안로(童安老)의 향(鄉-본향)을 동북면 단주(端州)로 내려주었다. 안로(安老)는 바로 우군 도총제(右軍都摠制) 이화영(李和英, ?~1424년)[15]의 장인[妻父]이다.

---

13 조선 태조 2년(1393년)에 설립된 외국어 교육 기관이자 통·번역 사무와 실무를 맡던 관청이다. 고려 시대 명칭이던 통문관(通文館), 상원(象院)이란 별칭으로도 불렸다.

14 한자(漢字)의 중국 음을 가리킨다.

15 아버지는 태조 배향공신(配享功臣)이자 개국공신 1등인 청해백(靑海伯) 양렬공(襄烈公) 이지란(李之蘭)이고, 부인은 태조 원종공신(原從功臣)인 판사 동안로(童安老)의 딸이다. 여진 사람으로서 18세에 낭장으로 벼슬길에 올랐다. 1388년(우왕 14년) 요동 원정군이 위화도에서 회군해 군사 정변을 일으키자 우왕을 시종해 성주(成州)에 있던 이성계의 아들 이방과(李芳果)·이방우(李芳雨), 이화영의 형 이화상 등이 탈출해 반군에 합세하고 남아 있던 동북면 사람과 여진 사람 1,000여 명이 개경으로 진격했는데, 1392년 태조가 즉위

무오일(戊午日·11일)에 강원도 도관찰사(江原都觀察使) 안성(安省)이 병으로 사직하니 윤허하지 않았다. 간원에서 소를 올려 말했다.

'안으로는 헌부(憲府)가, 밖으로는 감사(監司)가 풍속을 규찰하는데, 이는 기강(紀綱)을 바로잡는 임무이기 때문입니다. 그러므로 능히 자기 몸을 바르게 한 자라야 이 임무를 맡을 수 있습니다. 안성은 전에 대사헌이 됐을 적에 본부에서 그 행실의 부정을 갖춰 파직시키기를 청했으나, 얼마 안 돼[尋] 감사의 직임을 제수했습니다. 대체로 감사와 헌부는 그 직임이 한가지라 헌부에서 합당하지 않았다면 반드시 감사에도 합당하지 않을 것입니다. 성(省)은 일신(一身)의 행실을 잃었으니 풍기를 맡는 임무에서[其於] 어떻겠습니까? 엎드려 바라건대, 전하께서는 다른 신하 중에 바르고 곧은 자를 골라 그를 대신케 함으로써 일도(一道)의 풍속을 바르게 해야 할 것입니다.'

상이 말했다.

"성의 불초(不肖)한 일은 모두 문증(文證-문서상의 증거)이 없으니, 이렇게까지 논하는 것은 안 될 일이다."

하면서 동북면 유력자들을 대거 공신에 책봉할 때 이화영은 사복시정에서 상장군에 올라 개국원종공신에 책봉됐으며, 1395년(태조 4년) 공신전 15결과 특전을 명문화한 녹권(錄券)을 받았다. 1398년 보공대장군(保功大將軍)을 거쳐 1400년 태종이 즉위해서도 아버지가 좌명공신(佐命功臣) 2등에 책봉되는 등 일족이 각별한 우대를 받았다. 아버지가 죽자 시묘(侍墓)를 하기 위해 북청에 기거하던 중 1402년(태종 2년) 이성계를 재옹립하려는 조사의(趙思義) 등 동북면 사람의 반란이 발생했는데, 탈출해서 태종에게 귀부해 난을 조기에 종식시키는 데 공헌함으로써 1403년 임오공신(壬午功臣) 2등의 예에 준하는 사전(賜田) 40결을 특사(特賜)받았다. 1406년 도총제(都摠制)가 되고 3년 후 지의정부사(知議政府事), 1415년 참찬, 1423년 판좌군도총제(判左軍都摠制)가 됐으며 판우군부사(判右軍府事)에 이르렀다. 특히 태종의 총애를 받아 1411년 잠시 고향에 갈 때는 왕이 성 밖까지 전송했다 한다.

○ 군기감(軍器監)에 명해 화약을 내정(內庭)에서 시험하게 했다.

○ 『대장경(大藏經)』을 일본국 축주(筑州) 등공(藤公)에게 보냈다. 그의 요청을 따른 것이다.

○ 제주 도안무사(濟州都安撫使) 윤림(尹臨)이 효자와 절부(節婦)로 포상(褒賞)할 만한 자를 아뢰었다.

'하나, 전 직장(直長) 문방귀(文邦貴), 제공(提控) 양심(梁深), 생원 (生員) 고득종(高得宗, 1388~1452년)¹⁶ 등은 부친상을 당해 묘소 곁에다 여막(廬幕)을 짓고 처음으로 3년의 복제(服制)를 행해 한 고을이 감모(感慕)했습니다.

하나, 정씨(鄭氏)는 나이 20에 남편이 죽었으나 절개를 지켰습니다. 족친(族親)이 그 뜻을 빼앗고자 하니 정씨는 원하지 않는다며 말하기를 "남편이 비록 죽었지만, 어찌 차마 그를 버리겠습니까? 만약에 다시 와서 나에게 강요한다면 반드시 몸을 바다에 던져 죽고 말 것입니다"하고는 드디어 도망치니, 일가친척이 그를 의롭게 여겼습니다. 정씨는 부도(婦道)를 능히[克=能] 온전히 해 나이 70이 됐는데, 이 풍문을 듣는 사람들은 모두 (마음속에 뜻을) 흥기(興起)합

---

16 1413년(태종 13년) 당시에 효행으로 천거 받아 음직으로 직장(直長)이 되고, 이듬해 친시 문과에 을과로 급제했다. 대호군(大護軍)·예빈시판관(禮賓寺判官) 등을 거쳐 1427년(세종 9년) 문과중시에 을과로 급제했다. 1437년 중추원첨지사가 되고, 이듬해 호조참의로서 종마진공사(種馬進貢使)가 돼 명나라에 다녀왔다. 1439년 통신사가 돼 부사 윤인보(尹仁甫), 서장관 김몽례(金夢禮)와 함께 일본에 가서 서계(書契)를 가지고 돌아왔다. 1441년 (세종 23년) 중추원부사(中樞院副使)로 다시 성절사(聖節使)가 돼 명나라에 갔는데, 그때 함부로 약재를 청하고 이만주(李滿柱)와 동범찰(童凡察)의 처치를 요구한 일로 귀국 즉시 강음현(江陰縣)에 유배됐다. 2년 후에 풀려나와 중추원동지사·한성부판윤 등을 역임하고 1448년 도전운사(都轉運使)가 돼 충청도와 전라도의 쌀을 평안도로 운반하는 임무를 수행했다. 문장과 서예에 뛰어났으며, 효성이 지극해 사후에 정문(旌門)이 세워졌다.

니다.'

이를 (재가해) 정부에 내려보냈다.

○ 내섬시(內贍寺)의 종 허원만(許元萬)에게 장(杖) 100대를 치고 안변(安邊)으로 유배시켰다. 원만(元萬)은 죄를 범하고 도망친 것이 두 번인데, 주서(注書) 이숙복(李叔福)이 잡아서 알렸다. 순금사(巡禁 司)에 내리니 극형에 처하려 했다. 이에 상이 말했다.

"내 지금 돌이켜 생각하니[翻思], 내 자식 때문에 다른 사람을 형 벌하는 것은 마음속으로 차마 할 수 없다. 감등함이 마땅하다."

드디어 이런 명이 있었다.

○ 대사헌 윤향(尹向) 등이 소를 올렸다. 소는 대략 이러했다.

'전(傳)에 이르기를 "충신은 효자의 문(門)에서 구한다[17]"라고 했습니다. 집에서 불효한데도 나라에 충성하는 자는 아직 있지 않았습니다. 선공감 판사(繕工監判事) 강택(康澤)은 어미가 정주(定州)에 살고 연로(年老)하며 병이 들었는데도 귀양(歸養)하지 않은 지 몇 년이 됐습니다. 지난번 전하께서 모자(母子)의 정을 혜량하시어[亮] 근읍(近邑)인 청주(靑州)에 제수해 혼정신성(昏定晨省)에 편하게 했습니다만, 택(澤)은 상의 은혜에 감복하지 않고 어미가 있는 줄 알지 못하고 여러모로 규면(規免-모면)하려 했습니다. 이는 곧 불효한 자식이라, 이런 그가 능히 전하에게 충성을 다할 수 있겠습니까? 바라건대 향곡(鄕曲)에 내치시어 서용(敍用)하지 말아야 할 것입니다.'

들어주지 않았다.

---

17 『후한서(後漢書)』「위표전(韋彪傳)」에 나오는 말이다.

○ 일본 소이전(小二殿)의 사승(使僧) 경승(慶勝)을 인견(引見)했다.

대호군(大護軍) 평도전(平道全)이 아뢰어 말했다.

"지금 온 소이전의 사승 경승이 말하기를 '지난 11일 주상이 대전(大殿)에 좌정해 조회(朝會)를 받고자 하면서 중들로 하여금 참여토록 했으므로 중들이 심히 기뻐했으나, 그날 비가 와서 이뤄지지 못해 중들이 아직도 전하의 밝은 빛[耿光]을 뵙지 못했습니다. 내일 돌아가고자 하는데 마음에 혐의스러움[歉然]이 있습니다'라고 합니다."

상이 이를 듣고 사람을 시켜 성석린(成石璘)과 하륜(河崙)에게 물으니 모두 대답했다.

"황제(皇帝)가 천하에 군림(君臨)하면 사이(四夷)가 와서 왕으로 모시게 돼 그들을 보지 않은 적이 없습니다. 지금 왜승(倭僧)을 만나는 것이 안 될 것은 없습니다."

조영무(趙英茂)가 말했다.

"이것은 비록 무방하다 하겠으나, 국왕의 사신이 아니고 저런 더러운 오랑캐[醜夷]를 보실 필요도 없습니다."

상이 석린(石璘) 등의 의견을 따랐다.

경신일(庚申日-13일)에 상왕(上王)이 경복궁(景福宮)으로 행차했다. 상왕이 상을 위해 공안부(恭安府)로 하여금 경회루(慶會樓)에 술을 마련토록 하고 마음껏 즐기다가 마쳤다.

계해일(癸亥日-16일)에 전 만호(萬戶) 박초(朴礎, 1367~1454년)[18]를 일본(日本) 통신관(通信官)으로 삼았다. 사간원 좌사간 대부(左司諫大夫) 현맹인(玄孟仁) 등이 소를 올려 말했다.

'공자가 말하기를 "몸가짐에 부끄러움이 있으며, 사방으로 사신이 되어 가서 임금의 명에 욕됨이 없게 한다면 선비라 이를 수 있다[19]" 라고 했습니다. 초(礎)는 초모(草茅-민간 초야)의 선비로 요행히 황송하게도 과거에 급제했고 두터운 성은(聖恩)을 입어 선공감승(繕工監丞)이 됐는데, 관가의 철물을 도용(盜用)해 탐오(貪汚)를 제멋대로 행했으니 그는 염치없는 소인(小人)입니다. 이제 전하께서 명해 일본에 사신으로 보냈다가 (만약에) 초의 불초한 행동 때문에 속임을 당하고 웃음을 사게 되면 신 등은 욕이 우리 조정에 미칠까 염려됩니다. 엎드려 바라건대 전하께서는 공자의 말씀을 본받아 정당치 아니한 사람[非人]을 써서 타국의 사신으로 보내지 말아야 할 것입니다.'
비인

---

18 1391년(공양왕 3년) 불교 배척 상소문으로 사형을 받게 됐으나 정몽주(鄭夢周)의 변호로 사면됐다. 1404년(태종 4년) 사헌부 좌헌납(司憲府左獻納)으로 재직 중 선공감승(繕工監丞)으로 있을 때 관용의 철(鐵)을 사사로이 사용했다는 사실로 인해 장형(杖刑)에 처해졌다. 이때인 1413년에 수군도만호(水軍都萬戶)로 회례사(回禮使)가 되어 일본에 다녀왔고, 그해에 전라도수군도만호 겸 해진군사(海珍郡事)를 역임했다. 1417년 제주목사에 임명됐으나 관물(官物)을 축재했다는 죄목으로 파직당했다가 다시 의주목사에 임명됐다. 1418년(태종 8년) 병조참의를 거쳐 이듬해 좌군절제사 · 전라도수군도절제사 · 경상우도수군처치사가 됐고, 1421년 도안무사(都安撫使)를 지내고 좌군동지총제(左軍同知摠制)를 역임했다. 1424년 북변에 여진의 침입이 잦으므로 조정에서 경원부(慶源府)를 남쪽으로 옮기려 하자 이에 반대해 부령(富寧)에 존속하게 함으로써 국토가 축소되지 않게 했다. 1431년 강계절도사로 재직 중 침범해온 야인들과 싸우지 않았다는 죄목으로 직첩(職牒)을 삭탈당했고, 전옥서 유사(典獄署有司)에게 검거되지 않으려 하다 왕의 엄명으로 고신(告身)을 추탈당했다가 뒤에 복관됐다.

19 『논어(論語)』 「자로(子路)」에 나오는 말이다.

상이 이를 읽어보고 정부로 하여금 토의해 아뢰게 했다. 정부에서 아뢰었다.

"초의 행실을 신 등은 평소에 알고 있습니다. 그러나 죄를 받아 침륜(沈淪-침체)함이 오래된지라 반드시 마음을 움직여[動心] 허물을
동심
고쳤을 것입니다. 더구나 대각(臺閣)에 서용하는 것도 아니고 왜도(倭島)로 사신 보내는 데이겠습니까? 초는 시(詩)도 잘 짓고 글도 잘 지으므로 일본[日域]으로 사신 가는 것이 무방할 듯한 까닭에 신 등
일역
이 그를 천거한 것입니다. 청컨대 상께서 헤아리셔야 할 것입니다."

상이 말했다.

"사람을 쓰는 법이 어찌 반드시 구악(舊惡)을 마음에 두겠는가?[20] 마땅히 정부의 의견을 따라야 할 것이다."

드디어 그를 보내게 됐는데, 지좌전(志佐殿)에게는 호피(虎皮)·세마포(細麻布)·송자(松子)·인삼(人蔘)을, 종정무(宗貞茂)에게는 쌀과 콩 100석, 술 120병(甁)을 내려주었다.

○ 정비(靜妃)가 경복궁(景福宮)으로 이어(移御)했다.

○ 사간원 장무(司諫院掌務)를 불러 유정현(柳廷顯) 등의 고신(告身)에 서경(署經)할 것을 명했다.

상이 헌납(獻納) 은여림(殷汝霖)에게 일러 말했다.

---

20 태종의 이 말은 주목할 필요가 있다. 현맹인 등이 『논어』를 인용해 소를 올리자 똑같이 『논어』를 인용해 이 문제를 마무리 짓고 있기 때문이다. 정확히 지금의 문맥과 통하지는 않지만 「공야장(公冶長)」에는 공자의 이런 말이 나온다. "백이와 숙제는 구악을 마음에 두지 않았다[舊惡]. 이 때문에 그들은 서로에 대해 원망함이 거의 없었다."
구악

"정현(廷顯)의 고신에 어찌하여 서경하지 않느냐?"

여림(汝霖)이 대답했다.

"정현의 처(妻) 이씨(李氏)는 서얼(庶孼)의 소생인즉 정현이 정부에 있는 것은 합당치 않습니다. 지난번에 특지(特旨)²¹로 고신에 서경했으나, 정현이 그 아내를 버리지 아니한 까닭에 이제 또다시 서경하지 않았습니다."

상이 말했다.

"마땅히 빨리 서경해내도록 하라[署出].
　　　　　　　　　　　　　　서출"

또 물었다.

"박자청(朴子靑)의 고신은 어째서 서경해내지 않느냐?"

대답했다.

"정부 백관(百官)의 장(長)은 도리를 논하고 이치를 고르게 하는 [論道燮理] 자리이므로 그 직임이 중합니다. 자청(子靑)의 가문(家門)
　　　　　　　　논도　섭리
[門地]은 일단 그냥 두고 논하지 않는다고 하더라도, 자신이 몸소 척
　문지
석(擲石)놀이를 하고 조사(朝士-조정 선비)를 구타했으니 어찌 재상이 됨에 합당하겠습니까?"

상이 말했다.

"누군들 평안하고자 아니하고 괴로움을 싫어하지 않겠느냐? 자청은 감역(監役)의 임무에 부지런했던 까닭에 이 직임을 제수하는데 너희들은 끝까지 서경해내지 않으려 하는가?"

대답했다.

---

21 임금이 특명으로 관리를 임명하는 것을 말한다.

"만일 공(功)이 있다고 여긴다면 그에게 상(賞)으로 전백(錢帛)을 주고 다른 관직을 제수함이 옳을 것입니다. 신 등은 진실로 서경하지 않기를 바라지만 만약 상께서 이를 강요하신다면 감히 명을 따르지 않을 수 있겠습니까?"

상이 말했다.

"내가 청하고 애걸한 뒤에야 너희들이 나를 위해 생색을 내는가? 이것이 무슨 말이냐?"

또 물었다.

"안성(安省)의 고신은 어찌하여 서경해내지 않는가?"

대답했다.

"성(省)은 남의 첩을 범간(犯奸)했고 어미의 족속을 첩으로 삼았으니, 그 몸이 바르지 못한데 감사(監司)가 돼 풍속을 바르게 할 수 있겠습니까?"

상이 말했다.

"그 일은 증거가 없으니 속히 서경함이 옳다."

또 사헌부 장무를 불러서 사복시(司僕寺) 직장(直長) 유강(柳江)과 호군(護軍) 장주(張住)의 고신을 서경하지 않는 까닭을 물으니 대답해 말했다.

"강(江)은 은지(殷之)의 아들입니다. 은지의 처(妻)는 바로 전조(前朝-고려) 신우(辛禑-우왕)의 비(妃)입니다. 신우가 비록 위조(僞朝)의 임금이라 하더라도 은지는 일찍이 그 신하가 됐다가 뒤에 그 비에게 장가든 까닭에 본부(本府)에서 이미 이이(離異-이혼)하도록 했습니다. 주(住)는 사길(思吉)의 기생첩의 소산입니다. 신 등은 이 까닭에 감히 서경해내지[署過] 못한 것일 뿐입니다."

간원에서 이에 주의 고신에 서경하고 그 말미에 쓰기를 '4품에 한함'이라고 하니, 상이 말했다.

"관작(官爵)은 인군(人君)의 권병(權柄-칼자루)이다. 남의 신하 된 자[人臣]로서 마음대로[擅自] 한품(限品)^{22}이라고 쓰는 것이 될 일이냐?"

병인일(丙寅日-19일)에 등주위(登州衛) 수군(水軍) 노묘(盧苗) 등 3인을 요동(遼東)으로 돌려보냈다. 묘(苗) 등이 바람을 만나 배가 패몰(敗沒)해 압록강(鴨綠江)에 이르렀으므로 서북면 도순문사(西北面都巡問使)가 보고하니, 의복을 주어서 보내라고 명했다.

○ 서전문(西箭門)을 열었다.

풍수 학생(風水學生) 최양선(崔揚善, ?~?)^{23}이 글을 올려 말했다.

---

22 품계를 제한해 임명하는 것을 말한다.

23 이 무렵인 1413년(태종 13년) 풍수학(風水學)에 입학해, 풍수학을 공부하고 잡과(雜科)를 통해 출사했다. 1430년(세종 12년)경 서운관장루(書雲館掌漏)에 임명됐다. 1433년경 삼군부행사정(三軍府行司正)에 임명됐다가 곧 서운관직으로 옮겼고, 이후 판관(判官)·첨정(僉正) 등을 거쳐 부정(副正)에 승직했다. 그러다가 1444년 그간에 올린 음양화복(陰陽禍福)에 대한 글이 논란되자 서산(瑞山)으로 퇴거했다. 1460년(세조 5년) 전 서운관부정으로서 원종공신 3등에 책록된 뒤 졸했다. 세종대를 통해 10여 차례에 걸쳐 경복궁과 창덕궁, 이궁(離宮-별궁) 조성, 헌릉(獻陵)과 수릉(壽陵), 원묘(原廟) 등과 관련된 음양화복설을 개진했고 세조대에도 1464년에 다시 경복궁 지맥완호사(地脈完護事)에 관한 글을 올렸으나, 다만 1413년의 경복궁지맥완호사만 반영되었을 뿐이다. 풍수지리에 조예가 있었음에도 조관(朝官)과 선배, 동료 풍수사와 의견이 상당히 달라서 이들의 배척으로 별 영향을 발휘하지 못했다.

"지리(地理)로 살펴본다면 국도(國都) 장의동(藏義洞) 문과 관광방(觀光坊) 동쪽 고갯길은 바로 경복궁(景福宮)의 좌우 팔입니다. 빌건대 길을 열지 말아서 지맥(地脈)을 온전하게 하소서."

그것을 따라 정부에 명해, 신문(新門)을 성(城)의 서쪽에 열어 왕래에 편하게 하라고 했다. 정부에서 이를 상지(相地)하는데 혹자가 "안성군(安城君) 이숙번(李叔蕃)의 집 앞에 옛길이 있으니 적당하다"라고 말하니, 숙번이 말하기를 "인덕궁(仁德宮-상왕전) 앞에 소동(小洞)이 있으므로 길을 열고 문(門)을 세울 만하다"라고 했다. 정부에서 그대로 따랐는데, 이는 숙번을 두려워한 탓이다. 각사의 종으로 하여금 장의동에 소나무를 심으라고 명했다.

정묘일(丁卯日·20일)에 모화루(慕華樓)의 남쪽 못에서 진미(陳米-묵은쌀)를 가지고 물고기를 기르는 일을 그만두라고 명했다.

상이 예빈시(禮賓寺)에서 진미(陳米)를 가지고 연못의 고기를 기른다는 말을 듣고 장무(掌務)를 불러서 물으니 대답했다.

"한 달에 10말을 소비합니다."

상이 말했다.

"쌀이 묵어서 썩더라도 채소(菜蔬)보다는 오히려 낫지 않겠느냐? 사람이 굶주리는데도 제대로 구제하지 못하면서 어찌 물고기에게 먹이는가?"

○ 풍산군(豊山君) 심구령(沈龜齡)이 졸(卒)했다. 구령(龜齡)은 활을 잘 쏘고 말을 잘 몰아 오랫동안 상의 잠저(潛邸)에서 시종(侍從)

했다. 무인과 경진의 변에 참여해 공로가 있어 드디어 좌명공신(佐命功臣)이 됐다. 여러 벼슬을 거쳐 공안부 판사(恭安府判事), 의흥부 동지사(義興府同知事)에 이르렀다. 구령은 한미한 집안에서 일어나 부귀현달한 데 이르렀으나 능히 스스로 겸손하고 낮추며[謙抑=謙讓] 예절을 굽혀 다른 선비를 대했다. 졸(卒)할 때 나이가 64세였다. 3일 동안 철조(輟朝)하고 부의(賻儀)를 내려 치제(致祭)했다. 정비(靜妃)와 세자 또한 치전(致奠)하고, 시호(諡號)를 정양(靖襄)이라 했다. 세 아들은 보(寶)·실(實)·치(寊)다.

기사일(己巳日·22일)에 유성(流星)이 벽남(壁南)에서 나와 실중(室中)으로 들어갔는데, 모양이 병(瓶)과 같았고 청적색(靑赤色)이었다.

○ 상산부원군(象山府院君) 강계권(康繼權)이 졸(卒)했다. 3일 동안 철조(輟朝)하고 치제(致祭)했으며, 시호를 영평(靈平)이라 내려주었다. 공신(功臣) 하등(下等)의 예로써 장사지내도록 명했다. 계권(繼權)은 바로 신덕왕후(神德王后) 강씨(康氏)의 오빠다.

경오일(庚午日·23일)에 건주위(建州衛) 지휘 동풍지(童風只)가 와서 토산물을 바쳤다.

신미일(辛未日·24일)에 전 의정부 참찬사(議政府參贊使) 최유경(崔有慶, 1343~1413년)이 졸(卒)했다. 유경(有慶)의 자(字)는 경지(慶之)이고 호(號)는 죽정(竹亭)으로, 전주(全州) 사람이며 감찰대부(監察大夫) 재(宰)의 아들이다. 홍무(洪武) 임자년(壬子年·1372년)에 판도좌랑(版圖佐郎)²⁴에 임명됐는데, 그때 각 도의 의염(義鹽)의 소금가마 [鹽盆]가 모두 힘센 토호들[强豪]에게 점령당했으므로 유경이 갖춰 글을 올려 아뢰어 모두 염창(鹽倉)에 속(屬)하게 했다. 환관(宦官) 윤 충좌(尹忠佐)가 임금의 총애(寵愛)를 믿고 교만 방종해 많은 불법을 행하니 헌사에서 이를 묻고자 했으나 능히 실행하지 못했는데, 유경 이 장령(掌令)으로 옮겨서 일을 보던 초기에 즉시 이를 탄핵했다. 을 묘년(乙卯年-1375년) 여름에 전법총랑(典法摠郎)으로 옮겼는데, 이 사충(李思忠)의 가노(家奴)가 그 주인을 찔러 죽이려다 죽이지 못하 자 사충(思忠)이 이를 고소해 고문(拷問)하기를 여러 차례 했으나 그 실정(實情)을 얻지 못했다. 유경이 사정을 들어서 차근히 물으니 [引情徐問] 가노가 스스로 자복해 실토했다. 정사년(丁巳年-1377년) 에 아비의 상(喪)을 당해 여묘(廬墓)살이를 하면서 (3년의) 상제(喪 制)를 마쳤다. 무진년(戊辰年-1388년) 정월에 국가에서 권신(權臣) 임 견미(林堅味)²⁵ 등을 주살(誅殺)할 때, 유경을 양광도 안렴사(楊廣道 按廉使)로 삼아 전민(田民-농민)을 추고(推考)해 바로잡게 했다. 여 름에 위주(僞主-고려 우왕)가 군사를 일으켜 요동(遼東)을 공격할 때, 유경을 서북면 전운사 겸 찰방(西北面轉運使兼察訪)으로 삼았다. 태

---

24 고려가 원(元)의 지배하에 들어갔을 때 호부 좌랑(戶部佐郎)을 고친 이름이다.

25 1377년 왜구가 침입했을 때 문하평리(門下評理)로서 동강부원수(東江副元帥)·서해도조 전원수(西海道助戰元帥)로 출전했다. 1380년 이인임(李仁任)과 함께 경복흥(慶復興)과 일 당을 숙청했고, 1383년에 수문하시중(守門下侍中)으로 정방제조(政房提調)를 겸임했다. 그 이듬해에는 평원부원군(平原府院君)이 되어 문하시중에 올랐다. 그러나 이후 이인임· 지윤(池奫)·염흥방(廉興邦) 등과 함께 전횡을 일삼다가 1388년 최영(崔瑩)·이성계에게 살해됐다.

조(太祖)가 의(義)를 들어 회군(回軍)하자 온 조정이 태조에게 붙었으나, 오로지 유경만은 말을 달려 성주(成州)에 이르러서 위주(僞主)를 뵙고 변란을 고한 뒤 수종(隨從)해 서울로 돌아왔다. 태조가 집정(執政)해 최영(崔瑩)을 물리치고 유경을 발탁해 밀직부사(密直副使)로 삼았다. 임신년(壬申年-1392년)에 우리 태조께서 즉위해 원종공신(原從功臣)으로 삼으니, 좌우(左右)에서 무진년의 일을 가지고 반대하는 자들이 있었으나 태조가 그 충의(忠義)를 칭찬했다. 무인년(戊寅年-1398년) 봄에 태조가 장차 평주(平州) 온정(溫井)에 행차하고자 하던 길에 유휴사(留後司-개경)에 어가(御駕)를 머물렀는데, 정령(政令)이 해이한 것을 보고 즉시 유경을 천거해 유후(留後)로 삼으니 유경이 나아가 말했다.

"신(臣)이 일찍이 제릉(齊陵)에 봉향(奉香)했는데, 수릉인(守陵人)과 제기(祭器)가 모두 미비했습니다. 제릉(齊陵)²⁶이 선적(先嫡)인데 어찌 홀로 정릉(貞陵)²⁷에만 두텁게[厚] 하십니까?"

태조가 말했다.

"내가 엷게[薄] 하는 것이 아니다. 유사(有司)에서 청하지 않기 때문이다."

유경이 또 이 말을 가지고 도당(都堂)에 말했다. 가을에 또 경기우도 관찰사(京畿右道觀察使)가 됐다. 정사(定社)한 뒤에 이르러 상왕(上王)이 즉위하니, 유경을 꺼려 해 이를 헐뜯는 자가 있었는데 상이

---

26 신의왕후 한씨의 능이다.
27 신덕왕후 강씨의 능이다.

이를 제지시켰다. 상이 즉위하게 되자 다시 대사헌(大司憲)으로 삼았다. 병술년(丙戌年-1406년)에 상이 각사로 하여금 노성(老成)한 자로서 정부(政府)를 맡을 만한 자를 추천하라고 하니, 육조(六曹)와 대간(臺諫)에서 함께 유경을 천거하므로 의정부 참찬사로 삼았다. 정사를 사양하고 물러난 지 7년 만에 병으로 졸하니 나이 71세였다. 3일 동안 철조(輟朝)하고 시호를 평도(平度)라고 했다. 척당(倜儻)[28]해 용감히 말하고 남에게 굽히거나 아첨함이 없는 것을 이른 것이다. 중외에 두루 이름을 드날려서[歷敭], 사람들이 깨끗하고 곧다[淸直]
<small>역양</small> <small>청직</small>
고 칭송했다. 아들이 다섯이니 사위(士威, 1361~1450년)[29]·사의(士儀, 1376~1452년)[30]·사규(士規)·사강(士康, 1388~1443년)[31]·사용(士庸)

---

28 기개가 있어서 남에게 구애받지 않는다는 뜻이다. '척당불기(倜儻不羈)'라고도 한다.

29 고려 말기에 관직이 중랑장에 이르렀지만, 조선이 개국되는 와중에 잠시 낙향했다. 1393년(태조 2년) 다시 벼슬길에 나아가 도관좌랑·사헌부지평·사간원좌윤·병조참의 등을 역임했다. 태종 집권 초에 안변부사 조사의(趙思義)가 난을 일으키자 이순(李淳)·김우(金宇) 등과 함께 평정했다. 곧이어 황해도관찰사로 임명됐으며, 이때 왕이 지켜보는 가운데 군사 훈련을 잘해 관대(冠帶) 1령(領)을 하사받았다. 다음해에는 우군동지총제사로 천추사(千秋使)가 돼 명나라에 다녀왔다. 1424년(세종 6년)에 북쪽 변방을 오랑캐가 침략하자 김계지(金繼之)와 함께 물리쳤으며, 이 공으로 자헌대부(資憲大夫)에 봉해졌다. 이후 한성부판윤이 됐다.

30 1393년(태조 2년) 형조의랑(刑曹議郎)으로서 실행(失行)한 세자빈 유씨의 죄를 청한 일로 태조의 노여움을 사서 파직됐다가 곧 복직됐다. 1426년(세종 8년) 공조참의(工曹參議)에 임명됐고, 다음해 이조참의를 거쳐 종2품계에 오르면서 삼군부우군동지총제(三軍府右軍同知摠制)에 승직했다. 이어 1441년까지 호조참판(戶曹參判), 경기도관찰사, 동지총제, 중군총제, 개성부부유후(開城府副留後), 인수부윤(仁壽府尹), 한성부윤(漢城府尹)을 차례로 역임했다. 1450년(문종 즉위년) 돈녕부판사로서 궤장(几杖)을 받았고, 곧 치사(致仕)했다가 졸했다. 사후에 세종조의 청백리(淸白吏)에 녹선됐다. 청렴결백하고 공평무사한 정사로 상하의 인망이 높았다 한다.

31 416년(태종 16년) 2월 중군경력(中軍經歷)으로 재직 중 장녀가 태종의 아들인 함녕군(諴寧君)에게 출가하면서 현귀하게 돼 곧 사간원지사에 초천(超遷)됐다. 1418년(세종 즉위년) 9월에는 다시 당상관에 오르면서 승정원 동부대언에 발탁, 우부대언을 거쳐 다음해

이다.[32]

○ 대사헌 윤향(尹向) 등이 소를 올렸다. 소 가운데 각 사람의 가세(家世)와 행실(行實)이 바르지 못한 자를 자세히 논하고 그 고신에 서경할 수 없다고 하니, 상이 그 소(疏)를 대내(大內-궁중)에 머물러 두고 다른 사람들로 하여금 알지 못하게 했다.

○ 일본 강주 태수(江州太守)의 사인(使人)이 와서 토산물을 바쳤다.

계유일(癸酉日-26일)에 동북면(東北面) 함주(咸州) 이북(以北)에 큰 비가 와서 곡식이 상했다.

갑술일(甲戌日-27일)에 전조(前朝-고려) 시중(侍中) 유정(柳廷)의 천첩(賤接) 후손을 수군(水軍)에 채워 넣었다.

그 자손들이 여러 차례 양인(良人)이라고 소송했고, 이상(二相-찬성) 유량(柳亮)과 삼재(三宰) 유정현(柳廷顯) 등이 억지 변명(辨明)을

12월에 예조참의에 임명됐으며, 1420년 3월에 경기관찰사로 파견됐다. 1421년(세종 3년) 경상도도관찰사에 전임됐고, 이듬해에는 중군동지총제가 됐다. 1423년에 병조참판에 오른 이후 1431년(세종 13년)까지 좌군동지총제·호조참판·대사헌·병조참판·이조참판 등을 차례로 역임했다. 병조판서로 승진해 세종의 총애가 계속되는 가운데 1434년 1월에 장남인 봉례랑(奉禮郞) 최승녕(崔承寧)의 딸이 세종의 넷째아들인 임영대군(臨瀛大君)에게 출가했다. 1436년(세종 18년)에 의정부참찬 에 개수됐다. 1437년 2월에는 둘째 딸이 세종의 여섯째 금성대군(錦城大君)과 혼인했다. 1441년(세종 23년)에 의정부 우찬성에 올랐으며 이듬해 이조판사를 겸직했고, 곧이어 사은사가 돼 명나라에 갔다.

32 셋째 아들 사흥(士興)은 유복자여서 여기에는 빠져 있다.

그치지 않았으며, 그 자손 7~8구(口)가 본궁(本宮)³³에 속했다. 이때에 이르러 도관(都官)에서 말했다.

"사재감(司宰監) 수군(水軍)에 소속하게 하는 것이 마땅합니다."

상은 속으로 애초에 불편하게 여겨 일을 아뢰는 대신(大臣)에게 물었다.

"경 등이 각각 들은 바를 아뢰고 숨기지 말 것이며, 또 일이 본궁에 관계된다고 혐의하지 말라. 천지 귀신이 위에 임해 있고 나의 부귀도 이에 이르렀으니, 어찌 감히 개의하겠느냐?"

묻기를 두 번 세 번 하니 우대언(右代言) 유사눌(柳思訥)이 아뢰었다.

"수군에 채워 넣는 것이 마땅합니다."

여러 경(卿)이 그를 따라서 옳게 여기니 상이 말했다.

"내 진실로 이같이 하면 편리하게 될 줄을 알지 못했다."

을해일(乙亥日-28일)에 취각(吹角)³⁴했다.

상이 경회루(慶會樓) 아래에서 말에 올라[上馬] 나가니, 근신(近臣)
들도 어디로 가는지 알지 못했다. 근정문(勤政門)에 나아가 병조(兵
曹)에 명해서 선자기(宣字旗)를 문밖에 세우게 하고 취각했다. 장수

---

33 임금이 되기 전에 살았던 집을 말한다.
34 비상시에 군사를 모으기 위해 만든 제도로, 취라치(吹螺赤)가 각(角)을 불면 시위 군사
(侍衛軍士) 등이 갑병(甲兵)을 갖추고 지정된 장소에 급히 달려 나왔다.

(將帥)에게 명해 직문기(織紋旗)를 주어 궐문(闕門) 밖에 세우게 하니, 군사(軍士)가 모두 추령(趨令)[35]하고 문무백관(文武百官)도 궐 아래로 달려 나왔다. 이날 평도전(平道全)이 그 무리 5~6인을 거느리고 궐문(闕門) 밖에 나왔는데, 모두 면갑(面甲)·호항(護項)[36]에 갑옷을 두르고 무기를 지녔으니 상이 그 뜻을 가상히 여겨 음식을 대접하라고 명했다.

○ 각 도로 하여금 사의(蓑義-도롱이)를 바치라 하고, 이어 이를 연례(年例)로 삼았다.

병자일(丙子日-29일)에 유성(流星)이 천중(天中)에서 나와 건방(乾方)에 들어갔는데, 모양이 병(瓶)과 같았고 청적색(靑赤色)이었다.

○ 처녀(處女)로서 여승이 된 자를 환속(還俗)하라고 명했다.

사헌부(司憲府)에서 아뢰었다.

"양가(良家)의 처녀 중에 여승이 된 자는 모두 환속해 성혼(成婚)시켜서 인륜을 바로잡아야 할 것입니다."

그것을 따랐다.

정축일(丁丑日-30일)에 유성(流星)이 벽남(壁南)에서 나와 실중(室中)으로 들어갔는데, 모양이 됫박 같았다.

---

35 명령을 받들기 위해 급하게 뛰어나가는 것을 말한다.
36 목을 보호하는 투구를 말한다.

○ 서북면(西北面) 안주(安州) · 덕주(德州) · 수주(隨州) · 이주(理州) · 곽주(郭州) · 양덕(陽德)에 황충(蝗蟲)이 일었다.

○ 사헌부에서 소를 올려 병조판서 이숙번(李叔蕃)의 죄를 청했다.

"숙번(叔蕃)이 입직(入直)하는 날을 맞아 스스로 사제(私第)로 물러갔다가 취각(吹角) 소리를 듣고 마음대로 궁성(宮城)에 들어감으로써 군률(軍律)을 범했으니, 법대로 처치하기를 청합니다."

상이 말했다.

"숙번이 아들을 위해 약(藥)을 지었다. 내가 그 사실을 아니 더는 거론하지 말라."

○ 성균 대사성(成均大司成) 권우(權遇, 1363~1419년)[37] 등이 글을 올렸다. 글은 이러했다.

'신 등은 모두 용렬하고 비천한 사람으로서 성명(聖明-빼어나고 밝

---

37 어려서는 형인 권근(權近)에게서 학문을 배우다가 자라서는 정몽주(鄭夢周)의 문하에 들어가 수학했다. 1377년(우왕 3년) 진사가 되고 1385년 문과에 급제해 문첩녹사(文牒錄事)가 됐으며, 이어 성균박사 · 밀직당(密直堂) · 장흥고사(長興庫使) 등을 역임했다. 1390년(창왕 2년) 액정알자감(掖庭謁者監)을 거쳐 예조좌랑이 되고, 이듬해 이조좌랑을 거쳐 군자감승(軍資監丞)을 지냈다. 조선이 건국된 뒤에도 계속 등용돼, 1394년(태조 3년) 광주판관(廣州判官)에 임명되고 이듬해 중부유학교수관(中部幼學教授官)이 됐다. 1400년(정종 2년)에는 사헌부사헌에 오르고 성균직강(成均直講) · 예조정랑 · 사간원좌헌납 · 집현전지제교(集賢殿知製教) · 예문응교(藝文應教) 등을 거쳐 사헌부장령이 됐으며, 그 뒤 성균사예(成均司藝) · 사헌부집의 · 사간원우사간 겸 춘추편수관(司諫院右司諫兼春秋編修官) 등을 거쳐 성균대사성에 올랐다. 1412년(태종 12년) 예조우참의와 세자우보덕(世子右輔德)이 됐다가 곧 예조좌참의와 세자좌보덕이 되고, 형조참의를 거쳐 집현전직제학이 됐다. 1415년 원주목사를 거쳐 예문관제학이 됐으며, 1418년 충녕대군(忠寧大君)이 세자로 책봉되자 세자빈객이 됐다. 관직에 재임하는 동안 두 번이나 시관(試官)이 돼 정인지(鄭麟趾) 등 명사 100여 인을 선발했다. 글씨를 잘 썼으며, 그가 쓴 형 권근의 신도비가 남아 있다. 시문에도 능했고 성리학과 『주역』에 밝았다. 당시 그의 학풍이 떨쳐져 정인지 · 안지(安止) 등 많은 학자를 배출했다.

은 임금)을 만나 발탁(拔擢)해 써주심을 입어[獲蒙] 외람되게 학관
(學官)이 되었으니, 교양(敎養)의 직임을 진실로 감당하지 못하고 오
히려 어그러짐이 있을까[獲戾] 두려워하는데 감히 직분(職分)을 다
해 성은(聖恩)의 만에 하나라도 보답할 것을 생각하지 아니하겠습니
까? 오늘날의 학교 제도(學校制度)와 선거법(選擧法) 중에 마땅히 혁
파해야 할 것들이 있어, 신 등이 삼가 옛 제도를 고찰하고 시의(時
宜)를 참작해 총문(聰聞-임금의 귀)을 더럽힙니다. 나무꾼과 목동의
말도 반드시 고르고 가까운 사람들이 하는 말도 반드시 살피는 것
[芻蕘必擇 邇言必察]³⁸은 진실로 빼어난 이의 지극한 다움입니다. 엎
드려 바라건대, 빼어난 전하께서 재량(裁量)해 시행하신다면 우리 도
리[吾道=儒家]에 매우 다행이겠습니다.'

의정부에 내려 깊이 토의하라고 명했다.

'하나, 옛날 사람이 세상에 나서 8세가 되면 왕공(王公) 이하에서
서인(庶人)의 자제(子弟)까지 모두 소학(小學)에 들어가던 법에 의거
해, 1품부터 그 이하로 서인의 자제까지 부학(部學)³⁹에 들어가게 해
처음에는 『소학』을 가르치는데, 매일 읽은 것은 반드시 배문(背文)해
외우게 한 뒤 다시 다음 절(節)을 가르치고 5일마다 고강(考講)해, 제
대로 통하지 못하는 자는 벌을 주고 잘 외우고 잘 강(講)하는 자는
그 고하를 논해 모두 책(冊)에다 쓰며, 그 학문이 점진(漸進)해 사서

---

38 앞부분은 『시경(詩經)』 「대아(大雅)·판(板)」에 나오는 구절에서 비롯된 것이다. "옛 선인
   들은 이렇게 말했다. 나무꾼과 목동에게도 물어야 한다[詢于芻蕘]." 뒷부분은 『중용(中
   庸)』에 나오는 말로, 순(舜)임금이 늘 그렇게 했다고 한다.
39 서울에 설치한 5부 학당(五部學堂)을 일컫는 말이다.

(四書)와 일경(一經)을 읽기에 이르는 자는 봄가을마다 의의(疑義)[40]를 짓는 것으로 시험해 그 고하의 차례대로 장부에다 이름을 쓰고 벌(罰) 받는 것의 다소도 여기에 쓰게 할 것.

하나, 옛날에 모든 백성 가운데 준수(俊秀)한 자가 태학(大學)에 들어가던 법에 의거해, 대소인원(大小人員)과 서인(庶人)의 자제 중 부학(部學)에 있는 자가 식년(式年)[41]에 이르면 예조의 1원(員)과 동관원(同館員)이 부학으로 나아가, 그 나이 15세 이상으로 이미 사서(四書)와 일경(一經)을 읽으며 언행(言行)이 도(度)에 맞고 강송(講誦)과 의의(疑義)가 상등(上等)에 있으면서 벌을 받은 것이 적은 자와 다시 고시(考試)를 가해 입격(入格)한 자는 예조로 올려서 생원시(生員試)에 나아가도록 할 것.

하나, 옛날에 사도(司徒)[42]가 향학(鄕學)에서 올라온 선사(選士-선발된 선비)를 논해 향수(鄕遂)의 관리로 채용하고 사마(司馬)[43]는 국학(國學)에서 올라온 진사(進士)를 논해 왕에게 보고해 벼슬시키던 법에 의거해, 식년(式年)마다 부학(部學)과 각 도 감사(監司)가 예조로 올려 보낸 바로서 생원시(生員試)에 나가게 했으나 합격하지 못한

---

40 경서(經書)의 구절을 해석하고 일정한 논리를 세우는 시험 형식의 하나다. 『경국대전(經國大典)』「예전(禮典)」에 따르면 시험 과목 가운데 의(疑)와 의(義)가 있는데, 의(疑)는 사서의(四書疑)로 사서(四書) 중에서 출제됐고 의(義)는 오경의(五經義)로 오경(五經) 중에서 출제됐다. 그러나 의제(疑題)와 의제(義題) 두 가지는 혼용돼 의의(疑義)로 쓰이는 경우도 많았다.

41 자(子)·오(午)·묘(卯)·유(酉)가 붙은 해를 식년(式年)이라 한다. 3년에 1차씩 시험 치르는 것을 식년시(式年試)라 한다.

42 교육 책임자다.

43 군사 책임자다.

자들 가운데 나이 40이 넘었는데도 벼슬살이를 원하는 자는 예조에 서장(書狀)으로 고하면 이조(吏曹)에 이문(移文)해 그 성명을 계문하여 내시(內侍)와 3도감(三都監)의 지인(知印)에 소속시키며, 국학(國學)에서 대성(大成)한 자를 취해 직접 회시(會試)에 나가게 한 자로서 만약 합격하지 못하면 노소를 막론하고 예조에서 이조로 관문(關文)을 보내 그 성명을 교수관(敎授官)과 감무(監務)와 현령(縣令)에게 계문하여 서용(敍用)하되 원하지 않는 자는 국학에 재학(在學)할 것을 허용할 것.[44]

(의정부에서 말했다.) "이상의 3조목은 말씀 올린 대로 시행하는 것이 어떠하겠습니까?"

'하나, 옛날에 악정(樂正)이 4술(四術)[45]을 높이고 4교(四敎)[46]를 세우며 선왕의 시서(詩書)와 예악(禮樂)을 좇아서 선비를 기르는데 해마다[比年=每年] 입학하게 하고 중년(中年)에 고교(考校)[47]해서 7년에 이르러 소성(小成)하고 9년에 대성(大成)해 사마(司馬)에 올라가던 법에 의거해, 본관(本館)은 부학(部學)에서 올라온 자제(子弟)와 각 년(年)의 생원(生員)을 받아 달마다 30일 내에 20일은 오전에 훈도(訓導)하고 오후에는 고강(考講)하며 10일은 3장(三場)과 정문(程文)을 과(課)하고 월말에는 그달 안에 훈도(訓導)한 경서(經書)의 다소(多小)와 고강(考講)·과문(課文)의 고하(高下)를 갖춰 기록해 계본

---

44 이는 성균관에서 올린 소다. 이하도 마찬가지다.

45 시(詩)·서(書)·예(禮)·악(樂)을 말한다.

46 공자가 제자들에게 가르쳤다는 네 가지, 즉 문(文)·행(行)·충(忠)·신(信)을 말한다.

47 시험 치는 것을 말한다.

(啓本)을 신정(申呈)하고 예조에 보고해 압인(押印)한 후 장부에 기록하며, 식년마다 매년의 소성(小成)한 자의 분수(分數)를 고찰해 그 고하를 등급 매겨 상등을 취하되 5명이든지 7~8명이든지 해서 10명까지로 그치게 해 이를 대성(大成)이라 하고 그 성명을 예조에 보고하면 예조는 계문해 직접 회시(會試)에 나가게 하고 그 중등(中等) 이하는 관시(館試)에 나가게 하며, 부학(部學)에서 올라온 자제(子弟)는 소성(小成)과 대성(大成)을 막론하고 모두 생원시(生員試)에 나아가는 것을 허용할 것.'

(의정부에서 말했다.) "위의 조목에서, '달마다 20일은 훈도(訓導)하고 4일은 고강(考講)하고 6일은 정문(程文)을 과(課)한다'로 하는 것이 어떠하겠습니까?"

'하나, 옛날에 공경(公卿)·대부(大夫)·원사(元士)의 맏아들은 모두 태학(大學-성균관)에 입학하던 법과, 근대(近代)에 문음(門蔭)으로 입학하던 예에 의거해 2품 이상의 자제 중 부학에 재학한 지 15년 이상인 자는 식년을 기다리지 말고 그 글을 강(講)하고 그 문장을 시험해 국학으로 올려 보낼 것.'

(의정부에서 말했다.) "위의 조목에서, '3품 이상의 자제 중 나이가 15세에 사서(四書)와 일경(一經)을 대충 읽은[粗讀]_{조독} 자도 모두 국학으로 올린다'로 하는 것이 어떠하겠습니까?"

○ '하나, 옛날에 숙(塾)에서 당(黨)으로 올리고 당에서 술(術)로 올리며 향대부(鄕大夫)가 사도(司徒)에게 올리고 사도(司徒)가 국학으로 올리던 법에 의거해, 외방(外方) 각 도·군·현의 학교에서 교수관(敎授官)·훈도(訓導)가 강시(講試)하는 것도 한결같이 경중(京中)의

부학(部學)의 예와 같이해서, 해마다 봄가을로 상등(上等) 약간 명을 뽑아 영내(領內)의 각 관에 임명하고 계수관(界首官)에게 올리면 계수관은 받아서 가르치는데 위의 의식과 같이하며, 식년(試年)에 이르면 감사는 도내의 여러 계수관의 생도를 모아서 고교원(考校員)[48]을 정해 이를 시험하고 입격자(入格者) 약간 명을 뽑아 예조에 올려서 생원시(生員試)에 나아가게 할 것.'

"위의 조목에서, 각 도에서 생원시에 나온 자는 그 도(道)의 과거(科擧)·향시(鄕試)의 분수(分數)에 두 배를 취해서 보내는 것이 어떠하겠습니까?"

'하나, 옛날에 사도(司徒)에 올라간 자는 향(鄕)에서 정(征)[49]하지 않았고 국학에 올라간 자는 사도(司徒)에서 정(征)하지 아니한 법에 의거해, 이미 생원시(生員試)에 합격해 국학(國學)에 들어간 자는 그 본가(本家)의 요역(徭役)을 면제할 것.'

(의정부에서 말했다.) "위의 조목에서, 생원(生員)으로 관(館)에 거(居)하는데 동거(同居)도 없고 형제도 없고 노비도 2~3구에 불과한 자는 요역(徭役)을 면제하는 것이 어떠하겠습니까?"

'하나, 양현고(養賢庫)[50]에 속한 전지(田地) 1,000결(結)은 해마다 손(損)이 많고 실(實)이 적으므로 제생(諸生)을 공억(供億)하는 것이

---

48 조선조 때 각 도에서 생도를 모아 시험을 보이고 입격자를 고정(考定)해 생원시(生員試)로 보내는 일을 맡은 관원을 말한다.

49 세금 매기는 일을 말한다.

50 조선 시대 종6품 아문(衙門)으로, 성균관 유생들에게 쌀·콩 등의 물품을 공급하는 일을 관장했다. 1392년(태조 1년)에 설치됐다.

나물과 국 외에 다른 반찬을 제공할 수 없으니, 이제부터는 어량(魚梁) 한두 곳을 양현고(養賢庫)에 오로지 속하게 해 전라도·충청도에서 생산되는 황각(黃角-해초 일종)과 경상도·강원도에서 생산되는 해곽(海藿-해초)을 요량해 숫자를 정하고 각 도의 감사로 하여금 절기(節氣)마다 상납(上納)하게 하는 것으로써 항식을 삼도록 할 것.'

"위의 조목에서 사재감(司宰監)으로 하여금 달마다 수량을 헤아려 제급(題給)하게 하는 것이 어떠하겠습니까?"

戊申朔 兩殿還御昌德宮.
무신 삭 양전 환어 창덕궁

放東西別窯及行廊赴役僧徒.
방 동서 별요 급 행랑 부역 승도

己酉 幸景福宮 避暑也.
기유 행 경복궁 피서 야

刑曹判書崔迤 回自京師啓曰: "四月初一日 皇帝下輦于北京."
형조판서 최이 회자 경사 계왈 사월 초일일 황제 하련 우 북경

罷都染署令鄭介石職. 介石僞著漢城少尹辛保安名 作保單子 受
파 도염서 영 정개석 직 개석 위저 한성 소윤 신보안 명 작 보단자 수

軍資監米十石 事覺. 刑曹劾之 請贖杖八十罷職 從之. 介石 晉州人
군자감 미 십석 사각 형조 핵지 청 속장 팔십 파직 종지 개석 진주인

故河崙陰庇之 議者咎刑曹出入之罪. 大司憲尹向於朝啓 細陳其實
고 하륜 음비 지 의자 구 형조 출입 지죄 대사헌 윤향 어 조계 세진 기실

上聞之 驚駭曰: "非情可矜法可疑 何故輕之! 且介石 以保安之名
상 문지 경해 왈 비정 가긍 법 가의 하고 경지 차 개석 이 보안 지명

得米 保安實不知 後必見徵. 介石之心 眞竊盜也." 判書崔迤啓曰:
득미 보안 실 부지 후 필 견징 개석 지심 진 절도 야 판서 최이 계왈

"介石之罪 以盜官物論律 當杖九十刺字." 上然之.
개석 지죄 이도 관물 논율 당장 구십 자자 상 연지

日本志佐殿 使送客人 來獻土物. 政府啓: "志佐殿使送客人云:
일본 지좌전 사송 객인 내헌 토물 정부 계 지좌전 사송 객인 운

'國人被擄在我土者頗多 遣人則可得刷來.' 臣等以爲 通信官入送
국인 피로 재 아토 자 파다 견인 즉 가득 쇄래 신등 이위 통신 관 입송

推刷似便." 從之.
추쇄 사편 종지

庚戌 司憲府請慶尙道都節制使李都芬罪. 以都芬率昌原付處
경술 사헌부 청 경상도 도절제사 이도분 죄 이 도분 솔 창원 부처

孫閏祖 載妓偕行 兩俱有罪 命勿論.
손윤조 재기 해행 양구 유죄 명 물론

辛亥 日本一岐州知主源良喜 使人來獻土物.
신해 일본 일기주 지주 원량희 사인 내헌 토물

壬子 以錦川君朴訔 永陽君李膺兼判義勇巡禁司事 韓尙敬
임자 이 금천군 박은 영양군 이응 겸 판의용순금사사 한상경

柳廷顯參贊議政府事 趙涓工曹判書 朴子靑知議政府事 河久右軍
유정현 참찬 의정부사 조연 공조판서 박자청 지의정부사 하구 우군

都摠制 安省江原道都觀察使. 江原道都觀察使禹洪康 忠淸道
도총제 안성 강원도 도관찰사 강원도 도관찰사 우홍강 충청도

都觀察使李安愚 忠州牧使權軫 原州牧使權緩等 會飮于忠淸道之
도관찰사 이안우 충주목사 권진 원주목사 권완 등 회음 우 충청도 지

堤州 事覺. 憲司劾之以聞 上以洪康越入他道 特命罷職.
제주 사각 헌사 핵지 이문 상 이 홍강 월입 타도 특명 파직

癸丑 召臺諫掌務 命參朝啓. 命曰: “前日除授員吏告身署經之
계축 소 대간 장무 명참 조계 명왈 전일 제수 원리 고신 서경 지

間 臺諫勿詣闕.” 臺諫啓曰: “前此 除授雖多 每日朝啓後 齊坐署經
간 대간 물 예궐 대간 계왈 전차 제수 수다 매일 조계 후 제좌 서경

告身 未有闕事. 今命署經後參朝啓 臣等未知所以.” 遂許入朝啓.
고신 미유 궐사 금 명 서경 후 참 조계 신등 미지 소이 수 허입 조계

司憲府疏請 知白州事李季卿罪. 季卿所進歲貢楮貨二百張內 有
사헌부 소청 지 배주 사 이계경 죄 계경 소진 세공 저화 이백 장내 유

一張僞造 季卿不能察而監封也. 命贖笞五十而還任.
일장 위조 계경 불능 찰이 감봉 야 명속 태 오십 이 환임

甲寅 日本對馬島宗貞茂子宗祐 使人來獻土物及玉帶.
갑인 일본 대마도 종정무 자 종우 사인 내헌 토물 급 옥대

下內官宋之道 藥房醫員李軒于巡禁司 三日而釋之. 之道與軒 爲
하 내관 송지도 약방 의원 이헌 우 순금사 삼일 이 석지 지도 여헌 위

博奕於昌德宮也.
박혁 어 창덕궁 야

乙卯 隊副洪連得白銀一錠以獻. 連負石于昭格殿洞溪邊 得白銀
을묘 대부 홍련 득 백은 일정 이헌 련 부석 우 소격전 동계 변 득 백은

一錠 有文曰: “元寶 至正四年 楊州所貢 銀匠候亭用所造 花銀五十
일정 유문 왈 원보 지정 사년 양주 소공 은장 후정용 소조 화은 오십

兩.” 納于政府. 政府以聞 命準價充賞.
량 납 우 정부 정부 이문 명 준가 충상

改正祀典. 禮曹啓曰: “謹按文獻通考 山川封爵 肇自武后 至宋
개정 사전 예조 계왈 근안 문헌통고 산천 봉작 조자 무후 지송

眞宗朝 五岳皆封爲帝 又各封后. 陳武曰: ‘帝只一上帝而已 安有
진종 조 오악 개봉 위제 우 각 봉후 진무 왈 제 지 일 상제 이이 안유

山而謂之帝? 又立后殿於其後 不知何山 可以當其配 而爲夫婦
산 이 위지 제 우 입 후전 어 기후 부지 하산 가이 당 기배 이 위 부부

耶?’ 洪武禮制 祀岳鎭海瀆 皆稱某岳某海之神 而未有封爵之號.
야 홍무예제 사 악진 해독 개칭 모악 모해 지신 이 미유 봉작 지호

前朝於境內山川 各加封爵 或設妻妾子女甥姪之像 皆與於祭 誠爲
未便. 及我太祖卽位之初 本曹建議 各官城隍之神 革去爵號 但稱
某州城隍之神 卽蒙兪允 已爲著令. 有司因循至今 莫之擧行 爵號
像設 尙仍其舊 以行淫祀. 伏望申明太祖已降敎旨 但稱某州城隍之
神 只留神主一位 其妻妾等神 悉皆去之; 山川海島之神 亦留主神
一位 皆題木主某海某山川之神 其像設 竝皆徹去 以正祀典." 從之.

禮曹又啓: "一 謹按 唐禮樂志 岳鎭海瀆爲中祀; 山林川澤爲小祀
文獻通考宋制亦以岳瀆爲中祀. 本朝承前朝之制 山川之祀 未分
等第. 境內名山大川及諸山川 乞依古制分等第. 一 諸祀壇壝 唯
社稷壇 風雲雷雨壇 如式造築 其餘靈星 司寒 馬祖 先牧 馬社 馬步
仲農 後農壇壝 竝未造築. 先農 先蠶 老人星 北郊厲祭壇壝 雖已
造築 亦不如式. 上項壇壝 稽古制 相地造築. 一 諸祀壇內 雖有壇
之處 以無神廚及庫祭官齋所 故神位版及祝版 祭後恒置 或値雨雪
則奠物供備 祭官齋宿無所 似非敬神之道. 乞依古制 作神廚及庫
祭官齋所." 從之.

禮曹啓士大夫相接禮. 啓曰: "謹按經濟六典 大夫士相接禮 依
大明頒降損拜式 隔一等者 隨坐隨立無答. 今本曹奉藏禮部牓文
寫本一款 三品見一品 四品見二品 行兩拜禮 一品 二品官 答受
從宜 餘品倣此. 由此觀之 隨坐隨立無答禮. 中國已一變 國朝遵用
不變 似爲未便. 伏望隔一等者之拜 許令答受從宜." 從之.

置文官訓導于司譯院. 政府啓: "司譯院學生 唯傳習漢音 若義理
則①全不通曉. 自今以文臣爲訓導官 兼用本國語音 敎訓義理."
從之.

丙辰 賜童安老鄕東北面端州. 安老 乃右軍都摠制李和英妻父也.

戊午 江原道都觀察使安省以病辭 不允. 諫院上疏曰:

'內而憲府 外而監司 糾察風俗 以正紀綱之任也. 故能自正己
者 可以當之. 安省 前爲大司憲 本府具其行之不正 請罷其職 尋
授監司之任. 夫監司與憲府 其任一也. 旣不合於憲府 則必不合於
監司矣. 省也失一己之行 其於風紀之任何? 伏望殿下 擇他臣之
正直者代之 以正一道之風俗.'

上曰: "省不肖之事 皆無文證 不可論至於此."

命軍器監放火藥于內庭.

送大藏經于日本國筑州藤公. 從其請也.

濟州都安撫使尹臨 啓孝子節婦可褒賞者: '一 前直長文邦貴 提控
梁深 生員高得宗等 丁親喪 廬墓側 始行三年之制 一州感慕. 一
鄭氏年二十 夫亡守信 族親欲奪其志 鄭不欲曰: "夫雖亡 何忍棄之!
若再來要我 吾必投海而死." 遂逃 族親義之. 鄭克全婦道 年至
七十. 聞其風者 莫不興起.' 啓下政府.

杖內贍寺奴許元萬一百 流之安邊. 元萬犯罪而逃者再 注書
李叔福捕以告 下巡禁司 將置之極刑 上曰: "予今翻思 以子之故

刑人 心所不忍 宜減等." 遂有是命.
형인 심 소불인 의 감등 수유 시명

大司憲尹向等上疏.
대사헌 윤향 등 상소

'傳曰: "求忠臣於孝子之門." 不孝於家 而忠於國者 未之有也.
전왈 구 충신 어 효자 지문 불효 어가 이충어국자 미지유야

判繕工監事康澤 母居定州 年老且病 不歸養有年矣. 曩者 殿下亮
판 선공감 사 강택 모거 정주 연로 차병 불귀양 유년 의 낭자 전하 량

母子之情 授近邑靑州 以便定省 澤不感上恩 不知有母 多方規免.
모자 지정 수 근읍 청주 이편 정성 택 불감 상은 부지 유모 다방 규면

此乃不孝之子 其能盡忠於殿下乎? 願放之鄕曲 不敍.' 不聽.
차내 불효 지자 기능 진충 어 전하 호 원 방지 향곡 불서 불청

引見日本小二殿使僧慶勝. 大護軍平道全啓曰: "今來小二殿使僧
인견 일본 소이전 사승 경승 대호군 평도전 계왈 금 래 소이전 사승

慶勝曰: '去十一日 上欲坐殿受朝 令僧亦與焉.' 僧喜甚 其日以雨
경승 왈 거 십일일 상욕 좌전 수조 영승 역 여언 승 희심 기일 이우

不果 僧未覩耿光. 明日將還 心有歉然." 上聞之 使人問於成石璘
불과 승 미도 경광 명일 장환 심유 겸연 상 문지 사인 문어 성석린

河崙 皆對曰: "皇帝君臨天下 四夷來王 未不見之. 今見倭僧 無
하륜 개 대왈 황제 군림 천하 사이 내왕 미불 견지 금견 왜승 무

所不可." 趙英茂曰: "是雖無妨 然非國王之使 且彼醜夷 不必見也.'
소불가 조영무 왈 시수 무방 연비 국왕 지사 차 피 추이 불필 견야

上從石璘等議.
상 종 석린 등 의

庚申 上王幸景福宮. 上王爲上 令恭安府置酒慶會樓 極歡而罷.
경신 상왕 행 경복궁 상왕 위상 영 공안부 치주 경회루 극환 이파

癸亥 以前萬戶朴礎 爲日本通信官. 司諫院左司諫大夫玄孟仁等
계해 이전 만호 박초 위 일본 통신 관 사간원 좌사간대부 현맹인 등

上疏曰:
상소 왈

'孔子曰: "行己有恥 使於四方 不辱君命 可謂士矣." 礎以草茅之
공자왈 행기 유치 사어 사방 불욕 군명 가위 사 의 초 이 초모 지

士 幸忝科第 厚蒙聖恩 爲繕工監丞 盜用官鐵 肆行貪汚 是無廉恥
사 행첨 과제 후몽 성은 위 선공감 승 도용 관철 사행 탐오 시무 염치

之小人也. 今殿下命使日本. 礎也以不肖之行 見欺取笑 則臣等恐
지 소인 야 금 전하 명사 일본 초야 이 불초 지행 견기 취소 즉 신등 공

辱及我朝矣. 伏望殿下 法孔子之言 勿用非人使於他國.'
욕 급 아조 의 복망 전하 법 공자 지언 물용 비인 사어 타국

上覽之 令政府議聞. 政府啓曰: "礎之行 臣等素知 然被罪沈淪
상 람지 영 정부 의문 정부 계왈 초지행 신등 소지 연 피죄 침륜

232

久矣 必動心改過. 況不敍於臺閣 而使於倭島乎? 且礎能賦詩作字
구의 필 동심 개과 황불서 어 대각 이 사어 왜도 호 차 초능 부시 작자

使於日域 似無妨也. 故臣等薦之. 請上裁." 上曰: "用人之道 何必
사어 일역 사 무방 야 고 신등 천지 청 상재 상왈 용인 지도 하필

念舊惡? 宜從政府之議." 遂遣之 賜志佐殿虎皮 細麻布 松子 人蔘
염 구악 의종 정부 지의 수 견지 사 지좌전 호피 세마포 송자 인삼

宗貞茂米豆百石 酒百二十瓶.
종정무 미두 백석 주 백 이십 병

靜妃移御于景福宮.
정비 이어 우 경복궁

召司諫院掌務 命署柳廷顯等告身. 上謂獻納殷汝霖曰: "廷顯
소 사간원 장무 명서 유정현 등 고신 상위 헌납 은여림 왈 정현

告身 何不署出?" 汝霖對曰: "廷顯之妻李氏爲孽出 則廷顯不合居
고신 하불 서출 여림 대왈 정현 지처 이씨 위 얼출 즉 정현 불합 거

政府. 曩以特旨署告身 廷顯不去其妻 故今又不署." 上曰: "宜速
정부 낭 이 특지 서 고신 정현 불거 기처 고금 우 불서 상왈 의속

署出." 又問: "朴子靑告身 何不署出?" 對曰: "政府 百官之長 論道
서출 우문 박자청 고신 하불 서출 대왈 정부 백관 지장 논도

燮理 其任重矣. 子靑門地 姑置不論 身親擲石 歐打朝士 豈合爲
섭리 기임 중의 자청 문지 고치 불론 신친 척석 구타 조사 기합 위

宰相乎?" 上曰: "孰不欲安而惡勞也! 子靑勤於監役之任 故除此職.
재상 호 상왈 숙 불욕 안 이 오로 야 자청 근어 감역 지임 고제 차직

爾等終不署出乎?" 對曰: "若以爲有功 則賞之以錢帛 授之他官
이등 종불 서출 호 대왈 약 이위 유공 즉 상지 이 전백 수지 타관

可也. 臣等誠願不署 上若强之 則敢不惟命!" 上曰: "予請乞 然後
가야 신등 성원 불서 상약 강지 즉 감불 유명 상왈 여 청걸 연후

爾等爲我生光彩乎? 是何等語也?" 又問: "安省告身 何不署出?"
이등 위아 생 광채 호 시 하등 어야 우문 안성 고신 하불 서출

對曰: "省犯奸人妾 又以母族爲妾. 其身不正 可以爲監司而正風俗
대왈 성 범간 인첩 우 이 모족 위첩 기신 부정 가이 위 감사 이 정 풍속

乎?" 上曰: "其事無證 可速署之." 又召司憲府掌務 問司僕直長
호 상왈 기사 무증 가 속 서지 우소 사헌부 장무 문 사복 직장

柳江 護軍張住告身不署之故 對曰: "江 殷之之子也 殷之妻 卽前朝
유강 호군 장주 고신 불서 지고 대왈 강 은지 지자 야 은지 처 즉 전조

辛禑之妃也. 禑雖僞朝之君 殷之嘗爲其臣 後娶其妃 故本府已令
신우 지비 야 우수 위조 지군 은지 상위 기신 후취 기비 고 본부 이령

離異. 住 思吉妓妾之産也. 臣等是以未敢署過耳." 諫院乃署張住
이이 주 사길 기첩 지산 야 신등 시이 미감 서파 이 간원 내서 장주

告身 書其尾曰限四品 上曰: "官爵 人君之柄也. 人臣而擅自書限
고신 서 기미 왈 한 사품 상왈 관작 인군 지병 야 인신 이 천자 서 한

可乎?"
가호

丙寅 遣還登州衞水軍盧苗等三人于遼東. 苗等遭風敗船到
병인 견환 등주위 수군 노묘 등 삼인 우 요동 묘 등 조풍 패선 도

鴨綠江 西北面都巡問使以報 命給衣服以遣之.
압록강 서북면 도순문사 이보 명급 의복 이 견지

開西箭門. 風水學生崔揚善上書曰: "以地理考之 國都藏義洞門
개 서전문 풍수 학생 최양선 상서 왈 이 지리 고지 국도 장의동 문

與觀光坊東嶺路 乃景福宮左右臂也. 乞勿開路 以完地脈." 從之 命
여 관광방 동령 로 내 경복궁 좌우 비 야 걸물 개로 이완 지맥 종지 명

政府開新門於城西 以便往來. 政府相之 或言: "安城君李叔蕃家前
정부 개 신문 어 성서 이편 왕래 정부 상지 혹언 안성군 이숙번 가 전

有舊路爲宜." 叔蕃言: "仁德宮前有小洞 可開路置門." 政府從之 憚
유 구로 위의 숙번 언 인덕궁 전 유 소동 가 개로 치문 정부 종지 탄

叔蕃也. 命以各司奴 栽松于藏義洞.
숙번 야 명이 각사 노 재송 우 장의동

丁卯 命轍慕華樓南池養魚陳米. 上聞禮賓寺以陳米養池魚 召
정묘 명철 모화루 남지 양어 진미 상문 예빈시 이 진미 양 지어 소

掌務問之 對曰: "月費十斗." 上曰: "米雖陳腐 不猶愈於蔬荣乎? 人
장무 문지 대왈 월비 십두 상왈 미 수 진부 불유 유어 소채 호 인

有飢饉而不能救 何以魚爲!"
유 기근 이 불능 구 하이 어위

豐山君沈龜齡卒. 龜齡善射御 久從上之潛邸. 戊寅庚辰之變 與
풍산군 심구령 졸 구령 선 사어 구종 상지 잠저 무인 경진 지변 여

有功焉 遂爲佐命功臣. 歷官至判恭安府事 同知義興府事. 龜齡
유공 언 수위 좌명공신 역관 지 판공안부사 동지의흥부사 구령

起寒微 及貴顯 能自謙抑 折節下士. 卒年六十四. 轍朝三日 賜賻
기 한미 급 귀현 능 자겸억 절절 하사 졸년 육십 사 철조 삼일 사부

致祭. 靜妃 世子 亦皆致奠. 謚靖襄. 三子 寶 實 眞.
치제 정비 세자 역개 치전 시 정양 삼자 보 실 치

己巳 流星出壁南 入室中 狀如瓶 靑赤色.
기사 유성 출 벽남 입 실중 상여 병 청적 색

象山府院君康繼權卒. 轍朝三日 致祭 賜謚靈平. 命以功臣下等
상산부원군 강계권 졸 철조 삼일 치제 사시 영평 명 이 공신 하등

例葬之. 繼權 乃神德王后康氏之兄也.
례 장지 계권 내 신덕왕후 강씨 지 형야

庚午 建州衞指揮童風只 來獻土物.
경오 건주위 지휘 동풍지 내헌 토물

辛未 前參贊議政府事崔有慶卒. 有慶字慶之 號竹亭 全州人
신미 전 참찬 의정부사 최유경 졸 유경 자 경지 호 죽정 전주 인

234

監察大夫宰之子. 洪武壬子 拜版圖佐郎. 時各道義鹽鹽盆 皆爲
감찰대부 재지자 홍무 임자 배 판도 좌랑 시 각도 의염 염분 개 위

强豪所占 有慶具書以聞 皆屬鹽倉. 宦者尹忠佐 恃寵驕縱 多行
강호 소점 유경 구서 이문 개 속 염창 환자 윤충좌 시총 교종 다행

不法 憲司欲問之而不能. 有慶遷掌令 視事之初 卽劾之. 乙卯夏 遷
불법 헌사 욕문 지 이 불능 유경 천 장령 시사 지초 즉 핵지 을묘 하 천

典法摠郎 李思忠家奴 刺殺其主不中 思忠訴之 拷訊累次 不得
전법총랑 이사충 가노 자살 기주 부중 사충 소지 고신 누차 부득

其情. 有慶引情徐問 家奴自服吐實. 丁巳 丁父憂 廬墓終制. 戊辰
기정 유경 인정 서문 가노 자복 토실 정사 정부우 여묘 종제 무진

正月 國家誅權臣林堅味等 以有慶爲楊廣道按廉 推正田民. 夏
정월 국가 주 권신 임견미 등 이 유경 위 양광도 안렴 추정 전민 하

僞主興師攻遼 以有慶爲西北面轉運使兼察訪. 及太祖擧義回軍
위주 흥사 공요 이 유경 위 서북면 전운사 겸 찰방 급 태조 거의 회군

擧朝皆附於太祖 獨有慶馳至成州 見僞主告變 從隨而還京. 太祖
거조 개 부어 태조 독 유경 치지 성주 견 위주 고변 종수 이 환경 태조

旣執 退崔瑩 擢有慶爲密直副使. 壬申 我太祖卽位 以爲原從功臣
기집 퇴 최영 탁 유경 위 밀직부사 임신 아 태조 즉위 이위 원종공신

左右有以戊辰之事沮之者 太祖稱其忠義. 戊寅春 太祖將幸平州
좌우 유 이 무진 지사 저지 자 태조 칭 기 충의 무인 춘 태조 장행 평주

溫井 駐駕于留後司 見政令陵夷 卽擧有慶爲留後. 有慶進曰: "臣
온정 주가 우 유후사 견 정령 능이 즉거 유경 위 유후 유경 진왈 신

嘗奉香于齊陵 守陵人與祭器俱未備. 齊陵 先嫡也 何獨厚於貞陵
상 봉향 우 제릉 수릉 인 여 제기 구 미비 제릉 선적 야 하독 후어 정릉

也!" 太祖曰: "非予薄之 有司不請耳." 有慶又以是言於都堂. 秋 又
야 태조 왈 비 여 박지 유사 불청 이 유경 우 이 시언 어 도당 추 우

兼京畿右道都觀察使. 及定社之後 上王卽位 有忌有慶而毀之者
겸 경기우도 도관찰사 급 정사 지후 상왕 즉위 유기 유경 이 훼지 자

上止之. 至上卽位 又爲大司憲. 丙戌 上令各司 薦老成可任政府者
상 지지 지상 즉위 우위 대사헌 병술 상령 각사 천 노성 가임 정부 자

六曹臺諫 共薦有慶 拜參贊議政府事. 謝事七年 以病卒 年七十一.
육조 대간 공천 유경 배 참찬 의정부사 사사 칠년 이병 졸 연 칠십 일

輟朝三日 贈諡平度. 偶儻敢言 無所屈撓 歷敭中外 人稱淸直. 子五
철조 삼일 증시 평도 척당 감언 무 소굴요 역양 중외 인 칭 청직 자 오

士威 士儀 士規 士康 士庸.
사위 사의 사규 사강 사용

大司憲尹向等上疏. 疏中備論各人家世行實不正者 不可署其告身
대사헌 윤향 등 상소 소중 비론 각인 가세 행실 부정 자 불가 서 기 고신

上留其疏於內 不使人知.
상 유 기소 어내 불사 인지

日本 江洲太守 使人來獻土物.
일본 강주 태수 사인 내헌 토물

癸酉 東北面咸州以北 大雨傷穀.
계유 동북면 함주 이북 대우 상곡

甲戌 以前朝侍中柳廷賤妾後孫充水軍. 其子孫等累次訴良 二相
갑술 이 전조 시중 유정 천첩 후손 충 수군 기 자손 등 누차 소양 이상

柳亮 三宰柳廷顯等 強辨不已 其子孫七八口 亦屬本宮. 至是 都官
유량 삼재 유정현 등 강변 불이 기 자손 칠팔 구 역속 본궁 지시 도관

以爲: "當屬司宰監水軍." 上意初以爲未便 問於啓辭大臣曰: "卿等
이위 당속 사재감 수군 상의초 이위 미편 문어 계사 대신 왈 경등

各陳所聞毋隱 且毋以事干本宮爲嫌. 天地鬼神 臨之在上 予富貴
각진 소문 무은 차무 이사간 본궁 위혐 천지 귀신 임지 재상 여부귀

至此 何敢介意乎?" 問之再三 右代言柳思訥啓: "宜充水軍." 諸卿
지차 하감 개의 호 문지 재삼 우대언 유사눌 계 의충 수군 제경

從而然之 上曰: "予固未知若是其便也."
종이 연지 상왈 여고 미지 약시 기편 야

乙亥 吹角 上自慶會樓下 上馬而出 近臣亦莫知所向. 御勤政門
을해 취각 상자 경회루 하 상마 이출 근신 역막지 소향 어 근정문

命兵曹建宣字旗于門外吹角; 命將帥授織紋旗 立於闕門外 軍士皆
명 병조 건 선자기 우 문외 취각 명 장수 수 직문기 입어 궐문 외 군사 개

趨令 文武百官 亦皆趨詣闕下 是日 平道全率其徒五六人 皆面甲
추령 문무백관 역개추예 궐하 시일 평도전 솔기도 오륙 인 개 면갑

護項 擐甲持兵 進闕門外 上嘉其志 命饋之.
호항 환갑 지병 진 궐문 외 상가 기지 명 궤지

令各道進蓑衣 因爲年例.
영각도 진 사의 인위 연례

丙子 流星出天中入乾方 狀如瓶 青赤色.
병자 유성 출 천중 입 건방 상여 병 청적색

命處女爲尼者還俗. 司憲府啓: "良家處女爲尼者 皆令還俗成婚
명 처녀 위니자 환속 사헌부 계 양가 처녀 위니자 개령 환속 성혼

以正人倫." 從之.
이정 인륜 종지

丁丑 流星出壁南入失中 狀如升.
정축 유성 출 벽남 입 실중 상여 승

西北面安州 德州 隨州 理州 陽德蝗.
서북면 안주 덕주 수주 이주 양덕 황

司憲府上疏請兵曹判書李叔蕃罪: "叔蕃當入直之日 自退私第 聞
사헌부 상소 청 병조판서 이숙번 죄 숙번 당 입직 지일 자퇴 사제 문

角聲入宮城 以犯軍律 請置於法." 上曰: "叔蕃爲子劑藥. 予知其實
각성 입궁성 이범 군율 청치 어법 상왈 숙번 위자 제약 여지 기실

勿復擧論."
물부 거론

成均大司成權遇等上書. 書曰:
성균대사성 권우 등 상서 서왈

'臣等俱以庸賤 遭遇聖明 獲蒙擢用 濫爲學官 敎養之任 實所不堪
신등 구이용천 조우 성명 획몽 탁용 남위학관 교양지임 실 소불감

猶恐獲戾 敢不思盡職分 以報聖恩之萬一哉? 今者學校之制 選擧
유공 획려 감 불사 진 직분 이보 성은 지 만일재 금자 학교 지제 선거

之法 有所當革者 臣等謹稽古制 酌以時宜 庸瀆聰聞. 芻蕘必擇
지법 유 소당 혁자 신등 근계 고제 작이 시의 용독 총문 추요 필택

邇言必察 實爲聖人之至德. 伏望聖裁施行 吾道幸甚.'
이언 필찰 실위 성인 지 지덕 복망 성재 시행 오도 행심

命下議政府擬議.
명하 의정부 의의

'一 依古者人生八歲 王公以下 至於庶人子弟 皆入小學之法 自
일 의 고자 인생 팔세 왕공 이하 지어 서인 자제 개입 소학 지법 자

一品以下至庶人子弟 皆入部學 始敎小學之書. 每日所讀 必背文能
일품 이하 지 서인 자제 개입 부학 시교 소학 지서 매일 소독 필 배문 능

誦 然後更授次節. 每五日考講 不通者 行罰; 能誦能講者 論其高下
송 연후 갱수 차절 매오일 고강 불통자 행벌 능송능강자 논기 고하

皆書于冊. 其學漸進 讀至四書一經者 每春秋試以疑義之作 第其
개 서우책 기학 점진 독지 사서 일경자 매 춘추 시 이 의의 지작 제기

高下 置簿書名 受罰多少 亦書之.
고하 치부 서명 수벌 다소 역 서지

一 依古者凡民俊秀得入大學之法 凡大小人員與庶人子弟在部學
일 의 고자 범민 준수 특입 대학 지법 범 대소 인원 여 서인 자제 재 부학

者及式年禮曹一員同館員詣部學 擇其年十五以上已讀四書一經
자급 식년 예조 일원 동 관원 예 부학 택 기년 십오 이상 이독 사서 일경

言行中度 講誦疑義 居上等而受罰少者 更加考試 入格者 升于禮曹
언행 중도 강송 의의 거 상등 이 수벌 소자 갱가 고시 입격자 승우 예조

以赴生員試.
이부 생원시

一 依古者司徒論鄕學所升之選士 用爲鄕遂之吏; 司馬論國學
일 의 고자 사도 논 향학 소승 지 선사 용위 향수 지리 사마 논 국학

所升之進士 以告于王而官之法 每式年部學及各道監司所升于
소승 지 진사 이고 우왕 이 관지 지법 매 식년 부학 급 각도 감사 소승 우

禮曹 以赴生員試而不中者 年過四十而願從仕者 則狀告禮曹 移文
예조 이부 생원시 이 부중 자 연 과 사십 이 원 종사 자 즉 장고 예조 이문

吏曹 以其姓名啓聞 屬之內侍. 三都監知印 國學所取大成 而直赴
이조 이 기 성명 계문 속지 내시 삼 도감 지인 국학 소취 대성 이 직부

會試者 若不中 則勿論老少 禮曹移關吏曹 以其姓名 啓聞於敎授官
회시 자 약 부중 즉 물론 노소 예조 이관 이조 이 기 성명 계문 어 교수관

及監務縣令敍用 其不願者 許令在學.'
급 감무 현령 서용 기 불원 자 허령 재학

"已上三條 依上言施行何如?"
이상 삼조 의 상언 시행 하여

'一 依古者樂正崇四術立四敎 順先王詩書禮樂以造士 比年入學
일 의 고자 악정 숭 사술 입 사교 순 선왕 시서 예악 이조 사 비년 입학

中年考校 至七年小成 九年大成 升于司馬之法 本館受部學所升
중년 고교 지 칠년 소성 구년 대성 승우 사마 지법 본관 수 부학 소승

子弟及各年生員 每月三十日內 二十日午前訓導 午後考講 一十
자제 급 각년 생원 매월 삼십 일내 이십 일 오전 훈도 오후 고강 일십

日課三場程文 月季具錄其月內訓導經書多小 考講課文高下 啓本
일 과 삼장 정문 월계 구록 기월 내 훈도 경서 다소 고강 과문 고하 계본

申呈 又報禮曹 押印置簿. 又式年]更考每年小成者分數 第其高下
신정 우보 예조 압인 치부 우 식년 갱고 매년 소성 자 분수 제 기 고하

取上等或五人或七八人止十人 謂之大成 以其姓名報禮曹 禮曹啓聞
취 상등 혹 오인 혹 칠팔 인지 십인 위지 대성 이 기 성명 보 예조 예조 계문

直赴會試; 其中等以下 令赴會試; 部學所子弟 無論小成大成 皆
직부 회시 기 중등 이하 영부 회시 부학 소승 자제 무론 소성 대성 개

許赴生員試.'
허부 생원시

"右條每月二十日訓導 四日考講 六日課程文何如?"
우조 매월 이십 일 훈도 사일 고강 육일 과 정문 하여

'一 依古者公卿大夫元士之適子 皆入大學之法及近代以門蔭入學
일 의 고자 공경 대부 원사 지 적자 개입 대학 지법 급 근대 이 문음 입학

之例 二品以上子弟在部學年十五以上 不待式年 講其書試其文
지 례 이품 이상 자제 재 부학 연 십오 이상 부대 식년 강 기서 시 기문

升于國學.'
승우 국학

"右條三品以上子弟年十五歲粗讀四書一經者 皆升國學何如?"
우조 삼품 이상 자제 연 십오 세 조독 사서 일경 자 개승 국학 하여

'一 依古者塾升之黨 黨升之術 鄕大夫升之司徒 司徒升之國學之
일 의 고자 숙 승지 당 당 승지 술 향대부 승지 사도 사도 승지 국학 지

法 外方各道郡縣之學 敎授官敎訓講試 一如京中部學例 每年春秋
법 외방 각도 군현 지학 교수관 교훈 강시 일여 경중 부학 례 매년 춘추

取其上等若干人 任領內各官 升于界首官 界首官受而敎之 亦如
취 기 상등 약간 인 임 영내 각관 승우 계수관 계수관 수 이 교지 역여

上儀. 及式年 監司聚道內諸界首官生徒 定考校員試之 取入格者
상의 급 식년 감사 취 도내 제 계수관 생도 정 고교 원 시지 취 입격자

若干人 升于禮曹 以赴生員試.'
약간 인 승우 예조 이부 생원시

"右條各道赴生員試者 以其道科擧鄕試數 加二倍取送何如?"
우조 각도 부 생원시 자 이 기도 과거 향시 수 가 이배 취송 하여

'一 依古者升于司徒者 不征於鄕 升于國學者 不征於司徒之法
일 의 고자 승우 사도 자 부정 어향 승우 국학 자 부정 어 사도 지 법

旣中生員試而入國學 其本家免其徭役.'
기 중 생원시 이입 국학 기 본가 면 기 요역

"右條生員居館 無同居無兄弟 奴婢且不過二三口者 免其徭役
우조 생원 거관 무 동거 무 형제 노비 차 불과 이삼 구 자 면 기 요역

何如?"
하여

'一 養賢庫屬田地一千結 每年損多實少 其所以供億諸生者 菜羹
일 양현고 속 전지 일천 결 매년 손 다 실 소 기 소이 공억 제생 자 채갱

之外 無他味焉. 願自今 魚梁一二處 專屬養賢庫 全羅忠淸道所産
지외 무타 미 언 원 자금 어량 일이 처 전속 양현고 전라 충청도 소산

黃角 慶尙江原道所産海藿 量宜定數 令各道監司 趁節上納 以爲
황각 경상 강원도 소산 해곽 양의 정수 영 각도 감사 진절 상납 이위

恒式.'
항식

"右條令司宰監隨月量數題給何如?"
우조 영 사재감 수월 양수 제급 하여

| 원문 읽기를 위한 도움말 |

① 若義理則: 若~則은 '~의 경우에는'이라는 뜻이다.
   약 의리 즉   약 즉

태종 13년 계사년
7월

七月

무인일(戊寅日-1일) 초하루에 상이 인덕궁(仁德宮)에 나아가 상왕(上王)을 받들고 경회루(慶會樓)에서 술자리를 베풀었는데, 상왕의 탄일(誕日)이기 때문이다. 이어서 안마(鞍馬)를 바쳤다.

○ 헌부(憲府)에서 소(疏)를 올려 전 중추원 상의사(中樞院商議事) 남실(南實) 등 21인의 죄를 청했다. 취각(吹角)하는 날 추령(趨令)에 미치지 못했기 때문이다. 실(實) 등을 외방에 유배하고, 검교(檢校) 한성부 판사 조인규(趙仁珪) 등은 나이가 70이 넘었고 이윤성(李允成)은 원종공신(原從功臣)이므로 모두 논하지 말라고 명했다. 내금위(內禁衛)·별시위(別侍衛)와 번상(番上)한 수전패(受田牌) 가운데 수군(水軍)에 채워 넣어야 마땅할 자들은 때가 바야흐로 가물어서 [旱暵] 마땅히 특별하게 용서하게 했다. 서운관 승(書雲觀丞) 최거경(崔居涇) 등은 현임관(見任官)으로서 모두 파직됐다. 애초에 취각에 미치지 못하는 자는 다음날 오전에 친히 그 사유를 고하고 바로 면관(免官)된다는 것이 이미 나타난 법령으로 있었다. 집의(執義) 김효손(金孝孫)이 기일(忌日)이라는 이유로 승사(僧舍)에 갔다가 저물어 돌아왔으나 동료들이 덮어두고 탄핵하지 않으니, 사림(士林)에서 이를 비판했다.

기묘일(己卯日-2일)에 중외(中外)의 가벼운 죄수를 석방했다.

서운관(書雲觀)에서 말씀을 올렸다.

"날이 가무니, 억울한 옥사(獄事)를 심리하고, 궁핍한 사람을 진휼(賑恤)하고, 해골(骸骨)을 덮어주고, 구학(溝壑-도랑)을 수리하고, 천맥(阡陌-밭둑)을 깨끗이 하소서."

그것을 따랐다.

○ 검교 한성윤(檢校漢城尹) 공부(孔俯)에게 명해 남자아이 수십 명을 모아 도마뱀[蜥蜴]으로 상림원(上林園)에서 비를 빌도록 했는데, 3일 만에 파했다.

○ 정부에 뜻을 전해 말했다.

"가물면 신(神)에게 빌지 않은 것이 없는데 옛날에도 그런 일이 있었다. 지금 가뭄이 극심하므로 산천(山川)의 제사를 마땅히 거행하지 않은 것이 없었다. 그러나 이에 앞서, 모든 행차 때에는 반드시 기청(祈晴)[1]을 했지만, 능히 하늘을 감동시키지 못한 것은 무엇 때문인가? 제사를 행하는 자가 정성과 공경을 능히 다하지 못한 까닭인가? 자성(粢盛)[2]이 그 정결함을 이루지 못한 까닭인가? 이제 비를 비는데는 마땅히 사람을 골라서 보내고, 승무(僧巫)를 모아서 기도하라."

경진일(庚辰日-3일)에 금주령(禁酒令)을 내렸다.

사간원에서 소(疏)를 올려 조목별로 아뢰었다[條陳].

---

1 비가 그치기를 비는 것을 말한다.
2 나라의 제사에 쓰이는 서직(黍稷), 곧 제물을 가리킨다.

'첫째는 하늘의 경계를 삼가서 천재(天災)를 그치게 하고[弭=彌=弥], 둘째는 옛날에 한재(旱災)를 만나면 임금도 감선(減膳)³하고 철악(輟樂)⁴했는데, 금주령이 있더라도 간혹[間] 술에 취해 주정하는 자[沈酗者]가 있으니 공상(供上)하는 것을 제외하고는 금주를 엄격히 행해야 할 것이며, 셋째는 지방에서 저화(楮貨)를 세공(歲貢)하는 것을 없애며, 넷째는 호급둔전(戶給屯田)을 없애며, 다섯째는 중외(中外)의 토목 역사를 금해야 할 것입니다.'

상이 읽어보고 말했다.

"저화를 세공(歲貢)하는 것은 저화를 널리 시행하고자 하는 방책이고, 호급둔전(戶給屯田) 또한 작은 일[細事]인데 어찌 가뭄을 부를[召旱] 리 있겠는가? 중외의 토목 역사는 행랑(行廊) 같은 것이라든가, 외방의 향교(鄕校)와 선공감(繕工監)에서 하는 바 차양(遮陽) 같은 것이 기울어지고 허물어진 것을 보수하는 따위의 일인데 모두 부득이한 것이다. 감선하는 일이라면 나의 포주(庖廚-주방)에 진실로 별미(別味)가 없는 것을 선부(膳夫)에게 물어보면 알 수 있을 것이다. 내가 성음(聲音)을 좋아하지 않는 것은 대언(代言) 또한 알고 있다."

드디어 주선(酒膳)을 줄이고 이어서 영을 내려 뜻을 전했다.

"(비를 비는 문제는) 비록 근칙(謹飭)⁵하는 선비라 하더라도 방탕한 중에 미치지 못하니, 각 종파(宗派)에서 산(山)에 머무는 중 100명을

3　수라상의 반찬 가짓수를 줄이는 것을 말한다.
4　음악을 쓰지 않는 것을 말한다.
5　공손하고 삼가서 스스로 경계한다는 뜻이다.

모아서 비를 빌라. 만약 대신(大臣)을 행향사(行香使)⁶로 삼았다가 혹시[脫=儻] 비를 얻지 못하면 치류(緇流)⁷가 반드시 '행향사가 정성

탈   당

과 감동[誠格]⁸이 있지 못했다'라고 할 것이다. 이제부터 각 종파에서

성격

행실(行實)과 작위(爵位)가 아울러 높은 자로 하여금 향(香)을 받들어 행하게 하라."

○ 수군(水軍)으로 부처(付處)됐던⁹ 고원후(高原厚)·신원길(辛元吉)·이세(李世)·이춘길(李春吉)을 용서하고 송극첨(宋克瞻)에게 고신(告身)을 돌려주라고 명했다.

신사일(辛巳日-4일)에 잠깐 비가 내렸다[乍雨]. 도마뱀[蜥蜴]으로 비

사우   석척

를 빌던 남자아이들에게 정포(正布)를 각각 1필씩 내려주었다.

임오일(壬午日-5일)에 옥천군(玉川君) 유창(劉敞) 등을 북교(北郊)·백악(白岳)·목멱(木覓)·양진(楊津)·한강(漢江)에 보내 기우제(祈雨祭)를 행하게 했다. 중 100명을 흥천사(興天寺)의 사리탑(舍利塔)에 모아 조계종(曹溪宗) 판사(判事) 상형(尙形)에게 향(香)을 받들어 비를 빌게 하고, 여러 무당에게 한강에서 기도하게 했다. 검교(檢校) 공

---

6 나라의 제사에서 향(香)을 전달하는 조정 사신을 말한다. 임금이 조관(朝官) 가운데서 낙점(落點)해 보냈다.

7 승려의 무리를 낮춰 부르는 말이다. 치류(緇類)·치도(緇徒)라고도 한다.

8 격(格)은 정성을 다하다는 뜻의 '각(恪)'의 잘못으로 보인다.

9 수군에 채워 넣는 것[充水軍]이 일종의 유배형이었음을 보여주는 표현이다. 부처란 곧 유

충 수군

배를 말한다.

조참의 최덕의(崔德義)를 보내 저자도(楮子島)에서 화룡제(畵龍祭)[10]를 행했다. 상이 승정원(承政院)에 뜻을 전해 말했다.

"옛날부터 큰물이나 가뭄의 재앙은 모두 임금이 임금답지 못해 불러들인 것이었다. 이제 승무(僧巫)들을 모아 비를 빌지만, 마음은 편하지 못하다[未穩]. 비록 비의 혜택을 얻는다 하더라도 결코 승무(僧巫)의 힘이 아니라, 다만 비를 걱정하는 생각이 이르지 않는 바가 없기 때문일 뿐이다. 내 마음에는 또한 기도나 제사를 그만두고 인사(人事)를 바로잡는 것이 옳다고 생각한다. 나는 문리(文理)를 거칠게나마 알기 때문에 승무(僧巫)의 탄망(誕妄)함도 잘 알고 있다. (그럼에도) 이제 도리어 좌도(左道)[11]에 의지해 하늘의 은택을 바라는 것을 너희들은 어떻다고 생각하는가?"

김여지(金汝知)가 대답했다.

"비록 옛날의 빼어난 임금의 바른 도리[正道]는 아니지만, 신(神)에게 빌지 않음이 없는 것도 고사(古事)입니다. 이제 치도(緇徒-승려)가 모이고 공판(供辦-준비물)이 갖추어졌으니 조용하게 행하는 것이 좋겠습니다."

상이 말했다.

"내 뜻도 진실로 그와 같다. 만약 조용하게 하는 것이라면 경들이 맡아서 하라."

---

10 용(龍)을 그려 물속에 넣으면서 지내는 기우제(祈雨祭)를 말한다. 용(龍)이 비를 오게 한다고 믿는 사상에서 나온 것으로, 비가 흡족히 내리면 3일 뒤에 돼지머리를 놓고 다시 용을 그려 물속에 넣으면서 보사(報祀)했다.

11 바르지 못한 도(道)나 사도(邪道)로, 곧 불교나 무당을 가리킨다.

○ 상이 김여지(金汝知) 등에게 일러 말했다.

"내가 큰 허물이 없고 권신(權臣) 가운데 국법을 농간(弄奸)하는 자도 없는데도 오로지 일부일부(一夫一婦)가 혹시라도 그 편안히 살 곳[其所]을 얻지 못하는 것이 있을까 두려우니, 너희들은 마땅히 이 를 남김없이 다 말하도록 하라."

여지(汝知)가 대답했다.

"무릇 민간의 폐막(弊瘼-폐단)을 매번 세초(歲抄)[12] 때에 각 도 경 차관(敬差官)으로 하여금 물어서 조목별로 진달(陳達)하도록 해 즉 시 해결했습니다만, 오직 기내(畿內-경기 도내)의 백성이 사전(私田)에 서 수조(收租)하는 무거운 세금에 허덕이니 이것이 혹 염려할 만한 일입니다."

○ 여러 맹인(盲人)이 스스로 명통사(明通寺)에 모여 비를 빌었다.

○ (동북면) 함주(咸州-함흥)·길주(吉州)·경성(鏡城) 등의 고을에 황 충(蝗蟲)이 일었다.

○ 풍해도 도관찰사(豊海道都觀察使) 민약손(閔若孫)이 병이 있어 [有疾][13] 개성 부유후(開城副留後) 이은(李垠)에게 명해 (도관찰사를) 대신하게 했다.

○ 의정부 좌정승 하륜(河崙) 등이 글을 올렸다[上書]. 글은 이러 했다.

---

12 매년 6월과 12월에 이조(吏曹)와 병조(兵曹)에서 관리의 공과(功過)를 초록(抄錄)해 임금 에게 보고한 뒤 재가(裁可)를 얻어 승진시키거나 좌천시키는 일을 말한다.

13 질(疾)은 병(病)보다 그 증세가 심한 것이다.

'신 등이 가만히 듣건대, 성탕(成湯)이 여섯 가지 일을 가지고 스스로를 꾸짖으니[自責] 1,000리(千里)에서 구름이 모였고¹⁴, 송(宋)나라 경공(景公)이 한 번 좋은 말을 내니 형혹성(熒惑星)이 뒤로 물러났고[退舍]¹⁵, 연(燕)나라 충신(忠臣)이 원망(怨望)을 품으니 6월에 서리가 내렸고¹⁶, 동해(東海)의 효부(孝婦)가 원망하니 3년 동안 크게 가물었다고 했습니다.¹⁷ 하늘과 사람이 서로 감응하는 도리가 예나 이제나 다름이 있겠습니까? 이제 전하께서 우려하시기를 이같이 하시나 하늘이 오히려[尙] 비를 내리지 않는 것이, 상의 다움[德]이 아

---

14 은나라 성탕(成湯)이 즉위한 뒤 7년 동안 가뭄이 계속됐는데, 재계(齋戒)한 뒤 자신이 희생이 돼 상림(桑林)에서 여섯 가지 일을 가지고 스스로 꾸짖자 1,000리에서 구름이 모여 들어 수천 리 땅을 적셨다는 고사다. 질문의 내용은 다음과 같다.
"제가 정치에 절제(節制)가 없어 문란해졌기 때문입니까? 백성이 직업을 잃고 곤궁에 빠져 있기 때문입니까? 제 궁전이 너무 화려하기 때문입니까? 여알(女謁)이 성해 정치가 공정하지 못한 때문입니까? 뇌물이 성해 정도(正道)를 해치고 있기 때문입니까? 참소하는 말로 인해 어진 사람이 배척당하기 때문입니까?"

15 송(宋)나라 경공(景公) 때 형혹성(熒惑星)이 심성(心星)을 범하므로 자위(子韋)에게 그 까닭을 물었다. 그러자 자위가 말하기를 "화(禍)가 임금에게 미치는 것입니다. 그러나 재상에게 옮길 수 있습니다"라고 하니, 경공이 말하기를 "재상은 함께 나라를 다스리는 사람이다"라고 했다. 자위가 말하기를 "백성에게 옮길 수 있습니다"라고 하니, 경공이 말하기를 "백성이 없으면 누구를 위해 임금 노릇 하겠는가?"라고 했다. 자위가 말하기를 "다음 해로 옮길 수 있습니다"라고 하자 경공이 말하기를 "흉년이 들면 백성이 굶어 죽는 것이니, 임금으로 백성을 죽이면 누가 나더러 임금이라 하겠는가!"라고 좋은 말을 하니, 형혹성이 3사(舍)를 옮겨 물러났다는 고사다. 퇴사(退舍)란 행성(行星)이 궤도를 돌다가 도로 뒷자리로 물러나 머무는 현상을 가리킨다.

16 연(燕)나라 추연(鄒衍)이 혜왕(惠王)을 섬겨 충성을 다했으나 좌우에서 참소해 왕이 감옥에 넣었는데, 추연이 하늘을 우러러보고 통곡하자 갑자기 여름철 6월에 서리가 내렸다는 고사다.

17 한(漢)나라 때 동해(東海)의 어떤 효부(孝婦)가 과부가 되어 시어머니를 섬겼는데, 시어머니가 시집보내고자 했으나 며느리가 말을 듣지 않자 스스로 목을 매어 죽었다. 그러자 이웃에서 며느리가 시어머니를 죽였다고 고소해 부(府)의 태수(太守)가 며느리를 사형시켰는데, 이후로 그 고을에 3년 동안 비가 오지 않았다는 고사다.

래로 다 펴지지[下究] 못함이 있어서 군신(群臣)이 제대로 다 봉행(奉하구
行)하지 못하는 것이 있는가 남몰래 두렵습니다. 이에 관견(管見)을
가지고 삼가 기록해 아룁니다.

하나, 성치(聖治)를 더욱 닦는 일.

신 등이 듣건대 송(宋)나라 유자(儒者) 채침(蔡沈, 1167~1230년)[18]
이 『집전(集傳)』[19]의 서문(序文)에 쓰기를 "이제삼왕(二帝三王)[20]의 큰
경륜과 큰 법도가 모두 이 책 안에 있다"라고 했으니, 빌건대 이 책
을 강독해 이제삼왕의 마음을 구하고 이제삼왕의 정치를 융성시켜
야 할 것입니다.

하나, 원억(冤抑)을 펴서 다스리는 일.

신 등이 가만히 생각건대, 원억(冤抑)이 펴지지 못하는 것은 형송
(刑訟)에 있습니다. 빌건대 각 도에서 도형(徒刑-징역형) 유형(流刑)에
처해 있는 사람 가운데 용서할 수 있는[可貰=可宥] 자들을 골라서
가세   가유

---

18 채원정(蔡元定)의 셋째 아들로, 벼슬길에 나아가기를 원하지 않고 백록동서원(白鹿洞書
院)에서 주희(朱熹)를 스승으로 모셨다. 경원(慶元) 2년(1196년) 경원당금(慶元黨禁)에 연
루되어 관도주(官道州-지금의 호남(湖南) 도현(道縣))로 유배된 아버지를 따라갔는데, 부자
가 짚신이 구멍이 나도록 3,000리를 걸어가 독서로 소일하고 강학(講學)을 사사했다. 아
버지가 죽고 돌아와 관을 지켰고, 뒤에 구봉산(九峰山)에 은거해 오로지 『상서(尙書)』를
학습했다. 약 십수 년 동안 심오하고 자세한 뜻을 밝혀내 아버지와 스승의 말씀에 부끄
럽지 않았으며, 자주 선유(先儒)들이 미처 밝히지 못한 것을 밝혔다. 구봉선생(九峰先生)
으로 칭해졌으며, 만년에는 주희의 명을 좇아서 『서집전(書集傳)』을 편찬했다.

19 『서집전(書集傳)』을 가리킨다.

20 2제(二帝)는 요(堯)임금과 순(舜)임금을 말하고, 3왕(三王)은 하(夏)나라의 우왕(禹王), 은
(殷)나라의 탕왕(湯王), 주(周)나라의 문왕(文王) 또는 무왕(武王)을 말한다.

은유(恩宥)를 입도록 하소서. 중외(中外)에서 여러 해 동안 서로 소송해 미결(未決)하기 때문에 골육(骨肉)이 상잔(相殘)하고 양천(良賤)이 서로 해치며 농사(農事)를 방해하고 풍속을 허물어뜨리는 데 이르니, 유사(攸司)로 하여금 엄격히 재결(裁決)을 행하도록 하고 감히 유체(留滯-머물러 두고 지체시킴)하지 말도록 해야 할 것입니다.

하나, 유일(遺逸)을 구해 천거하는 일.

신 등이 가만히 생각건대, 인재(人才)의 진퇴(進退)는 나라의 안위(安危)에 관계되는바, 나라 안팎의 유일(遺逸) 가운데 뛰어난 준재를 찾아 구해서 발탁해 써야 할 것입니다[擢用].
탁용

하나, 조령(條令)을 봉행(奉行)하는 일.

『경제육전(經濟六典)』에 기록된 것과, 본부(本府)에서 왕지(王旨)를 받아 깊이 토의해[擬議] 수교(受敎)하고서 행이(行移)한 사목(事目)을
의의
중외 유사(攸司)의 편견(偏見)으로 인해, 혹은 사사로운 의견으로 인해 많이 봉행(奉行)하지 않아서 원죄(冤罪)에까지 이릅니다. 이제부터 소송자들로 하여금 진고(陳告-신고)하도록 허락하고 엄격히 과죄(科罪)를 시행해야 할 것입니다.

하나, 어질고 두터운 일[仁厚事]을 힘써 행하는 일.
인후 사

신 등이 지난번에 삼가 몇 조목을 갖춰 아뢰었으니 빌건대 다시 예람(睿覽)하셔야 할 것입니다.'

상이 읽어보고 말했다.

"『서전(書傳)』을 내가 이미 읽었으나 우매해 시행해야 할 조처를 알지 못하겠다. 그리고 원억(冤抑)을 펴서 다스리는 일이나 유일(遺逸)을 찾아서 천거하는 일, 조령(條令)을 봉행(奉行)하는 등의 일은 마땅히 속히 시행하라."

계미일(癸未日-6일)에 전라도 보안(保安) 사람 조도(趙道)라는 자와 영광(靈光) 사람 고조(高造)의 딸 소근(小斤)이 벼락에 맞았다.

갑신일(甲申日-7일)에 죄수(罪囚)들을 근심했다. 이날 비로소 비가 왔다.

을유일(乙酉日-8일)에 비가 내렸다.
○ 의정부에서 약주(藥酒)를 바쳤다. 정부 사인(舍人-비서실장격)에게 명해 말했다.
"환(鰥-홀아비)·과(寡-과부)·고(孤-고아)·독(獨-독거노인)은 임금다운 정사[王政]에서 우선해야 할 바다. 이들을 살펴 구휼하는[存恤] 법이 비록 『육전(六典)』에 있지만, 간혹 행하지 아니하여 화기(和氣)를 손상하는 데 이를까 두렵다. 마땅히 유사(攸司)로 하여금 다시 존휼을 더하라. 혹시 집이 가난해 어버이가 죽은 지 3년이 되도록 장사를 치르지 못하는 자나, 여자의 나이 30이 되어도 오히려 성혼(成婚)하지 못한 자는 관(官)에서 자장(資裝-큰일에 들어가는 비용)을 지급해 때를 잃지 않도록 하라."

병술일(丙戌日-9일)에 환관을 보내 방간(芳幹-이방간)에게 술과 고기를 내려주었다.

○ 수군(水軍)의 만호(萬戶) 천호(千戶)의 칭호를 정했다.

정부에서 아뢰었다.

"3품 이상은 만호(萬戶), 4품에서 6품까지는 천호(千戶)라고 칭하는 것은 거의[似] 차등이 없는 것 같습니다. 이제부터 3품은 '만호', 4품은 '부만호(副萬戶)', 5품은 '천호(千戶)', 6품은 '부천호(副千戶)'라고 칭하소서."

그것을 따랐다.

○ 의정부에 선온(宣醞-궁중의 술)을 내려주었다.

○ 올량합(兀良哈)에 대처하는 문제를 토의했다.

동북면 도순문사(東北面都巡問使)가 보고했다.

'어이관 원동(於伊寬源洞)·주을온 원동(朱乙溫源洞)·오촌 원동(吾村源洞) 등 세 원동(源洞)은 바로 원조(元朝-원나라) 때 교통하던 요로(要路)입니다. 이번에 올량합(兀良哈) 몇 사람이 오촌 원동에서 왔습니다. 만약 그들로 하여금 세 요로를 드나들게 한다면 적모(賊謀)가 가히 두렵고 응변(應變)에 곤란합니다. 이제부터 이 세 요로를 경유하는 자는 모두 적으로 대해야 할 것입니다.'

정부에 내려 실상에 맞게 토의하게 하니, 정부의 청도 보고한 내용과 같았으므로 그것을 따랐다.

정해일(丁亥日-10일)에 큰비가 내렸다. 각 도의 관리에게 명해 올해 곡식[早穀]을 거두는 것을 독촉해 풍손(風損)에 대비하도록 했다.
조곡

무자일(戊子日-11일)에 사헌부에서 별사전(別賜田)²¹과 친시 등과전(親試登科田)을 자손에게 서로 전하는 것을 허락하지 않도록 청하니 윤허하지 않았다.

아뢰어 말했다.

"별사전(別賜田)과 등과전(登科田)은 원종공신(元從功臣)을 포상(褒賞)하는 예와는 같지 않으니, 진실로 자기 당대에만 한정하는 것으로써 전제(田制)를 정해야 할 것입니다."

명해 말했다.

"처음에 자손이 서로 전하는 것으로 패(牌)를 받은 자는 옛날 그대로 하라[仍舊]."
잉구

기축일(己丑日-12일)에 청주(淸州) 사람 내은금(內隱金)과 소가 벼락에 맞았다.

○ 경회루(慶會樓)에 나아갔다. 상이 가뭄을 걱정해 오래도록 정사

---

21 공신전(功臣田)에 준하는 일종의 사전(私田)이다. 별사전(別賜田)은 삼공신(三功臣) 외에 소공(小功)이 있는 자에게 왕의 특명(特命)으로 수시로 사여(賜與)했는데, 규모는 적으나 성격이 공신전과 유사했기 때문에 두 가지를 합쳐 사전(賜田)이라고 했다. 『세종실록(世宗實錄)』 제88권을 보면, "삼공신전(三功臣田) 외에 기타 일시적인 공로를 상사(賞賜)한 전지인데, 대개 3,000여 결(結)에 이른다"라고 했다.

를 보지 않았는데, 이날에 이르러 다만 대언(代言)으로 하여금 정사를 아뢰게 했다.[22]

○ 사간원에서 소(疏)를 올렸다. 소는 이러했다.

'하나, 인재(人才)는 정치의 원천이니 사람을 쓰는 도리[用人之道]는 삼가지 않을 수 없습니다. 정부는 안으로 백관(百官)을 통솔하고 밖으로 사방(四方)을 고르게 하니, 이 정부에 있는 자는 도덕을 논해 (임금) 한 사람을 돕고 훈도(薰陶)를 맡아서 만물을 다스립니다. 그 임무가 무거워 적임자를 얻기가 어렵고 진실로 그 직임에 맞지 않아서는[不稱] 안 되는데, 그 사이에 잡스러운 사람들이 끼어들어 있습니다. 전조(前朝-고려) 말기에는 그 다움[德]은 고려하지 않은 채 모두 재상이 되는 것을 허락했으므로 관위(官位)가 참람하게 많아져 엉망이 되는 지경에 이르렀습니다. 이제 우리 국가에서는 그 수를 크게 줄이고[汰省] 현능(賢能)한 사람을 앉히니[宅], 진실로 성조(盛朝-성대한 조정)의 아름다운 법전입니다. 엎드려 바라건대 전하께서는 매번 재상(宰相)을 논하는 날이 되면 더욱 전선(銓選)에 엄격함을 더해 여러 사람이 우러러보는 자리에 앉히고, 그 재덕(才德)이 부족한 자는 비록 공로가 있다 하더라도 그 사이에 끼어들지 말도록 해 더욱 묘당(廟堂-의정부)을 높이셔야 할 것입니다.

하나, 감사(監司)는 한 지방을 전적으로 맡아서[專制] 출척(黜陟-인사 평가)을 행하고 상의 다움[上德]을 펴고 하정(下情-백성의 실상)을 상달(上達)하므로 임무가 무겁습니다. 감사(監司)로서 그 적당한 사

---

22 대신들은 접견하지 않았다는 말이다.

람을 얻으면 수령(守令)이 경외(敬畏)해 직책을 반드시 닦을 것이며, 방진(方鎭)이 두려워해 복종하고 수비(守備)가 반드시 공고해질 것입니다. 이제 수령과 감사 가운데 서로 양보하지 않고 다투며 서로 힐난(詰難)해 사명(使命)을 능욕하는 자가 종종 있으니, 그 성조(盛朝)에 상하가 서로 유지되고 체통이 서로 존중되는 뜻이 어디에 있습니까? 이것은 다름이 아니라 감사로 된 자가 먼저 자기를 바로잡는 도리를 잃고, 판목(判牧-판사나 목사)으로 된 자가 직질(職秩)이 비슷하고 권세가 필적(匹敵)해 그러한 것입니다. 양쪽이 모두 견책(譴責)을 받는 까닭으로, 감사 된 자가 슬그머니 두려워하고 꺼리는 마음을 품고 들추어내 탄핵하는 권한을 사용하지 못하고, 수령이 된 자가 마음대로 방자하고 봉공(奉公)하는 마음이 나태해지니, 그 폐단을 염려하지 않을 수 없습니다. 엎드려 바라건대, 감사의 선임(選任)은 정부 대간(臺諫)으로 하여금 천거하게 해 보내고, 유수관(留守官) 외에는 양부(兩府) 수령(守令)을 차임하는 것을 허락하지 말아야 할 것입니다.

하나, 국가에서 사람을 쓰는 도리를 중히 여겨 7과(七科)[23]의 법을 설치하고 사람들로 하여금 각각 그 학업을 이룩한 뒤에야 쓰니, 사람을 쓰는 길이 가히 주도면밀하다[=周密]고 하겠습니다. 대개 문음 출신(門蔭出身)의 법은 승음 자제(承蔭子弟)로 하여금 모두 예문관(藝

---

23 태조 원년(1392년) 8월에 제정된 입관보리법(入官補吏法)에 규정돼 있는, 처음으로 유품(流品)에 임용하는 데 필요한 문음(文蔭)·문과(文科)·이과(吏科)·역과(譯科)·음양과(陰陽科)·의과(醫科)·무과(武科)의 일곱 가지 과목을 말한다. 병조에서 주관하는 무과 1과를 제외한 6과는 이조에서 주관했다.

文館)에 나아가 1경(經)을 강시(講試)해, 대의(大義-큰 뜻)에 능통하면 문과(文科)의 예에 의해 패(牌)를 지급한 뒤에 바야흐로 사진(仕進-벼슬 진출)하는 것을 허락합니다. (그러나) 지금은 그렇지 않고 나이가 많고 적음을 묻지도 않고 경(經)에 통하고 통하지 않는 것조차 살피지도 않은 채 아울러 조정에 벼슬시키니, 비단 관직을 폐(廢)하는 폐단뿐 아니라 문음(門蔭)의 법을 잃게 됩니다. 엎드려 바라건대, 승음자제(承蔭子弟)는 벼슬하고 벼슬하지 아니한 것을 논하지 말고 모두 시험에 나아가게 해서 그 능한 자를 취해 쓰고 그 능하지 못한 자는 곧 학궁(學宮-성균관)으로 돌려보내 경(經)을 통한 뒤에 쓴다면, 모람되게 사진(仕進)하는[冒進] 무리가 저절로 물러가게 돼 거의 태조(太祖)의 입법한 뜻에 부합할 것입니다.'

○사헌부에서 장흥고 사(長興庫使) 곽운(郭惲)의 죄를 청했다.

"운(惲)이 그 아들이 있는 본부인[正妻]을 버리고 정용수(鄭龍壽, ?~1412년)²⁴의 첩의 딸 승회(勝回)를 첩으로 삼았습니다. 그때 용수(龍壽)가 죽은 지 아직 100일도 못 되었는데 승회가 운에게 시집갔습니다. 또 그 어미가 혼인을 주장한 죄는 이미 안율(按律)해 시행했

---

24 고려 말 이인임(李仁任)·임견미(林堅味)의 반대 세력으로, 나하추(納哈出)의 침입에 대한 대책을 게을리했다는 이유로 경복흥(慶復興)·설사덕(薛師德)·표덕린(表德麟) 등과 함께 유배됐다. 1392년 이성계가 왕위에 즉위할 때 배극렴(裵克廉)·정도전(鄭道傳)·조준(趙浚) 등과 함께 대비의 선교(宣敎)를 받아 국새(國璽)를 바쳤다. 개국과 더불어 판사복시사(判司僕寺事)가 됐고, 태조를 보좌해 왕위에 추대한 공으로 개국공신 2등에 녹훈됐다. 1400년(정종 2년) 승녕부(承寧府)가 설치되자 윤(尹)이 됐고, 이듬해에 판사로 승직됐다. 1412년(태종 12년) 장성군(長城君)에 봉해졌다. 이보다 앞서 1402년 조사의(趙思義)의 난에 연루돼 탄핵을 받았으나 개국공신인 관계로 사면을 받았다. 그러나 1418년 세종이 즉위하면서 고신과 공신전을 박탈당했다.

으니, 운의 죄도 마땅히 과단(科斷)해야 할 것입니다."

순금사(巡禁司)에 내려 장(杖) 60대를 속(贖)받고 본부인과 완취(完聚-모여 삶)하라고 명했다.

○ 사헌부에서 2품 이상으로서 외방(外方-서울 밖)에 있는 자의 죄를 청했다. 아뢰어 말했다.

"2품은 외방에 있을 수 없다는 것은 이미 이뤄진 법이 있습니다. 검교 한성 윤 손가흥(孫可興)·박상경(朴尙絅)·박후식(朴厚植)·고도관(高都琯)·윤사혁(尹思奕)·최함(崔咸)·여극해(呂克諧)·정도복(鄭道復), 전 이성 병마사(泥城兵馬使) 정과(鄭過) 등은 항상 외방에 거주하니 심히 미편합니다. 청컨대 고신(告身)을 거두고 다른 도(道)에 이치(移置)해야 할 것입니다."

서울로 오게 하라고 명했다.

○ 제주(濟州)의 전지(田地)를 타량(打量-측량)했다.

전라도 도관찰사(全羅道都觀察使)가 보고했다.

'제주(濟州)가 비록 바다의 섬이기는 하지만 왕토(王土)가 아닌 것은 아닙니다. 전제(田制)가 서 있지 않은 까닭으로 토호(土豪)가 부모 조상의 전지라고 함부로 일컬으며 비옥한 땅을 널리 점령한 채 자기 집에서 경작하는 것 외의 나머지 전지는 빈민에게 경종(耕種)하도록 허락하고 임의대로 조세를 거두므로, 단지 취렴(聚斂)하는 것이 끝이 없을 뿐 아니라 쟁탈하는 것도 그치지 않아 골육(骨肉)이 상잔(相殘)하는 데까지 이르러 사송(詞訟)이 어지럽고 폐단이 적지 않습니다. 육지의 무뢰한 무리나 역(役-부역)을 피한 무리가 많이 그 지

경에 들어가 빈민(貧民)의 전택(田宅)을 사서 많이 점령하고 서로 진황(陳荒)하니, 빈민은 경종(耕種)할 땅이 도리어 없어서 자식을 팔고 아내를 파는[賣子鬻妻] 자가 자못 많습니다. 목사(牧使) 판관(判官)의 아름(衙廩-봉급)을 이에 육지의 창고에서 받아내 전수(轉輸)하는 것은 불편하니 섬 안이 비록 땅이 척박하더라도 알맞은 대로 타량(打量)해 아름(衙廩)을 절급(折給)하고, 나머지 전지는 군자(軍資)에 붙여 때에 따라 수조(收租)했다가 흉년이 들면 빈민을 진휼해야 할 것입니다.'

보고한 대로 하라고 명했다.

경인일(庚寅日-13일)에 상이 상왕(上王)을 받들고 광연루(廣延樓) 아래에서 격구(擊毬)를 했다.

상이 창덕궁(昌德宮)에 행차해서 효령대군(孝寧大君)과 김여지(金汝知)에게 명해 상왕을 청하고, 병조판서 이숙번(李叔蕃)을 불러 술을 돌리게 했다[行酒]. 숙번에게 구마(廏馬-내구마) 1필을 내려주었다. 상왕도 숙번에게 사의(紗衣)를 내려주었고 저물녘에 마쳤다.

신묘일(辛卯日-14일)에 경상도에 큰비가 5일 동안 내리니 물이 넘쳐 곡식을 해쳤다.

○ 백관(百官)으로 하여금 각각 유일(遺逸) 세 사람씩을 천거하게 했다. 사간원(司諫院)에서 생원(生員) 고약해(高若海)를 천거했는데, 그는 책을 읽고 어버이를 봉양하며 문달(聞達-세상에 이름이 크게 남)

을 구하지 않았다. 약해(若海)에게 공안부 주부(恭安府注簿)를 제수했다.

○ 월천군(越川君) 문빈(文彬)[25]이 졸(卒)했다. 3일 동안 조회를 정지하고[輟朝], 치제(致祭)하고 부의(賻儀)를 내려주었으며, 시호를 '평익(平翼)'이라 했다.

임진일(壬辰日-15일)에 동북면(東北面) 예원군(預原郡) 소요항천(所要項川) 중에 길이 16척, 너비 13척의 돌이 있었는데 흐름을 따라 아래로 58척이나 이동했다.

계사일(癸巳日-16일)에 경차관(敬差官)을 나눠 보냈다. 순금사 대호군 전흥(田興)을 경기·충청도에 보내고 제용감 판사(濟用監判事) 권만(權蔓)을 경상도·전라도에 보내 말을 기를 만한 땅을 살펴보게 했다[相地]. 호조참의 김정준(金廷儁)을 제주(濟州)에 보내 먼저 양마(良馬) 100여 필을 추쇄(推刷)해 오게 했다.

○ 전라도 도관찰사에게 명해 해마다 자기(瓷器)를 바치게 했다.

○ 회회 사문(回回沙門-무슬림 승려) 도로(都老)를 순흥부(順興府)에 보내 수정(水精)을 캐게 했다.

○ 광록 경(光祿卿) 권영균(權永均) 등이 북경(北京)에서 돌아왔다.

─────────

25 1400년(정종 2년) 대장군으로 있을 때 2차 왕자의 난을 평정하고 이방원(李芳遠)이 왕위에 오르는 데 협력했고, 이때의 공으로 1401년(태종 1년) 익대좌명공신(翊戴佐命功臣) 4등에 책록되고 월천군(越川君)에 봉해졌다. 여러 무관직을 거쳐 1409년 풍해도첨절제사(豊海道僉節制使)가 됐다.

갑오일(甲午日-17일)에 궁인(宮人) 무작지(無作只)의 어미에게 면포(綿布) 100필, 정포(正布) 200필을 내려주었다.

상이 대언(代言)에게 일러 말했다.

"궁인 무작지의 어미가 지난여름[去夏]에 병으로 그 옷을 모두 내다가 귀신에게 기도를 올렸다. 내가 불쌍히 여겨 궁중을 뒤져서 정포 10여 필을 얻어주었는데, 중궁(中宮)이 궁내(宮內)에 쓸 것이라 하여 이를 빼앗자 그 아이가 소리 내 울기를 그치지 않았다."

그래서 이러한 하사(下賜)가 있었다.

을미일(乙未日-18일)에 길천군(吉川君) 권규(權踌), 의정부지사(議政府知事) 여칭(呂稱) 등이 북경(北京)에서 돌아와 아뢰어 말했다.

"황제가 잔치를 내려주어 두텁게 위로하고 규(踌)에게 구마(廐馬) 3필, 단(段)·견(絹)²⁶ 각각 8필씩을 내려주었습니다. 궐내의 환관 말을 들으니, '황제가 장차 흉노(匈奴)를 친히 정벌하려고 천하의 병사 100여 만 명을 징발해 이미 상도(上都)로 보냈고, 어떤 요동인(遼東人)이 황제에게 아뢰기를 "제주(濟州)의 마필은 전에 원(元)나라에서 방목(放牧)하던 것이니 청컨대 중국으로 옮겨 설치하소서"라고 했다'고 했습니다."

성석린(成石璘)이 아뢰었다.

"신은 지난번에 제주(濟州)의 마필을 마땅히 가까운 섬에 쇄출(刷

---

26 둘 다 비단의 종류다.

出)해 방목(放牧)해야 한다고 아뢰었습니다. 더군다나 이제 이 같은 비어(飛語)를 듣는 때이겠습니까?"

상이 옳게 여겼다. 또 아뢰었다.

"권영균(權永均)도 본국 (출신) 환관 윤봉(尹鳳)에게 들으니 말하기를 '전함(戰艦) 3,000척을 만들어 장차 일본(日本)을 공격하려 한다'라고 했습니다."

대신(大臣)들이 모두 두려워해 계책을 아뢰었다.

"동서 양계에 마땅히 무신(武臣)을 보내고 사졸(士卒)을 미리 훈련하소서."

상이 이를 말리며[止] 말했다.
              지

"경들은 의심하지 말라[勿疑]. 지난번에 황제가 일본과 화친하니
                        물의
여러 신하가 모두 말하기를, '마땅히 일본과 함께 우리를 침략할 것이다'라고 했으나 내가 굳이 '그런 일은 없다'라고 했는데, 그것이 증험되지 않았느냐? 이제 황제가 권영균을 대하기를 옛날과 조금도 다름이 없었으니, 북방을 점령하고 요동(遼東)을 순시(巡視)하는 것은 진실로 그 경내의 일이다. 어찌 우리에게 뜻이 있겠는가?"

○ 압물(押物-말단 통역관) 전 호군 최호(崔浩)가 북경(北京)에서 죽었으니, 그 집에 부의(賻儀)를 내려주었다.

○ 예문관(藝文館)에 술과 고기를 내려주었다. 관관(館官)이 잣[松子]을 바치니 상이 술과 고기를 내려주고 이어서 명했다.
      송자

"너희들은 「한림별곡(翰林別曲)」²⁷을 창(唱)하면서 즐기라."

---

27 고려 고종(高宗) 때 지은 경기체가(景幾體歌)의 하나로, 한림(翰林)의 문사(文士)들이 합

병신일(丙申日-19일)에 최이(崔迤)를 서북면 도순문사(西北面都巡問使) 겸 평양 부윤(平壤府尹)으로, 연사종(延嗣宗)을 동북면 도순문사 겸 영흥 부윤(永興府尹)으로, 김승주(金承霔)를 서북면 병마 도절제사 겸 판안주목사(判安州牧事)로, 이종무(李從茂)를 동북면 병마 도절제사 겸 판길주목사(判吉州牧事)로 삼고 조비형(曹備衡)을 상주도(尙州道)·진주도(晉州道), 윤곤(尹坤)을 계림도(雞林道)·안동도(安東道), 마천목(馬天牧)을 전라도, 조흡(曹恰)을 풍해도(豊海道), 박구(朴矩)를 강원도의 병마도절제사로 삼았다.

하륜(河崙)·조영무(趙英茂)·이천우(李天祐)·이숙번(李叔蕃) 등이 진언(進言)했다.

"황제가 진실로 우리에게 마음이 없다 하지만, 만약 호인(胡人-오랑캐)의 만산(漫散-도망병)이 동쪽으로 혼동강(混同江)에도 있고 서쪽으로 만리장성(萬里長城)에도 있는 까닭으로 반드시 남쪽으로 우리에게 도망할 것인데 방비하지 않아도 좋겠습니까?"

상이 말했다.

"이는 옳은 말이다. 내가 듣건대 옛날 거란(契丹)이나 홍군(紅軍-홍건적)의 일이 있었을 때 본래 우리나라를 지목하지는 않았으나 마침내 그 화를 입었다. 만약 이것을 도모한다면 옳은 일이며, 반드시 곡해(曲解)해 의심할 것도 없다. 내가 정성으로 사대하는데 무슨 의심을 살 일이 있겠는가! 무비(武備)는 나라의 상사(常事)이니 마땅

작한 풍류가(風流歌)다.

히 무신(武臣)을 외방에 보내야 한다."

그래서 이러한 명이 있었다.

정유일(丁酉日-20일)에 제주(濟州)에 명해 동지(冬至)·정조(正朝)·탄일(誕日)에 말 20필을 바치도록 했다. 이에 앞서[前此] 제주에서는 세 차례의 하례(賀禮)에 말을 5~6필에서 10필에 이르기까지 바칠 뿐이었다. 의정부 사인(議政府舍人)에게 명했다.

"내가 듣건대 각 도에서 동지(冬至)·정조(正朝)·탄일(誕日)에 호피(虎皮)·표피(豹皮)를 바치는데, 모두 구멍이 없는 것을 구한다니 심히 잘못이다. 어찌 독수(毒獸)를 잡는데 가죽이나 털을 상하지 않을 수 있겠는가? 금후로는 조정(朝廷)에 진헌(進獻)하는 것을 제외하고 호피·표피·녹피(鹿皮)에 완전한 것을 구할 필요가 없다."

○ 의정부 좌정승 하륜(河崙) 등이 운하[渠]를 팔 것을 청했다. 아뢰어 말했다.

"마땅히 경기의 군인 1만 명, 경중(京中)의 대장(隊長)·대부(隊副) 400명, 군기감(軍器監)의 별군(別軍) 600명 등 1만 1,000명을 징발해 양어지(養魚池)를 파고 숭례문(崇禮門) 밖에 운하를 파서 주즙(舟楫-선박)을 통행하게 하소서."

상이 말했다.

"우리나라의 땅은 사석(沙石)이므로 물이 머무르지 않으니 중국이 운하를 판 것을 본받을 수는 없다. 내일 내가 장차 직접 만나 의논하겠다."

상이 경회루(慶會樓) 아래에 나아가 정부에 일렀다.

"숭례문(崇禮門)에서 용산강(龍山江)까지 운하를 파서 주즙(舟楫)을 통행하게 한다면 진실로 다행스러운 일이다. 다만 모래땅이므로 물이 항상 차지 못할까 의심스러울 뿐이다. 경 등은 어떻게 생각하는가?"

여러 신하가 모두 말했다.

"가능합니다."

오직 의정부 찬성사 유량(柳亮, 1355~1416년)[28]만이 이렇게 말했다.

"용산강은 도성(都城)에서 가까운데 어찌 반드시[何必] 백성을 괴롭히겠습니까?"
_{하필}

의정부지사 박자청(朴子靑)이 말했다.

"땅은 모두 수전(水田)이니 반드시 새지 않을 것입니다. 개착(開鑿)의 공력은 1만 명으로 한 달 일을 넘지 않으니 청컨대 시도해보소서."

상이 인력(人力) 쓰는 어려움을 깊이 알고 있었던 까닭에 일을 정지하고[事寢] 거행하지 않았다.
_{사침}

---

28 1397년(태조 6년) 계림부윤(鷄林府尹)으로 부임했으며, 다음해 왜구가 침입해 오자 이에 맞서 싸워 크게 무찔렀다. 형세가 불리해진 왜구들이 항복을 청하자 받아들인 뒤 한꺼번에 섬멸하려는 전략을 세웠으나, 계획이 누설돼 왜구들이 도망쳐버렸다. 그 죄로 합산(合山)에 유배됐다가 나주로 옮겨졌으나 곧 풀려났다. 그 뒤 상의중추원사(商議中樞院事)로 있다가 1400년(정종 2년) 이방간(李芳幹)의 난을 평정하는 데 협력한 공으로 1401년(태종 1년) 좌명공신(佐命功臣) 4등에 책록됐다. 1402년 문성군(文城君)으로 봉작됐고, 그해 동북면순문사(東北面巡問使)가 돼 변방을 살피고 돌아왔다. 1404년 대사헌에 이어 형조판서가 됐으며, 예문관 대제학도 겸했다. 그 뒤 판한성부사·이조판서를 거쳐 참찬의정부사(參贊議政府事)에 올랐으며, 다시 대사헌이 됐다. 1413년 문성부원군(文城府院君)으로 진봉됐다가 1415년 우의정으로 승진했다. 조선 창건 후 제도 확립에 크게 기여한 명신 중한 사람이다.

○ 동북면(東北面) 정주(定州)를 고쳐 정평부(定平府)로 했으니, 서북면(西北面)의 정주(定州)와 같은 것을 꺼려 한 때문이다.

○ 사헌부에서 호군 김봉(金奉), 상호군 김남두(金南斗)의 죄를 청했다.

"봉(奉)은 어미가 죽은 지 10년 동안 장사지내지 않았고, 남두(南斗)는 고 호군 김보해(金甫海)의 처 오씨(吳氏)를 취(娶)하고자 해 처음에 빙례(聘禮)도 없이 강요하다가 이루지 못했습니다. 청컨대 모두 죄주소서."

상이 원종공신(元從功臣)이라 해 모두 용서했다[原].
_원

무술일(戊戌日·21일)에 의정부에서 소(疏)를 올렸다.

'하나, 각사의 제조(提調)와 겸 판사(判事) 가운데 실안(實案)²⁹의 일을 겸해 맡을 자는 녹관(祿官)이 좌기(坐起-출근)하는 날 외에도 항상 앉아서 일을 다스리고, 그 관원의 근만(勤慢)을 고찰해 매년 겨울에 포폄(褒貶)하고 계문(啓聞)해야 할 것입니다.

하나, 각사의 관리가 1원(員)씩 서로 바꿔 낮으로 당직(當直)하는 것으로써 항식(恒式)을 삼아야 할 것입니다.

하나, 사재감(司宰監)의 신량수군(身良水軍), 각사의 노비 가운데 도망해 숨은 자는 다 찾아내 입역(立役)하게 하고, 해유 문자(解由文

---

29 당하관(堂下官)만이 있는 관청에 다른 관서의 당상관(堂上官)을 제조(提調)나 도제조(都提調)로 임명해 일을 독려하고 권원의 근만(勤慢)을 고찰하게 하던 제도로, 도제조나 제조는 겸직(兼職)이었다.

字)³⁰ 안에 찾아낸 숫자와 도망(逃亡)한 숫자를 아울러 기록하고 교부해야 할 것입니다.

하나, 경외관(京外官)은 특지(特旨)로 제수된 자들을 제외하고 경중(京中)에서는 15개월을, 외방에서는 30개월을 1고(考-임기)로 해서 고(考)가 만기(滿期)된 자로 하여금 차례에 따라 서용(敍用)하도록 허락해야 할 것입니다.'

상이 말했다.

"비록 천한 사람의 종이더라도 오히려 감히 그 주인을 배반하지 않는데 신량수군(身良水軍)이 된 자가 그 역(役)을 도피한다니, 이는 다름이 아니라 사노(私奴)는 그 주인이 추쇄(推刷)하기를 심히 밝게 하지만 공처(公處)의 노비는 관리가 즐겨 마음을 쓰지 않는 까닭이다. 나는 항상 이를 죄주고자 한다."

이숙번(李叔蕃)이 아뢰었다.

"제조(提調)로 하여금 항상 그 관사(官司)에 출사해 엄격하게 고찰하기를 더한다면 관리가 두려워하고 꺼려서 그 직임을 폐하지 않을 것입니다. 또 교체할 시기를 당했을 때 그 해유(解由)를 고찰해 출척(黜陟)을 밝게 한다면 어찌 전날에 내팽개쳐져 엉망이 된[陵夷] 폐단이 있겠습니까?"
_{능이}

상이 말했다.

"경의 말이 옳다."

---

30 관원들이 전직(轉職)할 때 재직 중의 회계·물품 출납에 대한 책임을 해제받는 증명서다. 인수인계가 끝나면 호조나 병조에 보고하고, 이상이 없으면 이조에 통지해 해유 문자를 발급했다.

즉시 대언(代言) 조말생(趙末生)에게 명해 사재감(司宰監)의 신량수군(身良水軍)의 숫자를 모조리 써서 아뢰도록 하고 또 명했다.

"이는 곧 정부의 일이니 감히 소홀히 하지 말라."

○ 병조에서 무과(武科)의 창(槍) 쓰는 법을 올렸다. 아뢰어 말했다.

"『속육전(續六典)』 안에 무과(武科)에서 시취(試取)할 때 창(槍) 쓰는 법을 다만 속초인(束草人-허수아비)을 맞이하는 것으로 등급(等級)을 삼으니 현실에 맞지 않습니다. 이제부터 두 사람이 창(槍)을 잡고 말을 타고서 재능(才能)을 겨루게 해서 능히 5인을 맞히는 자를 1등으로, 4인을 맞이하는 자를 2등으로, 3인을 맞히는 자를 3등으로 하소서."

그것을 따랐다.

○ (강원도) 철원부(鐵原府) 사람 전 감무(監務) 고중생(高仲生) 딸의 문려(門閭)에 정표(旌表)하라고 명했다. 경기 관찰사가 보고했다.

'그 딸이 절개를 지키고 과부로 사는데, 어미를 잃고 계모(繼母)를 받드는 데 오직 공경했습니다. 어느 날 집에 불이 일어나 계모가 불에 타서 죽으니 고씨(高氏)가 시체를 껴안고 소리 내 울고 의복을 갖춰 염빈(斂殯)하고, 조석으로 전(奠) 드리기를 그치지 않았습니다. 계모가 거둬 기르던[收養] 어린아이가 있었는데, 고씨가 아들처럼 무육(撫育)하고 있습니다.'

○ 위의색(威儀色)[31]을 없애 공조(工曹)에 소속시켰다.

---

31 고려·조선 시대 의장(儀仗)의 제조(製造)를 맡아보던 관아다. 고려 의종(毅宗) 때 처음 설치됐고, 조선 태종(太宗) 13년(1413년) 당시에 혁파돼 공조(工曹)에 붙였다가 뒤에 다시 독립시켰으며, 세조(世祖) 6년(1460년)에 다시 공조에 합속됐다.

○ 동북면(東北面) 각익(各翼)의 천호(千戶) 백호(百戶)의 숫자를 정했다. 상천호(上千戶)는 1인인데 5품이고 부천호(副千戶)는 1인인데 6품이며, 매 1령(領)에 상백호(上百戶)는 1인인데 7품이고 부백호(副百戶)는 1인인데 8품이었다.

○ 의정부에서 변방(邊方)을 방비할 방법을 올렸다.

'하나, 장수(將帥)의 인재를 미리 기르고 사졸(士卒)도 마땅히 미리 교습(敎習)해야 합니다. 문무겸재(文武兼才)를 골라, 뒷날 장수의 직을 감당할 만한 자를 직차(職次)에 구애하지 말고 각 도에 나눠 보내소서.

하나, 사람이 중하게 여기는 바는 부모처자(父母妻子)에 있습니다. 위급할 즈음에 만약 모두 이산(離散)한다면 그들로 하여금 그 힘을 다하도록 하기에는 어렵습니다. 각 도 각 고을의 3~4식(息) 정도 안에 하나의 산성(山城)을 설치하되 구기(舊基-옛터)가 있는 것은 거듭 수리하고 구기(舊基)가 없는 것은 땅을 골라 새로 지어서, 안에 창고(倉庫)를 설치하고 양향(糧餉)을 저축해야 할 것입니다. 만약[脫] 위급한 일[緩急]이 있을 때 그 부모 처자로 하여금 모두 산성(山城)에 모이게 한다면, 사람마다 능히 그 힘을 다할 수 있을 것이고 감히 두 마음을 품지는[離貳] 않을 것입니다. 먼저 양계(兩界)와 풍해도(豊海道)에서 시작하소서.'

그것을 따랐다.

○ 의정부에서 또 아뢰었다.

'동북면(東北面)·서북면(西北面)에는 군국(軍國)의 중사(重事)가 있으며 도절제사(都節制使)와 도순문사(都巡問使)가 같이 토의해 시행하는데, 도절제사는 도안무사(都安撫使)가 이를 겸임합니다. 각 도의 판목사(判牧使)·판부사(判府事)의 직으로서 절제사(節制使)의 임무를 띤 자는, 각 진(鎭)의 병마사(兵馬使)가 무릇 군사를 뽑아서 훈련하고 군기(軍器)를 정비(精備)하며 무예(武藝)를 강습(講習)하는 따위의 일을 할 때 영내(領內)의 각 고을에서 아울러 고찰을 행해 한결같이 본 고을과 같이하게 하소서. 각 도의 도절제사·도관찰사와 양계(兩界)의 도순문사는 각 고을 절제사가 사목(事目)을 정보(呈報)할 때 즉시 시행하고 나아가 고찰을 행하게 하소서.'

기해일(己亥日-22일) 초저녁에 패성(孛星-혜성의 일종)이 북방에 나타나서 선회하고 유전(流轉)하다가 한참 만에 자취가 없어졌다. 크기는 주발(周鉢)만 하고 청적색(靑赤色)이었다. 상이 친히 보고 서운관(書雲觀)에서 수경(守更)³²하던 조호선(趙好璇)에게 물으니 알지 못한다고 대답하므로 옥에 내리라고 명했다. 이튿날 그를 석방했다.

경자일(庚子日-23일)에 백관(百官)이 예복(禮服)을 갖추고 천추절(千秋節) 하례(賀禮)를 거행했다. 음악은 진열만 하고 연주는 하지 않았으니, 경순왕후(敬順王后)³³의 기신(忌晨)이기 때문이다.

32 서운관(書雲觀)의 관원이 물시계나 해시계를 지켜보다가 경점(更點)을 알리는 일을 말한다.

33 이성계의 조부 도조(度祖)의 부인으로, 본관은 문주(文州)이며 원나라에서 천호 벼슬을 받고 조선조 때 문하시중(門下侍中)에 증직된 안변부원군(安邊府院君) 박광(朴光)의 딸이다. 1392년(태조 2년) 7월에 경비(敬妃)로 추존됐고, 1411년(태종 11년) 태종이 경순(敬順)이라는 시호를 올렸다. 도조와의 사이에서 두 아들을 낳았는데, 맏아들은 이자흥(李

신축일(辛丑日·24일)에 동북면(東北面)과 서북면(西北面)의 전조(田租)를 10분의 2씩 감면했다.

김승주(金承霔)가 보고했다.

'도(道) 내의 토지가 본래 척박해 이제야 비로소 타량(打量)했으므로, 그 전조를 거두기를 다른 도와 같이할 수는 없습니다.'

그것을 따르고, 이어서 동북면(東北面)·서북면(西北面)에도 이 예를 준용하라고 명했다.

임인일(壬寅日·25일)에 병조에 명해 동교(東郊)에 잡인(雜人)이 고기를 잡거나 사냥하는 것을 금지시켰다.

○ 내구마(內廐馬) 36필을 경기 광주(廣州) 등의 고을[官]에 나눠 기르게 했다.

○ 내시위(內侍衛)에 3번(番)을 설치했다. 번(番)마다 각 10인씩으로 하고 총제(摠制) 1인을 절제사(節制使)로 삼아 통솔하게 했는데, 무재(武才)가 있는 이를 뽑았다.

계묘일(癸卯日·26일)에 좌정승 하륜(河崙) 등이 대궐에 이르러 알현을 청하니 상이 말했다.

"가물 즈음에 동풍(東風)이 불어 곡식이 상하므로 걱정하고 근심해 제대로 자지 못했고, 땀이 나서 인견(引見)하기가 어렵다."

子興)이고 둘째가 환조(桓祖)다.

륜(崙)이 말했다.

"이제 듣건대 중국에서 장차 북정(北征)한다고 하며 사람을 동북 지방으로 보냈습니다. 야인이 비록 우리나라와는 화친(和親)한다지만 종국에는 혹시 우리 땅을 도모(圖謀)할는지 알 수 없고, 궁병(窮兵)이 도망쳐 우리 강토로 들어올까 두렵습니다. 바야흐로 이러한 때 어찌 신 등을 만나 그 문제를 토의하지 않으십니까? 만약 몸이 미령(未寧)하시다면 마땅히 와내(臥內)에서 인견하소서."

상이 말했다.

"변방(邊方)을 방어하는 방책은 장수(將帥)를 고르고 후량(糇糧-군량미)을 비축하고 병기(兵器)를 연마하는 세 가지뿐, 무슨 계책이 있겠는가? 황제의 동정(東征)과 북정(北征)은 자기 집안일이므로 염려할 필요가 없다. 또 내가 바야흐로 무신(武臣)을 보내 방어(防禦)에 대비하도록 허락했으니 경들이 면청(面請)할 필요가 없다. 이제 동서 양계에는 한발의 재변(災變)과 황충(蝗蟲)의 재앙이 있으니, 경(卿)들은 섭리(燮理-관리)의 직에 있으면서 이러한 우려는 하지 않고 중국의 일만 걱정하는가?"

륜이 대답했다.

"이것도 비록 우려할 만하지만 늘 있는 일[常事]일 뿐입니다. 다른 나라의 군사가 만약 혹시라도 졸지에 이르게 되면 창황(蒼黃)한 즈음에 진실로 제어하기 곤란할 것입니다."

물러나면서 또 말했다.

"예전에 진(秦)나라에서 먼 나라와 교섭해 마침내 제(齊)나라를 멸망시켰으니, 그저 황제가 우리와 화친한 것만 믿는 것은 옳지 않습니다. 전조(前朝)의 기해(己亥)~신축(辛丑) 연간에 도성(都城)을 수비하지 못해 홍적(紅賊-홍건적)의 변란이 있었습니다. 도성을 수축하고 산성(山城)을 쌓는 따위의 일을 혹시 상께서 미치지 못할까 염려스럽습니다."

상이 이를 듣고서 말했다.

"내가 비록 능히 고금에 통달하지 못할지라도 이러한 말에는 승복할 수 없다. 다른 날 마땅히 여러 경과 토의하겠다."

이튿날 임금이 경회루(慶會樓)에 나아가서 좌정승·우정승과 이천우(李天祐)·이숙번(李叔蕃)을 불러 웃으면서 말했다.

"어저께 경들의 성을 쌓자는 의논은 어찌 그리 겁약(㤼弱)한가? 일의 위급함이 도성을 수비하는 데까지 이른다면 어떻게 해서 나라를 구하겠는가? 무릇 일에는 성쇠가 있으니, 황제가 부왕(父王)의 명이 아님에도 스스로 즉위해 남쪽으로 교지(交趾)를 정복하고 북쪽으로 사막(沙漠-몽골 지역)을 공격하는데 무슨 겨를에 동쪽을 돌아볼 수 있겠는가? 과연 난국(難局)이 온다면 장차 거병(擧兵)해 바로 쳐들어갈 것이지, 어찌 마땅히 성을 지키고 기다릴 것인가? 평양(平壤)과 의주(義州)의 성이 견고한 것 같지는 않으나, 일단[姑] 처자를 두고 첩음(捷音-소식)을 달리도록 하는 것이 좋을 것이다."

모두 말했다.

"신들이 생각하지 못한 바입니다. 그러나 전조(前朝)의 홍란(紅亂)에 도성을 수비하지 못해 사람들이 모두 이산(離散)했으니, 도랑을 깊이 파고 보루(堡壘)를 높이 쌓는 것만 같지 못합니다. 처자를 거둬 안에 들인다면 백성이 이심(離心)하는 것이 없으므로 죽기로 힘을 다할 것입니다. 그런 다음에 바로 쳐들어간다면 진퇴(進退)하는 데 거점(據點)이 있게 됩니다. 또 일본(日本)과 힘을 합치는 것도 좋습니다."

상이 말했다.

"나도 생각해보았으나 하늘의 뜻[天意]을 어길 수는 없다. 황제가 비록 동정(東征)할 뜻이 있더라도 내가 어찌 감히 하늘의 뜻을 어기겠는가? 마땅히 마음을 다해 힘껏 섬길 뿐이다. 만일 위급한 일이 있다면 형세상 부득이한 것이지만, 일이 생겨나기에 앞서 먼저 도모하는 것은 불가하다."[34]

갑진일(甲辰日·27일)에 연사종(延嗣宗)을 곡산군(谷山君)으로 삼고 이원(李原)을 동북면 도순문사(東北面都巡問使)로, 이종무(李從茂)를 동북면 도안무사(東北面都安撫使) 겸 병마 도절제사(兵馬都節制使)로, 김승주(金承霆)를 서북면 도안무사 겸 병마 도절제사로 삼았다.

○ 전라도와 경상도의 바닷물 색깔이 변했다. 순천부(順天府) 장성포(長省浦)에서는 물이 15일부터 붉어지기 시작해 20일에는 바뀌어 검정색이 됐는데, 고기와 새우가 죽어서 물위로 떠올랐지만, 물을 길어 그릇에 부으면 그 빛깔이 보통과 같았다. 양주(梁州) 다대포(多大浦)에서는 18일부터 20일까지 물이 붉어지고, 27일부터 28일까지

---

34 명나라의 동정이 조선을 향하는지 아닌지 정확히 알 수 없으므로 미리 일을 도모할 수 없다는 뜻이다.

또 붉어져 고기가 죽어서 물위로 떠올랐다. 물을 퍼서 그릇에 담으면 응결되어 마치 끓인 우뭇가사리[牛毛]의 즙(汁)과 같았다. 절영도(絶影島)에서는 18일부터 20일까지 물이 붉어지고, 동래(東萊) 외평(外坪)에서는 21일에 물이 붉어지고, 부산포(富山浦)에서는 27일부터 28일까지 물이 붉어지고, 견내량(見乃梁)에서는 21일에 물이 짙게 붉어지며 고기가 죽었다. 번계포(樊溪浦)에서는 21일부터 24일까지 물이 붉고 누런 빛깔이 되어 고기가 죽고, 두모포(豆毛浦)에서는 20일에 물이 붉어지고, 포이포(包伊浦)에서는 20일부터 21일까지 물이 붉어지고, 창원부(昌原府) 도만포(都萬浦) 등지에서는 21일에 물이 붉고 검어져 고기가 죽었다. 진해(鎭海)에서는 21일에 물이 담황색(淡黃色)이 되어 고기가 죽고, 기장(機張)에서는 20일에 물이 붉고 누렇게 되어 포갑(鮑鮯)과 고기가 모두 죽었다. 흥해(興海)에서는 21일부터 23일까지 물이 붉어져 고기가 죽었다. 상이 말했다.

"천구(天狗)가 떨어지면 이러한 변이 있다. 제사 지내는 것이 무익하다지만, 지난해에도 이러한 변이 있어서 사람을 보내 제사 지냈으니 지금도 해괴제(駭怪祭)를 행하는 것이 좋겠다."

드디어 검교(檢校) 공조참의 최덕의(崔德義)를 전라도에, 서운관 판사 애순(艾純)을 경상도에 보내 제사를 거행했다.

을사일(乙巳日·28일)에 임첨년(任添年)·최득비(崔得霏)·정윤후(鄭允厚) 등이 경사(京師)에서 돌아왔다.

○ 왜인 동시라(童時羅)의 죄를 감해주었다.

시라(時羅)가 미역을 따서 생활을 영위하고자 해 마음대로 전라도 흑산도(黑山島)에 갔는데, 죄가 장(杖) 100대에 해당했다.

상이 말했다.

"이는 율문(律文)을 알지 못한 까닭이다. 마땅히 죄의 등급을 감해 태형(笞刑) 50대를 속(贖) 받아야 한다. 또 나라에서 일찍이 명령을 내지 않고 백성을 속이는 것은 심히 불가하다. 금후로는 한성부(漢城府)에서 방(榜)으로 고시해, 그 노인(路引)[35]을 모람(冒濫)되게 받아 사사로이 스스로 바다로 내려가 흥리(興利)하는 자를 금지하라."

○ 중외(中外)에 편전(片箭)을 쏘는 것을 익히라고 명했다.

상이 김여지(金汝知) 등에게 일러 말했다.

"지난번에 근시(近侍)하는 사람으로 하여금 편전(片箭)[36]을 쏘는 것을 연습시켰더니, 지극히 미세해 발견하기 어려웠고 맞으면 반드시 물건을 상했다. 또 멀리 200보(步)에까지 미치니 적을 공격하는 도구 중에 이와 같은 것이 없다. 태조께서 잠저(潛邸)에 계실 때 편장(編將)이 돼 요성(遼城)을 공격했는데, 요인(遼人) 가운데 성을 지키던 자들이 다만 그 얼굴만을 내놓아도 아래에서 쏘아 맞혀서 죽은 자가 많았다. 회회(回回)의 달비첨원(達比僉院)이 용장(勇將)으로 이름이 났으나 사로잡게 된 것도 편전의 힘이었다. 어느 시대에 시작되었

---

35 관청에서 병졸(兵卒)이나 장사치에게 여행을 허락하던 문권(文券)으로, 일종의 여행 증명서를 말한다.
36 짧고 작은 화살을 말한다.

는지 알지 못하겠다."

여지 등이 『산당고색(山堂考索)』[37]을 고찰하니, 곧 당(唐)나라 무후 (武后)가 만든 통사(筒射)였다. 이에 익히라고 명했다.

병오일(丙午日-29일)에 창덕궁(昌德宮)으로 돌아왔다[還御=還宮]. 환어 환궁 의정부에서 하례를 드리니 상이 말했다.

"경복궁(景福宮)으로 이어(移御)했던 것은 액막이[度厄]가 아니라 도액 대개 더위를 피해서였을 뿐이니 하례하지 말라."

○ 각 도에 내려갈, 직(職)이 절제사(節制使)·병마사(兵馬使)를 띤 자들이 배사(拜辭-하직 인사)하니 모두에게 궁시(弓矢)를 내려주었다.

○ 일본 강주 태수(江州太守) 평만가(平滿家)가 사람을 시켜 예물 을 바치고 큰 종[洪鍾]을 구했다. 홍종

---

37 송(宋)나라 장여우(章如愚)가 편찬한 백과사전류의 책이다. 전집(前集) 66권, 후집(後集) 65권, 속집(續集) 56권, 별집(別集) 25권이다. 남송(南宋) 이래 학자들은 이학(理學)을 숭 배하고 고색(考索)을 경하게 여겼는데, 이 책만은 오로지 백과사전처럼 전집에 13문(門), 후집에 7문(門), 속집에 15문(門), 별집에 11문(門)으로 나누어 여러 방면의 사항을 두루 싣고 있다.

戊寅朔 上詣仁德宮 奉上王置酒慶會樓 以上王誕日也. 仍獻
무인 삭 상 예 인덕궁 봉 상왕 치주 경회루 이 상왕 탄일 야 잉헌

鞍馬.
안마

憲府疏請前商議中樞院事南實等二十一人罪. 以吹角日不及趨令
헌부 소청 전 상의 중추원사 남실 등 이십 일인 죄 이 취각 일불급 추령

也. 命等流外方; 檢校判漢城府事趙仁珪等 年過七十 李允成以
야 명등유 외방 검교 판한성부사 조인규 등 연과 칠십 이윤성 이

原從功臣 皆勿論; 若內禁衛別侍衛及番上受田牌當充水軍者 時方
원종공신 개 물론 약 내금위 별시위 급 번상 수전패 당 충 수군 자 시방

旱暵 宜特宥之. 書雲觀丞崔居涇等 以見任官 皆罷職. 初不及吹角
한한 의 특유 지 서운관 승 최거경 등 이 현임 관 개 파직 초 불급 취각

者 翼日午前 親告辭由乃免 已有著令. 執義金孝孫 以忌日往僧舍
자 익일 오전 친고 사유 내면 이유 저령 집의 김효손 이 기일 왕 승사

暮還 同僚庇而不劾 士林譏之.
모환 동료 비이 불핵 사림 기지

己卯 釋中外輕囚. 書雲觀上言: "旱則宜審理冤獄 賑恤窮乏 掩
기묘 석 중외 경수 서운관 상언 한즉 의 심리 원옥 진휼 궁핍 엄

骸骨 修溝壑 淨阡陌." 從之.
해골 수 구학 정 천맥 종지

命檢校漢城尹孔俯 聚童男數十人 以蜥蜴祈雨于上林園 三日而
명 검교 한성윤 공부 취 동남 수십 인 이 석척 기우 우 상림원 삼일 이

罷.
파

傳旨政府曰: "旱則靡神不擧 古有之. 今旱旣太甚 山川之祀 宜無
전지 정부 왈 한즉 미신 불거 고 유지 금 한 기 태심 산천 지사 의무

不擧 然前此凡於行幸 必有祈晴 無有能格之者 何耶? 行祭者未能
불거 연 전차 범어 행행 필유 기청 무유 능 격지 자 하야 행제 자 미능

盡其誠敬歟? 粢盛未致其精潔歟? 今禱雨 宜擇人 且聚僧巫以禱."
진기 성경 여 자성 미치 기 정결 여 금 도우 의 택인 차 취 승무 이도

庚辰 下禁酒令. 司諫院上疏條陳: '其一 謹天戒 弭天災. 其二
경진 하 금주령 사간원 상소 조진 기일 근 천계 미 천재 기이

古者遭旱災 則人主亦減膳輟樂. 雖有禁酒之令 間有沈酗者 除

供上外 痛行禁酒. 其三 除外方歲貢楮貨. 其四 除戶給屯田. 其五

禁中外土木之役.' 上覽之曰: "歲貢楮貨 是欲廣行楮貨之術也.

戶給屯田 亦細事也 豈有召旱之理乎? 中外土木之役 則若行廊

外方鄕校及繕工監所爲 若遮陽 修補傾頹等事 皆不得已者也. 若

減膳之事 則予庖固無異味 問膳夫則可知. 予之不好聲音 代言司

亦知之矣." 遂減酒膳 仍下令傳旨曰: "雖謹飭之士 不及於放蕩之僧

聚各宗居山僧一百祈雨. 若以大臣爲行香使 脫有不得雨 緇流必曰:

'行香使未有誠格.' 自今宜令各宗行爵俱高者 奉香以行."

宥水軍付處高元厚 申元吉 李世 李春吉 且命還給宋克瞻告身.

辛巳 午雨. 賜蜥蜴祈雨童男正布各一匹.

壬午 遣玉川君劉敞等于北郊 白岳 木覓 楊津 漢江 行祈雨祭.

聚僧一百于興天寺舍利塔 以曹溪宗判事尙形 奉香禱雨 又以群巫

禱于漢江. 遣檢校工曹參議崔德義 行畫龍祭于楮子島. 傳旨承政院

曰: "自古水旱之災 皆人君否德之所召. 今聚僧巫禱雨 心實未穩.

雖得雨澤 決非僧巫之力 但悶雨之念 無所不至耳. 予心抑謂罷禱祀

而正人事可也. 予粗識文理 知僧巫之誕妄 今反憑左道 以希天澤

爾等以爲如何?" 金汝知對曰: "雖非古昔聖王之正道 靡神不擧 亦

古事也. 今緇徒已集 供辦已具從容行之可也." 上曰: "予意固如是.

若曰從容 則任卿等爲之."

上謂金汝知等曰: "予無大過 又無權臣弄法者 唯恐一夫一婦 或
상 위 김여지 등 왈   여 무 대과 우 무 권신 농법 자 유공 일부 일부 혹

有不獲其所 爾等宜盡言之." 汝知對曰: "凡民間弊瘼 每於歲抄 令
유 불획 기소 이등 의 진언 지 여지 대왈   범 민간 폐막 매어 세초 영

各道敬差官 詢訪條陳 隨卽祛之 唯畿內之民 困於私田收租之重 是
각도 경차관 순방 조진 수즉 거지 유 기내 지민 곤어 사전 수조 지중 시

或可慮也."
혹 가려 야

群盲自聚明通寺禱雨.
군맹 자취 명통사 도우

咸州 吉州 鏡城等郡蝗.
함주 길주 경성 등군 황

豐海道都觀察使閔若孫有疾 命開城副留後李垠代之.
풍해도 도관찰사 민약손 유질 명 개성 부유후 이은 대지

議政府左政丞河崙等上書. 書曰:
의정부 좌정승 하륜 등 상서   서왈

'臣等竊聞成湯以六事自責 而千里來雲; 宋景出一善言 而熒惑
신등 절문 성탕 이 육사 자책 이 천리 내운   송경 출 일 선언 이 형혹

退舍; 燕臣有怨 六月飛霜; 東海冤婦 三年大旱. 天人相感之理
퇴사   연신 유원 육월 비상   동해 원부 삼년 대한   천인 상감 지리

豈有古今之異哉! 今殿下憂慮若此 而天尙不雨者 竊恐上德有不
기유 고금 지이 재   금 전하 우려 약차 이 천 상 불우 자 절공 상덕 유불

下究 而群臣有不盡奉行者也. 玆將管見 謹錄以聞. 一 增修聖治
하구 이 군신 유 부진 봉행 자야   자장 관견 근록 이문   일 증수 성치

事. 臣等聞宋儒蔡沈 序書集傳曰: "二帝三王大經大法 皆在此書."
사 신등 문 송유 채침 서서 집전 왈   이제삼왕 대경 대법 개재 차서

乞於此書 講求二帝三王之心 以隆二帝三王之治. 一 伸治冤抑
걸어 차서 강구 이제삼왕 지심 이륭 이제삼왕 지치   일 신치 원억

事. 臣等竊謂冤抑未伸 多在刑訟. 乞於各道徒流之內 擇其可貰
사 신등 절위 원억 미신 다재 형송   걸어 각도 도류 지내 택기 가세

者 俾蒙恩宥. 中外積年相訟未決 以致骨肉相殘 良賤相害 妨農
자 비몽 은유   중외 적년 상송 미결 이치 골육 상잔 양천 상해 방농

毀俗者 許令攸司痛行裁決 毋敢留滯. 一 求擧遺逸事. 臣竊謂人才
훼속 자 허령 유사 통행 재결 무감 유체   일 구거 유일 사 신 절위 인재

進退 實係安危. 於中外遺逸之中 訪求賢俊擢用. 一 條令奉行事.
진퇴 실계 안위   어 중외 유일 지중 방구 현준 탁용   일 조령 봉행 사

經濟六典所載及本府受旨 擬議受敎 行移事目 中外攸司 或因偏見
경제육전 소재 급 본부 수지 의의 수교 행이 사목 중외 유사 혹인 편견

或因私意 多不奉行 以致冤枉. 自今許令訟者陳告 痛行科罪. 一
혹인 사의 다불 봉행 이치 원왕   자금 허령 송자 진고 통행 과죄   일

務行仁厚事. 臣等於向者 謹以數條具啓 乞更垂睿覽.'

上覽之曰: "書傳 予已讀矣 然愚昧莫知施措. 其伸治冤抑 求擧
遺逸 條令奉行等事 宜速施行."

癸未 震全羅道保安人趙道者 靈光人高造女小斤.

甲申 慮囚. 是日始雨.

乙酉 雨.

議政府進藥酒. 命政府舍人曰: "鰥寡孤獨 王政所先. 存恤之法
雖在六典 恐或不行 以致傷和. 宜令攸司 更加存恤. 其或家貧親歿
三年未葬者 女年三十 猶未成婚者 官給資裝 俾不失時."

丙戌 遣宦官 賜酒肉于芳幹.

定水軍萬戶千戶稱號. 議政府啓曰: "三品以上稱萬戶 四品至
六品稱千戶 似無差等. 今後三品稱萬戶 四品稱副萬戶 五品稱千戶
六品稱副千戶." 從之.

賜醞于議政府.

議待兀良哈. 東北面都巡問使報: '於伊寬源洞 朱乙溫源洞 吾村
源洞等三源洞 乃元朝時所通路也. 今兀良哈數人 自吾村源洞來.
若使出入三路 則賊謀可畏 難於應變. 自今由此三路者 皆以賊
待之.' 下政府擬議. 政府請如所報 從之.

丁亥 大雨. 命各道官吏 督收早穀 以備風損.

戊子 司憲府請別賜田及親試登科田 勿許子孫相傳 不允. 啓曰;

"別賜田及登科田 與元從功臣褒賞之例不同 亦限己身 以定田制."

命曰: "初以子孫相傳受牌者 仍舊."

己丑 震淸州人內隱金及牛.

御慶會樓. 上憂旱 久不視事 至是 只令代言啓事.

司諫院上疏 疏曰:

'一 人才 政治之源 用人之道 不可不愼也. 政府 內統百官 外均
四方 故居是府者 論道德而佐一人 執陶甄而宰萬物 其任重而其人
難矣 故不可以不稱其職者 雜處於其間也. 前朝之季 不考其德 而
皆許入相 官位濫多 以至陵夷. 今我國家 汰省其數 以宅賢能 誠
盛朝之令典也. 伏望殿下 每當論相之日 尤加銓選 以處具瞻之地
其劣於才德者 雖有功勞 勿使間之 益尊廟堂.

一 監司 專制一方 以行黜陟 宣上德而達下情 其任重矣. 監司
得其人 則守令敬畏而職必修; 方鎭讋服而守必固. 今守令與監司
抗衡相詰 凌辱使命者 比比有之 其於盛朝上下相維 體統相屬之意
安在? 是無他 爲監司者 先失正己之道 爲判牧者 秩竝勢敵而然.
兩俱被責 故爲監司者 潛懷畏忌 擧劾之權不振; 爲守令者 率意
放恣 奉公之心怠矣. 其弊不可不慮. 伏望監司之選 使政府臺諫
薦擧以遣 留守官外 勿許差兩府守令.

一 國家重用人之道 設七科之法 使之各成其業 而後用之 用人之
路 可謂周矣. 夫門蔭出身之法 使承蔭子弟 皆就藝文館 講試一經

能通大義 依文科例給牌 然後方許仕進. 今也不然 勿問年之壯幼
能통 대의 의 문과 예 급패 연후 방허 사진 금야 불연 물문 연지 장유

不考經之通否 竝仕于朝 非唯曠官之弊 殊失門蔭法. 伏望承蔭子弟
불고 경지 통부 병사우조 비유 광관 지폐 수실 문음 법 복망 승음 자제

勿論仕未仕 皆令就試 取其能者而用之 其不能者 乃還學宮 通經
물론 사 미사 개령 취시 취기 능자 이용지 기 불능 자 내환 학궁 통경

而後用之 則冒進之徒自退 庶合於太祖立法之意矣.'
이후 용지 즉 모진 지도 자퇴 서합 어 태조 입법 지의 의

司憲府請長興庫使郭惲罪: "惲棄其有子正妻 以鄭龍壽妾女子
사헌부 청 장흥고 사 곽운 죄 운기 기 유자 정처 이 정용수 첩 여자

勝回爲妾. 時龍壽之卒 未滿百日 勝回適惲. 且其母主婚之罪 則已
승회 위첩 시 용수 지 졸 미만 백일 승회 적운 차 기모 주혼 지죄 즉이

按律施行 惲罪亦宜科斷." 命下巡禁司 贖杖六十 完聚正妻.
안율 시행 운죄 역의 과단 명하 순금사 속장 육십 완취 정처

司憲府請二品以上在外者罪. 啓曰: "二品毋得在外 已有成法.
사헌부 청 이품 이상 재외자 죄 계왈 이품 무득 재외 이유 성법

檢校漢城尹孫可興 朴尙絅 朴厚植 高都琯 尹思奕 崔咸 呂克諧
검교 한성윤 손가흥 박상경 박후식 고도관 윤사혁 최함 여극해

鄭道復 前泥城兵馬使鄭過等 常居外方 甚爲未便. 請收告身 移置
정도복 전 이성 병마사 정과 등 상거 외방 심위 미편 청수 고신 이치

他道." 命令來京.
타도 명령 내경

量濟州田. 全羅道都觀察使報:
양 제주 전 전라도 도관찰사 보

'濟州雖海島 莫非王土 不立田制 故土豪妄稱父祖田 廣占膏腴
제주 수 해도 막비 왕토 불립 전제 고 토호 망칭 부조 전 광점 고유

自家所耕外餘田 許貧民耕種 任意收租 非惟聚斂無極 爭奪不已
자가 소경 외 여전 허 빈민 경종 임의 수조 비유 취렴 무극 쟁탈 불이

至於骨肉相殘 詞訟擾亂 其弊不小. 且陸地無賴避役之徒 多入其境
지어 골육상잔 사송 요란 기폐 불소 차 육지 무뢰 피역 지도 다 입 기경

買貧民田宅 因以多占 互相陳荒 貧民反無耕種之地 賣子鬻妻者
매 빈민 전택 인이 다점 호상 진황 빈민 반무 경종 지지 매자 죽처 자

頗多. 又牧使判官衙廩 乃於陸地倉庫 受出轉輸未便. 島內雖瘠薄
파다 우 목사 판관 아름 내 어 육지 창고 수출 전수 미편 도내 수 척박

隨宜打量 衙廩折給 餘田幷屬軍資 以時收租 年凶則賑恤貧民.'
수의 타량 아름 절급 여전 병속 군자 이시 수조 연흉 즉 진휼 빈민

命如所報.
명여 소보

庚寅 上奉上王 擊毬于廣延樓下. 上幸昌德宮 命孝寧大君及
경인 상 봉 상왕 격구 우 광연루 하 상행 창덕궁 명 효령대군 급

金汝知請上王 召兵曹判書李叔蕃行酒. 賜叔蕃廄馬一匹 上王亦賜
叔蕃紗衣 暮罷.

辛卯 慶尙道大雨五日 水溢害穀.

令百官各擧遺逸三人. 司諫院薦生員高若海 讀書養親 不求聞達.
拜若海恭安府注簿.

越川君文彬卒. 輟朝三日 致祭賜賻 贈謚平翼.

壬辰 東北面預原郡所要項川中 有石長十六尺 廣十三尺 順流
移下五十八尺.

癸巳 分遣敬差官. 遣巡禁司大護軍田興于京畿忠淸道
判濟用監事權蔓于慶尙全羅道 相可牧馬之地. 遣戶曹參議金廷雋
于濟州 先刷良馬百餘匹以來.

命全羅道都觀察使 歲進瓷器.

遣回回沙門都老于順興府 採水精.

光祿卿權永均等 回自北京.

甲午 賜宮人無作只母綿布百匹 正布二百匹. 上謂代言曰: “宮人
無作只母 於去夏 以病盡出其衣 禱于鬼神. 予憫之 索宮中得正布
十餘匹與之 中宮以宮內所需奪之 其兒號泣不已.” 乃有是賜.

乙未 吉川君權跬 知議政府事呂稱等 回自北京 啓曰: “皇帝賜宴
厚慰 賜跬廄馬三匹 段絹各八匹. 又聞闕內宦官之言曰: ‘帝將親征
匈奴 發天下兵百萬餘人 已送上都. 又有遼東人奏於帝曰: “濟州

馬匹 前元所放也 請移置于中國'" 成石璘啓曰: "臣向啓濟州馬匹
마필 전원소방야 청이치우중국 성석린계왈 신향계제주 마필

宜刷出放于近島. 況今聞飛語如此乎" 上然之. 又啓曰: "權永均
의쇄출방우근도 황금문비어여차호 상연지 우계왈 권영균

亦聞諸本朝宦官尹鳳曰: '造戰艦三千 將攻日本.'" 大臣皆懼 獻計
역문저본조환관윤봉왈 조전함삼천 장공일본 대신개구 헌계

曰: "東西二界 宜遣武臣 預鍊士卒." 上止之曰: "卿等勿疑. 曩者帝
왈 동서이계 의견무신 예련사졸 상지지왈 경등물의 낭자제

與日本和親 群臣皆曰: '當與日本共侵于我.' 我固曰無之 不其有驗
여일본화친 군신개왈 당여일본공침우아 아고왈무지 불기유험

乎? 今者帝之待永均 無異平昔 其征北巡遼 固其境內之事耳. 豈
호 금자제지대영균 무이평석 기정북순요 고기경내지사이 기

有意於我乎?"
유의어아호

　　押物前護軍崔浩死于北京 賜賻其家.
　　　　압물전호군최호사우북경 사부기가

　　賜酒肉于藝文館. 館官獻松子 上賜酒肉 仍命曰: "汝等唱
　　사주육우예문관 관관헌송자 상사주육 잉명왈 여등창

翰林別曲以歡."
한림별곡 이환

　　丙申 以崔迤爲西北面都巡問使兼平壤府尹 延嗣宗東北面
　　병신 이최이위 서북면 도순문사 겸 평양부윤 연사종 동북면

都巡問使兼永興府尹 金承霆西北面兵馬都節制使兼判安州牧
도순문사 겸 영흥부윤 김승주 서북면 병마도절제사 겸판 안주목

事 李從茂東北面兵馬都節制使兼判吉州牧事 曹備衡尙州晉州道
사 이종무 동북면 병마도절제사 겸판 길주목사 조비형 상주 진주도

尹坤雞林 安東道 馬天牧全羅道 曹恰豐海道 朴矩江原道 皆爲
윤곤 계림 안동도 마천목 전라도 조흡 풍해도 박구 강원도 개위

兵馬都節制使. 河崙 趙英茂 李天祐 李叔蕃等進言曰: "帝固無心
병마도절제사 하륜 조영무 이천우 이숙번 등 진언왈 제고무심

於我矣. 若胡人漫散 則東有混同江 西有萬里長城 故必南奔於我矣
어아의 약호인만산 즉동유혼동강 서유만리장성 고필남분어아의

無備可乎?" 上曰: "是則然矣. 予聞古有契丹 紅軍 本非指我 卒見
무비가호 상왈 시즉연의 여문고유거란 홍군 본비지아 졸견

其禍. 若以此圖之 則可也 不必曲生疑也. 且我以誠事大 何疑之有!
기화 약이차도지 즉가야 불필곡생의야 차아이성사대 하의지유

武備 有國之常 宜遣武臣于外也." 故有是命.
무비 유국지상 의견무신우외야 고유시명

　　丁酉 命濟州 於冬至正朝誕日 進馬二十四. 前此 濟州於三賀禮
　　정유 명제주 어동지 정조 탄일 진마 이십필 전차 제주 어삼하례

獻馬五六匹 以至十四而已. 命議政府舍人曰: "予聞各道於冬至
<small>헌마 오륙 필 이지 십필 이이 명 의정부 사인 왈 여문 각도 어 동지</small>

正朝誕日 進虎豹皮 皆求無穴者 甚非也. 安有擒毒獸 而不傷其
<small>정조 탄일 진 호표피 개구 무혈 자 심비 야 안유 금 독수 이 불상 기</small>

皮毛乎? 今後除朝廷進獻外 虎豹皮及鹿皮 不必求完也."
<small>피모 호 금후 제 조정 진헌 외 호표피 급 녹피 불필 구완 야</small>

議政府左政丞河崙等請開渠. 啓曰: "宜發京畿軍人一萬名 京中
<small>의정부 좌정승 하륜 등 청 개거 계왈 의발 경기 군인 일만 명 경중</small>

隊長隊副四百名 軍器監別軍六百名 共一萬一千名 鑿養魚池 開渠
<small>대장 대부 사백 명 군기감 별군 육백 명 공 일만 일천 명 착 양어 지 개거</small>

于崇禮門外 以通舟楫." 上曰: "我國之土 皆沙石 水不停留 不可放
<small>우 숭례문 외 이통 주즙 상왈 아국 지토 개 사석 수불 정류 불가 방</small>

中國開渠也. 明日 予將面議." 上御慶會樓下 謂政府曰: "自崇禮門
<small>중국 개거 야 명일 여장 면의 상어 경회루 하 위 정부 왈 자 숭례문</small>

至龍山江開渠 以通舟楫 則誠幸矣 但疑沙地 水不常滿耳. 卿等
<small>지 용산강 개거 이통 주즙 즉 성행의 단 의 사지 수 불상 만이 경등</small>

以爲?" 群臣皆曰: "可." 獨議政府贊成事柳亮曰: "龍山江近於都城
<small>이위 군신 개왈 가 독 의정부 찬성사 유량 왈 용산강 근어 도성</small>

何必勞民!" 知議政府事朴子靑曰: "地皆水田 必不漏洩. 開鑿之功
<small>하필 노민 지의정부사 박자청 왈 지개 수전 필불 누설 개착 지공</small>

不過萬人一月之功 請試之." 上深知用力之難 故事寢不擧.
<small>불과 만인 일월 지공 청 시지 상 심지 용력 지난 고 사침 불거</small>

改東北面定州爲定平府 嫌與西北面定州同也.
<small>개 동북면 정주 위 정평부 혐 여 서북면 정주 동야</small>

司憲府請護軍金奉 上護軍金南斗罪: "奉母死 十年不葬; 南斗
<small>사헌부 청 호군 김봉 상호군 김남두 죄 봉 모사 십년 부장 남두</small>

欲娶故護軍金甫海妻吳氏 初無聘禮 强之而未成 請皆罪之." 上以
<small>욕취 고 호군 김보해 처 오씨 초무 빙례 강지 이 미성 청 개 죄지 상이</small>

元從功臣 皆原之.
<small>원종공신 개 원지</small>

戊戌 議政府上疏:
<small>무술 의정부 상소</small>

'一 各司提調及兼判事實案兼帶者 於祿官坐起日外 恒坐治事 考
<small>일 각사 제조 급 겸판사 실안 겸대 자 어 녹관 좌기 일외 항 좌 치사 고</small>

其官員勤慢 每年冬季 褒貶啓聞.
<small>기 관원 근만 매년 동계 포폄 계문</small>

一 各司官吏一員 更相晝直 以爲恒式.
<small>일 각사 관리 일원 갱상 주직 이위 항식</small>

一 司宰監身良水軍及各司奴婢逃匿者 竝令現推立役. 於
<small>일 사재감 신량 수군 급 각사 노비 도닉 자 병령 현추 입역 어</small>

解由文字內 現推及逃亡數 竝錄交付.

一 京外官特旨除授外 京中十五箇月 外方三十箇月 以爲一考

許令考滿者隨次敍用.'

上曰: "雖賤者之奴 猶不敢背主 至於身良水軍 則逃避其役. 此

無他 私奴則其主推之甚明 公處之奴 則官吏不肯用心故也. 予常欲

罪之." 李叔蕃啓曰: "令提調常仕其司 嚴加考察 則官吏畏憚 不廢

其職. 且當遞期 考其解由 以明黜陟 則豈有前日陵夷之弊乎?" 上

曰: "卿言是也." 卽命代言趙末生 悉書司宰監身良水軍之數以聞.

又命曰: "此乃政府之事 毋敢忽焉."

兵曹上武科用槍之法. 啓曰: "續六典內 武科試取時用槍之法 但

以中束草人爲等 未便. 今後兩人 執槍騎馬爭能 能中五人者爲一等

四人二等 三人三等." 從之.

命旌表鐵原府人前監務高仲生女之門閭. 京畿觀察使報: '其女

守信寡居 又喪其母 奉繼母惟謹. 一日家失火 繼母焚死 高抱屍

哭泣 備衣服斂殯 不輟朝夕之奠. 繼母有收養小兒 高撫育如子.'

革威儀色 屬工曹.

定東北面各翼千戶百戶之數: 上千戶一 五品 副千戶一 六品 每

一領上百戶一 七品 副百戶一 八品.

議政府上備邊之法:

'一 將才宜預養 士卒亦宜預習. 擇文武兼才 他日堪爲將帥者

不拘職次 分遣各道.

一 人之所重 在於父母妻子. 危急之際 若皆離散 則難以使之致力. 各道各官三四息程途內 置一山城 有舊基者重修 無舊基者擇地新築 內置倉庫 以儲糧餉. 有緩急 使其父母妻子 皆聚山城 則人人皆能致力 無敢離貳. 先以兩界及豐海道爲始.'

從之.

議政府又啓: '東西北面 凡有軍國重事 都節制使 都巡問使 同議施行 都節制使 則以都安撫使兼任之. 且各道判牧府事 職帶節制使者 各鎭兵馬使 凡抄鍊軍士 精備軍器 講習武藝等事 於任領內各官 竝行考察 一如本官. 各道都節制使 都觀察使 兩界都巡問使 於各官節制使呈報事目 隨卽施行 就行考察.'

己亥 初昏 孛星見於北方 旋回流轉 俄而無迹 其大如鉢 靑赤色. 上親見之 問於書雲觀守更者趙好琁 對以不知 命下獄 翼日釋之.

庚子 百官具禮服 行千秋賀禮 陳樂不奏 以敬順王后忌辰也.

辛丑 減東西北面田租十分之二. 金承霍報曰: '道內土地本瘠 今始打量 其收租不可例於他道.' 從之 仍命東西北面 亦用此例.

壬寅 命兵曹禁東郊雜人漁獵.

以內廐馬三十六匹 分養于京畿廣州等官.

設內侍衛三番. 番各十人 以摠制一人爲節制使以統之 皆擇有武才者.

癸卯 左政丞河崙等詣闕請見 上曰:"旱乾之際 又有東風傷穀 故
계묘 좌정승 하륜 등 예궐 청현 상왈 한건 지제 우유 동풍 상곡 고

憂勞不寐 且汗出 難於延見." 崙曰:"今聞上國將北征 又遣人于
우로 불매 차한출 난어 연견 륜왈 금문 상국 장 북정 우 견인 우

東北. 野人雖與我國和親 終或圖我 未可知也. 且恐窮兵 亡入我疆.
동북 야인 수여 아국 화친 종혹 도아 미가지야 차공 궁병 망입 아강

方是時 何不見臣等而議之? 體若未寧 宜引見臥內." 上曰:"防邊
방시시 하불견 신등 이의지 체약 미녕 의인견 와내 상왈 방변

之策 選將帥 儲糗糧 鍊兵器三者而已 更有何計耶? 帝之征東征北
지책 선 장수 저 후량 연병기 삼자 이이 갱유 하계 야 제지 정동 정북

自家之事 不必爲慮. 且予方許遣武臣備禦 卿等不必面請也. 今
자가 지사 불필 위려 차여 방허 견 무신 비어 경등 불필 면청 야 금

東西二界 有旱乾之變 蟲蝗之災. 諸卿在爕理之職 不此之憂 而
동서 이계 유 한건 지변 충황 지재 제경 재 섭리 지직 불차 지우 이

以中國爲慮乎?" 崙對曰:"此雖可憂 亦常事耳. 他國之兵 若或
이 중국 위려 호 륜 대왈 차수 가우 역 상사 이 타국 지병 약혹

猝至 蒼黃之際 固難制禦." 退且言曰:"昔秦交遠國而終滅齊 不可
졸지 창황 지제 고난 제어 퇴차 언왈 석진 교 원국 이종 멸제 불가

徒恃帝之親我也. 前朝己亥辛丑之間 都城不守 而有紅賊之變. 修
도시 제지 친아 야 전조 기해 신축 지간 도성 불수 이유 홍적 지변 수

都城築山城等事 或上慮所不及也." 上聞之曰:"予雖未能通達古今
도성 축 산성 등사 혹 상려 소불급 야 상 문지왈 여 수 미능 통달 고금

不服此言矣. 他日當與諸卿議之." 翼日 上御慶會樓 召左右政丞及
불복 차언 의 타일 당여 제경 의지 익일 상어 경회루 소 좌우 정승 급

李天祐 李叔蕃 笑曰:"昨卿等築城之議 何其刦也? 事之危急 至於
이천우 이숙번 소왈 작 경등 축성 지의 하기 겁야 사지 위급 지어

守都城 則何以爲國! 凡物有盛衰 帝非父命而自立 南征交趾 北攻
수 도성 즉 하이 위국 범물 유 성쇠 제 비 부명 이 자립 남정 교지 북공

沙漠 何暇東顧哉? 若果有難 將擧兵直走耳. 豈宜守城以待? 不如
사막 하가 동고 재 약과 유난 장 거병 직주 이 기의 수성 이대 불여

堅築平壤 義州之城 姑置妻子 使馳捷音可也." 僉曰:"臣等所未計
견축 평양 의주 지성 고치 처자 사치 첩음 가야 첨왈 신등 소미계

也. 然前朝紅亂 都城不守 人皆離散. 不如深溝高壘 收納妻子 則
야 연 전조 홍란 도성 불수 인개 이산 불여 심구 고루 수납 처자 즉

民無離心 盡力於死. 然後直走 則進退有據矣. 且與日本同力爲可."
민무 이심 진력 어사 연후 직주 즉 진퇴 유거 의 차여 일본 동력 위가

上曰:"予亦計之 然天不可違. 帝雖有東征之意 予豈敢違天乎? 當
상왈 여역 계지 연천 불가위 제수 유 동정 지의 여 기감 위천 호 당

盡心力以事之耳. 萬一有急 勢不得已也 不可先事圖之也."
진 심력 이 사지 이 만일 유급 세 부득이 야 불가 선사 도지 야

甲辰 以延嗣宗爲谷山君 李原東北面都巡問使 李從茂東北面
갑진 이 연사종 위 곡산군 이원 동북면 도순문사 이종무 동북면

都安撫使兼兵馬都節制使 金承霑西北面都安撫使兼兵馬都節制使.
도안무사 겸 병마도절제사 김승주 서북면 도안무사 겸 병마도절제사

全羅 慶尙道海水變色. 順天府長省浦水 自壬辰始赤 至丁酉變
전라 경상도 해수 변색 순천부 장성포 수 자 임진 시적 지 정유 변

爲黑 魚蝦死而浮出 若汲水盛器 則其色如常. 梁州多大浦 自乙未
위흑 어하 사이 부출 약 급수 성기 즉 기색 여상 양주 대대포 자 을미

至丁酉水赤 自甲辰至乙巳又赤 魚死浮出 取水盛器 凝如煎牛毛
지 정유 수적 자 갑진 지 을사 우적 어사 부출 취수 성기 응 여 전 우모

汁. 絶影島自乙未至丁酉水赤. 東萊外坪 戊戌水赤 富山浦自甲辰
즙 절영도 자 을미 지 정유 수적 동래 외평 무술 수적 부산포 자 갑진

至乙巳水赤 見乃梁戊戌水深赤魚死 樊溪浦自戊戌至辛丑水紅黃
지 을사 수적 견내량 무술 수심적 어사 번계포 자 무술 지 신축 수홍황

色魚死 豆毛浦丁酉水赤 包伊浦自丁酉至戊戌水赤 昌原府 都萬浦
색 어사 두모포 정유 수적 포이포 자 정유 지 무술 수적 창원부 도만포

等處 戊戌水赤黑魚死 鎭海戊戌水淡黃色魚死 機張丁酉水赤黃
등처 무술 수 적흑 어사 진해 무술 수 담황색 어사 기장 정유 수 적황

鮑鮐與魚皆死 興海自戊戌至庚子水赤魚死. 上曰: "天狗落則有
포합 여어 개사 흥해 자 무술 지 경자 수적 어사 상왈 천구 낙즉유

此變 祭之無益. 然前年亦有此變 遣人以祭 今亦行解怪祭可也." 遂
차변 제지 무익 연 전년 역유 차변 견인 이제 금역행 해괴제 가야 수

遣檢校工曹參議崔德義于全羅道 判書雲觀事艾純于慶尙道行祭.
견 검교 공조참의 최덕의 우 전라도 판서운관사 애순 우 경상도 행제

乙巳 任添年 崔得罪 鄭允厚 回自京師.
을사 임첨년 최득비 정윤후 회자 경사

減倭人童時羅罪. 時羅欲採藿營生 擅往全羅道黑山島 罪應杖
감 왜인 동시라 죄 시라 욕 채곽 영생 천왕 전라도 흑산도 죄응장

一百 上曰: "此不知律文故也 宜減等 贖笞五十. 且國家曾不出令而
일백 상왈 차 부지 율문 고야 의 감등 속태 오십 차 국가 증 불출령 이

罔民 甚不可. 今後令漢城府牓示 禁其冒受路引 私自下海興利者."
망민 심 불가 금후 영 한성부 방시 금기 모수 노인 사자 하해 흥리 자

命中外習射片箭. 上謂金汝知等曰: "向者令近侍人 習射片箭
명 중외 습사 편전 상위 김여지 등 왈 향자 영 근시인 습사 편전

至微難見 中則必傷物 且遠及二百步 攻敵之具 莫如此也. 太祖
지미 난견 중즉필 상물 차원급 이백보 공적 지구 막여 차야 태조

潛邸時 爲裨將攻遼城 遼人守城者 只露其面 自下射之 多中死者.
잠저 시 위 편장 공 요성 요인 수성 자 지로 기면 자하 사지 다 중사 자

回回 達比僉院 號爲勇將 亦爲所擒① 皆片箭之力也. 未知始於
회회 달비첨원 호위 용장 역위 소금 개 편전 지력 야 미지 시어

何代?" 汝知等考諸山堂考索 乃唐武后所制筒射也. 乃命習之.
하대　　여지 등 고 저　산당고색　내 당 무후 소제 통사 야　내 명 습지

丙午 還御昌德宮. 議政府進賀 上曰: "移御景福宮 非度厄也 蓋
병오　환어 창덕궁　의정부 진하　상 왈　이어 경복궁　비 도액 야　개

避暑耳 勿賀."
피서 이　물하

各道職帶節制兵馬者拜辭 皆賜弓矢.
각도 직대 절제 병마 자 배사　개 사 궁시

日本 江州太守平滿家 使人獻禮物 求洪鍾.
일본　강주 태수 평만가　사인 헌 예물　구 홍종

| 원문 읽기를 위한 도움말 |

① 亦爲所擒: 흔히 爲~所~라고 해서 '~에게 ~당하다'라는 수동형인데, 여
　　역 위 소금　　　위 소
기서는 그냥 '붙잡히다'라는 뜻이다.

태종 13년 계사년
8월

八月

정미일(丁未日·1일) 초하루에 편전(便殿)에 나아가 좌정승 하륜(河崙), 우정승 조영무(趙英茂), 이조판서 이천우(李天祐), 병조판서 이숙번(李叔蕃)을 불러 만나보았다[引見]. 륜(崙) 등이 아뢰어 말했다.

"도성(都城)은 나라의 근본이 되므로 의리상 완고(完固)하게 해야 마땅합니다. 청컨대 수리하소서."

상이 그것을 따랐다. 경성수보도감(京城修補都監)을 두어 성산부원군(星山府院君) 이직(李稷), 의령부원군(宜寧府院君) 남재(南在)를 도제조(都提調)로 삼고, 중군도총제(中軍都摠制) 김한로(金漢老), 의정부지사(議政府知事) 박자청(朴子靑)·여칭(呂稱), 여천군(驪川君) 민여익(閔汝翼), 의정부참지사(議政府參知事) 심온(沈溫), 좌군총제(左軍摠制) 우희열(禹希烈), 인녕부 윤(人寧府尹) 안노생(安魯生), 전 도관찰사 이귀산(李貴山)을 제조(提調)로 삼았다. 정부에서 아뢰어 말했다.

"수축군(修築軍)은 경기에서 1만 2,000명, 충청도에서 2만 2,000명, 경상도에서 2만 7,000명, 전라도에서 2만 4,000명, 강원도에서 5,000명, 풍해도(豊海道)에서 1만 명 등 총 10만 명을 조발(調發)해 속히 부역하게 하소서."

그것을 따랐다.

○ 상이 하륜 등에게 일러 말했다.

"어제 경들이 도성의 동과 서 양 모퉁이를 쌓아서 넓히고자 했으나 나는 그렇지 않다고 생각한다. 지금 문정(門庭)의 구적(寇賊-도적)이 있는데 어찌 성을 쌓는 일을 하겠는가? 태조(太祖)가 나라를 세우고 도읍(都邑)을 설치함으로써 뭇사람들의 원망을 샀고, 상왕(上王) 때 이르러 거실(巨室-큰 집안)이 다 구도(舊都-개경)를 그리워해 드디어 본경(本京-개경)으로 돌아갔으나 나의 몸에 이르러 다시 이곳으로 돌아왔다. 천사(遷徙-천도)할 때를 당해 공사(公私) 토목(土木)의 노고를 어찌 다 말할 수 있겠는가? 지난해에 개천을 팠는데, 이제 장랑(長廊)을 일으키고 성을 쌓으려고 한다면 민력(民力)이 소진될 것이다. 나는 민력을 휴식시키고자 하니 경들은 이것을 말하도록 하라."

륜이 말했다.

"신도 바야흐로 지금 (명나라에 대해) 정성을 다해 사대(事大)하므로 진실로 가히 우려할 만한 일은 없을 것이라고 생각합니다. 만약 혹시 중국의 사람이 도망쳐서 떼 지어 들어온다면 반드시 장수(將帥)에게 명해 방비해야 할 것인데, 그 종군(從軍)하는 자 가운데 누가 부모처자가 없겠습니까? 만약 부모처자가 견고한 성벽에서 보호를 받는다면 사람들이 반심(叛心)을 품지 않을 것입니다. 또 도성은 나라의 근본이니, 이제 무사할 때를 맞아 이를 쌓는 것이 마땅합니다."

상이 말했다.

"국가의 일에 내가 어찌 소홀히[恝然] 하겠는가! (그러나) 지금 외구(外寇)가 없는데도 백성을 괴롭히는 것을 나는 차마 못 하겠다

[不忍]."
불인

조영무 등이 말했다.

"상의 말씀이 옳습니다. 청컨대 일단 정지하소서."

륜이 말했다.

"일의 지극히 마땅한 것을 어찌 그만둘 수 있겠습니까? 옛날 여고(餘古)¹·자라대(者羅大)²와 거란(契丹)의 난에 전조(前朝-고려)에서 성을 지켰기에 그 화를 면할 수 있었으며 신축년 홍군(紅軍-홍건적)의 난에는 성을 지키지 못해 패적(敗績-자국의 패배)했으니, 이것이 진실로 밝은 증험입니다."

상이 말했다.

"중국이 우리를 도모하기는 어려울 것이다. 저들이 떼 지어 들어온다면 일개 변장(邊將)이 능히 제어할 바이지 어찌 천리(千里) 안으로 끌어들여서 도성을 지키도록 할 수 있겠는가?"

일이 드디어 정지됐다. 륜 등이 아뢰었다.

"우희열(禹希烈, 1354~1420년)³이 말하기를 '나라에 변이 있어 전하

---

1 1252년 몽고의 제5차 침입 때 몽고군을 지휘한 장수다. 일명 야고(也古)다.

2 1254년 몽고의 제6차 침입 때 몽고군을 지휘한 장수다. 일명 차라대(車羅大)다.

3 음서(蔭敍)로 관직에 나아갔다. 1408년(태종 8년) 민무구(閔無咎) 사건에 관련돼 하옥되기도 했으나 곧 풀려났으며, 이듬해 3월에 제언(堤堰) 수축을 통한 수리의 개발을 주장해 태종대의 수리 시설 확장 사업에 중심적인 역할을 했다. 1413년에는 충청도 도관찰사의 직임을 띠고 조운(漕運)의 편의를 위해 시도된 태안반도 운하 개통 사업, 즉 축제(築堤-제방 쌓는 일) 사업을 주관했고, 이듬해에는 경기·충청 양도의 권과농상사(勸課農桑使)로 나가 제언 수축과 식상(植桑-뽕나무를 심음) 일을 권장했다. 1415년에 다시 충청도관찰사, 같은 해 말에 경기도관찰사를 지냈고, 이어 판광주목사(判廣州牧事)가 됐다. 1418년 판청주목사로 있을 때는 전국 각지에 제방과 관개 시설의 목록을 갖춰 매년 수치하게 하고 경차관을 보내 감독하게 하자는 건의를 올려 이를 실현시켰다. 김제 벽골제(碧骨堤), 부

께서 상마(上馬)⁴하시면 반드시 장수로 하여금 도성을 수비하게 할 것인데, 성을 개축(改築)하지 않을 수 없다'라고 했으니, 이 말은 진실로 이치가 있습니다. 마땅히 각사로 하여금 그 가부를 의논하게 해, 만약 모두 가하다고 한다면 비록 민력(民力)을 동원하더라도 원망은 아래에 있는 것입니다."⁵

상이 말했다.

"나라를 도모하는[圖國] 자는 나와 두세 명의 대신인데 어찌 가히
　　　　　　　도국
각사(各司)에 물을 것인가? 나의 생각하는 바로는 이제 겨울철에 반드시 성을 수비할 일은 없을 것이다. 만약 도망쳐 오는 군사가 있다면 마땅히 이를 국경에서 칠 것이지, 어찌 마상(馬上)의 걱정이 있겠는가? 일이 부득이하다면[不獲已=不得已] 마땅히 따뜻한 봄철을
　　　　　　　　　　　불획이　　부득이
기다려서 백성의 목숨을 해치지 않도록 해야 한다."

○ 륜(崙)이 나아와 말했다.

"순제(蓴堤)에 못을 파서 조운(漕運)하는 일은 폐지할 수 없습니다."

상이 말했다.

"이 일은 모두 '불가하다'고 한다."

륜이 굳게 청하자 상이 박자청(朴子靑)을 충청도 도체찰사(忠淸道都體察使)로 삼고 사헌 집의 김효손(金孝孫)을 부사(副使)로 삼아서

　　평 수용제(水桶堤) 등의 수축에 큰 공을 세웠으며 농업 전문가로서의 활약이 컸다.

4　말을 타고 먼 길을 나서는 것으로, 몽진하는 것을 말한다.

5　크게 중요하지 않다는 말이다.

순제(蓴堤)가 편리한지 그 여부를 가서 살피고 오게 했다. 자청(子靑) 등이 아뢰어 말했다.

"비록 식량(識量-식견)이 부족해 감히 마음을 다할 수는 없지만, 신 등이 가서 초8일과 15일 양일에 조석(潮汐)의 차고 줄어드는 형세를 보면 거의 알 수 있을 것입니다."

상이 옳게 여겼다.

○ 이원(李原)을 기복(起復)시켰다. 원(原)이 아직 모상(母喪)을 마치지 못했는데, 의정부에서 청했기 때문이다.

○ 경기우도(京畿右道)의 배주(白州)·연안(延安)·강음(江陰)·우봉(牛峯)·토산(兎山) 등의 고을을 풍해도(豊海道)에 이속(移屬)하고, 충청도의 여흥(驪興)·음죽(陰竹)·양지(陽智)·안성(安城)·양성(陽城)과 강원도의 가평(加平) 등의 고을을 경기좌도(京畿左道)에 이속했다. 경기우도 여러 창고전(倉庫田)과 궁사전(宮司田)[6] 총 1,613결, 각 품과전(科田)·공신전(功臣田) 총 2만 41결, 풍해도 여러 군(郡)의 창고전(倉庫田)과 궁사전(宮司田) 총 1만 7,345결을 모두 군자(軍資)에 속하게 해서 양향(糧餉)을 마련하게 하고, 여흥 등지의 군자전(軍資田) 1만 4,700결, 경기좌도 여러 군(郡)의 군자전 2만 8,257결을 이에 보충했다. 이러한 논의가 임진년(壬辰年-1412년) 8월에 비롯됐는데, 이때에 이르러 정부에서 다시 품지(稟旨)해 시행한 것이다.

───────

6　왕실(王室)의 비용을 마련하기 위해 설치한 전지다. 창고전과 궁사전은 원래 '5고 7궁(五庫七宮)'이라고 하던 임금의 사장(私藏)으로서 고려 왕실로부터 물려받은 왕실 재단과 함길도(咸吉道) 일대의 이성계(李成桂) 일족 사유 전지를 아울러 본궁(本宮)이라 했는데, 세종 5년 전후에 내수소(內需所)로, 세조 12년에 내수사(內需司)로 개칭했다.

무신일(戊申日-2일)에 광연루(廣延樓)에 나아가 (명나라에서 돌아온) 권규(權跬) · 여칭(呂稱) · 권영균(權永均) · 정윤후(鄭允厚) · 임첨년(任添年) · 최득비(崔得霏) 등에게 잔치를 베풀었다.

○ 이조판서 이천우(李天祐)를 서북면 도체찰사(西北面都體察使)로 삼아 성보(城堡)와 무비(武備)를 가서 돌아보게 했다[往視]. 궁시(弓矢-활과 화살)를 내려주고 중관(中官-환관)을 보내 전송했다.

기유일(己酉日-3일)에 동북면(東北面) 갑주(甲州) 지역에 서리가 내려 곡식을 해쳤다.

○ 당인(唐人-중국 사람) 압송관(押送官) 임밀(林密)이 요동(遼東)에 돌아와서 아뢰었다.

"달단군(韃靼軍-몽골군)이 철령위(鐵嶺衛)[7]로 향하므로 요동이 방비하고 있습니다."

경술일(庚戌日-4일)에 동풍(東風)이 크게 부니, 동교(東郊)에 행차해 화가(禾稼-곡식)를 살폈다.

○ 주문사(奏聞使) 선존의(宣存義)가 경사(京師)에 갔다. 부경환자(赴京宦者)[8] 김음(金音) · 최인계(崔仁界) 등이 어버이 상(喪)을 당한

---

7 명(明)나라에서 원(元)나라의 개원로(開元路)에 설치한 위소(衛所)다. 1388년 명나라에서는 함경도와 강원도의 접경 지역에 위소를 설치하려 했으나 고려에서 요동정벌군을 일으키자 후퇴해 강계(江界)의 대안(對岸) 황성(黃城)에 설치했고, 다시 봉집현(奉集縣)으로 옮겼다가 1398년에 지금의 만주 철령(鐵嶺)으로 옮겼다.

8 경사(京師)에 가서 명나라 황실(皇室)을 봉공하던 환관을 가리킨다.

일과 통사(通事) 최호(崔浩)의 유골을 거두는 일 때문이다.

신해일(辛亥日-5일)에 서교(西郊)에 행차했으니 화가(禾稼)를 살피기 위함이었다.

○ 전 대호군 권계(權繼)의 죄를 용서했다[原].
원

사헌부에서 아뢰었다.

"부모의 추천(追薦)에 불배(佛排)의 수는 존비(尊卑)에 따라 차등을 둔다는 이미 나타난 법령이 있는데, 이번에 계(繼)는 어버이 상(喪)을 당해 불배(佛排)의 수가 지나쳤으니[踰數] 청컨대 과죄하소서."
유수

상이 말했다.

"계가 바야흐로 최질(衰絰-상복) 중에 있으니 마땅히 잠정적으로 이를 용서하라[宥]."
유

임자일(壬子日-6일)에 사헌부에서 소(疏)를 올렸다. 소는 이러했다.

'편안할 때 위태로움을 잊지 않는 것은 나라를 보호하는 장구한 방책[長策]이요, 양향(糧餉)을 저축하는 것은 군국(軍國)의 요긴한 일입니다. 공손히 생각건대 전하께서 사대(事大)하기를 정성으로 하시고 교린(交隣)하기를 신의로 하시며, 국가의 한가한 때를 당하면 갑병(甲兵)을 수리해 완벽하게 하시며, 검약을 숭상해 용도를 절약하시니, 나라를 지키는 도리가 가히 지극하다고 하겠습니다. 엎드려 듣건대 중국에서는 북쪽에 오랑캐의 변경(邊警)이 있자 군사를 일
장책

으켜 정벌한다고 하고, 동쪽에 왜구의 흔단(釁端)이 있어 다시 방비하도록 명했다고 합니다. 우리나라의 땅이 오랑캐의 지경과 접해 있고 바다로는 왜국(倭國)과 연해 있어 변방의 환을 염려하지 않을 수 없습니다. 지난번에 문무(文武)를 겸전하고 지혜롭고 용맹한 자들을 나눠 임명해 방진(方鎭)과 주(州)·목(牧)의 직임을 맡겼습니다. 이제 중외의 곡속(穀粟) 수가 356만 8,700석(石)이니 저축한 것이 가히 많지 않다고 이를 수는 없습니다. 그러나 사방에 흩어져 있고 도로가 멀고 막혀서 조운(漕運)이 통하지 못하니, 만약 긴급한 일이 있으면 어찌 능히 아침저녁으로 운송해 비치해서 그 비용에 이바지할 수 있겠습니까?

오늘의 일 중에 이보다 더 급한 일이 없으니, 바라건대 각 고을의 문묘(文廟)의 제전(祭田)을 제외한 별사전(別賜田)·원종공신전(元從功臣田)·회군공신전(回軍功臣田)·사사전(寺社田)·공해전(公廨田)에서 전부 그 조세를 거두고 각 품 과전(科田)·삼공신전(三功臣田)에서 그것의 절반을 거둬, 잠정적으로 군대의 양식에 충당해 불우(不虞)의 변고에 대비해야 할 것입니다.'

소를 (유사에 내리지 않고) 궁중에 머물러 두었다.

○ 의정부에서 말씀을 올렸다.

"공신전(功臣田)·별사전(別賜田)·과전(科田)에서 청컨대 3분의 1을 취해 양향(糧餉)에 대비하소서."

5분의 1을 취하라고 명했다.

○ 호조에서 아뢰었다.

"고위·하위 관리[大小] 가운데 수전(受田)한 자는 이미 단자(單子-
대소

302

물건 수량을 적은 쪽지)를 올렸으므로 20결(結) 이상에서 5분의 1을 취하는 일은 행이(行移)했습니다. 혹 단자를 올리지 않고 옛날대로 조세를 거두는 자가 있으면 이러한 전지는 마땅히 아울러 공가(公家-관가)에서 거두도록 하소서."

그것을 따랐다.

○ 동북면(東北面) 천호(千戶) 등이 관하(管下) 민호(民戶)를 사사로이 사역(使役)시키는 것을 파(罷)하고 없앴다.

정부에서 아뢰었다.

"동북면에 와서 사는 향화인(向化人-귀화인) 가운데 천호(千戶) 김고시첩목아(金高時帖木兒)의 관하인 이구대(李求大)와 최야오내(崔也吾乃)의 관하인 김양룡(金良龍) 등 7인이 고하기를 '옛날 원조(元朝)에 있을 때 각각 모물(毛物-모피)·응자(鷹子-매)를 제소(帝所)에 공납했습니다. 이제는 의(義)를 사모해 (동북면에) 와서 거주하는데, 천호(千戶) 등이 사역시키기를 노예같이 하니 그 고역을 견디지 못하겠습니다. 바라건대 다른 군인의 예에 의거해 사역시켜주소서'라고 했습니다.

신 등이 생각건대 이 사람들은 귀화한 지 여러 해이니 그 청원을 들어줄 수밖에 없습니다. 마땅히 위 항의 천호(千戶)와 기타 천호의 자손 가운데 2품 이상에게는 봉족(奉足) 10명, 4품 이상에게는 5명, 6품 이상에게는 4명, 백성(百姓) 정군(正軍)이면 2명을 주는 것으로써 항식(恒式)을 삼으소서."

그것을 따랐다. 여진(女眞) 유종(遺種)의 선조가 '이언 천호(伊彦千

戶)' '이언 백호(伊彦百戶)'라고 칭하며' 원조(元朝)에 투항해 붙어서 그 소부(所部)를 '관하 백성(管下百姓)'이라고 칭했다. 우리 조선(朝鮮)이 개국한 이후로 의(義)를 사모해 향화(向化)한 지 햇수가 오래되었으나, 옛날 그대로 역사(役使)시키니 많이 점유한 자는 백 수십 인이었다. 동북면의 토호(土豪)가 백성을 사적으로 점유해 노예같이 여기며 부자(父子)가 서로 전(傳)하니, 그 폐단이 매우 컸다. 비록 왕실(王室)에 있는 자도 양민(良民)을 '가별초(家別抄)'[10]라고 불렀는데, 임금이 그 불가함을 깊이 알고 신묘년에 가별초를 다 없애 관군(官軍)으로 삼으니, 종실(宗室)이 모두 보고 감격해[觀感] 이를 혁거(革去-혁파)했다. 오로지 도총제(都摠制) 이화영(李和英)만은 이지란(李之蘭)의 아들인데 오히려 혁거하지 않으니, 이때에 이르러 불러서 일렀다.

"동북면의 양민(良民)이 공역(公役)도 하고 사역(私役)도 하니, 곤고(困苦)하기가 심하다. 비록 세전(世傳)이라 하더라도 의리상 잘못된 것이다. 그러므로 환왕(桓王-이성계의 아버지 이자춘) 이전부터 점유한 별초(別抄)를 내가 이미 혁거했다. 나 또한 자손을 위한 계책이 없겠는가마는, 다만 법으로 불가한 점이 있기 때문이다. 나라에서 항상 이를 혁거하고자 했으나 나는 경을 어렵게 여겼다. 그러나 경은

---

9 여진어(女眞語)로 irgen은 백성을 의미하는데, 이를 이언(伊彦) 또는 일언(逸彦)이라 표기했다. 『태조실록(太祖實錄)』 제1권을 보면 "여진은 백성을 일언(逸彦)이라고 한다"라고 했다. 따라서 '이언 천호' '이언 백호'는 여진 민호(民戶)의 천호·백호라는 뜻이다.
10 '관하 백성(管下百姓)'이라는 뜻으로, 향화(向化)한 여진의 대소 추장들은 휘하의 여진인들이 조선의 군민(軍民)으로 편입하는 것을 막고 그대로 자기 휘하에 두고서 사역시켰다.

반드시 왕실을 마음에 두니, 어찌 이것을 가지고 괘념하겠는가? 또 이제 중국에서 변(變)이 있으니 마땅히 그 백성을 관군에 속하게 해야 한다. 내가 속마음과 겉마음이 다르지 않으니[無內外心] 경을 어찌 의심하겠는가! 다만 경은 노모(老母)가 동북면에 있으니 백성이 없을 수도 없다. 백성 가운데 사역할 만한 자는 모조리 그 이름을 아뢰면 내가 장차 하지(下旨)해 경에게 속(屬)하게 하겠다."

화영(和英)이 말했다.

"신이 사역하는 바는 거의 50인인데, 신은 이에 의뢰하지 않아도 오히려 살 수 있습니다. 다만 노모(老母)가 그곳에 계시기 때문일 뿐입니다. 아버지가 죽기 전에도 오히려 서울에 살지 않았는데, 하물며 지금 80이 되어 어찌 감히 서울에 오겠습니까? 상께서 신의 노모를 염려해 법령을 무릅쓰고 백성을 주시니, 신이 비록 완악(頑惡)하고 우매(愚昧)하나 감히 감격함을 알지 못하겠습니까?"

검교 한성윤 주인(朱仁)·강구(姜具)도 동북면에 양민(良民)을 많이 점유한 자들인데, 중국에 변이 있으면 형세상으로 야인과 서로 내통할까 염려해 마침내 그들을 불러들였다.

○ 혜민국(惠民局)[11] 조교(助敎) 김경진(金敬珍) 등 4인을 사복시(司僕寺)에 속하게 해 마의방(馬醫方)을 익히도록 명했다. 그 천전(遷轉—

---

11 조선 시대 종6품 아문(從六品衙門)으로, 의약으로 서민(庶民)의 질병을 치료하는 일을 맡았다. 1392년(태조 1년) 고려의 제도를 계승해 혜민고국(惠民庫局)을 설치했는데 1414년(태종 14년)에 혜민국(惠民局), 1466년(세조 12년)에 혜민서(惠民署)로 바꾸었고 1882년(고종 19년)에 폐지했다.

인사이동) 출신(出身)은 선공감(繕工監) 권지직장(權知直長)¹²의 예에 의거하게 했다.

계축일(癸丑日-7일)에 성산부원군(星山府院君) 이직(李稷)을 동북면 도체찰사(東北面都體察使)로 삼아 가서 무비(武備)와 성책(城柵)을 돌아보게 했다. 직(稷)이 하직 인사를 하니 상이 말했다.

"이화영(李和英)은 사직에 공이 있으므로 다른 사람과 비할 바가 아니다. 관하(管下) 백성 50명은 비록 정부에서 상정(詳定)한 숫자가 아니더라도 마땅히 그 청에 따라서 적당하게 주도록 하라."

직이 대답했다.

"귀화한 양민(良民)은 의당 관군(官軍)에 소속시켜야 합니다. 그러나 화영(和英)과 최야오내(崔也吾乃) 등은 이제 잠정적으로 그냥 두어 그 마음을 위로하겠습니다[寬=勞]."
관 노

상이 그것을 따르고 말했다.

"모든 포치(布置-조치)하는 바는 오로지 경이 옳다면 따르겠다."

궁시(弓矢)를 내려주고 중관(中官)에게 명해 동교(東郊)에서 전송케 했다.

갑인일(甲寅日-8일)에 상이 편찮았다[不豫].
불예
○종정무(宗貞茂)가 사송(使送)한 객인(客人)과 임온(林溫)이 사송

---

12 권지란 고려 시대와 조선 시대에 실직(實職)이 아닌 임시직(任時職)의 벼슬아치를 말하는 것으로, 대개 관직명 앞에 붙여 호칭했다.

한 객인 등이 와서 토산물을 바쳤다. 온(溫)은 투화(投化-귀화)해 와서 (조선 조정에서) 벼슬하고 장군직(將軍職)을 받았으나, 뒤에 대마도(對馬島)로 도로 들어가 왜(倭)의 만호(萬戶)가 됐다.

병진일(丙辰日-10일)에 박자청(朴子靑)과 김효손(金孝孫) 등이 순제(蓴堤)에서 돌아와 그림을 바치며 말했다.

"역역(力役-역사)이 어렵겠습니다."

이어서 글을 올려 조목별로 진달했다[條陳]. 상이 말했다.
조진

"병이 나으면[疾瘳] 마땅히 그 상세한 것을 친히 묻겠다."
질추

정부에 내려 토의해 아뢰라고 명했다.

'하나, 사도포(沙渡浦)에서 대선(大船)에 무거운 짐을 싣고 정박(碇泊)하는 곳에 도착하려면 남쪽 방축(防築)까지 6,000척이고, 남쪽 방축에서 제2방축까지 1,392척이며, 제2방축에서 제3방축까지 1,300척, 제3방축에서 제4방축까지 1,300척, 제4방축에서 북쪽 방축의 석애(石崖-절벽)까지 900척, 육지(肉地)까지 266척입니다. 북쪽 방축에서 돈의도(敦衣島)의 대선(大船)을 정박해 세우는 곳까지는 8,317척입니다.

하나, 흑석(黑石)의 바깥 암초가 매월 보름과 그믐에 만조(滿潮)일 때는 수중(水中)에 깊이 잠기는데, 물이 얕을 때를 기다려 푯말[標木]을 꽂으면 가히 암초의 소재를 알 수 있으니 행선(行船)이 어렵
표목

지 않습니다. 한결같이 매월 보름과 그믐에 여섯 번째의 물길[六水]
육수

에서 열 번째의 물길[十水]까지 사도(沙渡)에서 대선(大船)이 남쪽
십수

방축(防築)에 이를 수 있습니다.

하나, 제4방축에서 북쪽 방축의 석애(石崖)가 있는 곳까지 방축을 물린 것[退築]이 300여 척이고 높이가 20척에 이르니, 비록 석애를 뚫지 않더라도 행선(行船)할 수 있습니다.

하나, 북쪽 방축에서 돈의도(敦衣島)의 대선(大船)을 정박해 세우는 곳까지는 평저선(平底船)으로 보름과 그믐의 대조수(大潮水)에 옮겨 실을[轉載] 수 있습니다.

하나, 대선(大船)이 실은 바를 평저선(平底船)으로 옮겨 싣는데, 남쪽 방축까지 차례로 옮겨 싣기를 무릇 일곱 차례씩 한다면 폐단이 작지 않을 것이며, 북쪽 방축의 석애 사이에는 가까스로 소선(小船) 1척만 행선하는 까닭으로 전라도의 조세(租稅)를 한 달[一朔=一月] 안에 조전(漕轉)하여 끝마치기 어렵습니다.'

이상의 조목을 정부에서 토의해 보고했다.

"하나, 전라도에서 1년에 조운(漕運)하는 것이 불과 9만 석인데 3운(運)으로 나눠 조전(漕轉)하므로 매 운(運)에는 불과 3만 석이며 하나의 대선(大船)에 싣는 바는 불과 500석이고 20선(船)에 싣는 바는 불과 1만 석입니다. 그러므로 대선(大船) 20척을 물이 깊은 곳에 와서 정박해놓고 평저선(平底船) 20척으로써 두 차례 실어 온다면, 매 1척에 각각 250여 석을 실으니 1만 석을 운반할 수 있습니다. 또 하나의 배에 기군(騎軍-선원) 6~70명 가운데 배를 지키는 자가 10명이니, 5~60명으로써 1일 안에 500여 석을 옮겨 싣기를 무릇 6~7차례 한다면 한 달 안에 가히 운수를 끝마칠 수 있습니다.

하나, 흑석(黑石)의 암초(暗礁) 밖에 대선(大船)을 정박해 세우는 곳은, 서쪽 방면으로는 봉(峯)이 있어 서풍(西風)을 막을 수 있으나 다른 세 방면으로는 낮고 트여서 짐을 무겁게 실은 대선(大船)이 오래도록 머물기 어렵습니다. 위 조목에서 3만 석을 조전(漕轉)하는 데 싣고 오는 배가 60여 척이니, 고만도(高彎島)에 이르러 풍편(風便)을 살펴서 20척이 먼저 잠문곶이[潛文串]에 도착해 평저선(平底船) 20척으로써 1일에 두 차례씩 실어 온다면 1일에 운수를 끝마치며, 한 차례씩 실어 온다면 2일에 운수를 끝마칩니다. 그런 뒤에 고만도(高彎島)에 돌아온다면 대선(大船)이 오래도록 정박해 서는 일이 없을 것입니다.

하나, 각 방축(防築) 안에 흘러들어오는 물은 얕고 적으므로 가물면 조전(漕轉)하기 어렵습니다. 위의 조목에서 큰 가뭄이 해마다 항상 있는 것은 아니고, 비록 혹시 있더라도 여러 달을 머물러 기다린다면 반드시 빗물을 얻을 수 있을 것입니다. 농극(農隙)의 때에 1만 인을 써서 제언(堤堰)을 쌓고 운하를 파며 100여 인을 써서 애석(崖石)을 뚫어 파되 20일을 작업시키면, 백성이 실농하지 않을 것이고 그 이익이 만세에 미칠 것입니다."

정사일(丁巳日-11일)에 의정부 참찬사 유정현(柳廷顯)이 소격전(昭格殿-도교 사당)에 나아가 북두 초제(北斗醮祭)를 거행했다. 상이 무릇 4일 동안 편찮으니, 찬성사 유량(柳亮)·병조판서 이숙번(李叔蕃)·좌대언 이관(李灌) 등이 약이(藥餌-약물)를 감제(監劑)해 올렸다. 좌정승 하륜(河崙)이 친히 청사(靑詞-제문)를 지어 정현(廷顯)으로 하여금 초제(醮祭)를 행하고 기도하게 했다. 이튿날 대언(代言)에게 명했다.

"내가 평소 풍질(風疾)이 있었는데 근일에 다시 발작해 통증이 심하다. 지난밤에 조금 차도가 있었다[向差]. 경들은 우려하지 말고 무릇 계문(啓聞)할 만한 일이 있으면 반드시 즉시 계문하고 머물러 지체시키지 말라."

무오일(戊午日-12일)에 풍해도(豊海道) 해주(海州)·옹진(甕津)·장연(長淵)·재령(載寧)·영강(永康)에 황충(蝗蟲)이 들어 조 이삭이 말라 버렸다.

○ 찬성사 유량(柳亮)·좌대언 이관(李灌)에게 옷을 각각 1벌씩 내려주고, 양홍달(楊弘達)·조청(曹聽)·김조(金藻)에게 저화(楮貨)를 각각 100장씩 내려주었으며, 전의감 승(典醫監丞) 김토(金土)·주부(注簿) 이헌(李軒)에게 저화를 각각 50장씩 내려주었다. 이는 대개 약이(藥餌)를 준비하느라 수고한 것을 위로하기 위함이었다.

○ 사헌부에서 통사(通事) 최운(崔雲)과 강유경(姜庾卿)의 죄를 청했다. 운(雲) 등은 국가의 포필(布匹)과 인삼을 받아 경사(京師)에 가서 단(段)과 견(絹)을 역환(易換-교역)하는 데 모두 마음을 쓰지 않았기 때문이다. 순금사(巡禁司)에 내려 죄를 다스리라고 명했다.

○ 경차관(敬差官)을 각 도에 나눠 보냈다. 의정부에서 경차관이 봉행(奉行)할 사목(事目)을 아뢰었다.

"하나, 화곡(禾穀)의 손실(損實)을 분간하고 답험(踏驗)할 것.

하나, 각 고을의 의창(義倉)과 군자(軍資)의 곡창(穀倉)을 아울러 모두 수납할 것.

하나, 백성의 이해(利害)를 탐문할 것.

하나, 각 고을에 흩어져 사는 신량수군(身良水軍)의 원래의 수와 생산(生産-출생)하고 물고(物故-사망)한 것, 각사(各司)의 현신(現身)하지 않는 노비를 추쇄(推刷)해 문적(文籍)을 만들 것.

하나, 각 고을 산성(山城)의 옛터로서 수리할 곳과 새로운 터로서 조축(造築)할 곳을 순심(巡審)할 것.

하나, 각 고을 사고(瀉庫)[13]의 지은 간수(間數)를 이제부터 봉행하고, 봉행하지 아니하는 수령(守令)의 성명을 아울러 추문(推問)할 것.

하나, 각 고을의 군기(軍器)가 실한지 여부를 분간해 수령의 성명을 아울러 보고할 것."

그것을 따랐다.

기미일(己未日-13일)에 환자(宦者) 박유(朴猷)·유문의(柳文義)에게 장(杖)을 때려 먼 지방[遐方]에 유배시키라고 명했다. 애초에 세자가 사람을 시켜 충녕대군(忠寧大君)에게 작은 매[小鷹]를 청해 (그것을 얻어서) 궁중에 몰래 두었다. 상이 이를 알고 크게 노해 즉시 중관(中官)에게 명해 세자에게 뜻을 전해 말했다.

"매나 개 같은 애완물을 내가 일찍이 금절(禁絶)했는데 어찌하여 군부(君父)의 명령을 따르지 않는 것인가?"

---

13 조선 시대 종6품 아문(從六品衙門)으로, 의약으로 서민(庶民)의 질병을 치료하는 일을 맡았다. 1392년(태조 1년) 고려의 제도를 계승해 혜민고국(惠民庫局)을 설치했는데 1414년(태종 14년)에 혜민국(惠民局), 1466년(세조 12년)에 혜민서(惠民署)로 바꾸었고 1882년(고종 19년)에 폐지했다.

이어서 내노(內奴) 최두언(崔豆彦)을 잡아 문초하니 대답했다.

"이 매는 윤달마(尹達亇)가 지난여름에 기르던 것입니다."

중관(中官)이 소환(小宦-어린 내시) 주희산(周希山) 등을 잡아서 돌아왔다. 세자는 상이 노한 것을 두려워해 병이라 핑계하고 예궐(詣闕)하지 않으니, 보덕(輔德) 권우(權遇) 등이 청했다.

"부모가 노해 매를 때려 피가 흐르더라도 감히 미워하거나 원망하지 못하고 거듭 공경하고 거듭 효도하는 것이 자식의 도리입니다. 더군다나 이제 상체(上體-임금의 몸)가 편찮아서 대소 신료들이 모두 예궐해 문안드리는데 저하(邸下)만이 홀로 빠질 수 있겠습니까?"

청하기를 두세 차례 했으나 듣지 않았다. 상이 유(猷)와 문의(文義)를 순금사(巡禁司)에 가두라고 명했다. 그 양자(養子) 소환(小宦) 강민(姜敏)·한용봉(韓龍鳳) 등이 일찍이 동궁(東宮)을 모시고 매받이해[臂鷹] 몰래 사냥하는 일로써 세자에게 아첨했으므로 상이 본가(本家)로 내쫓으라고 명했는데, 이때에 이르러 민(敏) 등이 몰래 양부(養父) 집에 와서 다시 동궁에 들어가 아첨해 섬기기를 옛날처럼 하니, 상이 듣고 중관(中官)을 보내 잡아 왔다. 세자가 굳이 말렸으나 어쩔 수 없게 되자 노하여 중관에게 일러 말했다.

"내가 네 이름을 알고 있다."

상이 더욱 노해 말했다.

"'내가 네 이름을 알고 있다'라는 것은 무슨 뜻이냐?"

순금사에서 아뢰었다.

"유와 문의 등이 인군(人君)의 명을 두려워하지 않고 사사로이 죄인을 숨겼으니, 그 죄는 사형에 해당합니다."

한등을 감해 장 100대를 속(贖) 받고 3,000리에 유배하고, 주희산(周希山)은 울주(蔚州)에 내쫓으라고 명했다. 경승부(敬承府-세자 담당 기관)에 명해 4월 이후부터 궐문(闕門-대궐문)을 파수한 자에게 모두 매를 때리게 했다.

경신일(庚申日-14일)에 의정부에서 문안(問安)하니 상이 말했다.

"내 병이 빨리 나은 것은 경들이 기도해서 그리된 것이다."

○ 충청도 도관찰사 이안우(李安愚, ?~1424년)[14]가 글을 올렸다. 그 글은 이러했다.

'이제 정부에서 순성(蓴城)의 일을 가지고 신에게 잘못 보고했다고 죄책하고 대신(大臣)과 근신(近臣)·대원(臺員-사헌부 관리)을 보내 그 땅을 가서 보도록 청했습니다. 그러나 본 바가 각각 다른 데다가 일시적으로 뜻을 펴보려는 모책(謀策)에만 힘쓰고 만세토록 백성을 평안하게 하려는 계책(計策)은 생각하지 않으므로, 비분(悱憤)함을 이기지 못해 좁은 소견[管見] 한두 가지를 아래에 조목별로 열거합니다.

하나, 이번에 차신(差臣-경차관)이 계문(啓聞-보고)한 것 가운데 '고만량(高彎梁)에서 흑석(黑石)의 암초(暗礁) 밖까지 암초가 있는 곳

---

14 부친은 두문충현(杜門忠賢) 72인 중 한 명인 보문각제학 남곡공 이석지(李釋之)다. 한성부윤과 충청도·강원도·풍해도(황해도)·전라도 관찰사, 판경승부사(判敬承府事), 공조참판, 우군동지총제(右軍同知摠制), 호조참판 등의 관직을 두루 거쳤다. 1410년(태종 10년) 함주목사로 있을 때 태종이 태어난 곳에 경흥(慶興)이라는 전각을 지었고, 1413년 충청도관찰사를 지낼 때 국가 방어·신분 질서 확립 등에 관한 '시무 5조'를 지었다.

에 푯말[標木]을 세운다면 비록 물이 얕을 때라도 배가 행선하기 어렵지 않다'라고 했습니다. (그러나) 신이 생각건대 바람이 순(順)해 조수(潮水)가 차면 배가 행선하는 데 어려움이 있을 리 없겠으나, 만약 조수가 물러가고 물이 얕아져서 뭇 배들이 다퉈 들어가다가 갑자기 폭풍을 만나게 된다면 암초가 많고 곁에 굽은 해안이 없으니 반드시 배가 경복(傾覆-전복)할 염려가 있습니다. 올여름에 고만량(高巒梁)의 병선(兵船)이 전라도의 조선(漕船)을 호송하다가 우잠서(牛潛嶼)에 이르러서 바람을 만나 패몰(敗沒-침몰)했습니다. 바다에 항거(恒居)하는 자도 오히려 이와 같은데, 더군다나 다른 도의 백성이겠습니까? 이것이 바로 밝은 증험입니다.

하나, '전라도의 조선(漕船)이 잠문곶이[潛文串]에 이르면 군인들을 모두 나오게 해 평저선(平底船)에 태워서 속(粟)을 전재(轉載)하고 남쪽 방축(防築)에 이르러 하전(下轉-육지로 짐을 내림)하게 해 전수(轉輸)하되, 북쪽 방축 밖의 정박한 병선에 이른 뒤 돌아가기 때문에 평저선(平底船)에는 따로 기인(騎人-배 타는 사람)이 없다'라는 것이 정부의 뜻입니다. 신의 어리석은 생각으로 전라도의 속(粟)은 9만 석을 내려가지 않으니, 그 군사를 나눠 평저선(平底船)에 태워 일곱 차례 전수(轉輸)해서 북쪽 방축 밖의 병선에 이른 뒤에 이내 돌아간다면, 1개월 안에 오직 10일만 물을 이용하게 되고 돌을 뚫은 곳은 하나의 소선(小船)을 용납할 정도뿐인데 한두 달에 운수하기를 끝마치고 돌아갈 수 있겠습니까? 만약 별도로 다른 사람을 써서 대신 옮겨준다면 전라도의 백성이 남쪽 방축가의 가고(假庫-임시 창고)에 운수해둘 것입니다. 5~6월의 매우(霾雨-장마) 때를 당해 9만의 속(粟)을 다시 헤아려 주고받은 다음 퇴거(退去)한다면 그 폐단이 어떠하겠으며, 일곱 차례 전수(轉輸)할 때 모손(耗損)하는 곡식이 또한 얼마나 되겠습니까? 1구(區)마다 각각 평저선(平底船) 10여 척을 둔다면 의당 70척을 내려가지 않을 것이며, 배 1척에 타는 사람이 반드시 20여 인이라면 70척에 타는 군인은 1,400여 인으로 계산되는데 그 군인이 어디에서 나오겠습니까? 또 하나의 평저선(平底船)에 싣는 바가 150여 석을 넘지 않으므로 험애(險隘)한 곳을 따라 일곱 차례 전수(轉輸)한다면 9만 속(粟)을 비록 반년이 걸리더라도 반드시 다 운수하지 못할 것이니, 백성의 노고와 실업(失業-농사철을 놓침)을 따라서 가히 알 수 있습니다.

하나, 지금 대원(臺員)이 돌을 뚫은 곳을 보고서는 다시 뚫을 수 없으나 제방(堤防)의 두둑을 물이 깊은 곳에 높다랗게 쌓아서 메운다면 자연히 물이 깊어져서 배가 뜰 수 있다고 했습니다. 어리석은 신이 생각건대, 수원(水源)이 많지 않으니 날이 가물면 반드시 배를 띄우지 못할 것이며, 각 방축에 돌로써 서로 잇달아 쌓지 않으면 매우(霾雨)의 여름철을 당해 반드시 범람해 무너져 없어지는 폐단이 있을 것입니다. 바야흐로 이러한 때에 어떠한 사람을 다시 써서 수축(修築)하겠습니까? 좋은 방책이 아닙니다.

하나, 안행량(安行梁)은 물이 깊고 암초가 없으므로 근년에 배가 패몰(敗沒)했다는 소식을 듣지 못했으며 뱃사람들이 평탄한 도로처럼 여기는데, 무슨 까닭으로 이를 버리고 험애한 땅을 굽어 좇아서 이 백성을 병들게 하겠습니까? 신은 어리석어서 오로지 하늘의 두려움만 알 뿐이요, 어찌 시상(時相-현직 재상)의 위엄을 꺼리겠습니까?'

상이 박자청(朴子靑)을 불러서 물었다.

"온수(溫水)와 순성(蓴城)이 서로 거리가 몇 리인가? 내가 장차 온수에 행차해 마침내 순성까지 가서 친히 운하를 파는 것이 편리한지 그 여부를 보겠다."

자청(子靑)이 대답했다.

"양읍(兩邑) 사이에 큰 산이 있고 길이 험하므로 상체(上體)가 피로하실까 두렵습니다."

상이 말했다.

"백성을 위해 가는데 내가 어찌 수고스럽다고 생각하겠는가?"

그때 하륜(河崙)이 순성의 제방을 개착(開鑿)하자는 의견을 힘써 주장하니[力主], 거기에 아부하는 자가 많았다. 상이 대언사(代言司)에 명해 말했다.

"순제(蓴堤)의 일은 경들이 그 가부를 정해 계문(啓聞)한다면 반드시 멀리 거가(車駕)를 움직일 것도 없다."

김여지(金汝知)가 대답했다.

"지난번에 네댓 신료를 보내 형세를 보았으나 오히려 그 가부를 결정하지 못했는데, 하물며 신은 식량(識量)이 얕고 좁으며 오히려 그 형세를 보지 못했습니다. 신이 들은 바로는 진실로 어렵겠습니다. 그것은 전조(前朝)의 예왕(睿王-예종)·숙왕(肅王-숙종) 말년(末年)에도 있었는데, 모두 백성을 동원해 운하를 파서 통하게 했으나 효과를 보지 못했습니다. 온수(溫水)와 순제(蓴堤)는 아주 가까우므로 거가(車駕)가 한 번 왕림하면 만세의 의논을 결단할 수 있을 것입니다."

유사눌(柳思訥)이 말했다.

"만약 수만 명의 사람을 써서 여러 해가 걸린다고 해서 어찌 개착(開鑿)하지 않을 까닭이 있겠습니까?"

상이 말했다.

"친히 그 형세를 보지 않고 가부를 정한다면 의정부의 의견과 무엇이 다르겠는가?"

신유일(辛酉日-15일)에 경상도 견내량(見乃梁) 등지의 바닷물이 피와 같이 짙게 붉어지기를 3일 동안 했다.

○ 세자 이사(世子貳師) 유창(劉敞), 빈객(賓客) 한상경(韓尙敬)·조용(趙庸)·변계량(卞季良) 등이 서연(書筵)의 관속(官屬)을 거느리고 대궐에 나아와 아뢰었다.

"신 등이 재주가 없고 능히 보도(輔導)하지 못해서 전하의 노여움을 일으키니 세자가 눈물을 흘리면서 며칠 동안 단식했습니다[不食]. 또 이제 전하께서 편찮으시어 대소 신료(大小臣僚)가 분주히 기거(起居)를 문안드리지 아니함이 없는데 홀로 세자만이 문안을 드리지 않으니, 나라 사람들이 어떻다고 생각할는지 남몰래 두렵습니다."

상이 말했다.

"세자의 단식은 그 분함을 이기지 못해서다. 어찌 잘못을 뉘우침이 있다고 하겠느냐? 경 등은 모두 대체(大體)를 아는 자들로서 한(漢)나라의 신하 사단(史丹)[15]의 말을 본받아 그 허물을 면하게 하고

---

15 중국 한나라 원제(元帝) 때 시중(侍中)으로 있던 명신(名臣)이다. 원제가 가장 사랑한 후궁 부소의(傅昭儀)의 소생 공왕(恭王)이 총명하고 재주가 있자, 원제는 세자를 폐하고 공왕으로 후사를 삼고자 했으나 사단이 극력 간(諫)하여 마침내 폐하지 않았다.

자 하나, 지금 세자의 허물은 그것과 다르다. 전일에 나의 사인(使人-환관)에게 이름을 묻고서 이에 말하기를 '내가 이미 알았다'라고 했으니, 이는 어린아이의 말이 아니다. 옛날에 세자를 폐한 것은 모두 환관(宦官)이나 빈첩(嬪妾)의 참소로 말미암아서였다. 나는 이와 다르다. 세자의 마음은 반드시 그 자리를 족히 믿고 있기 때문일 것이다. 만약 뉘우치지 않는다면 종실(宗室)에 어찌 (세자를 대신할) 적당한 사람이 없겠는가? 지난번에 매와 개의 오락 때문에 문책을 당한 사람이 여럿이었는데 이제 또 이와 같으니, 이것이 경 등이 가르친 효과이냐? 내가 장(杖)을 때려 그 죄를 바로잡으려 하나, 다만 그 (군신 간의) 은의(恩誼)를 상할까 두렵다. 경 등은 우선 물러가라."

드디어 서연(書筵)을 중지했다[輟]. 또 경승부(敬承府)의 원리(員吏)에서 명해 모두 집으로 돌아가게 했다. 김여지(金汝知)에게 명했다.

"감히 세자의 일을 말하는 자가 있으면 마땅히 비상한 진노(震怒)가 있을 것이다."

○사헌 감찰(監察) 김효성(金孝誠) 등 7인과 권도(權蹈)의 직을 없앴다.

사헌부 대사헌 윤향(尹向) 등이 아뢰었다.

"감찰 김효성·유복중(柳復中)·윤강(尹江)·윤환(尹煥)·이숙치(李叔畤)·최유구(崔攸久)·유함(柳涵) 등이 방주 감찰(房主監察) 김보중(金保重)·손관(孫寬)·정기(鄭其)와 더불어 시기심을 품고 죄명(罪名)을 얽어서 몽롱하게 고과(告課)해 선비의 기풍을 요박(澆薄-부박)하게 했습니다. 청컨대 법률에 의해 징계하소서."

순금사(巡禁司)에 내려 장(杖) 60대를 속(贖) 받으라고 명했다. 감찰 도(蹈)가 글을 올려 말했다.

'전일에 헌사(憲司)에서 효성(孝誠) 등의 죄를 신청(申請)해 전하께서 순금사에 내렸습니다. 신이 마침 그때 제사 감찰[祭監] 때문에 비록 서명(署名)하지 않았지만 실제로 그 토의에 참여했습니다. 그러나 홀로 책임을 면하니 마음이 스스로 평안하지 못합니다. 순금사에 나아가 자수(自首)하니, 순금사에서 헌부(憲府)의 장신(狀申)이 오지 않았다고 하여 물리쳤습니다. 신은 그윽이 스스로 부끄럽습니다. 엎드려 바라건대 전하께서 신을 순금사에 내려서 죄를 바로잡도록 하소서. 또 그윽이 스스로 생각건대, 옹폐(壅蔽-임금의 눈과 귀를 가리는 것)하는 것은 고금의 통환(通患)입니다. 이러한 까닭으로 옛날의 성제명왕(聖帝明王)은 간언(諫言)을 따르는 것을 미덕(美德)으로 삼지 않음이 없었습니다. 이제 우리나라에서 간원(諫院)을 두고서도 헌부(憲府)를 두어서 말하는 바가 있으면 청납(聽納)하지 아니함이 없는 것은, 성상의 총명을 넓히고 하정(下情)을 상달(上達)하고자 하는 까닭입니다. 이제 신 등의 죄는 가히 의논할 만한 것이 많습니다. 헌사(憲司)에서 아뢰기를 '사실대로 하지 않고 도리어 신 등이 몽롱하게 고과(告課)해서 바른 것을 굽혀 잘못되게 하고 옳은 것을 바꿔 그릇되게 했다'라고 합니다. 이미 전하의 이목(耳目)이 되었는데도 도리어 귀 밝음과 눈 밝음[聰明]을 막고 가린다면, 옹폐(壅蔽)의 환(患)이 먼저 이목(耳目)에서 생기는 것입니다. 신은 비록 미열(微劣)하나 성은을 외람되게 입어 감찰의 직에 자리를 채우고 있는데, 어질고 밝은 대도(大度)에 능히 스스로 밝지 못하다면 그 성명(聖明)에 누가 되는 것이 적지 않을 것입니다. 이것이 신 등이 뇌정(雷霆-임금)의 위엄을 간범(干犯)하고도 능히 스스로 그만두지 못하는 까닭입니다. 만약 사실이 아니어서 신에게 광망(狂妄)한 죄를 논한다면 신은 달게 죄책을 받겠지만, 끝내 뉘우침은 있지 않을 것입니다.'

상이 명해 도도 아울러 파직시켰다.

임술일(壬戌日-16일)에 서북면(西北面) 의주(義州)·강계(江界) 등 7개 군(郡)에 서리가 내려 콩과 메밀이 죽었다.

○ (대마도의) 종정무(宗貞茂)에게 쌀 25석을 내려주고 보냈다[賜送].
사송

계해일(癸亥日-17일)에 서북면 도체찰사(西北面都體察使) 이천우(李天祐)에게 궁온(宮醞)과 내약(內藥)을 내려주었다. 천우(天祐)가 아뢰었다.

"잠정적으로 무주(撫州) 약산(藥山)의 성역(城役)을 정지하고 요해처인 안주(安州)의 성을 넓게 쌓으소서."

정부에 내려 토의하니 약산의 성을 아울러 쌓는 것이 마땅하다고 했다.

○ 염치용(廉致庸)[16]에게 장(杖) 100대를 속(贖) 받고 안동(安東)에

---

16 고려 말 실력자 염제신(廉悌臣)의 손자다. 일족이 족멸당했는데 치용은 어떤 이유에서인지 살아남아 벼슬길에도 올랐다.

유배시켰으며 민약손(閔若孫)에게 장 70대를 속 받으라고 명했다. 애초에 (풍해도) 황주(黃州)의 유학 교수관(儒學教授官) 나득경(羅得卿)이 기생(妓生)을 거느리고 성전(聖殿-공자 사당) 근처에 머물렀는데, 목사(牧使) 염치용이 이를 힐책했다. 득경(得卿)이 치용(致庸)의 죄 10여 가지를 몰래 써서[陰錄] 감사에게 고(告)하니, 감사가 안핵(按覈-실상 조사)해 다스렸다. 치용이 마음대로 그 직임을 이탈해 남몰래 서울로 들어와서 상왕전(上王殿)의 환관(宦官)과 궁첩(宮妾)에게 감사를 고소하고, 그 처(妻)를 시켜 감사의 죄 대여섯 가지를 갖춰 사헌부에 정소(呈訴)하게 했다. 감사의 안핵해 치죄한 보고가 잇달아 이르니 상이 대언(代言)에게 일러 말했다.

"치용의 가비(家婢)가 상왕전(上王殿)에 들어가 시첩(侍妾)이 됐는데, 염치용이 등용된[見用] 것도 상왕이 청한 때문이다. 이제 그가 하는 짓이 이와 같으니 너희들은 이를 알고 있으라."

사헌부에서 말씀을 올렸다.

"황주 목사 염치용이 국고(國庫)의 남은 쌀과 콩 300석을 사용(私用)하고, 수군(水軍)으로 하여금 매와 개를 사사로이 기르게 하고, 제 마음대로 임지(任地)를 떠나 병든 아내를 만났습니다. 풍해도 감사 민약손은 바야흐로 3월의 한창[正] 농사철에 각 고을 수령(守令)과 함께 기생을 거느리고 풍악을 울려 국령을 범하면서 연회하여 술 마셨는데, 술에 취해 말을 달리고, 격노해 형벌을 잘못 써서 창기(娼妓)를 역마(驛馬)에 태우다가 이로 인해 죽게 했습니다. 경력(經歷) 오을제(吳乙濟)는 감사의 행동거지를 바로잡지 못했고, 황주 판관(黃州判官) 양여공(梁汝恭) 또한 목사의 비행(非行)을 바로잡지 못한 채

잘못 낭비했고, 찰방(察訪) 김경(金庚)은 법령을 범해 연회에 나갔고 내관(內官) 김희정(金希丁)이 있는 곳에 마음대로 역마(驛馬)를 주었으며, 지봉주사(知鳳州事) 송남직(宋南直)은 그 관중(官中)의 저화(楮貨)·미곡(米穀)·어물(魚物)을 사사로이 이 기관(記官)과 여기(女妓)에게 주었습니다. 청컨대 모두 죄를 주소서."

순금사(巡禁司)에 내려 죄를 다스리니, 치용은 죄는 참형(斬刑)에 해당했으나 명하여 한 등을 감해 자자(刺字-문신형)해서 먼 지방에 부처(付處)하게 했고, 약손의 죄는 장 80대에 해당했으나 한 등을 감했고, 오을제·양여공·김경·송남직의 죄도 한 등을 감했다. 하륜(河崙)이 대궐에 나아와 청했다.

"치용은 소신(小臣)의 외손(外孫)의 양부(養父)입니다. 그 남은 곡식을 관중(官中)의 용도로 하고 자기에게 들이지 않았으니 청컨대 그를 용서해주소서[貸之]."

자자(刺字)를 면제하라고 명했다. 양여공이 글을 올려 그 죄를 변명했는데, 치용과 다른 점이 있었으므로 고신(告身)을 거두지 말고 부처(付處-유배형)를 면제하고 단지 장(杖) 100대를 속(贖) 받으라고 명했다.

을축일(乙丑日-19일)에 동북면 함주(咸州)에 뜻을 전해 매[鷹子]를 바치게 했다.

○ 전 상의중추원사(商議中樞院事) 남실(南實)[17] 등을 사면했다.

---

17 남재(南在)의 친형이다.

병인일(丙寅日-20일)에 서북면(西北面) 희천(熙川)·강계(江界)·이주 (理州)·벽동(碧潼)에서 황충(蝗蟲)이 일었다.

○ 종친(宗親)의 딸을 봉(封)했다. 익안대군(益安大君)의 딸로서 졸 (卒)한 총제(摠制) 김한(金閑)의 처, 진안대군(鎭安大君)의 딸인 대호 군(大護君) 이숙묘(李叔畝)의 처와 전 판관 안종렴(安從廉)의 처, 회 안대군(懷安大君)의 딸인 조신언(趙愼言)의 처와 전 부사(副事) 박경 무(朴景武)의 처를 옹주(翁主)로 삼았다.

○ (강원도) 회양(淮陽) 사람 정성(鄭成)의 목을 벴다.

성(成)이 요사스러운 말을 만들어 말했다.

"올봄에 마땅히 대군(大軍)을 일으켜야 한다."

또 말했다.

"봄 축일(丑日)에 행행(行幸)하면 봄의 소[春牛]가 서로 싸울 것 이다."
_{춘우}

순금사(巡禁司)에서 안율(按律)해 아뢰니 그의 목을 벴다.

정묘일(丁卯日-21일)에 병조에서 취각법(吹角法)을 올렸다. 아뢰어 말했다.

"이에 앞서 의흥부(義興府)에서 병사(兵士)를 맡았을[掌兵] 때의
_{장병}
취각 법령은 지금 본조(本曹)와 같지 않은 것이 있으므로 이제 다시 상정(詳定)해 아룁니다. 만약 용병(用兵)한다면 병조의 입직(入直)한 당상관(堂上官)은 친히 품명(稟命)해 선자기(宣字旗)를 받아서 여러 궐문(闕門) 밖에 세우고 취각(吹角)합니다. 입직한 총제(摠制)·상호

군(上護軍)·대호군(大護軍)·호군(護軍)·내금위(內禁衛)·별시위(別侍衛)·갑사(甲士) 등으로 하여금 모두 갑옷을 입고 병기(兵器)를 잡은 채 각 궐문을 수비하게 합니다. 무릇 일을 맡은 것이 있으면 감히 빠지지 못하도록 하고 출입을 금지합니다. 명소(命召-임금의 호령)를 받고 출입하는 자는 이러한 제한을 두지 않습니다. 출번(出番)한 각 군의 총제와 각 위(衛)의 상호군·대호군·호군·내금위·별시위·응양위(鷹揚衛), 당번(當番)한 도성위 절제사(都城衛節制使)는 취각의 소리를 듣고 즉시 대궐에 이르러 궐문 밖에서 각 위(衛)의 군사를 주둔시키고 명령을 기다립니다. 임금이 특별히 장수(將帥)를 불러 친히 사기(事機)를 주고 각각 직문기(織紋旗)를 내려주면, 곧 나가서 땅의 마땅함에 따라 여러 궐문 밖에다 세웁니다. 총제 이하 군사가 그 군의 직문기(織紋旗)를 보고서 추령(趨令)하고, 명(命)을 받은 장수가 병조의 호령을 듣고 시행합니다. 직문기 없이 명령을 내는 자나, 직문기를 보지 않고 추령(趨令)하는 자나, 상시(常時)에 병조의 문계(文契)가 없이 사사로이 군사를 모으는 자는 모두 모역죄(謀逆罪)로 논하되, 만약 명령을 범하는 자는 사람들이 진고(陳告)하는 것을 허락하며, 사실을 고(告)하는 자는 3등을 건너뛰어 직(職)으로 상주고 범인의 가재(家財)와 땅과 사람을 주며, 무고(誣告)하는 자는 반좌(反坐)[18]하며, 숙위(宿衛)·순작(巡綽) 등의 일은 한결같이 전에 내린 교지(敎旨)에 의거해야 할 것입니다."

---

18 무고(誣告)해서 죄 없는 사람을 죄에 빠뜨린 자에 대해 피해자가 입은 만큼의 형벌을 주는 제도를 말한다.

그것을 따랐다.

○ 사헌부에 명해 직임에 나아오게 했다. 애초에 헌부(憲府)에서 일찍이 감찰(監察) 등과 더불어 대론(對論-대질 심문)하는 일 때문에 피혐(避嫌)하고 출사(出仕)하지 않았기 때문에 이러한 명이 있었다. 윤향(尹向) 등이 아뢰었다.

"김효성(金孝誠) 등이 작은 일을 가지고 동료(同僚)를 해치고자 해 몽롱하게 고과(告課)하고도 도리어 신 등이 몽롱하게 계문(啓聞)했다고 글을 올려 대론(對論)하기를 청했습니다. 신 등이 가만히 생각건대, 옛날부터 감찰과 대장(臺長)은 서로 힐난한 적이 없습니다. 이제 신 등과 더불어 입을 삐쭉이면서 서로 힐난한 것은 그 죄가 큰 것인데, 다만 파직만 시키시니 신 등은 실로 유감입니다."

상이 말했다.

"파직했으면 족하니 다시 말하지 말라."

향(向) 등이 소를 올려 말했다.

'신 등이 모두 용렬한 자질을 언관(言官)의 자리를 분에 넘치게 차지하고 있습니다[叨竊]. 비록 계옥(啓沃-좋은 건의)하고 허물을 바로
도절
잡는 보탬이 없다 하더라도, 그 사송(詞訟)을 변석(辨析)하는 데는 거의 천심(天心-임금의 마음)에 만에 하나라도 어긋나지 않았습니다. 지난번에 김효성 등의 죄를 청하자 권도(權蹈)가 글을 올려 말하기를 "헌사에서 곧은 것을 굽혀 잘못되게 하고 옳은 것을 변해 그릇되게 하며 이미 전하에게 이목(耳目)의 신하가 되어서 도리어 총명을 막고 가려 옹폐(壅蔽)의 환(患)이 먼저 이목(耳目)에서 생긴다"라고 했으니, 신 등은 진실로 황공하여 진실로 두려우며 실로 무안하

고 실로 부끄러워[誠惶誠懼 實慙實愧] 어찌해야 할지 알지 못하겠습
니다. 가만히 생각건대, 귀 밝음과 눈 밝음[聰明]을 가리고 막는 것
이 비록 상료(常僚-근신)에 있다고 하나 무릇 신자(臣子) 된 자가 함
께 그 범할 수 없음을 알고 있습니다. 하물며 이제 신 등은 이미 이
목의 관원이 되어 먼저 스스로 직사를 폐하고 옹폐(壅蔽)의 환을 만
들었다고 하니, 불충의 죄를 범했으므로 죽어도 갚을 수 없습니다.
천권(天眷-임금의 은총)이 비록 융숭하여 일을 보라고 명했으나, 신
등이 무슨 면목으로 이름을 모칭(冒稱)하고 권세를 빌려 조단(朝端)
에서 사부(士夫)를 보겠습니까? 권도의 글 가운데 이르기를 "변명한
것이 사실이 아니라면 신은 달게 벌을 받겠습니다"라고 했습니다. 신
등도 생각건대, 신 등의 죄를 핵실(覈實)해 권도의 말이 무고가 아니
거든 신 등을 불충의 전(典-법률)에 두어 천만세에 총명을 가리고 막
는 자의 귀감(龜鑑)으로 삼으소서. 만약 그것이 사실이 아니라면 권
도 등은 처음부터 교지(敎旨)를 받들지 않고 동료를 모함한 죄이므
로 그 율은 장(杖)에다 도형(徒刑)하는 데 해당합니다. 마지막에 총
명을 가리고 막는다고 신 등을 무고했으니 그 죄는 더욱 무거우나,
반좌(反坐)의 율은 국가의 상헌(常憲)이 있습니다. 전하께서 순금사
에 명해 여러 대언(代言)과 같이 본부(本府)의 장무(掌務)로 하여금
권도 등과 대질(對質)해 궐정(闕庭)에서 교송(交訟-같이 송사함)하게
하셨으니, 피차의 곡직(曲直)은 천명(天明-임금의 눈 밝음)이 이미 통
촉하시는 바입니다. 엎드려 바라건대[伏候] 성재(聖裁)하소서.'

  사간원 지사(司諫院知事) 신(臣) 안질(安耋) 등이 소를 올려 말
했다.

'기망(欺罔)의 풍조가 한 번 일어나면 요행(僥倖)의 습성이 잇달아 일어납니다. 처음에는 남을 속여 죄에 빠뜨리나, 나중에는 임금을 속여 그 뜻을 펼 것입니다. 이는 고금의 밝은 군주(君主)가 응당 깊이 성찰하는 바입니다. 이제 감찰 권도가 처음에 김효성 등과 더불어 틈을 얽어서 미묘하게 동료를 모해하니 그 뜻이 가증스럽습니다. 헌부에서 그 시비를 안핵하고 신청(申請)해 과죄(科罪)했습니다. 이는 김효성·권도 등이 작은 징계로써 크게 깨달을 때입니다. 저들이 뜻을 이룰 수 없게 되자 성을 내고 원망하기를 그치지 아니해, 자기들의 잘못을 돌아보지도 아니하고 글을 올려 스스로 진술(陳述)했습니다. 도리어 헌부(憲府)에게 이르기를 "옳은 것을 변하여 그릇되게 만들어 총명을 옹폐(壅蔽)한다"라고 했고, 김보중(金保重)에게 망령되게 이르기를 "계사(啓事)에 때를 잃고 교지(敎旨)를 폐각(廢閣-내버려두고 시행하지 않음)한다"라고 했습니다. 대체로 교지(敎旨)를 폐각하거나 총명을 옹폐함은 모두 간신(姦臣)의 부도(不道)한 일이니, 어찌 사사로운 분한(忿恨)으로 거짓 죄명을 얽어 만들어 천총(天聰-임금의 귀 밝음)을 함부로 범하겠습니까? 또 전하께서 헌부로 하여금 김효성·권도 등과 함께 다 궐정(闕庭)에 나오게 해 친히 곡직(曲直)을 결단하고서, 헌부로 하여금 직사에 나오게 하고 김효성 등을 파직했습니다. 권도 등이 도리어 말하기를 "전일에 변론할 때 우리들이 발명(發明)하자 성상이 이에 죄를 감했다"라고 하고 헌부에게 이르기를 "이기지 못한 것이다"라고 했으니, 이는 전하의 관용으로 말미암아 태장(笞杖)을 면제하고 법으로 엄히 다스리지 않은 까닭입니다. 엎드려 바라건대 전하께서 유사(攸司)에 명해 김효성·권도 등이 교지를

허황하게 일컫고 옹폐(壅蔽)를 함부로 말한 죄를 다스리면 공도(公道)에 심히 다행하겠습니다.'

상이 윤허(允許)하지 않았다.

○ 전 인녕부 사윤(仁寧府司尹) 황자후(黃子厚)가 호패(號牌)[19]의 법을 시행할 것을 청했다. 말씀을 올렸다.

"국가에서 비록 재인(才人)이나 화척(禾尺)의 무리로 하여금 유이(流移)하지 못하도록 하더라도, 호패가 있지 않은 까닭으로 이사하는 것에 일정함이 없고 농업을 일삼지 않습니다. 바라건대 이제부터 비단 이러한 무리뿐 아니라 모든 백성에게 호패를 지급하소서."

상이 말했다.

"이에 앞서 호패(號牌)를 말하는 자가 실로 많았다. 나 또한 항상 이를 시행하고자 했다. 그 시산(時散) 양부(兩府)와 각사(各司)로 하여금 그 가부를 의논해 아뢰어라."

정부에서 제군(諸君)·기로(耆老)·문무백관(文武百官)을 모아서 호패의 법을 토의하니, 시행할 만하다는 자가 많아서 많은 쪽을 따라 시행하라고 명했다. 여러 신하에게 일러 말했다.

"호패의 법은 지난해에 시행하기를 청하는 자가 많았으나 내가 곧 중지시켰다. 이제 시행하고자 하여 백사(百司)로 하여금 가부를 토의하게 하니, 가(可)하다고 하는 자가 많았다. 또 호패의 설치는 백성에게 해가 없고 나라에게 유익하며, 초법(鈔法-화폐 제도)의 시행이 이

---

19 조선조 때 16세 이상의 남자가 차고 다니던 신분 증명용 패(牌)다. 유이민(流移民)을 막고 호구(戶口)를 정확히 파악해 역(役)을 부과하는 데 목적이 있었다. 조선조에 들어와서는 이때 황자후 등의 건의로 1413년(태종 13년) 9월에 처음 실시됐다.

로 말미암아 쉽게 행해질 수 있을 것이다."

여러 신하가 모두 "예[唯]"라고 했다.
유

○ 내시 별감(內侍別監) 허초(許礎)에게 장(杖) 100대를 속(贖) 받으라고 명했다.

애순(艾純)이 경상도에서 이르러 와 치계(馳啓)했다.

'신이 싸가지고 온 축(祝)은 해괴제(解怪祭)의 축이 아니고, 바로 한강(漢江) 목멱제(木覓祭)의 축이었습니다. 제사 시기가 가까웠으니 다시 길일(吉日)을 택하는 것이 어떻겠습니까?'

김여지(金汝知)가 아뢰었다.

"축문(祝文)을 쓴 것은 역삭(役朔)[20]의 임무요, 향축(香祝)을 봉(封)하는 것은 내시 별감의 임무입니다. 그러나 향실 별감(香室別監) 허초가 잘못 봉해 애순에게 준 것입니다."

상이 말했다.

"예방 대언(禮房代言)과 축(祝)을 쓴 자도 죄가 있다."

헌사로 하여금 추핵(推覈)해 드디어 모조리 순금사(巡禁司)에 내렸다. 초(礎)는 죄가 장(杖) 100대에, 역삭(役朔) 김상정(金尙鼎)과 예방 대언 한상덕(韓尙德) 등의 죄는 태(笞) 40대에 해당하니 초에게 장(杖) 100대를 속(贖) 받도록 하고 상덕(尙德)에게 명해 말했다.

"너의 죄도 작지 않으나 특별히 네 어미가 연로한 것을 불쌍히 여겨 일단은 용서한다."

―――――

20 나라의 제사에 축문(祝文)을 쓰는 일을 맡아보던 관원을 가리킨다.

무진일(戊辰日-22일)에 동교(東郊)에 행차해 매사냥[放鷹]을 구경
했다.

○ 형조에서 전 호조의랑(戶曹議郞) 방여권(方與權)의 죄를 청했다.
여권(與權)이 노비 문적(奴婢文籍)에 착인(着印)한 자리를 문질러버
린 뒤 마음대로 명자(名字-이름)를 쓰고 인신(印信)을 위조해 행사
(行使)했기 때문이다. 죄 1등을 감하라고 명하니, 하륜(河崙)이 송
(宋)나라 조변(趙抃)²¹의 말을 인용해 말했다.

"위조한 것이 유사(宥赦)하기 전에 있었고 사용한 것이 유사한 뒤
에 있었다면, 유사하기 전에는 사용하지 않았고 유사한 뒤에는 위조
하지 않았으므로 법으로는 모두 용서함이 마땅합니다. 이제 여권의
일은 유사한 뒤에 발각되었은즉 추론(追論)할 수 없습니다. 다만 문
자(文字)만을 위조한 죄로 서로 소송해 논죄함이 가하겠습니다."

상이 옳게 여겨 인신(印信)을 위조한 죄를 논하지 않았다.

기사일(己巳日-23일)에 사약(司鑰-대궐 열쇠 담당 관리) 방연수(方演
修)를 공주(公州) 유성(儒城) 온정(溫井)에 보내 그곳을 수리하게
했다.

○ 종정무(宗貞茂)가 보내온 객인(客人)이 와서 토산물을 바쳤다.

○ 대호군 남궁계(南宮啓)의 직을 없앴다. 병조에서 아뢰었다.

"계(啓)가 별다른 재덕(才德)도 없으면서 상의 은혜를 지나치게 입

---

21 송(宋)나라 신종(神宗) 때의 참지정사(參知政事)로, 호는 지비자(知非子)다. 고관을 무서워
하지 않고 그 잘못을 탄핵해 '철면어사(鐵面御史)'라는 칭송을 받았다.

어 지위가 3품에 이르렀으니, 조심하여[小心] 봉공(奉公)함이 그 직
분일 것입니다. (그런데도) 이것을 돌아보지 않고 마침내 순관(巡官)
이 되어 함부로 신병(身病)이라 일컬었으니, 그 죄가 첫째입니다. 점
순(點巡-순찰)한 뒤 본조(本曹)에 고하지 않고 사제(私第)로 물러가
잤으니, 그 죄가 둘째입니다. 행순(行巡)했을 때 자기가 할 일을 친히
하지 않고 갑사(甲士)를 대신시켰으니, 그 죄가 셋째입니다. 청컨대
유사(攸司)에 내려 군정(軍政)을 엄하게 하소서."

다른 일을 면제하고 파직(罷職)하라고 명했으니, 원종공신(元從功
臣)이기 때문이다.

○ 동지총제(同知摠制) 곽승우(郭承祐)를 내시위(內侍衛) 중군 절
제사(中軍節制使)로, 김만수(金萬壽)를 좌군 절제사(左軍節制使), 최
윤덕(崔潤德)을 우군 절제사(右軍節制使)로 삼았다.

○ 번식시킬 말 100여 필을 강화도(江華島) 길상산(吉祥山)에 방목
(放牧)했다. 10필마다 1둔(屯)²²을 만들어 목자(牧子) 2명을 정하고
주위에 담장을 둘러서 말이 흩어져 달아나는 것을 막았으니, 사복시
(司僕寺)의 청을 따른 것이다.

경오일(庚午日-24일)에 경상도 조선(漕船) 2척이 바람을 만나 강원
도에서 패몰(敗沒-침몰)했다. 상이 놀라 탄식하고 즉시 정부에 뜻을
전했다.

"강원도의 풍파(風波)가 험악하고 그 인민이 배를 모는 데 익숙하

---

22 말을 치는 곳을 일컫는 명칭이다.

지 못해 이 지경에 이르렀다. 동북면(東北面)의 조운(漕運)은 의당 즉시 폐지하도록 하라. 지난날 정부에서 경상도의 속(粟)은 3일이면 금천(金遷)에 도달할 수 있다고 했다. 이제 그러한 방법으로 동북면(東北面)에서 육지로 운수한다면 어찌 불가하겠는가! 우마(牛馬)가 비록 곤폐(困斃)하는 지경에 이르더라도 오히려 사람이 죽는 것보다야 낫지 않겠느냐?"

○ 초벌(草伐)·석적(石積) 등지에서 백성이 풀을 베는 것을 허락하라고 명했다. 광주(廣州)에 뜻을 전했다.

"초벌·석적 등지는 일찍이 본궁(本宮)의 풀을 베는 땅이었으나, 금후로는 백성이 풀을 베는 것을 금하지 말라."

신미일(辛未日-25일)에 대언(代言) 등에게 내구마(內廐馬)를 각각 1필씩 내려주고, 승전색(承傳色) 윤흥부(尹興阜)·최한(崔閑)에게 각각 1필씩을 내려주었다.

○ 사역원 지사(司譯院知事) 강방우(康邦祐)를 보내 전득여(錢得興)·정양욱(鄭良旭) 등 4인을 요동으로 압송(押送)했다. 득여(得興) 등은 중국 영파부(寧波府)의 백성인데, 일찍이 왜구에게 포로가 됐다가 이때 도망쳐 경상도 고성(固城)에 이르렀으므로 이에 보낸 것이다.

임신일(壬申日-26일)에 사역원지사(司譯院知事) 장유신(張有信)을 풍해도 채방사(豊海道採訪使)로 삼았다. 유신(有信)은 본래 시정인(市井人)이었는데, 당약(唐藥)으로 납[鉛]을 제련하면 은(銀)으로 변하게 할 수 있다고 말했으나 끝내 아무 효과가 없었다. 하륜(河崙)이 청한 것이다.

○ 사간원에서 온정(溫井)의 행차를 정지할 것을 청했으나 윤허하지 않았다.

○ 종정무(宗貞茂)가 사람을 시켜 자기네 섬사람으로서 충주(忠州)에 거주하는 자 수십 명을 되돌려주도록 청하니 허락했다.

계유일(癸酉日·27일)에 형조도관(刑曹都官) 장무 좌랑(掌務佐郞) 최자하(崔自河)를 불러 노비의 결송(決訟)한 숫자를 물었다.

"노비를 서로 소송하는 것과 양천(良賤)을 미결한 것이 얼마쯤 되느냐? 판결한 뒤에 다시 소송하는 자 또한 있느냐?"

자하(自河)가 대답했다.

"판결한 뒤에 다시 오결(誤決)이라고 정송(呈訟)하는 자가 심히 많습니다. 서로 소송하는 일이야 어찌 끝이 있겠습니까? 그 미결된 숫자는 신이 마땅히 본사(本司)에 물러가서 상세히 고찰해 아뢰겠습니다."

갑술일(甲戌日·28일)에 의정부에서 본국 지도(本國地圖)의 도리(道里)와 식수(息數)를 그린 두 족자(簇子)를 바쳤다.

을해일(乙亥日·29일)에 호조에서 녹전법(祿轉法)[23]을 아뢰었다. 계문

___
23 녹전이란 조선 시대에 관리들에게 녹봉을 주기 위해 각 지방에서 미곡을 거둬들이는 일

(啓聞)은 이러했다.

"풍해도(豊海道)에 이속(移屬)한 군자전(軍資田) 3만 9,000결(結) 안에 녹전(祿轉) 1만 2,275결이 있습니다. 만약 녹전을 경기에서 옮겨가면 경기의 군자(軍資)는 완전히 부족할 것이며, 경기 안의 주군(州郡)에는 녹전을 절급(折給)한 예가 없으니 마땅히 녹전을 그 도에 되돌려 설치해야 합니다. 또 서북면(西北面) 부근 황주(黃州)·안악(安岳) 등지의 녹전을 연안(延安)·배주(白州) 등지로 옮기소서."

정부에 내려 토의케 하니 모두 편하다고 했으므로 그것을 따랐다.

병자일(丙子日-30일)에 순금사 겸 판사(巡禁司兼判事) 박은(朴訔)이 사형[大辟]의 삼복법(三覆法)을 청하니 그것을 따랐다. 아뢰어 말했다.
대벽

"신이 『경제육전(經濟六典)』을 상고하니, 사죄(死罪)에는 삼복(三覆)한다고 했습니다. (그런데) 지금 형조와 순금사에서 일찍이 시행하지 않았습니다. 청컨대 『육전(六典)』에 의거해야 할 것입니다."

상이 말했다.

"그렇다. 이제부터 형관(刑官)이 마땅히 거행(擧行)하도록 하라."

○ 의정부에서 간척(干尺)²⁴·백관(白冠) 등의 사람의 여손(女孫)이 입역(立役)하는 법을 올렸다. 아뢰어 말했다.

을 말한다.

24 고려와 조선 초기 수공업 같은 천한 일에 종사하던 사람을 가리킨다. 척(尺)이라고 부르는 자와 간(干)이라고 하는 자를 합해 부르는 말로, 진척(津尺-뱃사공)·양수척(楊水尺)·수척(水尺)·화척(禾尺) 등이 그들이다.

"전조(前朝)에서 신량역천(身良役賤-몸은 양인이고 일은 천한 일을 하는 것)인 자 가운데 오직 금척(琴尺)의 딸만 기생의 구실[妓役]로 정하고 나머지는 모두 구실이 없었고, 국초(國初)에도 사재감(司宰監)에 속한 신량수군(身良水軍)의 딸은 모두 구실을 정하지 않았습니다. 빌건대 간척(干尺)·백관(白冠) 등의 사람의 여손(女孫) 가운데 임진년(壬辰年)에 수교(受敎)한 이후 종량(從良)한 자는 전조의 판정백성(判定百姓)[25]의 예에 의거해 입역(立役)하게 하소서."

그것을 따랐다.

○ 종묘의 천신(薦新)에 신주(新酒-새로 빚은 술)를 쓰라고 명했다.

○ 형조도관(刑曹都官)에서 결송(決訟)하는 법을 올렸다. 아뢰어 말했다.

"사(司)에서 1원(員)씩 방(房)을 나눠 송사(訟事)를 들으므로 원의(圓議)[26]할 때에 이르면 다른 방(房)에 호번(浩繁)한 문적을 능히 정밀하게 살필 수가 없습니다. 이로 인해 소송이 지체되게 됩니다. 빌건대 정랑(正郎)·좌랑(佐郎) 각 1원(員)씩으로 1방(房)을 만들어 참의(參議)와 더불어 상량 확정해 결절(決絶)하게 하며, 만약 공초(供招)

---

25 일반 농민과 비교할 때 역(役)의 부담은 비슷하지만, 신분적으로는 구별되는 계층이다. 한 예로, 『세종실록(世宗實錄)』「지리지(地理志)」의 '능성현(綾城縣)'조에 따르면 고려의 판정백성으로 속성(續姓)인 능성김씨(綾城金氏)를 들고 있다. 조선 초기까지 '백성'은 인리백성(人吏百姓), 향리백성(鄕吏百姓), 판정백성 등의 예에서 보듯이 특정한 계층을 의미했는데, 국가의 양인 확보 정책에 따라 신량역천(身良役賤) 계층이나 양천(良賤)이 불분명한 계층 등을 양인으로 파악함으로써 점차 모든 계층의 인민을 가리키게 되었다.

26 대간(臺諫)에서 안건(案件)을 처리할 때 대간의 관원이 둥글게 둘러앉아 의논해 그 가부를 서결(署決)하던 제도다. 이때 대간의 관원은 직위 고하는 물론이고 동일한 권한을 행사했다.

를 받아 입안(立案)하는 경우에는 전례에 의거해서 온 사(司)에서 서합(署合)하게 하소서.”

정부에 내려 토의하게 했다. (의정부에서 아뢰었다.) “빌건대 아뢴 바와 같이 공초를 받아 입안(立案)하면 오직 그 방(房)의 2원(員)만이 참의(參議)와 함께 서결(署決)하게 하고, 만약 1원(員)이 궐하게 되면 다른 방(房)의 통달영민한 자 1원(員)으로 하여금 함께 토의하게 하는 것이 편하겠습니다.”

그것을 따랐다.

○ 의정부에 명해 전의감(典醫監)의 당약(唐藥-중국 약)을 마음대로 사용하지 못하게 했다.

○ 대마주(對馬州) 관령(管領) 원영(源榮)이 사람을 시켜 예물을 바치고 도적을 금지할[禁賊] 뜻을 고했다.
_{금적}

丁未朔 御便殿 引見左政丞河崙 右政丞趙英茂 吏曹判書李天祐

兵曹判書李叔蕃. 崙等啓:"都城爲國根本 義當完固 請修治." 上

從之. 設京城修補都監 以星山府院君李稷 宜寧府院君南在爲

都提調 以中軍都摠制金漢老 知議政府事朴子靑 呂稱 驪川君

閔汝翼 參知議政府事沈溫 左軍摠制禹希烈 仁寧府尹安魯生 前

都觀察使李貴山爲提調. 政府啓:"修築軍 調京畿一萬二千 忠淸道

二萬二千 慶尙道二萬七千 全羅道二萬四千 江原道五千 豐海道

一萬 共十萬名 速令赴役." 從之.

上謂河崙等曰:"昨卿等欲築都城東西兩隅以廣之 吾以爲未便也.

今有門庭之寇 何築之爲! 太祖建邦設都 以召衆怨 及至上王 巨室

咸懷舊都 遂還本京 逮于我躬 又還于此. 當遷徙之時 公私土木之

勞 詎可勝言! 往年開川 今起長廊 又欲築城 則民力殫矣. 予欲休

民力 卿等其言之." 崙曰:"臣謂方今以誠事大 固無可虞之事. 儻或

上國之人 逃漏闌入 則必命將以備之. 其從軍者 孰無父母妻子

哉? 若父母妻子 保于堅壁 則人莫有叛心矣. 且都城 國之根本 今

當無事 築之爲宜." 上曰:"國家之事 予豈恝然? 今無寇而勞民 予

不忍爲." 趙英茂等曰: "上言是矣 請姑停之." 崙曰: "事之至當者
불인 위　　조영무 등왈　　상언 시의　청고 정지 　　　　륜왈　사지 지당 자

豈可已乎? 昔 餘古 者羅大及契丹之亂 前朝以守城得免其禍 辛丑
기가 이호　석 여고 자라대 급 거란 지란 전조 이 수성 득면 기화　신축

紅軍之亂 以不守城敗績 是固明驗也." 上曰: "上國圖我則難矣 彼
홍군 지란 이 불 수성 패적 시고 명험 야　　상왈　상국 도아 즉 난의 피

若闌入 則一介邊將所能制也. 豈可引入千里之內 以守都城乎?" 事
약 난입 즉 일개 변장 소능 제야　기가 인입 천리 지내 이수 도성 호　사

遂寢. 崙等啓曰: "希烈曰: '國家有變 殿下上馬 則必令將帥守都城
수침　륜등 계왈　희열 왈　국가 유변 전하 상마 즉 필령 장수 수 도성

不可不改築.' 此言誠有理. 宜令各司 議其可否. 若皆可之 則雖用
불가 불 개축　차언 성 유리　의령 각사 의기 가부　약개 가지 즉 수용

民力 怨在于下." 上曰: "圖國者 予與二三大臣耳. 豈可問於各司哉?
민력 원재 우하　상왈　도국 자 여여 이삼 대신 이　기가 문어 각사 재

以予所料 今冬必無守城之事矣. 若有逃軍 則當擊之境上 豈有馬上
이여 소료 금동 필무 수성 지사 의　약유 도군 즉당 격지 경상 기유 마상

之慮? 事在不獲已 則宜竢春和 不傷民命."
지려　사재 불획 이 즉 의사 춘화 불상 민명

崙進曰: "專堤鑿池漕運事 不可廢也." 上曰: "此事皆曰不可." 崙
륜 진왈　전제 착지 조운 사 불가 폐야　상왈　차사 개왈 불가　륜

固請 上以朴子靑爲忠淸道都體察使 司憲執義金孝孫爲副使 往察
고청　상이 박자청 위 충청도 도체찰사　사헌 집의 김효손 위 부사　왕찰

專堤便否以來. 子靑等啓曰: "雖乏識量 敢不盡心 臣等往觀初八
전제 편부 이래　자청 등 계왈　수핍 식량 감부 진심 신등 왕관 초팔

十五兩日潮汐盈縮之勢 則庶可知矣." 上然之.
십오 양일 조석 영축 지세 즉 서 가지 의　상 연지

起復李原. 原未終母喪 故議政府請之.
기복 이원　원 미종 모상 고 의정부 청지

以京畿右道 白州 延安 江陰 牛峯 兎山等官 移屬豊海道; 以
이 경기우도 배주 연안 강음 우봉 토산 등관 이속 풍해도　이

忠淸道 驪興 陰竹 陽智 安城 陽城 江原道 加平等官 移屬
충청도 여흥 음죽 양지 안성 양성 강원도 가평 등관 이속

京畿左道. 將右道諸倉庫宮司田共一千六百十三結 各品
경기좌도　장 우도 제 창고 궁사전 공 일천 육백 십삼 결 각품

科田功臣田共二萬四十一結及豊海道諸倉庫宮司田共一萬
과전 공신전 공 이만 사십 일결 급 풍해도 제 창고 궁사전 공 일만

七千三百四十五結 皆屬軍資 以備糧餉. 將驪興等地軍資田一萬
칠천 삼백 사십 오결 개속 군자 이비 양향　장 여흥 등지 군자전 일만

四千七百結及左道諸郡軍資田二萬八千二百五十七結充之. 此議
사천 칠백 결급 좌도 제군 군자전 이만 팔천 이백 오십 칠결 충지　차의

始於壬辰八月 至是 政府更稟旨施行.
시어 임진 팔월 지시 정부 갱 품지 시행

戊申 御廣延樓 宴權跬 呂稱 權永均 鄭允厚 任添年 崔得霏等.
무신 어 광연루 연 권규 여칭 권영균 정윤후 임첨년 최득비 등

以吏曹判書李天祐爲西北面都體察使 往視城堡及武備 賜弓矢
이 이조판서 이천우 위 서북면 도체찰사 왕시 성보 급 무비 사 궁시

遣中官餞之.
견 중관 전지

己酉 東北面甲州等界 隕霜害穀.
기유 동북면 갑주 등계 운상 해곡

唐人押送官林密 回自遼東啓曰: "韃靼軍向鐵嶺衛 遼東有備."
당인 압송 관 임밀 회자 요동 계왈 달단 군 향 철령위 요동 유비

庚戌 東風大吹 幸東郊省禾稼.
경술 동풍 대취 행 동교 성 화가

奏聞使宣存義如京師. 以赴京宦者金音 崔仁界等親喪及通事
주문사 선존의 여 경사 이 부경환자 김음 최인계 등 친상 급 통사

崔浩收骨事也.
최호 수골 사야

辛亥 幸西郊 亦省禾稼也.
신해 행 서교 역 성 화가 야

原前大護軍權繼罪. 司憲府啓曰: "父母追薦佛排之數 以尊卑
원 전 대호군 권계 죄 사헌부 계왈 부모 추천 불배 지수 이 존비

爲等差 已有著令. 今繼於親喪 佛排踰數 請科罪." 上曰: "繼方在
위 등차 이유 저령 금 계 어 친상 불배 유수 청 과죄 상왈 계 방재

衰絰之中 宜姑宥之."
최질 지중 의 고 유지

壬子 司憲府上疏. 疏曰:
임자 사헌부 상소 소왈

'安不忘危 保邦長策; 廣儲糧餉 軍國之要務. 恭惟殿下 事大以誠
안 불망 위 보방 장책 광저 양향 군국 지 요무 공유 전하 사대 이성

交隣以信 當國家閑暇之時 修完甲兵 崇儉節用 守國之道 可謂
교린 이신 당 국가 한가 지시 수완 갑병 숭검 절용 수국 지도 가위

至矣. 伏聞中國 北有胡警 擧兵徂征; 東有倭釁 再命設備. 我朝
지의 복문 중국 북유 호경 거병 조정 동유 왜흔 재명 설비 아조

地接胡境 海連倭國 邊鄙之虞 不可不慮. 日者分命文武智勇者 委
지 접 호경 해 련 왜국 변비 지우 불가 불려 일자 분명 문무 지용 자 위

以方鎭州牧之任. 今中外穀粟之數 三百五十六萬八千七百石 蓄積
이 방진 주목 지임 금 중외 곡속 지수 삼백 오십 육만 팔천 칠백 석 축적

不可謂不多也. 然散在四方 道路之脩阻 漕運之不通 脫有緩急
불가위 부다 야 연 산재 사방 도로 지 수조 조운 지 불통 탈유 완급

豈能朝夕輪置 以供其費哉? 今日之事 莫此爲急 除各官文廟祭田
外 願將別賜田 元從功臣 廻軍功臣 寺社公廨之田 全收其租; 各品
科田 三功臣田 收其一半 姑充軍餉 以備不虞.'

疏留中.

議政府上言: "功臣田 別賜田 科田 乞三分取一 以備糧餉." 命
五分取一.

戶曹啓: "大小人受田者 已呈單子 二十結以上 五分取一. 事已
行移 或不呈單子 依舊收租者有之 右田宜竝令公收." 從之.

罷革東北面千戶等私役管下民戶. 政府啓: "東北面來接向化人
千戶金高時帖木兒管下李求大 崔也吾乃管下 金良龍等七人告曰:
'昔在元朝 各以毛物鷹子 貢于帝所 今者慕義來居 千戶等役之如
奴隷不堪其苦. 願依他軍例役之.' 臣等以爲此人等 歸化有年 不可
不從其願 宜將上項千戶及其他千戶子孫內二品以上 給奉足十名
四品以上五名 六品以上四名 百姓正軍則給二名以爲式." 從之.

女眞遺種 祖先稱爲伊彥千戶百戶 投附元朝 稱其所部爲管下百姓.
自我開國以後 慕義向化 年紀已久 因循役使 多占者以百數. 又
東北面土豪 私占百姓如奴隷 父子相傳 爲弊甚鉅 雖在王室 亦以
良民 號爲家別抄. 上深知其不可 於辛卯年 盡去家別抄爲官軍
宗室皆觀感而革之 唯都摠制李和英 之蘭之子也 尙不革去. 至是
召謂之曰: "東北面良民 旣爲公役 又爲私役 困苦甚矣. 雖曰世傳

340

義實未安 故自桓王以前所占別抄 予旣革之. 予亦豈無子孫計哉?

但法有不可耳. 國家常欲革之 予以卿爲難之. 然卿必以王室爲心

豈以此爲念哉? 且今上國有變 宜以其民屬於官軍. 予無內外心 卿

豈有疑. 然卿有老母在於東北 不可無民 民之可役者 悉以名聞 予

將下旨 以屬于卿." 和英曰: "臣之所役 將五十人矣. 臣不賴此 尙可

得生 但有老母在耳. 父之未死 尙不居京 況今耄矣 安敢來京? 上

慮臣老母 冒法給民 臣雖頑愚 敢不知感!" 檢校漢城尹朱仁 姜具 亦

東北面多占良民者也. 慮上國有變則勢與野人相通 乃召之.

命惠民局助敎金敬珍等四人 屬司僕寺 習馬醫方. 其遷轉出身 依

繕工監權知直長例.

癸丑 以星山府院君李稷爲東北面都體察使 往視武備及城柵. 稷

辭 上曰: "李和英有功於社稷 非他人比也. 其管下百姓五十名 雖非

政府詳定之數 當從其請 隨宜給之." 稷對曰: "歸化良民 宜屬官軍

然和英 崔也吾乃等 今姑存之 以寬其心." 上從之曰: "凡所布置 惟

卿是從." 賜弓矢 命中官餞東郊.

甲寅 上不豫.

宗貞茂使送客人及林溫使送客人等 來獻土物. 溫投化來仕 受

將軍之職 後還入對馬島 爲倭萬戶.

丙辰 朴子靑 金孝孫等 還自專堤獻圖曰: "力役難就." 仍上書

條陳 上曰: "疾瘳 當親問其詳." 命下政府議聞.

'其一 自沙渡浦重載大船到泊處至南防築六千尺 自南防築至第二
기일 자 사도포 중재 대선 도박 처지남 방축 육천 척 자남 방축 지 제이

防築一千三百九十尺 自第二防築至第三防築一千三百尺 自第三
방축 일천 삼백 구십 척 자제이 방축 지 제삼 방축 일천 삼백 척 자 제삼

防築至第四防築一千三百尺 自第四防築至北防築石崖九百尺 肉地
방축 지 제사 방축 일천 삼백 척 자 제사 방축 지 북 방축 석애 구백 척 육지

二百六十六尺 自北防築至敦衣島大船泊立處八千三百十七尺.
이백 육십 육척 자북 방축 지 돈의도 대선 박립 처 팔천 삼백 십칠 척

一 黑石外嶼草 每月望晦潮滿時 竝深沒水中 雖値水淺 見所植
일 흑석 외 서초 매월 망 회 조만 시 병 심몰 수중 수치 수천 견 소식

標木 則可知嶼草所在 行船不難. 一 每月望晦 自六水至十水 沙渡
표목 즉 가지 서초 소재 행선 불난 일 매월 망회 자 육수 지 십수 사도

大船可至南防築.
대선 가지 남 방축

一 自第四防築至北防築石崖處退築三百餘尺 其高至二十尺 則雖
일 자 제사 방축 지 북 방축 석애 처 퇴축 삼백여 척 기고 지 이십 척 즉수

不鑿石崖 可行船.
불착 석애 가 행선

一 自北防築至敦衣島泊立大船處 以平底船 望晦大潮水 可以
일 자 북 방축 지 돈의도 박립 대선 처 이 평저선 망 회 대 조수 가이

轉載.
전재

一 大船所載 轉于平底船 至南防築 以次轉載 凡七度則其弊
일 대선 소재 전우 평저선 지 남 방축 이차 전재 범 칠도 즉 기폐

不小. 且北防築石崖間 只行小船一艘 故全羅租稅 一朔內畢轉
불소 차 북 방축 석애 간 지행 소선 일소 고 전라 조세 일삭 내 필전

爲難.'
위난

右條政府議得:
우조 정부 의득

"全羅一年漕運 不過九萬石 分爲三運漕轉 故每運不過三萬
전라 일년 조운 불과 구만 석 분위 삼운 조전 고 매운 불과 삼만

石. 一大船所載不過五百石 二十船所載不過一萬石 故大船二十
석 일 대선 소재 불과 오백 석 이십 선 소재 불과 일만 석 고 대선 이십

艘 水深處來泊 則以平底船二十艘 每一艘各載二百五十餘石 兩度
소 수심 처 내박 즉 이 평저선 이십 소 매 일소 각재 이백 오십여 석 양도

載來 則可輸一萬石. 且一船騎軍六七十名內 守船十名 以五六十名
재래 즉 가수 일만 석 차 일선 기군 육칠 십명 내 수선 십명 이 오륙십 명

一日之內 傳載五百餘石 凡六七度 則一朔內可畢輸.
일일 지내 전재 오백여 석 범 육칠 도 즉 일삭 내 가 필수

342

一 黑石嶼 外大船泊立處西面有峰 可遮西風 三面低闊 重載大船
일 흑석서 외 대선 박립처 서면 유봉 가차 서풍 삼면 저활 중재 대선

難於久泊. 右條漕轉三萬石載來船五十餘艘 到高欒島審風便 二十
난어 구박 우조 조전 삼만 석 재래 선 오십여 소 도 고만도 심 풍편 이십

艘先到潛文串 以平底船二十艘 一日兩度載來 則一日畢輸 一度則
소 선도 잠문 곶 이 평저선 이십 소 일일 양도 재래 즉 일일 필수 일도 즉

二日畢輸. 然後還 高欒島 則大船不久泊立.
이일 필수 연후 환 고만도 즉 대선 불구 박립

一 各防築內流入之水 淺且細 故旱則 漕轉亦難. 右條大旱歲不
일 각 방축 내 유입 지수 천차세 고 한즉 조전 역난 우조 대한 세불

常有 雖或有之 留待數月 則必得雨水. 當農隙之時 用萬人築堤
상유 수혹 유지 유대 수월 즉 필득 우수 당 농극 지시 용 만인 축제

開渠 用百餘人鑿開崖石 率二十日 則民不失農 利及萬世.
개거 용 백여 인 착개 애석 솔 이십일 즉 민 불실농 이급 만세

丁巳 參贊議政府事柳廷顯詣昭格殿 行北斗醮. 上不豫凡四日
정사 참찬 의정부사 유정현 예 소격전 행 북두 초 상 불예 범 사일

贊成事柳亮 兵曹判書李叔蕃 左代言李灌等 監劑藥餌以進. 左政丞
찬성사 유량 병조판서 이숙번 좌대언 이관 등 감제 약이 이진 좌정승

河崙親製靑詞 令廷顯行醮以禱. 翼日 命代言曰: "予素風疾 近日復
하륜 친제 청사 영 정현 행초 이도 익일 명 대언 왈 여 소 풍질 근일 부

發痛甚 至昨夜向差. 卿等勿以爲憂 凡有可啓之事 須卽啓聞 毋得
발 통심 지 작야 향차 경등 물이위 우 범유 가계 지사 수즉 계문 무득

留滯."
유체

戊午 豐海道 海州 瓮津 長淵 載寧 永康蝗 粟穗皆枯.
무오 풍해도 해주 옹진 장연 재령 영강 황 속수 개고

賜贊成事柳亮 左代言李灌衣各一襲 又賜楊弘達 曹聽 金藻楮貨
사 찬성사 유량 좌대언 이관 의 각 일습 우사 양홍달 조청 김조 저화

各百張 典醫監丞金土 注簿李軒楮貨各五十張. 蓋慰藥餌之勤也.
각 백장 전의감 승 김토 주부 이헌 저화 각 오십 장 개위 약이 지근 야

司憲府請通事崔雲 姜庾卿罪. 雲等受國家布匹 人蔘 赴京易換段
사헌부 청 통사 최운 강유경 죄 운등 수 국가 포필 인삼 부경 역환 단

絹 皆不用心 命下巡禁司治之.
견 개 불용심 명하 순금사 치지

分遣敬差官于各道. 議政府啓敬差官奉行事目:
분견 경차관 우 각도 의정부 계 경차관 봉행 사목

"一 禾穀損實 分揀踏驗. 一 各官義倉軍資之穀 竝皆收納. 一
일 화곡 손실 분간 답험 일 각관 의창 군자 지곡 병개 수납 일

問民利害. 一 各官散接身良水軍元數及生産物故各司未現奴婢 幷
문민 이해 일 각관 산접 신량 수군 원수 급 생산 물고 각사 미현 노비 병

推成籍. 一 各官山城舊基修治處 新基造築處 巡審. 一 各官瀉庫
造作間數 令後奉行未行守令姓名幷推. 一 各官軍器實否分揀 守令
姓名幷報." 從之.

　己未 命杖宦者朴猷 柳文義 流于遐方. 初 世子使人請小鷹於
忠寧大君 潛置宮中. 上知之大怒 卽命中官傳旨世子曰: "鷹犬之玩
予曾禁絶 何不從君父之命歟?" 仍執內奴崔豆彦問之 答曰: "此鷹
尹達亇過夏所養者也." 中官執小宦周希山等以歸 世子懼上怒 托疾
不詣闕. 輔德權遇等請曰: "父母怒 撻之流血 不敢疾怨 起敬起孝
子之道也. 況今上體未寧 大小臣僚 皆詣闕問安 邸下獨可闕乎?"
請之再三不聽. 命囚猷及文義于巡禁司. 其養子小宦姜敏 韓龍鳳等
曾侍東宮 以臂鷹淫技之事 媚于世子 上命黜于本家 至是 敏等潛來
養父之家 復入東宮 媚事如舊. 上聞之 遣中官 世子固止之而不得
怒謂中官曰: "我知爾之姓名矣." 上益怒曰: "我知爾名者 是何意
也?" 巡禁司啓: "猷與文義等 不畏君命 私匿罪人 其罪當死." 命減
一等 贖杖一百 流三千里 黜希山于蔚州. 命敬承府 自四月以後
守門者 皆鞭之.

　庚申 議政府問安 上曰: "予疾遄瘳 卿等祈禱致然."

　忠淸道都觀察使李安愚上書. 書曰:

'今政府以尊城之故 罪臣以妄報 請遣大臣與近臣臺員 往見其地
而所見各異 務爲一時徇志之謀 不慮萬世安民之計 不勝憤悱. 以

344

管見一二 條列于後.
관견 일이 조열 우후

一 今差臣啓內 自高巒梁至黑石嶼外嶼草有處 立標木 則雖水淺
일 금 차신 계내 자 고만량 지 흑석서 외 서초 유처 입 표목 즉 수 수천

時 行舟不難. 臣則以爲風順潮滿 則無難行之理 若潮退水淺 衆船
시 행주 불난 신 즉 이위 풍순 조만 즉 무 난행 지리 약 조퇴 수천 중선

爭入 卒遇暴風 則多有嶼草 旁無曲岸 必有傾覆之患. 今夏有高巒
쟁입 졸우 폭풍 즉 다유 서초 방무 곡안 필유 경복 지환 금하 유 고만

兵船護送 全羅漕船 至牛潛嶼 遇風敗沒. 恒居者尙爾 況彼道之民
병선 호송 전라 조선 지 우잠서 우풍 패몰 항거 자상이 황 피도 지민

乎? 此是明驗.
호 차시 명험

一 全羅漕船到 潛文串 除出軍人 騎平底船 傳載至南防築下轉
일 전라 조선 도 잠문 곶 제출 군인 기 평저선 전재 지 남 방축 하전

轉輪至北防築外所泊兵船 然後回去 故於平底船 別無騎人 此政府
전수 지 북 방축 외 소박 병선 연후 회거 고어 평저선 별무 기인 차 정부

之意也. 臣愚以爲 全羅之粟 不下九萬石. 分其軍騎平底船 七轉
지의야 신우 이위 전라 지속 불하 구만 석 분 기군 기 평저선 칠전

而至北防築外兵船 然後乃還 則一月內只用十日水 鑿石處 只容一
이 지 북 방축 외 병선 연후 내환 즉 일월 내 지용 십일 수 착석 처 지용 일

小船 其可一二朔畢輪而還乎? 若別用他人代授 則全羅之民 輸置
소선 기가 일이 삭 필수 이환호 약 별용 타인 대수 즉 전라 지민 수치

於南防築邊假庫 當五六月霖雨時 改量九萬之粟授受 然後退去
어 남 방축 변 가고 당 오륙 월 매우 시 개량 구만 지속 수수 연후 퇴거

其弊如何 七轉之際 其所耗損 亦幾何? 每一區各置平底船十餘艘
기폐 여하 칠전 지제 기 소모손 역 기하 매 일구 각치 평저선 십여 소

則當不下七十矣. 一船所騎 須用二十餘人 則七十船所騎之軍 計
즉 당 불하 칠십 의 일선 소기 수용 이십여 인 즉 칠십 선 소기 지군 계

一千四百餘人. 其軍何自而出? 且一平底船所載 不過一百五十餘石
일천 사백여 인 기군 하자 이출 차 일 평저선 소재 불과 일백 오십여 석

從隘處七轉 則九萬之粟 雖至半歲 必不能盡輪 民之勞苦失業 從
종 애처 칠전 즉 구만 지속 수지 반세 필 불능 진수 민지 노고 실업 종

可知矣.
가지 의

一 今臺員見鑿石處 謂可不更鑿 而堤畔水深處 高築塡塞 則自然
일 금 대원 견 착석 처 위가 불갱 착 이 제반 수심 처 고축 전색 즉 자연

水深 可以浮舟. 臣愚以爲水源不多 旱乾則必不勝舟. 且於各防築
수심 가이 부주 신우 이위 수원 부다 한건 즉 필 불승 주 차어 각 방축

不以石壘築 則當霖夏 必有泛溢缺毀之弊. 方此之際 更用何人而
불이 석 루축 즉 당 매하 필유 범일 결훼 지폐 방 차지제 갱용 하인 이

修築乎? 實非長策也.

一 安行梁水深無嶼草 近年未聞敗沒 舟人視如坦途. 何故捨此
曲從隘險之地 以病斯民乎? 臣戇愚 惟知有天之畏 豈憚時相之威?"

上召朴子靑問曰: "溫水 蕈城相距幾里? 予將幸溫水 蕈城 親見
開渠便否." 子靑對曰: "兩邑之間有大山 路且險 恐勞上體." 上曰:
"爲民而往 予何以爲勞也?" 時河崙力主蕈堤開鑿之議 多有阿附者.

上命代言司曰: "蕈堤之事 卿等定其可否以聞 則不必遠勞車駕."

金汝知對曰: "日者 遣四五臣僚 往觀形勢 猶未定其可否. 況臣識量
淺狹 猶且未見其形勢乎? 以臣所聞固難爲也. 其在前朝睿王肅王
及乎叔世 皆動民疏鑿 未見其效. 溫水與蕈堤密邇 車駕一臨 可斷
萬世之議." 柳思訥曰: "若用數萬人 期以數年 安有不鑿之理乎?"

上曰: "不親見形勢而定其可否 則與議政府之議何異?"

辛酉 慶尙道見乃梁等處 海水深赤 如血三日.

世子貳師劉敞 賓客韓尙敬 趙庸 卞季良等 率書筵官屬 詣闕啓曰:
"臣等不才 不能輔導 以動殿下之威 世子涕泣 數日不食. 且今殿下
未寧 大小臣庶 莫不奔問起居 獨世子未獲問安 竊恐國人何如?"

上曰: "世子之不食 不勝其憤也. 何悔過之有! 卿等皆知大體者也.
欲效漢臣史丹之辭 以免其禍 今世子之過則異於彼. 前日問吾使人
姓名 乃曰: '我已知之.' 此非幼兒之言也 古有廢世子者 皆由宦妾之
訴 我無是也. 世子之心 必以其位爲足恃也. 若果不悛 則宗室豈無

其人乎? 往者 以鷹犬之娛 被責者數矣. 今又若是 此卿等敎誨之效
기인 호 왕자 이응견지오 피책자수의 금우약시 차경등 교회지효

歟? 予欲杖之 以正其罪 但恐其傷恩也. 卿等姑退." 遂輟書筵. 又
여 여욕장지 이정기죄 단공기상은야 경등고퇴 수철서연 우

令敬承府員吏皆歸家. 命金汝知曰: "敢有言世子之事者 當有非常
영 경승부 원리개귀가 명 김여지 왈 감유 언세자지사자 당유 비상

之怒."
지노

罷司憲監察金孝誠等七人及權蹈職. 司憲府大司憲尹向等啓:
파 사헌 감찰 김효성 등 칠인급 권도 직 사헌부 대사헌 윤향 등계

"監察金孝誠 柳復中 尹江 尹煥 李叔時 崔攸久 柳洽等 與房主監察
감찰 김효성 유복중 윤강 윤환 이숙치 최유구 유흡 등 여 방주감찰

金保重 孫寬 鄭其 挾猜羅織罪名 矇曨 告課 士風澆薄. 請依律
김보중 손관 정기 협시 나직 죄명 몽롱 고과 사풍 요박 청 의율

懲戒." 命下巡禁司 贖杖六十. 監察權蹈上書曰:
징계 명하 순금사 속장 육십 감찰 권도 상서 왈

'前日憲司申請孝誠等罪 殿下下巡禁司. 臣適以祭監 雖不署名 實
전일 헌사 신청 효성 등죄 전하 하 순금사 신적 이제감 수불 서명 실

與其議 而獨免責 心不自安 詣巡禁司自首 巡禁司以憲府狀申不及
여기의 이독 면책 심불자안 예 순금사 자수 순금사 이 헌부 장신 불급

却之 臣竊自愧. 伏望殿下 下臣巡禁司以正之. 又竊自念 壅蔽 古今
각지 신절 자괴 복망 전하 하신 순금사 이정지 우절 자념 옹폐 고금

之通患也. 是故古昔聖帝明王 莫不以從諫爲美德. 今我國家 旣置
지통환 야 시고 고석 성제 명왕 막불 이종간 위미덕 금아 국가 기치

諫院 又置憲府 凡有所言 靡不聽納 所以廣聰明而達下情也. 今者
간원 우치 헌부 범유 소언 미불 청납 소이 광총명 이달하정 야 금자

臣等之罪 多有可議者焉 憲司聞不以實 反以臣等爲矇曨 告課 枉直
신등 지죄 다유 가의 자언 헌사 문불이실 반이 신등 위 몽롱 고과 왕직

爲曲 變是爲非. 旣爲耳目於殿下 而反以塞聰蔽明 則壅蔽之患 先
위곡 변시 위비 기위 이목 어전하 이반 이 색총폐명 즉 옹폐 지환 선

自耳目生矣. 臣雖微劣 濫蒙聖恩 承乏監察 而不能自明於仁明之
자 이목 생의 신수 미열 남몽 성은 승핍 감찰 이불능 자명 어인명지

大度 則其累聖明 不爲少矣. 此臣等所以干冒雷霆之威 而不能自已
대도 즉 기누 성명 불위 소의 차 신등 소이 간모 뇌정 지위 이불능 자이

者也. 如有不實 論臣以狂妄之罪 則臣甘受責 終不有悔也.'
자야 여유 부실 논신 이광망 지죄 즉신 감수 책 종 불유 회야

上命竝蹈罷職.
상명 병도 파직

壬戌 西北面義州 江界等七郡隕霜 殺菽及蕎麥.
임술 서북면 의주 강계 등 칠군 운상 살숙 급 교맥

賜送宗貞茂米二十五石.
사송 종정무 미 이십오 석

癸亥 賜西北面都體察使李天祐宮醞 內藥. 天祐啓曰: "姑停撫州
계해 사 서북면 도체찰사 이천우 궁온 내약 천우 계왈 고정 무주

藥山城役 廣築要害安州城." 下政府議 宜幷築藥山城.
약산 성역 광축 요해 안주성 하 정부 의 의병축 약산성

命廉致庸贖杖百流安東 閔若孫贖杖七十. 初 黃州儒學教授官
명 염치용 속장백유 안동 민약손 속장 칠십 초 황주 유학교수관

羅得卿 率妓居于聖殿近處 牧使廉致庸責之. 得卿陰錄致庸罪十餘
나득경 솔기 거우 성전 근처 목사 염치용 책지 득경 음록 치용 죄 십여

條告監司 監司按治之. 致庸擅離其職 潛入京訴監司于上王殿宦官
조고 감사 감사 안치 지 치용 천리 기직 잠 입경 소 감사 우 상왕 전 환관

宮妾 又使其妻具監司之罪五六條 呈司憲府. 監司按治之報繼至 上
궁첩 우사 기처 구 감사 지죄 오륙 조 정 사헌부 감사 안치 지보 게지 상

謂代言等曰: "致庸家婢入上王殿爲侍妾 致庸之見用 因上王之請
위 대언 등왈 치용 가비 입 상왕 전위 시첩 치용 지견용 인 상왕 지청

也. 今其所爲若此 爾等知之." 司憲府上言:
야 금 기 소위 약차 이등 지지 사헌부 상언

"黃州牧使廉致庸 私用國庫羨餘米豆三百石 又令水軍 私畜鷹犬
황주목사 염치용 사용 국고 선여 미두 삼백 석 우령 수군 사축 응견

擅自離任 以見病妻; 豐海道監司閔若孫 方三月正農之時 與各官
천자 이임 이견 병처 풍해도 감사 민약손 방 삼월 정 농지시 여 각관

守令 率妓動樂 犯令宴飮 沈醉走馬 暴怒枉刑 以娼妓騎驛馬 因而
수령 솔기 동악 범령 연음 심취 주마 폭노 왕형 이 창기 기 역마 인이

致死; 經歷吳乙濟 不規監司擧止; 黃州判官梁汝恭 亦不矯牧使之
치사 경력 오을제 불규 감사 거지 황주판관 양여공 역 불교 목사 지

非 從而枉費; 察訪金庚 犯令赴宴 且於內官金希丁處 擅給驛馬; 知
비 종이 왕비 찰방 김경 범령 부연 차어 내관 김희정 처 천급 역마 지

鳳州事宋南直 以其官中楮貨 米穀 魚物 私給記官女妓 請皆加罪."
봉주 사 송남직 이기 관중 저화 미곡 어물 사급 기관 여기 청 개 가죄

下巡禁司治之. 致庸之罪 當斬 命減一等 刺字 遠方付處; 若孫
하 순금사 치지 치용 지죄 당참 명감 일등 자자 원방 부처 약손

罪應杖八十 亦減一等; 乙濟 汝恭 金庚 南直之罪 竝減一等. 河崙
죄응 장 팔십 역감 일등 을제 여공 김경 남직 지죄 병감 일등 하륜

詣闕請曰: "致庸 小臣外孫之養父. 將其羨餘 以爲官中之用 不入於
예궐 청왈 치용 소신 외손 지양부 장기 선여 이위 관중 지용 불입 어

己 請貸之." 命除刺字. 汝恭上書辨明其罪 與致庸有異 命勿收告身
기 청 대지 명제 자자 여공 상서 변명 기죄 여 치용 유이 명물 수 고신

又除付處 只贖杖一百.
우 제 부처 지 속장 일백

乙丑 傳旨東北面咸州 令進鷹子.
을축 전지 동북면 함주 영진 응자

宥前商議中樞院事南實等.
유 전 상의 중추원 사 남실 등

丙寅 西北面熙州 江界 理州 碧潼蝗.
병인 서북면 희주 강계 이주 벽동 황

封宗親女: 益安大君女卒摠制金閑妻 鎭安大君女大護軍李叔畝
봉 종친 녀 익안대군 녀졸 총제 김한 처 진안대군 녀 대호군 이숙묘

妻 前判官安從廉妻 懷安大君女趙愼言妻 前副事朴景武妻爲翁主.
처 전 판관 안종렴 처 회안대군 녀 조신언 처 전 부사 박경무 처 위 옹주

斬淮陽人鄭成. 成造妖言曰: "今春當起大軍." 又言: "春丑日行幸
참 회양 인 정성 성 조 요언 왈 금춘 당기 대군 우언 춘 축일 행행

則春牛相鬪." 巡禁司按律以聞 斬之.
즉 춘우 상투 순금사 안율 이문 참지

丁卯 兵曹上吹角法. 啓曰: "先是義興府掌兵時 吹角法令 與
정묘 병조 상 취각 법 계왈 선시 의흥부 장병 시 취각 법령 여

今本曹有不同者 今更詳定以聞. 如有用兵 則兵曹入直堂上官 親
금 본조 유 부동 자 금갱 상정 이문 여유 용병 즉 병조 입직 당상관 친

稟命受宣字旗 立諸闕門外吹角 令入直摠制及上大護軍 護軍
품명 수 선자기 입제 궐문 외 취각 영 입직 총제 급 상 대호군 호군

內禁衛 別侍衛 甲士等 皆衣甲執兵守各門 凡有任事 無敢有闕 禁
내금위 별시위 갑사 등 개 의갑 집병 수 각문 범유 임사 무감 유궐 금

其出入 承命召出入者 不在此限. 出番各軍摠制及各衛上大護軍
기 출입 승 명소 출입자 부재 차한 출번 각군 총제 급 각위 상 대호군

護軍 內禁衛 別侍衛 鷹揚衛 當番都城衛節制使 聞角聲 卽詣闕門
호군 내금위 별시위 응양위 당번 도성위 절제사 문 각성 즉 예 궐문

外 各衛軍士屯住待令. 上特召將帥 親授事機 各賜織紋旗 乃出 隨
외 각위 군사 둔주 대령 상 특소 장수 친수 사기 각사 직문기 내출 수

地之宜 立諸闕門外. 摠制以下軍士 見其軍織紋旗趨令 受命將帥
지지의 입제 궐문 외 총제 이하 군사 견 기군 직문기 추령 수명 장수

聽兵曹號令施行. 無織紋旗而出令者 不見織紋旗而趨令者及常時
청 병조 호령 시행 무 직문기 이 출령 자 불견 직문기 이 추령 자 급 상시

無兵曹之文 而私聚軍士者 皆以謀逆論. 如有犯令者 許人陳告
무 병조 지문 이 사취 군사 자 개 이 모역 론 여유 범령자 허인 진고

所告實者 超三等賞職 將犯人家財田民給之 誣告者反坐. 宿衛巡綽
소고 실자 초 삼등 상직 장 범 인가 재 전민 급지 무고자 반좌 숙위 순작

等事 一依前降敎旨." 從之.
등사 일의 전강 교지 종지

命司憲府就職. 初 憲府以嘗與監察等對論 避嫌不仕 故有是命.
명 사헌부 취직 초 헌부 이 상 여 감찰 등 대론 피혐 불사 고 유 시명

尹向等啓曰: "金孝誠等 以小事 欲害同僚 曚曨 告課 反以臣等爲
曚曨啓聞 上書請對論. 臣等竊謂 自古 監察與臺長 未有相詰之
時 今與臣等反脣相詰 其罪大矣 只令罷職 臣等實有憾焉." 上曰:
"罷職已足 勿復言." 向等上疏曰:

'臣等俱以庸資 叨竊言官 縱乏啟沃繩愆之益 其於辨析詞訟 庶幾
不悖於天心之萬一. 日者請孝誠等罪 權蹈上書 有言: "憲司枉直
爲曲 變是爲非. 旣爲耳目於殿下 反以塞聰蔽明 壅蔽之患 先自
耳目而生." 臣等誠惶誠懼 實慙實愧 罔知所措. 竊念蔽塞聰明 雖在
常僚 凡爲臣子者 共知其不可犯也. 矧今臣等 旣爲耳目之官 先自
廢職 以生壅蔽之患 則罪于不忠 死無以償. 天眷雖隆 命之視事
臣等何面目 冒名藉權 以示士夫於朝端哉? 且蹈書有云: "辨明不實
臣甘受誅." 臣等亦謂閱實臣等之罪 蹈言不誣 將臣等置之不忠之
典 爲千萬世蔽塞聰明者之鑑 如其不實 蹈等始以不奉教旨 謀陷
同僚 其律應杖有徒 終以蔽塞聰明 誣訴臣等 其罪尤重 而反坐之律
國有常憲. 殿下旣命巡禁司 同諸代言 令本府掌務 對蹈等交訟于庭
彼此曲直 天明所已燭也. 伏候聖裁.'

知司諫院事安壿等上疏曰:

'欺罔之風一興 則僥倖之習繼起. 始則欺人 以陷於罪 終則欺君
以申其志 此古今明主 所當深察者也. 今監察權蹈 始與孝誠等
構釁微眇 謀害同僚 其志憯矣. 憲府按其是非 申請科罪 此孝誠 蹈

等 小懲大戒之時. 彼以志未得遂 悻悻無已 不顧己非 上書自陳 反
등 소징 대계 지시 피이지 미득 수 행행 무이 불고 기비 상서 자진 반

謂憲府變是爲非 壅蔽聰明; 妄謂保重啓事失時 廢閣敎旨. 夫廢閣
위 헌부 변시위비 옹폐 총명 망위 보중 계사 실시 폐각 교지 부 폐각

敎旨 壅蔽聰明 皆姦臣不道之事也. 豈可以私忿 織成虛名 濫冒
교지 옹폐 총명 개 간신 부도 지사야 기 가이 사분 직성 허명 남모

天聰乎? 且殿下令憲府 與孝誠權蹈等 咸進于庭 親決曲直 命憲府
천총 호 차 전하 영헌부 여 효성 권도 등 함진 우정 친결 곡직 명헌부

就事 罷孝誠等職 蹈等反曰: "前日辨論 我等發明." 上乃減罪 謂
취사 파 효성 등직 도등 반왈 전일 변론 아등 발명 상내 감죄 위

憲府爲不勝 此由殿下 寬除笞杖 不痛繩以法故也. 伏望殿下 命
헌부 위 불승 차 유 전하 관제 태장 불 통승 이법 고야 복망 전하 명

攸司治孝誠權蹈等虛稱敎旨 妄說壅蔽之罪 公道幸甚.'
유사 치 효성 권도 등 허칭 교지 망설 옹폐 지죄 공도 행심

上不允.
상 불윤

前仁寧府司尹黃子厚 請行號牌之法. 上言: "國家雖令才人禾尺
전 인녕부 사윤 황자후 청행 호패 지법 상언 국가 수령 재인 화척

之徒 毋得流移 然未有號牌 故移徙無常 不事農業. 願自今 非惟
지도 무득 유이 연 미유 호패 고 이사 무상 불사 농업 원 자금 비유

此徒 且於凡民 皆給號牌." 上曰: "前此言號牌者亦多 予亦常欲行
차도 차 어 범민 개급 호패 상왈 전차 언 호패 자역 다 여역 상 욕행

之 其令時散兩府及各司議其可否以聞." 政府會諸君耆老文武百官
지 기령 시산 양부 급 각사 의기 가부 이문 정부 회 제군 기로 문무백관

議號牌之法 以爲可行者多 命從多施行. 謂群臣曰: "號牌之法 去年
의 호패 지법 이위 가행 자다 명 종다 시행 위 군신왈 호패 지법 거년

請行者多 予乃止之. 今欲行之 令百司議可否 可者居多. 且號牌之
청행 자다 여내 지지 금 욕행 지 영 백사 의 가부 가자 거다 차 호패 지

設 無害於民 有益於國 又鈔法之行 可因此而易行矣." 群臣皆曰:
설 무해 어민 유익 어국 우 초법 지행 가 인차 이 이행 의 군신 개왈

"唯."
유

命內侍別監許礎贖杖一百. 艾純至慶尙道馳啓: '臣所齎來祝 非
명 내시별감 허초 속장 일백 애순 지 경상도 치계 신 소재 래축 비

解怪之祝 乃漢江 木覓祭祝也. 祭期已近 更擇吉日何如?' 金汝知
해괴 지축 내 한강 목멱 제축 야 제기 이근 갱택 길일 하여 김여지

啓曰: "書祝文 役朔之任; 封香祝 內侍別監之任也 而香室別監許礎
계왈 서 축문 역삭 지임 봉 향축 내시별감 지임 야 이 향실 별감 허초

誤封授純." 上曰: "禮房代言及書祝 亦有罪 令憲司推之." 遂竝下
오봉 수순 상왈 예방 대언 급 서축 역 유죄 영 헌사 추지 수 병하

351 원문 | 태종 13년 계사년 8월

巡禁司. 礎罪應杖一百 役朔金尙鼎 禮房代言韓尙敬等罪 笞四十.
순금사 초죄응장일백 역삭김상정 예방대언한상경등죄태사십

令贖礎杖一百 命尙德曰: "爾罪不小 特憐爾母年老 姑宥之."
영속초장일백 명상덕왈 이죄불소 특련이모연로 고유지

戊辰 幸東郊觀放鷹.
무진 행동교관방응

刑曹請前戶曹議郞方與權罪. 與權於奴婢文籍 擦去著印處 擅書
형조청전호조의랑방여권죄 여권어노비문적 찰거저인처 천서

名字 僞造印信行使 命減一等. 河崙引宋趙抃之言曰: "造在赦前
명자 위조인신행사 명감일등 하륜인송조변지언왈 조재사전

用在赦後. 赦前不用 赦後不造 法皆當赦. 今與權事發赦後 則不可
용재사후 사전불용 사후부조 법개당사 금여권사발사후 즉불가

追論 只以僞造文字相訟 論罪可也." 上然之 不論造印之罪.
추론 지이위조문자상송 논죄가야 상연지 불론조인지죄

己巳 遣司鑰方演 修公州儒城溫井.
기사 견사약방연 수공주유성온정

宗貞茂使送客人 來獻土物.
종정무사송객인 내헌토물

罷大護軍南宮啓職. 兵曹啓曰: "啓 別無才德 過蒙上恩 位至三品
파대호군남궁계직 병조계왈 계 별무재덕 과몽상은 위지삼품

小心奉公 其職也 不此之顧 乃爲巡官 妄稱身病 其罪一也. 點巡後
소심봉공 기직야 불차지고 내위순관 망칭신병 기죄일야 점순후

不告本曹 退宿私第 其罪二也. 行巡之際 己則不親 代以甲士 其罪
불고본조 퇴숙사제 기죄이야 행순지제 기즉불친 대이갑사 기죄

三也. 請下攸司 以嚴軍政." 命除他事罷職 以元從功臣也.
삼야 청하유사 이엄군정 명제타사파직 이원종공신야

以同知摠制郭承祐爲內侍衛中軍節制使 金萬壽左軍節制使
이 동지총제 곽승우 위 내시위 중군 절제사 김만수 좌군 절제사

崔潤德右軍節制使.
최윤덕 우군 절제사

放孶息馬百餘匹于江華吉祥山. 每十匹爲一屯 定牧子二名 繞以
방자식마백여필우강화길상산 매십필위일둔 정목자이명 요이

周垣 以防散逸 從司僕寺之請也.
주원 이방산일 종사복시지청야

庚午 慶尙道漕船二艘 遭風敗沒於江原道 上驚嘆 卽傳旨于政府
경오 경상도조선이소 조풍패몰어강원도 상경탄 즉전지우정부

曰: "江原道風波險惡 且其人民未習操舟 以至於此 東北面漕運 宜
왈 강원도풍파험악 차기인민미습조주 이지어차 동북면조운 의

卽罷之. 前日 政府以爲慶尙之粟 三日可到金遷 今以其法陸轉于
즉파지 전일 정부이위경상지속 삼일가도김천 금이기법육전우

東北 何爲不可? 馬牛雖至困斃 不猶愈於人死乎?"
동북 하위 불가　마우 수지 곤폐　불유 유어 인사 호

命草伐 石積等處 聽民刈草. 傳旨廣州曰: "草伐 石積等處 嘗爲
명 초벌　석적 등처 청민 예초　전지 광주 왈　초벌　석적 등처 상위

本宮刈草之地 今後勿禁民刈取."
본궁 예초 지지 금후 물금 민 예취

辛未 賜代言等內廐馬各一匹 且賜承傳色尹興阜 崔閑各一匹.
신미 사 대언 등 내구마 각 일필　차 사 승전색 윤흥부 최한 각 일필

遣知司譯院事康邦祐 押送錢得興 鄭良旭等四人于遼東. 得興等
견 지사역원사 강방우 압송 전득여 정양욱 등 사인 우 요동　득여 등

上國寧波府民也. 嘗被倭虜 今逃至慶尙道固城 乃遣之.
상국 영파부 민 야　상 피 왜로 금 도지 경상도 고성 내 견지

壬申 以知司譯院事張有信 爲豊海道探訪使. 有信 本市井人也.
임신 이 지사역원사 장유신 위 풍해도 채방사　유신 본 시정인 야

言以唐藥鍊鉛 則可變爲銀 竟未有效. 河崙之請也.
언 이 당약 연연　즉 가변 위은 경 미유효　하륜 지청 야

司諫院請停溫井之行 不允.
사간원 청정 온정 지행 불윤

宗貞茂使人請還本島人居忠州者數十名 許之.
종정무 사인 청환 본도 인거 충주 자 수십 명 허지

癸酉 召刑曹都官掌務佐郎崔自河 問奴婢決訟之數: "相訟奴婢
계유 소 형조 도관 장무 좌랑 최자하 문 노비 결송 지수　상송 노비

及良賤未決者幾許 決後復訟者 亦有之乎?" 自河對曰: "決後復呈
급 양천 미결 자 기허 결후 부송 자 역 유지 호　자하 대왈　결후 부정

誤決者甚多 相訟之事 何有紀極! 其未決之數 臣當退于本司 詳考
오결 자 심다 상송 지사 하유 기극　기 미결 지수 신 당퇴 우 본사 상고

以聞."
이문

甲戌 議政府進本國地圖道里息數二簇.
갑술 의정부 진 본국 지도 도리 식수 이족

乙亥 戶曹啓祿轉法. 啓曰: "豊海道移屬軍資田三萬九千結內 有
을해 호조 계 녹전 법　계왈　풍해도 이속 군자전 삼만 구천 결 내 유

祿轉一萬二千二百七十五結. 若以祿轉移於京畿 則於京畿軍資全
녹전 일만 이천 이백 칠십 오결　약 이 녹전 이어 경기 즉 어 경기 군자 전

乏 且圻內州郡 無祿轉折給之例 宜以祿轉還置其道. 又以西北面
핍 차 기내 주군 무 녹전 절급 지례 의 이 녹전 환치 기도　우 이 서북면

附近黃州 安岳等處祿轉 移於延安白州等處." 下政府議之 皆以爲
부근 황주　안악 등처 녹전 이어 연안 배주 등처　하 정부 의지 개 이위

便 從之.
편 종지

丙子 巡禁司兼判事朴訔 請申大辟三覆之法 從之. 啓曰: "臣考
병자 순금사 겸판사 박은 청신 대벽 삼복 지법 종지 계왈 신 고

經濟六典 死罪則令三覆. 今刑曹巡禁司未嘗行之 請依六典." 上曰:
경제육전 사죄 즉영 삼복 금형조 순금사 미상 행지 청의 육전 상왈

"然. 自今刑官宜擧行."
연 자금 형관 의 거행

議政府上干尺 白冠等人女孫立役之法. 啓曰: "其在前朝
의정부 상 간척 백관 등인 여손 입역 지법 계왈 기재 전조

身良役賤者 唯琴尺之女 定爲妓役 其餘皆無役. 國初 屬司宰監
신량역천 자 유 금척 지녀 정위 기역 기여 개 무역 국초 속 사재감

身良水軍之女 皆不定役. 乞以干尺 白冠等人女孫 自壬辰年受教
신량 수군 지녀 개 부정 역 걸이 간척 백관 등인 여손 자 임진년 수교

以後從良者 依前朝判定百姓例立役." 從之.
이후 종량 자 의 전조 판정 백성 예 입역 종지

命宗廟薦新用新酒.
명 종묘 천신 용 신주

刑曹都官上決訟法. 啓曰: "司以一員 分房聽訟 至圓議時 他房
형조 도관 상 결송법 계왈 사이 일원 분방 청송 지 원의 시 타방

浩繁文籍 未能精察 因此滯訟. 乞以正郎佐郎各一員爲一房 與
호번 문적 미능 정찰 인차 체송 걸이 정랑 좌랑 각 일원 위 일방 여

參議商確決絕 若招供立案 則依前例擧司署合." 下政府議之: "乞
참의 상확 결절 약 초공 입안 즉의 전례 거사 서합 하 정부 의지 걸

如所啓. 於招供立案 則唯其房二員 與參議同署 若一員有闕 則令
여 소계 어 초공 입안 즉유 기방 이원 여 참의 동서 약 일원 유궐 즉영

他房一員通敏者 與議爲便." 從之.
타방 일원 통민 자 여의 위편 종지

命議政府 毋擅用典醫監唐藥.
명 의정부 무 천용 전의감 당약

對馬州管領源榮 使人獻禮物 告禁賊之意.
대마주 관령 원영 사인 헌 예물 고 금적 지 의

태종 13년 계사년
9월

九月

정축일(丁丑日-1일) 초하루에 노비중분법(奴婢中分法)¹을 세웠다. 상이 편전(便殿)에 나아가 하륜(河崙) 등을 불러서 만나보고[引見] 말했다.
_{인견}

"국초(國初)에 태조(太祖)께서 소송하는 것의 번거로움을 싫어하시어 그 소송하는 노비는 당시 전득(傳得-유산으로 물려받음)한 자에게 주는 것을 허락했다. 이제 도관(都官)에 물었더니 '소송하는 자가 대개 2,000명입니다'라고 했다. 내가 생각건대, 만약 당시 전득(傳得)한 자에게 준다면 한 사람은 반드시 원망할 것이요, 만약 중분(中分)해 양인(兩人)에게 준다면 본시 동종(同宗)인지라 반드시 큰 원망은 없을 것이다. 대개 골육상잔(骨肉相殘)은 이러한 까닭에서 생기니, 이렇게 하는 것이 어떨까?"

모두 말했다.

"이는 하늘이 상의 마음[上衷]을 이끄는 것입니다. 이 법이 한 번
_{상충}
시행되면 서로 소송하던 사람들도 명일에는 반드시 서로 웃고 말할 것입니다."

상이 말했다.

---

1 조선 초기에 노비(奴婢)의 쟁송(爭訟)이 그치지 않았으므로 태종 13년 9월에 왕명에 의해 소송 중에 있는 노비를 원고(元告)와 피고(被告)에게 똑같이 나눠주게 한 제도다.

"경 등이 만약 옳다고 생각한다면 속히 시행하는 것이 마땅하다. 중외(中外)에서 소송하는 것은 마땅히 금일로써 한정하도록 하라."

정부에서 계본(啓本)을 올렸다.

"노비의 쟁송(爭訟)은 여러 해가 되도록 매듭짓지 못해 골육상잔하고 풍속이 불미한 데까지 이르렀습니다. 이제 9월 초1일 이전에 중외에서 소송하던 사건은 양쪽에 중분(中分)해 결급(決給)하고, 만약 소송한 자 가운데 한쪽의 수가 많고 다른 한쪽의 수가 적으면 사람 수에 따라 나눠주며, 노비의 수가 적어 중분(中分)할 수 없으면 뒤에 태어나는 노비로 충당해주고, 강장(强壯)하고 노약(老弱)한 것을 두루 합해 제비를 뽑아 중분(中分)하며, 경중(京中)은 10월까지, 외방(外方)은 12월까지 한해 나눠주기를 끝마치도록 하겠습니다."

그것을 따랐다.

○ 세자빈객(世子賓客) 한상경(韓尙敬) 등을 불러 서연(書筵)에 출사하게 했다. 명해 말했다.

"세자가 학문을 폐기한 지 날짜가 오래됐다. 내가 차마 그냥 볼 수가 없어 다시 마땅히 힘을 써서 가르치고자 한다. 만약 또 개전(改悛)하지 않으면 누구를 원망하겠는가."

또 경승부판사(敬承府判事) 이지숭(李之崇)[2] 등을 불러서 말했다.

"세자궁(世子宮) 안의 일은 이제부터 하나라도 어기는 바[違誤]가 있으면 마땅히 법으로 논할 것이니, 그리 알아야 할 것이다!"

○ (강원도) 철원(鐵原)·평강(平康) 등지에서 사렵(私獵)을 금지하라

---

2   의안대군 이화(李和)의 아들이다.

고 명했다.

○ 의정부에서 호패(號牌)의 법을 토의해 아뢰었다.

첫째는 이러했다.

"형제(形制)는 길이가 3촌 7푼, 너비가 1촌 3푼, 두께가 2푼이며, 위는 둥글고 아래를 모지게 합니다. 2품 이상은 상아(象牙)를 쓰나 녹각(鹿角)으로 대용하고 오로지 예궐(詣闕)할 때만 사용하며, 4품 이상은 녹각을 쓰나 황양목(黃楊木)으로 대용하고, 5품 이하는 황양목을 쓰나 자작목(資作木)을 대용하고, 7품 이하는 자작목을 씁니다. 위에서는 아래의 것을 사용할 수 있으나 아래에서는 위의 것을 사용할 수 없으며, 서인(庶人) 이하는 잡목(雜木)을 씁니다. 경중(京中)은 한성부(漢城府)에서, 외방(外方)은 각 계수관(界首官)에서 이를 맡아보는데, 본인으로 하여금 패(牌)를 만들어 바치도록 해서 끝나면 바야흐로 착인(着印-도장을 찍음)하도록 허락하고, 자기가 만들 수 없는 자는 나무를 바치도록 허락해 공장(工匠)으로 하여금 만들어주도록 하소서."

둘째는 이러했다.

"면(面)의 글은 2품 이상은 '아무 관[某官]'이라 쓰는데 시직(時職)·산직(散職)이 같으며, 현관(顯官) 3품 이하는 '아무 관[某官]'이라 쓰고, 산관(散官) 3품 이하는 '아무 관[某官]·성명(姓名)·거처 아무 곳 아무 리[居某處某里]'라 쓰는데 서인(庶人)도 같으며 다만 얼굴은 무슨 색이고 수염이 있는지 없는지를 덧붙입니다. 군관(軍官)은 직차(職次)에 얽매이지 않고 아울러 '아무 군[某軍]·아무 패[某牌] 소속[屬]'이라 쓰고 신장(身長)이 몇 척(尺) 몇 촌(寸)인지를 쓰는데 시직·산직이 모두 같습니다. 잡색인(雜色人)은 '아무 역(役) 사람·거처 아무 곳'을 쓰고, 종들은 '아무 집 종·나이 얼마·거처 아무 곳 아무 리·얼굴 색·수염 여부·신장이 몇 척 몇 촌'이라 써서 화인(火印)을 찍습니다. 현관(顯官)은 착인(着印)을 면제합니다."

셋째는 이러했다.

"호패(號牌)의 명령은 오는 10월 초1일에 영(令)을 내려 두루 알리고 11일부터 비로소 차례대로 만들어 지급해 12월 초1일까지 지급하기를 끝마칩니다. 만약 패(牌)를 바치고 호패를 받지 않는 자가 있으면 중형으로 논죄하며, 그 기일 이후에 호패를 받지 않는 자는 사람들에게 진고(陳告)를 허락해 제서유위율(制書有違律)에 의거해 논죄합니다. 만약 남에게 빌리거나 빌려주는 자가 있으면 각각 2등을 감합니다. 유이(流移)하는 자는 1등을 감하며, 이장(里長)·수령(守令)으로서 능히 고찰해 본거지로 쇄환(刷還)하지 못하는 자는 각각 2등을 감하며, 관진(關津)의 관리로서 호패가 없는 이를 마음대로 통과시키는 자도 2등을 감합니다. 호패를 위조(僞造)하는 자는 위조보초율(僞造寶鈔律)로써 논죄하며, 호패를 잃어버리는 자는 불응위(不應爲律)에 의거해 태형(笞刑)을 집행하고 다시 지급하며, 호패를 함부로 두는 자도 불응위율로써 태형을 집행하되 나이 70세 이상과 10세 이하는 논하지 말게 하소서."

그것을 따랐다.

○ 충청도 도관찰사 이안우(李安愚)가 시무(時務) 몇 조를 올리니 상이 가납(嘉納)하고 의정부에 내려 토의하게 해서 각각 결론을 얻었다.

'하나, 무릇 방어(防禦)하는 법은 바다에서 싸우는 것과 육지에서 지키는 것 중에서 어느 한쪽에 치우치거나 어느 하나를 폐기할수 없습니다. 도내 55주(州)에 원래 정한 선군(船軍)의 수는 5,537명이요 시위군(侍衛軍)이 2,754명인데, 각각 군적(軍籍)을 만들어 수륙(水陸)의 방비가 가히 결함이 없다고 하겠습니다. 전날 추가해 정한선군(船軍)이 1,377명인데, 모두 연해(沿海)의 시위군(侍衛軍)을 취해기선군(騎船軍)에 충당했습니다. 만약 왜구(倭寇)가 있어서 배가 없는 곳을 엿봐 육지로 돌입(突入)한다면 장차 무슨 군사로써 이를 막겠습니까? 또 선군은 비단 사어(射御)의 능력만 취하는 것이 아니라육지의 여러 연고(緣故)나 영전(營田)·자염(煮鹽-소금 굽기)의 역사를 하지 않는 바가 없습니다. 이제 기선군(騎船軍)에 충당된 시위군(侍衛軍) 안에는 일찍이 현직(顯職)을 지낸 자로서 양부(兩府)의 자손(子孫)이 모두 소속되어 있어서 오로지 그 역(役)을 이겨내지 못할뿐 아니라 본조(本朝)의 존비(尊卑)에 등급이 있지만, 문음(門蔭)을승습(承襲)하는 법에는 섭섭한 점이 없지 않습니다. 신(臣)이 생각건대, 해변의 각 고을에 추가해 정한 선군(船軍) 안에 시위(侍衛)를 맡을 만한 자를 골라서 패(牌)를 만들어 정속(定屬)하고 육군(陸軍) 가운데 각 고을 시위군(侍衛軍) 안에 선군(船軍)을 맡을 만한 자를 골라서 정속한다면, 연해와 육지의 방어가 양쪽으로 온전할 것이며 유음자손(有蔭子孫) 또한 원망이 없을 것입니다.'

"위의 조목은 의당 한결같이 아뢴 바대로 하소서."

'하나, 도내의 정도(程途-도로 거리)는 서울에서 거리가 가까운 까닭으로 사람들이 소유한 노비 가운데 가계(家計)가 풍부한 자가 외방(外方)의 역(役)을 피하고자 꾀해 무수전패(無受田牌)·경패(京牌)[3] 에 속하기를 구하며, 다만 봄가을 친점(親點)에만 응하고 전장(田莊) 에 물러가 거주하는 자가 자못 많습니다. 바라건대 위의 항목의 사람들로 하여금 그 본향(本鄕)의 군역(軍役)에 차정(差定)하게 하 소서.'

"위의 조목에서 경중(京中)의 호적(戶籍)에 붙여 한성부(漢城府)의 명문(明文)을 가진 자 외에는 한결같이 아뢴 바대로 하소서."

'하나, 일찍이 내린 교지(敎旨)에 공사 천구(公私賤口)와 양녀(良女) 가 상간(相奸)하는 것을 일체 금단한다고 했습니다. 그 법령을 범한 자는 사람에게 진고(陳告)하도록 허락해 율에 비춰 논죄하되 포(布) 를 200필 징수해 진고한 사람에게 상으로 주며 강제로 이이(離異-이 혼)시키고, 상간(相奸)한 남녀와 그 소생(所生)은 모두 속공(屬公)시 키되 본주(本主-본래 노비 주인) 가운데 정상을 알지 못한 자는 논하 지 말도록 했습니다. 지금 도내에 공사 천구(公私賤口) 가운데 양녀 (良女)를 범간(犯奸)한 자가 자못 많은데, 그 종은 본주(本主)가 정 상을 알지 못했다 하여 모두 면죄시켜 속공하되 양녀(良女)는 대부 분 관천(官賤)으로 삼고 있습니다. 신이 생각건대, 이렇게 한다면 이 것을 덜어 저것에 보태는 것이니 그 자손이 대대로 천역(賤役)을

---

3 한량(閑良) 출신의 무수전패(無受田牌)와 양인(良人) 출신의 경시위패(京侍衛牌)를 말한다. 한량 출신 가운데 과전(科田)개혁 이후 새로 부경시위(赴京侍衛)하는 자는 군전(軍田)을 받지 못했는데 이를 무수전패(無受田牌)라 했고, 양인 출신의 의무 병역을 시위패(侍衛牌)라 했다. 세조 3년(1457년)에 무수전패·경시위패를 일반 군사로 취급해 1패로 합했다.

한다면 어찌 공사(公私)에 다름이 있겠습니까? 바라건대 법도(法度)를 세워 한결같이 모두 금단하소서. 그 율을 범한 자는 교지(敎旨)에 의거해 시행하되, 그 여자들로 하여금 영구히 공천(公賤)으로 삼지는 마소서. 만약 중범(重犯)을 자행하는 자는 전조(前朝)의 예에 의해 3년 동안 도역(徒役)시킨 뒤 그 집으로 방환(放還)한다면 또한 족히 징계할 것입니다.'

"위의 조목은 한결같이 아뢴 바대로 하소서."

'하나, 적서(嫡庶)의 분별은 하늘이 있고 땅이 있는 것[天建地設]^{천건지설} 같이 어지럽힐 수 없습니다. 그러나 인정이 서첩(庶妾)에 이끌려 적처(嫡妻)를 함부로 버린 채 자손으로 승중(承重-뒤를 이음)할 것을 생각하지 않는 자가 항상 많습니다. 도 내의 홍주(洪州) 사람 고 전서(典書) 이파(李坡)가 처음에 이씨(李氏)에게 장가들어 아들 이상(李詳)을 낳았는데, 이상이 나이가 장성해서 취학(就學)해 진사(進士)에 합격하고 아들을 5인이나 낳았으나 이파는 마침내 이씨를 버리고 고 최유룡(崔有龍)의 첩 마가녀(麻加女)에 이끌려, 이상으로 하여금 문에 발걸음을 못하도록 하고 도리어 마가녀의 전남편 아들 최서(崔湑)와 최서의 딸 보대(寶伏)에게 노비 3구(口)를 주었으며, 수양삼촌(收養三寸) 제주 목사(濟州牧使) 윤임(尹臨)에게 노비 24구와 가사(家舍)·전물(錢物)·토전(土田)을 주었는데, 모두 이파가 손수 쓴 문계(文契)였습니다. 신사년 가을에 이파가 죽으니, 이상이 승중 적자(承重嫡子)로서 여묘살이를 했으니, 윤임이 다만 전득(傳得)한 노비 10구만 머물러 두고 나머지 노비와 가사(家舍)·토전(土田)·기명(器皿)을 다 이상에게 돌려주었습니다. 이상이 상제(喪制)를 마친 뒤에 보대(寶俗)가 물려받은 계집종 만향(萬香)과 사환(使喚)을 잡아두니, 최서가 관(官)에 소송해 거의 3년이나 됐습니다. 관리들이 이파의 문계(文契)에 얽매여서 만향을 빼앗아 보대에게 돌려주었는데, 이상이 다시 소송해 아직도 미결(未決)입니다. 신이 생각건대, 최서와 보대가 함부로 물려받은 노비를 거둬 이상에게 돌려주는 것이 마땅합니다. 세상 사람들이 적처를 가벼이 하고 서첩에 이끌려 이 같은 폐습을 이루는 자가 간혹 있습니다. 바라건대 유사(攸司)로 하여금 그 사실을 상세히 핵문(覈問)해, 문계(文契)에 구애되지 말고 취지(取旨)해 바르게 결정해서 풍속을 권려하소서.'

"위의 조목에서 부모의 문계(文契)를 쓰지 않는다면 장차 즐겨 효도를 다하지 아니할 폐단이 있으니, 전대로 문계(文契)에 따라서 바르게 결정하게 하소서. 윤임 같은 경우라면 수양(收養)으로서 문계(文契)를 가졌으나 전득한 노비와 재물을 아들에게 돌려주었으니 그 의리가 가상합니다. 마땅히 가자(加資)해 후인(後人)을 권려하소서."

'하나, 외방(外方)의 주현(州縣)에서 둔전(屯田)과 어염(魚鹽)의 이익이나 형옥의 판결에 태형(笞刑)·장형(杖刑)의 속(贖) 받는 것을 능히 마음대로 쓸 수 없으므로 관(官)에서는 쓸 데가 없습니다. 전년에 또 저화(楮貨)를 세공(歲貢)하라는 명령을 내려서 주(州)·군(郡)의 대소에 따라 바치는 수에는 각각 등차가 있어서 많으면 500장에 이릅니다. 이제 수납(收納)할 즈음을 앞두고 다퉈 서로 받아들이고 있습니다. 빌건대 세공(歲貢)을 면제해 백성의 소망을 위로하소서.'

"위의 조목들은 옛날같이 그대로 하소서[仍舊]."
잉구

364

○ 의정부에서 아뢰어 말했다.

"경기에서 의주(義州)까지의 각 역(驛)은 모두[均=皆] 사신(使臣)
이 지나가는 곳입니다. 연서(延曙)에서 초현(招賢)까지, 서북면 생양
(生陽)에서 의순(義順)까지는 역승(驛丞)⁴이라 칭하는데 오로지 금교
(金郊)에서 풍해도 경천(敬天)까지를 찰방(察訪)이라 칭하니 불편합
니다. 빌건대 역승(驛丞)이라 칭하고 감사(監司)로 하여금 고찰하게
하소서."

그것을 따랐다.

무인일(戊寅日-2일)에 동교(東郊)에 행차해 매사냥[放鷹]을 구경
했다.

기묘일(己卯日-3일)에 학궁(學宮-성균관)을 수리했다.

예조판서 황희(黃喜)가 아뢰었다.

"성균관(成均館)의 동서재(東西齋)가 협착하고 학생이 너무 많으니

---

4 조선 시대 각 도의 역참(驛站) 일을 맡아보던 동반 종9품(從九品) 외관직(外官職)이다. 서
   울을 중심으로 각 지방에 이르는 중요한 도로에 마필과 관원을 둬 공문서를 전달하고 여
   행자에게 숙소를 제공하며 마필을 공급하던 기관을 역참이라 했다. 약간의 역참을 1구
   로 하여 이를 역도(驛道)라 칭하고 그 구간의 마정(馬政)을 맡아보는 관직을 마관(馬官)
   이라 했다가, 고려(高麗) 후기부터 역승(驛丞)이라고 불렀다. 조선은 1457년(세조 3년) 전
   국의 58개 역을 40개 구역으로 나눠 구마다 찰방(察訪-종6품)을 둬 소관 역을 관장하게
   했으며, 따로 역승을 둬 찰방을 돕게 했다. 『경국대전』에는 조선 초기 전국에 23명의 찰
   방과 18명의 역승을 둬 총 537역을 관장한다고 했는데, 1535년(중종 30년)에는 역승을 없
   애고 전국의 큰 역에 40명의 찰방을 두고 이를 찰방역이라 했다. 역승은 취재(取才)로서
   임명되는 서리(胥吏)가 많았고, 찰방과 함께 무록관(無祿官)이었다.

병이 날까 걱정됩니다. 청컨대 개수(改修)해 짓고, 식당(食堂)도 영건
(營建-신축)하소서."

그것을 따랐다.

○사헌부 대사헌 윤향(尹向) 등이 소(疏)를 올렸다. 소는 대략 이
러했다.

'신(臣) 이원계(李元桂)·이화(李和)[5] 등은 이미 종실(宗室)의 지파
(支派-서자)였는데 자손들이 마침내 왕자(王子)·왕손(王孫)과 나란
히 작위(爵位)에 병렬(竝列)하는 것은 분별이 없고 오로지 귀천(貴
賤)에 등차가 없는 것이라고 일찍이 일일이 갖춰 계문(啓聞)했습니다.
지난달 19일에 이지숭(李之崇)에게 경승부판사(敬承府判事)를, 이징
(李澄)에게 순성진 병마사(蕁城鎭兵馬使)를, 이흥발(李興發)에게 장
연진 병마사(長淵鎭兵馬使)를 제수했습니다. 신 등이 가만히 듣건
대 나라는 예(禮)로 다스리는데 예(禮)에는 존비(尊卑)와 귀천(貴賤)
을 변별(辨別)하는 것보다 앞서는 것이 없으며, 이름을 문란하게 할
수 없고 분별을 범할 수 없다는 것이 하늘과 땅의 상경(常經)이고 고

---

5 이성계의 아버지 이자춘(李子春)에게는 2명의 서자가 있었다. 이원계와 이화가 그들이다.
   『태조실록』에 나오는 구절이다. "환왕(桓王)에게 서자(庶子) 두 사람이 있었으니, 이원계
   (李元桂)는 비(婢) 내은장(內隱藏)이 낳았고, 이화(李和)는 비(婢) 곰가[古音加]가 낳았다.
   원계(元桂)의 아들이 네 사람이니 이양우(李良祐)·이천우(李天祐)·이조(李朝)·이백온(李
   伯溫)이고, 화(和)의 아들이 일곱 사람이니 이지숭(李之崇)·이숙(李淑)·이징(李澄)·이담
   (李湛)·이교(李皎)·이회(李淮)·이점(李漸)이다. 양우(良祐)의 아들은 이흥발(李興發)·이
   흥제(李興濟)·이흥로(李興露)·이흥미(李興美)요, 이천우(李天祐)의 아들은 이굉헌(李宏
   軒)이다. 지숭(之崇)의 아들은 이수장(李壽長)이요, 숙(淑)의 아들은 이오망(李吾望)·이지
   발(李之發)이요, 징(澄)의 아들은 이의경(李義敬)·이미동(李微童)이요, 담(湛)의 아들은
   이효손(李孝孫)이요, 회(淮)의 아들은 이복동(李福同)이요, 점(漸)의 아들은 이실견(李實
   堅)이다."

금(古今)의 통의(通義)라 하니, 일시적으로 사정(私情)을 쓸 바가 아닙니다. 또 고신(告身)을 서경(署經)하는 법은 비록 아랫사람에게 있으나 오히려 족속(族屬)과 적서(嫡庶)를 분변(分辨)함으로써 사류(士流)를 맑게 하는데, 하물며 이지숭 등은 천황(天潢-임금의 왕통)의 분파(分派)이고 지류(支流)이며 맑지도 않은 자이겠습니까? 전하께서는 더러운 것도 받아들이는 도량[納汚之量]과 친애하는 은의로써 높이고 사랑함이 지극해 서얼(庶孼) 출신의 천한 자로 하여금 위로 금지옥엽(金枝玉葉)의 귀한 신분에 섞이게 하셨으나, 신 등은 직책이 헌사(憲司)에 있으니 어찌 감히 법을 굽혀 사은(私恩)을 펴서 나라의 법을 무너뜨리고 조정(朝廷)에 누(累)가 되겠습니까? 이징과 이흥발은 나라에 우환(虞患)이 있는 때를 당해 변방 지방에 나아가 수자리를 사니[出戍] 잠정적으로 그 고신(告身)에 서경(署經)하겠으나, 이지숭은 관직이 높고 작위(爵位)가 높으므로 실로 그 분수에 넘치며 두 사람과 비할 바가 아니니 어찌 감히 서경(署經)해 통과시키겠습니까[署過]? 엎드려 성상의 재결(裁決)을 바랍니다.'

상이 말했다.

"고신(告身)에 서경(署經)하는 법이 이와 같은 데 이르렀다면 그 옛날로 복귀하는 것이 마땅하다."

또 소를 올렸다.

'신 등이 가만히 생각건대, 전조(前朝)의 말년에 기강(紀綱)의 흐트러짐은 사전(私田)에서 말미암았으므로 우리 태조(太祖)께서 잠저(潛邸)에 계실 때 건의해 폐단을 혁거해서 겸병(兼幷)을 없애고 백성의 기운을 소생시켜 국용(國用)을 넉넉하게 하셨으니, 우리 동방(東方)

의 천만세 생민(生民)의 복락과 이익은 실로 전제(田制)를 바로잡은 데 힘입은 것입니다. 나라를 개국하던 시초에 어질고 지혜로운 신하와 충성스럽고 의로운 선비로서 익대(翼戴)·협찬(協贊)한 자는 공이 일시에 그치지 않고 거의 장차 사직(社稷)과 더불어 시종(始終)해야 하므로, 공을 보답하는 전장(典章)은 토전(土田)을 상 주어 그들로 하여금 대대로 먹고살게 하기에 이르렀습니다. 뒤이어 정사공신(定社功臣)·좌명공신(佐命功臣)도 모두 토전을 가지게 되었는데 전하께서는 대대로 전하게 하고 이를『육전(六典)』에 새겨서 우대해 보이심이 끝이 없으니, 진실로 정사(定社)·좌명(佐命)의 공훈이 개국(開國)에 못지않음을 만세에 힘입어 잊지 않으려는 것입니다. 원종공신(元從功臣)은 그 시종 훈구(始從勳舊)에게는 진실로 상을 두텁게 주는 것이 마땅하나, 살아서 가만히 앉아 공전(公田)의 수입으로 먹고살며 죽어서는 자손이 죄를 용서받는 은전을 받으니 훈로(勳勞)에 대한 보답이 가히 지극하다고 하겠습니다. 기타 일시(一時)의 전지로서 '별사전(別賜田)'이라 칭하는 것이 전지의 결수(結數)가 많습니다. 그러나 이제 모두 세전(世傳)하는 예에 넣으니, 대저 전토(田土)로써 공에 보답하는 법이 비록 아름답기는 하나 본조(本朝)의 한정된 전토를 가지고 모두 세전(世傳)한다면 사세가 후세(後世)에 전할 수 없으며 토전(土田)의 부족함이 있을까 두렵습니다. 또 일시의 공으로써 3공신(三功臣)의 예에 참여해 같이 세전(世傳)의 은사(恩賜)를 받는다면 대소의 공과 가볍고 무거운 상이 또한 어찌 구별되겠습니까? 더군다나 이 3공신 외에 공신전(功臣田)·별사전(別賜田)은 세전(世傳)시키지 말자고 정부에서 이미 일찍이 계달(啓達)해 윤허를 받고 이를 중외(中外)에 반포해서 성전(成典)이 되었는데, 이제 다시 명(命)이 있으시기를 '사패(賜牌-패를 내려줌)에 자손에게 상전(相傳)한다는 글이 있으면 세전(世傳)하도록 허락한다'라고 했습니다. 신 등이 생각건대 가볍게 스스로 법을 고치는 것은 아름다운 일이 아닙니다. 만약 이렇게 한다면 전조(前朝)와 같은 사전(私田)의 폐단이 여기에서 다시 일어날 것이며, 장차 태조(太祖)의 좋은 법과 아름다운 뜻이 불과 수세(數世)를 못 가서 그치고 땅을 쓸어버리듯이 없어질 때를 볼 것입니다. 엎드려 바라건대 3공신 외에 원종공신전(元從功臣田)과 별사전을 없애고, 의정부에서 수교(受敎)한 것에 의하여 세전(世傳)을 허락하지 말고 영세(永世)의 전장(典章)을 내리소서. 회군공신(回軍功臣)은 공료(攻遼-요동 정벌)의 역(役)에서 다만 의거(義擧)했을 뿐이요 국가에 관계되는 것이 없으니, 이로써 공을 칭한다면 이미 후세(後世)에 신(信)을 전할 수도 없을 것입니다. 그들이 받은 전지는 오로지 세전(世傳)하는 것이 부당할 뿐 아니라, 그들로 하여금 편안히 앉아서 먹고살게 할 수 없습니다. 빌건대 이 전지를 가지고 국용(國用)에 충당해 길이 무명(無名)의 상(賞)을 없애소서."

정부에 내려 실상에 맞도록 토의하게 했다[擬議].
의의

○ 또 소를 올려 방여권(方與權)의 죄를 청했다. 그 대략은 이러했다.

'지난번에 형조에서 방여권의 인신(印信)을 위조(僞造)한 옥사를 결단하고 계문(啓聞)해 죄를 청하니, 율이 참형(斬刑)에 처하는 데 해당했으나 말감(末減)해 시행하라고 명령하셨습니다. 이는 바로 성상께서 살리시기를 좋아하는[好生] 생각이 지성(至誠)에서 나온 것
호생

이니 스스로 능히 그만두지 못할 점이 있습니다. (그러나) 신 등이 그윽이 생각건대, 여권(與權)은 의관(衣冠)⁶의 후예로서 글을 읽고 종사(從仕)해 두루 육사(六事)를 거쳤으니 일의 옳고 그름을 알지 못하는 바도 아니요, 집에서 전하는 재산과 장획(臧獲-노비)도 기한(飢寒)에 궁할 정도가 아님이 분명합니다. 그럼에도 이익을 힘써 얻기에 정신이 없어 몰래 간궤한 꾀를 내어서 인적(印迹)을 위조하기에 이르렀으니, 그 밝은 시대에 마땅히 증오해 이를 엄히 근절시켜야 할 것입니다. 만약 이러한 사람으로 하여금 구차스럽게 더 살려둔다면 [餘喘=餘命], 오로지 간귀(奸宄)를 징계할 수 없을 뿐 아니라 선량
<small>여천　여명</small>
(善良)한 이를 유혹할까 두렵습니다. 엎드려 바라건대 율대로 시행하소서.'

명해 말했다.

"나는 여권에 대해 조금도 사은(私恩)이 없다. 다만 잠저(潛邸)에 있을 때 여권과 더불어 대문을 마주하고 생장(生長)했으므로 차마 이를 죽일 수 없다. 더는 감히 말하지 말라."

○ 또 소를 올려 말했다.

'『서경(書經)』에 이르기를 '다섯 가지 허물[五過]의 병폐는, 옥사에
<small>오과</small>
친분을 통해 청탁하거나 처결에 은혜와 원수를 갚는 것'⁷이라고 했으니, 형벌(刑罰)을 사용할 때는 비단 청단(聽斷)을 밝게 해야 할 뿐

6　양반이라는 뜻이다.
7　『서경』「주서(周書)·여형(呂刑)」에서는 "다섯 허물의 병폐는 관권(官權)을 쓰고, 처결에 은혜나 원수를 갚고, 집안사람을 이용해 옥관과 내통하고, 뇌물을 쓰고, 친분을 통해 청탁하는 것"이라고 했다.

아니라 진실로 간청(干請-청탁)의 행위를 근절하도록 힘써야 마땅합
니다. 전하께서는 위로 다섯 가지 형벌을 다섯 가지로 쓰라는 교훈
[8]을 따르시고 요즈음 시왕(時王)이 반포해 내리신 율을 지켜서 흠휼
(欽恤)하는 마음을 근본으로 삼고 어질고 밝은[仁明] 예감(睿鑑)으
로 비추시니, 옥사(獄辭)의 결단이나 도형(徒刑)·유형(流刑)의 기한
이 인심에 합하지 않음이 없고 율전(律典)에 맞아떨어집니다. 또 유
사(攸司)로 하여금 매 월초(月初)가 되면 수인(囚人)의 이름과 도형·
유형의 액수(額數)를 일일이 갖추고 범죄 사유를 조목별로 써서 실
제 예감(睿鑑)에 품신(稟申)하게 해 때로 사유(赦宥)를 더하시니, 무
고(無辜)하게 체옥(滯獄)하는 죄수나 기한이 넘도록 구류(拘留)하는
억울함이 없습니다. 간혹 대소 신하가 그 척속(戚屬)에게 사사로운
옛 은의(恩誼)를 품어, 옥사(獄辭)가 아직 올라가지도 아니하고 도형
의 기간이 아직 만료되지도 아니한 때에 기회를 틈타서 계달(啓達)
해 사사로운 은혜를 구합니다. 전하께서는 본래 불인지심(不忍之心-
차마 하지 못하는 어진 마음)으로 여러 번 유음(兪音)을 내리시니 간청
(干請)하는 무리가 사사로운 은혜를 갚게 됩니다. 이것이 전하의 호
생지덕(好生之德)에 비록[縱=雖] 손상되는 바가 없다고 할지라도, 그
러나 후세에 내려주는 교훈에서 볼 때 징벌(懲罰)하는 전장(典章)에
해(害)됨이 가볍지 않으니 금지하지 아니할 수 없습니다. 대개 목왕

---

8 『서경』「우서(虞書)·고요모(皐陶謨)」에서 고요가 우(禹)임금에게 묵(墨)·의(劓)·월(刖)·
　궁(宮)·대벽(大辟)의 다섯 가지 형벌을 등급에 따라 알맞게 써야 한다고 훈계한 것을 말
　한다.

(穆王)⁹의 명으로 여후(呂侯)¹⁰가 오히려 형벌의 병폐가 되는 것을 경계한 것은 일찍이 성조(盛朝)라고 이르는 때도 있었습니다. 바라건대 이제부터 대소 신료(大小臣僚) 가운데 만약 사사로이 청탁을 행해 감히 성전(成典)을 허물어뜨리는 자가 있으면 곧 법대로 처치해야 할 것입니다.'

신사일(辛巳日-5일)에 동교(東郊)에 행차해 매사냥[放鷹]을 구경했다.

○ 충청도 도관찰사에게 명해 이거이(李居易)¹¹의 장례(葬禮)에 전(奠)을 베풀었다.

임오일(壬午日-6일)에 동북면 도체찰사(東北面都體察使) 이직(李稷)과 서북면 도체찰사(西北面都體察使) 이천우(李天祐)에게 선온(宣醞)을 내려주었다.

○ 사간원(司諫院)에서 소를 올렸다. 소는 대략 이러했다.

'허물과 재난은 용서하나 끝내 나쁜 짓을 하는 것은 죽이니, 이것은 고금에 형벌을 쓰는 권형(權衡-저울대)이므로 삼가지 않을 수 없습니다. 지금 남궁계(南宮啓)·염치용(廉致庸)·방여권(方與權) 등은

---

9 주(周)나라 임금이다.
10 목왕 때의 사구(司寇)다. 사구란 형벌을 주관하는 관리다. 목왕의 명령으로 하(夏)나라 우(禹)임금 때 만들어진 형법을 수정했는데, 이때 만들어진 법이 여형(呂刑, 또는 보형(甫刑))이다. '여형'은 지금 『서경』의 한 편이다.
11 1412년에 사망했다.

죄를 범해 용서할 수 없는데, 전하께서 모두 말감(末減)에 좇으셨습니다. 신 등은 가만히 생각하건대, 죄가 도형·유형에 해당해 속(贖)을 받는 경우는 진실로 정법(情法)이 가긍하거나 의심스러운 점이 있을 때입니다. 저 치용·여권의 도적질한 장죄(贓罪)와 인장을 위조한 죄는 법률에 기재(記載)되어 있는 바요 인심이 분개·질시(疾視)하는 바입니다. 그리고 계가 천총(天聰)을 기망(欺罔)해 불충(不忠)하고 불경(不敬)한 마음의 그 조짐을 그대로 둔다면, 도적질하는 장죄(贓罪)나 인장을 위조하는 죄에 그치지 않고 못 할 짓이 없을 것입니다. 이들을 징계하지 않으면 상벌(賞罰)에 전장(典章)이 없어질 것이니, 선악(善惡)을 무엇으로 권장하고 저지하겠습니까? 엎드려 바라건대 전하께서는 유사(攸司)에 명해 치용·여권과 계의 죄를 밝게 전형(典刑)대로 바로잡아 뒤에 오는 사람을 징계하도록 하소서.'

따르지 않았다[不從].
부종

○ 사간원(司諫院)에서 남순(南巡)을 정침(停寢-중단하고 유보함)할 것을 청했다. 상이 말했다.

"옛날에 인군(人君)은 순수(巡狩)하는 법이 있었다. 지금 나는 재위(在位) 14년에 국가에 일이 없는 때를 당해 남토(南土)를 순수하는 것도 진실로 의리상 해로움이 없을 것이다."

대간(臺諫)에서 말씀을 올렸다.

"신 등이 가만히 듣건대 지금 행행(行幸-행차)이 (충청도) 유성(儒城)에 그치지 않고 장차 전라도에 이른다고 하니, 이제 벼와 곡식이 밭이랑에 있고 가을갈이가 바야흐로 한창이므로 미편(未便)할까 참으로 두렵습니다."

김여지(金汝知)가 말리며 말했다.

"이는 신 등이 듣지 못했으니 이 말이 어디에서 나왔습니까? 다시 상세히 듣고 아뢰겠습니다."

헌사(憲司)에서 어가(御駕)를 호종(扈從)할 것을 청하니 상이 말했다.

"종자(從者)가 하는 것을 너희들은 반드시 듣게 될 것이다. 만약에 들은 바가 있다면 의당 어가가 돌아오기를 기다렸다가 극언(極言)할 일이다."

계미일(癸未日-7일)에 형조도관(刑曹都官)에서 노비를 중분(中分)해 결절(決絶)할 조목을 아뢰었다.

'하나, 전에 소송한 것 중에서 정축년·무인년에 소장(訴狀)을 올린 것과, 경진년에 오결(誤決)을 정소(呈訴)한 것과, 병술년에 친히 착명(着名)한 것을 갖춰 이미 청리(聽理)했으나 만약 한년(限年-기한 연도)에 정장(呈狀-보고)하지 않았거나 수리(受理)하지 않은 것과, 그중에서 한년(限年)에 정장했는지 정장하지 않았는지를 분석할 수 없는 것 등이 자못 많으니 아울러 중분(中分)하는 것이 어떻겠습니까?

하나, 처음에 도망 노비(逃亡奴婢)라고 정장했다가 나중에 서로 소송하게 된 것은 아울러 중분(中分)하는 것이 어떻겠습니까?

하나, 이달 초1일 이전에 소장(訴狀)을 올렸으나 스스로 전혀 현신(現身)하지 않은 것은 아울러 중분(中分)하는 것이 어떻겠습니까?

하나, 부모 노비(父母奴婢)는 자식의 생몰(生沒)이나 소송 여부를 논하지 않고 고루 나눠주는데, 일이 서로 소송하는 데 간범하게 되면 그 소장 안에 친히 착명(着名)하고 현신(現身)한 수로써 나눠주는 것이 어떻겠습니까?

하나, 노처(奴妻)의 양(良-양민)·천(賤-천인)으로 서로 다투다가 뒤에 소생(所生)한 노비는 다른 상송(相訟)의 예에 의해 중분(中分)하는 것이 어떻겠습니까?

하나, 양쪽이 부당하다고 해 속공(屬公)한 노비나 공처(公處)에 투탁(投託)한 노비를 다투는 자가 자못 많으니, 공(公)과 사(私)에서 중분(中分)하도록 하는 것이 어떻겠습니까?

하나, 적처(嫡妻) 자식과 서첩(庶妾) 자식은 전례에 의해 차등 있게 나누지만, 만약 그 수양(收養)·시양(侍養)[12]의 노비라면 또한 중분(中分)하는 것이 어떻겠습니까?

하나, 자식이 없는 사람의 노비는 4촌에 한해 주는 것이 이미 예가 있으나, 이제 제한된 촌수 이외의 사람이 서로 다투는 것도 다시 분간(分揀)하지 아니하고 아울러 중분(中分)하는 것이 어떻겠습니까?

하나, 간사하고 탐오한 무리가 당시 붙잡아 사환(使喚)시키는 것을 달갑게 여겨 정한 날짜 안에 비록 현신(現身)하고서도 화명(花名-노비의 이름)을 바치지 않고 화명을 사(司)에 바칠 때 숨기고 사실대로 하지 않으며 정한 날짜 안에 현신(現身)하지도 않은 채 화명을 바치는 자 또한 있으니, 아울러 당시 소송하는 자에게 주고 그 화명을 바

---

12 수양(收養)은 양사자(養嗣子)를 할 목적으로 3살 전에 아이를 거둬 키우는 것을 말하고, 시양(侍養)은 양사자를 할 목적이 없이 동성(同姓)·이성(異姓)을 가리지 않고 아이를 거둬 키우는 것을 말한다.

칠 때 숨긴 노비는 속공하는 것이 어떻겠습니까?'

정부에 내려 토의하게 하니 마땅히 아뢴 바대로 해야 한다고 했으므로 그것을 따랐다. 사헌부에서 아뢰었다.

"한년(限年)에 이미 정장한 양천 상송(良賤相訟) 가운데 지금까지 미결(未決)인 것은 전에 판결이 있든지 없든지를 논하지 말고 모조리 사재감(司宰監) 수군(水軍)에 소속시켜서 억울함을 풀어줘야 할 것입니다."

그것을 따랐다.

갑신일(甲申日-8일)에 대호군(大護軍) 이군실(李君實)과 조치(趙菑)를 전라도 임실현(任實縣)에 보내 사냥[畋獵]할 곳을 살펴보았다.
전렵

○ 제주(濟州)에서 말 145필을 바쳤다.

을유일(乙酉日-9일)에 사헌부에서 소를 올렸다. 소는 대략 이러했다.

'거둥[擧動]은 인군(人君)의 대절(大節)이므로 무겁게 하지 않을
거둥
수 없고, 대간(臺諫)은 인주(人主)의 이목(耳目)이므로 잠시라도 떨어질 수 없습니다. 우리 태조가 천운(天運)에 응해 개국(開國)하고 천하에 이르러 예악(禮樂)이 모두 갖춰지니, 조선 만세의 규범이 바로 금일(今日)에 있습니다. (그런데) 수백 리의 먼 곳에 거둥해 10여 일 동안 오래 계시면서 그 시종(侍從)하는 것을 없애 후일에 경거(輕擧-가벼운 거둥)하는 단서를 열겠습니까? 공손히 생각건대, 전하께서는 군세고 밝고 어질고 지혜로움[剛明仁智]이 천성(天性)에서 나와 모든
강명 인지
하시는 일이 그때마다 사리[禮]에 합치하니 대간(臺諫)에서 시종하
예

는 것이 진실로 보익(補益)되는 바가 없을 것입니다. 그러나 후세에서 구실(口實-핑계)을 삼을까 두렵습니다. 올봄에 어가(御駕)가 평주(平州)에 거둥했다가 드디어 해주(海州)로 가면서 대간(臺諫)의 시종(侍從)을 허락하지 않았습니다. 신 등이 가만히 헤아리건대, 대간(臺諫) 1원(員)이 가는 데는 서도(胥徒-아전)·복예(僕隷-종)의 수가 많아야 10인을 넘지 않으니 만승(萬乘)의 행차에 번거롭고 간단한 형세[煩簡之勢]가 10인을 더 보태고 빼는 데에 관계되지는 않습니다. 신 등이 어찌 감히 목전(目前)의 것만을 도모하고 후세(後世)의 염려를 하지 아니하여 지극한 다움[德]에 누를 끼치겠습니까? 엎드려 바라건대, 어가(御駕)를 호종(扈從)하도록 허락하시어 첨시(瞻視-시선)를 존중하고 만세에 규범을 내리소서.'

사간원에서도 소를 올려 어가 호종을 청했으나 모두 들어주지 않았다[不聽].

○ 서연관(書筵官)에서 세자에게 강학(講學)할 사목(事目)을 바쳤다.

'하나, 매일 해가 뜰 때에 세자가 좌당(坐堂)하면 이사(貳師) 이하가 차례를 돌아가며 진강(進講)하는데, 경사(經史)를 3장씩 혹은 2장씩 강(講)해 10차례에 이르고, 오후에도 10차례 혹은 5차례 하고, 또 배운 것을 익히기를 신시(申時)까지 하다가 이에 마칩니다.

하나, 매일 세자가 거둥(擧動)하면 입번(入番)한 우두머리 되는 내관(內官)과 사약(司鑰)이 서연(書筵)과 경승부(敬承府)에 고(告)하는데, 고하지 않으면 대간에서 죄를 청합니다.

하나, 경승부(敬承府)에서 상직(上直)하는 1원(員)과 궁문(宮門) 안에 들어와 숙직(宿直)하는 사약(司鑰)이 반드시 나아가서 고(告)한 뒤에야 문을 여닫습니다.

하나, 숙위(宿衛)하는 법은 의당 좌우전후가 있는데, 경승부(敬承府) 숙위사(宿衛司)로 하여금 각각 1원(員)씩 서북쪽 담장 밖에 나아가서 날을 번갈아 숙위하게 합니다.

하나, 궁(宮)의 담장이 얕고 짧으므로 마땅히 높고 두텁게 개축(改築)해 첨시(瞻視)를 엄하게 합니다.'

대언사(代言司)에서 행행(行幸)할 날이 가까웠다고 해서 아뢰지 않았다.

○ 세자 좌보덕(世子左輔德) 권우(權遇) 등을 불러서 말했다.

"명일(明日) 아침에 세자가 궐문(闕門)에 나올 때 각사에서 수반(隨班)하는 예에 의해 지송(祗送-배웅)하라. 들어와 중궁(中宮)을 보고 관저(官邸)로 돌아가서 학문을 부지런히 닦아 행실을 고친 다음에야 나 또한 보겠다."

병술일(丙戌日-10일)에 상이 인덕궁(仁德宮)에 나아가 행행(行幸)을 고했다.

○ 성석린(成石璘)·조영무(趙英茂)를 불러 직임에 나오라고 명했다. 사헌부에서 석린·영무가 죄인 손흥종(孫興宗)의 노비를 속공(屬公)하지 않았다고 탄핵했기 때문이다.

○ 고 광록 소경(光祿少卿) 이문명(李文命)의 아들 이무창(李茂昌)과 소경(少卿) 여귀진(呂貴眞)의 조카 여간(呂幹) 등이 경사(京師)로 갔다.

○ 경상도 옥천(沃川)·보령(報令)·황간(黃澗)·영동(永同)·청산(靑山)을 충청도에 옮겨 소속시키도록 했다.

정해일(丁亥日-11일)에 충청도 유성(儒城) 온정(溫井)에 행차하니, 세자가 백관(百官)을 거느리고 돈화문(敦化門) 밖에서 지송(祗送)했다. 상이 말했다.

"구릉(丘陵)의 갱감(坑坎-구덩이)에는 모두 신(神)이 있으니, 의당 날마다 제사 지내야겠다."

시녀 상기(侍女上妓) 8인이 수가(隨駕)했다. 매일 먼동이 트는 이른 새벽에 명산대천(名山大川)에 제사 지냈다.

○ 대사헌 윤향(尹向)이 집의(執義) 김효손(金孝孫)·장령(掌令) 유면(兪勉)을 탄핵했다. 향(向)이 두 사람과의 사이가 나빴는데[不協], 효손(孝孫)이 일찍이 정부 사인(舍人)이 되어 죄인 황거정(黃居正)의 처의 노비를 속공(屬公)하지 않았던 것을 칭탁해 탄핵했고 면(勉)은 예빈 소윤(禮賓少尹)이 되었을 때 잘못한 일이 있었다고 탄핵했다.

○ 일본 대내전(大內殿)이 사신을 보내와 토산물을 바쳤다.

신묘일(辛卯日-15일)에 (행차하는) 길옆의 전조(田租)를 면제해주었다. 상이 군사들이 밟아서 손해를 끼칠까 봐 염려한 때문이다.

○ 순성진 병마사(蓴城鎭兵馬使) 이징(李澄)이 사임하니, 대호군(大護軍) 김중균(金仲鈞)으로 대신하게 했다.

○ 충청도·전라도의 축성(築城)을 정지하라고 명했다.

정부에서 말씀을 올렸다.

"전라도·충청도 안에 축성하는 곳이 모두 13군데인데, 이제 대가(大駕)가 순시 왕림(巡視枉臨)하시고 중국에서 변란이 없으니 청컨대 잠정적으로 역사(役事)를 정지하소서."

그것을 따랐다.

○ 내시(內侍)를 보내 (충청도) 진주(鎭州-진천) 태령산(胎靈山)의 신(神)에게 제사 지냈다.

임진일(壬辰日-16일)에 내시(內侍)를 보내 문의(文義) 양성(壤城)의 신에게 제사 지냈다.

○ 충청도·경상도·전라도에 명해 구군(驅軍-몰이꾼)을 뽑아 보내게 했다. 상이 (전라도) 임실현(任實縣) 지방에 금수(禽獸)가 많다는 말을 듣고 순행(巡幸)하고자 해 경상도와 충청도에서 각각 1,000명씩과 전라도에서 2,000명을 본월 24일에 금주(錦州) 남제원(南濟院)에 모이도록 기약했는데[期會], 각각 10일 치의 양식을 싸 오게 했다. 전라도에서는 재인(才人) 화척(禾尺)과 각 진(鎭)의 번상(番上)한 군관(軍官)과 번하(番下)한 시위군(侍衛軍)을 전부 뽑아 보냈다.

계사일(癸巳日-17일)에 어가(御駕)가 공주(公州)의 유성(儒城) 온정(溫井)에 머물렀다[次].

○ 내시(內侍)를 보내 (금강변에 있는) 형각진(荊角津)의 신에게 제사 지냈다.

○ 좌정승 하륜(河崙) 등이 성균관(成均館)에 나아가 여러 유생(儒

生)에게 공궤(供饋-식사 제공)하고 시제(詩題)를 명해 시(詩)를 짓게 했다. 또 식당(食堂)의 터를 상지(相地)했다.

갑오일(甲午日-18일)에 내시(內侍)를 보내 계룡산(鷄龍山)의 신에게 제사 지냈다.

○ 시종(侍從)하는 여러 신하와 군사에게 6일 치 식량을 내려주었다. 쌀과 콩을 차등 있게 아래로 이전(吏典)·복예(僕隷)까지 모두 내려주었다.

○ 완산(完山)의 부로(父老-원로)인 전 전서(典書) 최의(崔嶬) 등 9인이 와서 행궁(行宮)에 알현(謁見)했다.

을미일(乙未日-19일)에 상왕이 금주(衿州-서울 금천) 남양(南陽)에 행차해 매사냥을 하다가 이에 돌아왔다.

○ 형조에서 노비(奴婢)의 계본(啓本)을 올렸다.

'하나, 결절(決折)한 뒤에도 잉집(仍執)한 노비(奴婢)는 결절한 것에 의거해 입안(立案)하여 주되, 그중에서 송사(訟事)를 결절할 때를 당해 간혹 신병(身病)이나 출사(出使)라고 칭하고 함부로 화명(花名)을 써서 서로 소송하는 것은 양쪽에 중분(中分)하는 것이 어떻겠습니까?

하나, 관(官)을 무시하고 거집(據執)한 노비(奴婢)는 강제로 붙잡아 둔 것이 명백하고 사손(使孫)[13]과 전계(傳繼)의 명문(明文)이 분명한

---

13 자녀가 없는 사람의 유산을 그의 조카·종손·삼촌·사촌 중에서 이어받는 사람을 가리

것은 원고(元告) 쪽에 주되, 양쪽의 명문(明文)을 분석(分析)할 수 없는 것은 상송(相訟)한 노비의 예에 의거해 중분(中分)하는 것이 어떻겠습니까?

하나, 도망 노비(逃亡奴婢)를 동종(同宗)의 사손(使孫)과 수양(收養)·시양(侍養) 등이 서로 소송하는 것은 아울러 중분(中分)하는 것이 어떻겠습니까?

하나, 용은 노비(容隱奴婢)[14]는 용은(容隱)의 정상이 명백하고 전계(傳繼)의 명문(明文)이 분명한 것은 원고 쪽에 주되, 동종(同宗)의 사손(使孫)과 수양·시양 등이 서로 소송하는 것은 아울러 중분(中分)하는 것이 어떻겠습니까?'

모두 그것을 따랐다.

병신일(丙申日·20일)에 이천우(李天祐)가 복명(復命)해 아뢰었다.

"안주성(安州城)은 한 도의 가운데 있으니 마땅히 수리해 넓혀야겠습니다."

이어서 매 2련을 바쳤다.

○ 의정부지사(議政府知事) 박자청(朴子靑)이 행재(行在)에 나와서 문안(問安)하고 아뢰어 말했다.

"좌정승 하륜(河崙)이 말하기를 '신이 일찍이 전라도 관찰사를 지냈으므로 임실(任實) 등지를 자세히 일찍부터 알고 있는데, 산이 높

킨다.
14 몰래 숨겨놓은 노비를 말한다.

고 물이 험하고 초목(草木)이 깊고 빽빽하니 청컨대 상께서는 말을 달리지 마소서'라고 했습니다."

상이 말했다.

"말을 달리고 싶지는 않다. 다만 사냥하는 것을 구경할 뿐이다."

조영무(趙英茂)와 호종(扈從)한 제경(諸卿)이 임실의 행차를 정침(停寢-중지)하도록 다시 청해 말했다.

"지금의 사냥은 시기와 장소가 맞지 않습니다. 또 백성으로 하여금 가시나무를 베게 해 사냥하는데, 사서(史書)에 반드시 쓸 것이니 후세에서 어떻게 생각하겠습니까?"

상이 말했다.

"불을 태워서 사냥하는 일은 옛날에도 있었다. 지금 백성을 시켜서 가시나무를 베게 하는 것은 나도 실로 부끄러워한다. 수(隋)나라 양제(煬帝)는 운하[渠]를 파고 겨울철에 오색비단을 가위질해 꽃을 만들었는데, 내가 가시나무를 베게 하는 일이 수나라와 무엇이 다르겠는가!"

또 말했다.

"경 등이 이번 행차를 파하자고 청하니 명일(明日) 마땅히 돌아가겠다. 공억(供億-음식 공급)이 미칠 수 있겠느냐?"

정부에서 감사에게 물어보는 것이 마땅하다고 하니, 감사 허지(許遲)가 아뢰었다.

"신이 일찍이 거가(車駕)가 장차 전라도로 향하리라는 말을 들었기 때문에 공억(供億)을 모두 남쪽 고을에 준비해두었습니다. 만약 다시 북도(北道)에 판비(辦備)하게 한다면 제때에 미치기가 어렵겠습니다."

김여지(金汝知)가 임금의 뜻을 맞추어[奉迎] 또 말했다.
_{봉영}

"그 밖의 공억(供億) 준비는 쉽게 혹은 간단히 마련됩니다만, 장막
(帳幕)은 이미 진주(珍州)에 보냈으니 옮겨 설치할 수 없겠습니다."

상이 정부에 일러 말했다.

"옛날의 현주(賢主)는 간(諫)하는 것을 듣고 그만둔 자가 많았다.
이제 내가 비록 본심(本心)이 아니나 감히 면종(勉從-힘써 따름)하지
못하는 것은, 감사가 공억(供億)을 제때에 미치지 못한다고 하니 어
떻게 하겠는가?"

드디어 임실로 향했다. 애초에 조영무(趙英茂) 등이 말씀을 올
렸다.

"신 등이 듣건대 장차 임실에 행차한다고 하니 불가(不可)한 줄로
생각합니다. 처음에 상체(上體)가 미령(未寧)하다고 해 이번 온정(溫
井)의 행차가 있게 된 것인데, 만약에 드디어 임실에 행차해 사냥하
게 된다면 사람들이 장차 말하기를 '온정에서 탕치(湯治)하기 위한
것이 아니라 실은 놀이하고 사냥하기 위한 것'이라고 할 것이니 무
엇으로 백성에게 신(信)을 보이겠습니까? 또 임실의 산천이 험조(險
阻)하니 말을 달려 사냥하다가 넘어져 쓰러질 염려가 있을까 두렵습
니다. 신 등이 또 듣건대, 사람을 임실에 먼저 보내 말을 달릴 강무
장(講武場)에 초목(草木)을 베어내 불태우게 했다고 하니 숲을 불태
우고 사냥하는 것은 옛 성현(聖賢)도 경계한 바요 후세에 비난을 끼
칠까 두렵습니다."

상이 말했다.

"임실의 행차는 지금도 미정이다. 그러나 사람들이 거리가 이틀 정도(程道)이고 고라니와 사슴이 무리를 이룬다고 하니, 말을 머물러 사냥하는 것을 구경하기에는 이만한 곳이 없다. 가서 구경하고자 할 따름이다. 초목을 베어서 불태운 일은 나는 알지 못한다."

영무(英茂) 등이 말씀을 올렸다.

"순성(尊城)에 행차해 친히 예감(睿鑑)을 내리어 운하[漕渠]를 뚫을지의 편부를 정하시고 드디어 이웃 고을에서 사냥하고 돌아온다면, 사람들의 간언(間言-비방하는 말)이 없을 것이요 사책(史冊)에도 빛남이 있을 것입니다. 전조(前朝) 충렬왕(忠烈王)이 김해부(金海府)에 거둥해 시중(侍中) 김방경(金方慶)의 동정(東征)하는 행차[15]를 전별(餞別)했는데, 이를 명분이 없다고 이를 수는 없습니다. (그런데) 지금 임실의 행차는 무슨 명분이 있습니까?"

상이 말했다.

"지금 무사한 때를 당해 나라의 임금이 한 번 나가서 놀이하고 사냥하는 것이 무엇이 해롭겠는가?"

○ 사역원(司譯院) 사인(舍人) 임의(林義)에게 명해 광동(廣東) 해남위(海南衛) 애주(崖州) 사람 유관보(劉官保)와 그 처 등 2명을 요동(遼東)으로 압송(押送)하게 했다. 관보(官保) 등이 일찍이 왜구(倭寇)의 포로가 돼 해도(海島)에 버려졌는데, 비인현(庇仁縣) 사람이 보고 거둬 왔으므로 충청도 관찰사가 보고했던 것이다.

---

15 고려 충렬왕(忠烈王) 때 고려와 원(元)나라의 연합군이 일본(日本)을 정벌하러 간 일을 말한다. 고려 김방경(金方慶)과 원의 흔도(忻都) 등이 1274년과 1281년 2차에 걸쳐 원정했으나 모두 태풍으로 실패했다.

○ 사헌부에서 소를 올렸다. 소는 이러했다.

'정부에서 수교(受敎)하기를 "계사년 9월 초1일 이전에 상송(相訟)한 노비는 아울러 중분(中分)해 결급(決給)하도록 하라"라고 했는데, 송사가 간단하고 억울함을 풀어주는 방법은 이보다 좋은 것이 없습니다. 다만 형조도관(刑曹都官)에서 수교(受敎)한 조건(條件) 안에 미진(未盡)한 것이 있는 것 같습니다.

하나, 이미 소장(訴狀)을 올린 것 가운데 한년(限年)에 정장(呈狀)한 것인지 정장하지 않은 것인지를 분석(分析)하지 못하는 것이 자못 많은데, 이 또한 중분(中分)하도록 했습니다. 신 등이 간절히 생각건대, 한년에 정장하고 정장하지 않은 시기는 천근(淺近)하므로 쉽게 알 수 있으나, 중분(中分)의 법은 실로 사송(詞訟)을 간단히 하려는 지극한 생각에서 나왔습니다. 한년의 금지는 이미 성조(聖祖)의 아름다운 법전에 기재되어 있는데, 만약 아울러 한년에 정장하지 않은 것 또한 중분(中分)하도록 한다면 오로지 이뤄진 법[成憲]을 다시 고_{성헌}칠 뿐 아니라 마침내 족히 송사(訟事)를 번거롭게 할 것입니다. 빌건대 한년에 정장하고 정장하지 않은 것을 정밀히 분변(分辨)을 더해 법식대로 시행하되, 그 정상에 애매한 점이 있는 자는 한년에 정장하지 않았다고 해 중분(中分)하기를 허락하지 않으면 거의 법을 세운 본의(本意)에 어그러지지 않을 것입니다.

하나, 9월 초1일 이전에 소장(訴狀)을 올리고 전혀 현신(現身)하지 않거나 대론(對論-대질)하지 않는 것도 아울러 중분(中分)하는 것을 허락했습니다. 신 등이 간절히 생각건대, 각기 소견을 고집해 관(官)에 서로 소송해서 세월을 신근(辛勤-힘들게 보냄)하는 것은 중분(中

分)을 받는 것이 가합니다. 그 병술년에 친히 착명(着名)한 이후 금년 9월 이전까지 전혀 현신(現身)하지 않거나 대론(對論)하지 않은 것은 혹은 스스로 반성함이 있으나 물러서지 않은 것인데, 원고(元告)가 즐겨 현신(現身)하지 않고 피고(被告)가 감히 대론(對論)하지 않는 것은 혹은 비밀리에 사기(事機)를 엿보자는 것입니다. 지난달 20일 이후에 급작스레 정장한 것은 이 같은 무리가 혹은 이미 마음에 없거나 기회를 틈타 전득(傳得)하고자 힘쓰는 것이니, 긍휼히 여길 일이 못 됩니다. 거론(擧論)하기를 허락하지 말아서 요행을 바라는 폐단을 근절시키고 사송(詞訟)을 간단히 해야 할 것입니다. 신 등이 또 가만히 스스로 생각건대, 중분(中分)의 법은 비록 잘잘못을 묻지 않는다고 하나, 문계(文契)를 위조(僞造)하는 것은 간악(奸惡)함이 매우 심하므로 선한 것을 상주고 죄악을 징벌하는 도리가 아닙니다. 빌건대 관문(官文)이나 사권(私券)을 위조한 것이 정상이 드러나고 사실이 명백하니, 문안(文案)이 이미 이뤄진 것은 모조리 죄에 연좌하도록 하고 중분(中分)하기를 허락하지 마소서.'

그것을 따랐다. 다만[唯] 9월 초1일 이전에 정장하고 전혀 현신(現
유
身)하지 않거나 대론(對論)하지 않는 것은 도관(都官)에서 수교(受敎)한 것에 의거해 시행하게 했다.

무술일(戊戌日·22일)에 어가(御駕)가 온정(溫井)을 출발해 전라도 진주(珍州) 원산(猿山)의 들판에 머물렀다. 상이 태조(太祖)의 태산(胎山)을 바라보고 말했다.

"태실(胎室)에 봉사(奉祀)하는 것은 비록 옛 의례(儀禮)가 없다고 하나, 마땅히 지나가는 산천(山川)에 예로 제사 지내는 것을 의방(依倣-모방)해야 할 것이다."

내시(內侍)를 보내 태조의 태실에 제사 지냈다. 시종(侍從)한 여러 신하와 군사들에게 4일 식량을 차등 있게 내려주었다. 3도(三道)의 구군(驅軍)이 모두 이곳에 모였다.

○ 전라도 도찰관사 조원(趙源), 완산부윤(完山府尹) 신극공(辛克恭), 남원부판사(南原府判事) 변이(邊頤) 등이 행궁(行宮)에 알현(謁見)했다.

경자일(庚子日-24일)에 이리 1마리, 사슴 1마리를 쏘았다.

○ 병조판서 이숙번(李叔蕃)에게 내구마(內廐馬-대궐 마구간에서 기른 말) 1필을 내려주었다.

신축일(辛丑日-25일)에 중관(中官)을 보내 성비전(誠妃殿)과 상왕전(上王殿)에 날짐승을 바치고 이어 정부에도 내려주었다.

○ 내시(內侍)를 보내 용담현(龍潭縣) 용연(龍淵)과 주솔산(珠崒山)의 신에게 제사 지냈다. 상이 완산부(完山府)에서 장차 결채(結綵)하고 나례(儺禮)해 어가를 맞이한다는 말을 듣고 이를 파하라고 명했다.

임인일(壬寅日-26일)에 사자를 보내 마이산(馬耳山)의 신에게 제사 지냈다.

계묘일(癸卯日-27일)에 어가(御駕)가 임실현(任實縣) 오원역(烏原驛) 남교(南郊)에 머물렀다. 이달 보름 이후부터 아침마다 짙은 안개가 끼어 기후가 이상(異常)하더니, 이날 아침에 이르자 안개가 사방에 끼어 지척지간(咫尺之間)에서도 사람과 말을 분변(分辨)할 수 없었다. 더욱이 산길이 험하고 좁아서 잘못하면 서로 짓밟게 되니, 상이 이 때문에 말고삐를 잡고 높은 언덕에 올라가 치중(輜重-무거운 짐을 실은 마차)이 다 출발하기를 기다렸다가 뒤이어 행차했다.

○ 완산장교(完山將校) 이말충(李末沖)이 무재(武才)가 있었다. 이군실(李君實)이 먼저 임실(任實)에 도착해 사냥할 곳을 살피니, 이때 말충이 그 일을 잘 준비해놓았다. 군실(君實)이 상에게 천거하니 상이 말했다.

"완산(完山)은 고향이다. 향역(鄕役)을 면제하도록 해 위사(衛士)에 충당하라."

갑진일(甲辰日-28일)에 경상도와 충청도의 구군(驅軍)을 놓아주라고 명했다. 뜻을 전해 말했다.

"순제(蓴堤)를 두루 보는 것이 본래의 뜻이었으나, 이제 사람과 말이 모두 피곤하니 곧은길을 따라서 서울로 돌아가고 싶다. 숙차(宿次-임금 일행이 숙박하는 것)할 곳을 의당 고쳐서 분치(分置)하라. 만약 순제(蓴堤)의 일이라면 오는 봄을 기다려도 늦지 않을 것이다. 마땅히 그 역사를 파하도록 하라."

을사일(乙巳日-29일)에 전라도 병마 도절제사(全羅道兵馬都節制使)

마천목(馬天牧)과 수군 도절제사(水軍都節制使) 홍유룡(洪有龍)에게 말을 각각 1필씩 내려주었다.

○ 상주도 병마 도절제사(尙州道兵馬都節制使) 조비형(曹備衡)이 사람을 보내 말을 1필 바쳤다.

○ 호조판서 박신(朴信)에게 명해 직임에 나아오게 했다. 애초에 신(信)이 6월 28일에 취각(吹角)할 때 본조에 앉아서 탔던 말을 사복시(司僕寺)에서 치료해주도록 청하고, 내구마(內廐馬)를 빌려 타고 예궐(詣闕)했다. 상이 이를 알고 좌우(左右-근신)에게 명해 말했다.

"드러내지 말라. 내가 마땅히 처리하겠다."

얼마 후에 사복관(司僕官) 홍리(洪理) 등의 직임을 파했다. 이때에 이르러 일이 발각되니, 사간원에서 이를 탄핵했기 때문에 이러한 명이 있었다. 사간원에서 또 소를 올려 죄를 청했으나 논하지 말라고 명했다.

丁丑朔 立奴婢中分法. 上御便殿 引見河崙等曰: "國初 太祖惡
정축 삭 입 노비중분법 상 어 편전 인견 하륜 등왈 국초 태조 오

訟者之煩 其所訟奴婢 許於時得者給之. 今問於都官 曰: '訟者率
송자 지 번 기 소송 노비 허어 시득 자 급지 금 문어 도관 왈 송자 솔

二千人.' 予以爲若於時得者給之 則一人必怨矣 若中分以給兩人 則
이천 인 여 이위 약어 시득 자 급지 즉 일인 필 원의 약 중분 이급 양인 즉

本是同宗 必無大怨. 大抵骨肉相殘 職此之由 爲之奈何?" 僉曰:
본시 동종 필무 대원 대저 골육상잔 직차지유 위지 내하 첨왈

"此天誘上衷也. 此法一行 則相訟之人 明日必相笑語." 上曰: "卿
차 천유 상충 야 차법 일행 즉 상송 지인 명일 필 상 소어 상왈 경

等若以爲是 則當速行之. 中外所訟 宜以今日爲限." 政府上啓本
등 약 이위 시 즉 당 속행지 중외 소송 의이 금일 위한 정부 상 계본

曰: "奴婢爭訟 累年未畢 以致骨肉相殘 風俗不美. 今九月初一日
왈 노비 쟁송 누년 미필 이치 골육상잔 풍속 불미 금 구월 초일일

以前中外相訟事 兩邊中分決給. 若訟者一邊數多 一邊數小者 以
이전 중외 상송 사 양변 중분 결급 약 송자 일변 수다 일변 수소 자 이

人數分給; 奴婢數小 未得中分者 將後所生充給 强壯老弱和會執籌
인수 분급 노비 수소 미득 중분 자 장후 소생 충급 강장 노약 화회 집주

中分. 限以京中十月 外方十二月 畢分給." 從之.
중분 한 이 경중 십월 외방 십이월 필 분급 종지

召世子賓客韓尙敬等仕書筵. 命曰: "世子廢學日久 予不忍視.
소 세자빈객 한상경 등 사 서연 명왈 세자 폐학 일구 여 불인 시

更宜努力敎之. 若又不改 則復誰怨哉!" 又召判敬承府事李之崇等
갱 의 노력 교지 약 우 불개 즉 부 수원 재 우 소 판경승부사 이지숭 등

曰: "世子宮中之事 今後有一違誤 當以法論 其知之."
왈 세자궁 중지사 금후 유일 위오 당 이법 론 기 지지

命禁鐵原 平康等處私獵.
명금 철원 평강 등처 사렵

議政府議號牌之法以聞:
의정부 의 호패 지법 이문

'一曰形制. 長三寸七分 廣一寸三分 厚二分 上圓下方. 二品以上
일왈 형제 장 삼촌 칠분 광 일촌 삼분 후 이분 상원 하방 이품 이상

用象牙 代用鹿角 唯於詣闕用之; 四品以上用鹿角 代用黃楊木;
용 상아 대용 녹각 유어 예궐 용지 사품 이상 용 녹각 대용 황양 목

五品以下用黃楊木 代資作木; 七品以下用資作木. 上得以用下 下
오품 이하 용 황양 목 대 자작 목 칠품 이하 용 자작 목 상 득이 용하 하

不得用下. 庶人以下用雜木. 京中漢城府 外方各界首官掌之 令
부득 용하 서인 이하 용 잡목 경중 한성부 외방 각 계수관 장지 영

本人作牌納訖 方許著印 其不能自作者 許納木 令工匠造給. 二日
본인 작패 납 흘 방 허 저인 기 불능 자작 자 허 납목 영 공장 조급 이일

面書. 二品以上書某官 時散同. 顯官三品以下書某官; 散官三品
면서 이품 이상 서 모관 시산 동 현관 삼품 이하 서 모관 산관 삼품

以下 書某官姓名某處某里. 庶人亦同 但加面某色鬚有無. 軍官
이하 서 모관 성명 모처 모리 서인 역동 단 가면 모색 염 유무 군관

不拘職次 竝書某軍某牌屬 身長幾尺幾寸 時散皆同. 雜色人 書某
불구 직차 병서 모군 모패 속 신장 기척 기촌 시산 개동 잡색 인 서모

役人 某處奴 某戶奴 年幾 居某處某里 面某色鬚有無 身幾尺幾寸
역인 모처 노 모호 노 연기 거 모처 모리 면 모색 염 유무 신 기척 기촌

皆著火印 顯官免著印. 三日號令. 來十月初一日出令通諭 十一日
개 저 화인 현관 면 저인 삼일 호령 내 십월 초일일 출령 통유 십일 일

始 以次造給 至十二月初一日給訖. 如有不納受者 從重論罪 其限
시 이차 조급 지 십이월 초일일 급 흘 여유 불 납수 자 종중 논죄 기한

日以後 不受牌者 許人陳告 依制書有違律論罪 如有借用與許借
일 이후 불 수패 자 허인 진고 의 제서유위율 논죄 여유 차용 여 허차

者 各減二等 流移者減一等. 里長守令不能考察還本者 各減二等;
자 각 감이등 유이 자 감 일등 이장 수령 불능 고찰 환본 자 각 감이등

關津官吏任過無牌者 亦減二等. 僞造者 以僞造寶鈔律論罪; 遺失
관진 관리 임과 무패 자 역감 이등 위조 자 이 위조 보초 율 논죄 유실

者 依不應爲決笞改給; 忘置者亦以不應爲決笞; 年七十以上十歲
자 의 불응 위 결태 개급 망치 자 역 이 불응 위 결태 연 칠십 이상 십세

以下 勿論.'
이하 물론

從之.
종지

忠淸道都觀察使李安愚 上時務數條 上嘉納 下議政府議得:
충청도 도관찰사 이안우 상 시무 수조 상 가납 하 의정부 의득

'一 凡防禦之法 水戰陸守 不可偏廢. 道內五十五州元定船軍之
일 범 방어 지법 수전 육수 불가 편폐 도내 오십오 주 원정 선군 지

數 五千五百三十七名 侍衛軍二千七百五十四名 各成軍籍 水陸之
수 오천 오백 삼십 칠명 시위군 이천 칠백 오십 사명 각성 군적 수륙 지

備 可謂無缺矣. 前日加定船軍一千三百七十七名 盡取沿海侍衛軍
비 가위 무결 의 전일 가정 선군 일천 삼백 칠십 칠명 진취 연해 시위군

充騎 儻有倭寇瞰其無船處 突入於陸 則將何軍以制之? 且船軍
충기　당유　왜구　감기　무선　처　돌입　어륙　즉장　하군　이제지　차　선군

則非但取射御之能 陸物諸緣營田煮鹽之役 靡所不爲. 今者充騎
즉　비단　취　사어　지능　육물　제연　영전　자염　지역　미　소불위　금자　충기

侍衛軍內 曾經顯職者及兩府子孫 皆屬焉 不唯不勝其役 本朝尊卑
시위군　내　증경　현직　자급　양부　자손　개　속언　불유　불승　기역　본조　존비

有等 於承襲門蔭之法 不無憾焉. 臣謂海邊各官加定船軍內 擇其
유등　어　승습　문음　지법　불무　감언　신위　해변　각관　가정　선군　내　택기

可當侍衛者作牌 定屬陸軍; 各官侍衛內 擇其當船軍者定屬 則沿海
가당　시위　자작패　정속　육군　각관　시위　내　택기　당　선군　자정속　즉　연해

陸地 防禦兩全 有蔭子孫 亦無怨咨.'
육지　방어　양전　유음　자손　역무　원자

"右條 宜一依所啓."
우조　의일의　소계

'一 道內程途距京伊邇 故人之有奴婢家計豐實者 謀避外方之役
일　도내　정도　거경　이이　고인지유　노비　가계　풍실　자　모피　외방　지역

求屬無受田京牌 只應春秋親點 退居田庄者頗多. 願令上項人 差定
구속　무　수전　경패　지응　춘추　친점　퇴거　전장　자　파다　원령　상항　인　차정

其鄉軍役.'
기향　군역

"右條 京中戶籍 付有漢城府明文外 一依所啓."
우조　경중　호적　부유　한성부　명문　외　일의　소계

'一 曾降敎旨 公私賤口良女相奸 一皆禁斷 其犯令者 許人陳告
일　증강　교지　공사　천구　양녀　상간　일개　금단　기　범령　자　허인　진고

照律論罪 徵布二百匹; 告人充賞 勒令離異; 相奸男女及所生 竝皆
조율　논죄　징포　이백　필　고인　충상　늑령　이이　상간　남녀　급　소생　병개

屬公; 本主不知情者 勿論. 今道內公私賤口 犯奸良女者頗多 其奴
속공　본주　부　지정　자　물론　금　도내　공사　천구　범간　양녀　자　파다　기노

則以本主不知情 皆免屬公 而良女則擧爲官賤. 臣謂是則破東補西.
즉　이　본주　부　지정　개면　속공　이　양녀　즉　거위　관천　신위　시즉　파동　보서

其子孫世爲賤役 則豈公私之異乎? 願立法度 一皆禁斷 其有犯者
기　자손　세위　천역　즉　기　공사　지이　호　원립　법도　일개　금단　기　유범　자

依敎施行 勿令其女 永爲公賤 若重犯恣行者 依前朝例 徒役三年
의교　시행　물령　기녀　영위　공천　약　중범　자행　자　의　전조　례　도역　삼년

然後放還其家 亦足懲也.'
연후　방환　기가　역　족징　야

"右條 一依所啓."
우조　일의　소계

'一 嫡庶之分 如天建地設 不可紊也. 然人情惑於庶妾 輕棄嫡妻
일　적서　지분　여　천건지설　불가　문야　연　인정　혹어　서첩　경기　적처

不慮子孫承重者 恒多有之. 道內洪州人故典書李坡 初娶李氏 生子
불려 자손 승중 자 항 다유지 도내 홍주 인고 전서 이파 초취 이씨 생자

詳. 詳年壯就學 中進士 生子五人. 坡乃棄李氏 惑於故崔有龍之妾
상 상연장 취학 중진사 생자오인 파내기이씨 혹어 고 최유룡 지첩

麻加女 使詳不得接踵於門 反於麻加女前夫之子漵與漵之女寶俙
마가녀 사상부득 접종 어문 반어 마가녀 전부 지자 지서 여서 지녀 보대

給奴婢三口 又於收養三寸 濟州牧使尹臨 給奴婢二十四口與家舍
급 노비 삼구 우어 수양 삼촌 제주목사 윤림 급 노비 이십사 구여 가사

錢物土田 皆坡手筆文契也. 辛巳秋 坡歿 詳以承重嫡子居廬 臨只
전물 토전 개파 수필 문계 야 신사 추 파몰 상이 승중 적자 거려 임지

留所得奴婢十口 其餘奴婢家舍土田器皿 盡還於詳. 詳終制 然後執
유 소득 노비 십구 기여 노비 가사 토전 기명 진환 어상 상종제 연후 집

寶俙所得婢萬香使喚 漵訟于官幾三年 官吏拘於坡之文契 奪萬香
보대 소득 비 만향 사환 서송 우관 기 삼년 관리 구어 파지 문계 탈 만향

還給寶俙. 詳更訴 猶未決也. 臣謂宜收漵與寶俙冒得奴婢 還給
환급 보대 상 갱소 유미결 야 신위 의수 서여 보대 모득 노비 환급

於詳. 世之人輕嫡惑妾 以成如此之弊者 容或有之 願令攸司 詳覈
어상 세지인 경적 혹첩 이성 여차 지폐자 용혹 유지 원령 유사 상핵

其實 不拘文契 取旨決正 以勵風俗.'
기실 불구 문계 취지 결정 이려 풍속

"右條 不用父母文契 則將有不肯盡孝之弊 依前從文契決正. 若
우조 불용 부모 문계 즉장유 불긍 진효 지폐 의전종 문계 결정 약

臨則以收養有文契 傳得奴婢財物 還給其子 其義可尙 宜加資
임 즉이 수양 유문계 전득 노비 재물 환급 기자 기의 가상 의 가자

勸後."
권후

'一 外方州縣 於屯田魚鹽之利 刑決笞杖之贖 未能擅用 官無
일 외방 주현 어 둔전 어염 지리 형결 태장 지속 미능 천용 관무

所需. 前年又下歲貢楮貨之令 隨州郡大小 所納之數 各有等差 多
소수 전년 우하 세공 저화 지령 수 주군 대소 소납 지수 각유 등차 다

至五百張. 今當收納之際 爭相受決 乞除歲貢 以慰民望.'
지 오백장 금당 수납 지제 쟁상 수결 걸제 세공 이위 민망

"右條 仍舊."
우조 잉구

議政府啓曰: "自京畿至義州各驛 均是使臣所歷之處. 自延曙至
의정부 계왈 자 경기 지 의주 각역 균시 사신 소력 지처 자 연서 지

招賢 自西北面生陽至義順 皆稱驛丞 獨金郊至豊海道敬天 稱察訪
초현 자 서북면 생양 지 의순 개칭 역승 독 금교 지 풍해도 경천 칭 찰방

未便. 乞竝稱丞 使監司考察." 從之.
미편 걸 병칭 승 사 감사 고찰 종지

戊寅 幸東郊觀放鷹.
무인 행 동교 관 방응

己卯 修學宮. 禮曹判書黃喜啓曰: "成均館東西齋狹隘 學徒頗多
기묘 수 학궁 예조판서 황희 계왈 성균관 동 서재 협애 학도 파다

患病. 請改修治 且營食堂." 從之.
환병 청개 수치 차 영 식당 종지

司憲府大司憲尹向等上疏. 疏略曰:
사헌부 대사헌 윤향 등 상소 소 약왈

'臣元桂 和等 旣是宗室支派 其子孫 乃與王子王孫 竝列
신 원계 화등 기시 종실 지파 기 자손 내여 왕자 왕손 병렬

于位 無所分別 不唯貴賤無等 已嘗開具以聞. 前月十九日 授之崇
우위 무 소분별 불유 귀천 무등 이상 개구 이문 전월 십구 일 수 지숭

判敬承府事 李澄尊城鎭 興發長淵鎭兵馬使. 臣等竊聞 爲國以禮
판경승부사 이징 순성진 흥발 장연진 병마사 신등 절문 위국 이례

禮莫先於別尊卑辨貴賤. 名不可亂 分不可犯 天地之常經 古今之
예 막선 어별 존비 변 귀천 명 불가 난 분 불가 범 천지 지 상경 고금 지

通義 非一時之所得私也. 且署告身之法 雖在下士 尙且辨族屬分
통의 비 일시 지 소득사 야 차 서 고신 지법 수재 하사 상차 변 족속 분

嫡庶 以淸士流. 況之崇等分派天潢而流且不澄者乎? 殿下以納汚
적서 이청 사류 황 지숭 등 분파 천황 이유 차 부징 자호 전하 이 납오

之量 親愛之恩 尊寵之 致使孼芽之賤 上雜金枝之貴. 臣等職在
지량 친애 지은 존총 지 치사 얼아 지천 상잡 금지 지귀 신등 직재

憲司 何敢屈法伸恩 以毀國章 以累朝廷哉? 澄及興發 當國有虞
헌사 하감 굴법 신은 이훼 국장 이누 조정 재 징급 흥발 당국 유우

出戍邊疆 姑且署其告身 之崇官崇位顯 實踰其分 又非二人之比 其
출수 변강 고차 서기 고신 지숭 관숭 위현 실유 기분 우비 이인 지비 기

告身何敢署過? 伏望上裁.'
고신 하감 서과 복망 상재

上曰: "署告身之法 至如此 則當復其舊." 又疏曰:
상왈 서 고신 지법 지여차 즉당 복 기구 우 소왈

'臣等竊惟 前朝之季 紀綱之靡 由於私田. 我太祖在潛邸 建議
신등 절유 전조 지계 기강 지미 유어 사전 아 태조 재 잠저 건의

革弊 以絶兼幷 而民氣乃蘇 國用以贍 吾東方千萬世生民之樂利
혁폐 이절 겸병 이 민기 내소 국용 이섬 오 동방 천만세 생민 지 낙리

實賴田制之歸正也. 肇國之始 仁智之臣 忠義之士 翼戴協贊者 功
실 뢰 전제 지 귀정 야 조국 지시 인지 지신 충의 지사 익대 협찬 자 공

不止一時 庶將與社稷爲終始 則報功之典 至有土田之賞 而俾之
부지 일시 서장 여 사직 위 종시 즉 보공 지전 지유 토전 지상 이 비지

世食; 繼而定社佐命功臣 竝皆有田. 殿下亦令世傳 刊之六典 優示
세식 계이 정사 좌명 공신 병개 유전 전하 역령 세전 간지 육전 우시

無窮 誠以定社佐命之勳 不降於開國 而萬世所賴而不忘者也. 若
무궁 성이 정사 좌명 지훈 불강 어 개국 이 만세 소뢰 이 불망 자야 약

元從功臣 則其侍從勳舊 誠宜重賞 然生則坐享公田之入 死則子孫
원종공신 즉 기 시종 훈구 성의 중상 연생즉 좌향 공전 지입 사즉 자손

承有罪之恩 勳勞之報 可謂至矣. 其他一時之田 稱爲別賜者 田數
승 유죄 지은 훈로 지보 가위 지의 기타 일시 지전 칭위 별사 자 전수

亦多 而今皆在世傳之例. 夫以田報功之法雖美 以本朝有限之田
역다 이금 개재 세전 지례 부 이전 보공 지법 수미 이 본조 유한 지전

亦皆世傳 則事非可傳於後世 而恐土田之有不贍也. 且以一時之功
역개 세전 즉 사비 가전 어 후세 이공 토전 지유 불섬 야 차이 일시 지공

得與三功臣之例 同蒙世傳之賜 則大小之功 輕重之賞 亦奚辨哉?
득여 삼공신 지례 동몽 세전 지사 즉 대소 지공 경중 지상 역해변재

況此三功臣外 功臣別賜田 勿令世食 政府已嘗啓達蒙允 頒之中外
황차 삼공신 외 공신 별사전 물령 세식 정부 이상 계달 몽윤 반지 중외

以爲成典 今復有命曰: "賜牌有子孫相傳之文 許令世傳." 臣等謂輕
이위 성전 금부 유명 왈 사패 유 자손 상전 지문 허령 세전 신등 위경

自更改 非美事也. 若是則前朝私田之弊 復起於此 將見太祖之良法
자 갱개 비 미사 야 약시 즉 전조 사전 지폐 부기 어차 장견 태조 지 양법

美意 曾不數世而已掃地矣. 伏望除三功臣外 將元從功臣別賜田 依
미의 증불 수세 이이 소지 의 복망 제 삼공신 외 장 원종공신 별사전 의

議政府受敎 勿許世傳 以垂永世之典. 至若回軍功臣 則特擧義於
의정부 수교 물허 세전 이수 영세 지전 지약 회군 공신 즉 특 거의 어

攻遼之役耳 非關於國家也. 以此稱功 已非傳信於後世 其所受之田
공요 지역 이 비 관어 국가 야 이차 칭공 이비 전신 어 후세 기 소수 지전

不惟不當世傳 亦不可使之安然坐食也. 乞將此田 以充國用 永除
불유 부당 세전 역불가 사지 안연 좌식 야 걸장 차전 이충 국용 영제

無名之賞.'
무명 지상

下政府擬議.
하 정부 의의

又疏請方與權之罪. 其略曰:
우 소청 방여권 지죄 기 약왈

'日者 刑曹斷與權僞造印信之獄 啓聞請罪 律應處斬 命令未減
일자 형조 단 여권 위조 인신 지옥 계문 청죄 율응 처참 명령 말감

施行. 斯乃聖上好生之念 出於至誠 自有不能已者. 臣等竊謂與權
시행 사내 성상 호생 지념 출어 지성 자유 불능 이자 신등 절위 여권

以衣冠之裔 讀書從仕 歷揚六曹 事之是非 非不審也; 家傳財産
이 의관 지예 독서 종사 역양 육조 사지 시비 비불 심야 가전 재산

臧獲 非迫於飢寒明矣 而乃務得不厭 陰運詭計 以至僞模印迹 其在
장획 비 박어 기한 명의 이내 무득 불염 음운 궤계 이지 위모 인적 기재

明時 所當惡而痛絶之也. 若令此人 苟存餘喘 則不唯奸宄無懲 亦
恐流惑善良 伏望如律施行.'

命曰: "予於與權 略無私恩 第在潛邸 與權對門生長 不忍殺之
毋復敢言."

又疏曰:

'書曰: "五過之疵 惟來惟反" 則刑罰之用 不徒聽斷之明允 當
務絶干請之行也. 殿下上遵五刑五用之訓 近守時王頒降之律 本之
以欽恤之心 燭之以仁明之鑑 獄辭之斷 徒流之限 無不協之人心 孚
諸律典. 且令攸司 每當月初 開具囚人之名 徒流之額 條敍罪由 實
稟睿鑑 時加赦宥 無有非辜滯獄之囚 過限拘留之冤也. 間有大小
之臣 懷其屬戚恩舊之私 當獄辭之未上 徒期之未滿 乘機啓達 以干
私惠. 殿下素以不忍之心 屢賜兪音 干請之徒 得遂私惠之售 是於
殿下好生之德 縱無傷也 然於垂世之敎 罰懲之典 爲害非輕 不可
不之禁也. 夫以穆王之命呂侯 尙戒爲罰之疵 曾謂盛朝而有是乎?
願自今 大小臣僚 如有私干己請 敢虧成典者 便置於法.'

辛巳 幸東郊觀放鷹.

命忠淸道都觀察使 設奠于李居易之葬.

壬午 賜醞于東北面都體察使李稷 西北面都體察使李天祐.

司諫院上疏. 疏略曰:

'眚災肆赦 怙終賊刑 此古今用刑之權衡 不可不謹也. 今南宮啓

廉致庸 方與權等 罪犯不宥 殿下皆從末減. 臣等竊謂 罪入徒流
收贖者 誠出於情法之可矜可疑者也. 彼致庸 與權贓盜造印之罪
法律所見載 人心所憤疾 而啓欺罔天聰 不忠不敬之心 推其漸 則
不止於贓盜造印 而無所不爲矣. 此而不懲 賞罰無章 善惡阿由
勸沮? 伏望殿下 命攸司 將致庸 與權及啓之罪 明正典刑 以懲
後來.'

不從.

司諫院請寢南巡 上曰: "昔者人君 有巡狩之法. 今予在位十有
四年 當國家無事 巡于南土 固無害於義也." 臺諫上言: "臣等竊聞
今行幸 非止儒城 將及全羅. 今禾稼在畝 秋耕方作 竊恐未便."
金汝知止之曰: "此非臣等所聞 此言何從而出? 更詳聽以聞." 憲司
請扈駕 上曰: "從者所爲 爾等必聞之矣. 如有所聞 宜俟駕還極言
之."

癸未 刑曹都官 啓奴婢中分決絶條目:
'一 在前訟者中丁丑戊寅年呈所志者 庚辰年呈誤決者 丙戌年
親著者 俱已聽理. 若限年未呈與不受理 其中限年呈未呈未得分析
者頗多 竝中分何如? 一始以逃亡奴婢呈狀 而終爲相訟者 竝中分
何如? 一 今月初一日以前呈所志而已 全不現身者 竝中分何如? 一
父母奴婢 不論子息生沒同訟與否 平分; 事干相訟 則以其所志內
親著現身之數分給 何如? 以奴妻良賤相爭後所生奴婢 依他相訟例

398

中分 何如? 一 以兩邊不當屬公奴婢 公處投託奴婢 爭者頗多 公私
<small>중분 하여 일 이 양변 부당 속공 노비 공처 투탁 노비 쟁자 파다 공사</small>

亦令中分 何如? 一 嫡妾子息 依前例差分 若其收養侍養奴婢 竝
<small>역령 중분 하여 일 적첩 자식 의 전례 차분 약기 수양 시양 노비 병</small>

中分何如? 一無子息人奴婢 限四寸給之 已有例. 今限寸外 相爭
<small>중분 하여 일 무자식 인 노비 한 사촌 급지 이 유례 금 한 촌 외 상쟁</small>

者 亦不復分揀 竝中分何如? 一 奸貪之徒 甘心時執使喚 定朔內雖
<small>자 역 불부 분간 병 중분 하여 일 간탐 지도 감심 시집 사환 정삭 내 수</small>

現身 不納花名 且於花名納司時 匿不以實; 定朔內不現身納花名者
<small>현신 불납 화명 차 어 화명 납사 시 익 불이 실 정삭 내 불 현신 납 화명 자</small>

亦有之 竝於時訟者給之 其花名時 容匿奴婢 竝屬公何如?'
<small>역 유지 병 어 시송 자 급지 기 화명 시 용익 노비 병 속공 하여</small>

下政府議得: "宜如所啓." 從之. 司憲府啓: "限年已呈良賤相訟
<small>하 정부 의득 의 여 소계 종지 사헌부 계 한년 이정 양천 상송</small>

迨今未決者 勿論前決有無 悉屬司宰監水軍 以伸冤抑." 從之.
<small>태금 미결 자 물론 전결 유무 실속 사재감 수군 이신 원억 종지</small>

甲申 遣大護軍李君實 趙菑于全羅道任實縣 觀畋獵之所也.
<small>갑신 견 대호군 이군실 조치 우 전라도 임실현 관 전렵 지소 야</small>

濟州進馬百四十五匹.
<small>제주 진마 백 사십 오 필</small>

乙酉 司憲府上疏. 疏略曰:
<small>을유 사헌부 상소 소 약왈</small>

'擧動 人君之大節 不可不重也; 臺諫 人主之耳目 不可須臾離
<small>거동 인군 지 대절 불가 부중 야 대간 인주 지 이목 불가 수유 리</small>

也. 我太祖應運開國 至于殿下 禮樂悉備 朝鮮萬世之視傚 正在
<small>야 아 태조 응운 개국 지우 전하 예악 실비 조선 만세 지 시효 정재</small>

今日. 數百里之遠 旬浹日之久 其可無侍從 以啓後日輕擧之端乎?
<small>금일 수백 리 지원 순협 일 지구 기 가 무 시종 이계 후일 경거 지 단 호</small>

恭惟殿下 剛明仁智 出於天性 凡所施爲 動合乎禮 臺諫侍從 誠無
<small>공유 전하 강명 인지 출어 천성 범 소시위 동 합호 례 대간 시종 성 무</small>

所裨益也. 然恐後世以爲口實也. 今春駕幸 平州 遂如海州不許
<small>소비익 야 연공 후세 이위 구실 야 금춘 가행 평주 수여 해주 불허</small>

臺諫之侍從. 臣等竊計 臺諫一員之行 胥徒僕隸之數 多不過十人
<small>대간 지 시종 신등 절계 대간 일원 지행 서도 복예 지수 다 불과 십인</small>

萬乘之行 煩簡之勢 誠不係於十人之加損也. 臣等豈敢惟目前是圖
<small>만승 지행 번간 지세 성 불계 어 십인 지 가손 야 신등 기감 유 목전 시도</small>

而不爲後世慮 以累至德? 伏望許令扈駕 以尊瞻視 垂範萬世.'
<small>이 불위 후세 려 이루 지덕 복망 허령 호가 이존 첨시 수범 만세</small>

司諫院亦上疏請扈駕 皆不聽.
<small>사간원 역 상소 청 호가 개 불청</small>

書筵官進世子講學事目:
서연관 진 세자 강학 사목

'一 每日平明時 世子坐堂 貳師以下 輪次進講經史三張或二張
일 매일 평명 시 세자 좌당 이사 이하 윤차 진강 경사 삼장 혹 이장

講至十遍 午後又十遍或五遍 且溫古 至申乃罷. 一 每日世子擧動
강 지 십편 오후 우 십편 혹 오편 차 온고 지 신 내 파 일 매일 세자 거동

入番爲頭內官及司鑰 告于書筵及敬承府 不告則臺諫請罪. 一
입번 위두 내관 급 사약 고우 서연 급 경승부 불고 즉 대간 청죄 일

敬承府上直一員 就西北墻外 更日宿衛. 一 宮墻淺短 宜改築高厚
경승부 상직 일원 취 서북 장 외 갱일 숙위 일 궁장 천단 의 개축 고후

以嚴瞻視.'
이엄 첨시

代言司以行幸日逼未啓.
대언사 이 행행 일 핍 미계

召世子左輔德權遇等曰: "明朝世子進闕門 依各司例 隨班祗送
소 세자좌보덕 권우 등 왈 명조 세자 진 궐문 의 각사 예 수반 지송

入見中宮 還邸勤學改行 然後予亦見之."
입견 중궁 환저 근학 개행 연후 여 역 견지

丙戌 上詣仁德宮告行.
병술 상 예 인덕궁 고행

命召成石璘 趙英茂就職. 司憲府劾石璘英茂 不以罪人孫興宗
명소 성석린 조영무 취직 사헌부 핵 석린 영무 불이 죄인 손흥종

奴婢屬公也.
노비 속공 야

故光祿少卿李文命子茂昌 少卿呂貴眞姪幹等赴京師.
고 광록 소경 이문명 자 무창 소경 여귀진 질간 등 부 경사

以慶尙道沃川 報令 黃澗 永同 靑山 移隷忠淸道.
이 경상도 옥천 보령 황간 영동 청산 이예 충청도

丁亥 幸忠淸道儒城溫井. 世子率百官祗送于敦化門外. 上曰:
정해 행 충청도 유성 온정 세자 솔 백관 지송 우 돈화문 외 상왈

"丘陵坑坎 皆有神 宜日祀之." 侍女上妓八人隨駕. 每日曉頭 祭
구릉 갱감 개 유신 의 일 사지 시녀 상기 팔인 수가 매일 효두 제

名山大川.
명산 대천

大司憲尹向 劾執義金孝孫 掌令兪勉. 向與二人不協 託以孝孫曾
대사헌 윤향 핵 집의 김효손 장령 유면 향 여 이인 불협 탁 이 효손 증

爲政府舍人 罪人黃居正妻之奴婢不屬公; 勉爲禮賓少尹時 有失錯
위 정부 사인 죄인 황거정 처 지 노비 불 속공 면 위 예빈 소윤 시 유 실착

而劾之.
이 핵지

日本 大內殿 遣使來獻土物.
일본　대내전　견사　내헌 토물

辛卯 免路旁田租. 上慮軍士之踏損也.
신묘　면 노방 전조　상 려 군사 지 답손 야

蓴城鎭兵馬使李澄辭 以大護軍金仲鈞代之.
순성진　병마사　이징 사 이 대호군 김중균 대지

命停忠淸 全羅道築城. 政府上言: "全羅 忠淸道內築城之所 凡
명정 충청　전라도 축성　정부 상언　전라　충청도 내 축성 지소 범

十三. 今大駕巡臨 中國無變 請姑停役." 從之.
십삼　금 대가 순림　중국 무변 청 고 정역　종지

遣內侍 祭鎭州胎靈山神.
견 내시　제 진주 태령산 신

壬辰 遣內侍 祭文義 壤城之神.
임진 견 내시 제 문의 양성 지신

命忠淸 慶尙 全羅道 抄送驅軍. 上聞任實縣地禽獸之多 欲巡幸
명 충청　경상　전라도　초송 구군　상문 임실현 지 금수 지 다 욕 순행

也. 慶尙 忠淸道各一千名 全羅道二千名 本月二十四日 期會錦州
야　경상　충청도 각 일천 명 전라도 이천 명 본월 이십사 일 기회 금주

南濟院 各齎十日糧. 全羅道則才人禾尺及各鎭番上軍官與番下
남제원　각 재 십일 량　전라도 즉 재인 화척 급 각진 번상 군관 여 번하

侍衛軍 盡數抄送.
시위군　진수 초송

癸巳 駕次公州儒城溫井.
계사　가 차 공주 유성 온정

遣內侍 祭荊角津神.
견 내시 제 형각진 신

左政丞河崙等 詣成均館饋諸生 命題詩賦 且相食堂之基.
좌정승 하륜 등 예 성균관 궤 제생　명제 시부 차 상 식당 지 기

甲午 遣內侍 祭雞龍山之神.
갑오 견 내시 제 계룡산 지신

賜侍從諸臣及軍士六日糧米豆有差. 下至吏典僕隸 皆賜之.
사 시종 제신 급 군사 육일 량 미두 유차　하지 이전 복예 개 사지

完山父老前典書崔蟻等九人 來謁行宮.
완산 부로 전 전서 최의 등 구인　내알 행궁

乙未 上王幸衿州 南陽放鷹 乃還.
을미　상왕 행 금주　남양 방응 내환

刑曹上奴婢啓本:
형조 상 노비 계본

'一 決後仍執奴婢 依決立案給之. 其中當決訟時 或稱身病出使
일　결후 잉집 노비　의결 입안 급지　기중 당 결송 시 혹 칭 신병 출사

濫記花名相訟者 兩邊中分何如? 一 越官據執奴婢 據執明白 且
남기 화명 상송 자 양변 중분 하여 일 월관 거집 노비 거집 명백 차

使孫及傳繼明文端的者 元告處給之; 兩邊明文未得分析者 依相訟
사손 급 전계 명문 단적 자 원고 처 급지 양변 명문 미득 분석 자 의 상송

奴婢例中分何如?
노비 예 중분 하여

一 逃亡奴婢 同宗使孫及收養侍養等相訟者 竝中分何如?
일 도망노비 동종 사손 급 수양 시양 등 상송 자 병 중분 하여

一 容隱奴婢 容隱情狀明白 且傳繼明文端的者 元告處給之;
일 용은노비 용은 정상 명백 차 전계 명문 단적 자 원고 처 급지

同宗使孫及收養侍養等相訟者 竝中分何如?'
동종 사손 급 수양 시양 등 상송 자 병 중분 하여

皆從之.
개 종지

丙申 李天祐復命啓曰: "安州城在一道之中 宜修廣之." 仍進鷹
병신 이천우 복명 계왈 안주성 재 일도 지중 의 수광지 잉 진응

二連.
이련

知議政府事朴子靑 詣行在問安 啓曰: "左政丞河崙曰: '臣嘗爲
지의정부사 박자청 예 행재 문안 계왈 좌정승 하륜 왈 신 상위

全羅道觀察使 任實等處 備嘗知之. 山高水險 草木深密 請上毋
전라도 관찰사 임실 등처 비상 지지 산고수험 초목 심밀 청 상 무

馳馬.'" 上曰: "不欲馳馬 但觀獵耳." 趙英茂及扈從諸卿 復請寢
치마 상왈 불욕 치마 단 관렵 이 조영무 급 호종 제경 부청 침

任實之行曰: "今蒐狩 非其時與地也. 且令民刈楚以蒐之 史必書之
임실 지행왈 금 수수 비 기시 여지 야 차 영민 예초 이 수지 사 필 서지

後世以爲如何?" 上曰: "火而田之 古有之矣. 今使民刈楚 予實
후세 이위 여하 상왈 화 이전지 고유지 의 금 사민 예초 여 실

愧焉. 隋煬帝開渠 冬月剪綵爲花. 予之刈楚 與隋何異!" 又曰: "卿
괴언 수양제 개거 동월 전채 위화 여지 예초 여수 하이 우왈 경

等請罷此行 明日當還 其供億可及乎?" 政府以爲當問監司. 監司
등 청파 차행 명일 당환 기 공억 가급 호 정부 이위 당문 감사 감사

許遲曰: "臣曾聞車駕將向全羅 故供億皆備于南州. 若更辦于北道
허지 왈 신 증문 거가 장향 전라 고 공억 개 비우 남주 약 갱판 우 북도

則難及矣." 金汝知奉迎上意 亦曰: "其他供億之備 容或易備 帳幕
즉 난급 의 김여지 봉영 상의 역왈 기타 공억 지비 용혹 이비 장막

已輸于珍州 不及移設矣." 上謂政府曰: "古之賢主 聞諫而止者
이 수우 진주 불급 이설 의 상위 정부 왈 고지 현주 문간 이 지자

多矣. 今予雖非本心 敢不勉從? 如監司未及供億何?" 遂向任實
다의 금여 수비 본심 감불 면종 여 감사 미급 공억 하 수향 임실

402

初 趙英茂等上言曰: "臣等聞將幸任實 以爲未可也. 初以上體未寧
有此溫井之行 若遂幸任實以畋 則人將曰: '非爲溫湯 實爲遊畋也.'
何以示信於民乎? 且任實山川險阻 馳騁畋獵 恐有顚蹶之慮. 臣等
又聞先遣人於任實 講武馳馬之場 芟去草木而焚之 焚林而畋 先聖
所戒 恐貽後世之譏." 上曰: "任實之行 今猶未定 然人言隔二日程
麋鹿成群 駐馬觀獵 無如此處 欲往觀之耳. 若芟焚草木 予未之
知也." 英茂等上言曰: "幸尊城 親垂睿鑑 定漕渠疏鑿之便否 遂畋
傍郡以還 人無間言 史冊有光矣. 前朝忠烈王 幸金海府 爲饋侍中
方慶東征之行也 不可謂之無名. 今任實之行 有何名也?" 上曰: "今
當無事時 國主一出遊畋 何害!"

命司譯院舍人林義押送廣東海南衛崖州人劉官保妻等二名于
遼東. 官保等嘗爲倭擄 棄於海島 庇仁縣人 見而收來 忠淸道
觀察使以報也.

司憲府上疏. 疏曰:

'政府受敎: "癸巳九月初一日已前相訟奴婢 竝令中分決給." 簡
詞訟冤抑之方 莫此爲善 但刑曹都官受敎條件內 似有未盡者.

一 已呈所志內 限年呈未呈未分析者頗多 亦令中分. 臣等竊謂
限年呈未呈之際 爲淺近而易知. 中分之法 實出於簡詞訟之至慮;
限年之禁 已載於聖祖之令典. 若倂限年未呈 亦令中分 則非惟更改
成憲 適足以煩訟也. 乞將限年呈未呈 精加分辨 如式施行. 其有

情涉曖昧者 以限年未呈 勿許中分 庶不悖於立法之本意.
정섭 애매 자 이 한년 미정 물허 중분 서 불패 어 입법 지 본의

一 九月初一日以前 呈所志 全不現身對論者 竝許中分. 臣等
일 구월 초일일 이전 정 소지 전불현신 대론 자 병허 중분 신등

竊謂 各執所見 交訟于官 辛勤歲月者 得蒙中分可也. 其在丙戌年
절위 각집 소견 교송 우관 신근 세월 자 득몽 중분 가야 기재 병술년

親着以後 今年九月以前 全不現身對論者 或有自反不縮 元告而
친착 이후 금년 구월 이전 전불현신 대론 자 혹유 자반 불축 원고 이

莫肯現身 被告而不敢對論; 或有密窺事機 當前月二十日以後遽然
막 긍 현신 피고 이 불감 대론 혹유 밀규 사기 당 전월 이십 일 이후 거연

呈狀. 若此之輩 或已無心 或乘機務得 非可矜之事也. 勿許擧論
정장 약 차지배 혹이 무심 혹 승기 무득 비 가긍 지사 야 물허 거론

以絶邀倖 以簡詞訟. 臣等又竊自念 中分之法 雖曰無問是非 然
이절 요행 이간 사송 신등 우 절 자념 중분 지법 수 왈 무문 시비 연

僞造文契者 奸惡殊甚 非賞善罰惡之道也. 乞將僞造官文私劵 而情
위조 문계 자 간악 수심 비 상선벌악 지도 야 걸장 위조 관문 사권 이정

見事白 文案已成者 悉令坐罪 勿許中分.'
현사 백 문안 이성 자 실령 좌죄 물허 중분

從之. 唯九月初一日以前呈狀 全不現身對論者 依都官受敎施行.
종지 유 구월 초일일 이전 정장 전불현신 대론 자 의 도관 수교 시행

戊戌 駕發溫井 次于全羅道 珍州猿山坪. 上望見太祖胎山曰:
무술 가발 온정 차우 전라도 진주 원산 평 상 망견 태조 태산 왈

"奉祀胎室. 雖無舊儀 宜倣所過山川之禮祀之." 遣內侍 祭太祖胎室.
봉사 태실 수무 구의 의방 소과 산천 지례 사지 견 내시 제 태조 태실

賜侍從諸臣軍士四日糧有差 三道驅軍 咸會于此.
사 시종 제신 군사 사일 량 유차 삼도 구군 함 회 우차

全羅道都觀察使趙源 完山府尹辛克恭 判南原府事邊頤等 謁見
전라도 도관찰사 조원 완산부 윤 신극공 판 남원부 사 변이 등 알현

于行宮.
우 행궁

庚子 射狼一鹿一.
경자 사 낭 일 녹 일

賜兵曹判書李叔蕃廐馬一匹.
사 병조판서 이숙번 구마 일필

辛丑 遣中官獻禽于誠妃殿 上王殿 仍賜政府.
신축 견 중관 헌금 우 성비 전 상왕 전 잉사 정부

遣內侍祭龍潭縣龍淵及珠㻋山神. 上聞完山府將以結綵儺禮迎駕
견 내시 제 용담현 용연 급 주솔산 신 상 문 완산부 장 이 결채 나례 영가

命罷之.
명 파지

壬寅 遣使祭馬耳山神.
임인 견사 제 마이산 신

癸卯 駕次任實縣烏原驛南郊. 自月望以後 每朝陰霧 氣候異常
계묘 가차 임실현 오원역 남교 자 월망 이후 매조 음무 기후 이상

及是日 朝霧四塞 咫尺之間 不辨人馬 山路險隘 誤相蹈藉. 上爲之
급 시일 조무 사색 지척 지간 불변 인마 산로 험애 오 상 도자 상 위지

按轡登高原 俟輜重畢發而後乃行.
안비 등 고원 사 치중 필발 이후 내행

完山將校李末沖有武才. 李君實先到任實 察畎所 時末沖能幹
완산 장교 이말충 유 무재 이군실 선도 임실 찰 전소 시 말충 능간

其事. 君實薦于上 上曰:"完山 故鄉也. 令免鄉役 以充衛士."
기사 군실 천 우상 상왈 완산 고향 야 영면 향역 이충 위사

甲辰 命放慶尙 忠淸道驅軍. 傳旨曰:"歷觀蓴堤 初志也. 今人馬
갑진 명방 경상 충청도 구군 전지 왈 역관 순제 초지 야 금 인마

俱困 欲從直道還京 宿次宜改分置. 若蓴堤之事 則待來春未爲晚也
구곤 욕종 직도 환경 숙차 의개 분치 약 순제 지사 즉대 내춘 미 위만 야

宜罷其役."
의 파 기역

乙巳 賜全羅道兵馬都節制使馬天牧 水軍都節制使洪有龍馬各
을사 사 전라도 병마도절제사 마천목 수군 도절제사 홍유룡 마 각

一匹.
일필

尙州道兵馬都節制使曺備衡 遣人進馬一匹.
상주도 병마도절제사 조비형 견인 진마 일필

命戶曹判書朴信就職. 初 信於六月二十八日吹角時 坐本曹 將
명 호조판서 박신 취직 초 신 어 육월 이십팔일 취각 시 좌 본조 장

所騎馬 請治于司僕寺 借騎廐馬詣闕. 上知之 命左右曰:"勿露 予
소기 마 청치 우 사복시 차기 구마 예궐 상 지지 명 좌우 왈 물로 여

當處之." 尋罷司僕官洪理等職. 至是事覺 司諫院劾之 故有是命.
당 처지 심 파 사복관 홍리 등직 지시 사각 사간원 핵지 고 유 시명

司諫院又上疏請罪 命勿論.
사간원 우 상소 청죄 명 물론

태종 13년 계사년
10월

十月

정미일(丁未日·1일) 초하루에 어가(御駕)가 완산성(完山城) 동쪽 방장(防墻)에 머물렀는데 완산의 부로(父老)와 향교생(鄕校生) 등이 봉영(奉迎)해 길 왼쪽에서 가요(歌謠)를 바치니 상이 식거(式車)[1]하고서 지나갔다.

○ 사람을 보내 종묘(宗廟)에 짐승을 바쳤다. 상이 주솔산(珠崒山)에서 이곳에 이르도록 사슴을 쏘아 잡은 것이 모두 14마리였다.

○ 중관(中官)을 보내 방간(芳幹)에게 술과 고기를 내려주었다. 상이 일찍이 완산부(完山府)에 들려 태조(太祖)의 진영(眞影)을 배알(拜謁)하고자 했는데, 방간이 이곳에 있었기 때문에 결국 실행하지 않았다.

○ 좌정승 하륜(河崙) 등이 풍해도(豊海道)·충청도(忠淸道)·강원도(江原道)의 미곡(米穀)을 수납할 사의(事宜)를 올렸다. 아뢰어 말했다.

"풍해도의 녹전미(祿轉米)는 마땅히 그 고을에 거둬들이도록 해 군량[軍餉]에 충당하고, 광흥창(廣興倉)의 반록(頒祿)은 마땅히 군자감(軍資監)의 묵은쌀을 쓰도록 합니다. 또 충청도·강원도 양도의 속

---

1 임금이 수레를 타고 가다가 답례(答禮)해야 할 때 수레 앞 가로막이 나무에 손을 얹고 경의(敬意)를 나타내는 일로, '식(軾)'이라고도 한다.

미(粟米)는 매번 얼음이 얼기 전에 상납(上納)하는데, 이러한 연유로 벼가 미처 익지 않아도 갑자기 베어내니 이것이 여러 해 쌓인 폐단입니다. 빌건대, 다른 도의 예에 의하여 첫봄까지 기다려 전납(轉納)하게 해서 민폐를 없애소서."

그것을 따랐다.

무신일(戊申日-2일)에 공안부영사(恭安府領事) 이지(李枝)를 보내 태조의 진전(眞殿)에 제사 지내고, 중관(中官) 김수징(金壽澄)을 보내 완산(完山)의 성황신(城隍神)에게 제사 지냈다.

○ 이직(李稷)이 복명해 아뢰어 말했다.

"얼음이 얼어서 성(城)을 쌓기 어렵습니다."

즉시 역사(役事)를 파하도록 명했다.

○ 구군(驅軍)을 해산시키라고 명했다. 완산(完山)과 이웃 고을에서 군사 2,000인을 징발해 건지산(乾止山)에서 몰이했으나, 잡은 것은 겨우 노루 7~8마리뿐이었다.

○ 조원(趙源)·마천목(馬天牧)·홍유룡(洪有龍)에게 단(段)과 견(絹)을 각각 1필씩 내려주고, 신극공(辛克恭)과 관찰사 경력(經歷) 유빈(柳濱)·절제사 경력 유익지(柳翼之) 등에게 옷을 내려주었다. 조원·유빈은 모두 포치(布置-준비)하는 데 잘못하고 행궁(行宮)의 공구(供具-큰일을 준비하는 것)도 거의 빠뜨린 것이 많았으나, 상이 그러한 사실을 알고도 힐책하지 않았다.

경술일(庚戌日-4일)에 중관(中官)을 보내 방간(芳幹)에게 매 2련(連)

을 내려주었다.

신해일(辛亥日-5일)에 내시(內侍)를 보내 계룡산(鷄龍山) 신(神)과 웅진(熊津)의 신에게 제사 지냈다.

임자일(壬子日-6일)에 충청도 도관찰사 허지(許遲)와 도절제사 이지실(李之實) 등에게 단(段)과 견(絹)을 각각 1필씩 내려주었다.

계축일(癸丑日-7일)에 세자가 서연관(書筵官)을 시켜 중도에서 임금을 봉영(奉迎)할 것을 청했으나 들어주지 않았다. 대가(大駕)가 남쪽으로 순행(巡行)한 이후로, 세자가 읽던 『대학연의(大學衍義)』를 끝마친 뒤에 상을 보고자 하는 뜻으로 날마다 5장 혹은 7~8장을 읽고 부지런히[孜孜] 익히기를 게을리하지 않았다. 시학관(侍學官)과 조관(朝官)이 모두 기뻐하며 탄식했다.

"세자께서 영매(英邁)한 자질로서 옛날부터 이처럼 했다면 이 책을 어찌 6년이나 걸려서 끝마치겠는가!"

을묘일(乙卯日-9일)에 용구(龍駒) 사람 이첩목아(李帖木兒)에게 쌀 5석을 내려주었다. 첩목아는 나이가 86세였는데, 길옆에서 알현하고 전토를 달라고 호소하니 호조에 명해 주도록 하고 쌀도 내려주었다. 그가 늙은 것을 불쌍히 여긴 것이다.

병진일(丙辰日-10일)에 어가(御駕)가 광주(廣州)의 동정(東亭)에 머물렀다. 사슴 2마리를 쏘아 잡아서, 대언 조말생(趙末生)에게 명해 말을 달려서 종묘에 천신(薦新)하게 했다. 상이 일찍이 이렇게 말했다.

"전라도에 있으므로, 비록 잡은 짐승들을 천신하더라도 길이 멀어서 고기 맛이 모두 변할 것이다. 광주(廣州)에서 몰이해 다시 천신하고자 한다."

○ 광주 판관(廣州判官) 노상신(盧尚信)을 장(杖) 80대에 처하고 파직시켰다. 상신(尚信)이 차사원(差使員)으로서 도로를 치수(治修)했는데, 탄천교(炭川橋)가 꺾여 무너지는 바람에 내구마(內廐馬) 3필이 물에 떨어져 1필이 즉사했다.

○ 양근(楊根)·지평(砥平)·횡천(橫川) 등지에 사렵(私獵)을 금지하라고 명했다.

정사일(丁巳日-11일)에 경기 도관찰사 이은(李殷)과 광주목판사(廣州牧判使) 황록(黃祿)에게 단(段)과 견(絹)을 각각 1필씩 내려주었다.

○ 내시를 보내 광주(廣州)의 성황신(城隍神)에게 제사 지냈다.

○ 상왕전(上王殿)에서 중관(中官)을 보내 연회를 베풀었다.

○ 하천추사(賀千秋使) 조질(趙秩)이 경사(京師)에서 돌아와 아뢰었다.

"금산달달(金山達達)이 누이를 시켜 조공(朝貢)하게 했는데, 말을 1,000필이나 바쳤습니다."

○ 세자가 전 공안부 윤(恭安府尹) 설칭(薛偁)에게 옷을 증여(贈與)했다.

칭(偁)이 동궁(東宮)에 나아가 사뢰었다.

"바라건대, 저하(邸下)는 학문에 부지런하고, 더욱 공경하고 더욱 효도해 성상의 진노(震怒)를 사지 마소서."

세자가 감동해 옷을 내려주고 드디어 접견했다.

무오일(戊午日-12일)에 환궁(還宮)했다. 정부에서 봉영(奉迎)해 알현을 청했다.

"남쪽으로 순행(巡行)하신 지 달포가 지났기에 도중(道中)에서 봉영하기를 마음으로 간절히 바랍니다."

상이 그만두도록 명했다.

"한 달 동안 바람과 햇볕에 시달려서 형용(形容)이 더러우니 상접(相接)할 수 없다."

또 백관이 교외에까지 마중 나오는 것을 금지하도록 명했다. 행행(行幸)한 지 모두 33일이었다.

○ 동교(東郊)에서 사사로이 매사냥하는 것을 금지했다.

○ 이제부터 10월 망제(望祭)에는 귤(橘)과 유자(柚子)를 아울러 천신하라고 명했다.

기미일(己未日-13일)에 화성(火星)이 태미(太微-별자리)에 들어갔다.

경신일(庚申日-14일)에 길주 도안무사(吉州都安撫使)에게 해동청(海東靑)을 바치라고 명했다.

○ 일본 대내전(大內殿)이 객인(客人)을 사신으로 보내와 토산물을

바쳤다.

○ 제주(濟州)에서 바친 말을 진도(珍島) 고읍(古邑)에 방목(放牧)했다.

○ 사간원에서 헌부(憲府)의 죄를 청했다.

신유일(辛酉日-15일)에 각 도 각 고을의 이름을 고쳤다.

상이 하륜(河崙)에게 일러 말했다.

"전주(全州)를 이제 완산부(完山府)라 고치고서도 오히려 '전라도'라 칭하고 경주(慶州)를 이제 계림부(鷄林府)라 고치고서도 오히려 '경상도'라고 칭하니, 고치는 것이 마땅하겠다."

륜(崙)이 말했다.

"유독 이곳뿐만이 아니라 동북면(東北面)과 서북면(西北面) 또한 이름을 고치는 것이 마땅하겠습니다."

상이 말했다.

"옳다."

드디어 완산을 다시 '전주', 계림을 다시 '경주'라 칭하며 서북면을 '평안도(平安道)', 동북면을 '영길도(永吉道)'로 했다. 평양(平壤)·안주(安州)·영흥(永興)·길주(吉州)가 계수관(界首官)이었기 때문이다. 또 각 도의 단부(單府)² 고을을 도호부(都護府)로, 감무(監務)를 현감(縣

---

2 종2품관 고을 이외의 지명에 주(州) 자를 가진 고을을 말한다. 원래 종2품 유수부(留守府)는 경주(慶州)·전주(全州)·평양(平壤)·함흥(咸興) 4곳인데, 그 외의 도 가운데 주(州) 자를 띤 단부(單府)가 많았으므로 태종 13년(1413년) 10월에 유수부(留守府)·대도호부

監)으로 고치고, 무릇 군(郡)·현(縣)의 이름 가운데 주(州) 자를 띤 것은 모두 산(山) 자, 천(川) 자로 고쳤으니 영주(寧州)를 영산(寧山)으로 고치고 금주(衿州)를 금천(衿川)으로 고친 것이 그 예다.

임오일(壬午日-16일)에 큰바람이 불고 비가 내렸다.

○ 대호군(大護軍) 박거비(朴去非)를 파직했다. 헌사(憲司)에서 거비(去非)가 무고하게 남을 때린 죄를 청하니 다만 파직하도록 명했다. 그가 공신(功臣) 석명(錫命)의 아들이었기 때문이다. 헌사에서 다시 소를 올려 말했다.

'거비의 죄는 무거운데 그 직(職)만 파하시니 악(惡)을 징벌하는 도리에 어그러짐이 있습니다. 빌건대 법률에 의거해 시행해야 할 것입니다.'

들어주지 않았다.

○ 대사헌 윤향(尹向), 집의(執義) 김효손(金孝孫), 장령(掌令) 유면(兪勉), 지평(持平) 서성(徐省)과 사간원지사(司諫院知事) 안질(安耋), 헌납(獻納) 전직(全直), 정언(正言) 우승범(禹承範)·최맹량(崔孟良) 등을 순금사(巡禁司)에 내렸다. 이에 앞서 향(向)이 계림도 절제사(鷄林道節制使)가 됐을 때 죄인 박만(朴蔓)을 접견하고 포마(鋪馬-역마)를 몰래 허락해줘 유후사(留後司)에 돌아가 어버이를 만나보게 해주었다. 이제 대사헌이 되자 효손(孝孫) 등이 이를 핵문(劾問)하고자 하

(大都護府)·목관(牧官)을 제외한 단부(單府) 고을을 도호부(都護府)로 고쳤고, 군현(郡縣) 이름 가운데 주(州) 자를 띤 것은 모두 산(山) 자, 천(川) 자로 고쳤다.

니, 성(省)이 효손과 유면의 뜻을 몰래 엿보고 향에게 아부해 슬며시 부추기면서[陰嗾] 말을 꾸며 먼저 탄핵했다. 향이 죄명(罪名)을 얽어 만들어서 효손·유면을 탄핵했다. 효손 등이 또 질(耋) 등과 더불어 그것을 말했던 까닭으로 질 등이 죄인에게 말을 준 사실을 가지고 향을 탄핵하고, 무죄한 동료 관원을 문책한 일을 가지고 장무 장령(掌務掌令) 최사강(崔士剛)을 탄핵했다. 향이 실봉(實封)[3]을 올려 고소해 말했다.

"안질 등이 항상 효손과 유면의 집에 가서 사사로이 서로 붕당(朋黨)을 만들고 패를 지어 신(臣)을 모함하니, 어찌 밝은 시대에 이러한 붕당이 있으리라고 생각하겠습니까?"

성도 또한 실봉(實封)을 올려 간관(諫官)이 효손 등의 사제(私第)에 왕래하면서 사사로이 서로 붕당을 만들고 패거리를 지은 죄를 말했는데, 이는 대개[蓋] 향을 두둔한 것이었다. 예도감(禮度監)[4] 감찰(監察) 손관(孫寬)이 아일(衙日)[5] 조회(朝會) 때문에 전정(殿庭)에 들어왔다가 서리(書吏)를 시켜 정언 우승범 등에게 말했다.

"대사헌이 이미 글을 올려 스스로 고소했으니, 간원(諫院)도 물러가는 것이 마땅하다."

승범이 성난 목소리로 꾸짖었다.

---

3   신하가 임금에게 밀계(密啓)할 때 소장의 내용을 다른 사람이 보지 못하도록 봉(封)하는 일 혹은 그 봉한 글을 말한다.

4   예의(禮義)와 법도(法度)에 관한 일을 맡아보던 기관을 가리킨다.

5   백관(百官)이 모여 조회(朝會)하는 날을 말한다. 고려나 조선 초기에는 한 달에 여섯 번 조회하는 6아일을 지키다가, 『경국대전(經國大典)』이 완성된 후부터는 한 달에 네 번 조회하는 4아일을 지켰다.

"대장(臺長)이 글을 올린 것은 자기 죄를 모면하려는 것인데, 너는 감찰로서 어찌 나를 나아가라느니 물러가라느니 할 수 있느냐?"

상이 말했다.

"대간(臺諫)의 풍문 공사(風聞公事)[6]와 서로 사제(私第)를 방문하는 것을 금지한 지 오래다. 어찌 이에 사사로이 서로 붕당을 만들고 패를 지어서 나라의 법을 간범(干犯)하는가?"

드디어 옥에 내리고, 이어서 간원의 상소와 윤향·서성의 실봉(實封)을 내려 신문(訊問)에 빙고(憑考-참고 자료)하게 했다. 향이 말을 준 일을 추고(推考)한 문안(文案)이 일찍이 대고(臺庫)에 들어가 있었는데, 순금사에서 빙고하고자 하니 향이 몰래 손관과 더불어 그 문서를 훔쳐낼 것을 꾀하다가 일이 발각됐다. 우헌납(右獻納) 어변갑(魚變甲)이 원의(圓議)에 따르지 않았으므로 본원(本院)의 탄핵을 받았다.

○ 우정승 조영무(趙英茂)가 병으로써 사직하니 그것을 따랐다.

○ 형조에서 이성 절제사(泥城節制使) 김우(金宇)의 죄를 청했다.

"우(宇)가 군사를 이끌고 남의 나라 땅에서 사냥했고, 관중(官中-관청 소속)의 인삼을 가지고 중국의 물건과 무역해 사용(私用)에 보탰습니다. 그 아비가 아직 죽지 않았는데도 여러 군(郡)에서 부의로 종이와 초를 구했습니다. 그를 죄 주기를 청합니다."

논하지 말도록 명했으니 공신(功臣)인 때문이다. 형조에서 또 청

---

6 소문을 듣고 그 사실을 조사하던 일을 말한다. 사헌부에서 관리의 풍기(風紀)에 관한 일이나 규문(閨門)의 음란에 관한 따위의 소문을 듣고 조사해서 사실이면 규리(糾理)했다. 이는 폐단이 많았으므로 금지했다.

했다.

"김효렴(金孝廉)이 자주(玆州)의 수령관을 지낼 때 관아 안의 노비를 소관 영사(令史) 순주(順州) 사람 김여해(金呂海)의 집에다 주어 누에를 기르게 했고 여해(呂海)를 백호(百戶)로 삼았으니, 그 간특하고 탐오해 청렴하지 못함이 심합니다."

순금사에 내려 법률에 의해 과죄(科罪)하라고 명했다.

○ 형조도관(刑曹都官)에서 노비를 결절(決絕)할 조획(條畫-조목)을 올렸다.

'하나, 재주(財主-노비 주인)가 하나인데 전득(傳得)을 허여한 자의 수가 많을 때, 오직 한두 사람의 명자(名字-이름)만 칭하고서 정장(呈狀)해 재주(財主)의 노비를 오로지 얻고자 하는 자는 오직 (명자를) 칭한 한두 사람에게만 중분(中分)하는 것이 어떻겠습니까?

하나, 중분(中分)할 때 이미 양쪽의 원추정(元追呈)[7]에 친히 착명(着名)하고 현신(現身)한 소송인의 수를 가지고 중분(中分)하되, 만약 이미 노비를 얻었던 원고(元告) 쪽이면 그 원추정(元追呈) 내의 사람 수로써 분급(分給)하는 것이 마땅하겠습니다. 전에 사환(使喚)하던 자에 있어서 하나같이 소장[所志] 가운데에 착명(着名)이 없는 것을 아울러 모두 탈취하기는 미편하니 청컨대 착명(着名)의 유무를 논하지 말고 분급(分給)하게 하며, 수가 적을 때는 사환(使喚)한 자를 분급하지 말아야 할 것입니다.

하나, 재주(財主)가 하나인데 전득(傳得)한 자의 수가 많을 때 한

---

7 미결로 미뤄온 원래 정장을 가리킨다.

사람이 원고가 되어 힘써 오로지 얻고자 하는 자라면, 중분(中分)할 때 수가 많은 편의 전득(傳得)한 노비를 각각 중분(中分)해 원고 한 사람에게 주는 것이 어떠하겠습니까? 또 수가 많은 편의 전득(傳得)한 사람들을 합해 한쪽 편으로 만들어서 양쪽의 사람 수로써 분급(分給)하는 것이 어떻겠습니까?

하나, 양쪽이 자기들끼리 화해해서 나눠 가지는 자는 이를 들어주는 것이 어떻겠습니까?

하나, 이미 노비의 노약(老弱)을 분간해 제비를 뽑아 중분(中分)할 때 그중에 여러 해 동안 사환(使喚)한 자의 유모(乳母)나 비첩(婢妾)이나 소생(所生)을 아울러 모두 제비를 뽑아 중분(中分)해 서로 이산(離散)시키는 것은 인정에 합하지 않으니, 만약 이런 자이면 옛 그대로 하고 나이가 서로 비슷한 다른 자로 보충해주는 것이 어떻겠습니까?

하나, 노처(奴妻)의 양(良)·천(賤) 때문에 소생(所生)의 노비를 소송한 것은 이미 모두 중분(中分)했습니다. 만약 자식 중 한 사람이 소량(訴良)하는 자가 있으면 그 다른 한두 자식은 다른 사람의 노처(奴妻)의 소산(所産)이 되는 수가 있습니다. 그러나 아비를 따라 [從父] 역사(役使)하는 자는 아울러 종천(從賤)하고자 하지만 종량(從良)하거나 사재감(司宰監) 수군(水軍)에 소속시킵니다. 그러니 노처(奴妻)가 낳은 자식은 중분(中分)하는 것이 어떻겠습니까?'

의정부에 내리니 얻은 결론은 이러했다.

"6조획 내의 1관(款)으로서 재주(財主)가 하나인데 전득(傳得)한 자의 수가 많을 때, 한 사람을 원고로 해 아울러 중분(中分)한다면 원고가 얻는 것이 너무 많고, 한 집의 부모와 여러 아들을 합해 한 쪽 편으로 삼으면 피고 한 집이 얻는 바가 너무 많습니다. 피고 중에서 일반 형제나 일반 수양(收養)·시양(侍養)을 합쳐 한쪽 편으로 삼고, 한 집의 부모와 여러 아들이나 확실한 전계(傳繼)가 없는 자를 합쳐 한쪽 편으로 삼아서, 마땅히 서로 준(准)하여 분급(分給)하소서. 그 나머지 5조획은 모두 가(可)합니다."

상이 모두 그대로 따랐으나, 오로지 노(奴)의 양처(良妻)의 소생은 전에 결절(決絶)하던 예에 의거해 시행하게 했다.

계해일(癸亥日-17일)에 형조판서 최용소(崔龍蘇)·한성부윤 김겸(金謙)을 보내 경사(京師)에 가게 했다. 정월을 하례하기 위함이었다.

갑자일(甲子日-18일)에 상이 인덕궁(仁德宮)에 나아가 환궁한 것을 아뢰었다.

○ 제주(濟州)의 병선 1척이 태풍에 침몰했다[颶沒]. 경차관(敬差官)을 호송하던 배로 왜구를 만나 서로 싸우다가 태풍으로 침몰했는데, 빠져 죽은 자가 6인이었다.

○ 대성(臺省)에서 검교 공조참의(檢校工曹參議) 박분(朴賁)의 겸 성균사성(成均司成)의 고신(告身)에 서경하지 않았다. 분(賁)이 어미가 일찍이 아비에게 쫓겨났다고 하여 자기 마음대로 단상(短喪-상기 단축)하고 기첩(妓妾)을 대(對)했던 까닭으로, 대성에서 논의한 것이다. 분이 글을 올려 하소연했다.

"신이 다만 예문(禮文)에 의거했을 뿐이며, 어찌 감히 어머니에게

박(薄)하게 했겠습니까?"

상도 실로 그르게 여겼으나, 대신이 천거(薦擧)했던 까닭에 다시 그 직에 임명했다.

을축일(乙丑日·19일)에 해풍군(海豊郡) 덕수현(德水縣)을 유후사(留後司)에 속하게 했다. 정부의 청을 따른 것이다.

○ 가뒀던 서성(徐省)을 풀어주었다.

병인일(丙寅日·20일)에 부유후(副留後) 안순(安純)과 전 부윤 박습(朴習)을 순금사(巡禁司)에 내렸다. 안질(安耋)이 고발한 때문이다. 질(耋)이 말했다.

"윤향(尹向)이 박만(朴蔓)에게 말을 준 사건에 대해 안순이 나와 더불어 말하기를 '내가 감사였을 때 이 사건이 있었으니, 사건이 또한 나에게도 간범(干犯)된다'라고 했고, 박습 또한 이를 말했습니다. 신 등이 무망(誣罔)하는 바가 아닙니다." 이는 대개 박습은 김효손(金孝孫)의 매부인 까닭으로 슬그머니 부추긴 것이다.

순금사에서 말씀을 올렸다.

"김효손·안질·전직(全直)·우승범(禹承範)·최맹량(崔孟良) 등이 사제(私第)를 방문해 사사로이 붕당을 만들고 패를 지었으니, 죄는 장(杖) 100대에 해당합니다."

모두 이를 속(贖) 받으라고 명했다. 박습은 친척이라 하여 3등을 감해 장(杖) 70대에 처하고 용서하라고 명했는데, 원종공신(元從功臣)인 때문이다.

○ 감귤(柑橘) 수백 그루를 전라도의 바닷가 여러 고을에 옮겨 심었다. 상림원 별감 김용(金用)을 보내 제주(濟州)에 가서 옮기게 했다.

정묘일(丁卯日·21일)에 대호군 이군실(李君實)에게 명해 양근(楊根-양평)·지평(砥平)·홍천(洪川)·횡천(橫川)에 가서 금수(禽獸)의 많고 적음을 살피게 했다.

○ 의정부에서 저화(楮貨)를 시행할 방법을 아뢰었다.

"중국의 보초(寶鈔)[8]는 얇고 부드러워서 가지고 다니면서 무역하는 자가 혹은 한 번 접거나 두 번 접거나 서너 번 접는 데까지 이르고, 혹은 소매 속에 숨기거나 신발에 숨겨서 가지고 다니기가 어렵지 아니합니다. 비록 닳아빠져도 서로 무역하며, 다만 새것과 헌것의 값을 따질 때는 차이가 있습니다. 완전히 사용하지 못하게 된 뒤에야 관(官)에 바치고 바꿔 받습니다. (그런데) 지금 우리나라의 저화(楮貨)는 두껍고 뻣뻣해, 조금이라도 접은 것이 있으면 사용하지 않고 조금이라도 부드러워지거나 조금이라도 닳으면 사용하지 않으므로, 사람이 가지고 다니면서 행사(行使)하기가 어렵습니다. 풀칠해 닳은 것을 기우면 중죄(重罪)를 얻습니다. 이제부터 공사(公私)에 저화를 행사할 때 모두 접도록 하고 접은 수에 구애되지 아니하며 비록 부드

---

8 중국에서 송(宋)나라·원(元)나라 이래로 사용하던 저폐(楮幣)다. 송나라 진종(眞宗) 때 철전(鐵錢)이 무거워서 질제(質劑-일종의 어음)의 법을 만들었고, 송나라 인종(仁宗) 때 교자(交子)를 만들어 썼으며, 원나라 세조(世祖) 때 중통교초(中統交鈔)·지원보초(至元寶鈔) 등을 만들어 사용했다.

러워져 닳아빠져도 행사하도록 허락하고, 만약 관(官)에 바치는 일이 있으면 관리가 점퇴(點退)⁹할 수 없게 하며, 완전히 닳아서 사용할 수 없는 것은 맡은 관(官)에서 모두 바꿔주도록 허락하소서. 관리 가운데 점퇴하는 자와 사적으로 행사하지 않는 자는 사람들에게 진고(陳告)하도록 허락하고, 대명(大明)의 『초법률(鈔法律)』에 민간 매매(民間賣買)와 제색 과정(諸色課程)에 의거해 아울러 거두어 받도록 허락하며, 위반하는 자는 장(杖) 100대에 처하소서."

그것을 따랐다.

○ 정부에 명해 헌부(憲府)에서 올린 소를 토의하게 했다.

'하나, 노비의 소송은 간사(奸詐)한 무리가 힘써 얻기를 탐(貪)하기 때문에 고소(告訴)가 그칠 사이 없습니다. 생각건대 우리 성상께서는 이러한 폐단을 훤히 아시고 당시(當時)에 결절(決絶)할 수 있는 자에게 허락해주도록 명하셨습니다. 엎드려 바라건대, 전하께서는 유사(攸司)로 하여금 아울러 제때에 결절(決絶)할 수 있는 자에게 주도록 하소서.

하나, 백성을 낳아주던 시초에는 존비(尊卑)의 구분이 있지 않았습니다. 엎드려 바라건대 전하께서는 생민(生民-백성)의 교화(敎化)를 체화하시어 장차 햇수를 한정해서 정장(呈狀)해 양(良)·천(賤)을 서로 소송하게 하고, 이제까지 미결(未決)한 것은 전에 결절(決絶)했는지의 유무를 논하지 말고 모조리 사재감(司宰監) 수군(水軍)에 소속시키소서.'

---

9   일일이 점고해 물리치는 것을 말한다.

"위의 2조는 9월 초1일 이전의 수교(受敎)에 의해 시행하소서."

'하나, 관(官)에는 대소(大小)가 있고 재주에는 장단(長短)이 있는 까닭으로, 사람이 소임(所任)에 맞지 않고 관(官)이 그 직책을 폐하면 그 제세(濟世)의 능력을 보지 못합니다. 진실로 그 재주가 뛰어나고 유능한 자는 큰 군(郡)에 올려서 관에서 사람을 택하는 뜻을 보이고 그 재주가 짧고 유능하지 못한 자에게는 작은 현(縣)을 맡긴다면 사람을 쓰는 데 완비(完備)한 이를 구(求)하지 않는다[10]는 뜻에 어그러짐이 없습니다. 이와 같이 한다면 사람이 그 직임에 알맞을 것이요, 소임(所任)이 닦여지지 않음이 없을 것입니다.'

"위의 조문은 헌부(憲府)에서 아뢴 바와 같이 시행하소서."

'하나, 한성부에서 도성(都城) 5부(五部)를 맡아보므로 일을 보는 일이 본디 번잡한데, 이제 또 형조의 송사를 이관했으나 낭관(郎官)의 액수(額數)는 옛날보다 더한 것이 없습니다. 윤(尹) 한 자리를 파하고 낭관을 더 두어 일을 나눠 맡아서 청단(聽斷)한다면, 관리가 그 직책을 완수할 것이요 송사가 스스로 지체되지 않을 것입니다.'

"위의 조문은 각사의 한직자(閑職者)로써 겸 판관(判官) 하나, 겸 참군(參軍) 둘을 차하(差下-임명해 내려보냄)하소서."

그것을 따랐다.

---

10 이는 『논어』에 나오는 말이다. 「미자(微子)」에 주공(周公)이 아들을 노나라 공(公)으로 봉하면서 당부하는 말이 나온다. "참된 군주는 그 친척을 버리지 않으며, 대신으로 하여금 써주지 않는 것을 원망하지 않게 하며, 선대왕의 옛 신하들을 큰 문제(大故)가 없는 한 버리지 않으며, (아랫사람) 한 사람에게 모든 것이 갖춰져 있기를 바라지 않는다[無求備於一人]." 무구비어일인

○사간원(司諫院)에서 글을 올려 노비의 사의(事宜)를 조목별로 진달(陳達)했다.

'하나, 양쪽이 모두 관(官)에서 사건을 판결한 적이 없어서 이쪽도 옳고 저쪽도 옳은 것은 중분(中分)한다고 했습니다. 한쪽이 관의 판결을 받고 다른 한쪽이 관의 판결을 못 받고서 남송(濫訟)할 때는 관의 판결을 받아 사용하는 자에게 주소서.

하나, 간활한 무리 가운데 거짓을 꾸며 서로 소송하다가 사실과 거짓이 드러나서 스스로 그 잘못을 알고 여러 해 동안 나타나지 않는 자는, 중분(中分)해준다면 간활한 무리에게 요행입니다. 5년에 이르도록 마침내 현신(現身)해 서로 소송하지 않는 자는 중분(中分)을 허락하지 마소서.

하나, 수양(收養)은 바로 자기 아들과 같으므로 비록 전계 노비(傳繼奴婢)[11]가 없더라도 완전히 주고 시양(侍養)은 차등 있게 분급(分給)한다고 일찍이 나타난 법령이 있었습니다. 이제 수양(收養)·시양(侍養)을 구별하지 아니하고 중분(中分)을 허락하니, 길이 존중해 지켜야 할 법을 아주 소실(消失)하는 처사입니다. 바라건대 등급을 두어 분급(分給)하소서.

하나, 노비를 중분(中分)할 때 수가 적으면 낳지 않은 소생(所生)으로써 충급(充給)한다고 했습니다. 그러나 노비를 얻은 자가 혹은 '물고(物故-사망)'라고 칭하거나 '무산(無産)'이라고 칭한다면, 여기서부터 후일 쟁송(爭訟)의 실마리가 비롯되어 일어날 것이니 낳지 않은

---

11 자손이 조상으로부터 전계(傳繼) 문서를 받고 전득(傳得)한 노비를 말한다.

소생(所生)은 아울러 충급(充給)하지 마소서.

하나, 간사하고 탐욕스러운 무리가 힘써 얻기를 종요롭게 여겨 도망한 노비를 불러들여 숨겨두고서 혹은 문안(文案)에 올려서 자기 소유로 삼습니다. 도리상 분변(分辨)하는 것이 마땅하므로, 9월 초 1일 전후인 것을 논하지 말고 송사를 받아 다스리도록 허락하소서.

하나, 문자(文字)를 위조한 정적(情迹)이 이미 드러난 자에게 아울러 중분(中分)한다면 간사한 무리에게는 다행이고 정직한 자에게는 불행이니, 중분(中分)을 허락하지 마소서.

하나, 자식이 없는 사람의 노비는 전에 4촌에 한해 분급(分給)하던 법에 의해, 한외(限外)의 사람이 함부로 소송하는 것은 아울러 분급(分給)을 허락하지 말고 한결같이 존중하고 지켜야 할 법에 의하도록 하소서.

하나, 요행의 무리가 모람되게 정장(呈狀)한 뒤에 상대 쪽에 고(告)하지 아니해서 상대 쪽이 알지 못해 완전히 서로 소송하지 않은 것은 중분(中分)을 허락하지 마소서.'

정부에 내려 실상에 맞춰 토의하게 하니, 하륜(河崙) 등이 의견을 냈다.

"상항(上項)의 8조목 가운데 '문자(文字)를 위조한 정적(情迹)이 이미 드러난 자에게 중분(中分)을 허락하지 말아서 간사한 무리를 징계하자'는 조문은 간원(諫院)에서 아뢴 것대로 따르고, '자식이 없는 사람의 노비는 4촌에 한해 분급(分給)하고 한외(限外)의 사람에게는 분급하지 말자'는 조문은 일반 4촌이 정장(呈狀)하다가 몸이 죽으면 자손이 아울러 받아야 합니다. 그 나머지 6조목은 시행하기가 적절치 못합니다."

유정현(柳廷顯)·한상경(韓尙敬)·심온(沈溫) 등이 의논했다.

"위의 8조목 가운데 '요행의 무리가 모람되게 정장(呈狀)한 뒤에 상대 쪽에 고하지 아니해서 상대 쪽이 알지 못해 완전히 서로 소송하지 않은 것은 중분(中分)을 허락하지 말자'는 조문은 간원(諫院)에서 아뢴 것에 의해 시행하소서."

그것을 따랐다.

무진일(戊辰日·22일)에 조영무(趙英茂)를 파직해 한산부원군(漢山府院君)으로 삼고, 유량(柳亮)을 문성부원군(文城府院君)으로 삼았다. 남재(南在)를 우정승(右政丞), 이천우(李天祐)를 의정부 찬성사, 이숙번(李叔蕃)과 박은(朴訔)을 의정부 참찬사, 유정현(柳廷顯)을 병조판서, 한상경(韓尙敬)을 이조판서, 조연(趙涓)을 의정부지사, 박자청(朴子靑)을 우군 도총제(右軍都總制), 성발도(成發道)를 형조판서, 최용소(崔龍蘇)를 공조판서, 심온(沈溫)을 사헌부 대사헌, 이원(李原)을 영길도 도순문 찰리사(永吉道都巡問察理使), 최이(崔迤)를 평안도 도순문 찰리사, 윤곤(尹坤)을 경주·안동도 병마 도절제사(慶州安東道兵馬都節制使), 이종무(李從茂)를 영길도 도안무사(永吉道都安撫施), 김승주(金承霔)를 평안도 도안무사로 삼았다. 제주 도안무사 윤임(尹臨)의 자급(資級)을 올렸다. 애초에 상이 하륜(河崙)과 이숙번(李叔蕃)을 불러 말했다.

"지금 조영무가 병든 지 날이 오래이니 누가 대신할 만한 자인가? 내가 『송사(宋史)』를 보니 재상(宰相)이 된 자가 혹은 파직되고 혹은 제거(除去)되는 일이 거의 없는 해가 없었다. 나는 재상이 될 자로서 그 적당한 사람을 고르기가 실로 어렵다고 생각한다. 태조 때의 재상은 오직 조준(趙浚)·김사형(金士衡)뿐이다. 이제 이직(李稷)이 있어 그 직임을 대신시키는 것이 마땅하나, 세자(世子) 때에 이르러 어찌 재상이 없을 수 있겠는가? 또 이직이 좌상(左相)과 더불어 친척의 혐의(嫌疑)가 있으니 지금은 불가하고, 오직 남재(南在)가 있을 뿐이다. 그러나 남재는 모든 일에 용기 있게 행동하는 것이 나약한데, 이를 재상으로 삼는 것이 어떠할까?"

륜(崙)이 대답했다.

"모든 일에 즉시 용기 있게 행동하지 못하는 것은 영무(英茂)가 더욱 심합니다. 신 등이 한 가지 일을 행하고자 하면 굳이 만류하는 까닭으로 일을 행하기가 심히 어려웠습니다."

상이 웃으면서 말했다.

"조공(趙公)이 곧은[直] 까닭이다."

륜이 말했다.

"옛날에 재상을 점친 적이 있으니 어떻겠습니까?"

상이 말했다.

"무릇 점이란 오직 뜻을 미리 정하는 것뿐이다. 내 뜻의 결단은 바로 천지(天地) 종묘(宗廟)에 점치는 것과 같다."

○ 경기의 마산도(馬山道) 승(丞)을 청파도(靑坡道)로, 금곡도(金谷道) 승(丞)을 중림도(重林道)로, 풍해도(豊海道)의 7참(七站)을 동선보산도(洞仙寶山道)로 고치고 경기에 청교도(靑郊道)와 경상도에 김천도(金泉道) 역승(驛丞)을 더 두었다.

○ 4품 이상 관교법(官敎法)을 부활하라고 명했다. 명해 말했다.

"조사(朝謝)의 법은 옛 역사에는 없었으니, 마땅히 4품 이상 관교 (官敎)의 법을 부활하도록 하라."

애초에 안성(安省)·이천우(李天祐)·이지숭(李之崇)·유정현(柳廷 顯)의 고신(告身)이 대성(臺省)에서 서경(署經)되지 않았으므로 이런 명이 있었다.

○ 하륜(河崙)과 이숙번(李叔蕃) 등이 상에게 비밀리에 아뢰었다 [復].
복

"환왕(桓王)¹²의 첩의 자손이 개국(開國)하던 초기에 갑자기 대관 (大官)에 이르렀습니다. 이제부터 그 자손이 비록 공로가 있더라도 다만 전민(田民-땅과 노비)이나 전백(錢帛)으로 상을 주고 현질(顯秩) 에는 임명하지 마소서."

상이 대언(代言) 이관(李灌, 1372~1418년)¹³으로 하여금 『내장종친 록(內藏宗親錄)』¹⁴을 갖춰 쓰도록 했다.

○ 김음(金音)의 고신(告身)을 돌려주라고 명했다. 사헌부에서 돌려 주지 말기를 청했으나 상이 듣지 않았다. 하륜(河崙)의 아들 구(久)

---

12 이성계의 아버지 이자춘을 가리킨다.

13 1393년(태조 2년) 문과(文科)에 급제하고 1401년(태종 1년) 지양주사(知襄州事)가 됐다. 1408년 종부시영(宗簿寺令)으로 충청도경차관(忠淸道敬差官)으로 나가 도망간 군인들을 추쇄(推刷)했다. 이어 사헌부집의(司憲府執義)·대언(代言)을 지내고, 1413년 지신사(知申 事)를 지냈으나 이듬해 파직되고 의금부에서 국문을 당했다. 1417년 경기도관찰사를 지 냈으나 이듬해 도량형을 바르게 하는 것을 규찰하지 않았다 하여 또 파직됐다. 곧 함길 도도관찰사를 거쳐 이조참판이 됐으나, 강상인(姜尙仁)의 옥사에 연루돼 죽었다.

14 내장고(內藏庫)에 비치(備置)해둔, 왕실(王室)에서 세전(世傳)하기 위해 특별히 만드는 종 친록(宗親錄)을 말한다.

가 음(音)의 딸에게 장가들었던 까닭으로 이러한 명이 있었다.

기사일(己巳日-23일)에 날이 따뜻해 봄 날씨 같았다.

○ 윤향(尹向)과 안순(安純)을 석방하고 그 직임을 없앴다. 순금사
(巡禁司)에서 신문(訊問)할 때 순(純)이 말했다.

"내가 말한 바가 아니다."

안질(安耋)과 서로 힐난하고 대답하지 아니했던 까닭으로 죄를 면
할 수 있었다. 실제로는 순이 이를 말했고, 향이 말을 준 사건은 그
흔적이 이미 나타났으나, 상이 특별히 용서한 것이다. 아울러 서성(徐
省)에게는 그 직임만 없앴다.

경오일(庚午日-24일)에 상이 상왕(上王)을 봉영(奉迎)해 광연루(廣延
樓)에서 잔치를 베풀고 지극히 즐거워하다가 밤에 마쳤다.

상이 김여지(金汝知)에게 일렀다.

"우리 형제가 비록 많다 하나, 오늘 여기에 있는 이는 오직 나와
상왕뿐이다. 부모님의 영혼이 다만[祇] 스스로 알고 계실 것이다. 경
이 이에[其] 가서 상왕을 맞이하여 오라."

○ 통사(通事) 선존의(宣存義)가 경사(京師)에서 돌아왔는데, 최호
(崔浩)의 유골을 거둬 왔다. 명해 말했다.

"금후로는 경사(京師)에 가는 사신이 상모(象毛)¹⁵를 무역해 국용

---

15 창에 다는 털의 의미에서 '삭모(槊毛)'라고도 한다. 새의 날개로 군복·말안장·투구를 꾸

(國用)에 보태는 것을 길이 상례(常例)로 삼도록 하라."

○ 영길도 도순문사(永吉道都巡問使)에게 퇴곤 응자(堆困鷹子-흰
매)를 바치도록 명했다.

임신일(壬申日-26일)에 날이 따뜻해 봄 날씨 같았고 밤에 큰바람이
불었다.

계유일(癸酉日-27일)에 궂은비가 내리고 큰바람이 불었다.

갑술일(甲戌日-28일)에 동북면(東北面) 길주(吉州)의 월과 군기(月
課軍器)[16]를 면제해주었다. 벌레로 인한 피해[蟲損]가 극심했던 때문
이다.

을해일(乙亥日-29일)에 상이 상왕(上王)을 받들고 양주(楊州) 천보
산(天寶山)·해룡산(海龍山)에서 사냥했다. 애초에 상이 이숙번(李叔
蕃)을 불러 말했다.

미는 것을 중국에서는 '이(貾)'라 했으나 조선에서는 새의 날개깃을 여러 빛깔로 물들여
전립 위에 달기도 하고 말 재갈에 꾸미기도 했는데 이를 속칭 '상모'라 했다는 기록이 『성
호사설(星湖僿說)』 「만물문(萬物門)」에 나온다. 이삭 모양의 술로 된 붉은빛의 가는 털
이 보통의 상모나 현재까지 전하는 농악대(農樂隊) 복식의 전립에 다는 상모는 종이나
새의 깃털이 두루 사용되며 형태와 빛깔도 다양하다. 오랜 전통의 종교적 놀이이며 집단
의식의 예능 양식(藝能樣式)을 지닌 농악에는 적을 물리치기 위한 군법예능(軍法藝能)의
특징이 나타나는데, 이러한 특징으로 군복이 농악대에 입혀지고 전립이 쓰였다.

16 각 도의 주(州)·군(郡)·현(縣)에 매달 부과(賦課)해 상공(常貢)하도록 한 군수 물자를 말
한다.

"전일에 상왕이 나에게 이르시기를 '같은 날 사냥하는 것을 구경할 것을 청한다' 하셨으니 오늘 가는 것이 어떠할까?"

숙번(叔蕃)이 대답했다.

"남쪽으로 순행(巡行)하신 지 오래되지 않았으니, 너무 빠르지 않습니까?"

상이 말했다.

"식언(食言)할 수 없으니 가는 것이 어떻겠느냐?"

숙번이 말했다.

"그러시다면 근교(近郊)에서 사냥하는 것이 좋겠습니다."

드디어 해룡산(海龍山)으로 행차하기로 정했다. 상이 정부와 대간(臺諫)에서 말을 할까 봐 염려해 비밀로 했다.

병자일(丙子日-30일)에 어가(御駕)가 풍천(楓川)에 머물렀는데, 사슴 3마리와 여우 1마리를 쏘았다.

○ 내시 별감(內侍別監)을 보내 해룡산(海龍山) 신에게 제사 지냈다.

丁未朔 駕次完山城東防墻 完山父老及鄕校生等 奉迎道左 各獻
정미 삭 가차 완산성 동 방장 완산 부로 급 향교생 등 봉영 도좌 각헌

歌謠 上式而過之.
가요 상 식 이 과지

遣人獻禽于宗廟. 上自珠崒山至此 射鹿凡十四.
견인 헌금 우 종묘 상자 주솔산 지차 사록 범 십사

遣中官賜酒肉于芳幹. 上嘗欲入完山府謁太祖眞 以芳幹在此 故
견 중관 사 주육 우 방간 상상 욕입 완산부 알 태조 진 이 방간 재차 고

不果.
불과

左政丞河崙等 上豊海 忠淸 江原道米穀收納事宜. 啓曰: "豊海道
좌정승 하륜 등 상 풍해 충청 강원도 미곡 수납 사의 계왈 풍해도

祿轉米 宜收入其官 以充軍餉; 廣興倉頒祿 當用軍資監陳米. 且
녹전미 의 수입 기관 이충 군희 광흥창 반록 당용 군자감 진미 차

忠淸 江原兩道之粟 每於氷凍前上納 緣此禾未熟而驟加銍艾 是
충청 강원 양도 지속 매어 빙동 전 상납 연차 화 미숙 이 취 가 질애 시

積年之弊. 乞依他道例 待春初轉納 以除民瘼." 從之.
적년 지 폐 걸의 타도 예 대 춘초 전납 이제 민막 종지

戊申 遣領恭安府事李枝 祭太祖眞殿 又遣中官金壽澄 祭完山
무신 견 영 공안부 사 이지 제 태조 진전 우 견 중관 김수징 제 완산

城隍之神.
성황 지 신

李稷復命啓曰: "氷凍難以築城." 卽命罷役.
이직 복명 계왈 빙동 난이 축성 즉명 파역

命放驅軍 發完山及旁郡軍二千人 驅乾止山 所獲唯獐七八也.
명방 구군 발 완산 급 방군 군 이천 인 구 건지산 소획 유 장 칠팔 야

賜趙源 馬天牧 洪有龍段絹各一匹 又賜衣于辛克恭及觀察使
사 조원 마천목 홍유룡 단견 각 일필 우 사의 우 신극공 급 관찰사

經歷柳濱 節制使經歷柳翼之等 趙源 柳濱 皆拙於布置 行宮供具
경력 유빈 절제사 경력 유익지 등 조원 유빈 개 졸 어 포치 행궁 공구

率多有闕. 上知其然 亦不之責也.
솔다 유궐 상 지 기연 역 부지 책 야

庚戌 遣中官 賜芳幹鷹二連.
경술 견 중관 사 방간 응 이련

辛亥 遣內侍 祭雞龍山神及熊津之神.
신해 견 내시 제 계룡산 신급 웅진 지신

壬子 賜忠淸道都觀察使許遲 都節制使李之實等段絹各一匹.
임자 사 충청도 도관찰사 허지 도절제사 이지실 등 단견 각 일필

癸丑 世子使書筵官 請奉迎中途 不聽. 大駕南巡以後 世子欲畢
계축 세자 사 서연관 청 봉영 중도 불청 대가 남순 이후 세자 욕필

所讀大學衍義 以見於上 日讀五張或七八張 孜孜不怠. 侍學官與
소독 대학연의 이현 어상 일독 오장 혹 칠팔 장 자자 불태 시학관 여

朝官 皆喜而歎曰: "世子以英邁之資 自昔如此 則此書何待六年而
조관 개희이 탄왈 세자 이 영매 지자 자석 여차 즉 차서 하대 육년 이

畢乎!"
필 호

乙卯 賜龍駒人李帖木兒米五石. 帖木兒年八十六歲 見於道傍以
을묘 사 용구 인 이첩목아 미 오석 첩목아 연 팔십 육세 현어 도방 이

訴 命戶曹給之 又賜米. 憐其老也.
소 명 호조 급지 우 사미 연 기로 야

丙辰 駕次廣州東亭 射鹿二 命代言趙末生 馳薦于宗廟. 上嘗曰:
병진 가차 광주 동정 사록 이 명 대언 조말생 치천 우 종묘 상 상왈

"在全羅雖薦所獲禽獸 路遠肉味皆變 欲驅廣州山 更薦之矣."
재 전라 수천 소획 금수 노원 육미 개변 욕구 광주산 갱 천지 의

杖廣州判官盧尙信八十 罷職. 尙信以差使員 修治道途 炭川橋
장 광주판관 노상신 팔십 파직 상신 이 차사원 수치 도도 탄천교

摧陷 廐馬三匹墜水 一匹卽死.
최함 구마 삼필 추수 일필 즉사

命禁楊根 砥平 橫川等處私獵.
명금 양근 지평 횡천 등처 사렵

丁巳 賜京畿都觀察使李殷 判廣州牧事黃祿段絹各一匹.
정사 사 경기 도관찰사 이은 판 광주목 사 황록 단견 각 일필

遣內侍 祭廣州城隍之神.
견 내시 제 광주 성황 지신

上王殿遣中官設享.
상왕 전 견 중관 설향

賀千秋使趙秩 回自京師啓曰: "金山達達 使其妹朝貢 獻馬千匹."
하천추사 조질 회자 경사 계왈 금산 달달 사 기매 조공 헌마 천필

世子賜前恭安府尹薛儞衣. 儞詣東宮白曰: "願邸下勤於學問
세자 사 전 공안부 윤 설칭 의 칭예 동궁 백왈 원 저하 근어 학문

起敬起孝 毋動上怒." 世子感之 賜衣 遂接見.
기경 기효 무동 상노 세자 감지 사의 수 접견

戊午 還宮. 政府請迎謁曰: "南行閱月 迎于道次 心切望焉." 命
止之曰: "一月爲風日所暴 形容黎黑 不可相接也." 且命禁百官
郊迎. 行幸凡三十三日.

禁東郊私放鷹.

命自今十月望祭 兼薦橘柚.

己未 火星入太微.

庚申 命吉州都安撫使 進海東靑.

日本 大內殿 使送客人 來獻土物.

放濟州所進馬于珍島古邑.

司諫院請憲府之罪.

辛酉 改各道各官之號. 上謂河崙曰: "全州今改爲完山府 而尙稱
全羅道; 慶州今改爲雞林府 而尙稱慶尙道 宜改之." 崙曰: '不獨
此也 東西北面 亦宜改號." 上曰: "然." 遂以完山復稱全州 雞林
復稱慶州 以西北面爲平安道 東北面爲永吉道. 以平壤 安州 永興
吉州 皆界首官也. 又以各道單府官改都護府 監務改縣監. 凡郡縣
號帶州字者 皆改以山字川字 寧州改寧山 衿州改衿川 其例也.

壬午 大風以雨.

罷大護軍朴去非職. 憲司請去非無故打人之罪 命只罷職. 以功臣
錫命之子也. 憲司復上疏以爲: '去非罪重 只罷其職 有違罰惡之義
乞依律施行.' 不聽.

下大司憲尹向 執義金孝孫 掌令兪勉 持平徐省 知司諫院事安騭
하 대사헌 윤향 집의 김효손 장령 유면 지평 서성 지사간원사 안질

獻納全直 正言禹承範 崔孟良等于巡禁司. 先是 向爲雞林道節制使
헌납 전직 정언 우승범 최맹량 등 우 순금사 선시 향 위 계림도 절제사

接見罪人朴蔓 潛許鋪馬 歸覲于留後司. 今爲大司憲孝孫等欲劾問
접견 죄인 박만 잠허 포마 귀근 우 유후사 금 위 대사헌 효손 등 욕 핵문

之 省密覘孝孫兪勉之志 阿附於向 陰嗾託辭 先劾之. 向織爲罪名
지 성 밀첨 효손 유면 지지 아부 어향 음주 탁사 선 핵지 향 직위 죄명

劾孝孫 兪勉. 孝孫等 又與騭等 言其故 騭等以罪人給馬事劾向 以
핵 효손 유면 효손 등 우 여질 등 언기고 질등 이죄인 급마 사 핵향 이

無罪同官問備事 劾掌務掌令崔士剛. 向上實封訴云: "安騭等常往
무죄 동관 문비 사 핵 장무 장령 최사강 향 상 실봉 소운 안질 등 상 왕

孝孫 兪勉之家 私相朋比之罪 蓋援向也. 禮度監監察孫寬 以衙朝
효손 유면 지가 사상 붕비 지죄 개 원향 야 예도감 감찰 손관 이 아조

入殿庭 使書吏言於正言禹承範等曰: "大司憲已上書自訴 諫院
입 전정 사 서리 언어 정언 우승범 등 왈 대사헌 이 상서 자소 간원

宜退." 承範厲聲叱之曰: "臺長上書 謀免己罪. 汝監察 安能進退
의퇴 승범 여성 질지 왈 대장 상서 모면 기죄 여 감찰 안능 진퇴

我哉?" 上曰: "禁臺諫風聞公事及相訪于私第久矣. 何乃私相朋比
아 재 상 왈 금 대간 풍문 공사 급 상방 우 사제 구의 하내 사상 붕비

以干邦憲?" 遂下獄 仍下諫院疏及尹向 徐省實封 憑考訊問. 向之
이간 방헌 수 하옥 잉하 간원 소급 윤향 서성 실봉 빙고 신문 향 지

給馬事推考文案 曾入臺庫 巡禁司欲憑考 向密與孫寬 謀竊其文書
급마 사 추고 문안 증입 대고 순금사 욕 빙고 향 밀여 손관 모절 기 문서

事覺. 右獻納魚變甲 以圓議不順 被本院之劾.
사각 우 헌납 어변갑 이 원의 불순 피 본원 지핵

右政丞趙英茂 以病辭職 從之.
우정승 조영무 이병 사직 종지

刑曹請泥城節制使金宇罪: "宇率軍士 獵于異土 且以官中人蔘
형조 청 이성 절제사 김우 죄 우 솔 군사 엽우 이토 차 이 관중 인삼

貿易上國之物 以資私用; 其父未死 而求賻紙燭于諸郡. 請罪之."
무역 상국 지물 이자 사용 기부 미사 이구 부 지촉 우 제군 청 죄지

命勿論 以功臣也. 刑曹又請: "金孝廉任慈州 以衙內奴婢 於所管
명 물론 이 공신 야 형조 우 청 김효렴 임 자주 이 아내 노비 어 소관

令史 順州人金呂海戶養蠶 且入呂海定爲百戶 其奸貪不廉甚矣."
영사 순주 인 김여해 호 양잠 차 입 여해 정위 백호 기 간탐 불렴 심의

命下巡禁司 依律科罪.
명하 순금사 의율 과죄

刑曹都官 上奴婢決絶條畫:
형조 도관 상 노비 결절 조획

’一 財主一而許與傳得者數多 有只稱一二人名字呈狀 欲專得
일 재주 일 이 허여 전득자 수다 유지칭 일이인 명자 정장 욕 전득

財主奴婢者 唯於所稱一二人中分何如?
재주 노비 자 유어 소칭 일이인 중분 하여

一 中分時 已將兩邊元追呈親着現訟人數 中分之 若已得奴婢
일 중분시 이장 양변 원추정 친착 현송인수 중분지 약이득 노비

元告邊則以其元追呈內人數分給宜矣. 在前使喚者 一於所志中無
원고 변즉 이기 원추정 내 인수 분급 의의 재전 사환자 일어 소지중무

著名 竝皆奪取未便 請勿論著名有無 亦令分給 數少使喚者 母令
저명 병개 탈취 미편 청물 논 저명 유무 역영 분급 수소 사환자 무령

加給.
가급

一 財主一而傳得者數多 一人爲元告 務欲專得者 中分時 以數多
일 재주 일 이 전득자 수다 일인 위원고 무욕 전득자 중분시 이 수다

轉得奴婢 各各中分 給元告一人何如? 且將數多傳得人 合爲一邊
전득 노비 각각 중분 급 원고 일인 하여 차장 수다 전득 인 합위 일변

以兩邊人數分給何如?
이 양변 인수 분급 하여

一 兩邊自中和論分執者 聽之 何如?
일 양변 자중화 논 분집자 청지 하여

一 已分揀奴婢老弱 執籌中分 其中累年使喚者 或乳母或婢妾
일 이 분간 노비 노약 집주 중분 기중 누년 사환자 혹 유모 혹 비첩

及所生 竝皆執籌中分 相爲離散 不合人情. 若此者仍舊 以他年歲
급 소생 병개 집주 중분 상위 이산 불합 인정 약차자 잉구 이 타 연세

相等者 充給何如?
상등 자 충급 하여

一 以奴妻良賤相訟所生奴婢 已皆中分 若一人子息中有訴良者
일 이 노처 양천 상송 소생 노비 이개 중분 약 일인 자식중 유 소량 자

其他一二子息 有爲他人奴妻所産 而從父役使者 竝欲從賤 而或
기타 일이 자식 유위 타인 노처 소산 이 종부 역사자 병욕 종천 이혹

從良 或屬司宰水軍 然以奴妻所産子息 竝中分何如?’
종량 혹속 사재 수군 연이 노처 소산 자식 병 중분 하여

下議政府議得: “六條內一款 財主一而傳得者數多 一人以元告竝
하 의정부 의득 육조 내 일관 재주 일 이 전득자 수다 일인 이 원고 병

中分 則元告所得甚多. 一家父母及衆子合爲一邊 則被告一家所得
중분 즉 원고 소득 심다 일가 부모 급 중자 합위 일변 즉 피고 일가 소득

多矣. 被告中一般兄弟一般收養侍養 合爲一邊 一家父母及衆子 無
다의 피고 중 일반 형제 일반 수양 시양 합위 일변 일가 부모 급 중자 무

的實傳繼者 合爲一邊 宜相準分給. 其餘五條 皆可.” 上皆從之 唯
적실 전계 자 합위 일변 의 상준 분급 기여 오조 개가 상개 종지 유

奴之良妻所生 依在前決絶例施行.
노 지 양처 소생 의 재전 결절 예 시행

癸亥 遣刑曹判書崔龍蘇 漢城府尹金謙如京師. 賀正也.
계해 견 형조판서 최용소 한성부윤 김겸 여 경사 하정 야

甲子 上詣仁德宮 告還也.
갑자 상 예 인덕궁 고환 야

濟州兵船一艘颺沒. 以護送敬差官也 逢倭相戰颺沒 溺死者六人.
제주 병선 일소 구몰 이 호송 경차관 야 봉왜 상전 구몰 익사자 육인

臺省不署檢校工曹參議朴賁兼成均司成告身. 賁以母曾見黜於父
대성 불서 검교 공조참의 박분 겸 성균사성 고신 분 이 모 증 견출 어부

擅自短喪 對妓妾 故臺省議之. 賁上書訴云: "臣但依禮文 何敢薄於
천자 단상 대 기첩 고 대성 의지 분 상서 소운 신 단 의 예문 하감 박어

母乎?" 上亦非之 然大臣薦之 故復除其職.
모 호 상 역 비지 연 대신 천지 고 부제 기직

乙丑 以海豐郡德水縣 屬留後司. 從政府之請也.
을축 이 해풍군 덕수현 속 유후사 종 정부 지 청야

釋徐省囚.
석 서성 수

丙寅 下副留後安純 前府尹朴習于巡禁司. 以安騭所告也. 騭曰:
병인 하 부유후 안순 전 부윤 박습 우 순금사 이 안질 소고 야 질왈

"向給馬朴蔓之事 純與我言曰: '我爲監司時 有此事 事亦干於我.'
향 급마 박만 지사 순 여 아 언왈 아 위 감사 시 유 차사 사 역 간어 아

習亦言之 非臣等所誣罔." 蓋習 孝孫之妹夫也 故陰嗾之. 巡禁司
습 역 언지 비 신등 소무망 개 습 효손 지 매부 야 고 음주 지 순금사

上言: "孝孫 安騭 全直 禹承範 崔孟良等 訪于私第 私相朋比 罪當
상언 효손 안질 전직 우승범 최맹량 등 방우 사제 사상 붕비 죄당

杖百." 命皆贖之. 朴習以親戚減三等 杖七十 命原之 以元從功臣
장백 명 개 속지 박습 이 친척 감 삼등 장 칠십 명 원지 이 원종공신

也.
야

移種柑橘數百株于全羅道海傍諸郡. 遣上林苑別監金用 往濟州
이종 감귤 수백 주 우 전라도 해방 제군 견 상림원 별감 김용 왕 제주

移之.
이지

丁卯 命大護軍李君實 行視楊根 砥平 洪川 橫川 以覘禽獸之
정묘 명 대호군 이군실 행시 양근 지평 홍천 횡천 이첨 금수 지

多少也.
다소 야

議政府啓行楮貨法. 啓曰: "中國寶鈔 薄而柔軟 齎持貿易者 或爲
의정부 계 행 저화법 계왈 중국 보초 박이 유연 재지 무역 자 혹 위

一皴 或爲二皴 或至三四皴 或匿於袖裏 或藏於靴 不以齎持爲難
일추 혹위 이추 혹지 삼사 추 혹장어 수리 혹장어 화 불이 재지 위난

雖至破缺 亦相貿易. 但以新舊論價有差 及其全不可用 然後納官
수지 파결 역상 무역 단이 신구 논가 유차 급기 전 불가용 연후 납관

換受. 今國朝楮貨 厚而勁 小有皴者不用 小軟小缺 亦皆不用. 人以
환수 금국조 저화 후이경 소유 추자불용 소연 소결 역개 불용 인이

齎持行使爲難 至有糊貼補缺 以獲重罪. 自今公私行使楮貨 皆令
재지 행사 위난 지유 호첩 보결 이획 중죄 자금 공사 행사 저화 개영

有皴 不拘皴數 雖至柔軟破缺 亦許行使. 若値納官 官吏不得點退;
유추 불구 추수 수지 유연 파결 역허 행사 약치 납관 관리 부득 점퇴

全破不用者 所掌官皆許易給; 官吏點退者及私不行使者 許人陳告.
전파 불용 자 소장 관개허 역급 관리 점퇴 자급사 불 행사 자 허인 진고

依大明鈔法律 民間買賣及諸色課程 竝聽收受 違者杖一百." 從之.
의 대명 초법 률 민간 매매 급 제색 과정 병청 수수 위자 장 일백 종지

命政府議憲府上疏:
명 정부 의 헌부 상소

'一 奴婢之訟 奸詐之徒 務爲貪得 告訴無際 惟我聖上 灼知是弊
일 노비 지송 간사 지도 무위 탐득 고소 무제 유아 성상 작지 시폐

許令當時得決者給之. 伏望殿下 令攸司 竝於時得決者給之.
허령 당시 득결 자 급지 복망 전하 영유사 병어 시 득결 자 급지

一 生民之始 未有尊卑之分. 伏望殿下 體生民之化 將限年呈狀
일 생민 지시 미유 존비 지분 복망 전하 체 생민 지화 장 한년 정장

良賤相訟迨今未決者 勿論前決有無 悉屬司宰水軍.'
양천 상송 태금 미결 자 물론 전결 유무 실속 사재 수군

"右二條 依九月初一日以前受敎施行."
우 이조 의 구월 초일일 이전 수교 시행

'一 官有大小 才有長短 故人不稱任 官廢其職 則未見其能濟也.
일 관유 대소 재유 장단 고인 불 칭임 관폐 기직 즉 미견 기능 제 야

苟其才長且能者 陞諸大郡 以示爲官擇人之意 其短且不能者 任之
구 기재 장차 능자 승저 대군 이시 위관 택인 지의 기단 차 불능 자 임지

小縣 不悖於用人不求備之意矣. 如此則人稱其職任 無不修矣.'
소현 불패 어 용인 불 구비 지의 의 여차 즉 인칭 기 직임 무 불수 의

"右條 如憲府所申施行."
우조 여 헌부 소신 시행

'一 漢城府 掌都城五部 視事素煩 今又移刑曹所訟 而郎官之額
일 한성부 장 도성 오부 시사 소번 금우 이 형조 소송 이 낭관 지액

不加於古. 罷尹一位 添置郎官 分掌聽斷 則吏擧其職 訟自無滯矣.'
불가 어고 파윤 일위 첨치 낭관 분장 청단 즉 이거 기직 송자 무체 의

"右條 以各司職閑者 兼判官一 兼參軍二差下." 從之.
우조 이 각사 직한 자 겸 판관 일 겸 참군 이 차하 종지

司諫院上書 條陳奴婢事宜:

'一 兩邊皆無官決 事可東可西者 中分. 一邊曾得官決 一邊無 官決濫訟者 以時得官決使用者給之.

一 奸猾之徒 飾詐相訟 情僞現露 自知其非 累年不現者 得與 中分 則奸猾之幸也.

至五年終不現身相訟者 勿許中分.

一 收養 卽同己子 雖無傳繼奴婢 全給 侍養則差分 曾有著令. 今 不辨收養侍養 亦許中分 殊失永爲遵守之法 願差等分給.

一 中分奴婢數少 則以未産所生充給 然得奴婢者 或稱物故 或稱 無産 則後日爭訟之端 始起於此. 未産所生 勿竝充給.

一 奸貪之輩 務得爲要 逃亡奴婢 招引隱匿 或藉文案 以爲己有 理宜分辨. 九月初一日前後勿論 許令受治.

一 僞造文字 情迹已著者 幷爲中分 則奸詐之幸 正直者之不幸 勿許中分.

一 無子息人奴婢 依前限四寸分給 限外濫訟者 勿許竝分 一依 遵守之法.

一 僥倖之徒 冒濫呈狀後 不告彼邊 彼邊不知 全不相訟者 勿許 中分.'

下政府擬議. 河崙等議得: "上項八條內 僞造文字 情迹已著者 勿許中分 以懲奸詐之條 依諫院所申. 無子息人奴婢 限四寸分給

限外竝分之條 一般四寸呈狀身故者 子孫幷給. 其餘六條 擧行

未便." 柳廷顯 韓尙敬 沈溫等議得: "右八條內 僥倖之徒 冒濫呈狀

後 不告彼邊 彼邊不知 全不相訟者 勿許中分之條 依諫院所申

施行." 從之.

戊辰 罷趙英茂爲漢山府院君 柳亮文城府院君. 以南在爲

右政丞 李天祐議政府贊成事 李叔蕃 朴訔參贊議政府事 柳廷顯

兵曹判書 韓尙敬吏曹判書 趙涓知議政府事 朴子靑右軍都摠制

成發道刑曹判書 崔龍蘇工曹判書 沈溫司憲府大司憲 李原永吉道

都巡問察理使 崔迤平安道都巡問察理使 尹坤慶州安東道

兵馬都節制使 李從茂永吉道都安撫使 金承霍平安道都安撫使. 陞

濟州都安撫使尹臨資. 初 上召河崙 李叔蕃曰: "今趙英茂有疾日久

誰可代者? 予觀宋史 爲宰相者 或罷或除 殆無虛歲. 予則以爲宰相

者 實難其人. 太祖之相 唯趙浚 金士衡耳. 今有李稷 宜代其任.

至于世子之時 豈可無相? 且稷與左相有親戚之嫌 今則未可也. 唯

南在在焉. 然在凡事 刦於勇爲 爲之乃何?" 崙對曰: "凡事不卽勇爲

者 英茂尤甚. 臣等欲行一事 則固止之 故行事甚難." 上笑曰: "趙公

直故也." 崙曰: "古有卜相 何如?" 上曰: "凡占 惟先蔽志 我志之斷

卽天地宗廟之卜也."

京畿 馬山道丞改靑坡 金谷道丞改重林 豐海道七站改 洞仙寶山

道. 加置京畿靑郊道 慶尙金泉道驛丞.

命復四品以上官教法. 命曰: "朝謝之法 古史無之 宜復四品以上
명복 사품 이상 관교 법 명왈 조사 지법 고사 무지 의복 사품 이상

官教之法." 初 安省 李天祐 李之崇 柳廷顯告身 爲臺省所不署 故有
관교 지법 초 안성 이천우 이지숭 유정현 고신 위 대성 소 불서 고유

是命.
시명

河崙 李叔蕃密復于上曰: "桓王之妾子孫 開國之初 驟至大官.
하륜 이숙번 밀복 우 상왈 환왕 지첩 자손 개국 지초 취지 대관

自今其子孫 雖有功勞 但賞以田民錢帛 勿任顯秩." 上令代言李灌
자금 기 자손 수유 공로 단상 이 전민 전백 물임 현질 상영 대언 이관

備書于內藏宗親錄.
비서 우 내장 종친록

命還給金音告身. 司憲府請勿還給 不聽. 河崙子久 娶音女 故有
명 환급 김음 고신 사헌부 청물 환급 불청 하륜 자구 취음녀 고유

是命.
시명

己巳 暖如春氣.
기사 난여 춘기

釋尹向 安純 罷其職. 巡禁司訊問時 純曰: "非我所言." 與蓍相詰
석 윤향 안순 파 기직 순금사 신문 시 순왈 비아 소언 여질 상힐

不報 故得免. 其實則純言之. 向給馬之事 其迹已著 上特寬之 幷
불보 고 득면 기실 즉 순언지 향 급마 지사 기적 이저 상특 관지 병

徐省只罷其職.
서성 지파 기직

庚午 上奉迎上王 設宴于廣延樓 極歡夜罷. 上謂汝知曰: "我
경오 상 봉영 상왕 설연 우 광연루 극환 야파 상위 여지 왈 아

昆弟雖多 今日在此 唯我與上王耳. 父母之靈 祇自知爾 卿其往迎
곤제 수다 금일 재차 유아 여 상왕 이 부모 지령 기 자지 이 경기 왕영

上王以來."
상왕 이래

通事宣存義 回自京師 收崔浩之骨而來. 命曰: "今後赴京使臣
통사 선존의 회자 경사 수 최호 지골 이래 명왈 금후 부경 사신

易換象毛 以充國用 永爲常例."
역환 상모 이충 국용 영위 상례

命永吉道都巡問使 進堆困鷹子.
명 영길도 도순문사 진 퇴곤응자

壬申 暖如春氣 夜大風.
임신 난여 춘기 야 대풍

癸酉 陰雨大風.
계유 음우 대풍

甲戌 免東北面吉州月課軍器. 以蟲損尤甚故也.
갑술 면 동북면 길주 월과군기 이 충손 우심 고야

乙亥 上奉上王 畋于楊州天寶山海龍山. 初 上召李叔蕃曰: "前日
을해 상 봉 상왕 전우 양주 천보산 해룡산 초 상 소 이숙번 왈 전일

上王謂予曰: '請同日觀獵.' 今將如何?" 叔蕃對曰: "南巡未久 無乃
상왕 위 여왈 청 동일 관렵 금장 여하 숙번 대왈 남순 미구 무내

亟乎?" 上曰: "不可食言 其將何以?" 叔蕃曰: "然則獵於近郊可也."
극호 상왈 불가 식언 기장 하이 숙번 왈 연즉 엽 어 근교 가야

遂定海龍山之行. 上慮政府臺諫以爲言 秘之.
수정 해룡산 지행 상 려 정부 대간 이 위언 비지

丙子 駕留楓川 射鹿三狐一.
병자 가류 풍천 사록 삼 호 일

遣內侍別監 祭海龍山神.
견 내시별감 제 해룡산 신

태종 13년 계사년
11월

十一月

정축일(丁丑日-1일) 초하루에 중관(中官)을 보내 날짐승을 성비전(誠妃殿)에 드렸다. 조영무(趙英茂)에게도 내려주었으니 영무(英茂)가 병들었기 때문이다.

무인일(戊寅日-2일)에 환궁(還宮)했다. 상왕(上王)을 받들고 송계원(松溪院)에서 잔치를 베풀어 극진히 즐거워하다가 밤에 돌아왔다. 올량합(兀良哈) 이도을치(李都乙赤)도 시종했는데, 술에 취해 칼로 개배(蓋陪)¹ 1인을 찔렀다.

기묘일(己卯日-3일)에 공안부 윤(恭安府尹)으로 치사(致仕-은퇴)한 당성(唐誠)이 졸(卒)했다. 성(誠)은 (중국) 강절(江浙)의 명주(明州) 사람이다. 원(元)나라 말에 병란을 피해 동쪽으로 왔는데, 처음에 정동행성(征東行省)²의 연리(掾吏-하급 관리)가 됐으나 행성(行省)이 혁파되자 중랑장(中郎將)으로 사평순위부(司平巡衛府)의 평사(評事)

---

1 임금이 거둥할 때 청개나 홍개를 받쳐 들고 따라다니는 사람을 말한다.
2 원(元)나라에서 고려에 두었던 관청이다. 세조(世祖) 때 일본을 정벌하기 위해 정동행중서성(征東行中書省)이라는 관부(官府)를 설치했는데, 2차 원정이 실패로 끝난 뒤에도 정동행성으로 고쳐 원나라의 관리를 내주(來駐)시키고 고려의 내정(內政)을 감시하거나 간섭했다. 공민왕(恭愍王)의 배원(排元) 정책으로 폐지됐다.

가 됐다. 율령(律令)에 능통하고 밝아서 일을 만날 적마다 용감히 말했다. 당시 국정을 맡은 자가 성석린(成石璘)이 자기에게 붙지 않는 것을 미워해서 죄를 무고해 하옥(下獄)하고 병마 도통사(兵馬都統使) 최영(崔瑩)을 부추겨 장차 극형에 처하려 하니, 성이 그 죄가 사형에 이르지 않는다고 말했으나 영(瑩)이 듣지 않았다. 성이 굳게 다투었으나 어쩔 수가 없게 되자, 드디어 율문을 집어 땅에 던지면서 영에게 일러 말했다.

"도통(都統)이 율문보다 먼저 났습니까? 아니면 율문이 도통보다 먼저 났습니까? 도통이 어찌하여 자기 한 사람의 견해로써 율문을 버리십니까?"

영은 당성이 강직하다고 하여 노하지 않았고, 우리 태조 또한 석린(石璘)을 구해내려 했으므로[營救] 마침내 사형에서 감형할 수 있
영구
었다. 관직을 여러 번 옮겨 판전농시사(判典農寺事)에 이르렀고, 이원필(李元弼)을 대신해 사대이문(事大吏文)을 맡았다. 태조가 즉위하게 되자 호조·예조·형조·공조의 4조 전서(典書)를 거쳤다. 일찍이 노비를 변정도감(辨定都監)에 소송했다가 이기지 못하니 조회에서 큰 소리로 말했다.

"이제 이 도감(都監)은 변정(辨定)하는 것이 아니라 부정(不定)하는 것이다."

이 때문에 연좌돼 면관(免官)되었으나, 얼마 있지 않아서 검교 판한성부사(檢校判漢城府事)로서 문서응봉사(文書應奉司-외교 문서 작성 기관)의 제조(提調)가 되었다. 신사년(辛巳年-1401년)에 상이 이미 고명(誥命)을 받게 되니, 성이 면알(面謁)해 아뢰어 말했다.

"지난번에는 국함(國銜-임금의 직함)을 '권서국사(權署國事)'라고 칭했으나 이제는 다만 '국왕(國王)'이라고 칭하니, 이름이 바르고 말이 간단해 매우 좋습니다."

이어서 땅에 엎드려 청했다.

"소신(小臣)의 두함(頭銜-직함의 앞머리)에서도 검교(檢校)³ 두 자를 없애고자 합니다."

상이 웃으면서 개성 부유후(開城副留後)로 고쳐 임명했다. 다시 공안부 윤(恭安府尹)에 옮겼다가 기축년(己丑年-1409년)에 본관(本官) 그대로 치사(致仕)했다. 상이 녹봉을 온전하게 종신토록 주라고 명했다. 성은 성질이 부지런하고 조심스러웠으며[勤謹] 나이 70이 넘어도 정력이 쇠퇴하지 않았다. 무릇 사대문자(事大文字-명나라에 보내는 외교 문서)가 있을 때는 반드시 친히 살피고 가다듬어 조금도 차오(差誤)가 없었으므로 상이 믿고 맡겼으며, 본향(本鄕)을 밀양(密陽)으로 내려주었다. 졸(卒)할 때 나이가 77세였다. 상이 매우 슬퍼하며 중관(中官)을 보내 조문(弔問)하고, 부의(賻儀)로 쌀과 콩 각각 40석과 종이 150권을 내려주었으며, 관곽(棺槨)을 주고 사제(賜祭)했다. 중궁(中宮)도 사제(賜祭)했다. 성석린이 시(詩)로써 애곡(哀哭)했다.

"학문과 이문(吏文)을 겸해 양쪽이 정강(精强)하니, 동방에 유익함을 누가 견줄 수 있으리오? 도통(都統)과 율문(律文)의 선후 이야기, 이 생에 갚기 어렵고 죽어도 잊기 어렵네."

---

3 여말선초(麗末鮮初)에 정원(定員) 외에 임시로 녹봉(祿俸)을 주기 위해 설치한 허직(虛職)에 붙이던 칭호다. 주로 정부에서 기구대신(耆舊大臣)을 무마하기 위한 방편이었는데, 녹봉만 받고 하는 일은 없었으므로 곧 폐지됐다.

○ 여진(女眞)의 자제 42인이 오니, 쌀과 콩을 사람마다 각각 5석씩 내려주었다.

○ 감찰(監察) 정기(鄭其) 등 9인이 글을 올렸다. 글은 이러했다.

'요즈음 대장(臺長)[4]이 모두 탄핵을 당하자 감찰 손관(孫寬)이 감찰 황경돈(黃敬敦)·박전(朴箋)으로 하여금 마음대로 대고(臺庫)[5]를 열게 했습니다. 청컨대 유사(攸司)에 내려 그 까닭을 국문(鞫問)하소서.'

상이 즉시 헌부(憲府)로 하여금 이를 다스리게 했다. 기(其) 등이 글을 올린 것은 지난달 18일에 있었던 것이나, 대언사(代言司) 김여지(金汝知)가 슬그머니 관(寬)의 무리를 비호(庇護)해 즉시 계달(啓達)하지 않았다.

경진일(庚辰日-4일)에 사간원에서 소(疏)를 올렸다. 소는 대략 이러했다.

'법령을 어지럽게 고치는 것은 옛날의 뛰어난 사람들[古人]이 경계한 바이니, 아침에 만들고 저녁에 고친다면 아래 백성이 어떻게 보겠습니까? 여러 관원의 고신(告身)을 대간(臺諫)에서 서경(署經)하는 것은 절의(節義)를 장려하고 염치(廉恥)를 닦으려는 것입니다. 부월(鈇鉞)을 쓰지 않아도 사람들이 스스로 두려워하므로, 인심을 (좋은

---

4   사헌부나 사간원에서 실무(實務)를 전장(專掌)하던 각 분서(分署)의 우두머리로, 사헌부의 집의(執義)·장령(掌令)·지평(持平), 사간원의 사간(司諫)·헌납(獻納)이 이에 해당한다.
5   사헌부나 사간원에서 중요한 문서를 넣어 보관하던 창고(倉庫)를 말한다.

쪽으로) 옮겨가게 가고 다스림을 통해 교화[治化]를 비보(裨補-보완) 하는 데는 이보다 급한 일이 없습니다. 대간에서 행하기를 청해 유윤(兪允)을 받아 시행한 지 몇 개월 만에 갑자기 변경하기에 이르니, 매우 잘못된 것입니다. 서사(署謝)의 법은 또한 인물을 토의할 수 있어, 뛰어난 이를 세우고 그 출신을 묻지 않으니[立賢無方] 성현이 가르치신 바입니다. 진실로 그가 뛰어난 사람이면 비록 옹유승추(甕牖 繩樞)⁶의 한미(寒微)한 출신이라 하더라도 반드시 일을 능하게 처리할 수 있으며, 진실로 불초한 사람이면 의관벌열(衣冠閥閱-양반 세도 집안)의 훌륭한 출신이라 하더라도 나라에 무슨 도움이 있겠습니까? 오늘날의 서사(署謝)는 혹은 이러한 뜻에 어두워서 드디어 아름다운 법으로 하여금 능히 시행하지 못하게 합니다. 신 등은 1품 이하의 서사(署謝)의 법을 변경하지 말기를 바랍니다. 그 인물을 평론(評論)할 즈음에 그 재행(才行)을 중히 여기고 그 세계(世系)를 가볍게 여긴다면, 뛰어난 이를 중히 여기는 방도와 선비를 권려(勸勵)하는 방도가 거의 양득(兩得)할 것입니다.'

상이 이를 읽어보고 말했다.

"아침에 법을 만들고 저녁에 고친다면 진실로 부끄러운 일이다. 그러나 고신(告身)의 법은 옛 역사에 없는 것이며, 관교(官敎)의 법은 태조 때의 아름다운 법이니 고칠 수가 없다. 다시 말하지 말라."

조회가 끝나자 김여지(金汝知)에게 일러 말했다.

"대간(臺諫)으로 하여금 사정(私情)으로써 일을 행하지 말게 하라.

---

6 집이 가난해 깨진 옹기의 아가리로 창을 만들고 새끼로 얽어 만든 집이라는 뜻이다.

전조(前朝)의 대간이 모두 대신에게 붙어서 자기의 뜻을 행하던 것은 내가 친히 본 바다. 근일에 대간에서 서로 붕당을 만들고 패를 지어 그 죄를 면치 못했으니 부끄럽지도 않은가!"

○ 사헌부에서 소(疏)를 올렸다. 소는 대략 이러했다.

'우리 동방이 왕씨(王氏-왕건)가 통합한 이래로 관직에 대소가 없이 모두 고신(告身)을 대간에서 서경(署經)하도록 기다렸는데, 그 가운데 혹은 세계(世系) 출신(出身)에 결점이 있거나 행동에 불결함이 있는 자는 반드시 고신을 미뤄서 이를 징계했습니다. 이러한 까닭으로 사람이 각각 칙려(飭勵)해 절조(節操)를 숭상하기에 힘썼으므로 나라가 공고(鞏固)해져 거의 500년을 유지했습니다. 생각건대 우리 태조께서 천운(天運)에 응해 개국(開國)하고 경륜(經綸)을 세우고 기강을 편 것이 자손만세를 위한 염려가 아닌 것이 없습니다. 오직 고신(告身)을 대간에서 서경(署經)하는 것은 5품으로 그치게 했고, 그 후에 의견이 나와 4품에까지 시행한 적이 있었습니다. 이것은 국초(國初)의 일시적인 권도(權道-임시방책)요, 만세토록 지켜갈 계책은 아니었습니다. 이때 이후부터 인심이 날로 해이해져 관교(官敎)를 받게 되면 간혹 대간을 가리키면서 비웃는 자도 있습니다. 이제 우리 전하께서 이러한 폐단을 훤하게 아시어 금년 4월부터 고신(告身)의 옛 법을 비로소 시행해서 거의 인심에 금방(禁防)하는 바가 있었습니다만, 1년이 채 넘지도 않아서 변경하셨습니다. 엎드려 바라건대 전하께서는 고신(告身)의 옛 법을 부활해 모두 대간에서 서경(署經)하게 하소서.'

들어주지 않았다.

○ 과전(科田)에 5분의 1을 거두는 법을 폐지하라고 명했다. 의정부에서는 옳지 못하다고 했다. 상이 말했다.

"지난번에는[向=向者] 상국에 변란이 있다는 소문을 들은 까닭으로 5분이 1을 거둬서 군량에 대비하라고 명했다. 이즈음은 변란이 없어 군량이 풍족한데 어찌 반드시 한사(寒士)의 작은 물건[涓埃]을 취해 공실(公室)을 돕게 하겠는가! 만약 변란이 있다면 비록 전액을 거두더라도 진실로 해로움이 없을 것이다."

○ 처음으로 홍원 현감(洪原縣監)을 두었다. 영길도 도순문사(永吉道都巡問使) 이원(李原)의 보고에 따른 것이다.

○ 예조에서 글을 올려 사전(祀典)에 관해 여러 조목을 진달(陳達)했다.

'하나, 삼가 당(唐)나라 「예악지(禮樂志)」를 살펴보니 옛 선제왕(先帝王-돌아가신 제왕)들을 아울러 중사(中祀)[7]에 두었고 국조(國朝)에서도 선농(先農)·선잠(先蠶)·문선왕(文宣王-공자)을 중사에 두었으니, 단군(檀君)·기자(箕子)·전조 태조(前朝太祖-왕건)를 마땅히 중사에 올리소서.

하나, 종묘(宗廟)의 봉사(奉祀)는 5실(五室)에 그치는데 전조(前朝)의 주(主-임금) 가운데 제사하는 것이 8위(八位)에 이르니 예에 합당하지 않은 것 같습니다. 태조 이하 7위(七位)[8] 가운데 현종(顯宗)은

---

7 나라에서 지내는 제사의 하나로, 국가의 제2등급 사전(祀典)이다.
8 고려 태조(太祖)·혜종(惠宗)·성종(成宗)·현종(顯宗)·문종(文宗)·충경왕(忠敬王-元宗)·충렬왕(忠烈王)·공민왕(恭愍王)의 7왕을 가리킨다. 정종 원년 4월에 마전현(麻田縣)에 사당을 세우고 제사를 지내게 했는데, 7왕은 모두 국가에 공이 있기 때문이다.

요(遼)나라의 외적을 능히 몰아내 백성의 피해를 없앴고 공민왕(恭愍王)은 능히 명(明)나라에 사대(事大)해 민생(民生)을 안정시켰으므로, 동방(東方)에 공이 있으니 의리상 아울러 제사하는 것이 마땅합니다. 그 나머지 5위(位)는 혁거(革去)해 없애도록 하소서.

하나, 삼가 교서관(校書館) 축판식(祝板式)을 보니 단군(檀君)과 기자(箕子)에게는 '국왕(國王)'이라 칭하고 전조(前朝) 태조는 '조선국왕(朝鮮國王)'이라 칭하니 의리에 합하지 않은 것 같습니다. 단군과 기자에게도 '조선 국왕'이라고 칭하도록 허락하소서. 경내 산천(境內山川)은 '국왕'이라 칭하고 망제 북교(望祭北郊)는 '조선 국왕'이라 칭하니 의리에 합하지 않습니다. 북교(北郊)에도 '국왕'이라 칭하도록 허락하소서. 마조(馬祖)의 축(祝)은 '조선 국왕'이라 칭하고 선목(先牧-말을 처음 길렀다고 하는 사람)의 축(祝)은 '국왕'이라 칭하는데, 선목은 경내(境內)의 신이 아니니 마조의 예에 의하도록 허락하소서.'

또 말씀을 올렸다.

"사복시(司僕寺)에서 무당과 박수가 마신(馬神)에게 제사를 지내니 음사(淫祀)입니다. 청컨대 이제부터 마조(馬祖)·마보(馬步)·마사(馬社)·선목(先牧)의 신에게 제사 지낼 때 사복시의 관원으로 하여금 향(香)을 받아서 제사 지내게 하소서."

또 아뢰었다.

"대조회(大朝會)에서 전하께서 출입할 때 통찬(通贊)이 '국궁(鞠躬-몸을 굽혀 절하는 것)·평신(平身)하라'라고 창(唱)하는데, 금후로는 매 아일(衙日)과 모든 조회(朝會)에도 이 예에 의하소서."

아울러 그것들을 따랐다.

신사일(辛巳日-5일)에 사헌부에서 글을 올렸다. 글은 이러했다.

'토질에 따라 공부(貢賦)를 정하는 것은 고금의 아름다운 법[令典]
입니다. (중국 하나라) 우(禹)가 9주(九州)를 나눠 그 공부(貢賦)에
등급을 둔 것은 대개 지방의 토질에 알맞음에 따라 거두자는 것입
니다. 우리나라 조정에서도 토질에 따라 공부(貢賦)를 거두는 제도
가 오래되었습니다만, 오로지 동계(東界)·서계(西界) 두 계(界)만은
전조(前朝) 때에 여러 번 병란(兵亂)을 겪었으므로 주(州)·군(郡)이
소란해 전지가 황폐해졌습니다. 백성을 옮겨 진(鎭)에 입거(入居)시
켜서 수어(守禦-방어)에 이바지하게 했고, 잠정적으로 일경(日耕)의
법을 만들어 그 수조(收租)를 관대하게 해서 민생을 넉넉하게 했으
니, 공부(貢賦)의 법은 미처 시행할 겨를이 없었습니다. 성조(盛朝-
성대한 조정 조선)가 개국(開國)해 민생을 휴양시켜 편안하게 살게 한
지 20여 년입니다. 이미 사람이 많아지고 생활이 넉넉해졌으며[既庶
既富]⁹ 전야(田野)가 날로 개간되고 경계(經界)가 바로잡혔으니, 공부
(貢賦)를 시행해 주상(主上)을 봉공(奉供)할 때가 바로 이때입니다.
순문관(巡問官)·총융관(摠戎官)이 토산(土産)을 많이 거두고도 일찍
이 조정에 운수(運輸) 공납(貢納)하지 않고 다만 영(營) 안의 비용으
로 충당하니, 나라에는 보탬이 없습니다. 빌건대 각 도의 예에 의해

---

9 이는 『논어(論語)』 「자로(子路)」에 나오는 표현을 활용한 것이다. "공자가 위나라에 갈 때
염유가 수레를 몰았다. 공자가 '인민이 많구나!'라고 하자 염유는 '이미 인민이 많으면 또
무엇을 더해야 합니까?'라고 물었다. 공자는 '그들을 부유하게 해주어야 한다'고 답했다.
또 염유가 '이미 부유해지면 또 무엇을 더해야 합니까?'라고 묻자 공자는 '(예의와 염치를)
가르쳐야 한다'고 답했다."

토산물을 가지고 참작해 액수(額數)를 정해서 상공(常貢)을 삼도록 하소서.'

정부에 내려 그것을 토의하게 하니, 모두 가(可)하다고 했다. 상이 명했다.

"전에 수조(收租)하던 것을 가지고 수를 조정해, 그 도에 부득이한 경비를 제외하고 모두 서울에 수납(輸納)하게 하라."

○ 일본 살마주(薩摩州) 원우진(源佑鎭)의 사인(使人)이 와서 토산물을 바쳤다.

○ 명통사(明通寺)의 판수[盲人] 등에게 쌀 30석을 내려주었다.
맹인

○ 코끼리를 전라도의 해도(海島)에 두도록 명했다.

병조판서 유정현(柳廷顯)이 진언(進言)했다.

"일본국에서 바친 길들인 코끼리[馴象]는 이미 상께서 완호(玩好)
순상
하는 물건도 아니요, 나라에 이익도 없습니다. 두 사람이 다쳤는데, 만약 법으로 논한다면 사람을 죽인 것은 죽이는 것이 마땅합니다. 또 1년에 먹이는 꼴은 콩이 거의 수백 석에 이릅니다. 청컨대 (주공 (周公)이) 물소와 코끼리를 몰아낸 고사(故事)[10]를 본받아 전라도의 해도(海島)에 두소서."

---

10 이는 『맹자(孟子)』「등문공하(滕文公下)」에 나온다. "맹자가 말했다. '이에 주공(周公)이 무왕(武王)을 도와 주임금을 주벌하고 (이어) (동쪽에 있는 나라로 주임금을 지원하던) 엄(奄)나라 정벌에 나서 3년 만에 그 임금을 주토하고 이어 (주임금이 총애하던 신하) 비렴(飛廉)을 바닷가로 몰아내어 죽이니 이때 멸망시킨 나라가 50개였고, 호랑이·표범·물소·코끼리 같은 맹수들을 멀리 내쫓아버리니 온 세상 백성들이 크게 기뻐했다.'"

상이 웃으면서 그것을 따랐다.

임오일(壬午日-6일)에 의정부의 제경(諸卿)과 성산부원군(星山府院君) 이직(李稷)을 불러서 만나보고 경성(京城)의 동쪽·서쪽 두 모퉁이를 더 넓히는 것의 편부(便否)를 토의했다. 우정승 남재(南在)가 진언(進言)했다.

"무인정사(戊寅定社)를 당했을 때 전하께서 신에게 곡진히 구호(救護)를 더하셨고, 몸이 이미 백골(白骨)이 된 신에게 이제 또 우상(右相)이 되라고 명하시니, 의리로서는 군신(君臣)이나 은혜로서는 부자(父子)와 같습니다. 다만 신하의 직임을 위해서는 직언(直言)하고 극간(極諫)하는 것이 마땅하나 그렇게 되면 은의를 상할까 두렵습니다."

상이 말했다.

"종사의 영령(英靈)이 몰래 나의 마음을 움직였던 까닭으로 경(卿)을 써서 재상으로 삼은 것일 뿐이다. 직언(直言)이라면 관리 가운데 맡은 직책이 있으니, 경은 그럴 필요가 없다."

대답해 말했다.

"재상이 돼 어찌 감히 입을 다물고 녹(祿)만 축낼 수 있겠습니까? 또 선덕(善德)을 본받는 것[體元]은 임금의 직책이요 선덕(善德)을 조화시키는 것[調元]은 재상의 일이나, 신은 아직 어떻게 조화시키는지 알지 못합니다."

상이 웃었다. 하륜(河崙)이 말씀을 올렸다.

"일찍이 사문(沙門-승려)이 되어 승직(僧職)을 얻었던 자가 환속하면 사진(仕進)할 방도가 없습니다. 빌건대 검교(檢校)의 직을 제수해 제생원(濟生院)과 혜민국(惠民局)의 직사를 겸하게 하고, 본직(本職)에서 6급을 내려 그 녹을 주소서."

그것을 따랐다.

○ 양근(楊根-양평)·원주(原州) 횡천(橫川-횡성) 등지에서 사렵(私獵)하는 것을 금지하라고 명했다.

○ 노비 중분(中分)의 법을 거듭 엄하게 했다[申嚴]. 의정부에서 아뢰었다.

"양쪽 편이 노비를 중분(中分)하면 한당 노비(限當奴婢)[11]를 간사하고 탐혹한 무리가 시집(時執)[12]해서 역사(役事)시키는 것만 달갑게 생각할 뿐 교지(敎旨)를 따르지 않으며, 즉시 제비를 뽑아[執籌] 중분(中分)하지 않는 자가 자못 많습니다. 금후로는 원고나 피고[元隻] 가운데 제비를 뽑지 않는 자는 그 노비를 아울러 모두 속공(屬公)하소서."

다시 중분(中分)의 법을 명하면서, 사람의 수를 논하지 말고 다만 양쪽 편에 중분(中分)하라고 했다.

갑신일(甲申日-8일)에 상왕(上王)이 상을 인덕궁(仁德宮)에 청해 맞이해서 술자리를 베풀고 극진히 즐겼다.

---

11 기한을 한정해 서로 중분(中分)하게 한 노비를 말한다.
12 특정 시점에 노비를 소유하고 있는 것을 말한다.

을유일(乙酉日-9일) 해 질 무렵에 안개가 끼어 지척(咫尺)에서도 사람을 분별하지 못할 정도였다.

○ 건주위(建州衛) 천호(千戶) 김희주(金希珠)가 사람을 시켜 토산물을 바쳤다. 일기주(一岐州) 상만호(上萬戶) 대랑고라(大郎古羅)가 그 아들 귀생(貴生)을 보내 토산물[土宜]을 바치고 귀생에게 수직(授職)하기를 청했다.

○ 지평 현감(砥平縣監) 안여경(安餘慶)을 순금사(巡禁司)에 내렸다. 순금사에서 안핵 심문하여 여경(餘慶)이 국마(國馬)를 기르는 데 조심하지 않아 말을 야위고 파리하게[瘦瘠] 만든 죄로써 아뢰니, 도형(徒刑) 3년을 면제하고 다만 장(杖) 100대만 속(贖) 받으라고 명했다.

병술일(丙戌日-10일)에 날씨가 봄 같았다.

○ 정부에서 호패(號牌)의 사의(事宜)를 아뢰었다.

정부에서 한성부(漢城府)의 정문(呈文)에 의거해 아뢰었다.

"지금의 호패에서는 동반(東班)은 9품까지 나이와 용모를 쓰지 않으나 서반(西班)은 첨총제(僉摠制)에서 부사정(副司正)까지 모두 이를 쓰니 부적절한 것 같습니다. 서반 4품 이상은 청컨대 동반의 예에 의하도록 하소서."

그것을 따랐다.

○ 한평군(漢平君) 조연(趙涓)을 겸 사복시판사(兼司僕寺判事)로 삼고, 오치선(吳致善)을 봉례랑(奉禮郎)으로 삼았다. 치선(致善)은 바

로 고(故) 장군(將軍) 김덕생(金德生)의 사위였다. 덕생(德生)은 일찍 이 상이 잠저(潛邸)에 계실 때 수종해 호랑이를 잡는 데 공로가 있 었다. 이제 치선을 등용한 것은 이 공로 때문이다.

정해일(丁亥日·11일)에 각사(各司)에서 노비의 소송을 결절(決絶)하 라고 명했다.

의정부에서 아뢰었다.

"형조와 도관(都官)에서 관원(官員)은 적고 송사(訟事)는 많아 정 한 기일 안에 미처 판결을 끝마칠 수 없습니다. 빌건대 전조(前朝) 변 정도감(辨定都監)의 예에 의거해서 각사(各司)에 나눠 보내, 그 행수 (行首)[13]로 하여금 각 방장(房掌)[14]에게 나눠 배정해 결절(決絶)하고 서, 사유를 갖춰 이문(移文)해 도관(都官)에서 입안(立案)하고 성급 (成給)하게 하소서. 만약 오결(誤決)한 것이 있으면 교지(教旨)에 의 해서 행수(行首)와 방장(房掌)을 논죄하소서."

그것을 따랐다. 각사(各司)에 나눠 보낸 것이 모두 2,100여 건이 었다.

○ 각 도 각 고을의 향교(鄕校)의 노비 수를 정했다.

강원도 도관찰사가 아뢰었다.

---

13 각 관아의 같은 계품(階品)의 관리 가운데 가장 우두머리에 해당하는 관원을 말한다.
14 관아(官衙)에서 실무(實務)를 나눠 맡아 처리하는 관원 또는 그 관서를 말한다.

'외방(外方) 각 고을의 향교의 노비는 유수관(留守官)에는 20호씩, 대도호부(大都護府)·목관(牧官)에는 15호씩, 도호부(都護府)에는 10호씩, 지관(知官)에는 7호씩, 현령(縣令)·현감(縣監)에는 5호씩으로 하고 정한 액수 외의 노비는 모두 노비가 없는 향교에 이속(移屬)해 그 액수를 충원하소서.'

그것을 따랐다.

○ 각 품(品) 농사(農舍)의 울타리 둘레[欄園]의 보수(步數)를 정했다.
_{난원}

졸(卒)한 참찬(參贊) 최유경(崔有慶)의 아내 이씨(李氏)가 정부에 고소했다.

"죽은 남편의 장지(葬地)를 용구현(龍駒縣)의 전 장군(將軍) 김소남(金召南)의 농사(農舍) 곁에 복택(卜宅)했는데, 영구(靈柩)가 이르니 소남(召南)이 이를 저지했습니다."

정부에서 의견을 아뢰었다.

"1품 이하에서 서인(庶人)까지 분묘(墳墓)의 영내 장승[椿]에는 모두 정한 제도가 있으나 농사(農舍)의 울타리 둘레는 아직 정한 제도가 없습니다. 부강(富强)한 자가 산과 들을 넓게 점령해 시지(柴地-땔나무 기르는 땅)로 삼는 바람에 가난한 사람으로 하여금 거주할 수도 없게 하며, 심지어 달관(達官)의 장사에도 땅을 얻을 수 없어서 서로 다퉈 소송하나 관리는 이를 금지하지 않습니다. 빌건대 1품의 농사(農舍)의 울타리 둘레는 사방 100보로 하고 품(品)마다 10보를 내려 서인(庶人)은 사방 10보로 해, 정한 제도로 삼아 함부로 점령해서 서로 소송하지 못하게 하소서."

그것을 따랐다.

○ 형조에서 노비를 결절(決絶)할 사의(事宜)를 올렸다. 아뢰어 말
했다.

"서로 소송한 노비를 한결같이 모두 중분(中分)하면 이는 사송(詞
訟)이 간단하고 억울함을 펴는 뜻입니다. 그러나 지금 해당 관청에서
양쪽 편의 문계(文契-문서)를 가지고 사손(使孫)[15] 종파(宗派)에서 기
한 안에 정장(呈狀)하고 정장하지 아니한 것을 일일이 분간해 중분
(中分)한다면, 사송(詞訟)이 더욱 번거로워져 폐단이 다시 전과 같아
질 것입니다. 결절(決絶)한 뒤에도 잉집(仍執)한 자나 전에 결절(決絶)
한 입안(立案)에다 기한 안에 정장(呈狀)하지 않았다고 논결(論決)
한 자를 제외하고, 9월 초1일 이전에 정장(呈狀)하고서 서로 소송하
는 자는 시비(是非)를 묻지 말고 아울러 양쪽 편에 중분(中分)함으로
써 사송(詞訟)을 끊고 억울함을 펴도록 하소서. 양(良)·천(賤)의 일
을 이미 헌부(憲府)에서 계문(啓聞)한 것에 의거해 기한 안에 정장
(呈狀)하고서도 이제까지 미결(未決)한 자는 그전에 결절(決絶)한 유
무를 논하지 말고 모조리 사재감(司宰監)에 붙이소서. 또 정축년·무
인년 이후에서 금년 계사년 9월 초1일 이전까지 사이에 정장(呈狀)
해 도망했다고 칭하고서 소송하는 자나, 기한 안에 정장하거나 정장
하지 않거나 간에 엉터리로 꾸며서 양적(良籍)이 불명(不明)한 채 소
량(訴良)하는 자도 자못 많습니다. 빌건대 이러한 무리는 아울러 사

_____

15 자녀가 없는 사람의 유산을 이어받는 가까운 후손을 말한다.

재감(司宰監)에 소속하게 하소서."

정부에서 의견을 냈다.

"9월 초1일 이전에 정장(呈狀)해 서로 소송하는 공사 노비(公私奴婢)는 대간(臺諫)·형조·도관(都官)에서 수교(受敎)한 조건에 의해 결절(決絶)하며, 초1일 이전에 정장해 양(良)·천(賤)을 서로 소송하더라도 양적(良籍)·천적(賤籍)의 갖춰짐이 불명(不明)한 자는 을유년의 교지(敎旨)에 의해 금년 12월을 기한해 모두 사재감(司宰監)에 소속하게 하소서."

그것을 따랐다.

사헌부에서 소를 올렸다.

'이제 노비를 공사처(公私處)에 중분(中分)하면 장차 서로 숨겨둘 폐단이 있을까 두렵습니다. 청컨대 사천적(私賤籍)이 명백한 자는 종천(從賤)시키고, 불명(不明)한 자는 공처(公處)에서 비록 문적이 없더라도 아울러 속공(屬公)하게 하소서.'

그것을 따랐다. 정부에서 아뢰었다.

"사재감(司宰監) 수군(水軍)의 실제 수는 911명입니다. 청컨대 그 감(監) 2원(員)과 도관(都官)의 낭청(郎廳)이 함께 앉아서 원래 소속했던 문적을 자세히 추고(推考)해 내접(來接)한 곳에 종속하게 하소서."

그것을 따랐다.

○ 사간원에서 소(疏)를 올렸다.

소는 대략 이러했다.

'신 등이 삼가 『서경(書經)』을 보건대 「열명(說命)」·「미자지명(微子

之命)」·「채중지명(蔡仲之命)」 등의 편이 있었습니다. 후세에 관리(官吏)를 임명하고 제사(制辭)[16]하는 것은 그 근원이 대개 여기에서 나온 것입니다. 전조(前朝)의 성시(盛時)에도 이 법을 시행했습니다. 빌건대 옛 제도에 의거해 무릇 2품 이상을 제수할 때는 그 덕행을 펴도록 제사(制辭)해 임명하고, 3품 이하는 대간(臺諫)에서 서경(署經)하도록 하소서.'

의정부에서 내려 토의하게 하니, 마땅히 간원(諫院)에서 아뢴 바와 같이 해야 한다고 했으나 상이 듣지 않았다.

○ 의정부에서 형벌을 금하는 날의 법[禁刑日法]을 아뢰어 말했다.

"교지(敎旨)를 받고 형조로 하여금 금형(禁刑)하는 날에 사건을 다스리지 않던 옛 제도를 상고하게 하니, 형조에서 보고하기를 '초8일, 15일, 23일이 금형하는 날이 되어 사건을 다스리지 않았습니다'라고 했으나 명문(明文)이 없고, 율문(律文)에만 금형하는 날에 죄인을 판결해 벌하는 것은 태형(笞刑) 40대라고 했습니다. 또 예조로 하여금 『문헌통고(文獻通考)』를 조사하게 하니, 이르기를 '송(宋)나라 태조(太祖) 개보(開寶) 9년에 열흘에 한 번 휴일(休日)을 두어 정사를 보지 않았는데, 태종(太宗)이 즉위해 열흘에 한 번의 휴일에도 다시 정사를 보게 했다'라고 했습니다. 그 후에 또 조칙(詔勅)하기를 '이제부터 내외(內外)의 백사(百司-모든 관사)는 옛 제도에 휴가를 주는 것을 제외하고, 매월 열흘 만의 휴일[旬休]과, 상

---

16 임금이 신하에게 다움[德]을 닦도록 직접 내리는 훈사(訓辭)를 말한다.

사(上巳)¹⁷와 중오(重午)¹⁸와 중양(重陽)¹⁹에 모두 1일씩을 휴무(休務) 한다. 삼사(三司)²⁰ 개봉부(開封府)에서 사건이 긴급한 데 관계되는 것은 이러한 한계에 두지 않는다'라고 했고, 또 이르기를 '재계(齋戒) 하는 날에는 형살(刑殺) 문서에 판결 서명하지 않는다'라고 했고, 또 이르기를 '매년 입춘(立春)에서 춘분(春分)까지와, 초하루·보름과 상 현(上弦)·하현(下弦)·24절기와, 비 올 때와 밤이 밝지 않을 때와 휴 가 날에는 모두 사형(死刑)을 정지한다'라고 했습니다. 본부(本府)에 서 이것을 가지고 상고하니, 전조(前朝) 이래로 3가일(三暇日)²¹이 송 나라의 열흘 만에 한 번 휴일을 두는 제도[旬休日]와 같다고 하겠습 니다. 그러나 이르기를 '사건이 긴급한 데 관계되는 것은 이러한 한계 에 두지 않는다'라고 했으므로 3가일(三暇日)을 굳이 적용할 필요는 없는 것 같으니, 이제부터 사건을 판결하거나 출납(出納)하는 관원은 3가일(三暇日)과 6아일(六衙日)에 조회(朝會)한 뒤에 모두 본사(本司) 로 나아가서 일을 보도록 허락하소서. 다만 형조·한성부·순금사(巡 禁司)만은 재계일(齋戒日)이나 휴가일(休暇日)에 고신(考訊)이나 결벌 (決罰)을 시행하지 못하며, 전에 금형하던 날을 제외하고 위의 상현 (上弦)·하현(下弦)·24절기와 비 올 때와 밤이 밝지 않을 때 사형을 시행하지 못하게 하소서."

---

17 음력 3월에 첫 번째 맞는 사일(巳日)이다. 이날 냇가에서 제사를 지내기도 했는데, 위(魏) 나라 이후 3월 3일로 정했다.

18 단오를 말한다.

19 음력 9월 9일이다.

20 염철(鹽鐵)·호부(戶部)·탁지(度支)를 가리킨다.

21 고려조나 조선조 때 한 달에 3일 말미를 주던 제도. 대개 열흘 만에 하루씩 쉬었다.

무자일(戊子日-12일)에 사헌부에서 소(疏)를 올렸다. 소는 이러했다.

'신 등이 들건대, 나라를 다스리는 방도는 풍속을 바로잡는 것보다 큰 것이 없으며, 백성을 교화하는 방도는 오로지 효제(孝悌)를 돈독하게 하는 데 있다고 합니다. 바야흐로 이제 예악(禮樂)을 제정하고 학교(學校)를 일으켰으니, 풍속이 바르지 않다고 할 수 없고 효제(孝悌)가 돈독하지 않다고 할 수 없습니다. 그러나 민생(民生-백성)이 번창하고 많아져[繁夥=繁多] 교화(敎化)하기가 쉽지 않습니다. 간혹 노비를 함부로 얻는 데 원망하고 돈과 재산을 함부로 쓰는 데 틈이 생겨서 친척 간에 도리어 원수가 되는 경우가 있고, 혹은 몸이 몰락해 노비에서 풀려나지 못함을 원망하는 자도 있는데, 이것은 효제(孝悌)를 돈독하게 하지 못한 까닭이니 풍속 가운데 마땅히 먼저 바로잡아야 할 바입니다. 빌건대 그 서로 소송하는 자가 비록 기복지친(期服至親-1년상을 해야 하는 범위 내의 가까운 친척)이 아니라 하더라도 만약 구족(九族)에 속하게 되거든, 사건이 사직(社稷)에 관계되는 경우를 제외하고는 시비를 묻지 말고 한결같이 율문(律文) 가운데 간명범의(干名犯義)[22]의 예에 의거해 먼저 불효(不孝)·부제(不悌-공순하지 못함)로써 그 죄를 결단한 뒤에 바야흐로 소송을 접수해 처리하도록 허락한다면 거의 효도와 공순[孝悌]의 근본을 회복할 수 있고 풍속도 이로 말미암아 바로잡혀질 것입니다.'

정부에 내리니 이런 결론을 냈다.

"소의 뜻을 보니, 영락(永樂) 10년(1412년) 12월 어느 날의 교지(敎

---

22 명의(名義)를 간범(干犯)하는 것을 말한다.

旨)와 대개의 뜻이 서로 같았습니다. 마땅히 전에 있었던 교지로써 시행해야 하며, 금후로는 무릇 사건을 시행하도록 청할 때 먼저 전에 교지를 봉행(奉行)한 사실을 상고해서, 있었으면 거행하고 없었으면 신청(申請)하는 것을 항식(恒式)으로 삼도록 하소서."

그것을 따랐다.

○ 사간원에서 소(疏)를 올렸다. 소는 이러했다.

'정부에서 수교(受敎)한 절해(節該)²³를 보건대, 세가(世家-명문 세가)의 자제가 혹시 죄를 범하는 경우가 있으면 그 전토를 영구적으로 빼앗으니 하루아침에 가난하고 궁핍한 형편에 떨어지므로, 가산(家産)을 관(官)에 몰수하고 영구적으로 서용(敍用)하지 않는 죄를 제외하고는 범죄한 바를 율문(律文)에 참조 의거해 결벌(決罰)을 할 뿐 그 전토는 빼앗지 말고, 이미 전토를 빼앗아 들인 것 또한 되돌려 주도록 했습니다. 신 등이 가만히 생각건대, 가산을 관에 몰수하는 것은 바로 모반대역(謀反大逆)이나 모반(謀叛) 등의 죄인데 세상에 흔히 있는 것이 아닙니다. 그 나머지 중한 죄를 범해 인정과 법률로써 용서할 수 없는 것이 명례(名例-법률 이름과 사례)가 심히 많으나 범인이 서로 잇달아 일어나니, 진실로 임시 방책을 시행해 그 전토를 빼앗지 않는다면, 이것은 악인에게는 심히 다행한 일이요, 악을 징계하고 후인(後人)을 경계하는 도리가 아닙니다. 또 대개 과전(科田)이라 칭한다면, 어찌 중죄를 범하여 직첩(職牒)을 몰수하고서도 몸이 살고 죽음에 관계없이 그 전토를 먹고 살게 할 도리가 있겠습니까?

---

23 공문서(公文書)의 해당 구절(句節)을 간추려 기재(記載)하는 것을 말한다.

경기(京畿) 안의 전지는 한정이 있는데 새로 와서 종사(從仕)하는 자는 날로 많아지니, 진실로 죄악을 범한 자로 하여금 대대로 그 전토를 먹고 살게 하면 새로 종사(從仕)하는 자가 어디에서 전토를 받으며 선한 사람과 악한 사람[淑慝]을 무엇으로 구별하겠습니까? 가만히 생각건대, 우리 태조(太祖)가 전조(前朝)의 사전(私田)의 폐단을 혁거하고 영구한 경계(經界)의 법을 내려주었으니, 진실로 굳게 지키는 것이 마땅하며 혹시라도 고치지 말도록 하소서. 이제 이 법을 보니 이뤄진 법에 어긋나는 것 같습니다. 태조 때의 제도에 의거해 장형(杖刑) 이상의 죄를 범해 직첩을 몰수한 자는 그 전토를 길이 빼앗아서 악한 짓을 하는 자를 징계하도록 하소서.'

그것을 따랐다.

○ 일본 우구전(宇久殿)이 사인을 보내와 토산물을 바쳤다.

○ 영길도(永吉道) 영흥부(永興府) 용신당(龍神堂) 앞 대천(大川)의 여울물[灘水]이 끊어졌다가 다시 흘렀다. 물은 묘시(卯時)에 흐름이 400여 척이나 끊겼다가 진시(辰時)가 끝날 무렵에 다시 흘렀다.

경인일(庚寅日-14일)에 사간원에서 소를 올리니, 의정부에 내려 의견을 내게 했다.

'하나, 세록(世祿)은 임금다운 임금[王者]이 선비를 대접하는 것이니 고르게 하지 않을 수 없습니다. 우리나라에서 전조(前朝)의 사전(私田)의 폐단을 혁거하고 기내(畿內)의 과전법(科田法)을 설치해 공경대부(公卿大夫)부터 사(士)까지 아울러 전토를 받으니, 이 법은 문왕(文王)이 종사(從仕)하는 자에게 세록(世祿)을 주던 아름다운 뜻입니다. 그러나 이를 맡은 자가 성의(聖意)를 체화하지 아니해, 이에 공평 정대한 법을 가지고 도리어 후하고 박하게 하거나 먼저 주고 뒤에 주는 짓을 합니다. 그러므로 사환(仕宦)한 지 여러 해이지만 마침내 1경(頃)의 땅도 얻지 못한 자가 간혹 있으니, 진실로 적절치 않습니다. 바라건대 이제부터 전토를 나눠줄 때 대간(臺諫)의 1원(員)으로 하여금 서로 번갈아 참석해 그 앞에서 수전(受田)의 많고 적음을 헤아리고 그 사진(仕進)한 전후를 고찰하도록 해서 서로 모람(冒濫) 되지 않도록 한다면, 많이 받은 자는 감히 틈을 엿보지 않을 것이요 받지 못한 자는 비로소 성상의 은택(恩澤)을 입을 것입니다.'

위의 조목에 대해 정부에서 의견을 냈다.

"일찍이 대간(臺諫)으로 하여금 급전(給田)을 시행하도록 한 지가 여러 해입니다. 대간에서 매일 급전사(給田司)[24]에 앉으니 상원(常員-상근자)과 다를 바 없었던 까닭으로 이를 없애고, 다만 사헌부로 하여금 그 매일 급전(給田)한 각 품(品)의 성명을 고찰하게 해서 그중에 부당하게 준 것이 있으면 그 준 사람을 곧 논핵(論劾)하게 했습니다. 그 후 헌부(憲府)에서 시행하지 않은 지 오래됐으니 마땅히 거행하도록 하소서."

'하나, 당(唐)나라 태종(太宗)이 말하기를 "백성이 잘 다스려져 평안하면 이들이 바로 짐(朕)의 갑병(甲兵)이다"라고 했고 (『논어』에서) 유자(有子)가 말하기를 "백성이 풍족한데 임금이 그 누구와 더불

---

24 조선 초기에 영업전(永業田)·구분전(口分田)·직전(職田)·공해전(公廨田)·궁방전(宮房田) 등을 급전(給田)하던 관아다. 호조 소속으로, 정랑(正郞)·좌랑(佐郞)을 각각 1인씩 두었다.

어 부족하겠습니까"라고 했습니다. 만약 백성으로 하여금 능히 평안하고 부유하게 한다면 군대의 식량이 어찌 부족한 것이 있겠습니까? 우리나라에서 양향(糧餉)의 저축을 중요시하고 모손(耗損)의 폐단을 우려해서 군자감(軍資監)의 묵은 곡식을 가지고 백성의 새 곡식과 바꾸고 있습니다. 무릇 백성의 상정(常情)이란 여름철 장마나 겨울철 추위에도 오히려 (임금을) 원망하고 탄식하거늘, 하물며 한 해가 지나도록 부지런히 일해 가을걷이에 힘입기를 바라는데 도리어 그 욕망에 어긋나게 묵은 곡식을 가지고 새 곡식을 바꿀 수 있겠습니까? 또 의창(義倉)의 법은 봄에 나눠주고 가을에 거두는데, 출납하는 것을 적의(適宜)하게 하면 백성이 모두 혜택이 있음을 알고 있습니다. 그러나 그 거둬들이는 때를 당하면 오히려 괴롭게 여기는데, 하물며 새것과 묵은 것을 강제로 백성에게 서로 바꾸도록 한다면 어찌 원망이 없겠습니까? 정자(程子)가 말하기를 "민생(民生)의 도리에 궁(窮)함이 있으면 성왕(聖王)의 법이라도 고칠 수 있다"라고 했습니다. 엎드려 바라건대 전하께서는 이러한 법을 혁거해 백성의 여망(輿望)에 부응하도록 하소서.'

위의 조목에 대해 정부에서 의견을 냈다.

"한(漢)나라와 초(楚)나라가 서로 다퉈 승패(勝敗)가 정해지지 않을 때인 5년 사이에, 한신(韓信)이 계책을 바쳐 묵은 곡식을 새 곡식과 바꿈으로써 갑자기 제업(帝業)을 이룩할 수 있었습니다. 항차 수십 년의 저축을 가지고 새것과 묵은 것을 서로 바꾸는 계책을 잘못한다면, 먼저 들어온 것은 모두 썩어서 쓸 데가 없을 것입니다. 서로 바꾸는 곡식이 그 국용(國用)을 이바지하는 데 필요하지 않게 되는 것 또한 염려됩니다. 그 백성이 먹는 데, 비록 백성 가운데 지극히 어리석은 자라 하더라도 마침내 자기에게 이롭다는 것을 안다면 어찌 반드시 원망하고 탄식함이 심하겠습니까? 내년부터 시작해 봄여름에 나눠주고 가을과 겨울에 바꿔 들이도록 하소서."

상이 정부의 의견을 따랐다.

○충청도 죽산(竹山)의 중맹선(中猛船)²⁵ 1척이 바람을 만나 당진포(唐津浦)에서 침몰했는데, 익사한 자가 24명이었다. 상이 말했다.

"선박을 맡은 자가 바람과 물길을 살피지 않아서 침몰하게 했으니 마땅히 추국(推鞫)해 죄를 매겨야 할 것이다."

○(평안도) 의주(義州) 사람 김모진(金毛珍)·채귀진(蔡貴珍)을 순금사에 가두라고 명했다.

평안도 도순문사(平安道都巡問使)가 보고했다.

'모진(毛珍) 등이 요망한 말을 지어내 말하기를 "금년 8월에 8~9세의 산동(山童)을 석성(石城) 아래에서 만났는데 말하기를 '12월 17일과 24일에 병란(兵亂)이 있다'고 했다"라고 했습니다.'

순금사에 가두라고 명하니 모진 등이 자복해 말했다.

"우리가 산골짜기에서 돌아오는데 마침 산동(山童)을 만나서 그 말을 들었습니다."

순금사 사직(司直) 현중인(玄仲仁)으로 하여금 모진 등을 거느리고 의주로 가서 그 말을 캐물어, 과연 거짓말이면 가두라고 명했다.

---

25 수군(水軍) 60인이 승선할 수 있는 병선의 일종으로, 뒤에 방선(防船)이라고 개칭했다.

또 상이 명했다.

"이 사람들은 죄가 비록 무겁지만, 마땅히 유의(襦衣-솜옷)를 지급해 동사(凍死)하지 말도록 하라."

중인이 복명(復命)했다.

"모진의 말은 과연 헛말이었습니다. 그래서 안주(安州)에다 가두었습니다."

○ 전 강릉 대도호부판사(江陵大都護府判事) 김자수(金自粹, 1351~1413년)²⁶가 졸(卒)했다.

신묘일(辛卯日-15일)에 경성수보도감(京城修補都監)을 설치하고, 성산부원군(星山府院君) 이직(李稷)을 도제조(都提調)로, 박자청(朴子青)·김한로(金漢老) 등 12인을 제조로 삼았다.

○ 왕휴(王庥)의 아들 거을오미(巨乙吾未)를 순금사(巡禁司)에 내

---

26 1374년(공민왕 23년) 문과에 급제해 덕녕부주부에 제수됐다. 우왕 초에 정언이 됐는데, 왜구를 토벌한 공으로 포상받은 경상도도순문사 조민수(曹敏修)의 사은 편지에 대해 회답하는 교서를 지으라는 왕명을 받았으나, 조민수가 전날 김해와 대구에서 있었던 전투에서 비겁하게 도망해 많은 사졸을 죽게 한 사실을 들며 거부한 죄로 전라도 돌산으로 유배되었다. 뒤에 전교부령(典校部令)을 거쳐 판사재시사(判司宰寺事)가 되었고, 공양왕 때 대사성·세자좌보덕이 되었다. 이때 왕대비에 대해 효성을 다할 것, 왕세자의 봉숭례(封崇禮)를 서두르지 말 것, 사전(祀典)에 기재된 바를 제외하고 모든 음사(淫祀)를 금지하고 무당의 궁중 출입을 엄단할 것, 천변이 자주 일어나는 것은 숭불(崇佛)로 인한 것이니 연복사(演福寺) 탑의 중수 공사를 중지할 것, 언관의 신분을 보장할 것 등의 내용을 담은 상소를 올렸다. 1392년(공양왕 4년) 판전교시사(判典校寺事)가 돼 좌상시에 전보되었고, 충청도관찰사·형조판서에 이르렀다. 고려 말 정세가 어지러워지자 관직을 버리고 고향인 안동에 은거했다. 조선 건국 후 태종이 형조판서로 불렀으나 나아가지 않고 「절명시(絶命詩)」를 남긴 채 자결해 고려 왕조에 대한 충절을 지켰다. 이숭인(李崇仁)·정몽주(鄭夢周) 등과 친분이 두터웠다.

렸다. 애초에 김여지(金汝知)가 아뢰었다.

"전조(前朝) 왕씨(王氏)의 후손은 국령(國令)으로 숨기지 못하게 한 바입니다. 공주(公州) 사람 이밀충(李密沖)이라는 자가 있어 사서(私書)로써 신에게 통지하기를, '전조(前朝) 왕휴(王庥)가 저(이밀충)의 누이를 취해 첩으로 삼아 아들이 있는데 거을오미(居乙吾未)라고 합니다. 이제 호패(號牌)를 찰 때를 당했으니 장차 어떻게 하오리까?'라고 했습니다. 신이 초9일에 그 글을 받았으나 돌아가신 조모(祖母)의 기중(忌中)이었던 까닭으로 즉시 아뢰지 못했습니다. 남이 알까 봐 두려워 그 글은 불태웠습니다."

상이 말했다.

"비록 왕씨 후손이 있다고 하더라도 어찌 의심할 리야 있겠는가? 그러나 나라의 법령에 따르지 않고 숨겨준 것은 잘못이다."

순금사 대호군(大護軍) 조뢰(趙賚)를 공주(公州)에 보내 잡아 오라고 명했다. 의정부·형조·대간(臺諫) 각각 1원(員)으로 하여금 순금사와 공동으로 이를 처리하게 했다.

휴(庥)는 전조 왕씨의 후손이다. 휴가 공주 사람 이밀충의 누이를 첩으로 삼아 아들을 낳았는데, 왕거을오미(王巨乙吾未)라고 했다. 그 어미가 심히 미천하고 무지(無知)했던 까닭으로 갑술년의 주륙(誅戮)[27]을 피해 밀충의 집에 숨어 살아날 수 있었다. 밀충은 김여지의

---

27 태조 3년(1394년) 4월에 공양왕(恭讓王) 부자와 여러 왕씨(王氏)를 모두 죽인 사건을 말한다.

반인(伴人)이었는데, 일찍이 여지에게 글을 보냈으나 여지가 글을 받고도 5일이나 지나서 아뢰었다. 또 휴의 아들 두 사람이 도망쳐 중이 됐는데 이름이 성운(性雲)·성여(性如)라고 한다는 말이 있었으므로, 이에 휴의 처 권씨(權氏)와 매부 전 부유휴(副留後) 우홍부(禹洪富), 그 두 아들과 휴의 사위 이운(李韻)·이백려(李伯黎), 휴의 형의 사위 윤은(尹殷), 두 중의 스승 안분(安分)을 모두 체포해 고신(考訊)을 더했으나 그 실정을 알아내지 못했다. 두 중을 잡아서 심문하니 모두 이렇게 말했다.

"나는 바로 휴의 조모 정씨(鄭氏)의 종이었습니다."

안분이 대답한 것 또한 그러했다. 또 수연군(壽延君) 왕규(王珪)의 아들 중에도 생존한 자가 있다는 말이 있었는데, 규(珪)의 처 김씨(金氏)와 사위 곽존중(郭存中)을 체포해 심문했으나 또한 헛말이었다. 밀충에게 압슬형(壓膝刑)을 가해 국문(鞫問)한 것이 두 차례였으나 별다른 말이 없었고, 왕거을오미가 또한 말했다.

"휴의 두 아들은 있을 수 없습니다."

공사(供辭)에 관련된 자가 24명이었다. 신문관(訊問官)이 여지를 옥(獄)에 내려서 왕거을오미와 대질(對質) 변명(辨明)하게 하고, 날짜를 미룬 채 계달(啓達)하지 않고 글을 태워버린 까닭을 심문하자고 청하니 상이 허락하지 않고 여지에게 일렀다.

"이것은 긴급한 일이 아니지만, 신하의 직분에 있으면 즉시 고(告)해야 마땅하다. 나라 사람이 반드시 네가 잘못했다고 할 것이니, 집으로 돌아가 대죄(待罪)하는 것이 좋겠다."

대간·형조에서 여지를 탄핵하고, 수직(守直)[28]하도록 하고 잇달아 소를 올렸다.

'무릇 변고(變故)나 요얼(妖孼-안 좋은 조짐)을 보고 듣는 대로 곧장 달려가 신달(申達)하는 것은 인신(人臣)의 직분인데, 하물며 아침저녁으로 시종(侍從)하는 신하이겠습니까? 여지가 이달 초8일에 밀충의 글을 받아보고서도 즉시 신문(申聞)하지 않고 수일 동안 미루었으니 진실로 의심할 만합니다. 대간에서 그 글을 바치도록 추핵(推覈)하니 찢었다고 핑계 대고 마침내 바치지 않았는데, 그 글에 실린 사연이 더욱 의심이 갑니다. 더군다나 왕거을오미라는 자가 이제 20세요 밀충이 여지의 집에 왕래한 지 또한 여러 해인데, 호패(號牌)의 명령으로 인해 글을 보내고 그 성(姓)을 무엇으로 할까 의논했다니, 어찌 일찍이 알지 못하고서 갑자기 이러한 의논을 했겠습니까? 또 여지의 농사(農舍)가 왕거을오미의 거처와 매우 가까운데, 그 안것이 오래인지 가까운지 알 수가 없습니다. 엎드려 바라건대 유사(攸司)에 내려 그 까닭을 국문(鞫問)하도록 하소서.'

상이 따르지 않고 수직(守直)을 없애라고 명했다. 순금사에서 아뢰었다.

"이밀충이 공초(供招)를 바치기를 '왕휴의 적자(嫡子) 한 사람이 중이 돼 충주(忠州)에 거주했는데, 지금 간 곳을 알지 못한다'라고 했습니다."

---

28 죄를 지은 죄인이 도망하지 못하도록 대간(臺諫)에서 서리(書吏)를 보내 그 집을 지키던 일을 말한다.

의정부에 내려서 각 도에 이문(移文)해, 여러 산(山)의 중 가운데 나이 40세 이하에서 15세 이상의 사람을 출생지[往來]와 조상 계통[祖系]을 모조리 추고(推考)해 보고하도록 했다.

임진일(壬辰日·16일)에 날씨가 봄처럼 따뜻했다.

○ 상이 편찮은[不豫] 지가 모두 사흘이었다. 대언사(代言司)에 명해 말했다.

"나의 손이 아직도 회복되지 않아 홀[圭]을 잡기 어렵다. 동지에 향궐배(向闕拜)[29]를 어떻게 할까?"

좌부대언(左副代言) 조말생(趙末生)이 말했다.

"시복(時服)[30] 차림으로 행하는 것이 마땅합니다."

갑오일(甲午日·18일)에 사헌부 감찰(監察) 손관(孫寬)·황경돈(黃敬敦)·박전(朴箋)을 순금사에 내려 율문(律文)에 따라 속(贖)을 거두고, 황보인(皇甫仁)·정기(鄭其)·채지지(蔡知止)·안사경(安思敬)을 파직했다.

사헌부에서 소를 올려 말했다.

---

29 외방(外方)에 거(居)하는 신하가 정조(正朝)·동지(冬至)·성절(聖節) 등에 궐패(闕牌) 앞에서 하례를 행하는 일을 가리킨다.

30 시복은 상복과 같이 사모에 포는 홍포(정3품 이상)였으나, 상복에 딸린 흉배(胸背)가 없는 데서 구별되었다. 흉배를 하지 않은 것은 공무 집행에서 번거로움을 덜기 위한 것이었다고 추측된다.

'대고(臺庫)에 소장한 문서는 관계되는 것이 가볍지 아니한데, 감찰 손관·황경돈·박전 등이 탄핵당한 대장(臺長)이 하는 말을 듣고 마음대로 여닫고 사사로이 서로 비부(比附)했습니다. 또 감찰 황보인이 상직(上直-당직)할 때 순금사에서 사헌부에 이문(移文)했으므로 박만(朴蔓)의 문자(文字)를 추고(推考)해서 보냈는데, 보인은 전후 사정을 고(告)하지도 않고 마음대로 대고(臺庫)를 열었습니다. 감찰 정기 등은 손관 등이 마음대로 대고를 열었다고 비난하고 대언(代言)과 본부에 고(告)했으나 이제 순금사의 이문(移文)이 본부에 이르자 도리어 취지(取旨)하지 아니하고 감찰 채지지·안사경이 분대(分臺)[31]에서 여닫는 것은 위법이므로 손관의 뜻을 꾸짖었다고 했고, 채지지·안사경은 또한 감찰 분대에서 마음대로 대고(臺庫)를 열도록 들어주었습니다. 위의 사람들의 죄는 오로지 상께서 재결(裁決)하실 바입니다.'

상이 그것을 따랐다. 감찰 신숙청(辛淑淸) 등 4인이 글을 올려 말했다.

'신 등이 이미 정기 등과 같이 토의했으니 바라건대 신 등을 파직하소서.'

이조(吏曹)에 내렸다.

을미일(乙未日·19일)에 형조와 대간(臺諫)에서 교장(交章)해 김여지

---

31 조선조 때 사헌부(司憲府)에서 파견한 감찰(監察)로, 지방이나 각 관청에 임시로 보내져 국고 출납(國庫出納), 관리의 규찰(糾察) 등의 일을 맡아보던 일 또는 그 사람을 가리킨다.

(金汝知)의 죄를 청했다. 소는 이러했다.

'전조(前朝)의 여얼(餘蘖-남은 얼자) 거을오미(巨乙吾未)가 공주(公州) 땅에 도망쳐 구차스레 천주(天誅)를 면한[逭=免] 지 20년입니다. 신 등이 전일에 김여지가 사건의 단서를 알았다고 논해 죄를 청했으나 유윤(兪允)을 받지 못해 황공함이 지극합니다. 신 등이 가만히 생각건대, 여지가 그 죄를 숨기고자 해 거짓을 꾸민 것이 한두 가지가 아닙니다.

처음에는 초7일에 이밀충(李密沖)의 글을 받아보았다고 계문(啓聞)했다가 이내 초8일이었다고 다시 계문했으니, 그 속인 것의 첫째입니다.

핵문(劾問)할 때 답통(答通)하기를 "초8일에 글을 받아 초9일에 이르러 뜯어보았다"라고 했으나 이제 이밀충의 공초(供招)한 글장을 보니 "그 글을 김여지의 종에게 주고서 글 중의 뜻을 갖춰 말했다"라고 했으니, 그 종이 반드시 그 사유를 먼저 말했을 것인데 어찌 다음날까지 기다려 뜯어보았을 리가 있겠습니까? 그 속인 것의 둘째입니다.

여지가 또 말하기를 "남이 알게 하고 싶지 않아서 즉각 찢어버렸다[裂毀]"라고 했는데, 이는 무릇 식견이 있는 자로서는 할 수 없는 짓이니 여지가 이런 짓을 했다고 할 수 있겠습니까? 그 글에 말하기 어려운 사실이 반드시 있었으므로 찢어버렸다고 핑계하는 것이니, 그 속인 것의 셋째입니다.

또 말하기를 "잊어버리고 아뢰지 못했다" 했는데, 이것이 어찌 잊어버릴 일이겠습니까? 그 속인 것의 넷째입니다.

또 말하기를 "이달 초9일에 그 기제(忌祭)로 인해 형제와 더불어 어머니 집에 모여서 밀충의 글을 보았다"라고 해놓고서 도리어 누설(漏說)될까 두렵다 말하고 즉시 찢었다니, 그 속인 것의 다섯째입니다.

이런 따위의 일을 들으면 바로 그때 계문(啓聞)한다는 것은 우부우부(愚夫愚婦)도 아는 바인데 이제 뒤로 미루었으니, 그 속인 것의 여섯째입니다.

이밀충의 공초 글장 가운데 "김여지의 농사(農舍)가 왕거을오미(王巨乙吾未)의 거처와 매우 가까워 노비가 서로 왕래해 옆의 사람으로 알지 못하는 사람이 없다"라고 했으니, 이렇다면 김여지의 종이 어찌 홀로 알지 못하고서 그 주인에게 고했겠습니까? 또 김여지가 요즈음 호종(扈從)하는 것으로 인해 선영(先塋)에 참배했는데, 왕거을오미의 계부(繼父) 오인영(吳仁永)이 김여지에게 말하기를 "세초(歲抄)에 미혹한 아이 녀석을 데리고 상경(上京)해 뵙고자 합니다"라고 했고 뒤이어 이 글이 있었으니, 김여지가 처음부터 알고 있는 것이 분명합니다. 이러한 따위의 일을 가지고 보건대 그 음모를 꾸미고 요리조리 속이는 것이 끝을 볼 수 없을 정도이니, 비록 다른 증거가 없더라도 그 정상은 이미 드러난 것입니다. 청컨대 고신(告身)을 거두고 그 사유를 국문(鞫問)하도록 하소서.'

대간(臺諫)과 형조에서 다시 교장(交章)했다.

'이제 순금사에서 추핵(推覈)한 오인영의 공사(供辭)는 신 등이 전일에 신문(申聞)한 바와 합치합니다. 오인영이 일찍이 김여지의 아비

김도(金濤)를 수종해 그 집에 출입한 지가 오래였으니, 어찌 김여지에게 고(告)하지 않았겠습니까? 일찍이 신문(申聞)하지 않았으니 그 죄는 큰 것입니다. 청컨대 고신을 거두고 국문(鞫問)하소서.'

들어주지 않았다.

병신일(丙申日-20일)이 동지(冬至)였는데 날씨가 따뜻해 얼음이 얼지 않았다.

○상이 상왕(上王)을 광연루(廣延樓) 아래에 맞이해 연회를 베풀고 지극히 즐겼다.

정유일(丁酉日-21일)에 대마도(對馬島) 종정무(宗貞茂)의 사인(使人)이 와서 토산물을 바쳤다.

○경상도 전라도에 흑칠(黑漆)의 상자(箱子)를 바치라고 명했다. 경상도는 100개요 전라도는 70개였는데, 안은 대나무이고 겉은 가죽이었다. 정조(正朝)를 기다려 바치게 했다.

○예조에 명해서 예전 시대 제왕(帝王)들이 전 왕조 군왕(君王)의 자손들을 대접하던 법을 상고해 아뢰라고 했다. 상이 여러 신하에게 일렀다.

"역대 제왕(帝王)들이 역성혁명(易姓革命)해 전대의 자손을 베어 없앤 사실을 나는 사전(史典)에서 아직 보지 못했다."

예조 참의 이지강(李之剛)이 대답했다.

"신 등이 명을 받고 삼대(三代-하은주)·한(漢)나라·당(唐)나라·송(宋)나라에서 상고하니 모두 보전했고, 베어 없앤 것은 오직 오호(五

胡)와 오대[五季]의 임금뿐이었습니다."

상이 말했다.

"법을 당(唐-요임금)·우(虞-순임금)·삼대(三代)의 성대에서 취하는 것이 마땅하지, 어찌 족히 오대의 쇠망한 세대의 일을 논하겠느냐? 태조(太祖)께서 개국했을 초기에 전조(前朝-고려)의 후손이 보존을 받지 못한 것은 본래 태조의 뜻이 아니었고, 한두 대신이 생각하기를 '이제 초창(草創)하는 때를 당해 인심(人心)이 안정되지 않으니, 그 후예를 제거해 여러 사람의 뜻을 하나로 하는 것이 마땅하다'라고 했다. 내가 어렸고 고전(古典)을 알지 못해 그 의견을 중지하도록 능히 청하지 못한 것이 지금까지 한이 된다."

이조판서 한상경(韓尙敬)이 나와서 아뢰었다.

"국초(國初)에 신이 지신사(知申事)가 돼 이 사건을 들을 수 있었는데, 태조의 본의가 아니었습니다. 대간(臺諫)에서 상소해 제거하기를 청하니, 태조가 따르지 않았습니다. 한두 간신(奸臣)이 이해(利害)로써 아뢰니 태조가 부득이 이를 따랐을 뿐입니다."

상이 말했다.

"나는 보전하고자 하며, 뜻이 이미 정해졌다."

옥천군(玉川君) 유창(劉敞)이 말했다.

"신 또한 이 사건에 참여해 들었는데, 태조의 뜻은 아니었습니다. 오늘날 성상께서 이러한 명을 내리시니, 실로 우리나라 기틀이 만세토록 연장될 징조입니다."

상이 말했다.

"이제 왕휴(王庥)의 아들은 본래 죄가 없으니 죽이는 것은 마땅치 않다. 다만 숨겨주고 관(官)에 고하지 않는 자는 의논해 죄줄 수도 있다."

대언(代言) 조말생(趙末生)에게 명해 순금사에 가서 왕거을오미(王巨乙吾未)와 그 어미와 처자(妻子)를 보방(保放)³²했다. 순금사와 정부·대간·형조에서 청했다.

"이는 작은 일이 아니며 지금 끝낼 것도 아니니, 빨리 석방하는 것은 옳지 않습니다."

상이 명했다.

"만약 물을 만한 일이 있다면 그 삼촌숙부 이밀충(李密沖)과 공사(供辭)에 관련된 사람 우홍부(禹洪富) 등이 그대로 있지 않으냐?"

상이 또 여러 신하에게 일렀다.

"(그동안) 전조(前朝)의 후손이 비록 10인이 있었지만 나는 아무런 혐의(嫌疑)를 두지 않을 것이다. 이제 왕거을오미를 놓아두고 논하지 않는다면 죄상을 알고도 자수하지 않은 자 또한 면하게 될 것이다."

○ 경성(鏡城)의 이대두(李大豆)가 경작하는 전지(田地)의 조세(租稅)를 면제해주었다. 영길도 도순문사(永吉道都巡問使) 이원(李原)의 보고를 따른 것이다. 오도리(吾都里) 건주위(建州衛) 천호 김희주(金希珠)가 장고(狀告)했다.

"신묘년에 길주(吉州)에 이주해 와서 토착(土着)해 전지를 경작하는 것에 대해 빌건대 조세를 면제하소서."

또한 그것을 따랐다.

---

32 죄인에게 보증을 받고 석방하는 일을 말한다.

○ 의정부에서 전라도 수군 도절제사 홍유룡(洪有龍)의 죄를 다스리도록 청하니 그것을 따랐다. 유룡(有龍)이 여러 번 왜구에게 피해를 입고 한 번도 따라가 잡지 못한 까닭이었다.

○ 정부에서 또 아뢰었다.

"평안도 도순문사(平安道都巡問使)가 보고하기를 '도내의 주(州)·현(縣)의 창고는 요즈음 평양을 축성하기 때문에 영조(營造)를 하지 못해 비가 새고, 화재가 진실로 염려스럽다'라고 했습니다. 청컨대 축성을 없애고 창고를 영건(營建)하게 하소서."

상이 명했다.

"성자(城子)의 부득이한 수축(修築)을 제외하고는 그 청을 따르는 것이 마땅하다."

무술일(戊戌日-22일)에 의정부에서 사재감(司宰監)의 계목(啓目)을 토의해 올렸다[議上].
의상

'하나, 본감(本監)은 오로지 주즙(舟楫-선박)을 맡아보므로 중외(中外)의 선척(船隻)의 수를 다 알고 수시로 고찰해야 마땅합니다. 이제부터 경기와 외방의 공처(公處)의 배는 각 도의 감사로 하여금 매 인(寅)·신(申)·사(巳)·해(亥)가 든 해[年]의 마지막 달 안에 사람을 가려서 보내 심사·점검하게 하고, 규식에 의거해 문적(文籍)을 만들어 본감에 보내 바치도록 하소서.'

"위의 조목에서 공처(公處-관공서)의 배는 모두 화인(火印-낙인)을 찍어 자호(字號)와 차례를 아울러 새기고 문적을 만들어 상납하게 하며, 사처(私處)의 배도 아울러 화인을 찍어서 자호와 선주(船主)의 소명(小名)을 갖춰 기록하고 각각 따로 문적을 만들어 상납하게 하며, 선척(船隻)을 환수할 때 이에 준해 받아서 참고에 대비하게 하소서.”

'하나, 병선(兵船)·조운선(漕運船)·수참선(水站船)·공처 착어선(公處捉魚船) 등은 일체 공선(公船)에 해당하므로 혹은 부수어 없애거나 고쳐 만들거나 한다면 반드시 감사에게 보고해 정부에 전보(傳報)해서 행이(行移)하기를 기다리게 하며, 마음대로 스스로 고치거나 부수는 자와 마음대로 파는 자는 법률에 의해 논죄하소서.'

“위의 조목은 계목(啓目)과 같이 시행해서, 부수어 없애거나 고쳐 만들지 못하게 하며, 반드시 선척(船隻)을 화매(和賣)할 때도 감사에게 정보(呈報)하게 함으로써 배가 썩거나 부숴지지[朽毁] 말게 하
후훼
소서.”

'하나, 각처에서 시도 때도 없이 새로 조선(造船)하는 것은 연한에 구애받지 말고 이를 맡은 관원이 즉시 감사에게 보고해서, 규식에 의거해 화인(火印)을 찍어 자호(字號)를 새기고 정부에 전보(傳報)해 본감(本監)에 이문(移文)해서 문적에 잇달아 쓰게 하소서.'

“위의 조목은 계목(啓目)과 같이 시행하소서.”

'하나, 도성(都城)의 땅이 큰 강(江)가에 있어서 배의 사용이 심히 많습니다. 경상도의 세공(歲貢)은 다만 초마선(哨馬船) 10척뿐이므로 조금이라도 주즙(周楫-선박)을 쓸 데가 있으면 반드시 사선(私船)을 빼앗아 이용합니다. 이제부터 상의 행차에 정자선(亭子船) 2척, 초마선(哨馬船) 20척, 소거도선(小居刀船) 10척, 평저선(平底船) 80척을 공액(貢額)으로 정하고 각 도에 나눠 배정해서 매 무(戊)·계(癸)

자가 들어간 두 해의 농한기를 맞아 견실하게 배를 만들어 본감(本監)에 상납하게 하고, 점고(點考)하여 화인(火印)을 찍고서 문적에 잇달아 쓰게 하소서.'

"위의 조목에서 충청도·강원도·풍해도(風海道)는 평저선(平底船)을 각각 10척씩으로 하고, 경상도는 전액 숫자대로 하고, 전라도는 초마선(哨馬船)을 10척씩으로 해서 계목(啓目)과 같이 시행하소서."

'하나, 어량(魚梁)·수량(水梁)은 오로지 본감(本監)에 소속시켜 세금을 거둬 나라에서 쓴다고 『육전(六典)』에 실려 있습니다. 요즈음 고과(考課)를 폐지하거나 해이하게 하기 때문에 중외에서 공가(公家)·거실(巨室)이 각각 점유(占有)해 고기를 잡는데, 그 세금을 거둘 때가 되면 여러 방법으로 핑계를 내세우고 즉시 세금을 바치지 않습니다. 이제부터 각처에 어량(魚梁)의 전주(箭主-통발 놓는 주인)나 수량(水梁)의 선주(船主)가 비록 공가(公家)와 거실(巨室)이라 하더라도 소재관(所在官)이 엄하게 고찰을 더해서 아울러 그 세금을 징수해 국용(國用)에 채우며, 어기는 자는 중한 형벌에 따라 논죄하소서.'

"위의 조목은 계목(啓目)과 같이 시행하소서."

'하나, 각 도 각 고을에서는 어량(魚梁)과 수량(水梁)에서 나는 어물(魚物), 어량·수량의 상(上)·중품(中品)의 전주(箭主)·선주(船主)·소명(小名)의 사는 곳을 사방으로 표식하고 양계(兩界)와 각 도 감사로 하여금 분간해 문적을 만들어 올려 보내게 하며, 그 양계의 선세(船稅)와 전세(箭稅)는 잠정적으로 전례를 따르되 혹은 상납(上納)하거나 화매(和賣)해서 국용(國用)에 편리하게 하며, 그 나머지 각 도의 선세(船稅)는 이미 정한 수에 의해서 철에 따라[趁節] 거두어들이고
진절

즉시 전과 같이 보고하게 하소서.'

"위의 조목은 오는 2월 안에 추고(推考) 정보(呈報)해 일을 행이
(行移)하게 하소서."

'하나, 본감(本監)에서 제사나 연향(宴享)에 소용되는 생선의 출처
또한 마땅히 염려해야 합니다. 이제부터 각 도의 세공(歲貢)에 그물
[網子]을 적당히 요량해서 체제를 정해 강물 고기를 크든 작든 수시
로 잡게 하며, 강변에 못을 세 곳에 파서 한 곳은 제사에 이바지하
고 두 곳은 연향에 이바지하는 것이 어떻겠습니까?'

"위의 조목은 오는 봄에 다시 보고하게 하소서."

'하나, 각처의 어량(魚梁)과 수량(水梁)에서 새로 나는 어물(魚物)
은 이치상 가장 먼저 공상(供上)하는 것이 합당합니다. 금후로는 안
산(安山)·인천(仁川)의 어량(魚梁) 각각 두 곳은 갖춰 상품(上品)으
로 체제를 정하고, 그 고을로 하여금 철을 따라 통발을 얽어서 잡
은 어물(魚物)을 즉시 급장(給狀)해 상납(上納)하게 하고, 풍해도
(豊海道)·전라도·충청도 각 도의 수량(水梁)에서 나는 것은 소재관
(所在官)으로 하여금 가장 먼저 잡은 것을 급장(給狀)해 역마(驛馬)
로 보내 상납(上納)하게 하며, 진상(進上)하기도 전에 사처(私處)에
먼저 이르면 전주(箭主)·선주(船主)·소재관을 중한 형벌로 논죄하
소서.'

'하나, 여러 곳에 제향(祭享)하는 어물(魚物)은 금후로는 바로 전사
시(典祀寺)에 바쳐 정결하게 하는 것이 어떻겠습니까?'

"위의 두 조목은 아울러 계목(啓目)과 같이 시행하소서."

기해일(己亥日·23일)에 신량수군(身良水軍)[33]을 사재감(司宰監)에 환속(還屬)시켰다.

의정부에서 형조도관(刑曹都官)의 정문(呈文)에 의거해 아뢰었다.

"일찍이 교지(敎旨)를 받은 가운데에 '신량수군(身良水軍)으로서 진고(陳告)하는 자는 돈으로 상을 주고, 그 수군(水軍)은 사재감(司宰監)에 환속시킨다'라고 했으나 관리가 '환속(還屬)'이라는 두 자의 뜻을 해석하지 못해 능히 거행하지 못합니다. 빌건대 전에 역(役)을 피했다가 종천(從賤)해 속공(屬公)한 수군(水軍)과 진고(陳告)한 각인에 대해 상을 주되, 수군은 아울러 모두 추쇄(推刷)해 사재감에 환속시키고 진고한 자는 돈으로 상을 주소서."

그것을 따랐다.

경자일(庚子日·24일)에 의정부에 명해 도성(都城)의 증축할 기지(基

---

33 고려 시대 이래 봉수간(烽燧干)·염간(鹽干)·진척(津尺)·화척(禾尺)·양수척(楊水尺)처럼 간(干)이나 척(尺) 자로 불리던 계층을 신량역천(身良役賤)이라 했다. 이들의 신분은 양인이었지만 누구나 기피하는 고된 역에 종사했다. 그러므로 양인과 천인의 중간 계층으로 취급되어 이같이 불렸다. 그러나 양인을 사회의 기층으로 삼으려는 조선 왕조에 들어 이들을 섭육십(攝六十)·보충군(補充軍) 등 특수한 직임에 충당시키고 일정 기간 복무를 마친 자에 대해 종량(從良)시켰다. 한편 조선 왕조가 개창한 뒤 양천의 분간이라는 문제가 중요한 사회 문제로 등장했다. 본래 양인 신분이었다가 고려 말 사회적 혼란기에 압량(壓良)·투속(投屬) 등의 방법으로 천인이 된 자가 많았는데, 1361년(공민왕 10년) 홍건적의 개경점령 때 호적이 산실되어 이들의 본래 신분을 판별하는 게 쉽지 않았다. 그리하여 국가는 양천 신분이 분명하지 않을 때 양인 신분을 인정하면서 그들을 특수한 직임에 충당시켰는데, 사재감수군(司宰監水軍)이 대표적 예다. 그런데 이들이 맡은 직임이 몹시 고되었으므로 천시되었고, 이후 수군은 마침내 신량역천이라는 한 계층으로 굳어지게 되었다.

址)를 순방하게 했다.

○ 총제 유은지(柳殷之)과 대호군 이군실(李君實) 등에게 명해 원주(原州) 횡천(橫川) 등지에 가서 강무장(講武場)을 살펴보게 했다.

○ 일본 회례관(回禮官) 박초(朴礎, 1367~1454년)[34]가 복명(復命)했다.

○ 제주(濟州) 사람 생원(生員) 고득종(高得宗)이 말 3필을 바치니, 쌀과 콩을 35석 내려주었다.

○ 종정무(宗貞茂)의 아우 종우마다무세(宗右馬多茂世)와 화전포만호(和田浦萬戶) 병위시병위(兵衛時兵衛) 사위문(沙衛門)이 사람을 시켜 예물을 바쳤다.

임인일(壬寅日·26일)에 평안도·영길도(永吉道) 두 도의 군자(軍資)를 저축하라고 명했다. 두 도가 중국과 경계가 잇달아 있으나 군자(軍資)가 모자랐으므로, 매년 풍해도(豊海道)의 조세를 평안도로 수송하고 강원도의 조세를 영길도(永吉道)로 수송하는 것을 길이 항식(恒式)으로 삼았다.

---

34 1391년(공양왕 3년) 불교 배척 상소문으로 사형을 받게 됐으나 정몽주(鄭夢周)의 변호로 사면됐다. 1404년(태종 4년)에 사헌부 좌헌납(司憲府左獻納) 재직 중, 전에 선공감승(繕工監丞)으로 있을 때 관용의 철[官鐵]을 사사로이 사용했다는 사실로 인해 장형(杖刑)에 처해졌다. 1413년 수군도만호(水軍都萬戶)로 회례사(回禮使)가 되어 일본에 다녀왔고, 그 해에 전라도수군도만호 겸 해진군사(海珍郡事)를 역임했다. 1417년 제주목사에 임명되었으나 관물(官物)을 축재했다는 죄목으로 잠시 파직당했다가 이어 의주목사에 임명되었다. 1418년(태종 18년) 병조참의를 거쳐 이듬해 좌군절제사·전라도수군도절제사·경상우도수군처치사를 지냈고, 1421년 도안무사(都安撫使)·좌군동지총제(左軍同知摠制)를 역임했다.

○ 평안도 도순문사 최이(崔迤)가 글을 올려 전지(田地)의 조세를 감면하도록 청했다. 글의 대략은 이러했다.

'옛날에 하루갈이[一日耕]35에서는 세(稅)를 7두(斗)씩 받았는데, 이제 다른 도의 예에 의해서 양전(量田)하니 1석(石)입니다. 지난해에 비록 10분의 2를 감면했다고 하더라도 환상(還上)을 거두어들이는 데 백성이 괴로움을 참지 못합니다. 청컨대 금년에 그 세를 다시 감면하소서.'

이숙번(李叔蕃)이 진언(進言)했다.

"수손급손(隨損給損)36은 이미 나타난 법령이 있습니다. 이제 평안도의 화곡이 비록 부실하더라도 다른 예에 따라서 급손(給損)할 따름입니다. 어찌 세를 감면하도록 청하겠습니까?"

상이 옳게 여겼다.

○ 왕거을오미(王巨乙吾未)를 석방하라고 명하고 지신사 김여지(金汝知)를 파직했다.

거을오미의 옥사에 체포돼 갇힌 자가 심히 많았다. 매를 때리기를 요란하게 했으나, 여러 날 동안 그 정상을 파악할 수 없었다. 상이 순금사와 정부·대간(臺諫)·형조의 문사관(問事官) 등을 불러 말했다.

"때가 바야흐로 한창 추우니, 체옥(滯獄)하는 것은 진실로 차마

---

35 양전(量田)을 실시하지 않은 고을을 대상으로 밭갈이하는 날수, 곧 삭(朔)·일(日)·조(朝)·반조(半朝) 등으로 전지를 계산하던 법을 말한다. 대개 하루갈이 면적에서 7두(斗)를 수조(收租)했다.

36 손실에 따라 조세(租稅)를 감면해주는 제도를 말한다.

하지 못할 일[不忍]이다. 즉시 왕거을오미를 석방하는 것이 마땅하다. 또 연루된 자를 속히 판결하라."

또 말했다.

"중 성여(性如)는 그 아비가 있으니 왕휴(王庥)의 아들이 아닌 것이 분명하다. 내가 일찍이 사책(史冊)을 상고하니, 역대의 제왕(帝王)이 역성혁명 하면 혹은 그 후손을 봉(封)해 제사가 끊어지지 않게 하거나[37] 작명(爵命)을 더해서 그 뛰어난 이를 포장했을 뿐, 완전히 멸망시켜 후사를 남기지 않은 경우는 있지 아니했다. 비록 말세에 간혹 있기는 했으나, 인군(人君)의 호생지덕(好生之德)이 아니며 진실로 족히 취할 만한 것도 아니다. 내가 마땅히 왕씨의 후예(後裔)를 보전하겠다."

모두가 말했다.

"중 성여(性如) 등의 일은 반드시 핵실해 변정(辨正)하기를 청합니다."

상이 말했다.

"옳지 않다. 왕거을오미가 비록 왕휴의 아들이라고 하더라도 나는 죄를 가하고 싶지 않다. 두 중이 실제 적자(嫡子)라고 하더라도 또 어찌 죄를 주겠느냐?"

이숙번(李叔蕃)이 아뢰었다.

"상교(上敎)는 진실로 만세의 제왕(帝王)의 모범입니다."

---

37 『논어(論語)』 「요왈(堯曰)」에 나오는 말을 참조하면 된다. "(은나라를 멸망시킨 주나라의 무왕이) 멸망한 나라를 일으켜주고 끊어진 대를 이어주며 숨은 사람을 등용하시자 천하의 민심이 돌아왔다."

상이 말했다.

"이 옥사는 오래됐는데도 정부 대신들은 어찌하여 한마디도 이에 언급하지 않는가! 월(越)나라 사람이 진(秦)나라 사람의 비척(肥瘠)을 보는 것과 같구나!"[38]

여러 신하가 부끄러워했다. 형조와 대간에서 왕거을오미를 주살(誅殺)하도록 청했으나 상이 따르지 않고 말했다.

"예로부터 제왕(帝王)은 하나의 성(姓)이 아니었고 천지(天地)와 더불어 시종(始終)이 상응했으니, 모두 조부(祖父)가 덕(德)을 쌓았기 때문에 흥하는 것이고 그 자손(子孫)에 이르러 다움이 없어지면 망하는 것이다. 만약 이씨(李氏)에게 도(道)가 있으면 비록 백 사람의 왕씨(王氏)가 있다 하더라도 무어 걱정할 것이 있겠느냐? 그렇지 않다면 비록 왕씨가 아니라 하더라도 천명(天命)을 받아 흥기(興起)하는 자가 없겠느냐? 더군다나 국초(國初)에 왕씨를 제거한 것은 실제 태조(太祖)의 본의가 아니었으니 마땅히 다시 말하지 말라."

정부에 교지(敎旨)를 내렸다.

"금후로는 왕씨의 후손이 혹은 스스로 나타나거나 남에게 고발을 당하는 자는 아울러 자원(自願)해 거처(居處)하는 것을 들어주어서 그 삶을 평안하게 하라."

순금사에서 아뢰었다.

"왕거을오미의 정상을 알고도 숨겨준 오인영(吳仁永) 등 4인은 죄

---

38 월(越)나라는 지금의 절강성(浙江省)에, 진(秦)나라는 지금의 섬서성(陝西省)에 있었는데 월나라 사람이 멀리 떨어져 있는 진나라의 비척(肥瘠)을 봐도 아무런 관심이 없다는 것이니, 자기와 관계가 없는 것은 아무래도 생각이 덜 간다는 뜻이다.

가 참형(斬刑)에 해당하고, 정상을 알고도 자수하지 않은 우홍부(禹洪富) 등 20인은 장(杖) 100대에 유(流-유배형) 3,000리에 해당합니다."

상이 말했다.

"왕거을오미도 오히려 방면하는데 하물며 그 다른 사람이겠느냐? 그러나 이들을 징계하지 않으면 뒤에 큰일이 있을 때도 고(告)하지 않을 것이니, 각각 2등을 감면하는 것이 옳다. 김여지는 비록 즉시 계문(啓聞)하지 않았으나 마침내 자수했으니, 파직만 시키는 것이 마땅하다."

이에 이관(李灌)으로 김여지를 대신해 지신사로 삼았다.

을사일(乙巳日-29일)에 영길도 도순문사(永吉道都巡問使) 이원(李原)에게 단(段)과 견(絹)을 각각 1필씩 내려주었다. 해동청(海東靑-매)을 바친 때문이다.

○ 삼성(三省-사헌부·사간원·형조)에서 교장(交章)해 왕거을오미를 주살할 것을 청했으나 상이 들어주지 않았다. 소(疏)는 이러했다.

'신 등이 가만히 생각건대 어지럽기 전에 제어해 다스리는 것은 미연(未然)에 우환을 염려하는 때문이니, 고금에 나라의 상도(常道)입니다. 공손히 생각건대, 태조(太祖)가 왕씨(王氏)를 복멸(覆滅)하던 즈음을 당해 한 사람에게도 형을 가하지 않고 천명(天命)에 응해 혁명(革命)하고 전조(前朝)의 후손을 보전해서 자원에 따라 안치(安置)하고자 했으니, 호생지덕(好生之德)이 지극하다고 하겠습니다. 돌아보건대, 이에 화심(禍心)을 품고서 불궤(不軌)를 몰래 도모해 점을 처서 운수(運數)를 엿보았으니, 대소 신료(大小臣僚)가 그 죄를 바로 잡도록 청해 천토(天討)가 이르게 된 것은 이를 자취(自取)했을 따름입니다. 진실로 여얼(餘孼)이 있어서 사람이 이를 고(告)할 수 있었다면 어찌 왕휴(王庥)의 아들 왕거을오미 같은 자가 오히려 촌장(村莊)에 숨었는데 숨겨두고 고하지 않을 것을 생각할 수 있었겠습니까? 이것이 신 등이 가슴을 쓸어내리고[拊心] 놀라워하며 능히 스스로 그만두지 못하는 까닭입니다. 대개 변란이 소홀한 데서 생기는 것은 이치와 형세에 있어 필연(必然)인 것입니다. 왕거을오미를 궤상육(机上肉-도마 위의 고기)으로 만드는 것이 불가(不可)하다면 그대로 두더라도, 이제 또 공사(供辭)에 연루돼 감옥에 있는 자가 거의 60명에 이르니 그 사람들의 죄가 비록 미세하더라도 이것이 화(禍)의 계제(階梯-사다리)입니다. 이제 만약 법대로 처리하지 않으면 어찌 후일의 우환이 금일보다 심하지 않을는지 알겠습니까? 엎드려 바라건대 전하는 대의(大義)로 결단해 법대로 처치하소서.'

삼성(三省)에서 또 상소해 김여지의 죄를 청했으나 상이 말했다.

"이미 면직했으니 마땅히 더는 논하지 말라."

丁丑朔 遣中官獻禽于誠妃殿. 且賜趙英茂 以英茂疾病也.
정축 삭 견 중관 헌금 우 성비 전 차 사 조영무 이 영무 질병 야

戊寅 還宮. 奉上王設宴于松溪院 盡歡夜還. 兀良哈李都乙赤亦
무인 환궁 봉 상왕 설연 우 송계원 진환 야환 올량합 이도을치 역

侍從 因醉以刃刺蓋陪一人.
시종 인취 이인 자개배 일인

己卯 恭安府尹致仕唐誠卒. 誠 浙江 明州人. 元季 避兵東來 初
기묘 공안부 윤 치사 당성 졸 성 절강 명주인 원계 피병 동래 초

爲征東行省掾史 行省罷 以中郎將爲司平巡衛府評事. 通曉律令
위 정동행성 연사 행성 파 이 중랑장 위 사평순위부 평사 통효 율령

遇事敢言. 時 當國者惡成石璘不附己 誣以罪下獄 掖兵馬都統使
우사 감언 시 당국자 오 성석린 불부 기 무 이죄 하옥 액 병마 도통사

崔瑩 將置極刑 誠言罪不至死 瑩不聽. 誠固爭不能得 遂取律文
최영 장치 극형 성언죄 부지 사 영 불청 성 고쟁 불능 득 수취 율문

投地 謂瑩曰: "都統先律文而生乎? 抑律文先都統而出乎? 都統乃
투지 위영 왈 도통 선 율문 이생 호 억율문 선 도통 이 출호 도통 내

何以一己之見 而捨律文乎?" 瑩以誠勁直不怒 我太祖亦營救石璘
하이 일기 지견 이사 율문 호 영 이성 경직 불노 아 태조 역 영구 석린

乃得減死.
내 득 감사

累官至判典農寺事 代李元弼掌事大吏文. 及太祖卽位 歷戶禮
누관 지 판전농시사 대 이원필 장 사대 이문 급 태조 즉위 역 호 예

刑工四曹典書. 嘗訟奴婢于辨定都監 不勝 揚言于朝曰: "今此
형 공 사조 전서 상송 노비 우 변정도감 불승 양언 우 조왈 금 차

都監 非辨定 乃不定也." 坐此免官. 未幾 以檢校判漢城府事 提調
도감 비 변정 내 부정 야 좌차 면관 미기 이 검교 판한성부사 제조

文書應奉司. 歲辛巳 上旣受誥命 誠面啓曰: "向者國銜稱權署國事
문서응봉사 세 신사 상 기 수 고명 성 면계 왈 향자 국함 칭 권서국사

今只稱國王 名正辭簡 甚好." 因伏地請曰: "小臣頭銜 亦欲除檢校
금 지칭 국왕 명정 사간 심호 인 복지 청왈 소신 두함 역 욕 제 검교

二字." 上笑 改除 開城副留後 再遷恭安府尹. 己丑 以本官致仕
이자 상소 개제 개성 부유후 재천 공안부 윤 기축 이 본관 치사

494

命給全俸終身. 誠性 勤謹年踰七十 精力不衰 凡遇事大文字 必親
審覆 鮮有差誤 上委信之 賜鄉密陽. 卒年七十七. 上悼甚 遣中官
以弔 賜賻米豆各四十石 紙百五十卷 給棺槨 賜祭 中宮亦賜祭.
石璘以詩哭之曰: "學兼文吏兩精强 有益東邦孰可方! 都統律文
先後語 此生難報死難忘."

女眞子弟四十二人來 賜米豆人各五石.

監察鄭其等九人上書. 書曰: '近日臺長皆被劾 監察孫寬 使監察
黃敬敦 朴篆 擅開臺庫. 請下攸司 鞫問其由.' 卽令憲府治之. 其等
上書 在前月十八日矣. 代言司金汝知陰庇寬輩 不卽啓達.

庚辰 司諫院上疏. 疏略曰:

'法令紛更 古人所戒 朝作暮更 下民何觀! 庶官告身 署經臺諫
所以獎節義礪廉恥也. 不用鈇鉞 而人自懼 轉移人心 裨補治化
莫此爲急. 臺諫請行蒙允 行之數月 遽致更變 深爲未便. 署謝之法
亦有可議 立賢無方 聖賢所訓. 苟其賢也 雖甕牖繩樞之微 必能濟
於事; 苟不肖也 雖衣冠閥閱之美 何益於國哉! 今之署謝 或昧此義
遂使美法不克行之. 臣等願一品以下署謝之法 勿令變更 其於評論
之際 重其才行 輕其世系 則重賢之道 勵士之方 庶爲兩得矣.'

上覽之曰: "朝作暮更 固可羞也. 然告身之法 舊史所無 官敎之
法 太祖令典 不可改也. 勿復言之." 朝罷 謂金汝知曰: "令臺諫勿以
私情行事. 前朝臺諫 皆附大臣 以行己志 予所親見者也. 近日臺諫

互相朋比 未免其罪 無乃有愧乎?"
호상 붕비 미면 기죄 무내 유괴 호

司憲府上疏. 疏略曰:
사헌부 상소 소 약왈

'吾東方 自王氏統合以來 官無大小 皆待告身署經臺諫 其或系出
오 동방 자 왕씨 통합 이래 관무 대소 개대 고신 서경 대간 기혹 계출

有累者 行有不潔者 必滯告身以懲之. 是故人各飭礪 務尙節操
유루 자 행유 불결 자 필체 고신 이 징지 시고 인각 칙려 무상 절조

鞏固維持 幾五百年. 惟我太祖 應運開國 立經陳紀 無非子孫萬世
공고 유지 기 오백년 유 아 태조 응운 개국 입경 진기 무비 자손 만세

慮 唯告身署經臺諫 止於五品 厥後有議 行於四品. 是則國初一時
려 유 고신 서경 대간 지어 오품 궐후 유의 행어 사품 시즉 국초 일시

之權 非持守萬世之計也. 自是以來 人心日弛 及受官敎 則或有指
지권 비지수 만세 지계 야 자시 이래 인심 일이 급수 관교 즉 혹유 지

臺諫而笑之者矣. 今我殿下 灼知是弊 自今年四月 始行告身之舊法
대간 이 소지 자 의 금 아 전하 작지 시폐 자 금년 사월 시행 고신 지 구법

庶幾人心有所禁防也 不一年而又變. 伏望殿下 復告身之舊法 皆
서기 인심 유 소금방 야 불 일년 이 우변 복망 전하 복 고신 지 구법 개

署經於臺諫.'
서경 어 대간

不聽.
불청

命罷科田五分之收 議政府以爲未可. 上曰: "向聞上國有變 故
명파 과전 오분 지수 의정부 이위 미가 상왈 향문 상국 유변 고

命收五分之一 以備軍食. 今玆無變 糧餉亦足 何必取寒士之涓埃
명수 오분 지일 이비 군식 금자 무변 양향 역족 하필 취 한사 지 연애

以助公室乎? 若有變 則雖全收 固無害也."
이조 공실 호 약 유변 즉 수 전수 고 무해 야

禮曹上書陳祀典數條:
예조 상서 진 사전 수조

'一 謹按唐禮樂志 古先帝王 竝列中祀. 國朝先農 先蠶 文宣王
일 근안 당 예악지 고 선 제왕 병렬 중사 국조 선농 선잠 문선왕

列於中祀 檀君 箕子 前朝太祖 宜陞中祀.
열어 중사 단군 기자 전조 태조 의승 중사

一 宗廟奉祀 止於五室 乃以前朝之主 祀至八位 似未合禮. 太祖
일 종묘 봉사 지어 오실 내이 전조 지주 사지 팔위 사미 합례 태조

以下七位內 顯宗克逐遼賊 以除民害; 恭愍王能事大明 以安民生
이하 칠위 내 현종 극축 요적 이제 민해 공민왕 능사 대명 이안 민생

有功於東方 義當幷祀 其餘五位 許令革除.
유공 어 동방 의당 병사 기여 오위 허령 혁제

一 謹按校書館祝板式 於檀君箕子稱國王 前朝太祖稱朝鮮國王
일 근안 교서관 축판 식 어 단군 기자 칭 국왕 전조 태조 칭 조선 국왕

似不合理. 許於檀君 箕子稱朝鮮國王. 境內山川稱國王; 望祭北郊
사 불합리 허어 단군 기자 칭 조선 국왕 경내 산천 칭 국왕 망제 북교

稱朝鮮國王 亦不合理. 許於北郊 亦稱國王. 馬祖祝稱朝鮮國王
칭 조선 국왕 역 불합리 허어 북교 역칭 국왕 마조 축 칭 조선 국왕

先牧祝稱國王. 先牧亦非境內之神 許依馬祖之例.'
선목 축 칭 국왕 선목 역비 경내 지신 허의 마조 지례

又上言:
우 상언

"司僕寺以巫覡祭馬神 淫祀也. 請自今祀馬祖馬步馬社先牧之
사복시 이 무격 제 마신 음사 야 청 자금 사 마조 마보 마사 선목 지

神 令司僕官受香以祭." 又啓: "大朝會殿下出入 通贊喝鞠躬平身.
신 영 사복관 수향 이제 우계 대조회 전하 출입 통찬 갈 국궁 평신

今後每衙日及凡朝會 亦依此例." 竝從之.
금후 매 아일 급 범 조회 역 의 차례 병 종지

辛巳 司憲府上書. 書曰:
신사 사헌부 상서 서왈

'任土作貢 古今令典. 禹別九州 厥貢惟錯 蓋因方土所宜而取之.
임토 작공 고금 영전 우 별 구주 궐공 유 착 개 인 방토 소의 이 취지

惟我國朝 隨土收貢 其制尙矣 惟東西二界 曩在前朝 累經兵亂
유 아 국조 수토 수공 기제 상의 유 동서 이계 낭 재 전조 누경 병란

州郡騷然 田疇荒穢 移民入鎭 以供守禦 姑爲日耕之法 寬其收租
주군 소연 전주 황예 이민 입진 이공 수어 고위 일경 지법 관 기 수조

以裕民生 貢賦之法 未遑修擧. 盛朝開國 休養生息二十餘年 旣庶
이유 민생 공부 지법 미황 수거 성조 개국 휴양 생식 이십여 년 기서

旣富 田野日闢 經界旣正 修貢奉上 正在此時. 其巡問摠戎之官 多
기부 전야 일벽 경계 기정 수공 봉상 정재 차시 기 순문 총융 지관 다

收土産 曾不輸貢于朝 但充營中之費 國無其益. 乞依各道例 將
수 토산 증불 수공 우조 단 충 영중 지비 국무 기익 걸의 각도 례 장

土宜之物 參酌定額 以爲常貢.'
토의 지물 참작 정액 이위 상공

下政府議之 皆以爲可. 命將在前收齊數 除其道不得已經費外
하 정부 의지 개 이위 가 명장 재전 수 제수 제 기도 부득이 경비 외

竝皆輸納于京.
병개 수납 우경

日本 薩摩州源佑鎭 使人來獻土物.
일본 살마주 원우진 사인 내헌 토물

賜明通寺盲人等米三十石.
사 명통사 맹인 등 미 삼십 석

命置象于全羅道海島. 兵曹判書柳廷顯進言曰: "日本國所獻馴象
既非上之所玩 亦無益於國 觸害二人. 若以法論 則殺人者當殺 又
一年所供芻豆 幾至數百石. 請倣驅犀象之事 置于全羅海島." 上笑
而從之.

壬午 引見議政府諸卿及星山府院君李稷 議增廣京城東西二隅
便否也. 右政丞南在進言曰: "當戊寅定社時 殿下曲加救護 肉身
既骨 今又命爲右相 義則君臣 恩同父子. 但爲臣之職 當直言極諫
然則恐傷恩." 上曰: "宗社之靈 陰誘予衷 故用卿作相耳. 直言則
有官守 卿不必然." 對曰: "爲相 安敢默默苟祿! 且體元 人主之職
調元 宰相之事. 臣未知何以調之?" 上笑之. 河崙上言: "曾爲沙門
得僧職者還俗 則無仕進之所. 乞除檢校之職 兼以濟生院惠民局
職事 降於本職六給 以給其祿." 從之.

命禁楊根 原州 橫川等處私獵.

申嚴中分之法. 議政府啓: "兩邊中分限當奴婢 奸貪之徒 甘心
時執役使 不從敎旨 不卽執籌中分者頗多. 今後元隻不執籌者 其
奴婢 竝皆屬公." 又命中分之法 勿論人數 只於兩邊中分.

甲申 上王上于仁德宮 置酒極歡.

乙酉 晩霧 咫尺未辨人.

建州衛千戶 金希珠 使人獻土物. 一岐州上萬戶大郎古羅 遣其子
貴生獻土宜 請貴生授職.

下砥平縣監安餘慶于巡禁司. 巡禁司按問餘慶養國馬不謹 以致
하 지평현감 안여경 우 순금사　순금사 안문 여경 양 국마 불근　이치

瘦瘠之罪以聞 命除徒三年 只贖杖一百.
수척 지죄 이문 명제 도삼년 지 속장 일백

丙戌 氣如春.
병술 기 여춘

政府啓號牌事宜. 政府因漢城府呈啓曰:"今號牌 東班則至于
정부 계 호패 사의　정부 인 한성부 정 계왈　금 호패 동반 즉 지우

九品 不書年歲容貌 西班則自僉摠制 至于副司正 皆書之 似爲
구품 불서 연세 용모 서반 즉자 첨총제 지우 부사정 개 서지 사위

未便. 西班四品以上 乞依東班例." 從之.
미편　서반 사품 이상 걸의 동반 예　종지

以漢平君趙涓兼判司僕寺事 吳致善奉禮郞. 致善乃故將軍
이 한평군 조연 겸판 사복시 사 오치선 봉례랑　치선 내 고 장군

金德生之女壻也. 德生嘗從潛邸 射虎有功. 今用致善 以是功也.
김덕생 지 여서 야 덕생 상종 잠저 사호 유공 금용 치선 이시공 야

丁亥 命各司決奴婢訟. 議政府啓:"刑曹及都官 員少訟多 定日內
정해 명 각사 결 노비 송　의정부 계　형조 급 도관 원소 송다 정일 내

未及決了. 乞依在前辨定監例 分送各司 使其行首 分定各房掌決絶
미급 결료 걸의 재전 변정 감예 분송 각사 사기 행수 분정 각방장 결절

具由移文都官 立案成給 如有誤決者 依敎行首及房掌論罪." 從之.
구유 이문 도관 입안 성급 여유 오결 자 의교 행수 급 방장 논죄　종지

各司分送 凡二千一百餘道.
각사 분송 범 이천 일백 여도

定各道各官鄕校奴婢之數. 江原道都觀察使啓曰:'外方各官鄕校
정 각도 각관 향교 노비 지수　강원도 도관찰사 계왈　외방 각관 향교

奴婢 留守官二十戶 大都護府牧官十五戶 都護府十戶 知官七戶
노비 유수관 이십 호 대도호부 목관 십오 호 도호부 십호 지관 칠호

縣令縣監五戶式定額外 奴婢皆移屬無奴婢鄕校 充其額數.' 從之.
현령 현감 오호 식 정액 외 노비 개 이속 무 노비 향교 충기 액수　종지

定各品農舍欄園步數. 卒參贊崔有慶妻李氏告狀政府曰:"亡夫
정 각품 농사 난원 보수　졸 참찬 최유경 처 이씨 고장 정부 왈　망부

葬所 卜于龍駒縣前將軍金召南農舍之傍. 柩至 召南止之." 政府
장소 복우 용구현 전 장군 김소남 농사 지방 구지 소남 지지　정부

議啓:
의계

"一品以下至于庶人 墳墓場牲 皆有定制 農舍欄園 尙無定制
일품 이하 지우 서인 분묘 장생 개유 정제 농사 난원 상무 정제

以致富强者廣占山野 以爲柴地 使貧乏之人 不得居焉 以至達官
이치 부강 자 광점 산야 이위 시지 사 빈핍 지인 부득 거언 이지 달관

葬事 亦不得占地 相爲爭訟 官吏不之禁. 乞一品農舍欄園方百步

每品降十步 以至于庶人方十步 以爲定制 使不得濫執相訟."

從之.

刑曹上奴婢決絶事宜. 啓曰: "相訟奴婢 一皆中分 此簡詞訟伸

冤抑之意也. 然今該官將兩邊文契 使孫宗派限年呈未呈 一一分揀

中分 則詞訟益繁 弊復如前. ①除決後仍執者及於前決立案 以限年

未呈論決者外 初一日以前呈狀相訟者 勿問是非 竝兩邊中分 以絶

詞訟 以伸冤抑. 良賤事 已依憲府啓聞 限年呈狀 迨今未決者 勿論

前決有無 悉屬司宰監矣. 丁丑戊寅年以後 今癸巳九月初一日以前

呈狀稱逃亡訴訟者及限年呈未呈 造飾良籍 不明訴良者 頗多. 乞將

此輩 竝屬司宰監." 政府議得: "九月初一日以前呈狀相訟公私奴婢

則依臺諫刑曹及都官受敎條件決絶. 初一日以前呈狀良賤相訟

良賤籍俱不明者 依乙酉年敎旨 限今年十二月 皆屬司宰監." 從之.

司憲府笑曰: '今奴婢公私處中分 則恐將有互相容匿之弊. 請將

私賤籍明白者從賤 不明則公處 雖無文籍 竝屬公.'

從之. 政府啓: "司宰監水軍實數九百十一名 請以其監二員與

都官郎廳同坐 將元屬文籍 細推從來接處." 從之.

司諫院上疏. 疏略曰:

'臣等謹按 書有說命 微子 蔡仲之命等篇. 後世命官制辭 其源蓋

出於此 前朝盛時 亦行此法. 乞依古制 凡於除授 二品以上 敍其

500

德行制辭命之; 三品以下 署經臺諫.'
덕행 제사 명지 삼품 이하 서경 대간

下議政府 宜如諫院所啓 不聽.
하 의정부 의 여 간원 소계 불청

議政府啓禁刑日法. 啓曰: "蒙下旨 令刑曹考禁刑日不治事古制.
의정부 계 금형일 법 계왈 몽 하지 영 형조 고 금형일 불 치사 고제

刑曹報: '初八日十五日二十三日 爲禁刑日不治事 然無明文 止於
형조 보 초팔일 십오일 이십삼일 위 금형일 불 치사 연 무 명문 지어

律文 有禁刑日 而決罪罪人者笞四十.' 又令禮曹稽文獻通考云: '宋
율문 유 금형일 이 결죄 죄인 자 태 사십 우 령 예조 계 문헌통고 운 송

太祖 開寶九年 旬休日不視事. 太宗卽位 旬休日復視事.' 其後又
태조 개보 구년 순휴일 불 시사 태종 즉위 순휴일 부 시사 기후 우

詔: '自今內外百司 除舊制給暇外 每月旬休 上巳 重午 重陽 竝休務
조 자금 내외 백사 제 구제 급가 외 매월 순휴 상사 중오 중양 병 휴무

一日 三司 開封府 事關急速 不在此限.' 又云: '齋戒日 不判署刑殺
일일 삼사 개봉부 사관 급속 부재 차한 우운 재계일 불 판서 형살

文書.' 又云: '每歲立春至秋分及朔望 上下弦二十四氣雨及夜未明
문서 우운 매세 입춘 지 추분 급 삭망 상 하현 이십사 기 우 급 야 미명

暇日 皆停死刑.' 本府以此考之 前朝以來 三暇日與宋旬休日同然云
가일 개 정 사형 본부 이차 고지 전조 이래 삼가일 여 송 순휴일 동연 운

事關急速 不在此限 則三暇日 似不必强用 自今許令決事. 出納官
사관 급속 부재 차한 즉 삼가일 사 불필 강용 자금 허령 결사 출납관

三暇及六衙日朝會後 皆赴本府治事 唯刑曹 漢城府 巡禁司 於
삼가 급 육아일 조회 후 개 부 본부 치사 유 형조 한성부 순금사 어

齋戒日暇日 不得行考訊決罪. 除在前禁刑日外 上項上下弦二十四
재계일 가일 부득 행 고신 결죄 제 재전 금형일 외 상항 상 하현 이십사

氣雨及夜未明 不得行死刑."
기 우 급 야 미명 부득 행 사형

戊子 司憲府上疏. 疏曰:
무자 사헌부 상소 소왈

'臣等聞治國之道 莫大於正風俗 化民之方 惟在於惇孝悌. 方今制
신등 문 치국 지도 막대 어 정 풍속 화민 지방 유 재어 돈 효제 방금 제

禮樂興學校 風俗不可謂不正也 孝悌不可謂不惇也. 然其民生繁夥
예악 흥 학교 풍속 불가위 부정 야 효제 불가위 부돈 야 연 기 민생 번과

未易變化 間有忿怨於奴婢之冒得 構釁於錢財之濫用 親戚反爲
미이 변화 간유 분원 어 노비 지 모득 구흔 어 전재 지 남용 친척 반위

仇讎 或有沒身而怨不釋者 此孝悌之所以不惇 而風俗之所當先正
구수 혹유 몰신 이 원 불석 자 차 효제 지 소이 부돈 이 풍속 지 소당 선정

者也. 乞其相訟者 雖非期親 若屬九族 除事干社稷外 無問是非
자 야 걸 기 상송 자 수비 기친 약 속 구족 제 사간 사직 외 무문 시비

一依律文干名犯義之例 先以不孝不悌 斷其罪 然後方許受治 則庶
일의 율문 간명범의 지례 선이 불효 부제 단기죄 연후 방허 수치 즉서

回孝悌之本 而風俗亦由是而正矣.'
회 효제 지본 이풍속 역 유시 이정의

下政府議得: "疏意與永樂十年十二月日敎旨 大意相同 宜以在前
하 정부 의득 소의 여 영락 십년 십이월 일 교지 대의 상동 의이 재전

敎旨施行. 今後凡有請行事件 先考在前奉行敎旨 有則擧行 無則
교지 시행 금후 범유 청행 사건 선고 재전 봉행 교지 유즉 거행 무즉

申請 以爲恒式." 從之.
신청 이위 항식 종지

司諫院上疏. 疏曰:
사간원 상소 소왈

'伏覩政府受敎 節該: "世家子弟 或有犯罪 永奪其田 一朝陷於
복도 정부 수교 절해 세가 자제 혹유 범죄 영탈 기전 일조 함어

貧乏. 乞除家産沒官 永不敍用外 所犯照依律文 以行決罰 勿奪
빈핍 걸제 가산 몰관 영불 서용 외 소범 조의 율문 이행 결벌 물탈

其田 已行收奪者 亦令還給." 臣等竊惟 家産沒官者 是卽謀反大逆
기전 이행 수탈 자 역령 환급 신등 절유 가산 몰관 자 시즉 모반대역

謀叛等罪 世不常有 其餘重犯 情法不宥者 名例甚多 犯人相繼. 苟
모반 등죄 세불 상유 기여 중범 정법 불유 자 명례 심다 범인 상계 구

行姑息 勿奪其田 則是惡人之行 甚非所以懲惡戒後之道. 且槪稱
행 고식 물탈 기전 즉시 악인 지행 심비 소이 징악 계후 지도 차 개칭

科田 則安有犯重罪收職牒 而身無存沒 尙食其田之理乎? 圻內之
과전 즉 안유 범 중죄 수 직첩 이신 무존몰 상식 기전 지리호 기내 지

田有限 新來從仕者日衆 苟使罪惡 世食其田 新來從仕者 何從而
전 유한 신래 종사 자 일중 구사 죄악 세식 기전 신래 종사 자 하종 이

受田 淑慝何從而別乎? 竊念我太祖革前朝私田之弊 垂永世經界之
수전 숙특 하종 이별호 절념 아 태조 혁 전조 사전 지폐 수 영세 경계 지

法. 誠宜固守 勿令或改 今觀此法 似乖成憲. 依太祖之制 犯杖以上
법 성의 고수 물령 혹개 금관 차법 사괴 성헌 의 태조 지제 범장 이상

罪 收職牒者 未奪其田 以懲爲惡.'
죄 수 직첩 자 미탈 기전 이징 위악

從之.
종지

日本 宇久殿使人來獻土物.
일본 우구전 사인 내헌 토물

永吉道永興府龍神堂前大川灘水 絶而復流. 水於卯時絶流
영길도 영흥부 용신당 전 대천 탄수 절이 부류 수어 묘시 절류

四百餘尺 至辰末復流.
사백여 척 지 진말 부류

庚寅 司諫院上疏 下議政府議之:

'一 世祿 王者之所以待士 不可不均也. 我國家革前朝私田之弊

設圻內科田之法 自公卿大夫至于士 竝受土田 此法文王仕者世祿

之美意也. 然掌之者 不體聖意 乃以公平正大之法 反爲厚薄先後

之計 故仕宦累歲 終不得一頃之田者 間或有之 誠爲未便. 願自今

分田之時 令臺諫一員 更相交坐 計其前受多少 考其仕進前後 使不

相濫 則多受者不敢窺伺 未受者始蒙聖澤也.'

右條 政府議得: "曾令臺諫給田 行之有年. 臺諫每日坐給田司 與

常員無異 故罷之 只令司憲府 考其每日給田各品姓名 其中有不當

給而給者 便行論劾. 厥後 憲府不行久矣 宜令擧行."

'其二 唐太宗曰: "百姓乂安 則此乃朕之甲兵." 有子曰: "百姓足

君孰與不足?" 若能使民安且富 則兵食焉有不足者哉? 我國重糧餉

之儲 憂耗損之弊 以軍資陳穀 換民新穀. 夫民之常情 暑雨祁寒 猶

且怨咨. 況終歲勤勞 望賴秋成 而反違其欲 以舊易新乎? 且義倉之

法 春散冬斂 出納得宜 而民皆知惠 當其斂之 猶以爲病. 矧以新舊

强民相換 烏得無怨? 程子曰: "生民之理有窮 則聖王之法可改."

伏望殿下 革除此法 以副民望.'

右條 政府議得: "漢楚相距 勝敗未定五載之間 韓信獻計 以舊粟

易新粟 卒成帝業. 況以數十年之蓄 昧於新舊相換之計 則先入者

皆腐而無用矣. 且其相換之粟 不必備其國用 亦爲慮其民食. 雖

民之至愚者 亦知終利於己矣 豈必怨咨之甚哉? 自來年爲始 春夏
민 지 지 우 자 역 지 종 리 어 기 의 기 필 원 자 지 심 재 자 내 년 위 시 춘 하

分給 秋冬換納." 上從政府之議.
분 급 추 동 환 납 상 종 정 부 지 의

忠淸道竹山中猛船一艘 遭風敗沒於唐津浦 溺死者二十四名. 上
충 청 도 죽 산 중 맹 선 일 소 조 풍 패 몰 어 당 진 포 익 사 자 이 십 사 명 상

曰: "掌船者不審風水 致令敗沒 宜推鞫科罪."
왈 장 선 자 불 심 풍 수 치 령 패 몰 의 추 국 과 죄

命囚義州人金毛珍 蔡貴珍于巡禁司. 平安道都巡問使報曰: '毛珍
명 수 의 주 인 김 모 진 채 귀 진 우 순 금 사 평 안 도 도 순 문 사 보 왈 모 진

等造妖言曰: "今年八月 見八九歲山童于石城下 童曰: '十二月十七
등 조 요 언 왈 금 년 팔 월 견 팔 구 세 산 동 우 석 성 하 동 왈 십 이 월 십 칠

日二十四日 有兵亂.'"' 命囚巡禁司. 毛珍等辭服曰: "吾還歸山谷 當
일 이 십 사 일 유 병 란 명 수 순 금 사 모 진 등 사 복 왈 오 환 귀 산 곡 당

見山童 聞其說也." 命巡禁司司直玄仲仁 率毛珍往義州 質其言 果
견 산 동 문 기 설 야 명 순 금 사 사 직 현 중 인 솔 모 진 왕 의 주 질 기 언 과

妄則囚之. 且命曰: "此人罪雖重 宜給襦衣 勿令凍死." 仲仁復命
망 즉 수 지 차 명 왈 차 인 죄 수 중 의 급 유 의 물 령 동 사 중 인 복 명

曰: "毛珍之言果虛 故囚于安州."
왈 모 진 지 언 과 허 고 수 우 안 주

前判江陵大都護府事金自粹卒.
전 판 강 릉 대 도 호 부 사 김 자 수 졸

辛卯 置京城修補都監 以星山府院君李稷爲都提調 朴子靑
신 묘 치 경 성 수 보 도 감 이 성 산 부 원 군 이 직 위 도 제 조 박 자 청

金漢老等十二人爲提調.
김 한 로 등 십 이 인 위 제 조

下王麻子巨乙吾未于巡禁司. 初 金汝知啓曰: "前朝王氏苗裔
하 왕 휴 자 거 을 오 미 우 순 금 사 초 김 여 지 계 왈 전 조 왕 씨 묘 예

國令所不蓄. 有公州人李密冲者 以私書通于臣曰: '前朝王麻娶
국 령 소 불 축 유 공 주 인 이 밀 충 자 이 사 서 통 우 신 왈 전 조 왕 휴 취

密冲妹爲妾 有子曰巨乙吾未. 今當號牌 將何以哉?' 臣於初九日受
밀 충 매 위 첩 유 자 왈 거 을 오 미 금 당 호 패 장 하 이 재 신 어 초 구 일 수

其書 因先祖母忌 不卽以聞 恐人知之而火其書." 上曰: "雖有苗裔
기 서 인 선 조 모 기 부 즉 이 문 공 인 지 지 이 화 기 서 상 왈 수 유 묘 예

豈有可疑之理乎? 然不從國令容匿者 非矣." 命遣巡禁司大護軍
기 유 가 의 지 리 호 연 불 종 국 령 용 닉 자 비 의 명 견 순 금 사 대 호 군

趙賚于公州執來 令議政府刑曹臺諫各一員 同巡禁司治之. 麻 前朝
조 뢰 우 공 주 집 래 영 의 정 부 형 조 대 간 각 일 원 동 순 금 사 치 지 휴 전 조

王氏之裔. 麻以公州人李密冲之妹爲妾 生子曰巨乙吾未. 其母甚微
왕 씨 지 예 휴 이 공 주 인 이 밀 충 지 매 위 첩 생 자 왈 거 을 오 미 기 모 심 미

無知 故得避甲戌之誅 匿居密冲之戶. 密冲 汝知伴人也. 嘗通書
무지 고 득피 갑술 지주 익거 밀충 지호 밀충 여지 반인 야 상 통서

於汝知 汝知得書 經五日乃聞. 又有言麻之子二 亡命爲僧 名性雲
어 여지 여지 득서 경오일 내문 우 유언 휴지자이 망명 위승 명 성운

性如. 於是 逮捕麻之妻權氏及姊夫前副留後禹洪富與其二子 麻之
성여 어시 체포 휴지처 권씨 급 자부 전 부유후 우홍부 여 기 이자 휴지

壻李韻 李伯黎 麻兄之壻尹殷 二僧師安分 皆加考訊 不得其實. 捕
서 이운 이백려 휴형지서 윤은 이승사 안분 개 가 고신 부득 기실 포

二僧問之 皆云: "我乃麻之祖母鄭氏奴也." 問安分 答之亦然. 又
이승 문지 개운 아내 휴지 조모 정씨 노야 문 안분 답지 역연 우

有言壽延君王珪之子 亦有生存者 捕珪之妻金氏與其壻郭存中問之
유언 수연군 왕규 지자 역유 생존자 포 규지처 김씨 여 기서 곽존중 문지

亦虛言也. 壓膝密冲 鞫問至再 亦無異辭. 巨乙吾未亦言 麻之二子
역 허언 야 압슬 밀충 국문 지재 역무 이사 거을오미 역언 휴지 이자

更無有也. 辭連二十有四人. 訊問官請下汝知于獄 與巨乙吾未對辨
갱 무유 야 사련 이십 유사 인 신문 관 청하 여지 우옥 여 거을오미 대변

且問淹延不啓焚書之故 上不許 謂汝知曰: "此不緊事也 然在臣職
차문 엄연 불계 분서 지고 상 불허 위 여지 왈 차 불긴 사야 연 재 신직

宜卽告之. 國人必以汝爲非 可歸家以待." 臺諫刑曹劾汝知 又令
의 즉 고지 국인 필 이여 위비 가 귀가 이대 대간 형조 핵 여지 우령

守直 仍上疏曰:
수직 잉 상소 왈

　　'凡變故妖孽 隨所見聞 奔走申達 人臣之職也. 況朝夕侍從之臣
범 변고 요얼 수 소견문 분주 신달 인신 지직 야 황 조석 시종 지신

乎? 汝知於今月初八日 得見密冲書 不卽申聞 延留數日 固已可疑
호 여지 어 금월 초팔일 득견 밀충 서 부즉 신문 연류 수일 고 이 가의

及臺諫推納其書 托以毀裂 竟不之納 其文所載之辭 尤可疑也. 況
급 대간 추납 기서 탁 이훼열 경 부지 납 기문 소재 지사 우 가의 야 황

巨乙吾未者 年今二十 密冲來往汝知之家 亦有年矣. 乃因號牌之
거을오미 자 연금 이십 밀충 내왕 여지 지가 역 유년 의 내 인 호패 지

令 通書議其稱姓如何 豈嘗不知而遽有此議? 且汝知農舍 密近
령 통서 의 기 칭성 여하 기상 부지 이 거유 차의 차 여지 농사 밀근

巨乙吾未之居 其知之久近 未可知也. 伏望下攸司 鞫問其由.'
거을오미 지거 기 지지 구근 미 가지 야 복망 하 유사 국문 기유

　　不從 命除守直. 巡禁司啓李密冲納招曰: "王麻嫡子一人爲僧
부종 명제 수직 순금사 계 이밀충 납초 왈 왕휴 적자 일인 위승

居于忠州 今不知其所之." 下議政府 移文各道 諸山僧人內 年四十
거우 충주 금 부지 기 소지 하 의정부 이문 각도 제산 승인 내 연 사십

以下十五以上者 從來祖系 備悉推考以報.
이하 십오 이상 자 종래 조계 비실 추고 이보

壬辰 氣暖如春.

上不豫凡三日. 命代言司曰: "予手尙未平復 難於執圭. 於冬至

向闕拜如何?" 左副代言趙末生曰: "宜以時服行之."

甲午 下司憲監察孫寬 黃敬敦 朴篆于巡禁司 依律收贖; 罷

皇甫仁 鄭其 蔡知止 安思敬職. 司憲府上疏曰:

'臺庫所藏文書 關係匪輕. 監察孫寬 黃敬敦 朴篆等 聽被劾臺長

所通之語 擅自開閉 私相比附. 又監察皇甫仁之上直也 巡禁司移文

於府 乃推朴蔓文字輸送也 仁不告課 擅開臺庫. 監察鄭其等以孫寬

等 擅自開庫爲非 告于代言及本府 今巡禁司移文至府 反不取旨

以監察蔡知止 安思敬 分臺開閉 有違責孫寬之意. 知止 思敬亦聽

監察分臺 擅開臺庫. 右人等罪 惟上所裁.'

上從之. 監察辛淑淸等四人上書曰: '臣等旣與鄭其等同議 願罷

臣等之職.' 下吏曹.

乙未 刑曹 臺諫交章請金汝知之罪. 疏曰:

'前朝餘孽巨乙吾未 亡命公州之地 苟逭天誅 二十年矣. 臣等前日

論請金汝知知情端由 未蒙兪允 惶恐之至. 臣等竊惟 汝知欲掩

其罪 飾詐非一. 初 以初七日得見密冲之書啓聞 後乃以初八日更啓

其詐一也. 劾問答通曰: "初八日得書 至初九日開見." 今見密冲

供狀 以其書授汝知之奴 具言書中之意 則其奴必先言其由 安有待

翌日開見之理? 其詐二也. 汝知又言: "不欲人知 卽刻裂毁." 此凡

有見識者所不爲 其謂汝知爲之乎? 其書必有難言之事 托以裂毁
其詐三也. 又言遺忘未啓. 此豈遺忘之事耶? 其詐四也. 又言: "月
初九日 因其忌祭 與兄弟會于母家 見密冲書." 却言恐洩卽裂 其詐
五也. 聞此等事 登時啓聞 愚夫愚婦之所知 今乃稽留 其詐六也.
密冲供狀內: "汝知農舍 密近巨乙吾未之居 奴婢相往 傍人無不
知之者." 是則汝知之奴 豈獨不知以告其主乎? 且汝知近因扈從
拜掃先墳 巨乙吾未繼父吳仁永 言於汝知曰: "欲於歲抄 率迷惑兒
上京謁見." 繼有此書 汝知之知其有素 明矣. 以此等之事觀之 其
運謀變詐 莫窺涯涘. 雖無他證 其情已露 請收告身 鞫問其由.'

臺諫刑曹復交章曰:

'今巡禁司所推吳仁永供辭 合於臣等前日所申. 仁永嘗隨汝知之
父濤 出入其門久矣 豈不告之? 汝知不曾申聞 其罪大矣. 請收告身
鞫問.'

不聽.

丙申 冬至. 氣暖無氷.

上邀上王廣延樓下 設宴極歡.

丁酉 對馬島宗貞茂使人來獻土物.

命慶尙 全羅道進黑漆箱. 慶尙道一百 全羅道七十 內竹外皮. 俟
正朝以進.

命禮曹 考前代帝王待前朝君王子孫之法以聞. 上謂群臣

曰: "歷代帝王 易姓革命 剪除前代之子孫 予於史典 未之見也."
왈 역대 제왕 역성 혁명 전제 전대 지 자손 여 어 사전 미지 견야

禮曹參議李之剛對曰: "臣等承命 稽諸三代 漢 唐 宋 皆保全之.
예조참의 이지강 대왈 신등 승명 계저 삼대 한 당 송 개 보전지

剪除者 唯五胡五季之君耳." 上曰: "當取法唐虞三代之盛 何足論
전제 자 유 오호 오계 지 군이 상왈 당 취법 당우 삼대 지성 하족 논

五季衰世之事耶? 太祖開國之初 前朝之後 不得保全者 本非太祖
오계 쇠세 지 사야 태조 개국 지초 전조 지후 부득 보전 자 본비 태조

之意. 一二大臣以爲 今當草創 人心未定 宜去其裔 以一衆志. 予
지의 일이 대신 이위 금당 초창 인심 미정 의거 기예 이일 중지 여

少也 不識古典 未能請寢其議 至今爲恨." 吏曹判書韓尙敬進曰:
소야 불식 고전 미능 청침 기의 지금 위한 이조판서 한상경 진왈

"國初 臣爲知申事 得聞是事 實非太祖之本意. 臺諫上疏請除 太祖
국초 신위 지신사 득문 시사 실비 태조 지본 의 대간 상소 청제 태조

不從 一二奸臣 啓以利害 太祖不得已而從之耳." 上曰: "予欲保全
부종 일이 간신 계이 이해 태조 부득이 이종지 이 상왈 여욕 보전

意已定矣." 玉川君劉敞曰: "臣亦與聞是事 甚非太祖之意. 今日
의 이정 의 옥천군 유창 왈 신역 여문 시사 심비 태조 지의 금일

上有是命 實我國祚萬世延長之兆也." 上曰: "今王麻之子 本無罪
상유 시명 실아 국조 만세 연장 지조야 상왈 금 왕마 지자 본 무죄

不當就死. 唯匿不告官者 可以議罪." 命代言趙末生 往巡禁司 保放
부당 취사 유익 불 고관 자 가이 의죄 명 대언 조말생 왕 순금사 보방

巨乙吾未及其母與妻子. 巡禁司及政府 臺諫 刑曹請曰: "此非小事
거을오미 급 기모 여 처자 순금사 급 정부 대간 형조 청왈 차비 소사

而今未畢 不宜速放." 命曰: "如有可問之事 其三寸叔李密冲及辭連
이금 미필 불의 속방 명왈 여유 가문 지사 기 삼촌 숙 이밀충 급 사련

人禹洪富等在焉." 上又謂群臣曰: "前朝之後 雖有十人 吾無嫌焉.
인 우홍부 등 재언 상우위 군신왈 전조 지후 수유 십인 오 무혐 언

今巨乙吾未者 置而不論 則知情不首者 亦免矣."
금 거을오미 자 치이 불론 즉 지정 불수 자 역 면의

免鏡城李大豆所耕田租. 從永吉道都巡問使李原之報也. 吾都里
면 경성 이대두 소경 전조 종 영길도 도순문사 이원 지보야 오도리

建州衛千戶金希珠狀告:
건주위 천호 김희주 장고

"歲在辛卯 吉州移來 土著耕田 乞免租." 亦從之.
세재 신묘 길주 이래 토저 경전 걸 면조 역 종지

議政府請詰全羅道水軍都節制使洪有龍罪 從之. 有龍數被倭寇
의정부 청힐 전라도 수군도절제사 홍유룡 죄 종지 유룡 수 피 왜구

一不追捕故也.
일불 추포 고야

政府又啓: "平安道都巡問使報: '道內州縣倉庫 近因平壤築城
정부 우계　　평안도　도순문사　보　　도내 주현 창고 근인 평양 축성

不得營造 雨漏火災 誠可慮也' 請除築城 營建倉庫." 命曰: "除城子
부득 영조 우루 화재 성 가려 야　청제 축성 영건 창고　명왈　　제 성자

不得已修築外 宜從其請."
부득이 수축 외 의종 기청

戊戌 議政府議上司宰監啓目:
무술 의정부 의상 사재감 계목

'一 本監專掌舟楫 中外船隻 宜盡知數 無時考察. 自今京畿及
일 본감 전장 주즙 중외 선척 의진 지수 무시 고찰　자금 경기 급

外方公處船 令各道監司 每寅申巳亥年季月內 差使審檢 依式成籍
외방 공처 선 영 각도 감사 매 인신사 해년 계월 내 차사 심검 의식 성적

送納本監.'
송납 본감

"右條公處船 皆著火印字號 次第幷刻 成籍上納; 私處船 幷著
우조 공처 선 개저 화인 자호 차제 병각 성적 상납　사처 선 병저

火印字號及船主小名具錄 各別成籍上納 船隻 還準受 以備參考."
화인 자호 급 선주 소명 구록 각별 성적 상납 선척 환 준수 이비 참고

'一 兵船 漕運船 水站船 公處捉魚船等一應公船 或欲破取 或欲
일 병선 조운선 수참선 공처 착어선 등 일응 공선 혹욕 파취 혹욕

改造 則須報監司 傳報政府 以待行移. 擅自改破者及擅賣者 依律
개조 즉수 보 감사 전보 정부 이대 행이　천자 개파 자급 천매 자 의율

論罪.'
논죄

"右條 如啓目施行. 不堪破取改造 必須和賣船隻 亦於監司呈報
우조 여 계목 시행　불감 파취 개조 필수 화매 선척 역 어 감사 정보

毋致朽毀."
무치 후훼

'一 各處無時新造船 不拘年限 所掌官卽報監司 依式火印刻號
일 각처 무시 신 조선 불구 연한 소장 관 즉보 감사 의식 화인 각호

傳報政府 移文本監 續書于籍.'
전보 정부 이문 본감 속서 우적

'一 都城地濱大江 舟楫之用甚多. 慶尙道歲貢 只哨馬船十隻
일 도성 지빈 대강 주즙 지용 심다　경상도 세공 지 초마선 십척

小有舟楫之用 則必奪私船以供之. 自今上幸亭子船二隻 哨馬船
소유 주즙 지용 즉필 탈 사선 이공지　자금 상행 정자선 이척 초마선

二十隻 小居刀船十隻 平底船八十隻 定貢額 分定各道 每當戊癸
이십 척 소거도선 십척 평저선 팔십 척 정 공액 분정 각도 매당 무계

兩年農隙之時 堅實造作 上納本監. 點考火印 續書于籍.'
양년 농극 지시 견실 조작 상납 본감 점고 화인 속서 우적

"右條 忠淸 江原 豊海道平底船 各十隻 慶尙道全數 全羅道
哨嗎船十隻式 如啓目施行."

'一 魚梁水梁 本監 收稅國用 載在六典. 近因告課廢弛 中外公家
巨室 各占捉魚及其收稅之時 多方托故 不卽納稅. 自今各處魚梁
箭主 水梁船主 雖係公家及巨室 所在官嚴加考察 竝徵其稅 以實
國用 違者從重論罪.'

"右條 如啓目施行."

'一 各道各官魚梁水梁所産魚物及魚水梁上中品 四標箭主 船主
小名接處 令兩界及各道監司 分揀成籍上送. 其兩界船稅 箭稅
姑從前例 或上納或和賣 以便國用 其餘各道船稅 箭稅 依已定數
趁節收斂 卽報如前.'

"右條 來二月內 推考呈報事行移."

'一 本監祭祀宴享所用生鮮出處 亦當爲慮. 自今於各道歲貢網子
酌量定體 江魚大小 隨時捕得. 又於江邊 鑿池三所 其一所供祭祀
二所供宴享何如?'

"右條 來春更報."

'一 各處魚梁水梁新出魚物 理合最先供上. 今後安山 仁川魚梁
各二所 俱以上品定體 令其官 趁節結箭所捕魚物 隨卽給狀上納.
豊海 全羅 忠淸 各道水梁所産 令所在官 亦以最先捕者 給狀傳遞
上納; 進上前私處先到者 箭主船主 所在官從重論罪.'

'一 諸處祭享魚物 今後直納典祀寺 以致精潔何如.'

"右二條 並如啓目施行."

己亥 身良水軍 還屬司宰監. 議政府據刑曹都官呈啓曰: "曾受

敎旨內 身良水軍陳告者賞錢 其水軍 還屬司宰監 官吏未解還屬

二字之意 不能擧行. 乞將在前避役從賤屬公水軍及陳告各人處

賞給水軍 並皆推刷 還屬司宰監 陳告者賞錢." 從之.

庚子 命議政府巡訪都城增築基址.

命摠制柳殷之 大護軍李君實等 往審原州 橫川等處講武場.

日本回禮官朴礎復命.

濟州人生員高得宗進馬三匹 賜米豆三十五石.

宗貞茂弟宗右馬多茂世及和田浦萬戶 兵衛時兵衛 沙衛門 使人

獻禮物.

壬寅 命儲平安 永吉兩道軍資. 兩道境連上國 而軍資乏少 每年以

豐海道租稅 輸平安道; 江原道租稅 輸永吉道 永爲恒式.

平安道都巡問使崔迤 上書請減田租. 書略曰:

'古之一日耕 稅納七斗 今依他道例量田 則一石也. 前年雖減十分

之二 還上徵斂 民不堪苦. 請今年更減其稅.'

李叔蕃進言曰: "隨損給損 已有著令. 今平安道禾穀 雖不實 隨

他例給損而已 何請減稅乎?"

上然之.

命釋王巨乙吾未 罷知申事金汝知職. 巨乙吾未之獄 逮捕囚繫
者甚衆 箠楚亂下 累日不得其情. 上召見巡禁司 政府 臺諫 刑曹
問事官等曰: "時方祁寒 滯獄誠不忍也. 宜卽放王巨乙吾未 又速決
連繫者." 且曰: "僧性如 乃有其父 非王麻之子明矣. 予嘗考史編
歷代帝王 易姓受命 或封其後 致不絶祀 或加爵命 以旌其賢 未有
殄滅之無遺者也. 雖於衰世 容或有之 非人君好生之德 固無足取
予當保全王氏之裔." 僉曰: "僧性如等事 請須辨正." 上曰: "不然.
巨乙吾未雖王麻之子 予不欲加罪 二僧雖實爲嫡子 又何罪之?"
李叔蕃曰: "上敎眞萬世帝王之模範也." 上曰: "此獄久矣 政府
大臣 何無一言及之 若越人視秦人之肥瘠?" 群臣羞愧. 刑曹 臺諫
請誅王巨乙吾未 上不從曰: "自古帝王 非一姓與天地相爲終始 皆
由祖父積德以興 及其子孫 滅德以亡. 若李氏有道 則雖百王氏
存 何憂之有! 不爾 雖非王氏 其無受命而興起者乎? 況國初 王氏
之除 實非太祖之本意乎? 宜勿更言." 下旨政府曰: "今後 王氏之
裔 或自現 或爲人見告者 竝聽自願居處 以安其生." 巡禁司啓: "王
巨乙吾未 知情藏匿吳仁永等四人 罪當斬; 知情不首禹洪富等二十
人 杖一百流三千里." 上曰: "巨乙吾未 猶且放免 況其他乎? 然不
懲之 則後有大事 亦不告矣 可各減二等. 金汝知 雖不卽啓聞 終乃
自首 宜只罷職." 乃以李灌代汝知爲知申事.

乙巳 賜永吉道都巡問使李原段絹各一匹. 以進海東靑也.

三省交章 請誅王巨乙吾未 不聽. 疏曰:
삼성 교장 청주 왕 거을오미 불청 소왈

'臣等竊謂 制治於未亂 慮患於未然者 古今爲國之道也. 恭惟
신등 절위 제치 어 미란 여환 어 미연 자 고금 위국 지 도 야 공유

太祖 當王氏覆滅之際 不刑一人 而應天革命 欲保前朝之後 從願
태조 당 왕씨 복멸 지 제 불형 일인 이 응천 혁명 욕보 전조 지 후 종원

安置 好生之德至矣 顧乃包藏禍心 潛圖不軌 卜覡占數. 大小臣僚
안치 호생지덕 지의 고 내 포장 화심 잠도 불궤 복격 점수 대소 신료

請正其罪 以致天討 自取之也. 苟有餘孽 人得而告之 豈意如王麻
청정 기죄 이치 천토 자 취지 야 구유 여얼 인 득이 고지 기 의여 왕휴

之子巨乙吾未者 尙伏於村庄 而藏匿不告者乎? 此臣等所以拊心
지 자 거을오미 자 상 복어 촌장 이 장닉 불고 자호 차 신등 소이 부심

驚駭 而不能自已者也. 夫變生於所忽 理勢之必然 不可以巨乙吾未
경해 이 불능 자이 자야 부 변 생어 소홀 이세 지 필연 불가이 거을오미

爲机上之肉置之也. 今且辭連在獄者 幾至六十 其人雖微 實是
위 궤상 지육 치지 야 금차 사련 재옥 자 기지 육십 기인 수미 실시

禍階. 今若不置於法 安知後日之患 不有甚於今日乎? 伏望殿下
화계 금약 불치 어법 안지 후일 지 환 불유 심어 금일 호 복망 전하

斷以大義 置之於法.'
단이 대의 치지 어법

三省又疏請汝知之罪 上曰: "旣已免職 宜勿更論."
삼성 우 소청 여지 지 죄 상왈 기이 면직 의물 갱론

| 원문 읽기를 위한 도움말 |

① 除決後仍執者及於前決立案 以限年未呈論決者外: 除~外의 구문이다.
제 결후 잉집 자 급어 전결 입안 이 한년 미정 논결 자 외 제 외

태종 13년 계사년
12월

十二月

병오일(丙午日-1일) 초하루에 삼성(三省)에서 다시 교장(交章)해 왕거을오미(王巨乙吾未)를 주살(誅殺)할 것을 청했으나 허락하지 않았다[不許]. 소(疏)는 이러했다.

'왕거을오미가 편민(編民)¹에 섞여 살면서 오래도록 천주(天誅)를 면했으므로 신 등이 전일에 여러 차례 죄를 청했습니다. 이제 교지(敎旨)를 받으니 특별히 용서하라고 명령하시고, 그 정상을 알고 숨겨준 자들 또한 말감(末減-감형)에 따르도록 했습니다. 신 등이 가만히 생각건대, 무뢰(無賴)하고 불령(不逞)한 무리가 시대마다 없는 때가 없고, 국가에 화변(禍變)이 닥쳐오는 것 또한 미리 알기 어렵습니다. 만약 재해(災害)를 요행스럽게 여기고 틈을 타서 당(黨)을 만들어 도적질하는 일이 있다거나, 속이고 유혹하다가 다른 나라 지경으로 도망하므로 인해 흔단(釁端-큰 우환의 발단)이 생긴다면 진실로 염려할 만한 것입니다. 또 교지를 받으니, 전대(前代)의 후손을 죽여 없애는 것[殲夷]은 옛날에도 이러한 일이 없었다고 했습니다. 신 등이 생각건대 고금(古今)이 이치를 달리하며 시세(時勢)가 사의(事宜)를 달리합니다. 요(堯)임금과 순(舜)임금이 읍양(揖讓-선위)하고 탕왕(湯王)과 무왕(武王)이 정벌(征伐)한 것은 황제(皇帝)와 패왕(霸王)

---

1   호적으로 편입된 일반 백성을 가리킨다.

이 각각 시세에 따라서 그 폐단을 구한 것이니, 어찌 옛것에 얽매여 [泥古] 지금의 것을 말할 수 있겠습니까? 더군다나 우리나라는 조그마한 땅인데 어찌 중국의 넓은 땅에서 빙탄(氷炭)이 상용(相容)하는 예와 비교하겠습니까? 또 변(變)이란 소홀한 데서 생기고 사건이란 미세한 데서 일어나는 것이 고금의 공통된 환(患)입니다. 오늘날 공사(供辭)에 연루돼 옥(獄)에 갇힌 자가 많은 것을 보니, 후일에 사람을 해치고 흔극(釁隙-흔단)을 일으킬 것을 대개 알 만합니다. 전하는 마침내 한 사람의 목숨만을 아끼고 어찌 막대한 중생(衆生)은 생각하지 않으십니까? 엎드려 바라건대, 전하께서는 태조(太祖)가 부득이 죽여 없앤 뜻을 몸 받아서 이를 법대로 처치하시면 종사(宗社)에 심히 다행하겠습니다.'

상이 말했다.

"삼성(三省)의 신료(臣僚)는 모두 일의 이치[事理]를 아는 자들이다. 혁명(革命)한 뒤에도 오히려 전대의 후예(後裔)가 살아 있을까 봐 두려워해 모조리 죽여서 유종(遺種)을 없애는 것은 용렬한 군주(君主)나 하는 짓이다. 내가 어찌 차마 하겠는가? 경 등은 나의 아름다운 뜻을 따르려 하지 않고 어찌 이처럼 번거롭게 구는가? 왕씨(王氏)의 유종(遺種)이 죄가 없는데도 죽이는 것은 내 마음으로는 불가하다고 생각한다. 이제 이미 결정됐으니 다시 진언(進言)하지 말라."

삼성(三省)에서 다시 김여지(金汝知)의 죄를 청했으나 따르지 않았다.

○ 순금사(巡禁司)에서 아뢰었다.

"전조(前朝) 익성군(益城君)의 자손이 있는지 없는지를 김영부(金英富)·임전(任腆)·김철(金哲)·신가구지(申加究之)·용안(龍安) 등에게 물으니, 공장(供狀-공소장)에서 모두 말하기를 '알지 못한다'고 했습니다."

상이 모두 석방하라고 명했다. 순금사에서 또 아뢰었다.

"전조 왕씨(王氏)의 후손에 대해 정상을 알고도 자수하지 않았던 자들 가운데 이실(李實) 등 21인은 처인현(處仁縣)에 가두었고 약비(藥婢)는 진위현(振威縣)에 가두었습니다."

상이 2등을 감(減)해 시행하라고 명했다. 또 아뢰었다.

"이어구지(李於仇知)가 거이두(巨伊豆)의 성(姓)을 일컬어 왕씨(王氏)라고 했습니다."

상이 거이두를 석방하고 이어구지의 죄를 안핵(按覈)해 2등을 감해서 시행하라고 명했다. 또 아뢰었다.

"이의산(李宜山)은 왕양귀(王陽貴)의 아들 거이두가 살았는지 죽었는지를 추고(推考)하는 일 때문에 옥에 갇혀 있습니다."

상이 이를 석방하라고 명했다. 또 아뢰었다.

"왕거을오미(王巨乙吾未)를 숨겨준 자 가운데 거을금(巨乙金)의 죄는 참형(斬刑)에 해당합니다."

상이 2등을 감하라고 명했다. 또 아뢰었다.

"왕거을오미가 성(姓)과 이름을 바꿔 이양(李陽)이라 했으므로 그 처형(妻兄) 가물(加勿)은 알지 못했다고 고(告)했습니다."

상이 2등을 감하라고 명했다. 전 소감(少監) 홍의충(洪義忠)은 장(杖) 100대에 처해 경성(鏡城)에 유배시키고 도형(徒刑) 3년을 더했으며, 전조 회원군(懷原君)의 처 노씨(盧氏)는 장 90대에 처해 도형 2년 반을 속(贖) 받았다. 고려의 수연군(壽延君)의 아들이 살아 있다고 무고(誣告)한 때문이다.

○ 중외(中外)의 대소 신민(大小臣民)이 비로소[始] 호패(號牌)를 찼다.[2] 각 도의 인구가 호패로 인해 추가로 나타나는 자가 날로 많아졌다. 상이 소요(騷擾)스러울까 염려해 백성에게 뜻을 전해 말했다.

"호패를 지금 이미 시행했으니, 백성 가운데 이름을 숨기는 자는 없을 것이다. 만약 호패의 수로써 차역(差役-노역 동원)하면 백성이 반드시 놀라서 의심할 것이다. 옛날대로 경작하는 땅의 많고 적음으로써 차역하라."

○ 통신관(通信官) 검교(檢校) 공조참의 박분(朴賁)을 일본에 보냈다. 경상도 도관찰사에게 명령해 호피(虎皮)·표피(豹皮) 10장과 잣[松子] 10석을 주어 보내게 했다.

––––––––––

2 지금의 신분 증명서와 같은 것이다. 기원은 원(元)나라에서 시작되었는데, 고려에서는 1354년(공민왕 3년)에 이 제도를 모방해 수·육군정(水陸軍丁)에 한해 실시했으나 잘 시행되지 않았다가 조선 시대에 들어와 전국으로 확대되어 호적법의 보조 역할을 했다. 목적은 호구(戶口)를 명백히 해 민정(民丁)의 수를 파악하고, 직업·계급을 분명히 하는 한편 신분을 증명하기 위한 것이었다. 그중에서 군역(軍役)과 요역(徭役)의 기준을 밝혀 백성의 유동과 호적 편성상의 누락·허위를 방지하는 데 가장 중점을 두었다. 조선에서는 1413년(태종 13년)에 처음 시행되었는데, 그 뒤 숙종 초까지 5차례나 중단되었다. 이같이 호패 사용이 여러 번 중단된 것은 백성이 호패를 받기만 하면 곧바로 호적과 군적(軍籍)에 오르면서 군정(軍丁)으로 뽑히거나 그 밖에 국역(國役)을 져야만 했으므로, 되도록 이를 기피한 까닭에 실질적 효과가 없었기 때문이다. 특히 이를 계기로 백성은 국역을 피하기 위해 양반의 노비로 들어가는 경향이 늘고, 호패의 위조·교환 등 불법이 증가해 국가적 혼란이 격심했다. 이리하여 조정에서는 강력한 조치를 취했다. 호패의 위조자는 극형에 처하고 호패를 차지 않은 자는 엄벌에 처하는 등의 법을 마련하는 한편, 세조 때는 호패청을 두어 사무를 전담하게 하고 숙종 때는 호패 대신 종이로 지패(紙牌)를 만들어 간직하기 쉽고 위조를 방지하는 등의 편리한 방법을 취하기도 했다.

정미일(丁未日·2일)에 나무에 서리가 낀 것[木稼]이 눈과 같았다. 남산(南山)의 운무(雲霧)가 봄 날씨 같았고, 저녁에 바람이 크게 불었다. 사헌부·형조·순금사·한성부의 장무(掌務)를 부르도록 명하고 뜻을 전해 말했다.

"지금 천기(天氣)가 불순하니, 모든 옥수(獄囚)를 모름지기 속히 판결하도록 하고 오래 지체시키지 말라."

○ 신문고(申聞鼓)를 친 사람 430여 인을 순금사(巡禁司)에 내렸다. 지난달 18일에 오결(誤決)이라고 해 북을 친 사람이 300여 인이 있었고, 27일이 돼 병술년에 친히 착명(着名)할 때 미치지 못했다고 해 북을 친 사람이 130여 인이었다. 상이 뜻을 전해 말했다.

"중분(中分)의 법이 이미 이뤄졌는데, 이 사람들은 이룩된 법을 얕잡아보고 파훼(破毁)하고자 했으니 징계할 수밖에 없다. 법률을 안핵(按覈)해 시행하는 것이 마땅하다."

무신일(戊申日·3일)에 신무시위사(神武侍衛司)를 고쳐 충무시위사(忠武侍衛司)로 했다.

기유일(己酉日·4일)에 한강(漢江)에서 배 1척이 건너다가 강 가운데에서 침몰했는데, 배 안에 사람이 40여 인이 있었으나 그중에 살아난 자는 단 10여 인뿐이었다.

신해일(辛亥日·6일)에 김한로(金漢老)를 예문관 대제학(藝文館大提學) 겸 판의용순금사사(判義勇巡禁司事), 김남수(金南秀)를 지의정부

사(知議政府事) 겸 판사복시사(判司僕寺事), 한규(韓珪)를 지의정부
사 겸 판군기감사(判軍器監事), 권홍(權弘)을 판공안부사(判恭安府
事), 여칭(呂稱)·최용소(崔龍蘇)를 좌군 도총제(左軍都摠制), 윤향(尹
向)을 공조판서, 김학지(金學知)를 전농 판관(典農判官) 겸 한성 판
관(漢城判官), 정극종(鄭克從)·원황(元滉)을 봉례랑(奉禮郎) 겸 한성
참군(漢城參軍)으로 삼았다. 한성부의 겸관(兼官)은 이때부터 시작
됐다.

○ 올량합(兀良哈) 천호(千戶) 8인이 와서 토산물을 바쳤다.

계축일(癸丑日-8일)에 동교(東郊)에 행차해 매사냥[放鷹]을 구경
했다.

○ 사헌부에서 전 판사(判事) 송천우(宋千祐)의 죄를 청했다.

"천우(千祐)가 노비를 소송할 때, 권문(權門)에 뇌물을 준다고 청탁
하고 8순 노부(老父)를 속이고 금은(金銀)·포백(布帛)을 많이 취했습
니다. 청컨대 고신(告身)을 거두고 연유를 국문(鞫問)하소서."

그것을 따랐다.

○ 호패(號牌)의 법을 거듭 밝혔다. 사헌부에 명해 말했다.

"대소 인원(大小人員) 가운데 호패가 없는 자는 계문(啓聞)을 없애
고, 전에 수교(受敎)한 것에 의거해 제서유위율(制書有違律)로써 논
죄하라."

○ 충청도 도관찰사가 보고했다.

"이제 호패(號牌)를 만들어줄 때 추가로 나타난 사람이 모두 1만
6,297명입니다. 청컨대 아울러 호패를 주소서."

그것을 따랐다.

갑인일(甲寅日-9일)에 검교 참의(檢校參議) 김조(金藻)를 순금사(巡禁司)에 내렸다가 다음날 석방했다. 납약(臘藥)[3]을 정밀하게 제조하지 못하고 늦게 지은 때문이다.

○ 영길도 도순문사(永吉道都巡問使)에게 송골매[松鶻]를 다시 바치라고 명했다. 상이 말했다.

"일전에 바친 송골매는 오직 1마리뿐인데, 그것이 사고가 있을까 두렵기 때문이다."

병진일(丙辰日-11일)에 동교(東郊)에 행차해 매사냥[放鷹]을 구경했다.

정사일(丁巳日-12일)에 비가 왔다. 상이 여러 경(卿)과 더불어 토의했다.

"이제 『대명률(大明律)』에서 대역(大逆) 같은 따위의 일은 그만인데, 그 나머지 것은 우리나라의 『육전(六典)』과 합치하지 않는 점이 많다. 우리 태조(太祖)의 『육전(六典)』과 『속육전(續六典)』을 시행하는 것이 어떠한가?"

○ 올량합(兀良哈) 천호(千戶) 가을다(加乙多) 등 4인과 일본 구주

---

3 납일(臘日)에 임금이 근신(近臣)에게 내려주던 약이다. 곧 섣달에 내의원(內醫院)에서 만든 소합원(蘇合元)·안신원(安神元)·청심원(淸心元) 같은 것을 말한다.

절도사(九州節度使)의 사송인(使送人) 10인 등이 와서 토산물을 바쳤다.

○ 경성(鏡城)에 부처(付處)했던 김광미(金光美)와, 기장(機張)에 부처했던 박유(朴輶)와, 하동(河東)에 부처했던 유문의(柳文義)와, 안동(安東)에 부처했던 염치용(廉致庸)과, 당진(唐津)에 부처했던 김효렴(金孝廉)을 용서했다. 또 김구경(金久冏)·염치용·양여공(梁汝恭)·박유·유문의 등의 고신(告身)을 돌려주라고 명했다.

○ 의정부에서 각사 노비(各司奴婢)의 공역(貢役)⁴을 면제하는 법을 올렸다.

아뢰어 말했다.

"각사 노비 가운데 자식이 3구(口) 이상이면서 입역(立役)하고 납공(納貢)하는 자는 부모의 나이가 비록 66세 미만이라 하더라도 그 역(役)을 면하도록 들어주고, 부모가 늙어 병들고 그 자식이 5~6구 이상이면서 입역하고 납공하는 자는 그중 1구의 역(役)을 면제해 어버이를 봉양하게 하는 것이 어떻겠습니까?"

그것을 따랐다.

무오일(戊午日-13일)에 스산하게 비가 왔다. 밤에 큰비가 오고 천둥이 울고 번개가 쳤다.

○ 의정부에 명해 범죄 때문에 적몰(籍沒)한 자의 처(妻) 쪽 노비(奴婢)를 관(官)에 몰수할는지의 가부를 토의하게 했다. 의정부에서

---

4 납공(納貢)하고 입역(立役)하는 것을 말한다.

토의해 아뢰었다.

"모반대역조(謀反大逆條)에 이르기를 '모녀(母女)·처첩(妻妾)·자손(子孫)·형제(兄弟)·자매(姉妹)와 아들의 처첩(妻妾)은 공신(功臣)의 집에 주어 종으로 삼고, 재산은 아울러 관에 몰수한다'라고 해, 노비는 아울러 논하지 아니했습니다. 본국에서 죄인의 처첩은 아울러 각사에 속하게 하여 종으로 삼습니다. 그러나 각사에서 원속 노비(元屬奴婢) 또한 사환 노비(使喚奴婢-심부름하는 노비)를 가진 자가 있습니다. 청컨대 처(妻) 쪽 노비를 관(官)에 적몰하는 것을 면(免)하도록 하는 것이 어떠하겠습니까? 노비가 가진 동 재물(同財物)은 아울러 속공(屬公)하는 것이 어떻겠습니까?"

전례에 의거해 시행하라고 명했다.

○ 각 도로 하여금 지체된 옥사(獄事)를 올리도록 했다. 뜻을 내려 [下旨] 말했다.
하지

"외방의 각 도에서 죄가 의심스러워서 옥사를 미루고 있는 것은 그 도의 감사로 하여금 사연을 갖춰 정부에 보고하게 하고 정부는 계문(啓聞)하는 것을 길이 항식(恒式)으로 삼도록 하라."

기미일(己未日-14일)에 날씨가 봄처럼 따뜻했다. 상이 정부와 육조(六曹)를 불러 보고서 말했다.

"지금 이러한 천변(天變)은 실로 나의 허물이다. 내가 깊이 스스로 생각해보건대, 인군(人君)의 허물이란 성색화리(聲色貨利)[5], 감주

―――――――――
5 음악과 여색을 즐기고 재물을 좋아하는 것을 말한다.

기음(甘酒嗜音)⁶, 준우조장(峻宇彫墻)⁷에 지나지 않을 뿐이다. 귓가에 음악 소리가 나면 반드시 외부에 들릴 것이므로 나는 이런 적은 없었다. 오로지 색(色)만은 비록 끊을 수가 없지만, 남이 알지 못하도록 몰래 사통(私通)한 적은 없었다. 이는 하늘이 살펴 아시는 바다. 내가 화리(貨利)에 대해 비록 미천했을 때도 오히려 마음을 두지 않았는데 이제 나라의 임금이 되어서 이런 짓을 하겠는가? 만약 감주기음(甘酒嗜音)이라면, 내가 술의 곤고(困苦)함을 걱정하는 까닭에 좋아하지 않는다. 다만 상왕(上王)께 헌수(獻壽)할 때만 마실 뿐이다. 준우조장(峻宇彫墻) 또한 내가 하지 않은 것이다. 지난번에 경회루(慶會樓)를 지을 때 그 제도가 사치스러웠으나, 나의 본의는 아니었고 중국의 사신을 잘 접대하고자 한 때문일 뿐이었다. 이제 재상(宰相)들을 보니 모두 삼가고 조심해 방종하거나 오만한 자[肆傲]가 있지는 않다. 내가 실로 우매하고 재변(災變)이 이르는 까닭을 알지 못하겠다. 무릇 하늘이 경계를 보이는 것은 비록 군상(君上)이 도를 잃은 까닭이라 하더라도, 백사(百司)·서부(庶府) 또한 천공(天工)⁸을 대신하는 자들이다. 지난번에 재해(災害)를 만나서 각 품(品)에 구언(求言)했는데 뽑을 만한 것이 없었다. 경 등은 각기 자기 직임에 삼가며

---

6 술을 좋아하고 음악을 즐긴다는 말이다.

7 이상은 대체로 『서경(書經)』「하서(夏書)·오자지가(五子之歌)」에 나오는 다음 말과 거의 일치한다. "우왕의 가르침이 있으니, 안으로 여색을 하거나 밖으로 사냥을 하고[內作色荒 外作禽荒] 술을 달게 여기고 음악을 좋아하며[甘酒嗜音] 집을 높이 짓고 담장을 조각하기를 좋아해서[峻宇彫墻], 이 중에 한 가지라도 있으면 혹 망하지 않는 이가 없다고 했다."

8 하늘이 백성을 다스리는 일을 말한다.

이에[其] 그것을 모조리 말하도록 하라."

병조판서 유정현(柳廷顯)이 진언(進言)했다.

"전하께서 하늘의 견책(譴責)을 두려워하는 것은 이 백성의 복(福)입니다. 이제 외방에서 성(城)을 쌓으니 백성이 지극히 피곤합니다. 겨울의 따뜻한 것이 보통 때와 다르니, 봄이 돼 바로 추워진다면 역질(疫疾)이 생겨 백성 가운데 사상자가 많을까 두렵습니다. 서울의 성[京城]을 증축하는 것은 잠정적으로 그만둬서 백성의 소망을 위로하는 것이 마땅합니다."

상이 말했다.

"나 또한 깊이 헤아려보니, 우선 정지하는 것이 가장 나을 듯하다."

이어 정부에 하지(下旨)해서 조발(調發-인원 동원)하기 전에 미치도록 속히 이문(移文)해 이를 멈추게 했다. 오로지 정승 하륜(河崙)만은 마음으로 옳지 않게 여겼다. 정현(廷顯)이 또 진언(進言)했다.

"하늘의 경계를 삼가는 것은 정신을 가다듬고 정성을 다해 다스리기를 도모하는 데 있습니다. 바라건대 날마다 더욱 삼가며 친히 만기(萬機)를 재결(裁決)하소서."

상이 말했다.

"전곡(錢穀)·군기(軍器)·위의(威儀)는 각사(各司)에서 마땅히 삼가고, 좌경(坐更)[9]·금화(禁火)를 위반한 자는 당직 관리(當直官吏)가

---

9 시각을 알리는 일을 말한다. 시각은 고대 중국의 시각 제도인 오경(五更)을 기준으로 삼아 경과점으로 나누었다. 초경(初更-甲夜)을 술시(戌時-오후 8시), 이경(二更-乙夜)을 해시(亥時-오후 10시), 삼경(三更-丙夜)을 자시(子時-오전 0시), 사경(四更-丁夜)을 축시(丑時-오전

무겁게 죄주도록 하라."

○ 대마도(對馬島) 종정무(宗貞茂)의 사인(使人)이 돌아갔다.

경신일(庚申日-15일)에 구식(救蝕)의 법을 삼가도록 명했다. 상이 말했다.

"금후로는 일식(日蝕)·월식(月蝕)이나 밀운(密雲-짙은 구름)이나 야식(夜蝕)에 반드시 그 먹히는 현상[所食]을 관찰한 뒤에야 구식(救食)[10]할 필요가 없다. 모름지기 서운관(書雲觀)에서 정한 시각이 되거든 북을 울리면서 구식하는 것이 거의 하늘의 경계를 능히 삼가는 뜻에 합치할 것이다."

이날 월식이 있었던 까닭으로 이러한 명이 있었다.

○ 유의(襦衣-겨울 솜옷) 한 벌을 박초(朴礎)에게 내려주었다. 초(礎)가 전라도 수군 도만호 겸 지해진군사(知海珍郡事)가 돼 배사(拜辭-숙배하고 임지로 떠나감)한 때문이다.

신유일(辛酉日-16일)에 의정부에 명해 모두 직사에 나아가게[就職]했다.

이에 앞서 대간(臺諫)에서 천변(天變)을 가지고 소를 올려 논했다.

2시), 오경(五更-戊夜)을 인시(寅時: 오전 4시)로 나누고, 1경을 다시 5점(點)으로 나누었다.

10 일식이나 월식 현상이 일어날 때 임금이 소복(素服) 차림으로 근정전(勤政殿) 영외(楹外)의 섬돌 위에 나아가 해나 달이 나오기를 구(求)하던 일이다. 이때 여러 신하가 좌우로 나눠 열(列)을 지어 서서 기구(祈求)하고 악부(樂部)는 벌여놓고 연주하지는 않았다.

'의정부(議政府)의 권병(權柄)이 크고 무거우므로 성심껏 봉국(奉國)해야 하니, 공(公)만 있을 뿐 사(私)를 잊고 나라만 있을 뿐 집을 잊고[11] 처신하는 것이 마땅합니다. 만약 혹시라도 그렇지 않으면 그들이 나라를 그르치게 되는 것이 어찌 많지 않다고 하겠습니까? 청컨대 정부(政府)의 기무(機務)를 없애 육조(六曹)에 돌리도록 하소서.'

상이 그 글을 정부에 보이자 정부에서 물러가 사진(仕進)하지 않았기 때문에 이러한 명이 있었다. 하륜(河崙)이 대궐에 이르러 대간의 말을 따를 것을 청했으나, 상이 따르지 않았다. 이에 앞서 대사헌 심온(沈溫)이 상에게 말했다.

"정부는 백관(百官)을 거느리고 서무(庶務)를 총괄하면서 불법을 많이 행합니다. 만약 신의 말이 미덥지 않거든 정부에서 나날이 정사를 행한 문안(文案)을 검사하면 분명하게 알 수 있을 것입니다."

대개 륜(崙)이 권력을 차지해[專權] 오로지 독단하고도 피혐(避嫌)하는 바가 없는 것을 미워했기 때문이다. 대간에서 갖춰 소를 올려 정부를 혁파할 것을 청했는데, 그 대략은 이러했다.

'도리를 논해 나라를 다스리고 음양(陰陽)을 섭리(燮理)하는 것이 정부(政府)의 직사입니다. (그런데) 지금 친히 세세한 잡무까지 결재하니, 도리를 논하는 정치에서는 아직 듣지 못한 바입니다. 청컨대 옛 제도를 의방(依倣-모방)해 정부에는 삼공(三公)을 두고 육조(六曹)

---

11 이 부분을 기존의 실록 번역은 "공경(公卿)은 사(私)를 잊고 국상(國相)은 집[家]을 잊고서"라고 했는데, 명백한 오역이다. 원문은 "공이망사(公耳忘私) 국이망가(國耳忘家)"인데 이는 『한서(漢書)』 「가의전(賈誼傳)」에 나오는 표현이다.

로 하여금 각각 그 직사를 이바지하게 하소서.'

상이 따르지 않았다. 정부에서 또 피혐(避嫌)해 출사(出仕)하지 않으니 상이 명했다.

"혐의스러워하지 말고 직사에 나오라."

정부에서 갖춰 말씀을 올렸다.

"대간의 말은 위로 옛 법을 좇고 시왕(時王-현재 명나라 황제)의 제도를 따른 것이니, 따르지 않을 수 없습니다."

상이 말했다.

"을유(乙酉-1405년) 연간에도 이러한 의견이 있었으나 심히 행할 수가 없었다. 내가 만약 가(可)하다고 생각했다면 마땅히 어제 조계(朝啓) 때 면전에서 토의해 그 가부를 정했을 것이다. 그것을 토의하지 않은 것은 내가 하고자 아니하기 때문이다."

헌부(憲府)에서 정부(政府)의 이방녹사(吏房錄事)를 탄핵했는데, 이달 16일 아조(衙朝)에 분발(分發)[12]을 너무 늦게 한 것이 당상관(堂上官)들로 하여금 3엄(三嚴) 뒤에 예궐(詣闕)하도록 만든 까닭이라고 했다. 대간(臺諫)에서 다시 상소했는데, 정부에서 권력을 농간(弄奸)해 나라를 병들게 하는 폐단을 논하고, 중국에서 중서성(中書省)을 혁파하고 육부(六部)에 오로지 위임하는 사례를 인용했다. 상이 말했다.

"정부를 혁파한 뒤에 만일 무슨 사고라도 있으면 누가 가히 서무

---

12 조보(朝報)에 주의사항이 있을 때 발행(發行)하기 전에 먼저 베껴서 관계되는 기관이나 관리에게 돌리던 일을 말한다. 분발(分撥)이라고도 한다.

(庶務)를 대리할 것인가? 근일에 뇌우(雷雨)의 재변(災變)이 정부에서 그 적임자를 얻지 못한 소치에서 비롯됐다면, 정부에 있는 자는 모두 이 적임자가 아니라는 말인가? 옛날 간신(諫臣)이 직언(直言)해 큰 양(羊)을 삶아 제사 지내니 하늘에서 바로 비가 온 적이 있었는데[13], 너희들은 어찌 그 적임자를 가리키지 않느냐? 고황제(高皇帝-명나라 주원장)는 실로 고금 천하의 영주(英主)이므로 비록 중서성(中書省)이 없더라도 가(可)하지만, 나는 용렬해 정부가 없는 것은 불가하다. 더군다나 중국의 사신을 응대(應對)하는 것은 더욱 곤란하다."

육조(六曹)에서 아뢰었다.

"사신의 접대는 예조(禮曹)의 임무이니 일을 폐(廢)하는 것은 없을 것입니다."

상의 뜻도 이를 옳게 여겼으나, 오히려 드러내놓고 이를 혁파하자고 말하지는 않았다. 그때 하륜(河崙)이 권세를 농간해 뇌물을 받는 일이 매우 많아 노예[臧獲]에게도 종종 매관(賣官)한다는 비난이 있었으므로, 대간에서 논한 뜻은 대개 여기에 있었다.

○ 대호군 평도전(平道全)에게 옷을 두 벌 내려주었다. 평도전이 본국(本國-대마도)으로 돌아가 소분(掃墳-성묘)하기를 청했던 까닭으로 옷을 내려주어 보냈다.

---

13 이 큰 양[弘羊]이란 상홍양(桑弘羊)을 말한다. 복식(卜式)이라는 신하가 한나라 무제에게 간언하며 "지금 상홍양이 관리들로 하여금 시장에 앉아서 가게를 벌여놓고 물건을 팔아서 이익을 구하게 하니, 큰 양을 삶아 죽여야 하늘이 비로소 비를 내릴 것입니다"라고 했다.

계해일(癸亥日-18일)에 상이 인덕궁(仁德宮)에 나아가 연회(宴會)를 베풀고 지극히 즐겼다.

○ (충청도) 홍주(洪州)에 부처(付處)했던 진포(陳鋪)를 용서했다.

갑자일(甲子日-19일)에 통사(通事) 장유신(張有信)에게 옷을 한 벌 내려주었다. 이어서 승정원(承政院)에 명했다.

"금후로는 출사(出使-사신 가는 일)하는 사람이나 유공(有功)한 사람에게 내려주는 데 소용되는 주포(紬布)·면포(綿布)·초자(綃子)의 겉감과 안찝[表裏], 세 계절 의복을 각각 10여 벌 미리 원(院) 중에 비치하도록 하라."

○ 형조에서 소송을 중지시키는 기한[止訟之限]을 올렸다. 아뢰어 말했다.

"노비를 소송하는 것은 각사(各司)에 나눠 보내 달을 정해 결절(決折)하는데, 아직도 현신(現身)하여 피고[隻]와 대질하지 않는 자나 이 달 20일 이후에 비로소 현신(現身)하여 서로 소송하는 자는 청단(聽斷)하기를 허락하지 마소서."

그것을 따랐다. 이는 대개 소송을 그치게 하고자 한 것이다.

○ 의정부에서 금은을 채굴하는 법을 아뢰었다. 아뢰어 말했다.

"각 고을 수령(守令)·향리(鄕吏) 등이 비록 금은(金銀)의 광석이 있는 곳을 알더라도 숨기고서 고하지 않으며, 혹은 고하는 자가 있으면 협박해 저지시키는데 심지어 매질까지 합니다. 마땅히 각 도 감사로 하여금 수령관(首領官)을 파견해 채방사(採訪使)와 같이 이를 찾도록 하소서. 만약 고하지 않다가 뒤에 발각되면 교지(敎旨)를 따르지 않은 죄로써 논하고, 스스로 고하는 자는 상을 중하게 하여 후인(後人)을 권장하소서."

그것을 따랐다. 장유신(張有信)을 채방사로 삼아 각 도를 순행(巡行)해서 금은(金銀)의 광석이 나는 곳을 물어 찾게 했다.

병인일(丙寅日·21일)에 평안도 의주(義州)에 지진(地震)이 있었다.
○ 영의정부사(領議政府事) 성석린(成石璘)이 사직했다. 사직의 글은 이러했다.

'신이 나이가 많은 몸으로 백관(百官)의 우두머리가 되었으므로 항상 그 직임에 맞지 않을까 두려워했습니다. (그런데) 이제 대간(臺諫)에서 정부(政府)를 혁파하라고 청하니, 그 말이 심히 마땅합니다. 바라건대 신의 직임을 면하게 하소서.'

우정승 남재(南在) 또한 사직하며 말했다.

"신이 재상의 자리에 앉은 이래로 겨울 날씨가 봄과 같고, 목가(木稼)가 눈과 같고, 크게 비가 오고, 천둥이 울고 번개가 쳐서 천재(天災)가 여러 번 나타나니, 섭리(燮理)의 직에 어찌 신의 몸이 알맞겠습니까?"

상이 모두 윤허하지 않고, 정부의 제경(諸卿)을 불러서 거듭 일깨워 말했다.

"대간의 말을 혐오스러워하지 말고 가서 그 직임에 나아가라."
하륜(河崙)이 말씀을 올렸다.

"근일에 주상이 친히 산릉(山陵)에 나가는데 신 또한 사직서를 올린다면 모든 일이 능이(陵夷-엉망)하고 지체하는 폐단이 있을까 두려워했습니다. 만약 이러한 까닭이 아니라면 신도 반드시 사직서를 올렸을 것입니다."

상 또한 겉으로는[貌] 옳다고 했다.
모

○ 전지 30결(結)을 흥교사(興敎寺)에 주었다. 상왕(上王)의 청을 따른 것이다.

○ 경차관(敬差官)을 각 도에 나눠 보냈다. 천변(天變)을 염려해 민원을 물으려는 것[咨訪]이었다. 경기에는 성균 사예(成均司藝) 이양명
지방
(李陽明)을, 충청도에는 사성(司成) 유영(柳穎)을, 경상도에는 제용감(濟用監) 최순(崔洵)을, 전라도에는 전 도사(都事) 유승(柳升)을, 강원도·영길도(永吉道)에는 전 부사(府使) 장윤화(張允和)를, 풍해도(豊海道)·평안도에는 전 부사 조치(曹致)를 보냈다. 외방 각 도에서 옥(獄)에 갇힌 죄수로서 오래 끌어서 민간에 폐가 되어 화기(和氣)를 손상시키는 바가 없지 않은 자 중에서, 무거운 죄수로서 범장(犯贓)의 증거가 없이 강제로 형을 받아 원망하는 것이나, 의심스러운 옥사(獄事)로서 해를 지나도록 결단하지 않은 것이나, 가벼운 죄수로서 여러 달 동안 판결하지 않은 것이나, 도형(徒刑)의 연한이 다했으나 아직 석방하지 않는 것을 각 고을 수령(守令)에게 추핵(推覈)했다. 대소 군민관(軍民官) 가운데 탐오해 불법으로 무겁게 조세를 거둬 백성에게 폐를 끼치고 조령(條令)을 준수하지 않는 자나, 품관 향리(品官鄕吏)[14] 가운데 작폐(作弊)해 백성을 침해하는 자를 찾아 물어

---

14 품관(品官)을 띤 향리(鄕吏)를 말한다. 조선조 초엽에 지방의 토호(土豪)를 무마하기 위해 이들을 토관(土官)에 임명했다.

서 추고(推考)했다. 2품 이상이면 수령관(首領官)과 판관(判官)·진무(鎭撫)를, 3품이면 당사자를 감옥에 가두고 계문(啓聞)했고, 4품 이하이면 조율(照律)해 바로 결단(決斷)한 뒤에 계문(啓聞)했다. 환과고독(鰥寡孤獨) 가운데 빈한하고 궁핍해 능히 스스로 살 수 없는 자가 있는지, 군민(軍民) 각호(戶)에서 고락(苦樂)이 있는지 없는지를 모두 찾아다니며 물었다.

정묘일(丁卯日·22일)에 상이 건원릉(健元陵)에 나아가 별제(別祭)를 거행했다.

○ 영길도(永吉道) 준원전(濬源殿)[15]과 팔릉(八陵)[16]에 도순문사(都巡問使)와 가까운 지역의 3품 이상 수령(守令)으로 하여금 제사를 거행하게 했으니, 정부의 아룀을 따른 것이다. 상이 말했다.

"제릉(齊陵)의 유명일(有名日) 별제(別祭)에는 유후(留後)에서 행향(行香)하는 것을 제외하고는 종친(宗親)을 보내 제사를 행하고, 종친이 무슨 연고가 있으면 대신(大臣)을 대신 보내는 것을 항식(恒式)으로 삼도록 하라."

○ 사헌부에서 소(疏)를 올렸다. 소는 대략 이러했다.

'삼가 『속육전(續六典)』의 1관(款-조항)을 보니 "공처 노비(公處奴

---

15 태조 이성계의 어진을 보관한 곳으로, 함경남도(咸鏡南道) 영흥군(永興郡) 순녕면(順寧面) 흑석리(黑石里)에 있던 전각이다. 1396년(태조 5년)에 태조의 태(胎)를 묻던 곳에 건립했다.

16 함경도에 있는, 조선 태조 때 임금으로 추존된 태조의 4대조와 그 비들의 능, 즉 덕릉(德陵)·안릉(安陵)·지릉(智陵)·숙릉(淑陵)·의릉(義陵)·순릉(純陵)·정릉(定陵)·화릉(和陵)을 가리킨다.

婢)가 혹은 병화(兵禍)로 인하거나 도절(盜竊)로 인해 적실한 구적(舊籍)이 없을 때는 사천(私賤)과 동일한 예로써 논결(論決)한다. 공처 노비 가운데 소량(訴良)하는 자는 양적(良籍)이 명백하면 종량(從良)하고, 양적이 명백하지 못하면 비록 고적(古籍)이 없더라도 역사(役使)한 지 이미 오래되는 자는 움직이지 않고 결속(決屬)한다"라고 했습니다. (그런데) 이제 결사관(決事官)이 중분(中分)하라는 교지(教旨)에 의거해 공처 노비 또한 중분(中分)하도록 하는데, 만약 사천(私賤)의 예로써 문계(文契)가 있는지 없는지와 진짜인지 가짜인지를 논하지 아니하고 중분(中分)한다면 공처 노비가 거의 없어질 것입니다. 더군다나 한 계통의 노비인데도 하나는 공천(公賤)이고 하나는 사천(私賤)이어서 서로 도피한다면 적절치 않습니다. 바라건대 사천의 문적이 명백하면 바른 데에 따라서 결절(決絕)하고, 천적(賤籍)이 명백하지 못하면 공처 노비는 문계(文契)가 비록 없더라도 그대로 속공(屬公)하고 중분(中分)하도록 하소서.'

그것을 따르고, 다만 신사년 형지안(刑止案)에 개좌(開坐)해 시행한 노비와 그해 이후에 투속(投屬)한 자만은 바른 데에 따라서 결절(決絕)하게 했다.

무진일(戊辰日·23일)에 골간(骨看) 올적합(兀狄哈)의 여진 사람 3인이 함께 와서 토산물을 바쳤다. 의정부에서 아뢰었다.

"골간 올적합의 남녀 300여 인이 와서 경성(鏡城) 땅에 이르렀습니다. 만약 굶주리게 된다면 반드시 무리를 지어 도적질을 자행할 것입니다. 청컨대 사람마다 각각 쌀 5두(斗)와 남녀 아울러 포(布) 1필을 제급(題給)¹⁷하는 것이 어떻겠습니까?"

그것을 따랐다.

기사일(己巳日·24일)에 전주(全州) 임천사(臨川寺)의 석불(石佛)이 땀을 흘렸다.

○ 일본 일기주(一岐州) 원량희(源良喜)가 보낸 사인(使人) 7인이 와서 토산물을 바쳤다.

○ 사헌부에서 소(疏)를 올렸다. 소는 이러했다.

'조부모·부모가 나누지 않은 노비를 전후 처(妻)·첩(妾)의 자식이 탐(貪)해 전득(傳得)하기를 긴요하게 여겨, 명문(明文)이 없는 사건에 서로 첩의 소산(所産)이라 칭하고 날과 달을 오래 끌어 결송(決訟)에 끝이 없습니다. 이러한 처·첩을 분간하는 일은, 전에 경외(京外)의 고을에서 이미 분간한 것이 있으면 일찍이 내린 교지(教旨)에 의거해 결급(決給)하되, 조부모·부모가 적(嫡)·첩(妾)을 분간해 명문(明文)이 있는 것은 명문에 따라서 결급하고 명문이 없이 서로 처·첩이라고 칭하는 자는 기한한 달 안에 잠정적으로 중분(中分)해 결급하소서.'

그것을 따랐다.

임신일(壬申日·27일)에 상이 백관(百官)을 거느리고 문소전(文昭殿)

---

17 관아에서 공문서나 백성의 소장(訴狀)·청원서(請願書) 같은 데 제사(題辭)를 적어 내주는 것을 말한다.

에 나아가 별제(別祭)를 거행했다. 이에 앞서 매 정조(正朝)에 상이 친히 문소전에 제사한 뒤에 향궐례(向闕禮)를 행하고, 상왕전(上王殿)에 알현했다. 이때에 이르러 상이 예관(禮官)에게 물었다.

"하루에 3~4차례 예(禮)를 거행하니 너무 바쁘다[倥傯]. 정조(正朝)의 제사는 대신(大臣)으로 하여금 섭행(攝行)시키고, 나는 납월(臘月-섣달)의 마지막에 문소전의 제사를 친히 행하는 것이 어떠하겠는가?"

예조판서 황희(黃喜) 등이 말했다.

"상의 말씀[上敎]이 심히 옳습니다[甚然]."

이 때문에 이런 제사가 있었다.

○ 상왕(上王)이 건원릉(健元陵)에 나아가 제사를 거행했다.

○ 좌사간(左司諫) 최복린(崔卜麟, 1349~1431년)을 검교 공조참의로 삼았다. 애초에 사헌부에서 복린(卜麟)이 권문(權門)에 드나들고 조령(朝令-조정의 명령)을 범하면서 사위 이우흥(李禹興)의 행수(行首)에게 새로 소속하는 예(禮)를 행했다고 탄핵했었다. 복린은 바로 하륜(河崙)의 동향인(同鄕人)이었는데, 그가 사간(司諫)이 된 것도 륜(崙)이 천거한 때문이다. 헌부에서 소를 올려 복린이 권문(權門)에 분경(奔競)한 죄를 청했으나, 소를 궁중에 머물러 두었다. 이때에 이르러 검교 참의를 제수한 것은 대개 그를 좌천시킨[老=左遷] 것이다.

계유일(癸酉日-28일)에 대호군(大護軍) 권초(權軺)를 순금사(巡禁司)에 내렸다. 애초에 전라도 수군 도절제사(全羅道水軍都節制使) 홍유룡(洪有龍)이 각 고을의 창기(娼妓)를 불러모아 음행(淫行)을 자행하고 군사 일을 돌보지 않았으므로, 초(軺)를 명해 체복사(體覆使)로 삼아 유룡의 죄를 추핵(推劾)하게 했다. 유룡이 고소해 말했다.

"초가 억지로 공장(供狀)을 취하고, 이어서 진무(鎭撫)를 가두었습니다."

그 때문에 이러한 명이 있었다.

○사헌부에서 소를 올려 전 감무(監務) 김옹(金雍)의 죄를 청했다. 소는 대략 이러했다.

'옹(雍)이 어버이의 시체를 사나운 불길 속에 두었고 3년이 지나도록 날짜를 미루고 장사지내지 않으니, 심히 남의 자식 된 자[人子]의 마음이 아닙니다. 청컨대 유사(攸司)에 내려서 법률에 의거해 시행하소서.'

그것을 따랐다.

갑술일(甲戌日-29일)에 의정부에서 육조(六曹)의 사의(事宜-일의 마땅함 혹은 긴급 사안)를 아뢰었다.

"육조에서 맡아보는 사무는 영락(永樂) 6년 정월 초3일에 본부에서 수교(受敎)한 것 안에 의거해 준수 시행하며, 전례에 의거해 행이(行移)하는 일은 매 계월(季月)에 수목(數目)을 개사(開寫)해 본부에 정문(呈文-문서 보고)해서 고찰에 빙고하게 하며, 각 인이 소송하는 일은 각사(各司)에서 수리하되 명확하지 아니한 것은 사헌부에 정문해 규리(糾理)하고, 사헌부에서 날짜를 끌거나 잘못해 그르치는 일이 있으면 본부에 바로 정문하고 고찰 행문해서 계문하게 하소서."

그것을 따랐다.

○군기감(軍器監)에서 화약(火藥)을 전정(殿庭)에 설치해 역질(疫疾-전염병)을 쫓았으니, 연례(年例)행사였다. 이에 올량합(兀良哈)과 왜사(倭使)로 하여금 구경하게 했는데, 불화살[火矢]이 교차로 발사되자 모두 놀라고 두려워해 부산하게 달아났으며 그 옷이 불타버린 자도 있었다.

을해일(乙亥日-30일)에 사헌부에서 소를 올렸다. 소는 이러했다.

'노비를 달수를 정해[定朔] 결절(決絶)하는 것은 사송(詞訟)을 그치게 하려는 뜻이요, 중분(中分)해 결절(決絶)하는 것은 사환(使喚)을 고르게 하자는 계책입니다. 이달 28일 전에 이미 결절(決絶)한 것 외에 원고와 피고가 아직 나타나지 않는 것이나, 한년(限年)에 정장(呈狀)하고 정장하지 않은 것을 분간한 것이나, 일찍이 각 관(官)에 납입(納入)한 문서(文書)가 보이지 않거나[未覓] 여러 연고로 미결한 노비나, 그 노비를 강제로 잡고 있는 것을 중요하게 여겨 현신(現身)하지 않는 자는, 아울러 모두 중분(中分)하고 관(官)에 바친 문권(文券)은 아울러 모두 불태워버리소서. 원고와 피고가 함께 나타나지 않는 경우의 소장(訴狀)과, 정한 달수 안에 고소장을 내지 아니한 노비와, 오는 갑오년 정월 초1일 이후에 난잡하게 쟁송하는 자는 중하게 논죄하고 수리해 다스리기를 허락하지 마소서.'

정부에 내리니 의견을 아뢰었다.

"하나, 이달 28일 전에 이미 결절(決絶)한 것 외에 원고와 피고가 나타나지 않는 자의 노비를 아울러 중분(中分)하자는 일은, 전에 결절한 것 외의 사건은 본부(本府)에서 일찍이 수교(受敎)한 것에 의해서 시행하소서.

하나, 한년(限年)에 정장(呈狀)하고 정장하지 않은 것을 분간할 수 있는 것을 제(除)하고 아울러 중분(中分)하자는 일은, 한년(限年) 전의 사건은 『육전(六典)』에 의거해 거론(擧論)하지 말며, 한년에 정장하고 정장하지 않은 것을 분간하기 어려운 사건은 아울러 속공(屬公)하소서.

하나, 각 관(官)의 문서(文書)에 보이지 않거나 여러 연고로 미결한 노비를 아울러 중분(中分)하자는 일은 헌부(憲府)에서 아뢴 바에 의해 시행하소서.

하나, 노비를 강제로 잡고 있는 것을 중요하게 여겨 현신(現身)하지 않는 자를 아울러 중분(中分)하자는 일은 본부(本府)에서 수교(受敎)한 것에 의해 시행하소서.

하나, 관(官)에 바친 문서(文書)를 아울러 모두 불태워버리자는 일은 공사 노비(公私奴婢)를 관(官)에서 문적(文籍)을 만들어 성급(成給)한 뒤에 불태워버리소서.

하나, 원고와 피고가 모두 현신(現身)하지 않는 것이나, 정한 달수 안에 고소장을 내지 않는 일이나, 갑오년 정월 초1일 이후에 난잡하게 쟁송하는 자는 중하게 논죄하고 수리해 다스리기를 허락하지 말자는 일은, 9월 초1일 이전에 정장(呈狀)해 원고와 피고가 모두 현신(現身)하지 않는 자는 헌부에서 아뢴 바에 의해 청단(聽斷)하고 당시 노비를 얻은 자를 변동하지 않게 해서 쟁송(爭訟)을 근절하소서. 9월 초1일은 진실로 중분(中分)하는 달수로 정하여 접장(接狀)한 기간이 아니니, 이날 이전에 정장하지 않은 사건은 다시 정한 달

에 접장(接狀)해 바른 데에 따라서 결절(決絕)하는 것이 어떠하겠습
니까?"

그것을 따르고, 오직 일찍이 각 관(官)에 납입한 문서(文書)가 보이
지 않은 일이나, 당시 사환(使喚)하는 사람은 변동하지 않는다는 일
과, 9월 초1일 이전에 정문(呈文)하지 않은 일은, 헌부에서 아뢴 바
에 의거해서 수리해 다스리는 것[受治]을 허락하지 않았다.

○ 또 소(疏)를 올려 말했다.

'무인년에 접장(接狀)한 이후에 정섭(情涉)이 애매한 자의 노비를
오로지 공가(公家)에 속하게 하는 것은 부적절한 것 같습니다. 청컨
대 혹은 양처(兩處)에 나눠주고 혹은 당시 사환(使喚)하는 자에게
결급(決給)해, 각사(各司)로 하여금 이달 그믐날까지로 한해서 결절
(決絕)하기를 다 끝내게 하소서.'

그것을 따랐다.

○ 이해 겨울에 세자(世子)와 여러 대군(大君)과 공주(公主)가 헌수
(獻壽)하고 노래와 시(詩)를 아뢰었다. 충녕대군(忠寧大君)이 상에게
시의 뜻을 물었는데 심히 자세하니[甚悉], 상이 가상하게 여겨 세자
에게 말했다.

"장차 너를 도와 큰일을 결단할 사람이다."

세자가 대답했다.

"참으로 뛰어납니다[賢]."

상이 일찍이 충녕대군에게 일러 말한 적이 있다.

"너는 할 일이 없으니 평안하게 즐기기[安享]나 할 뿐이다."

이때에 서화(書畫)·화석(花石)·금슬(琴瑟) 등 모든 유희애완(遊戲

愛玩)의 일들을 두루 갖추지 않음이 없었다. 충녕대군이 예기(藝技)에 정(精)하지 않는 바가 없었고 세자(世子)가 그로 인해 충녕대군에게 금슬(琴瑟)을 배웠기 때문에 화목해 틈이 없으니[無間], 상이 심히 그 화목함을 가상하게 여겼다.

○ 서연관(書筵官)에서 병풍(屏風)을 만들어 『효행록(孝行錄)』[18]에서 뽑아 그림을 그리고, 이어서 이제현(李齊賢)의 찬(贊)과 권근(權近)의 주(註)를 그 위에 썼다. 이것이 이뤄지자 세자(世子)가 충녕대군(忠寧大君)으로 하여금 해석하게 했다. 충녕대군이 즉시 풀이했는데, 그 뜻을 곡진(曲盡)하게 말했다.

---

18 고려 후기 권부(權溥)와 그 아들 권준(權準)이 역대 효행에 관한 기록을 모아 편집한 책이다. 고려 말에 초판이 나왔는데, 권부의 사위 이제현(李齊賢)의 서문이 실려 있다. 이후 조선 초기 세종 10년(1428년)에 설순(偰循) 등이 개정하고 중간(重刊)했으며, 권근(權近)의 주해와 발문이 수록돼 있다. 효행 설화를 기록한 최초의 서적으로, 조선 시대에는 이 책의 내용을 아이들에게 노래로 외우도록 해 효도를 고취하는 자료로 삼았다.

丙午朔 三省復交章 請誅王巨乙吾未 不許. 疏曰:
병오 삭 삼성 부 교장 청주 왕 거을오미 불허 소왈

'王巨乙吾未 混作編民 久稽天誅. 臣等前日累次請罪 今蒙敎旨
왕 거을오미 혼작 편민 구계 천주 신등 전일 누차 청죄 금몽 교지

特令原免 又其隱匿知情者 亦從末減. 臣等竊念 無賴不逞之徒
특령 원면 우 기 은닉 지정 자 역 종 말감 신등 절념 무뢰 불령 지 도

無世無之 國家禍變之來 亦難前知. 儻有幸災乘釁 結黨竊發 或因
무세 무지 국가 화변 지 래 역 난 전지 당유 행재 승흔 결당 절발 혹인

誑惑 逃奔他境 以構釁端 誠爲可慮. 又蒙敎旨: "殲夷前代之後 古
광혹 도분 타경 이구 흔단 성위 가려 우몽 교지 섬이 전대 지후 고

無此事." 臣等以爲 古今殊致 時勢異宜. 堯舜揖讓 湯武征伐 皇帝
무 차사 신등 이위 고금 수치 시세 이의 요순 읍양 탕무 정벌 황제

王霸 各因時勢 以救其弊. 豈可泥古 不諧於今? 況我國家 一區
왕패 각 인 시세 이구 기폐 기가 니고 불해 어금 황아 국가 일구

壤土 豈中國之廣 氷炭相容之比乎? 且變生於忽 事起於微 古今之
양토 기 중국 지광 빙탄 상용 지비 호 차변 생어 홀 사 기어 미 고금 지

通患. 觀今日辭連繫獄之煩 則後日之害人生釁 蓋可知已. 殿下終
통환 관 금일 사련 계옥 지번 즉 후일 지 해인 생흔 개 가지 이 전하 종

惜一人之命 獨不念莫大之衆乎? 伏望殿下 體太祖不得已剪除之意
석 일인 지명 독 불념 막대 지중 호 복망 전하 체 태조 부득이 전제 지 의

置之於法 宗社幸甚.'
치지 어법 종사 행심

上曰: "三省臣僚 皆識事理者也. 革命之後 猶恐苗裔之存 盡殲
상왈 삼성 신료 개식 사리 자야 혁명 지후 유공 묘예 지존 진섬

無遺 此庸君之所爲 予何忍之? 卿等不將順予美 而何屑屑於此乎?
무유 차 용군 지소위 여 하 인지 경등 부 장순 여미 이 하 설설 어차 호

王氏遺種 無罪而就誅 予心以爲不可. 今已定矣 勿復進言." 三省
왕씨 유종 무죄 이 취주 여심 이위 불가 금 이정 의 물부 진언 삼성

復請金汝知之罪 不從.
부청 김여지 지죄 부종

巡禁司啓: "前朝益城君子孫有無 問於金英富 任腆 金哲
순금사 계 전조 익성군 자손 유무 문어 김영부 임전 김철

544

申加究之 龍安等 其狀供皆曰: ‘未知.’” 命皆釋之. 巡禁司又啓:
신가구지 용안 등 기 장공 개왈 미지 명 개 석지 순금사 우계

“前朝 王氏之後 知情不首者李實等二十一人 囚于處仁縣 藥婢
전조 왕씨 지후 지정 불수 자 이실 등 이십 일인 수우 처인현 약비

囚于振威縣.” 命減二等施行. 又啓: “李於仇知稱巨伊豆之姓爲王.”
수우 진위현 명감 이등 시행 우계 이어구지 칭 거이두 지성 위왕

命釋巨伊豆 按於仇知之罪 減二等施行. 又啓: “李宜山以王陽貴子
명석 거이두 안 어구지 지죄 감 이등 시행 우계 이의산 이 왕양귀 자

巨伊豆生沒推考事在囚.” 命釋之. 又啓: “王巨乙吾未匿藏者巨乙金
거이두 생몰 추고 사 재수 명 석지 우계 왕 거을오미 익장 자 거을금

罪當斬.” 命減二等. 又啓: “王巨乙吾未 變姓名爲 其妻兄加勿 以
죄 당참 명감 이등 우계 왕 거을오미 변성명 위 기 처형 가물 이

不知告之.” 命減二等. 前少監洪義忠 杖一百 流于鏡城 加役三年;
부지 고지 명감 이등 전 소감 홍의충 장 일백 유우 경성 가역 삼년

前朝懷原君妻盧氏 杖九十 徒二年半收贖 乃誣告前朝壽延君子
전조 회원군 처 노씨 장 구십 도 이년 반 수속 내 무고 전조 수연군 자

生存故也.
생존 고야

中外大小臣民 始佩號牌. 各道人口 因號牌加現者日衆. 上慮
중외 대소 신민 시 패 호패 각도 인구 인 호패 가현 자 일중 상려

擾民 傳旨曰: “號牌之令已行 民無匿名者. 若以號牌之數差役 則民
요민 전지왈 호패 지령 이행 민무 익명 자 약 이호패 지수 차역 즉민

必駭惑 依舊以所耕多少差定.”
필 해혹 의구 이 소경 다소 차정

遣通信官檢校工曹參議朴賁于日本. 令慶尙道都觀察使 給付虎
견 통신 관 검교 공조참의 박분 우 일본 영 경상도 도관찰사 급부 호

豹皮十張 松子十石.
표피 십장 송자 십석

丁未 木稼如雪. 南山雲霧如春氣 暮大風. 命召司憲府 刑曹
정미 목가 여설 남산 운무 여 춘기 모 대풍 명소 사헌부 형조

巡禁司漢城府掌務 傳旨曰: “今天氣不順 凡獄囚 須令速決 毋使
순금사 한성부 장무 전지왈 금 천기 불순 범 옥수 수 령 속결 무사

淹滯.”
엄체

下擊鼓者四百三十餘人于巡禁司. 前月十八日 以誤決擊鼓者三百
하 격고 자 사백 삼십여 인 우 순금사 전월 십팔일 이 오결 격고 자 삼백

餘人及二十七日 以丙戌年親着不及擊鼓者一百三十餘人. 傳旨曰:
여인 급 이십 칠일 이 병술년 친착 불급 격고 자 일백 삼십여 인 전지왈

“中分之法已成 此人等欲輕毁成法 不可不懲 宜按律施行.”
중분 지법 이성 차인 등 욕 경훼 성법 불가 부징 의 안율 시행

戊申 改神武侍衛司爲忠武.

己酉 漢江渡一船沒于江中 船中人四十餘 其得生者但十餘.

辛亥 以金漢老爲藝文館大提學兼判義勇巡禁司事 金南秀
知議政府事兼判司僕寺事 韓珪知議政府事兼判軍器監事 權弘
判恭安府事 呂稱 崔龍蘇左軍都摠制 尹向工曹判書 金學知典農
判官兼漢城判官 鄭克從 元浤奉禮郎兼漢城參軍. 漢城府兼官自此
始.

兀良哈千戶八人 來獻土物.

癸丑 幸東郊觀放鷹.

司憲府請前判事宋千祐罪: “千祐於奴婢相訟時 托以賂贈權門
欺誑八旬老父 多取金銀布帛 請收告身 鞫問其由.” 從之.

申號牌法. 命司憲府曰: “大小人員無號牌者 除啓聞 依前受敎 利
制書有違論.”

忠淸道都觀察使報: “今號牌成給時 加現人共一萬六千二百九十
七名. 請倂給號牌.” 從之.

甲寅 下檢校參議金藻于巡禁司 翌日釋之. 以劑臘藥不精且緩也.

命永吉道都巡問使 更進松鶻. 上曰: “日者所進松鶻 唯一 恐其有
故也.”

丙辰 幸東郊觀放鷹.

丁巳 雨. 上與諸卿議曰: “今大明律 若大逆等事則已矣 其餘未合

於我朝 六典者多矣. 以我太祖六典及續六典行之 若何?"
어 아조 육전 자 다의 이 아 태조 육전 급 속육전 행지 약하

兀良哈千戶加乙多等四人及日本九州節度使使送十人等來獻
올량합 천호 가을다 등 사인 급 일본 구주 절도사 사송 십인 등 내헌

土物.
토물

宥鏡城付處金光美 機張朴楢 河東柳文義 安東廉致庸 唐津
유 경성 부처 김광미 기장 박유 하동 유문의 안동 염치용 당진

金孝廉. 又命還給金久同 廉致庸 梁汝恭 朴楢 柳文義等告身.
김효렴 우 명 환급 김구경 염치용 양여공 박유 유문의 등 고신

議政府上各司奴婢免貢役之法. 啓曰: "各司奴婢內 子息三口
의정부 상 각사노비 면 공역 지법 계왈 각사노비 내 자식 삼구

以上立役納貢者 其父母之年 雖未滿六十六歲 聽免其役. 父母老病
이상 입역 납공 자 기 부모 지년 수 미만 육십 육세 청면 기역 부모 노병

其子息五六口以上立役納貢者 其中一口 免役養親何如>" 從之.
기 자식 오륙 구 이상 입역 납공 자 기중 일구 면역 양친 하여 종지

戊午 陰雨. 夜 大雨雷電.
무오 음우 야 대우 뇌전

命議政府議犯罪籍沒者妻邊奴婢沒官可否. 議政府議啓:
명 의정부 의 범죄 적몰 자 처변 노비 몰관 가부 의정부 의계

"謀反大逆條云: '母女 妻妾 子孫 兄弟 子之妻妾 給付功臣之家
모반대역 조 운 모녀 처첩 자손 형제 자 지 처첩 급부 공신 지가

爲奴 財産竝入官.' 奴婢則不幷論. 本國罪人妻妾 幷屬各司爲奴 然
위노 재산 병 입관 노비 즉 불 병론 본국 죄인 처첩 병속 각사 위노 연

各司元屬奴婢 亦有使喚奴婢者. 請免妻邊奴婢沒官何如? 奴婢有
각사 원속 노비 역유 사환노비 자 청면 처변 노비 몰관 하여 노비 유

同財物 幷皆屬公何如?" 命依前例施行.
동 재물 병개 속공 하여 명의 전례 시행

令各道上滯獄. 下旨曰: "外方各道疑罪滯獄者 令其道監司 具辭
영 각도 상 체옥 하지 왈 외방 각도 의죄 체옥 자 영 기도 감사 구사

報于政府 以聞 永爲恒式."
보우 정부 이문 영위 항식

己未 氣暖如春. 上召見政府 六曹曰: "今此天變 實予之咎. 予
기미 기 난 여춘 상 소견 정부 육조 왈 금차 천변 실 여지구 여

深自思之 人君之過 不過聲色 貨利 甘酒 嗜音 峻宇彫墻耳. 有聲
심자 사지 인군 지과 불과 성색 화리 감주 기음 준우조장 이 유성

則必聞乎外 予實無之 惟色雖不可絶 然人所不知 而暗私者 實
즉 필문 호외 여실 무지 유색 수 불가 절 연 인 소부지 이 암사 자 실

無之 此天所鑑知. 予於貨利 雖在微時 尙不留心. 今爲國君而爲之
무지 차 천 소감지 여 어 화리 수재 미시 상 불 유심 금 위 국군 어 위지

乎? 若甘酒 嗜音 予患酒困 故不好也 唯於獻壽上王之時則有之.
호 약 감주 기음 여환 주곤 고 불호 야 유어 헌수 상왕 지시 즉 유지

峻宇彫墻 亦予所無. 往者作慶會樓 其制似侈 然非予之本意 欲
준우조장 역여 소무 왕자 작 경회루 기제 사치 연 비여지 본의 욕

以待上國使臣耳. 今觀宰相 皆謹愼無有肆傲者. 予實愚昧 未知
이대 상국 사신 이 금관 재상 개 근신 무유 사오 자 여실 우매 미지

致變之由. 夫天之示戒 雖由君上之失道 百司庶府 亦代天工者
치변 지유 부 천지 시계 수유 군상 지 실도 백사 서부 역 대 천공 자

也. 曩者遇災 求言於各品 無可採者. 卿等各謹乃職 其悉言之."
야 낭자 우재 구언 어 각품 무가 채자 경등 각근 내직 기실 언지

兵曹判書柳廷顯進言曰: "殿下恐懼天譴 斯民之福也. 今外方築城
병조판서 유정현 진언 왈 전하 공구 천견 사 민지복 야 금 외방 축성

民極疲困 冬暖非常 至春乃寒 則恐致疾疫 民多死傷 增築京城 宜
민극 피곤 동난 비상 지춘 내한 즉공 치 질역 민다 사상 증축 경성 의

姑寢之 以慰民望." 上曰: "予亦熟計矣 不若姑停之爲愈也." 仍下旨
고 침지 이위 민망 상왈 여역 숙계 의 불약 고정지 위유 야 잉 하지

政府 令及調發之前 速移文罷之 唯政丞河崙 心不然之. 廷顯又
정부 영급 조발 지전 속 이문 파지 유 정승 하륜 심 불연 지 정현 우

進言曰: "謹天戒 在勵精圖治. 願日勤一日 親決萬機." 上曰: "有
진언 왈 근 천계 재 여정 도치 원 일근 일일 친결 만기 상왈 유

錢穀 軍器 威儀 各司宜謹坐更 禁火 違者 當直官吏 重罪之."
전곡 군기 위의 각사 의근 좌경 금화 위자 당직 관리 중죄 지

　對馬島宗貞茂使人還.
　대마도 종정무 사인 환

　庚申 命謹救蝕之法. 上曰: "今後日月蝕或密雲或夜蝕 不必覘其
　경신 명근 구식 지법 상왈 금후 일월식 혹 밀운 혹 야식 불필 첨 기

所食而後乃救 須當書雲觀所定之時 而伐鼓救食 庶合克謹天戒之
소식 이후 내구 수당 서운관 소정 지시 이 벌고 구식 서합 극근 천계 지

意矣." 是日 有月蝕 故有是命.
의의 시일 유 월식 고유 시명

　賜襦衣一襲于朴礎. 礎爲全羅道水軍都萬戶兼知海珍郡事
　사 유의 일습 우 박초 초 위 전라도 수군 도만호 겸 지 해진군 사

拜辭也.
배사 야

　辛酉 命議政府皆就職. 先是 臺諫以天變 上疏論: '議政府 權柄
　신유 명 의정부 개 취직 선시 대간 이 천변 상소 논 의정부 권병

太重 使誠心奉國 公耳忘私 國耳忘家者 處之可也. 如或不然 其爲
태중 사 성심 봉국 공이 망사 국이 망가 자 처지 가야 여혹 불연 기위

誤國 不旣多乎? 請罷政府機務 歸於六曹.' 上以其書示政府 政府
오국 불기 다호 청파 정부 기무 귀어 육조 상이 기서 시 정부 정부

退而不仕 故有是命. 河崙詣闕 請從臺諫之言 不從. 前此 大司憲
沈溫 言於上曰:"政府領百官摠庶務 多行非法. 若以臣言爲未信
則以政府日日行事文案驗之 則了然可知矣." 蓋惡崙專權獨斷 無
所避嫌也. 臺諫俱上疏 請罷政府 其略曰:'論道經邦 燮理陰陽
政府之職也. 今親決細務 其於論道 未之聞也. 請倣古制 政府則
置三公 令六曹各供其職.' 不從. 政府又避嫌不出. 上命曰:"毋嫌
就職." 政府俱進曰:"臺諫之言 上遵古法 且從時王之制 不可不從."
上曰:"乙酉年間有此議 甚不可行. 予若以爲可 則當於昨日朝啓
面議可否以定 其不議者 予所不欲也." 憲府劾政府吏房錄事 以
今月十六日衙朝 遲晚分發 致令堂上三嚴後詣闕故也. 臺諫復上疏
論政府弄權病國之弊 且引中國罷中書省 專任六部之事 上曰:"革
政府後 萬一有故 則誰可代庶務者? 近日雷雨之變 由於政府不得
其人所致 爲政府者 皆非其人歟? 古有諫臣直言:'烹弘羊 天乃
雨.' 爾等何不指乎? 高皇帝 實古今天下之英主 雖無中書可也 予則
猥劣 不可無政府也. 況應對上國使臣 尤爲難也." 六曹啓曰:"使臣
接待 禮曹之任 可無廢事." 上意然之 猶未顯言革之也. 時河崙弄權
受賂 尤多於臧獲 往往有賣官之譏 臺諫之論 意蓋在此.

賜大護軍平道全衣二襲. 道全請還本國掃墳 故賜衣遣之.

癸亥 上詣仁德宮設宴極歡.

宥洪州付處陳鋪.

甲子 賜通事張有信衣一襲 仍命承政院曰: "今後出使人及有功人
갑자 사 통사 장유신 의 일습 잉명 승정원 왈 금후 출사인 급 유공인

賜與所需紬綿綃子表裏及三節衣服各十餘件 預備置于院中."
사여 소수 주면 초자 표리 급 삼절 의복 각 십여 건 예비 치우 원중

刑曹上止訟之限. 啓曰: "相訟奴婢 分送各司 定朔決折 尙有不
형조 상 지송 지한 계왈 상송 노비 분송 각사 정삭 결절 상유 불

現身對隻者 今月二十日以後 始現身相訟者 勿許聽斷." 從之. 蓋欲
현신 대척 자 금월 이십 일 이후 시 현신 상송 자 물허 청단 종지 개욕

止訟也.
지송 야

議政府啓採金銀法. 啓曰: "各官守令鄕吏等 雖知金銀石在處 匿
의정부 계 채 금은 법 계왈 각관 수령 향리 등 수지 금은 석 재처 익

不以告 或有告者 脅沮之 甚至箠撻. 宜令各道監司遣首領官 同
불이 고 혹유 고자 협 저지 심지 추달 의령 각도 감사 견 수령관 동

採訪使求之 如有不告而後覺者 以敎旨不從論; 自告者 重賞勸後."
채방 사 구지 여유 불고 이후 각자 이 교지 부종 논 자고 자 중상 권후

從之. 以張有信爲採訪使 巡行各道 訪求金銀石産處.
종지 이 장유신 위 채방사 순행 각도 방구 금은 석 산처

丙寅 平安道義州地震.
병인 평안도 의주 지진

領議政府事成石璘辭. 辭曰: '臣以老耄 長於百官 常恐不稱其職.
영의정부사 성석린 사 사왈 신 이 노모 장어 백관 상공 불칭 기직

今也臺諫 請罷政府 其言甚當. 願免臣職.' 右政丞南在亦辭曰: "自
금야 대간 청파 정부 기언 심당 원면 신직 우정승 남재 역 사왈 자

臣居相位以來 冬候如春 木稼如雪 大雨雷電 天災屢見 燮理之職
신 거 상위 이래 동후 여춘 목가 여설 대우 뇌전 천재 누현 섭리 지직

豈宜臣身?" 皆不允. 召政府諸卿 重論之曰: "毋嫌臺諫之言 往就
기의 신신 개 불윤 소 정부 제경 중 유지 왈 무혐 대간 지언 왕취

厥職." 河崙上言: "近日上親詣山陵 臣亦呈辭 則凡事恐有陵遲之
궐직 하륜 상언 근일 상 친예 산릉 신 역 정사 즉 범사 공유 능지 지

弊. 若非此故 臣必呈辭矣." 上亦貌然之.
폐 약비 차고 신 필 정사 의 상 역 모연 지

給田三十結于興敎寺. 從上王之請也.
급전 삼십 결 우 흥교사 종 상왕 지 청야

分遣敬差官於各道. 憂天變而咨訪也. 京畿成均司藝李陽明
분견 경차관 어 각도 우 천변 이 자방 야 경기 성균사예 이양명

忠淸道司成柳穎 慶尙道濟用監崔洵 全羅道前都事柳升 江原
충청도 사성 유영 경상도 제용감 최순 전라도 전 도사 유승 강원

永吉道前府使張允和 豐海平安道前府使曹致. 外方各道 獄囚淹滯
영길도 전 부사 장윤화 풍해 평안도 전 부사 조치 외방 각도 옥수 엄체

民間積弊 不無致傷和氣. 重囚無贓證 强刑致怨者 疑獄經年未斷
者 輕囚累月未決者 徒年限盡未放者 於各官守令推覈. 大小軍民官
貪汚不法 重斂害民 不遵條令者 品官鄕吏作弊侵民者 訪問推考.
二品以上 則首領官及判官鎭撫 三品 當身監囚啓聞 四品以下 照律
直斷後啓聞. 鰥寡孤獨貧乏不能自存者 軍民各戶苦樂有無 亦皆
訪問.

丁卯 上詣健元陵 行別祭.

永吉道濬源殿及八陵 令都巡問使與近境三品以上守令行祭 從
政府之啓也. 上曰: "齊陵 有名日別祭 除留後行香 遣宗親行祭
宗親有故 則遣大臣 以爲恒式."

司憲府上疏. 疏略曰:

'謹按續六典一款 "公處奴婢 或因兵禍 或因盜竊 無的實舊籍
不宜以私賤 一例論決. 公處奴婢訴良者 良籍明白 則從良 良籍
不明 則雖無古籍 役使已久者 不動決屬." 今決事官 依中分敎旨
公處奴婢 亦令中分. 若以私賤例 文契有無 眞僞勿論中分 則
公處奴婢殆盡. 況一根奴婢 一公一私 好相逃避 實爲未便. 願私賤
籍明白 則從正決絶 賤籍不明 則公處雖無文契 仍屬公 勿令中分.'

從之 唯辛巳年刑止案開坐施行奴婢 及其年已後投屬者 從正
決絶.

戊辰 骨看兀狄哈 女眞共三人 來獻土物. 議政府啓: "骨看兀狄哈

男女三十餘人 來至鏡城地. 脫若飢饉 恐必成群寇竊. 請人各米
남녀 삼십여 인 내지 경성 지 탈약 기근 공필 성군 구절 청인 각미

五斗 男女幷布一匹題給何如?" 從之.
오두 남녀 병포 일필 제급 하여 종지

己巳 全州臨川寺石佛汗.
기사 전주 임천사 석불 한

日本 一岐州源良喜 使送七人 來獻土物.
일본 일기주 원량희 사송 칠인 내헌 토물

司憲府上疏. 疏曰:
사헌부 상소 소왈

'祖父母父母未分奴婢 前後妻妾子息貪得爲要 無明文事 互稱
조부모 부모 미분 노비 전후 처첩 자식 탐득 위요 무명문 사 호칭

妾産 淹延日月 決訟無際. 此妻妾分揀事 在前京外官已分揀者 依
첩산 엄연 일월 결송 무제 차 처첩 분간 사 재전 경외관 이 분간 자 의

曾降敎旨決給; 祖父母父母嫡妾分揀有明文者 從明文決給; 無明文
증강 교지 결급 조부모 부모 적첩 분간 유 명문 자 종 명문 결급 무 명문

互稱妻妾者 限朔內姑中分決給.' 從之.
호칭 처첩 자 한삭 내고 중분 결급 종지

壬申 上率百官 詣文昭殿行別祭. 先是 每正朝 上親祭文昭殿
임신 상 솔 백관 예 문소전 행 별제 선시 매 정조 상 친제 문소전

後 行向闕禮 又謁上王殿. 至是 上問禮官曰: "一日行三四禮 甚
후 행 향궐례 우 알 상왕 전 지시 상 문 예관 왈 일일 행 삼사 례 심

倥偬也. 正朝祭則使大臣攝行 予於臘月之季 親行文昭殿祭何如?"
공총 야 정조 제 즉 사 대신 섭행 여 어 납월 지계 친행 문소전 제 하여

禮曹判書黃喜等曰: "上敎甚然." 是以有此祭.
예조판서 황희 등왈 상교 심연 시이 유 차제

上王詣健元陵行祭.
상왕 예 건원릉 행제

以左司諫崔卜麟爲檢校工曹參議. 初 司憲府劾卜麟 以進退權門
이 좌사간 최복린 위 검교 공조참의 초 사헌부 핵 복린 이 진퇴 권문

又犯朝令 行女壻李禹興新屬行首之禮也. 卜麟 乃河崙同鄕人 其爲
우 범 조령 행 여서 이우흥 신속 행수 지례야 복린 내 하륜 동향인 기위

司諫 崙薦之也. 憲府疏請卜麟奔競權門之罪 疏留中. 至是授檢校
사간 륜 천지야 헌부 소청 복린 분경 권문 지죄 소 유중 지시 수 검교

參議 蓋老之也.
참의 개 노지 야

癸酉 下大護軍權輯于巡禁司. 初 全羅道水軍都節制使洪有龍
계유 하 대호군 권초 우 순금사 초 전라도 수군도절제사 홍유룡

招聚各官娼妓 肆其淫行 不治軍事 命輯爲體覆使 推劾有龍之罪.
초취 각관 창기 사기 음행 불치 군사 명 초 위 체복사 추핵 유룡 지죄

有龍訴云: "輒抑取供狀 仍囚鎭撫." 故有是命.

司憲府疏請前監務金雍罪. 疏略曰:

'雍以親之屍 置諸之中 又經三年 淹延不葬 甚非人子之心. 請下攸司 依律施行.'

從之.

甲戌 議政府啓六曹事宜: "六曹所掌事務 依永樂六年正月初三日本府受敎內 遵守施行. 依前例行移事 每於季月 開寫數目 呈于本府 以憑考察. 各人訴訟事 各司受理 不明則呈司憲府糾理 憲司有淹延失誤 乃呈本府考覈以聞." 從之.

軍器監設火藥于殿庭逐疫 年例也. 乃令兀良哈與倭使觀之. 及火矢交發 皆驚懼奔走 或有燒其衣者.

乙亥 司憲府上疏. 疏曰:

'奴婢定朔決絶 息詞訟之意; 中分決絶 均使喚之術也. 今月二十八日前已決絶外 元隻未現者 限年呈未呈分揀 曾入各官文書未覓 多般緣故未決奴婢及因執爲要 不現身者 竝皆中分 納官文券竝皆 燒焚. 元隻俱不現身者所志及定朔內不告狀奴婢 來甲午年正月初一日以後亂雜爭訟者 重論不許受治.'

下政府議聞:

"一 今月二十八日前已決絶外 元隻中未現者奴婢 竝中分事 有前決外事 依本府已曾受敎施行.

一 除限年呈未呈分揀 竝中分事 限年前事 依六典勿擧論 限年呈
일 제 한년 정 미정 분간 병 중분 사 한년 전사 의 육전 물 거론 한년 정

未呈分揀不得之事 竝屬公.
미정 분간 부득 지사 병 속공

一 各官文書未覓 多般緣故未決奴婢 竝中分事 依憲府所申施行.
일 각관 문서 미멱 다반 연고 미결 노비 병 중분 사 의 헌부 소신 시행

一 奴婢因執爲要 不現身者 竝中分事 依本府受教施行.
일 노비 인집 위요 불 현신 자 병 중분 사 의 본부 수교 시행

一 納官文書 竝皆燒焚事 公私奴婢官文成給後燒焚.
일 납관 문서 병개 소분 사 공사노비 관문 성급 후 소분

一元隻俱不現身者 定朔內不告狀事 來甲午年正月初一日以後
일 원척 구 불 현신 자 정삭 내 불 고장 사 내 갑오년 정월 초일일 이후

亂雜爭訟者 重論不許受治事 九月初一日以前呈狀元隻俱不現身者
난잡 쟁송 자 중론 불허 수치 사 구월 초일일 이전 정장 원척 구 불 현신 자

依憲府所申聽斷 時得者不動 以絶爭訟. 九月初一日 固非中分定朔
의 헌부 소신 청단 시득 자 부동 이절 쟁송 구월 초일일 고비 중분 정삭

接狀之期也. 是日以前未呈事 更定朔接狀 從正決絶何如?"
접장 지기 야 시일 이전 미정 사 갱 정삭 접장 종정 결절 하여

從之 唯曾入各官文書未覓事 時使喚人不動事 九月初一日以前
종지 유 증입 각관 문서 미멱 사 시 사환 인 부동 사 구월 초일일 이전

未呈事 依憲府所申 不許受治.
미정 사 의 헌부 소신 불허 수치

又上疏曰:
우 상소 왈

'以戊寅年接狀以後情涉曖昧者之奴婢 專屬公家 似爲未便. 請或
이 무인년 접장 이후 정섭 애매 자지 노비 전속 공가 사위 미편 청 혹

分給兩處 或決給時使喚者 令各司限今月晦日畢決.'
분급 양처 혹 결급 시 사환 자 영 각사 한 금월 회일 필결

從之.
종지

是年冬 世子 諸大君 公主獻壽 奏歌詩. 忠寧大君問詩意於上甚悉
시년 동 세자 제 대군 공주 헌수 주 가시 충녕대군 문 시의 어상 심실

上嘉之 謂世子曰: "將佐汝斷決大事者也." 世子對曰: "固賢也." 上
상 가지 위 세자 왈 장 좌여 단결 대사 자야 세자 대왈 고 현야 상

嘗謂大君曰: "汝無所事 安享而已." 於是 書畫花石琴瑟凡戲玩之物
상위 대군 왈 여무 소사 안향 이이 어시 서화 화석 금슬 범 희완 지물

無不具 故大君於藝無不精. 世子因學琴瑟於大君 怡然無間 上深喜
무 불구 고 대군 어예 무 부정 세자 인학 금슬 어 대군 이연 무간 상 심희

其和也.
기화 야

書筵官作屛風 抄畫孝行錄 仍書李齊賢贊及權近註於其上. 旣成
서연관 작 병풍 초화 효행록 잉 서 이제현 찬 급 권근 주 어 기상 기성

世子使大君解之 大君卽解之 曲盡其意.
세 자 사 대군 해지 대군 즉 해지 곡진 기의

KI신서 9801

이한우의 태종실록 재위 13년

1판 1쇄 인쇄 2021년 8월 4일
1판 1쇄 발행 2021년 8월 11일

옮긴이 이한우
펴낸이 김영곤
펴낸곳 (주)북이십일 21세기북스
출판사업부문 이사 정지은
유니브스타본부장 장보라
인문기획팀 양으녕 최유진
디자인 표지 씨디자인 **본문** 제이알컴
유니브스타사업팀 엄재욱 이정인 나은경 이다솔 김경은
영업팀 김수현 최명열
제작팀 이영민 권경민

출판등록 2000년 5월 6일 제406-2003-061호
주소 (10881) 경기도 파주시 회동길 201 (문발동)
대표전화 031-955-2100 **팩스** 031-955-2151 **이메일** book21@book21.co.kr

(주)북이십일 경계를 허무는 콘텐츠 리더

21세기북스 채널에서 도서 정보와 다양한 영상자료, 이벤트를 만나세요!
페이스북 facebook.com/jiinpill21포스트 post.naver.com/21c_editors
인스타그램 instagram.com/jiinpill21홈페이지 www.book21.com
유튜브 youtube.com/book21pub

당신의 인생을 빛내줄 명강의! 〈유니브스타〉
유니브스타는 〈서가명강〉과 〈인생명강〉이 함께합니다.
유튜브, 네이버, 팟캐스트에서 '유니브스타'를 검색해보세요!

© 이한우, 2021

ISBN 978-89-509-9644-4 04900
      978-89-509-7105-2 (세트)